KB119205

한국 언론학 연구 60년

성과와 전망

나남
nanam

나남신서 2024

한국 언론학 연구 60년
성과와 전망

2019년 10월 19일 발행
2019년 10월 19일 1쇄

엮은이   한국언론학회
발행자   趙相浩
발행처   (주) 나남
주소   10881 경기도 파주시 회동길 193
전화   (031) 955-4601 (代)
FAX   (031) 955-4555
등록   제 1-71호 (1979.5.12)
홈페이지 http://www.nanam.net
전자우편 post@nanam.net

ISBN 978-89-300-4024-2
ISBN 978-89-300-8001-9 (세트)

책값은 뒤표지에 있습니다.

나남신서 2024

한국 언론학 연구 60년

성과와 전망

한국언론학회 엮음

김영희 김은미 박재영 박종민 배진아 백혜진 심민선
양승찬 이기형 이동후 이두원 이재신 이준웅 조연하
차희원 최선영 고은지 홍주현 저

Sixty Years of Communication Studies in South Korea:

Progress, Achievement and Challenge

Edited by

Special Publication Committee of the Sixtieth Anniversary of
the Korean Society for Journalism and Communication Studies

nanam

머리말

한국언론학회가 창립 50주년을 기념하며 발간한 〈한국언론학회 50년사: 1959~2009〉의 제 1장을 집필한 정진석 한국외국어대 명예교수는 '한국언론학회 50년'이란 제목으로 언론학회사를 정리해서 발표했는데, 제 1절의 제목이 '젊은 학문 언론학의 성장'이다. 그때나 지금이나 우리 학문의 자취를 서술하는 데 '젊지만 빠르게 성장한다'는 표현보다 더 적절한 묘사가 있을까 싶다. 같은 책에 함께 글을 실은 당대 원로와 중견 학자들은 그러나 우리 학문의 성장이 괄목할 만하지만 이제는 내적 축적과 질적인 성숙이 필요하다는 취지로 제언들을 남겼다. 그때나 지금이나 우리 학문의 과제를 제시하는 데 이보다 적실한 제언이 있을까 싶다.

　이 책은 한국언론학회 창립 60주년을 기념하여 기획제작한 결과다. 이 재진 제 45대 언론학회장은 2019년 5월 18일 광주에서 개최하는 한국언론학회 창립 60주년 기념 학술대회를 준비하기 위해 조직위원회를 구성했는데 정인숙(가천대) 위원장을 중심으로 김영수(KNN), 김종하(한라대), 유경한(전북대), 이나연(성신여대), 이준웅(서울대), 임종수(세종대), 최선영(이화여대), 한선(호남대)이 조직위원으로 참여했다. 조직위원회는 창립

기념 학술대회를 기획하면서 동시에 언론학 연구 60년사 편찬위원회를 구성했다. 이준웅(서울대)을 편찬위원장으로 하여 임종수(세종대), 조연하(이화여대), 최선영(이화여대), 홍주현(국민대)이 위원으로 참여했다.

편찬위원회는 60주년 기념 저서의 형식으로 〈한국언론학회 50년사〉의 제2부인 '언론학 연구 50년'을 참조했다. 주요 연구분야별로 필자를 선정해서, 해당 연구분야의 연구성과를 비판적으로 검토해서 정리하는 형식을 택했다. 단, 필자 후보를 선정함에 있어서, 자료기반적 접근을 택하기로 했다. 창립 60주년 기념 학술대회를 준비하면서, 학회장과 조직위원장은 미리 최선영과 홍주현에게 〈한국언론학보〉를 연구대상으로 자료기반적 분석을 통해 연구사를 조망해 볼 것을 2018년 말에 의뢰했다. 최선영은 고은지와 함께 1960년부터 2018년까지 〈한국언론학보〉 논문 전편의 초록을 자료로 삼아 주제모형화 기법을 사용해서 내용분석을 수행했고, 홍주현은 2000년 이후 논문들의 키워드를 자료로 삼아 연결망 분석을 통해 연구흐름과 변화를 탐구했다. 이 두 논문이 사용한 자료를 재가공해서 〈한국언론학보〉에 논문을 출판한 연구자별 논문 목록과 연구분야별 분류를 얻을 수 있는데, 이를 다시 분석하면 연구분야별 연구성과가 많은 연구자의 목록을 얻을 수 있다.

2019년 2월 25일 편찬위원회는 연구분야별 연구성과가 많은 연구자 목록을 이용해서 필자 섭외에 나섰다. 섭외를 받은 연구자들 중 일부는 개인 사정으로 또는 후배에게 집필기회를 주는 것이 마땅하다는 이유로 사양하기도 했지만, 대부분 흔쾌히 연구분야별 연구성과 정리에 참여하기로 결정했다. 집필자 회의를 구성한 후에 이 책의 내용과 형식에 대한 모든 결정은 집필자 회의가 내렸다. 집필자 회의는 총 2번의 모임과 1번의 세미나를 개최했다. 먼저 2019년 4월 22일 제1차 회의에서 집필자 선정 경과를 보고하고 저서의 방향에 대해 토론했고, 7월 3일 제2차 회의에서 각 장의 내용과 형식에 대한 세부조정에 대해 토론했다. 또한 5월 18일 광주에서 열린 한국언론학회 창립 60주년 기념 학술대회에서 특별세션을 조직해서 참여했는데, 이 자리에서 최선영과 고은지의 논문과 홍주현 논문에 대한 토론에 더해서 각자 분야별 연구사를 집필하면서 발견한 문제를 공유하고 해법을 모색했다. 집필자 회의가 논의한 사안 중, 다음 몇 가지 내용이 기록해 둘 만하다.

첫째, 글의 성격이 기본적으로 무엇이냐는 것인데, 이에 대해서는 '학술적 검토 논문'(*academic review article*)의 형식을 갖추자고 빠르게 합의했다. 분야별 역사적 기술이나 분과의 역사성을 고려한 연구활동사를 집필하는 것도 가능하지만, 후속 연구자들의 연구를 돕기 위해서 연구성과를 이론과 방법론, 그리고 연구성과의 실천적 함의 등의 관점에서 검토하고 비판하는 논문을 작성하기로 한 것이다. 따라서 분야별 그간 연구성과를 조망하여 정리하는 일도 필요하겠지만, 역시 분야별 이론의 형성과 발전을 염두에 두고 연구결과의 이론적 기여를 따져서 제시하는 방식으로 집필하기로 했다.

둘째, 검토 대상 논문의 범위에 대해서도 논의가 분분했다. 해외에 거주하는 한국 학자의 논문이나 책을 어떻게 할 것이냐 등 사안도 제기됐지만, 우리말로 쓰인 연구결과에 집중하기로 했다. 〈한국언론학보〉논문을 중심으로 검토하는 것에 문제제기도 있었다. 학술서적의 출판이 활발한 분야나 인접 학회에서 주요 연구성과를 이룩한 분야의 경우, 〈한국언론학보〉논문에만 집중해서 작업하는 일은 명백히 부당한 제한이 되기 때문이다. 결국 분야별 집필자가 전문성을 발휘해서 인접 학술지나 저서의 중요한 연구성과를 두루 참조해서 검토하기로 결정했다.

셋째, 검토 대상 시기도 문제가 됐다. 예컨대, 이미 〈한국언론학회 50년사〉에 학문 분야별로 학술적 비판을 충실하게 수행한 결과물이 있는데, 그 내용을 반복해서 정리할 필요가 없으리라는 제언도 있었다. 반면 건강소통과 교류매체 등 분야는 과거에는 거의 연구가 이루어지지 않았기에 최근 10년 연구에 집중하면 될 것 같다는 주장도 있었다. 결국 지난 10년간 연구성과에 집중해서 논의하되, 분야별 이론의 역사적 전개와 과거 연구성과의 지속적 영향력 등을 언급하기 위해서 지난 〈한국언론학회 50년사〉의 내용도 참조해서 언급하기로 했다.

넷째, 주요 개념어 사용의 통일에 대해 심각하게 논의했다. 여러 집필자가 참여한 언론학 저서 중에는 당혹스럽게도 '내용색인'의 주요 개념어가 통일되지 않은 경우가 있는데, 언론학의 주요 개념 중에는 음차 번역에 머무른 용어들이 많이 있고, 분야별이나 연구자별로 개념어 사용이 다른 경우가 있기 때문이다. 이런 개념어 사용의 혼란을 그대로 두고 한국 언론학 60년의 연구성과를 정리하는 일이 바람직하냐는 문제제기가 있었다. 특히 편찬위원 중 한 사람은 주요 개념어를 외래어로 둘 것이 아니라 적극적으로 번역해서 사용하고, 번역 대안에 대해서도 활발하게 논의할 것을 주장했다. 그러나 개념어 사용을 단기간에 합의해서 결정하기는 어려운 일이므로, 일단 개별 집필자가 번역대안을 적극적으로 제시하되 음차 번역도 대안 중의 하나임을 인식해서 사려 깊게 사용하기로 했다.

어렵게 시작해서 급한 일정으로 진행했지만, 그래도 연구자들이 모여서 대의에 공감하고, 함께 고민하고, 각자 노력해서 책의 형식을 갖추어 출판할 수 있게 되어 다행이다. 내용이나 분량으로 보면, 10년 전 〈한국언론학 50년사〉의 제 2부에 실린 논문들에 비해 부족한 점이 많다. 특히 분야별 논문에 대해 토론자를 함께 섭외해서 비판과 제언을 함께 실어 완성도를 높였더라면 좋았으리라는 아쉬움이 크다. 그러나 이 책이 가진 나름대로 장점도 없지 않은데, 분야별 연구성과의 이론적 함의에 집중해서 '학술적 리뷰 논문'의 형식을 최대한 갖추기 위해 노력한 것이 그중 하나다. 이 책은 지난 10년간 한국 언론학의 주요 연구성과를 이론적 관점에서 검토한 일종의 편람(a handbook) 역할을 수행할 수 있을 것으로 기대한다.

이 책에 대한 사전기획을 포함하면 어언 1년, 집필자 회의를 구성한 후 약 6개월이라는 급박한 일정 속에 책을 낼 수 있게 된 것은 많은 사람들이

도와주었기 때문이다. 특별히 한국언론학회 기획 세션에 참석하셔서 집필자의 토론을 지켜보시고 격려해주신 원로 연구자들께 감사드린다. 후배 연구자를 바라보는 따뜻한 눈길과 격려의 대화로부터 우리 후배들이 연구성과만 빚지고 있는 것이 아님을 알게 됐다. 출판을 위해 자원을 마련해주시고 마음으로 격려해주신 이재진 한국언론학회장님께도 감사드린다. 어려운 형편에 기꺼이 출판을 맡아주신 나남출판사의 경영진과 편집진에도 감사드린다. 마지막으로 이 책을 함께 읽고 비판하고 개선해주실 우리 한국언론학회 동료 연구자들께 이 책을 바친다.

2019년 9월 30일
〈한국 언론학 연구 60년〉 집필자 일동

한국 언론학 연구 60년

성과와 전망

1장

1960~2018 〈한국언론학보〉 분석*

다이내믹 토픽 모델링 방법을 중심으로

최선영 | 이화여대 에코크리에이티브협동과정 특임교수
고은지 | 이화여대 미디어공학 박사

1. 들어가며

과거에 대한 해석은 어떤 방법으로 이루어져야 할까? 역사의 기능은 "과거
와 현재 사이의 상호 관계를 통해 양자에 대한 깊은 이해를 북돋아 주는 데
있다"(E. H. Carr, 1961/2015). 그래서 현재의 관점에서 과거를 해석하고
이를 교훈 삼는 일은 진보의 기초가 된다. 지난 2009년 한국언론학회가 '50
년사 편찬위원회'를 구성해 1천여 페이지가 넘는 〈한국언론학회 50년사〉
를 발간한 것도 이러한 까닭에서였을 것이다. 이 저작은 학회의 성장과정
뿐 아니라 우리나라 언론학의 여정을 총망라한 이정표라고 할 수 있다. 연
구영역을 크게 언론사, 저널리즘, 방송학, 광고, 홍보, 출판, 뉴미디어,
휴먼커뮤니케이션, 국제커뮤니케이션, 정치커뮤니케이션, 미디어 법제,
커뮤니케이션 정책, 비판커뮤니케이션, 문화연구, 젠더와 미디어연구, 미

---

* 이 글은 〈한국언론학보〉 63권 4호의 '메타데이터를 활용한 1960~2018 〈한국언론학보〉
논문 분석: 다이내믹 토픽 모델링(Dynamic Topic Modeling) 방법을 중심으로(2019)'를
수정 보완한 것임을 밝힌다.

디어교육 등 16개로 분류해 우리 언론학 역사를 되짚어 보고 있다.

이렇게 언론학 연구영역이 여타 학문분야보다 세분화된 이유는 언론학 지형의 특수성 때문이기도 하다. 최선열(2009)에 의하면 "기술과 사회의 변화에 따라 학문의 연구대상이 크게 변화하는 언론학은 다른 사회과학 분야보다 더 심각한 도전을 받았다." 연구대상으로서 미디어와 커뮤니케이션 현상은 정치, 사회, 경제, 기술 등의 요인과 함께 상당 부분 연동할 수밖에 없고, 이에 따라 언론학 하위 학문영역은 불가피하게 다양해질 수밖에 없었을 것이다. 언론학 각 영역을 사회 발전의 역동성과 성장, 변화, 역사라는 큰 틀에 놓고 각 연구영역을 문헌연구와 내용분석 방법으로 살펴보는 일은 분명한 학술적 가치를 지닌다. 다만 이러한 접근은 영역의 다원주의가 두드러져 통합적 관점에서 언론학이 다루는 주제의 큰 흐름과 경향을 통시적으로 읽기 어렵다. 60년 동안 언론학 전반에 걸쳐 어떠한 이론과 연구방법, 연구대상, 연구영역이 진화했는지 일목요연하게 설명하기 쉽지 않다는 뜻이다.

그래서 이 연구는 그동안의 접근과 다른 방법으로 언론학의 과거를 돌아보고자 한다. 한국언론학회의 대표 학술지인 〈한국언론학보〉 창간호부터 2018년까지 60년 치 논문 전편의 메타데이터를 활용해 분석하는 것이다. 구체적으로 시계열 데이터 알고리즘 연산이 가능한 다이내믹 토픽 모델링(DTM: Dynamic Topic Modeling) 방법으로 토픽(topic)을 추출하여 60년간 학보 논문 의미구조에 잠재되어 진화한 토픽이 무엇인지 해석하고자 한다. 이 연구방법은 시계열 정보가 있는 방대한 문서 전집(population)을 분석하는 데 유용하다. 이러한 연구를 착안한 계기는 다음과 같다. 첫째, 〈한국언론학보〉에 게재된 논문은 창간호부터 2018년 말까지 2천 편이 넘기 때문에 모든 논문을 일일이 다 확인하여 학문영역을 분류하기 쉽지 않다. 둘째, 언론학 연구영역을 분류하기 위한 기준이 모호하다. 예컨대 트위터와 같은 소셜미디어 연구는 뉴미디어 영역이라고 할 수도 있고, 연구대상과 주제에 따라 정치커뮤니케이션, 홍보, 방송 영역으로 분류할 수 있다. 따라서 분류 기준이 연구자마다 다를 경우 내용분석 데이터 자체가 달라지고 이에 따라 연구결과가 상이해질 수 있다. 셋째, 전통적으로 학회는 30주년, 50주년을 기해 문헌연구와 내용분석으로 영역을 나누어 언론학 연구 경향을 조명했다. 최근 공학적으로 검증된 분석툴을 활용해 데이터를 연구하는 사례가 늘고 있는 만큼 새로운 방법론으로 언론학을 되돌아보는 일은 언론학 분류 기준과 관점을 새롭게 제안하는 의미 있는 시도일 것이다. 이러한 접근은 블라이(Blei, 2006)가 1880년부터 2002년까지 〈사이언스 (Science)〉의 1만 7천여 건 논문을 시계열 단위로 분석한 연구에서 아이디어를 참조한 것이기도 하다.

이러한 접근은 자칫 〈한국언론학보〉의 60년 연구경향을 단순화하는 인상을 줄 수 있지만, 연구에 대한 연구로서 학회의 대표적 학술활동인 학술지 논문을 종합적으로 검토하고 객관적으로 요약하여 학회 구성원과 언론학에 관심 있는 사람들에게 간명하게 설명할 수 있는 장점도 있다. 다만, 기존의 언론학 연구의 메타분석과 다르게 메타데이터라는 디지털 발자국 (digital footprint) 형적(形跡)을 활용한 실험적 시도라서 그 결과와 의미를 일반화하여 해석하기에는 제한적일 수 있다.

2. 우리나라 언론학 연구

〈한국언론학회 50년사〉의 '한국 언론학 연구 50년'을 통해 언론학 연구를 집대성한 연구자들(양승목, 2009; 임영호, 2009; 정진석, 2009; 최선열, 2009)은 〈한국언론학보〉가 선도적 탐구의 장으로 그 역할을 지속한 점을 높이 평가하였다. 이들은 힘겨운 태동기를 거쳐 2000년대 이후 논문의 양적 증가 추세가 명백하게 나타난 점을 고무적으로 설명하였다. 언론의 역할과 커뮤니케이션 기술의 잠재력, 언론의 사회적 영향력이라는 학술공동체의 공통된 관심사를 다루면서도 매우 다양한 영역에서 연구가 역동적으로 이루어지고 있다는 것이다.

역사적으로 학보에서 연구영역의 분화가 발생한 시점은 1969년 12월 발행된 〈신문학보〉 2호에서 찾을 수 있다. 〈신문학보〉 1호 이후 9년 만에 복간된 2호의 권두에서 김규환(1969)은 "미국 매스컴 연구, 정치학과의 연관, 사회적 영향력, 심리적 요인, 경제학적 고찰" 등으로 신문학 연구영역의 확장을 제안하고 있다. 이후 매스미디어에 대한 제도, 여론-선전, 관료제도, 소유 형태, 사회적 기능, 사회체계와 커뮤니케이션 과정의 상관관계, 태도 및 행동의 변용, 내용, 기업 및 제도 분석, 경제발전과 기대, 광고 등으로 연구영역을 분류한 것이다(정진석, 2009). 〈신문학보〉는 이러한 제안을 다각도로 수용하여 매스미디어의 사회적 영향력에 대한 연구로 청소년 일탈을 주제로 특집(8호)을 발간하기도 했고, 발전커뮤니케이션 논문 23편(10호)을 여러 영역에서 검토한 바 있다.

1970년대 이후 〈신문학보〉의 연구영역이 매스커뮤니케이션학으로 확장된 데에는 관련 학과의 설립 증가와 미국 유학파 연구자의 국내 정착을 들 수 있다. 70년대 말 언론 관련 학과는 전국적으로 14개에 불과했다. 1985년 말 기준 24개 학과로 증가했고(차배근, 2009), 1999년에는 85개 학과(조동시, 1999), 2014년에는 114개 학과(언론연감, 2014)로 늘어났다. 논문 생산에 관련 학과의 양적 증가가 기여했을 거라는 설명이 가능하다. 특히 정치·사회적 변화, 매체 기술의 변화, 미디어 환경 변화, 수용자 진화 등에 따라 언론학 영역의 변화 폭은 커졌을 것이다. 이 과정에서 지속적으로 성장하고 진화한 연구영역이 있고, 사라진 영역도 있을 것이다.

그러나 언론학의 양적 성장에 대해 우호적 논의만 이루어진 것은 아니다. 50년을 회고한 연구자들은 질적 성장에 대한 반성도 필요함을 강조하였는데, 이들은 연구의 정체성 위기, 학문영역 간 이질성과 분산, 이론 생산 빈곤함과 반복성을 공통된 문제로 지적한다(양승목, 2009; 임영호, 2009; 최선열, 2009). 우리나라 언론학 성장사를 10년 단위로 분석한 양승목(2009)은 실증 연구 중심의 1970년대, 대안적 비판 언론학 등장과 패러다임 갈등이 있었던 1980년대, 이론적 다원주의 시대였던 1990년대, 양적 성장과 경험적 연구가 우세했던 2000년대 등으로 요약하면서 "논문 수 증가와 전문학술지 발행, 연구자 수의 증가 등 양적 성장과 팽창은 뚜렷한 반면 독창적 개념과 이론 생산의 부족함, 학문적 정체성 약화가 문제"라고 논하였다(양승목, 2009). 특히 스완슨(Swanson, 1993)의 지적을 빌려 "학제적 하위영역들의 증식은 이미 문제가 많은 커뮤니케이션 연구의 학문적 정체성을 훼손하는 원심력"(양승목, 2009, 1058쪽 재인용)이 되어 소통 없는 학문적 파편화로 피상적 다양화를 초래할 수 있음을 비판하였다. 독립학문으로서의 정체성을 모색하고 합의하기 전, 연구영역으로 분화한 학문적 현상에 성찰을 촉구한 것이다.

〈신문학보〉 1호의 영문명(*The Korean Society of Journalism*)으로 짐작할 수 있듯이 언론학의 출발은 '저널리즘'이었다. 〈한국언론학보〉의 주요한 연구영역으로서 저널리즘의 연구경향을 살펴보는 일은 학보의 궤적을 찾는 기준이 될 수 있을 것이다. 임영호(2009)는 저널리즘 연구의 큰 흐름에 대해 1960년대 말 이후 도입된 경험주의 커뮤니케이션과 비판이론의 등장, 이론적 다원화와 학문으로서의 체계 모색, 2000년대 이후 미디어 환경 변화에 의한 저널리즘 해체와 재구성 등으로 설명했다. 나아가 "학술적 연구와 비학술적 지식의 경계" 사이에서 연구의 갈피를 잡기 위한 학문적 노력의 필요성을 환기했다. 학문적 정체성을 토대로 지식 분류방식을 체계화하지 못해 매체 단위로 분류하는 "매체 중심성" 경향이 지속되면서(임영호, 1998a, 2009 재인용) 연구주제가 이론적 중요성의 기준을 적용하기보다 대중적 주제에 편중되는 경향을 보였다는 것이다. 경험주의적 연구가 언론학의 주류문화로 자리 잡는 과정에서 메시지 내용분석, 수용자 연구, 경험적 언론 생산자 연구 등이 기본 개념의 체계화나 이론적 문제의식이 결여된 채 정착되었다는 지적이다. 이러한 경향은 〈한국언론학보〉 전반에 걸쳐 포착될 수 있기 때문에 본 연구에서도 확인과 검토가 필요하다. 저널리즘 연구영역에서 다루는 연구대상, 메시지, 매체, 수용자, 송신자 등은 다른 연구영역으로 분류될 가능성이 있어서, 영역 간 중복이 발생한 주요 단어들이 토픽을 구성할 경우 저널리즘 연구로만 한정하기는 어려울 것이다.

정치커뮤니케이션 연구도 언론학의 과거와 현재를 반추하고 학문적 발견을 할 수 있는 주류 연구영역이다. 〈한국언론학보〉의 50년 치 전집 논문 내용분석을 통해 정치커뮤니케이션 연구분야를 시계열적으로 분석하고 주제별로 문헌분석을 한 최선열(2009)의 연구는 언론학계에서 재조명이 마땅하다고 할 만큼 이론적 논의가 풍부하고 분석의 엄밀성을 추구한 통시적 연구이다. 이 연구는 계량분석을 통해 수용자 연구와 메시지 연구, 선거 관련 연구와 수용자 효과연구, 매체연구, 주요 이론과 개념, 연구방법과 양적 방법론의 경향성과의 관계에 대해 상세히 조명하였고, 문헌분석을 통해 크게 비선거 연구와 선거 연구로 분류해 각 세부주제를 다루며 통찰력 있는 논의를 펼치고 있다. 특히 이 연구는 3중 지층구조 모델(정치체제, 미디어, 학회의 제도화 등 3개 지층)로 연도별 〈한국언론학보〉의 총 게재 논문 수와 정치커뮤니케이션 논문 수를 비교한 분석을 하였는데, 이러한 분석틀과 관점은 언론학의 역동적 진화를 보고자 했던 우리의 지적 호기심에 방아쇠를 당겼다. 60년 역사를 일별할 수 있는 선행연구 자료나 분석틀을 갖추지 못한 상태에서 최선열(2009)의 연구는 내용이나 방법론적으로 〈한국언론학보〉의 연구경향을 상세히 조망할 수 있는 기준점이라고 할 수 있다. 특히 반복적 과정을 되풀이할 수밖에 없는 토픽 모델링 평가와 검증에 있어서 귀한 메타분석 연구이다.

논의를 종합하면 〈한국언론학보〉는 태생적으로 많은 연구영역을 포괄하는 학술지로 출발해 현재에 이르고 있다. 올해 초 한국언론학회 60주년 저술 편찬위원회는 기초 연구로, 최근 20년간 〈한국언론학보〉 논문의 주요 연구분야를 분류하여 정리한 바 있다. 그 결과 저널리즘, 정치커뮤니케이션, 수용자 연구, 미디어 경영 · 법제 윤리 · 정책, 뉴미디어 정보기술, PR, 문화 · 젠더연구, 커뮤니케이션 미디어 역사, 소셜미디어 · 인터넷 · CMC, 광고 마케팅, 휴먼커뮤니케이션, 방송, 헬스 커뮤니케이션 등의 순으로 논문 생산이 이루어진 것으로 나타났다(홍주현, 2019). 따라서 많은 논문을 생산한 분야이자 중심적 위치를 차지하는 저널리즘과 정치커뮤니케이션 분야의 기존 메타분석 결과를 참고하면 토픽 모델링 알고리즘으로 자동 계산된 토픽 해석에 참고가 될 것이다.

이 밖에 각 연구영역에 대한 토픽뿐 아니라 수용자 연구나 메시지 효과 연구, 이론, 방법론, 연구대상을 포함해 방송학, PR, 소셜미디어, 미디어 법제 및 정책, 문화연구 등 연구 성과가 축적된 분야도 토픽으로 추출될 수 있다. 언론학 특성상 토픽 모델링 계산 결과 발산적인 토픽 분포가 나올 가능성을 배제할 수 없고, 추출된 토픽과 토픽을 구성하는 단어들 또한 파편적으로 추출될 가능성이 있다. 무엇보다 하나의 토픽에 맥락을 파악하기 힘든 단어들이 구성되는 경우 이를 어떻게 개념화하는가의 문제가 발생할 수 있다. 최선열(2009)은 언론학을 영역별로 분류해 내용분석을 할 경우 '중복' 문제가 있음을 지적한 바 있는데, 중복은 어떤 영역으로 묶이는 것에 대한 기준이 모호할 때 발생한다. 하나의 토픽에 서로 다른 영역의 단어들이 묶일 수도 있다는 의미이기도 해서, 그동안 영역별로 내용분석이 수행된 선행연구와는 다른 결과가 나올 가능성이 있다.

3. 메타분석과 확률적 토픽 모델

학술적 지식을 계량적 연구방법을 통해 종합적으로 평가하고 분석하는 메타분석은 "연구에 대한 연구, 분석에 대한 분석(analysis of analysis)"(Glass, 1976)이다. 연구결과 자료를 통합하여 해당 영역의 연구주제에 방향성과 대안적 논의를 끌어내는 것에 목적이 있다(탁진영, 2004; 이수범 · 문원기, 2016).

메타분석의 장점에 대해 오성삼(2002)은 객관적 자료를 활용하기 때문에 편향된 연구 표본이 아니라서 연구자가 연구결과를 위해 자의적으로 연구의도에 부합하지 않는 자료를 제거하는 일을 방지할 수 있다고 설명한다. 무엇보다 단일한 연구주제에 상반된 결과나 논의가 이루어진 경우 새로운 관점과 접근으로 논의를 이끌어낼 수 있다(오성삼, 2002). 메타분석의 궁극적 목표는 분석결과에서 규칙성을 발견하여 기존 연구 성과와 결과에 대해 진단하고 성찰하는 데 있다(Wallace, 1992).

이 연구에서 활용하는 확률적 토픽 모델(Probabilistic Topic Models)은 학술 분야 자료뿐 아니라 데이터 형식으로 된 문서 집합에서 활용이 가능한 분석방법이다. 오늘날 거의 모든 정보와 지식이 데이터 형태로 쌓이면서 자연어 처리 기술이 고도화되는 추세라 학술문서처럼 정형화된 메타데이터는 댓글, 소셜미디어 메시지, 사용자 피드백 같은 비정형 데이터에 비해 분석이 용이하다. 자동화된 알고리즘을 활용하는 이유는 많은 양의 문서를 사람이 직접 읽고 토픽을 이해하거나 분석하기 어렵기 때문이다. 따라서 이 방법은 방대한 문서 내에서 개념적으로 묶이는 토픽을 알고리즘이 발견한다는 점에서 기존 메타분석 방법과는 차이가 있다. 기존의 메타분석 방법은 1차적으로 분석유목이나 분류를 연구자인 사람이 처리하는 과정을 거치는데, 이럴 경우 분석유목 기준은 여전히 객관적이지 않을 수 있다. 토픽 모델링은 문서 내에 잠재적으로 존재하는 의미 구조의 맥락을 비지도 학습(*unsupervised learning*) 알고리즘을 통해 자동으로 계산하는 텍스트 마이닝 방법이기 때문에(Blei, 2012; Jordan & Mitchell, 2015) 확률적으로 의미 있는 토픽과 토픽을 구성하는 단어를 사람인 연구자가 결정하지 않는다. 또한 비지도 학습은 자율 기계학습을 통해 추출한 토픽을 군집으로 묶어 도출할 수 있어서 데이터 특징을 추출하는 데 유용하다.

토픽 모델링 중에서 가장 많이 알려진 잠재적 디히클레 할당(LDA: Latent Dirichlet Allocation)은 각 문서를 발생확률의 비율로 구성된 토픽의 집합으로 가정한다. 이때 각 토픽은 여러 단어(*keyword*)들로 구성되며 이 단어들 또한 발생확률의 비율로 나타난다. 연구자가 토픽 모델링 알고리즘에 토픽의 개수를 입력하여 문서 내에서 토픽 분포 및 단어 분포 계산결과를 도출할 수 있는데, 이때 토픽의 질을 평가하는 것이 필요하다. 토픽의 발생확률 비율도 중요하지만, 토픽을 구성하는 단어들의 발생확률 비율도 중요하기 때문이다. 토픽은 지배적인 단어의 조합이라서 이를 일별하는 것만으로도 토픽이 무엇인지 해석이 가능해야 한다.

토픽 모델링을 평가하는 방법은 내재적으로 '혼잡도'를 줄이는 기법이 흔히 쓰인다(Chang, Boyd-Graber, Gerrish, Wang & Blei, 2009). 확률적 모델이 실제로 관측 값을 잘 예측하는지, 문서 내 토픽 출현확률 및 토픽 내 용어 출현확률 등을 계산하는 LDA가 잘 모델링 되었는지 평가할 때 쓰는 방법이다. 토픽 개수를 결정할 때 낮은 혼잡도가 모델 평가기준이 된다. 그러나 최근 이 기준이 반드시 가장 좋은 모델 평가방법이 아니라는 연구 결과가 보고되고 있다(O'callaghan, Greene, Carthy & Cunningham, 2015). 혼잡도가 낮아도 모델이 적절하지 않다고 판단될 때는 토픽 일관성을 계산하는 방법이 있다. 이는 뉴먼(Newman, 2010)이 제시한 일관성 점수이다. 토픽 일관성은 토픽 모델링이 얼마나 해석하기 좋게 계산되었는지 보는 방법으로, 결과로 나온 각 토픽에서 상위의 N개 단어가 도출되었을 때 그 토픽 안에 유사한 의미가 있는 단어가 구성되었다고 추론하는 것이다. 그리고 상위 단어끼리의 유사도를 계산하면 방대한 문서에서 나타난 토픽의 맥락적 의미를 파악할 수 있다.

그러나 LDA와 같은 토픽 모델링은 단순히 지배적인 토픽 그 자체만을 추출하는 방법이기 때문에 정적인(static) 결과만을 확인할 수 있다. 시간적으로 누적된 데이터의 특성을 살려 그 패턴을 분석하는 데 한계가 있다. 우리는 〈한국언론학보〉의 논문 발간일이라는 시간흔적(time stamp)을 활용하여 토픽의 통시적 진화(evolve) 패턴을 분석하는 것이 반드시 필요하다고 보았다. 왜냐하면 서두에서 밝혔듯 언론학 지형의 변화무쌍한 속성 때문이기도 하고, 시간의 흐름을 통해 설명해야 비로소 이 연구의 목적이 살아나기 때문이다.

시간이 기록된 데이터라면 연속적인 시간 역동성을 가진 토픽 모델(cDTM: Continuous Time Dynamic Topic Models)로 분석이 가능하다(Wang, Blei & Heckerman, 2012). 이러한 속성을 가진 문서 데이터는 시퀀셜 그룹(sequential group)으로 나눌 수 있어서 시간에 따른 토픽의 변화 추이를 살펴볼 수 있다. 블라이(Blei et el., 2006)는 수집된 문서가 시계열 속성이 있을 경우 문서에서 "시간에 따른 토픽의 진화추이 확률을 포착할 수 있다"고 설명한다(최선영·고은지, 2017. 88쪽 재인용). 따라서 블라이(Blei, 2003)의 연구를 참조하여 LDA를 구한 후, 시간에 따라 변화할 것으로 예측되는 토픽 확률을 분석하기 위해 다이내믹 토픽 모델(DTM: Dynamic Topic Model)을 계산할 것이다.

토픽 모델링의 방법론적 의미는 주어진 데이터를 활용해 모델의 정확성을 높일 수 있는 데이터 처리에 달려있다. 이 연구에서 다루는 메타데이터의 특성을 파악해 계산기법을 선정하는 것은 선행연구 검토만큼 중요하다. 토픽 모델링을 통해 언론학 연구를 통시적으로 잘 설명할 수 있는, 귀납적 해석이 가능한 결과를 도출하는 데 이 연구의 의의가 있기 때문이다.

4. 연구방법 및 연구의 틀

이 연구는 크게 두 개의 접근으로 연구하였다. 우선 자동화된 알고리즘으로 토픽 모델링을 계산하기 전, 메타데이터에서 확인할 수 있는 〈한국언론학보〉의 논문 수와 연구자별 논문 수, 이용 및 인용이 높은 논문 등에 대한 기술 통계를 제시하는 것이다. 우리나라는 한국연구재단 데이터 기준의 인용 지표(citation index)인 H지수가 있다. 그러나 60년 동안의 논문 전집을 독점 공급하는 누리미디어의 데이터베이스를 참고해야 실제 이용 추이를 확인할 수 있어 삼각측정법(triangulation)으로 두 데이터를 참고하였다.

또 다른 접근은 확률적 통계 모델인 토픽 모델링(Topic Modeling)을 활용하여 〈한국언론학보〉 논문 전집의 토픽을 추출하고 분석하되 시간 추이에 따른 토픽의 변화를 확률적으로 살펴보는 것이다. 이 방법은 영역 또는 유형, 범주를 분류하는 메타분석 방법과 달리 확률적으로 계산된 토픽의 군집을 통해 결과를 볼 수 있다. 순차적으로 축적된 문서는 토픽 확률 변화를 계산할 수 있는 데이터라, 시간에 따른 토픽의 변화 양상과 군집을 해석할 수 있다.

본 논문의 전체적 연구의 틀은 〈그림 1-1〉과 같다.

1) 분석대상 선정 및 데이터 처리

본 연구는 1959~2018년까지 〈한국언론학보〉에 게재된 60년 치 논문 전편의 메타데이터를 수집하여 전처리 과정을 거쳤다. 연구대상 범위는 논문 2,048편으로 누리미디어 데이터베이스에서 제목, 저자, 발행일, 발행쪽수, 키워드, 초록, 본문이 포함된 메타데이터를 수집하였다. 메타데이터 상에 초록 정보가 누락된 512편에 대해서 연구자와 대학원생 연구보조원 3명이 논문을 읽고 보완 작업을 하였고, 영어와 한문 표기는 전처리 과정에

<그림 1-1> 연구의 틀

〈그림 1-1〉 연구의 틀

데이터 수집	분석대상	데이터 전처리	연구방법	연구결과
• 1960~2018 〈한국언론학보〉 논문 전집 • 한국연구재단 학술지인용색인 데이터	〈한국언론학보〉 논문 제목, 저자, 발행일, 초록, 본문	• 사용자 사전등록 • 형태소 분석 • 불용어 처리 • 한문·영어 한글입력 • 고어(古語)보정	• 기술 통계 • 다이내믹 토픽 모델링(DTM)	• 논문 수 • 인용, 이용 통계 • DTM 결과: 토픽 및 키워드 추출, 토픽 해석

서 전부 한글로 바꾸는 작업을 실시하였다. 시퀀셜 분석을 위해 날짜 보정 작업도 거쳤다. 1960년 4월에 발간한 〈신문학보〉 1호에 실린 논문이 최초의 연구이지만, 2호는 9년 뒤인 1969년에 나타나 시간 왜곡이 발생할 수 있는 점을 고려하여 1호 논문 4편은 분석대상에서 제외하였고, 또 권두언 및 서평 등 논문으로 간주하기 어려운 형태의 문서는 집합에서 제외하였다 (DTM 논문 수 = 2,044편). 그리고 다이내믹 토픽 모델링을 실시하기 위한 과거 발행일이 정확치 않다고 판단한 경우 사료에 근거해 연구자가 날짜 보정 작업을 하였다.

수집된 데이터는 파이선(Python) 3를 활용하여 분석하였다. 한글 형태소 분석을 위해 파이선 패키지 코엔엘파이(KoNLPy) 라이브러리를 사용하였으며, 형태소 분석기는 이 라이브러리에서 제공하는 미캡(MeCab)을 사용하였다. 형태소는 의미 최소단위인 토큰(*token*)으로 분리하여 글자, 단어, 어절 등으로 나누는 작업을 수행했다. 논문 데이터는 정제된 언어이지만, 1960~90년대 논문에서 현대어 표현이 아닌 경우가 추출되어 형태소 분석기 사전등록 과정에서 용어를 통일해 정리하였다. 토픽 모델링 결과가 잘 도출되려면 정교한 사전등록 작업 수행이 필요하기 때문이다. 예를 들어 '뿌브리찌스틱학', '프블리찌스틱과학'은 '공시학'으로, '컴뮤니케이숀', '콤뮤니케이션'은 '커뮤니케이션'으로, '인터디시프리너리'는 '학제간', '아프라치'는 '접근', '매스콤'은 '매스컴', '매스미디아'는 '매스미디어', '텔리비

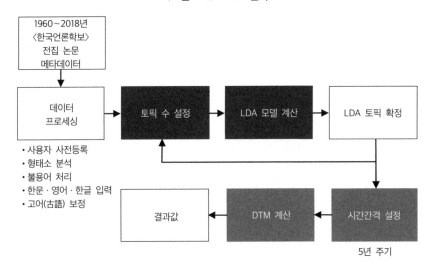

<그림 1-2> DTM 절차

전'은 '텔레비전', '쎈세이셔나리즘'은 '선정주의', '이용과 만족'은 '이용과 충족' 등으로 각각 통일시켰다. 또 분리된 어절로 추출되는 단어는 반복적으로 모델을 테스트하는 과정에서 사전등록을 업데이트하여 검출 누락이 없도록 하였다.

2) 분석방법: 다이내믹 토픽 모델링

우리는 적합한 모델을 구하기 위해 반복적으로 모델링 테스트 과정을 거쳤다(<그림 1-2>). 연구 초기 기본 LDA를 사용하여 모델링 테스트를 위해 토픽 개수를 40~120개까지 설정한 후 혼잡도를 계산하고 모델을 평가하였으나, 논문의 특정한 단어만 추출되는 현상이 지속적으로 발생하여 이 LDA 모델은 적합하지 않다고 판단하고 폐기하였다. 우리는 모델링 평가에서 혼잡도 대신 토픽 일관성으로 평가하는 방법을 선택하였다. 이 평가방법을 채택하기 위해 모델링은 gensim의 말렛[1] 래퍼(Mallet wrapper)를 사용하여 말렛 LDA를 계산하였다. LDA는 문서 집합 안에 단어의 분포를 통해 나타나는 일련의 토픽들이 있다고 가정하기 때문에(Blei, Ng and Jordan, 2003; Blei, 2012), 토픽 모델링 수행을 위해 논문 초록을 하나의 문서로 설정하였다. 그 결과 총 2,044개의 문서에서 134,524개의 'non-zero entries'가 생성되었으며 이 중 중첩되지 않는 형태소인 'features'는 10,215개였다.

말렛 LDA를 구하면서 시간간격을 5년, 10년 단위로 반복 계산하고 토픽 개수를 10~120개까지 설정하여 각각의 DTM을 계산한 후 뉴먼(Newman, 2010)이 제시한 일관성 점수를 활용하여 토픽을 평가한 결과, 100개의 토픽이 적합한 모델로 나타났다. 이 과정에서 우리는 〈한국언론학보〉가 다루는 토픽이 문서 집합 크기에 비해 다양하기 때문에 혼잡도보다 일관성 점수가 데이터를 더 잘 반영한다고 판단했다. 분석대상 및 범위에 대한 시간단위 설정은 연구자 판단에 따르는데, 60년간 〈한국언론학보〉 논문 전집서 나타난 토픽 변화 추이를 보기 위해 5년, 10년 간격의 LDA 계산을 반복 테스트하였다. 그 결과 2000년대 이전의 논문 수가 적기 때문에 블라이(Blei, 2006)의 〈사이언스〉지 연구에서 설정한 10년 간격은 〈한국언론학보〉 데이터 특성상 분석단위가 맞지 않았고, 2~3년 간격으로 좁힐 경우 특정 시계열 구간의 논문 수가 너무 적다는 문제가 발생했다. 이에 5년 단위 설정이 토픽 산출에 적합하다고 보고 모델링 계산과 평가방법을 거쳤다.

---

1) 말렛(Mallet: Machine Learning for Language Toolkit)은 오픈 패키지 토픽 모델링 라이브러리로 통계적 자연어 처리, 문서 분류, 클러스터링, 토픽 모델링, 정보추출 및 텍스트 기계 학습을 처리하는 응용 프로그램이다. 텍스트 인코딩에 UTF-8을 적용하고 있어 한국어 처리가 용이하다.

5. 〈한국언론학보〉 논문 계량분석

1) 전체 논문 수 및 연도별 발간 추이

1960~2018년까지 〈한국언론학보〉는 총 2,048편의 논문이 게재되었고, 연도별 게재 편수는 〈그림 1-3〉과 같이 나타났는데, 논문 수는 1992년부터 서서히 증가하기 시작해서 2001년 이후 괄목할 양적 성장을 이룬다. 〈한국언론학보〉의 정치커뮤니케이션 50년사를 3단 지층구조로 분석한 최선열(2009)의 연구는 논문 수 증가에 대한 분석 근거를 명확하게 제시하였는데, 이 중 학회 제도화 지층구조와 미디어 지층구조를 본 연구의 결과 해석 틀로 적용하는 데 큰 무리가 없다고 보았다.

　우선 학회 제도화 차원에서 살펴보면 1989년 한국언론학회 창립 30주년을 기점으로 연도별 게재 논문이 10편 아래로 떨어지는 현상은 발생하지 않는다. 이때 연구 분과 위원회를 구성하였고, 회원 수는 1982년 104명에 비해 약 2배 증가한 200여 명이었다. 1996년 회원 수 504명이 된 이후 논문 수는 해마다 약 10편씩 증가하였다. 가장 특이한 지점은 한 해 동안 102편의 논문이 생산된 2001년도이다. 2000년 35편과 비교할 때 그 수가 약 3배 증가한 괄목할 성과를 이룬다. 2000년까지 연 4회 발간이었으나 2001년에 2회의 특별호(국문, 영문)를 발행하며 논문 수가 급증한다. 이때 연 6회 발행을 정착시키는 계기를 마련한 것으로 보인다. 2002년은 연 6회 발간이 정착이 되지 않은 상태로 연 4회(59편)가 게재되어 논문 수가 전년도 대비 절반까지 떨어졌다. 그러나 2003년부터 연 6회 발행이 정착한 결과 2006년부터 2014년까지 논문 수의 증가 추이가 꾸준히 나타났다. 9년간 평균 약 102편의 논문이 해마다 학보에 게재된 것이다. 2000년도 이후 논문 수 증가를 최선열(2009)의 미디어 지층구조로 설명하면 미디어 제도의 변화(언론법, 방송법 개정), 소셜미디어의 성장, 인터넷, 통신, 스마트폰,

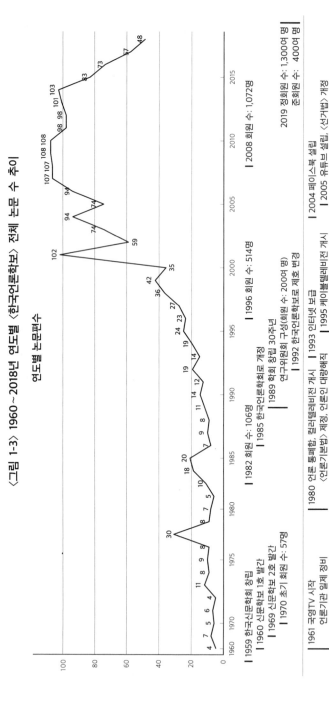

〈그림 1-3〉 1960~2018년 연도별 〈한국언론학보〉 전체 논문 수 추이

연도별 논문편수

주: 최선열(2009)의 학회 제도화 지층 구조, 미디어 지층 구조를 참조하여 재구성.

모바일 등 매체 기술 발전, IPTV, 종합편성채널의 등장 등 언론학 연구범위가 다양해질 수밖에 없는 미디어 환경과 테크놀로지의 영향도 크게 작용했음을 알 수 있다.

그러나 2009년까지 증가 추세였던 논문 수는 2015년 83편으로 전년도 대비 20편이 줄었고, 2016년 73편, 2017년 57편, 2018년 48편으로 최근 4년 간 급격하게 줄어든다. 2018년의 게재 논문 수는 2014년도와 비교할 때 약 절반 수준이다. 2001년 연 6회 발간이 시작된 이래 가장 적은 수의 논문이 게재된 것이다. 최근 논문 생산의 감소 원인은 우선 언론학 영역 세분화에 따른 관련 학술지의 발행 증가에서 찾을 수 있다. 한국연구재단은 2019년 4월 신문방송학 관련 학술지를 26종으로 분류하고 있는데, 언론학 관련 학술지의 증가는 상대적으로 논문 투고량 감소의 원인이 되었을 가능성이 있다. 그러나 〈한국언론학보〉는 〈표 1-1〉에서 보는 바와 같이 언론학 연구의 대표적 학술지로 각 영역의 학술지 발전에 영향을 주고 있어서 언론학 연구 생태계에 긍정적 역할을 수행하고 있음을 알 수 있다. 〈표 1-1〉은 한국연구재단 메타데이터상에 나타난 2019년 4월 현재의 인용 통계로 〈한국언론학보〉가 인용되고 있는 상위 20개 학술지를 정리한 것이다. 학보에 실린 논문은 등재 및 등재후보 학술지 논문에서 2019년 4월 기준 총 23,360회 인용되고 있고 이 중 14.4%가 〈한국언론학보〉에서 인용되고 있음을 알 수 있다.[2]

최근 4년간 논문 생산이 감소된 또 다른 이유는 등재학술지 유지 조건 기준 강화가 투고 논문 수에 영향을 주었을 가능성이다. 〈한국언론학보〉는 2001년 등재학술지로 평가된 후 2017년부터 2019년 4월 현재까지 우수등재학술지를 유지하고 있다. 등재학술지 평가 요건에 게재율, 게재논문의

---

[2] 한국연구재단의 학술지인용색인 데이터는 〈한국언론학보〉가 등재후보지가 된 1999년 이후의 데이터로, 피인용 논문은 한국연구재단 등재지 또는 등재후보지 이상의 논문을 대상으로 산출된 횟수이다.

학술적 성과와 가치, 학술지의 전문성, 논문초록의 전문성 등이 반영되면서 엄격한 심사절차를 거치게 되었고 이에 따라 투고 논문 수가 많더라도 게재 논문 수가 감소했을 가능성이 있다.

마지막으로 교육제도의 변화가 논문 수의 증감 원인이 되었을 가능성이다. 대학설립이 허가제에서 대학설립 준칙주의로 요건이 완화되면서 김대중 대통령 재임 시기 언론 관련 학과 신설이 전국적으로 늘어 신임 교수 임용이 활발하게 이루어졌다. 그 결과 2001년 논문 수가 급증한 것은 아닌지 추측해 볼 수 있다. 교육부 자료에 따르면 1996년 대학설립 준칙주의가 시

〈표 1-1〉〈한국언론학보〉 인용 상위 20개 학술지 목록 및 인용횟수

기간: 1999~2018년

학술지명	발행기관	토픽분류	인용비율(%)	인용횟수
〈한국언론학보〉	한국언론학회	신문방송학	14.4	3,374
〈언론과학연구〉	한국지역언론학회	신문방송학	5.0	1,167
〈한국방송학보〉	한국방송학회	신문방송학	4.6	1,083
〈한국언론정보학보〉	한국언론정보학회	신문방송학	3.2	746
〈사이버커뮤니케이션학보〉	사이버커뮤니케이션학회	사회과학일반	2.5	588
〈한국콘텐츠학회 논문지〉	한국콘텐츠학회	학제간연구	2.3	545
〈홍보학연구〉	한국PR학회	신문방송학	2.3	527
〈정치커뮤니케이션연구〉	한국정치커뮤니케이션학회	신문방송학	2.2	520
〈광고학연구〉	한국광고학회	신문방송학	1.9	454
〈한국소통학보〉	한국소통학회	신문방송학	1.7	389
〈커뮤니케이션 이론〉	한국언론학회	신문방송학	1.6	379
〈커뮤니케이션학 연구〉	한국커뮤니케이션학회	학제간연구	1.5	354
〈방송통신연구〉	한국방송학회	신문방송학	1.4	333
〈한국광고홍보학보〉	한국광고홍보학회	신문방송학	1.4	328
〈미디어, 젠더 & 문화〉	한국여성커뮤니케이션학회	신문방송학	1.4	318
〈지역과 커뮤니케이션〉	부산울산경남언론학회	신문방송학	1.3	296
〈미디어 경제와 문화〉	(주)에스비에스	신문방송학	1.2	287
〈광고연구〉	한국광고홍보학회	신문방송학	1.2	274
〈방송과 커뮤니케이션〉	방송문화진흥회	신문방송학	1.1	264
〈언론정보연구〉	언론정보연구소	신문방송학	1.1	252

주: 총인용수 = 23,360.

행된 이후 2001년 개정까지 94개의 대학이 설립되어 종합대학의 18.8%가 이 시기에 신설되었다. 또 1994년부터 시작된 〈중앙일보〉 대학평가가 자리를 잡으면서 평가 지표에 교육연구 분야, 논문 실적의 중요성이 커져 논문의 양적 증가에 영향을 주었을 가능성이 있다. 2015년 이후 논문 수 감소도 같은 맥락에서 풀이해볼 수 있다. 언론 관련 학과의 신규 임용이 활발히 이루어지던 20여 년 전과 달리, 2010년대 이후 신규 임용은 대폭 줄어드는 추세[3]이다. 임용과정에서도 각 대학마다 국제화 실적이 중요한 평가 기준이 되면서 국내 학술지보다 해외 저널에 투고하려는 경향을 만들어낸 것이 사실이다. 국내 언론학 연구풍토가 새 국면으로 접어들었다고 볼 수 있다. 학령인구 감소로 기존 학과의 축소 또는 폐지가 이루어지는 점도 논문 수 감소에 영향을 주는 것은 아닌지 논의가 필요하다.

2) 저자 및 논문 별 인용·이용 현황

〈한국언론학보〉의 저자별 게재 논문 수와 논문별 인용 및 이용을 분석한 결과는 데이터베이스 특성[4]으로 인해 삼각측정 방식으로 보는 것이 타당할 것이다. 우선 1960년 창간호부터 2018년 12월 31일까지 학보에 논문을 게재한 연구자는 총 1,276명이었다. 연구자 기준으로 데이터를 분석한 결과 〈한국언론학보〉에 가장 많은 논문을 발표한 저자는 김은미로 총 48편의 논문을 게재하였고, 20편 이상 게재한 연구자는 이준웅(45편), 김영희

---

3) 사회 계열 신규교원 임용 추이를 참고한 결과 2012년 기점으로 감소 경향이 나타났다.
4) 누리미디어의 메타데이터는 1960년 이후 〈한국언론학보〉 논문을 전부 제공하고 있어서 논문 수는 정확하게 집계되지만, 데이터베이스 서비스 개시가 2008년부터 이루어졌기 때문에 개별 논문 및 저자별 인용 및 이용 관련해서는 한국연구재단 데이터베이스도 참고하였다. 이용 및 인용 횟수는 디지털 자료 축적 기간과 데이터베이스 속성을 감안해 해석해야 한다.

(26편), 차희원(24편), 박종민(23편), 나은영(20편) 순으로 나타났다.[5] 누리미디어 데이터베이스 메타데이터로 2008년 3월 28일 디비피아(DBpia) 서비스 개시 시점부터 2018년 12월 31일까지 발생한 〈한국언론학보〉의 이용통계(다운로드 통계)와 인용통계를 살펴본 결과,[6] 2019년 4월 기준 1만 5천 건 이상의 논문 이용이 발생한 저자는 이준웅으로 44,011회 논문 이용이 발생한 것으로 나타났고, 김은미(40,794회), 차희원(17,679회), 최윤정(16,153회), 나은영(16,059회), 금희조(15,677회), 이종혁(15,183회)의 논문 순으로 이용하고 있었다. 누리미디어 데이터 기준 〈한국언론학보〉 창간호부터 2018년 12월까지 발행 논문 대상 최다 피인용 저자를 살펴본 결과 김은미가 317회, 이준웅이 300회, 최윤정이 86회였다. 또한 한국연구재단 데이터베이스에서 제공하는 인용지수인 H지수[7]로 인용 현황을 확인한 결과 연구재단 등재후보지로 등록한 1999년 이후 이준웅, 김은미, 이수범, 이정기 순으로 인용과 이용 빈도가 높은 것으로 나타났다.

한국연구재단에서 제공하는 〈한국언론학보〉의 개별 논문 중 100회 이상 인용된 논문을 확인한 결과는 〈표 1-2〉와 같다(2019년 4월 기준). 측정과 타당성 검증 등 실증연구 관련 방법론 연구, 이론적으로는 기술수용모델, 이용과 충족, 프레임(틀짓기) 연구, 연구대상으로는 이동전화와 매체이용 관련 연구가 인용이 되고 있음을 알 수 있다.

---

5) 단독저자, 공동저자, 교신저자 포함 논문 수

6) '이용'은 논문파일을 내려받기한 횟수이며 '인용'은 누리미디어 데이터베이스 내 논문에서의 피인용을 의미하는데, 두 개념에 대한 해석은 신중할 필요가 있다.

7) 한국연구재단은 2004년 이후의 논문에 대한 H지수를 제공하고 있는데 연구자 논문 중에서 논문 h개가 적어도 각각 h개 이상의 인용을 받고, 나머지 논문이 h개와 같거나 적은 인용을 받을 때로 피인용수가 많은 순으로 정렬해 순위를 매긴다. H지수는 연구자 개인의 전체 인용 점수를 나타낸다.

〈표 1-2〉 한국연구재단 데이터베이스 자료 기준 〈한국언론학보〉 개별 논문 피인용 횟수

2019년 4월 현재

발행연월	권(호)	논문제목	인용회수
2003.12	47(6)	포괄적 대인 의사소통 능력 척도개발 및 타당성 검증	228
2011.4	55(2)	기술수용모델을 이용한 초기 이용자들의 스마트폰 채택 행동 연구	202
2004.12	48(6)	이동전화 중독 척도 개발 및 타당성 검증	164
2004.1	48(5)	인터넷의 웹블로그(Web-blog) 이용동기와 만족도에 관한 연구: 대학생 집단을 중심으로	141
2003.4	47(2)	대학생들의 이동전화 중독증에 관한 연구	141
2003.1	47(5)	한류의 커뮤니케이션 효과: 중국인의 한국 문화상품 이용이 한국에 대한 인식과 태도에 미치는 영향	133
2011.2	55(1)	이용동기에 기반한 스마트폰 초기 이용자 유형에 관한 탐색적 연구	122
2005.6	49(3)	사회자본 형성의 커뮤니케이션 기초: 대중매체 이용이 신뢰, 사회 연계망 활동 및 사회정치적 참여에 미치는 영향	118
2006.2	50(1)	다매체 이용자의 성향적 동기: 다매체 환경에서 이용과 충족 이론의 확장	111
2012.2	56(1)	CSR 활동의 진정성이 기업태도에 미치는 영향에 관한 연구	108
2005.12	49(6)	언론보도의 프레임 유형화 연구: 국내 원자력 관련 신문보도를 중심으로	103
2006.8	50(4)	읽기의 재발견: 인터넷 토론 공간에서 커뮤니케이션의 효과	101

6. 다이내믹 토픽 모델링 분석결과: 〈한국언론학보〉 논문의 주요 토픽 분석

전집 논문 메타데이터를 활용해 5년 단위로 총 11개 시간 구간에서 DTM 을 생성한 결과, 시간에 따라 발생확률이 변화하는 단어들로 이루어진 100 개의 토픽을 얻을 수 있었다. 어떤 토픽이 지배적으로 나타나는지 토픽의 진화 패턴은 어떠한지 결과를 설명하기 위해 〈한국언론학회 50년사〉 (2009)의 '한국 언론학 연구 50년'에서 나눈 17개 영역별 연구를 토대로 발 생가능성이 높거나 변동폭이 큰 토픽 80개를 6개 분류체계로 정리하였다 (〈표 1-3〉). 그 근거는 우선, '한국 언론학 연구 50년'의 17개 영역별 연구

〈표 1-3〉〈한국언론학보〉의 주요 토픽 및 주요 단어

토픽번호	분류	토픽	주요 단어*
2	연구영역	방송	드라마, 패러다임, 시각, 방영, 스타, 코드, 환상
3		법제	법, 출판, 정치, 체계, 판례
20		저널리즘1(저널리즘)	기자, 저널리즘, 취재, 관행, 기사, 인용
22		PR1(기업위기관리)	위기상황, 수용, 책임, 공중, 귀인, 기업
24		문화간 커뮤니케이션	지역, 서울, 분리, 고정관념, 고유, 지역민, 분포
31		미디어경영	경쟁, 경합, 확립, 판매, 배제, 지배력
36		PR2(소셜메시지)	메시지, 행동, 의도, 태도, 효과, 페이스북, 의존도
37		휴먼커뮤니케이션1	의사소통능력, 경험, 회피, 심리
43		문화연구1	문화, 사회, 정체성, 구성원, 이주민, 테크놀로지, 심층인터뷰
47		PR3(정부)	정부, 선전, 추진, 경영, 공보
48		영상커뮤니케이션	영상, 서사, 이야기, 인물, 영상물, 구도
56		광고1(온라인)	웹사이트, 광고주, 방식, 매체, 극대, 설득력, 대행사
59		정치커뮤니케이션(선거연구)	조사, 여론, 후보, 선거, 지지, 유권자, 캠페인, 태도
60		저널리즘2(뉴스보도)	보도, 원인, 정보원, 편향, 사례
72		휴먼커뮤니케이션2	대인, 형성, 판단, 관계, 지속, 유지, 상대방
79		정책	정책, 규제, 사업, 기관, 지원, 정부, 주체
81		저널리즘3(온라인)	뉴스, 블로그, 트위터, 생산, 온라인, 언론사, 이슈
85		광고2(홍보전략)	전략, 조직, 공중, 브랜드, 상호, 커뮤니케이션
86		저널리즘4(언론)	언론, 사회, 언론인, 국제, 보도, 취재원, 언론사
90		비판커뮤니케이션	담론, 역사, 비판, 실천, 민족, 주체
93		문화연구2(미디어공간)	미디어, 공간, 라디오, 관찰, 공동체, 경험, 삶
100		건강 커뮤니케이션	규범, 주관, 건강, 관리, 정신, 모바일
10	방법론	매체실증연구	매체, 이미지, 특성, 실증, 분석
23		설문조사연구	인지, 성향, 영향, 중독, 적응, 만족도, 개인, 설문
35		양적연구1	효과, 매개, 검증, 소구, 긍정, 분석
41		질적연구	텍스트, 주체, 기호, 사회, 타자, 심층, 인터뷰
42		내용분석1	유형, 분류, 비율, 차이, 분석, 내용, 대상
53		양적연구2	변인, 세대, 통계, 실증, 검증, 종속, 회귀
61		내용분석2	분석, 방법, 내용, 구성, 주제, 관련, 대상
97		컴퓨테이셔널	네트워크, 컴퓨터, 구조, 발달, 동학
6	이론	이론에 대한 이론	사회, 과학, 이론, 체계
7		프레임1(프레이밍)	기대, 프레이밍, 피해
8		지식격차	격차, 수준, 균형, 차이
14		프레임2(텍스트)	프레임, 댓글, 기사, 내재, 맥락, 결과, 영향

토픽번호	분류	토픽	주요 단어*
15	이론	의제설정	선택, 의제, 단서, 이슈, 경향
19		프레임3(속성)	결정, 속성, 관점, 의사, 이론
32		이용과 충족1	이용, 인터넷, 동기, 충족, 추구, 이용자, 요인
67		뉴미디어확산	커뮤니케이션, 채택, 인구, 특성, 차이, 연령, 용이성
70		제 3자 효과	지각, 자신, 지식, 영향력, 가설, 타인, 제삼자, 영향
80		근대화 발전이론	발전, 개념, 사회, 근대, 이동전화, 개인
83		정보처리이론	정보, 처리, 추구, 통계학, 분석
95		이용과 충족2	이용자, 포털, 특성, 네이버, 수용성, 개인주의
1	메시지 연구	메시지효과1	영향, 요인, 통제, 결과, 설문, 예측, 이론
28		메시지효과2	정서, 조절, 유발, 공포, 긍정, 죄책감
30		연구대상	대학생, 학생, 효능감, 관계, 영향, 학업, 동료
87		정파성	이념, 존재, 보수, 만족, 적대, 관여, 북한이탈자
89		설득	집단, 차이, 설득, 유의, 선호, 자극
92		방송메시지	프로그램, 장르, 텔레비전, 재현, 방송
50	수용자 연구	소비자연구	소비자, 관여, 제품, 광고, 구매, 신뢰도 기억, 보상
52		정치참여	정치, 참여, 시민, 투표, 결과, 신뢰, 관심, 전국
55		수용자연구	수용자, 해석, 이론, 스키마
63		청소년1(TV시청)	시청, 텔레비전, 시간, 시청자, 자녀, 경험, 부모, 오락
74		청소년2(모바일)	교육, 청소년, 스마트폰, 전문가, 학교, 학계, 협력
88		태도연구	태도, 모델, 모형, 지속, 태도, 영향, 검증, 기대
4	연구대상 또는 연구주제	정치인	정치인, 원칙, 트윗, 의미, 방송, 법제
5		온라인상호작용	상호작용, 위험, 개인 미래, 음란, 온라인
11		미디어산업	산업, 시장, 성과, 제작, 투자, 창출, 제작비
13		문화 · 젠더	여성, 남성, 이데올로기, 상품, 자본주의, 가부장, 한류
16		미디어규범 · 가치	가치, 지향, 사상, 공정, 원리, 복지, 추구, 규범
17		지적재산권	해외, 검색, 문제점, 진단, 저작물, 저작권법, 계약
21		소셜미디어	사회, 온라인, 노출, 영향, 소셜, 오프라인, 미디어
27		표현의 자유/공론장	자유, 실제, 방송사, 제도, 공론, 목표, 이익
29		종이신문	보도, 기사, 경제, 분석, 일간지, 내용, 뉴스, 제목, 수집
38		독자	신문, 독자, 발행, 잡지, 신문사, 〈조선일보〉, 〈동아일보〉
39		흡연연구	관계, 상관, 정책, 빈도, 흡연, 담배
45		사이버범죄	언어, 폭력, 사이버, 경계, 피해, 가해, 디지털
46		루머확산	인식, 이슈, 뉴미디어, 영향, 인플루엔자

토픽번호	분류	토픽	주요 단어*
54	연구대상 또는 연구주제	대통령1	부정, 긍정, 대통령, 리더십, 박근혜, 노무현
58		명성	기업, 국내, 홍보, 경영, 명성, 수익
64		정치루머	국가, 정부, 반응, 공격, 확산, 루머, 대응, 전략
68		방송정책	방송, 채널, 경쟁, 케이블, 지상파, 편성, 경제, 사업자, 공영, 위성, 도입
69		매체비평	기술, 윤리, 디지털, 어린이, 철학, 정립, 기초
73		대통령2	김영삼, 영부인, 형용사
77		미디어 역사	한국, 미국, 전쟁, 한국인, 소유, 해방, 과정
78		방송서비스	서비스, 기능, 공공성, 공익, 대체, 레퍼토리, 방송국
82		북한	북한, 범죄, 진보, 남한, 사회, 주민
94		인터넷토론	매스, 의견, 토론, 인터넷, 견해, 관용, 참여, 민주주의
98		갈등이슈	사회, 문제, 갈등, 대안, 통합

주: * 높은 확률로 추출된 단어 순.

가 공통적으로 '방법론', '이론', '메시지 연구', '수용자 연구', '연구대상' 또는 '연구주제'를 분류체계로 삼고 있고, 또 위의 17개 연구영역으로 분류할 경우 추출된 토픽 중에서 '연구영역'으로 분류되지 않는 높은 발생확률의 토픽이 다수였기 때문이다. 토픽명은 토픽을 구성하는 주요 단어를 확인하고 DTM 결과 데이터와 메타데이터의 논문제목, 초록을 상호 체크하고 pyLDAvis패키지 툴에 의해 생성된 토픽과 단어들의 주성분 분포 관련성을 확인한 후 추론을 통해 결정하였다. [8]

우선 추출된 100 개 토픽이 전체 문서에 잘 분포되어 있는지 확인하기 위해 pyLDAvis패키지 툴을 사용하여 생성된 토픽과 단어들(keyword) 을 검토하였다. 〈그림 1-4〉는 주성분 분석을 통해 〈한국언론학보〉의 토픽 분포를 시각화한 것이다. 토픽이 잘 추출되었을 경우 좌측의 원의 크기가 일반적으로 크게 나타나고 토픽들이 하나의 사분면 전체에 골고루 분포된다.

---

8) 토픽 번호는 무작위 추출이며 식별을 위해 추출된 대로 표기한다.

2015~2018년까지 DTM 전체의 토픽을 구성하는 지배적인 단어는 뉴스, 커뮤니케이션, 미디어, 문화, 신문, 관계, 정보, 사회, 효과 등으로 추출되었다(우측 막대그래프 참조). 〈표 1-3〉에 정리한 토픽 중 "저널리즘4(언론)"(토픽 86), "갈등이슈"(토픽 98), "방송정책"(토픽 68), "정치참여"(토픽 52), "매체실증연구"(토픽 10), "법제"(토픽 3), "표현의 자유/공론장"(토픽 27), "내용분석2"(토픽 61), "휴먼커뮤니케이션1"(토픽 37). "문화·젠더(토픽 13) 등은 〈한국언론학보〉의 논문 전반에 골고루 분포된 토픽이라고 해석할 수 있다.

DTM은 하나의 토픽이 진화하는 양상을 계산하기 때문에 시간 흐름에 따라 토픽을 구성하는 단어의 발생확률이 바뀐다. 예를 들어 전집 논문에서 가장 골고루 분포되어 있을 것으로 추측되는 86번 토픽인 "저널리즘4(언론)"의 경우 1969~1973년과 2015~2018년 두 시기를 비교한 결과 〈그림 1-5〉, 〈그림 1-6〉의 우측 그래프에서 나타나는 것처럼 토픽을 구성하는 지배적인 단어에 변동이 있음을 확인할 수 있다.

〈그림 1-5〉의 우측 그래프를 보면 1969~1973년에 86번 토픽 "저널리즘4(언론)"을 구성하는 단어는 '언론', '사회', '언론인', '분석', '국제', '보도', '한국' 순으로 엮이는 것을 볼 수 있다. 〈그림 1-6〉의 우측 그래프는 2015~2018년의 "저널리즘4(언론)" 토픽을 구성하는 단어로 '언론', '사회', '분석', '취재원', '보도', '언론인', '언론사' 순으로 엮여 있다. 각 시기 토픽을 구성하는 단어의 확률적 비율이 다르기 때문에 토픽이 변동성을 갖는 것이다. 이처럼 모든 토픽은 시간에 따라 발생가능성이 다른 단어로 묶이기 때문에 정적인(static) 상태를 유지하는 것이 아니라 역동적으로 다이내믹하게 진화한다. 시각화를 통해 시간에 따라 토픽을 구성하는 단어의 발생이 달라지고 이에 따라 토픽의 진화 양상도 달라지는 결과를 확인하였다.

〈표 1-3〉의 연구영역, 방법론, 이론, 메시지 연구, 수용자 연구, 연구대상 또는 연구주제로 분류한 토픽의 발생확률 진화 추이를 DTM 생성을 통

<그림 1-4> 2014~2018년 100개 토픽의 주성분분석 분포(좌) 및 토픽을 구성하는 지배적인 단어 30개(우)

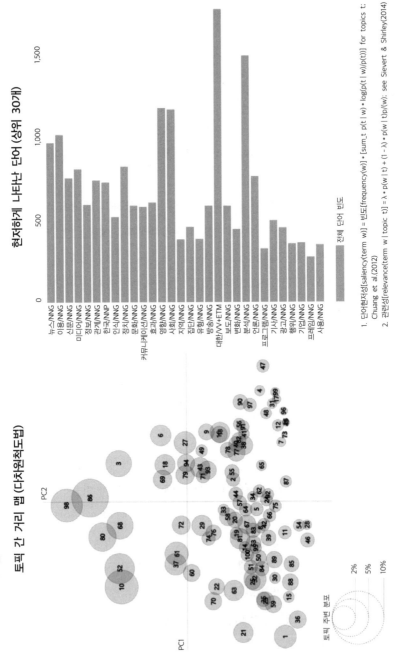

토픽 간 거리 맵 (다차원척도법)

현저하게 나타난 단어 (상위 30개)

뉴스/NNG
이용/NNG
신문/NNG
미디어/NNG
정보/NNG
관계/NNG
한국/NNP
인식/NNG
정치/NNG
문화/NNG
커뮤니케이션/NNG
효과/NNG
영향/NNG
사회/NNG
지역/NNG
집단/NNG
유형/NNG
방송/NNG
대한/VV+ETM
보도/NNG
변화/NNG
분석/NNG
언론/NNG
프로그램/NNG
기사/NNG
광고/NNG
행위/NNG
기업/NNG
프레임/NNG
사용/NNG

전체 단어 빈도

1. 단어현저성[saliency(term w)] = 빈도[frequency(w)] × [sum_t p(t | w) × log(p(t | w)/p(t))] for topics t; Chuang et al.(2012)
2. 관련성[relevance(term w | topic t)] = λ × p(w | t) + (1 - λ) × p(w | t)p/(w); see Sievert & Shirley(2014)

〈그림 1-5〉 1969~1973년 100개 토픽의 주성분분석 분포(좌) 및 86번 토픽을 구성하는 지배적인 단어 30개(우)

토픽 간 거리 맵 (다차원척도법)

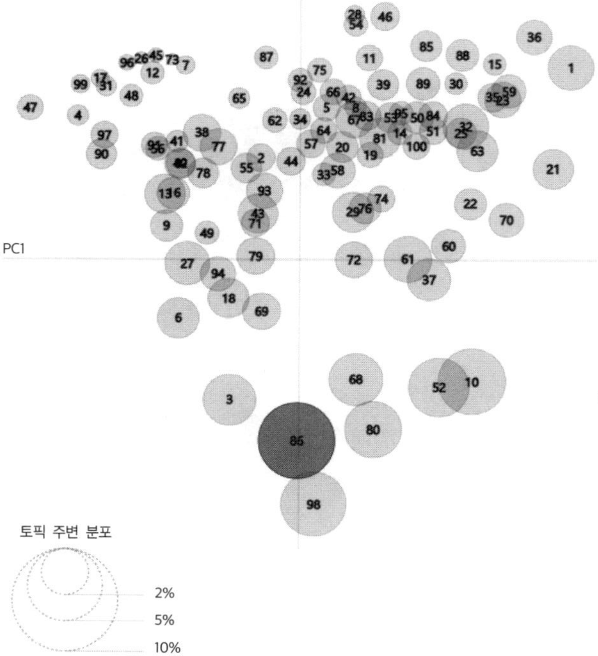

86번 토픽과 관련된 상위 30개 단어(전체 토픽의 5.2%)

전체 단어 빈도
해당 토픽 내에서 측정된 단어 빈도

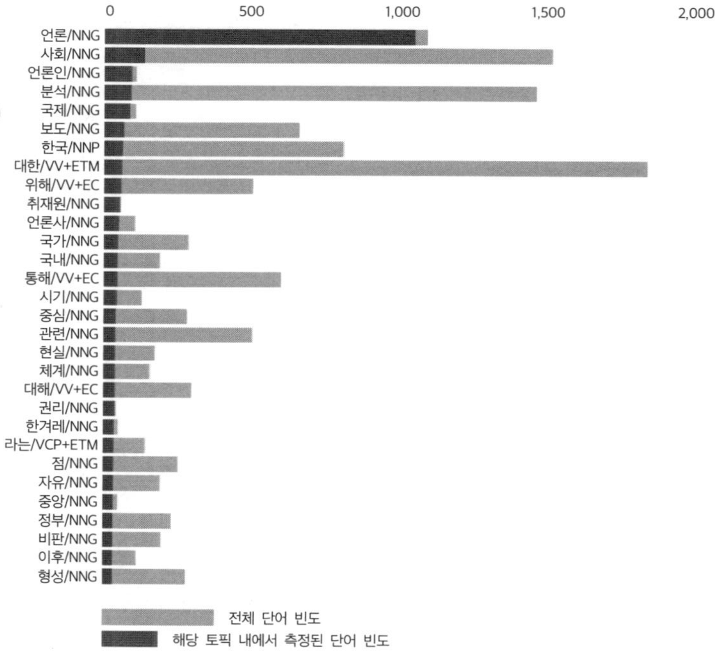

1. 단어(현저)성[saliency(term w)] = 빈도[frequency(w)] * [sum_t p(t | w) * log(p(t | w)/p(t))] for topics t; Chuang et al.(2012)
2. 관련성[relevance(term w | topic t)] = λ * p(w | t) + (1 - λ) * p(w | t)p/(w); see Sievert & Shirley(2014)

〈그림 1-6〉 2014~2018년 100개 토픽의 주성분분석 분포(좌) 및 86번 토픽을 구성하는 지배적인 단어 30개(우)

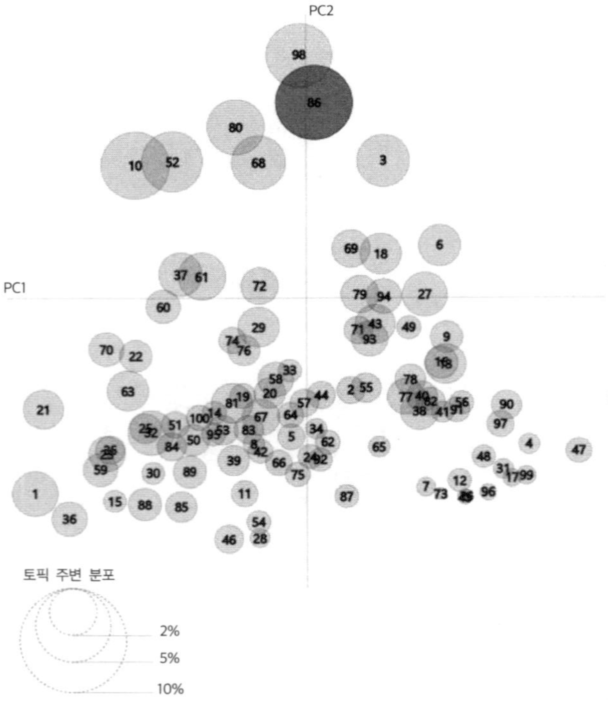

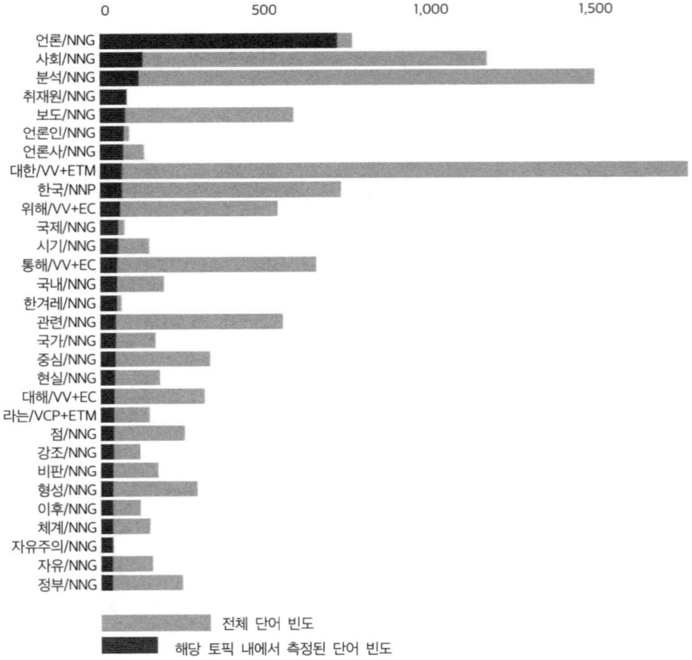

해 분석한 결과 〈그림 1-7〉~〈그림 1-12〉와 같이 나타났다. 모든 토픽을 그래프로 그리지 않고 높은 발생확률의 토픽과 발생확률의 추이를 비교해 볼 수 있는 토픽을 선별하여 제시하였는데, 연구영역(〈그림 1-7〉)으로 분류된 22개 토픽 중 12개 토픽을, 방법론(〈그림 1-8〉)은 8개 토픽 모두를, 이론(〈그림 1-9〉)은 12개 토픽 중 10개 토픽을, 각각 6개의 토픽이 추출된 메시지 연구(〈그림 1-10〉)와 수용자 연구(〈그림 1-11〉)는 모든 토픽을, 총 24개의 토픽으로 분류된 연구대상 또는 연구주제(〈그림 1-12〉)는 10개의 토픽을 그래프로 나타냈다.

특징적인 토픽을 살펴보면, 연구영역과 관련하여 "저널리즘1~4"(토픽 20, 60, 81, 86) 관련 토픽이 가장 많이 추출되어 앞서 시각화에서 확인하였듯 학보 전반에 걸쳐서 저널리즘 연구가 이루어지고 있음을 추측할 수 있다. 저널리즘 토픽이 하나로 엮이지 못한 까닭은 아마도 연구대상, 방법론, 이론에서 차이가 나기 때문으로 해석할 수 있다. "저널리즘3(온라인)" (토픽 81)은 높은 확률의 발생가능성과 함께 2014년까지 하락추세였다가 다시 상승 추세 패턴으로 나타났는데, 이 토픽을 구성하는 단어가 '뉴스', '블로그', '트위터', '생산', '온라인', '언론사', '이슈'로 나타나 온라인 저널리즘 관련 연구가 급증했다고 추론할 수 있다. 또 "저널리즘4(언론)"(토픽 86)는 학보의 전체 논문에서 전반적인 분포를 나타냄에도 불구하고 발생확률 비율(0.01776)이 여타 토픽보다 높게 나오지는 않았는데, 토픽을 구성하는 단어가 '언론', '사회', '언론인', '국제', '보도', '취재원', '언론사', '국내'로 엮인 것으로 볼 때 취재관행 연구 또는 생산자 연구, 국내외 보도 비교와 같은 연구로 분류될 수 있는 논문이 그리 많지 않다는 것으로 추론해 볼 수 있고, 토픽으로 엮이기는 하지만 실제 논문 수는 상대적으로 드물 수 있다. "문화연구1, 2"(토픽 43, 93) 관련 토픽은 발생가능성이 높았지만, 뚜렷한 하향세임을 볼 때 학보에서 문화연구 논문은 감소 추세였을 것으로 추측된다. "PR1~3"(토픽 22, 36, 47) 관련 토픽도 학보의 전체 논문에서 발

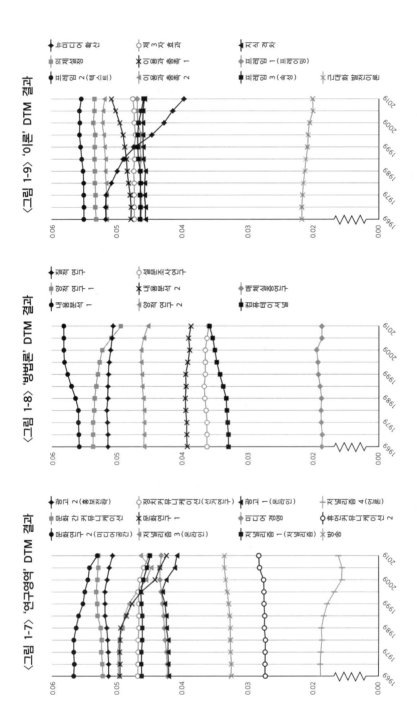

44

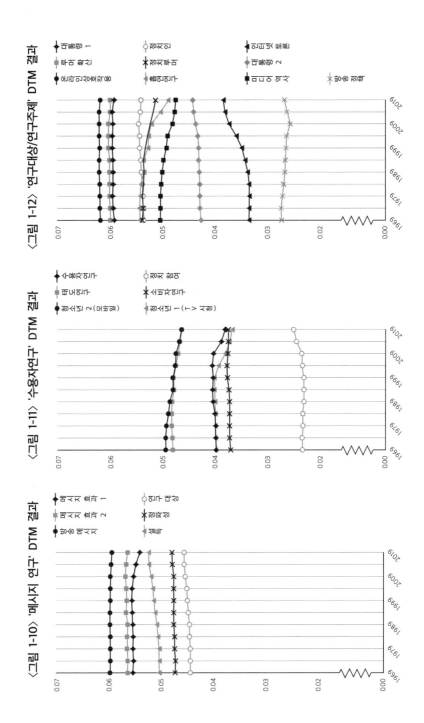

〈그림 1-12〉 '연구대상/연구주제' DTM 결과

〈그림 1-11〉 '수용자연구' DTM 결과

〈그림 1-10〉 '메시지' 연구 DTM 결과

생가능성이 높을 것으로 보이며, 특히 "PR1(기업위기관리)"(토픽 22)는 위기 및 기업의 명성, 책임과 관련된 PR 분야로 볼 수 있고, "PR2(소셜메시지)"(토픽 36)는 소셜메시지에 대한 태도와 효과와 관련된 토픽으로 해석할 수 있다. "광고2(홍보전략)"(토픽 85)는 광고에서부터 홍보까지를 포함한 전략 커뮤니케이션과 관련이 있을 것으로 볼 수 있어서 이 분야 연구가 상당히 이루어졌을 것으로 추측된다. "정치커뮤니케이션(선거연구)"(토픽 59)는 '조사', '여론', '후보', '선거', '지지', '유권자', '캠페인', '태도'로 엮여서 선거연구와 관련된 토픽으로 추측할 수 있는데, 다만 이 토픽은 발생확률 비율 추세가 완만하게 하락추세로 나타났다. 이 밖에 "법제"(토픽 3), "휴먼커뮤니케이션1, 2"(토픽 37, 72), "정책"(토픽 79), "비판커뮤니케이션"(토픽 90), "건강 커뮤니케이션"(토픽 100) 등의 토픽도 추출되었다.

방법론과 관련해서는 크게 양적 연구로 분류되는 "양적 연구 1, 2"(토픽 35, 53), "설문조사연구"(토픽 23), "내용분석 1, 2"(토픽 42, 61)와 "질적 연구"(토픽 41), "컴퓨테이셔널"(토픽 97)로 나타났다. 경험주의적 연구는 방법론에서 학보 전체에서 지배적 토픽으로 엮일 것이라고 추론할 수 있다. 질적 연구는 꾸준한 발생가능성을 유지하고 있으나 시간 추이와 관계없이 논문의 수와 비례해 방법론으로 채택되고 있을 경우 앞서 "문화연구 1, 2"(토픽 43, 93)의 발생가능성이 낮아지는 추세로 볼 때 논문 수 자체는 양적 연구에 비해 많지 않을 것으로 추정된다. "컴퓨테이셔널(토픽 97)" 방법론은 '네트워크', '컴퓨터', '구조', '발달', '동학' 등의 단어로 엮여져 있는데, 상승 추세 패턴으로 나타나 최근 이러한 방법론을 거론하거나 적용한 연구가 증가하고 있을 것이라고 추론할 수 있다.

이론과 관련된 토픽으로 "프레임 1~3"(토픽 7, 14, 19), "이용과 충족1"(토픽 32), "의제설정"(토픽 15)은 뚜렷하게 등장하는 지배적인 이론이라고 볼 수 있다. 이와 반대로 1970~80년대 논의가 많이 된 "근대화 발전이론"(토픽 80)은 토픽으로 추출은 되었으나 거의 의미 없는 발생가능성으로 나타났고, "뉴미디어확산"(토픽 67)도 한동안 많이 논의되다가 급격하게 발생가능성이 낮아지는 추세를 그리고 있다. 이는 '이론의 흥망성쇠'로 해석할 수 있는데, 〈그림 1-13〉~〈그림 1-16〉은 이 결과를 일목요연하게 설명한다. "프레임"이론은 학보 전반에 걸쳐서 가장 지배적인 이론일 가능성이 높고, 그중에서도 토픽을 구성하는 단어의 확률로 보았을 때 댓글 및 기사 등 텍스트를 주 연구대상으로 삼는 프레임 연구가 주를 이루고 있을 것이라 추측할 수 있다. "이용과 충족"이론은 꾸준히 지배적으로 나타난 프레임 이론과 달리 상승 추세 패턴이라 더 높은 발생가능성으로 나타날 것으로 추측할 수 있는데, '인터넷', '포털', '이용', '동기'가 토픽을 구성하는 단어로 엮여져 나온 것을 볼 때 뉴미디어 이용 연구에 "이용과 충족"이론이 자주 적용되었을 것으로 짐작된다. "이용과 충족"이론이 지배적 토픽으로 나타난 결과는 앞서 〈표 1-2〉로 나타난 결과와도 일치한다.

메시지 연구와 관련해서는 "방송메시지"(토픽 92)가 높은 발생가능성으로 나왔고, "메시지 효과1, 2"(토픽 1, 28), "설득"(토픽 89) 등은 측정 및 연구결과를 기술하는 관련 단어로 엮여 높은 발생가능성으로 나왔다. 이는 양적 연구방법론과 관련된 토픽으로 시간의 흐름과 상관없이 꾸준히 지속되는 토픽으로 추출되고 있다. 특이한 것은 "연구대상"(토픽 30)으로 추출된 토픽인데, '대학생', '학생', '효능감', '관계' 등의 단어로 엮여 메시지 연구대상이 주로 대학생이나 학생에게 편향된 것이 아닌가 추측하게 된다.

수용자 연구와 관련해서는 "청소년 1, 2"(토픽 63, 74)가 높은 확률의 미디어 이용 관련 토픽으로 추출되었다. 텔레비전 시청 및 이용, 스마트폰 및 부모 교육과 관련된 단어로 구성되어 있어서 수용자 연구 분야에서는 미디어 환경 변화와 연동한 미디어교육 관련 연구가 이루어지고 있음을 추론할 수 있다. 그리고 "정치참여"(토픽 52)가 상승세를 보이는 토픽으로 추출되었는데 '정치', '참여', '시민', '투표', '결과', '신뢰' 등의 단어로 엮여 있어 참여민주주의 관련 연구가 활발히 진행되고 있음을 알 수 있다.

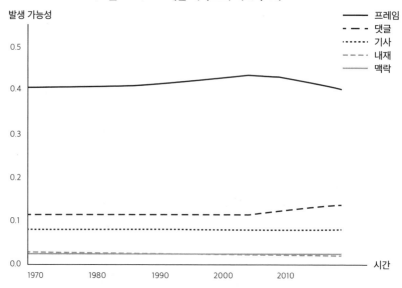

〈그림 1-13〉 "프레임 2(텍스트)" (토픽 14)

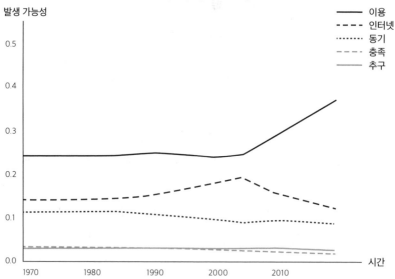

〈그림 1-14〉 "이용과 충족 1"(토픽 32)

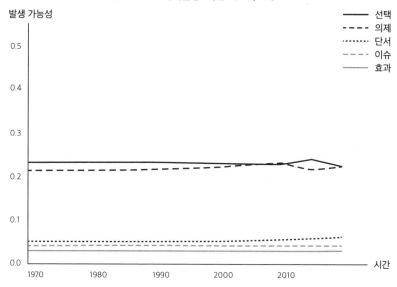

〈그림 1-15〉 "의제설정 이론" (토픽 15)

발생 가능성

선택
의제
단서
이슈
효과

0.5

0.4

0.3

0.2

0.1

0.0

1970   1980   1990   2000   2010   시간

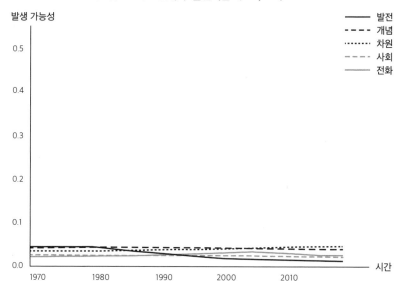

〈그림 1-16〉 "근대화 발전이론" (토픽 80)

발생 가능성

발전
개념
차원
사회
전화

0.5

0.4

0.3

0.2

0.1

0.0

1970   1980   1990   2000   2010   시간

연구대상 또는 연구주제와 관련해서는 많은 토픽이 추출되었는데, 이는 엄밀하게 연구대상과 연구주제에 해당된다기보다 언론학 특성상 분류체계로 구분하기 어려운 토픽으로 엮인 경우도 상당부분 있다. 높은 발생가능성을 보인 "온라인 상호작용"(토픽 5) 과 "사이버범죄"(토픽 45) 는 주로 '위험'과 '음란' 또는 '사이버', '폭력', '디지털', '가해' 등과 관련된 단어로 엮여 있어서 인터넷의 유해성 또는 역기능에 대한 연구로 볼 수 있으며, 이와 관련한 연구가 〈한국언론학보〉에서 지속적으로 논의되어 왔다고 볼 수 있다. 반대로 "인터넷 토론"(토픽 94) 은 같은 온라인 관련 연구임에도 불구하고 '참여', '민주주의', '관용', '의견', '견해' 등의 단어와 묶여 있어서 앞서 "온라인" 관련 토픽과는 상반된 인터넷의 긍정적 기능, 정치참여를 다루고 있다고 해석할 수 있다. 소셜미디어와 루머확산 관련 토픽도 발생 가능성이 높게 나타났는데, 지난 10년간 스마트폰 보급의 결과로 이 분야 연구가 상당수 발생했을 것으로 보인다. 시간 흐름에 따른 추세 패턴으로 보았을 때 흥미로운 토픽은 발생가능성이 확률적으로 현저하게 낮아지고 있는 "흡연연구"(토픽 39) 와 "미디어 역사"(토픽 77), "독자"(토픽 38) 등이었다. "흡연연구"는 언론학에서 자주 다루던 연구대상이었으나 사회적 제도와 규제 정책의 도입으로 금연이 보편화되면서 2000년대 전후로 관련 연구가 거의 사라진 것으로 추론할 수 있다. 한편으로 흡연 관련 미디어연구가 정책 개선에 기여한 것으로도 해석할 수 있을 것이다. "미디어 역사" 연구는 미군정기 해방정국 또는 근대 및 일제강점기 신문 독자 연구와 관련된 단어로 구성된 토픽으로 추출되었으나 연구의 수가 많지 않을 것으로 추측된다.

7. 결론 및 논의

이 연구는 한국언론학회의 공식 학술지인 〈한국언론학보〉에 실린 논문의 메타데이터를 활용하여 논문 수와 인용 및 이용 관련 기술 통계를 제시하고, 다이내믹 토픽 모델링으로 토픽을 추출하여 시간에 따라 나타난 토픽의 진화 추이와 특징을 살펴보았다.

연구결과를 요약해 논의하면 학보의 누적 논문 수는 2,048편이었고 총 1,276명이 학보 논문의 저자로 집계되었다. 2000년 이전까지 누적 논문은 427편이었으나 이후 20년간 논문 수가 급격하게 증가해 이전 시기의 3배에 달하는 명백한 양적 성장을 이루었다. 그러나 2015년 이후 최근 4년간 논문 수가 급감해 2000년대 이전 수준으로 그 수가 떨어지고 있는 추이를 나타냈다. 학보가 진정한 지식공동체의 장으로서 역할을 하려면, 국내 언론학 연구풍토에서 학보의 역할과 기능은 무엇인지에 대한 성찰과 반성이 필요해 보인다. 논문 생산이 활발해야 할 신진 연구자의 경우 신규 임용의 정체로 연구비, 소속 등이 불안정한 상태라 연구 여건이 좋지 않고, 신규 임용 조건에도 해외 학술지 논문을 실적으로 인정하는 추세라는 점에서 현재 학보 논문의 학술적 가치가 무엇인지 돌아봐야 할 것이다. 논문의 인용과 이용에 있어 학보에 논문을 20편 이상 생산한 연구자는 6명이었고, 이 중 30편 이상 게재한 연구자는 2명이었다. 개별 논문의 경우 측정 및 척도개발과 관련된 연구, 이동전화 및 스마트폰과 관련된 연구, 이용과 충족 및 기술수용모델 이론 관련 연구 등이 인용되고 있어서 언론학에서 이정표 역할을 하는 대표 논문에 대한 기준과 의미를 발굴하려는 노력이 필요하다.

이 연구는 그동안 내용분석으로 연구의 하위영역을 분류해 분석해온 것과는 달리, 전체 논문에서 나타나는 토픽을 추출하여 시간의 흐름에 따라 어떠한 토픽이 〈한국언론학보〉에 나타났는지 다이내믹 토픽 모델링 방법을 활용하여 분석하였다(N = 2,044편). 〈한국언론학회 50년사〉를 참고하여 6개 분야로 분류해 분석한 결과, 연구영역에서는 저널리즘과 온라인 저널리즘, 보도관련 저널리즘 등 전통적으로 학보에서 가장 많이 다룬 분야가 높은 발생확률의 토픽으로 추출되었다. 반면, 문화연구 분야는 상대적으로 하향세로 나타나 언론학보에 실리는 편수가 초창기보다 상당히 줄어들었을 것이라고 추측하였다. PR연구 분야도 온라인 커뮤니케이션의 한 영역으로 상당 부분 진화하면서 정부, 기업, 개인, 브랜드에 이르기까지 적용 범위가 넓어졌고, 외연을 확장하는 추세로 분석되었다. 방법론에 있어서는 미국의 경험주의 연구가 학계에 자리 잡으면서 〈한국언론학보〉 또한 경험주의적 연구나 실증 연구 중심의 뚜렷한 연구 지형을 그리고 있었는데, 특기할 것은 컴퓨테이셔널 방법론이 증가 추세로 나타난 것이다. 앞으로 언론학 연구는 단순히 양적, 질적 연구로 나누어 미디어 현상을 분석하고 해석했던 학술적 관행을 넘어서는 도전이 필요할 것이다. 스마트폰과 앱이라는 개인 미디어의 급속한 보급과 대량으로 발생되는 미디어 행동 데이터는 언론학에 새로운 변화를 촉구하고 있기 때문이다. 이론 관련 토픽은 프레임 이론, 이용과 충족 이론, 의제설정 이론이 언론학보 전반에 걸쳐서 지배적 이론이라는 것이 확인되었는데 우리나라 언론학 지형에서 고유한 이론적 논의나 발전 없이 특정 이론에 집중하여 검증을 되풀이한 것은 아닌지 성찰과 도전이 필요할 것이다. 이는 '한국 언론학 연구 50년'의 각 영역별 연구에서도 비판적으로 내렸던 결론과 일치하는 결과이다. 메시지 연구와 수용자 연구의 토픽 추출 결과를 보면 측정, 변인, 효과, 영향, 검증 등과 같은 단어가 토픽에 엮여 추출되었는데 방법론으로서 양적 연구와 실증 연구가 질적 연구보다 상대적으로 주요한 방법론으로 자리 잡고 있음을 확인했다. 수용자 연구는 청소년과 자녀의 시청지도와 모바일 관련 연구가 토픽으로 추출되어 매체 환경 변화에 조응하는 미디어 교육 연구가 증가할 수 있는 가능성을 보여주었다. 특히 수용자로서 청소년 관련 토픽은 스마트폰과 같은 매체나 텔레비전 시청과 같은 단어와 묶여 있다는 점에서 앞으로 유튜브나 OTT 서비스, 게임 등과 같은 동영상 관련 연구와 연결될 수 있을 것으로 추측된다. 정치참여와 관련된 토픽은 수용자 연구나, 연구대상에서도 인터넷 토론이 발생가능성이 높은 토픽으로 추출되어 의견, 토론, 견해, 관용, 참여, 민주주의라는 단어와 엮여 있다는 점에서 정치참여 공론장으로 기능하는 온라인 분야의 연구가 상당히 이루어졌음을 알 수 있었다. 연구대상 또는 연구주제로 분류된 토픽은 매우 다양하게 추출되었는데 이는 언론학의 다원주의를 설명하는 것으로 풀이할 수 있으며, 특히 언론학이 종이신문이나 독자, 미디어 역사 등과 같은 전통적인 언론학 연구주제보다 온라인, 사이버 범죄, 소셜미디어, 인터넷 토론과 같은 신규 미디어 현상에 집중되어 있다는 것을 확인할 수 있었다.

우리는 〈한국언론학회 50년사〉의 주요 연구를 숙독하면서 모델링 계산과 적합성 테스트에 긴 시간 동안 노력했던 만큼 해석에 설명력이 있는지를 논의하고 싶었다. 제한된 연구기간 동안 수많은 모델링 테스트와 시행착오를 거쳐 계산하였지만, DTM 결과와 해석은 무척 조심스러운 일이다. 이는 이 연구의 한계와도 연결된다. 우선 데이터처리에 관한 것이다. 〈그림 1-5〉, 〈그림 1-6〉과 같이 토픽과 토픽을 구성하는 주요 단어의 분포를 시각화한 이유는 각 시기별 토픽의 변동성을 비교하기 위해서였다. 그러나 11개 구간의 각 시기를 전부 비교한 결과 토픽 간 변동성이 크지 않아서 해석에 대해 깊이 고민하였다. 왜냐하면 학보가 다루는 연구영역은 현재 학회에 26개 연구 분과가 있을 만큼 다양하고, 시간 흐름에 따라 미디어 환경변화, 기술의 발전, 제도 개혁 등에 의해 변동성이 클 것으로 가정했기 때문이다. 왜 시계열 변동성이 크지 않았는지 조심스럽게 추측하자면 시기별로 각 토픽 영역에서 충분한 크기의 문서가 없었던 것은 아닌가 의심해볼수 있다. 이는 각 연구주제 혹은 연구영역에서 충분한 연구들이 이루어졌는가와 관련이 있다. 의미 구조상 엮이기 어려운 파편화된 연구들이 많다는 것은 하나의 연구분야로 특정하기 모호한 연구가 많다는 의미일 수 있다. 둘째, 6개 분류체계의 타당성 문제이다. 토픽 모델링 결과 도출된 토픽을 군집으로 묶기 위해 과거 분류체계를 활용하는 것은 이 연구가 추구하고자 했던 새로운 방법과 다소 거리가 있다. 또한 연구자의 해석에 따라 군집의 분류를 달리 적용할 수 있다는 점에서 유동적인 결과가 나올 수 있다. 우리는 높은 발생확률로 추출된 상위 2~30개의 토픽으로 결과를 기술하는 것도 고민하였으나 과거의 분류체계를 반영해 결과를 해석한 까닭은 자칫 언론학이 다루는 연구범위와 영역을 협소하게 축소할 가능성 때문이었다. 연구자들은 이러한 연구의 한계를 받아들이고 후속 연구를 통해 정확도가 높은 토픽 모델링 계산으로 현재의 결과를 검증하고 설명력을 높이는 노력을 이어가고자 한다.

우리가 〈한국언론학보〉의 논문을 알고리즘을 활용해 분석한 이유는 언론학의 뚜렷한 정체성은 무엇인지, 학문적 관심 영역의 변화는 어떠한지 통시적으로 살펴보기 위해서였다. 연구 결과, 선행연구를 디딤돌 삼아 연구의 방향이나 이론화를 위한 학술적 발견을 쌓아 올렸다기보다는 다양한 미디어 현상에 대한 개별연구가 산발적으로 이루어진 패턴이 특징으로 나타났다. 이 연구는 앞서 언급한 블라이(Blei, 2006)의 〈사이언스〉지 논문 분석틀을 참고하였는데, 학보에서 우리나라 언론 현상을 토대로 한 고유한 개념과 이론화가 진화해 간 흔적을 잘 찾을 수 없다는 점은 아쉬운 대목이다. 일반과학과 사회과학의 차이에서 기인한, 연구영역이 다양한 언론학 분야의 특성으로 인한 당연한 결과일 수 있다. 그럼에도 불구하고 우리나라 언론환경에 맞는 개념과 고유한 이론이 추출되지 않았다는 것은 학술 풍토에 새로운 도전이 필요함을 의미한다. 앞으로 우리나라 미디어 현상과 조응하는 이론 생산 논의가 풍부하게 이어져야 할 것이다.

1959년 〈한국언론학보〉 전신인 〈신문학보〉 창간사에서 곽복산(1959)은 "커뮤니케이션 매체의 과학적 기술 발달에 따라 그 연구대상과 범위가 확대되고 신문의 자유 문제가 중요하게 대두되고 있어서 씨앗을 뿌리는 정열로" 학문적 결실을 맺는 일이 중요하다고 선언했다. 이후, 언론학은 하나의 학문으로 자리매김하려는 무수한 노력이 뒤따랐다. "학문 세계 내에서 혹은 현실에서 과연 어떤 모습을 보여주었고 어떤 역할을 해왔느냐 하는 문제"는 학문적 정체성 형성과 연결된다(임영호, 1998). 언론학의 연구 대상과 범위, 각 연구영역의 개념적 정의, 정체성에 대한 문제제기를 되풀이하기보다 새로운 관점에서 언론학을 바라보는 용기가 필요한 때가 아닌지 되돌아볼 일이다.

참고문헌

곽복산(1959). 창간사: 씨앗 뿌리는 정열로, 신문학보를 내면서. 〈신문학보〉 1권 1호.
김규환(1969). 권두: 커뮤니케이션 과학연구의 현황과 방향: 학보 속간에 즈음하여. 〈신문학보〉 2권 1호, 5~11.
양승목(2009). 언론학 연구 50년: 성찰과 전망. 한국언론학회 50년사 편찬위원회, 〈한국언론학회 50년사: 1959~2009〉. 1019~1062.
오성삼(2002). 〈메타분석의 이론과 실제〉. 서울: 건국대학교 출판부.
이수범·문원기(2016). 정치 광고의 효과에 대한 메타분석. 〈한국광고홍보학보〉 18권 2호, 182~212.
임영호(2009). 저널리즘 연구 50년의 성찰. 한국언론학회 50년사 편찬위원회, 〈한국언론학회 50년사: 1959~2009〉, 427~454.
조동시(1999). 언론학 총점검: 언론관련 학과 현황. 〈신문과 방송〉 341호. 30~33.
정진석(2009). 한국언론학회 50년: 성장과 변화의 역사(1959~2009). 한국언론학회 50년사 편찬위원회, 〈한국언론학회 50년사: 1959~2009〉, 33~96.
차배근(2009). 한국언론학회를 일군 사람들: 한국신문학회를 중심으로. 한국언론학회 50년사 편찬위원회, 〈한국언론학회 50년사: 1959~2009〉, 97~188.
최선열(2009). 정치커뮤니케이션 연구 50년. 한국언론학회 50년사 편찬위원회, 〈한국언론학회 50년사: 1959~2009〉, 717~781.
최선영·고은지 (2017). 미디어 멀티태스킹과 게이미피케이션을 통해 발현한 실시간 참여 민주주의. 〈한국방송학보〉 31권 3호, 78~113.

탁진영 (2004). 부정적 정치광고가 정치체제에 미치는 부정적 영향에 관한 연구: 메타 분석을 이용한 평가를 중심으로. 〈광고학연구〉 15권 4호, 73~98.

한국언론진흥재단 (2014). 〈한국언론연감〉. 서울: 한국언론진흥재단.

한국언론학회 50년사 편찬위원회 (2009). 〈한국언론학회 50년사: 1959~2009〉. 서울: 한국언론학회.

한국언론학회 편집부 (2001). 〈언론학 교과목 현황 자료집〉. 한국언론학회 연구보고서, 1~223.

홍주현 (2019. 6). 2000년 이후 〈한국언론학보〉 논문을 통해 본 언론학 연구경향: 연구주제, 연구방법 내용분석 및 논문 키워드 네트워크 분석. 2019년 한국언론학회 창립 60주년 기념 학술대회. 광주: 국립아시아문화전당.

Blei, D. M., Ng, A. Y., & Jordan, M. I. (2003). Latent dirichlet allocation. *Journal of machine Learning research* 3 (Jan), 993~1022.

Blei, D. M., & Lafferty, J. D. (2006). Dynamic topic models. *In Proceedings of the 23rd international conference on Machine learning. ACM*, 113~120.

Blei, D. M., Carin, L., & Dunson, D. B. (2010). Probabilistic Topic Models. *IEEE Signal Processing Magazine* 27, 55~65.

Blei, D. M. (2012). Probabilistic Topic Models (review article). *Communications of the ACM* 55 (4), 77~84.

Carr, E. H. (1961/2015). *What is history?*. Penguin UK.

Chang, J., Boyd-Graber, J., Gerrish, S., Wang, C., & Blei, D. M. (2009). Reading tea leaves: How humans interpret topic models. *In Advances in neural information processing systems NIPS*, 288~296.

Chuang, J., Manning, C. D., & Heer, J. (2012). Termite: Visualization techniques for assessing textual topic models. *In Proceedings of the international working conference on advanced visual interfaces ACM*, 74~77.

Glass, G. V. (1976). Primary, secondary, and meta-analysis of research. *Educational Researcher* 5, 3~8.

Jordan, M. I., & Mitchell, T. M. (2015). Machine learning: Trends, perspectives, and prospects. *Science* 349 (6245), 255~260.

Newman, D., Lau, J. H., Grieser, K., & Baldwin, T. (2010). Automatic evaluation of topic coherence. *In Human Language Technologies: The 2010 Annual Conference of the North American Chapter of the Association for*

Computational Linguistics, 100~108.

O'callaghan, D., Greene, D., Carthy, J., & Cunningham, P. (2015). An analysis of the coherence of descriptors in topic modeling. *Expert Systems with Applications* 42(13), 5645~5657.

Sievert, C., & Shirley, K. (2014). LDAvis: A method for visualizing and interpreting topics. *In Proceedings of the workshop on interactive language learning, visualization, and interfaces*, 63~70.

Swanson, D. L. (1993). Fragmentation, the field, and the future. *Journal of Communication* 43(4), 163~172.

Wallace, F. M. (1992). *Meta-Analysis: Qualitative Methods for Research Synthesis.* Beverly Hills, CA: Sage Publication.

Wang, C., Blei, D., & Heckerman, D. (2012). Continuous time dynamic topic models. *arXiv preprint arXiv*, 1206.3298.

2장

2000년 이후 〈한국언론학보〉 연구경향*

연구분야, 연구방법 내용분석 및 논문 키워드 네트워크 분석

홍주현 | 국민대 언론정보학부 교수

1. 문제 제기

한국언론학회 창립 60주년이 되는 해에 한국 언론학 연구의 경향을 규명해 보는 것은 의미 있는 일이다. 한국언론학회에서는 이미 10년 전에 〈한국언론학회 50년사〉를 발간하면서 연구분야별로 50년간의 연구경향을 고찰한 바 있다. 10년이 지난 오늘날 빅데이터, AI, VR, 초연결 등 4차 산업혁명 시대에 미디어 환경도 획기적으로 변화하고 있다.[1] 2000년대에는 인터

---

* 이 연구는 2019년 5월 18일 광주 국립아시아문화전당에서 개최된 한국언론학회 봄철정기 학술대회 대주제 세션에서 발표한 논문을 요약, 정리한 것이다. 이 연구는 언론학 연구 60년사 저술 작업 전에 저술분야 선정과 연구경향을 파악하기 위한 목적을 갖고 진행되었다. 연구의 주제와 연구방향을 정하는 데 도움을 주신 '언론학 연구 60년사 편찬위원회'와 정인숙 조직위원장님께 감사드린다. 언론학 연구 관련 논의 부분과 연구결과, 결론 부분에 대해 조언해주신 김춘식 한국외국어대학교 교수님께도 감사드린다. 〈한국언론학보〉에 대한 내용분석을 함께 수행해준 국민대학교 언론정보학부 석사과정 임아현 학생에게 고마움을 표한다.

[1] 4차 산업혁명의 핵심기술은 저널리즘과 방송 뉴스 분야에서 빅데이터를 활용한 뉴스, VR 카메라를 이용한 뉴스 취재, 인공지능 기자와 인공지능 아나운서의 등장, 뉴스 큐레이션

넷 중심의 미디어 환경이, 2010년대에는 소셜미디어 중심의 커뮤니케이션 환경이 조성되었다(김경희, 2016). 1990년대 도입된 인터넷은 2000년대 중반까지 온라인 댓글 여론, 공론장으로서 인터넷 게시판 및 온라인 토론을 통한 숙의민주주의 실현 등 정보공유와 확산을 통해 사회변화를 주도하는 역할을 했다. 2010년대에는 트위터와 페이스북, 유튜브 등 소셜미디어가 모바일의 대중화와 함께 확산되면서 정보량이 폭발적으로 증가하는 '정보 폭발' 현상을 초래했다(Sahilin, 2015). 오늘날은 다양한 플랫폼을 통한 콘텐츠의 유통이 중요해졌고, 1인 미디어 중심의 콘텐츠 소비가 대세인 시대가 되었다(Albarran, 2017).

이같이 정보통신기술의 발달로 미디어 환경이 급변한 상황에서 언론학의 연구경향을 살펴보는 것은 언론학이 매체 기술의 발전에 따라 어떻게 확장되었는지 규명하고, 언론학 연구의 방향을 제시할 수 있다는 점에서 의미가 있다. 언론학이 고유의 정체성을 가진 학문이라기보다 타 학문 영역과 공통된 부분이 있는 학제적 특성이 있다는 점을 감안하면(Jiménez & Guillen, 2009) 학술논문에 대한 메타분석을 통해 언론학 연구의 정체성과 확장성을 살펴보는 것은 타당하다고 하겠다.

언론학의 연구경향을 분석한 선행연구들은 연구주제와 연구방법에 대한 메타분석을 통해 연구자들이 주목한 현상을 밝히고, 관련 분야의 연구방향을 제시했다. 저널리즘, 정치커뮤니케이션, 수용자 연구, 뉴미디어 확산 등 여러 분야에서 메타분석이 이루어졌는데 그중에서 정치커뮤니케이션 분야의 논문을 메타분석한 김춘식, 양승찬, 이강형, 황용석(2005)의 연구는 당시 발간된 학술진흥재단 등재(후보)지의 모든 정치커뮤니케이션 논문을 대상으로 연구주제와 분석대상, 커뮤니케이션 수준, 이론적 접근과 방법론 등 여러 차원에서 상세하게 분석했다는 점에서 주목할 만하다. 이들의 분석

서비스의 등장 등 뉴스 제작 및 소비 환경을 변화시켰다.

결과 정치커뮤니케이션 연구는 정치적 환경 변화와 밀접한 관련이 있는 것으로 나타났으며, 학자들은 새로운 테크놀로지의 등장이 정치과정에 미치는 영향에 관심을 갖고 연구했다고 밝혔다. 이밖에 수용자의 태도변화 연구 동향 분석(나은영, 1994), 혁신의 확산 연구에 대한 메타분석(김광재, 2000), 온라인 저널리즘의 연구주제와 접근방법 메타분석(황용석, 2006), 텔레비전 드라마 연구 메타분석(최윤정・권상희, 2013), 한국 저널리즘 연구에 대한 메타분석(안수찬・민혜영・장바울・박재영, 2015)이 있다. 김성태(2005)는 국내 내용분석 연구방법론에 주목해 메타분석을 실시했다.

이 연구는 뉴미디어가 등장하고 매체 기술의 발달로 매체 이용 환경이 급격하게 변화한 2000년대 이후 언론학의 연구경향을 고찰하고자 한다. 매체 기술의 발달은 언론학에서 핵심적인 요소로 볼 수 있다.[2] 언론학 연구자들은 매체가 개인과 사회에 미친 영향에 관심을 갖고 새로운 매체의 등장에 주목했기 때문이다(Endres, 2000; Griffin, 2012). 매체 기술의 발달이 언론학과 어떤 관계가 있는지 알아보기 위해 이 기간에 한국사회에서 뉴미디어의 도입과 확산이 어떻게 이루어졌는지 살펴봤다. 언론학은 매체 기술이 발달하면서 수용자의 매체 수용과 이용동기, 행위가 어떻게 변화했는지 매체의 개인적 효과에 관심을 기울인다. 이와 관련하여 새로운 매체 환경에서 수용자 개념이 어떻게 진화했는지 살펴봤다. 끝으로 언론학의 연구분야가 어떻게 확장되었는지 알아보기 위해 연구자들이 어떤 연구문제를 제기했는지, 이론을 검증하기 위해 어떤 연구방법을 선택했는지 탐구의 단계를 중심으로 조망했다(Littlejohn, 1992).

---

[2] 우리나라에서는 저널리즘 중심의 언론학이 커뮤니케이션 영역을 수용하고, 새로운 커뮤니케이션 테크놀로지를 받아들이면서 연구영역을 확장해 왔다(최선열, 2001; 유선영, 2014).

2. 2000년 이후 언론학 연구 관련 논의

2000년 이후 언론학 분야의 연구경향을 파악하기 위해 〈한국언론학회 50년사〉에서 다룬 연구분야 외에 2000년대 이후 새롭게 등장한 전공영역을 살펴봤다. 매체 기술의 발달과 새로운 연구주제의 등장, 매체 기술의 발달과 수용자 진화, 탐구의 단계를 기준으로 언론학 연구에 대해 논의했다.

1) 매체 기술의 발달과 새로운 언론학 연구분야의 등장: 매체 기술 의존성

2000년 이후 언론학의 연구경향을 알아보기 전에 〈한국언론학회 50년사〉에서 주목한 연구분야와 연구주제, 연구방법을 살펴봤다. '50년사'에서는 연구분야를 언론사, 저널리즘, 방송학, 광고연구, 홍보학, 출판학, 뉴미디어 연구, 휴먼커뮤니케이션학사, 국제커뮤니케이션 연구, 정치커뮤니케이션 연구, 미디어 법제연구, 커뮤니케이션 정책연구, 비판커뮤니케이션, 정치경제학, 문화연구, 젠더와 미디어 연구사, 미디어 교육 연구, 언론학 연구 등 18개로 분류했다(〈표 2-1〉 참조). 이 분류를 그대로 따른다면 2000년대 이후 새로 등장한 전공영역을 반영할 수 없기에3) 한국언론학회에서 구분한 전공영역을 살펴봤다. 현재 한국언론학회는 전공영역을 27개로 구분하고 있는데, 2000년 이후 매체 기술이 발달하면서 급변한 미디어 환경을 고려한 것으로 보인다. 매스커뮤니케이션과 사회, 수용자 연구, 문화간 커뮤니케이션, 조직 커뮤니케이션, 과학커뮤니케이션, 스피치 커뮤니케이션, 미디어 경영, 커뮤니케이션 철학 사상, 헬스 커뮤니케이션, 컴퓨터 매개 커뮤니케이션, 게임·엔터테인먼트, 북한통일 영역이 새

---

3) 여기에서는 한국언론학회의 전공영역 분류를 따랐다. 〈표 2-4〉 연구분야 참조.

롭게 등장했다.

〈표 2-1〉에서 보듯이 언론학에서 새로운 매체의 등장은 연구분야의 확장과 밀접한 관련이 있다. 언론학이 매체 기술의 발전에 의존하고, 매체 기술을 수용하면서 연구영역이 확장된 것은 사실이지만 이로 인해 언론학의 정체성이 흔들리고 있다는 의견에 귀를 기울일 필요가 있다. 유선영(2014)은 저널리즘을 근간으로 한 언론학이 기술을 매개로 한 변화를 수용하면서 커뮤니케이션학으로 영역을 확장했다고 했다. 커뮤니케이션 기술의 발전

〈표 2-1〉 언론학 연구분야 분류

구분	50년사(18개 분야)	60년사	
		언론학회 전공영역(27개 분야)	추가 영역(5개 분야)
연구 분야	언론학 연구 문화연구 뉴미디어 연구 국제커뮤니케이션 연구 휴먼커뮤니케이션학사 정치커뮤니케이션 연구 광고 연구 홍보학 미디어 교육 연구 저널리즘 미디어 법제 연구 커뮤니케이션 정책 연구 언론사 방송학 정치경제학 비판커뮤니케이션 젠더와 미디어 연구사 출판학	**매스커뮤니케이션과 사회** **수용자 연구** 문화연구 뉴미디어 정보기술 국제커뮤니케이션 휴먼커뮤니케이션 **문화간 커뮤니케이션** 정치커뮤니케이션 **조직커뮤니케이션** 광고마케팅 PR 미디어 교육 **과학커뮤니케이션** 저널리즘 **스피치커뮤니케이션** **미디어 경영** 미디어 법제윤리 미디어 정책 커뮤니케이션 미디어 역사 **커뮤니케이션 철학 사상** 비판커뮤니케이션 젠더연구 **헬스 커뮤니케이션** **컴퓨터 매개 커뮤니케이션** 게임, 엔터테인먼트 **북한통일** 출판	소셜미디어 커뮤니케이션 영상커뮤니케이션 인터넷커뮤니케이션 방송 언론학(50년사 참조)

과 함께 커뮤니케이션학의 연구영역이 다양해졌고, 외형도 커졌다고 평가했다. 언론학의 기술혁신 수용은 양적 성장이라는 성과를 거두었으나 저널리즘을 기반으로 한 언론학의 정체성이 흔들리는 동시에 새롭게 등장한 영역들로 인해 커뮤니케이션학의 정체성이 모호하게 되었다고 지적했다. 이에 앞서 최선열(2001)은 학문적 토대가 약한 우리나라의 언론학이 커뮤니케이션 기술의 혁신으로 정체성의 위기를 겪게 될 것이라고 전망했다. 4)

언론학을 인간의 커뮤니케이션 양식이 매체의 발달과 함께 어떻게 변화했는지에 관심을 갖는 학문으로 정의한다면(Griffin, 2012) 사회에 새로운 미디어가 등장할 때마다 연구자들이 주목하는 것은 당연하다. 엔드레스(Endres, 2000)는 기술적 혁신과 발명이 저널리즘과 매스커뮤니케이션 분야에 미친 영향이 적지 않다면서 정보를 대량으로 생산하도록 했고, 정보의 확산 속도를 빠르게 했으며, 정보의 확산 범위를 넓혔다고 했다. 새로운 매체가 등장하면서 기존 뉴스의 형식에도 변화가 나타났는데 인터넷과 소셜미디어의 매체 특성에 맞게 뉴스의 양식이 변화했다는 것이다. 그는 디지털 기술이 발전하면서 수용자의 취향에 따른 수용자 세분화 현상이 발생했다고 했다. 선행연구들은 저널리즘을 근간으로 한 한국의 언론학이 새로운 매체 기술을 수용하면서 외형적으로 확장했지만 동시에 정체성의 문제에 직면했다는 점을 강조했다. 언론학 분야에서 학자들 간의 상호교류 부재로 지식의 축적이 이루어지지 않고 있으며, 학문적 공동체의 기반이 약화되었다고 우려했다(최선열, 2001; 유선영, 2014).

이러한 문제의식을 갖고 이 연구는 2000년 이후 언론학의 연구경향을 고찰하려면 먼저 이 시기에 한국사회에서 매체 기술이 어떻게 발달했는지 살

---

4) 최선열(2001)은 언론학의 정체성 위기와 함께 언론학 관련 학회지에 게재된 논문을 다른 사회과학 학회지에서 인용하지 않기에 학문적 교류가 상호적이지 않다고 비판했다. 학자들의 공동작업인 학문이 지식의 축적을 통해 이루어져야 하는데 그렇지 못하다는 점을 지적한 것이다.

펴볼 필요가 있다고 보았다. 선행연구(김경희, 2016; 박지혜, 2017)에 따르면 이 연구의 분석대상인 2000년대는 방송 통신의 융합으로 매체 수가 증가하고, 방송제작 및 시청 환경이 급변했으며 인터넷 기반의 매체가 성장한 시기이다. 2010년대는 모바일 이용자가 2천만 명을 넘는 등 모바일 기반의 커뮤니케이션이 활발해진 시기이다. 이와 같은 뉴미디어 도입과 정책 현황을 참고해서 언론학 연구가 시기별로 어떻게 이루어졌는지 연구경향을 비교할 필요가 있다고 보았다.

2) 매체 기술의 발달과 수용자 개념의 진화: 수용자의 세분화와 통합적 매체 이용

매체 기술의 발달은 수용자의 미디어 이용 환경, 이용행위에도 영향을 미쳤다. 불특정 다수의 성격을 띤 매스미디어 수용자는 케이블 TV, 위성방송, IPTV와 같은 뉴미디어의 등장으로 개인적 취향과 관심사에 따라 지속적으로 분화되었다(Napoli, 2013). 신문, 방송과 같은 매스미디어는 시간과 공간의 제약으로 매체의 수용과 소비가 동시에 이루어지는 특징이 있다. 뉴미디어가 등장하면서 수용자들은 자신이 원할 때 콘텐츠를 소비할 수 있게 되었다. 수용자가 일방적으로 전달된 정보를 소비하던 환경에서 수용자가 능동적으로 정보를 추구하고, 소비하는 환경으로 바뀐 것이다(Omar, 2017). 매체의 기술적 변화가 수용자 시장에 미치는 영향을 규명한 나폴리(Napoli, 2013)는 미디어 소비 행태가 변화한 것을 반영해 뉴미디어 시대의 수용자를 새로운 관점에서 정의해야 한다면서 '신 수용자'로 개념화했다.

매체 기술이 발달하면서 수용자들은 단순히 제작자로부터 전달되는 콘텐츠를 소비하는 존재가 아니다. 수용자들은 프로그램에 노출될 뿐만 아니라 프로그램 이용 전에 정보를 찾기 위해 검색을 하고, 프로그램을 평가하며, 다양한 채널을 통해 능동적으로 프로그램에 대한 반응을 보인다. 프로그램 제작에 참여하기도 하고 1인 제작자로서 직접 콘텐츠를 생산하기도 한다. 나폴리(Napoli, 2013)는 미디어 지형이 변화하면서 나타난 이러한 특징을 '수용자 자율성'이라고 했다. 신 수용자의 정보 흐름 과정에서 콘텐츠 공급자는 다양한 플랫폼을 통해 수용자들에게 콘텐츠를 제공하는 역할을 하고, 수용자들은 자율적으로 정보를 이용하는데, 나폴리는 기술의 발전과 매체 간 융합으로 콘텐츠 제공자와 수용자의 경계를 구분하기가 어려워졌다는 점을 강조했다.

인터넷을 기반으로 한 콘텐츠 유통이 중요해진 새로운 미디어 환경에서 신 수용자는 다양한 콘텐츠에 노출될 뿐만 아니라 정보 검색과 콘텐츠 소비와 생산, 평가까지 하는 통합적인 이용행태를 보이는 존재라고 할 수 있다. 신 수용자의 콘텐츠 소비에 대해 몇몇 학자들은 웹 플랫폼에서 콘텐츠를 소비하는 동인을 밝히고, 웹콘텐츠의 조회 수와 댓글 등 이용자의 참여를 유발하는 요인을 제시했다(김상철·김광호, 2016). 나폴리가 언급한 신 수용자의 정보추구 행위를 디지털 저널리즘 시대에 독자들의 뉴스 읽기 행위에도 적용해 볼 수 있다. 전통적 언론사에서 기자가 정보를 수집하고, 편집하는 행위에 독자는 전혀 관여하지 않았다. 독자들은 기사가 나온 후에 기사를 읽고 정보를 공유했다. 반면 디지털 미디어 환경에서 독자는 기사가 나오기 전에 소셜미디어 등 여러 네트워크를 통해 기사화 과정에 참여한다. 기사가 나온 후에도 피드백을 통해 보도의 질을 높이는 데 기여하는 등 독자는 기사화 과정에 관여한다(Omar, 2017). 전통적 매체 환경에서 수용자들의 콘텐츠 '노출'과 노출로 인한 미디어 효과가 중요한 연구주제였다면, 디지털 매체 환경에서는 수용자들의 적극적 정보 검색과 콘텐츠에 대한 평가, 다양한 피드백 등 수용자의 자율성과 역동적 정보의 흐름에 학자들이 주목한 것을 알 수 있다. 다시 말해 수용자들은 다양한 채널을 통해 정보를 소비하는 동시에 정보를 생산하고 확산시키는 통합적인 이용자

〈표 2-2〉매체 기술의 발달과 수용자 개념 변화 및 새로운 연구영역의 등장

매체 기술의 발달 (김경희, 2016)		수용자 상 변화 (나폴리, 2013)	새로운 전공영역의 등장	
			언론학회(임종수, 2009)	전공영역
2000년대	인터넷 확산기	이용자, 시청자: 프로그램에 대한 반응, 상호작용	과학보건커뮤니케이션연구회 문화젠더연구회 미디어교육연구회 방송과 뉴미디어연구회 인터렉션연구회 조직커뮤니케이션연구회 종교와커뮤니케이션연구회 지역언론연구회 휴먼커뮤니케이션연구회	과학커뮤니케이션 헬스 커뮤니케이션 문화 · 젠더연구 뉴미디어 정보기술 컴퓨터 매개 커뮤니케이션 스피치 커뮤니케이션 게임 & 엔터테인먼트
2010년대	모바일 확산기	신수용자: 프로그램 이용 전 정보 검색, 노출, 평가, 반응 등 정보의 흐름에 관여		인터넷 커뮤니케이션 소셜미디어 커뮤니케이션

로 자리매김했다(Napoli, 2013; Omar, 2017).

지금까지의 논의를 종합하면, 매체 기술의 발달은 언론학 연구분야의 확장과 신 수용자의 등장에 영향을 주었다고 할 수 있다. 임종수(2009)는 언론학회 분과연구회를 성찰하면서 2000년대 이후 새로운 미디어 환경을 반영한 연구회가 새롭게 출범되었다고 했다. 2000년대는 우리 사회에서 인터넷이 확산되기 시작한 시기로(김경희, 2016) 2009년 당시 활동 중인 연구회가 19개가 있었다. 이들 분과와 관련된 전공으로 뉴미디어 정보기술, 스피치 커뮤니케이션, 과학커뮤니케이션, 헬스 커뮤니케이션, 게임과 엔터테인먼트, 컴퓨터 매개 커뮤니케이션 분야가 등장했다. 2010년대는 모바일 확산기로 인터넷과 소셜미디어 커뮤니케이션이 등장했다. 매체 기술이 발달하면서 수용자는 적극적으로 정보를 추구하고, 프로그램이나 뉴스에 대해 평가하고, '좋아요', '싫어요' 같은 감정을 표출하고, 공유하거나 댓글을 다는 등 적극적으로 상호작용을 한다.

지금까지 논의한 것처럼 이 연구는 매체 기술의 발달로 새롭게 등장한 언론학의 연구분야가 무엇인지 알아보고, 수용자의 개념이 확장된 상황을 고려해서 2000년 이후의 연구경향을 살펴보려고 한다.

3) 탐구의 단계로 본 2000년 이후 언론학의 연구분야, 연구주제, 연구방법

리틀존(Littlejohn, 1992)은 우리가 무엇인가를 탐구한다는 것은 우리의 이해의 폭을 넓히고 지식의 확장을 이끄는 것이라고 했다. 탐구하기 위해서는 현상에 대해 끊임없이 질문하고, 질문을 통해 문제를 제기하며, 질문에 대해 체계적 방법으로 답하는 것이 중요하다고 했다. 질문에 대해 체계적으로 답하는 것은 연구자의 몫이다. 질문은 현상에 대한 관찰로부터 나오는데 연구자들은 현상을 추상적 개념으로 진술하고, 가장 적합한 연구방법을 선택해서 현상을 측정하고 이론을 검증한다. 탐구의 단계에서 언급한 연구문제와 연구방법, 이론은 언론학의 연구경향을 살펴보는 데 중요한 기준이 될 수 있다.

연구자들은 관찰을 통해 찾은 문제나 현상을 추상적으로 개념화하고, 현상이 어떤 모습인지 개념과 개념의 관계를 통해 설명한다(Swanson & Chermack, 2013). 레이놀즈(Reynolds, 2017)는 이같이 사건이나 사물을 설명하는 개념이나 사건, 사물을 기술하는 것, 현상을 추상적 진술로 설명하는 것을 이론이라고 했다. 그는 이론은 우리가 사는 세상을 이해하는 도구가 될 수 있으며, 인간의 커뮤니케이션 과정을 이해하고 예측하려면 이론이 필요하다고 했다.

추상적 개념으로 설명한 이론을 검증하려면 개념을 현실에서 측정할 수 있도록 바꾸어야 한다. 추상적 개념을 실제 현실에서 측정할 수 있는 것으로 바꾸는 조작적 정의를 통해 이론을 검증할 수 있다(Hoover & Donovan,

2001). 연구자들은 현상을 측정하기 위해 가장 적합한 연구방법을 선택한다. 연구자들이 어떤 연구방법을 선택했는지는 연구자의 세계관과 가치관, 대상에 대한 태도를 보여줄 수 있다는 점에서 중요하다. 연구자들은 연구대상에 대한 태도, 세상을 보는 관점에 따라 양적 연구방법을 선택하기도 하고, 질적 연구방법을 택하기도 한다(Wimmer & Dominick, 2014). 양적 연구방법은 현실에서 당면한 모든 문제를 측정할 수 있다고 본다. 양적 연구에서 연구자는 관찰 대상으로부터 독립적이다. 반면, 질적 연구방법은 연구대상과 연구자의 지속적인 상호작용을 통해 연구대상에서 의미를 찾는다. 따라서 질적 연구에서는 연구자가 대상을 얼마나 잘 이해했는지, 즉 연구자의 역할이 중요하다(Griffin, 2012).

연구자들이 상정한 개념과 개념의 관계는 연구결과에 따라서 수정되거나 보완되기도 한다. 이론은 현실에 대한 측정을 통해 검증되고 연구결과물의 축적을 통해 타당성을 갖기 때문이다(Wimmer & Dominick, 2014). 언론학의 연구경향을 파악하기 위해 연구주제와 연구방법을 알아보는 것은 연구자들의 현실에 대한 문제의식을 파악할 수 있다는 점에서 중요하다. 언론학에 대한 메타분석을 시도한 선행연구들은 이런 점을 고려해서 연구주제와 연구방법을 분석했고, 연구경향을 밝혔다(김성태, 2005; 김춘식 외, 2005; 황용석, 2005). 이 연구도 〈한국언론학보〉에 게재된 논문의 연구주제와 연구방법이 무엇인지 알아봄으로써 2000년대 이후 연구자들이 주목한 현상과 문제를 규명하고자 했다.

연구문제와 연구방법 외에 연구자들의 관심사를 알아보려면 연구자들이 강조한 핵심 단어를 살펴볼 필요가 있다. 핵심 단어는 키워드라고 할 수 있는데 논문에서 키워드는 다른 연구자들이 논문을 찾고, 관련된 연구주제로 연구를 수행하려는 연구자들에게 도움을 주는 역할을 한다(고영만·송민선·김비연·민혜령, 2013). 논문의 키워드는 연구의 분야와 연구주제, 이론, 분석대상, 분석방법 등 연구와 관련된 다양한 정보를 담고 있다는 점에서 키워드를 중심으로 연구경향을 알아보는 것은 의미가 있다고 보았다. 연구에서 사용한 키워드 간의 관계를 통해 연구주제를 찾기 위해 이 연구는 네트워크 접근을 했다. 네트워크 접근은 논문에서 강조한 단어와 단어의 관계를 통해 의미를 파악하는 것으로 연구에서 사용한 키워드가 전달하는 의미를 찾는 데 가장 적합하다고 할 수 있다. 네트워크 분석을 통해 텍스트에서 언급된 단어가 어떤 단어와 연결되었는지 알아보고, 텍스트가 전달하는 의미를 찾을 수 있다(Paranyushkin, 2011).

지금까지 논의를 기준으로 이 연구에서 제기한 연구문제는 다음과 같다.

첫째. 2000년 이후 언론학의 연구분야와 연구방법은 어떻게 나타나는가? 2000년대와 2010년대에 학자들이 주목한 연구분야와 연구방법에 차이가 있는가?

둘째. 2000년 이후 언론학 연구에서 주로 다룬 연구주제는 무엇인가? 2000년대와 2010년대에 학자들이 주목한 연구주제에 차이가 있는가?

3. 연구방법

2000년대 이후 〈한국언론학보〉에 게재된 논문의 연구분야와 연구방법에 대한 내용분석을 했고, 논문의 키워드에 대한 네트워크 분석을 통해 연구주제를 알아봤다.

〈표 2-3〉 연구 설계

연구문제	연구대상	연구방법
2000년 이후 언론학 연구분야 및 연구방법	논문 분야, 연구방법	내용분석
2000년 이후 언론학 연구주제	키워드	네트워크 분석

1) 분석대상 및 시기 구분

이 연구의 분석대상은 2000년부터 2018년까지 19년간 〈한국언론학보〉에 수록된 논문 전체이다.[5] DBpia의 논문 데이터베이스에서 제공한 논문 목록을 기준으로 내용분석과 네트워크 분석을 했다. 총 1,624편의 논문 중 영문으로 작성한 논문은 제외했다. 이유는 키워드 네트워크 분석을 할 때 한글 키워드와 영문 키워드 간의 연결 관계를 밝힐 수 없기 때문이다. 영문 논문을 제외한 총 1,594편이 최종 분석대상이다. 새로운 매체의 도입에 따라 연구주제가 어떻게 달라지는지 밝히기 위해 2000년 이후의 논문을 10년 단위로 시기를 나누었다. 즉 2000년부터 2009년까지 발간된 논문과 2010년부터 2018년까지 발간된 논문으로 시기를 구분했다.

2) 분석방법

이 연구는 내용분석과 네트워크 분석의 장점을 살려 언론학의 연구경향을 파악하고자 했다. 언론학의 연구분야와 연구방법을 알아보기 위해 내용분석을 했고, 전체 분석기간 동안 연구주제를 찾기 위해 네트워크 분석을 했다. 네트워크 분석도 넓은 의미에서 내용분석에 포함되지만(Hansen, Shneiderman & Smith, 2010), 연구자가 정한 유목으로 현실을 측정하는 내용분석과 달리 네트워크 분석은 원자료를 그대로 가져와 분석한다는 점에서 차이가 있다. 내용분석은 미디어에서 많이 언급될수록 중요하다고 보고, 미디어가 현실을 얼마나 있는 그대로 보여주는지, 현실을 왜곡하지 않

---

5) '50년사'는 연구분야와 관련된 학술지 전체를 분석대상으로 했지만, '한국언론학회 60년사'는 〈한국언론학보〉에 게재된 논문만을 분석대상으로 했다. 〈한국언론학보〉의 발간 횟수가 연간 6회로 늘고, 수록된 논문 편수도 많아졌으며, 최근 언론학 분야의 학술지도 많아졌기 때문에 현실적으로 모두 다룰 수 없었다.

는지 밝히는 것이 목적이다(Shoemaker & Reese, 1996). 내용분석은 미디어 현실과 실제 현실의 관계를 규명하기 위해 연구자가 분석유목을 만들고 분석유목을 근거로 현실을 측정한다(Krippendorff, 2004). 네트워크 분석은 원자료에서 언급된 단어와 단어의 관계 분석을 통해 중요하고 영향력 있는 단어가 무엇인지 밝힌다.

내용분석은 연구자와 국민대 석사과정 학생이 함께 진행했다. 분석대상 전체 논문의 제목과 초록을 읽고, 연구분야를 분류했으며, 제목과 초록을 통해 연구분야를 알 수 없는 경우 링크를 통해 논문을 읽고 분류했다. 연구방법은 논문에 기술된 방법을 그대로 코딩했다. 2019년 1월 10일부터 1월 29일까지 내용분석을 했으며 코더 간에 일치하지 않는 주제나 방법에 대해서는 논의과정을 거쳐 수정한 후에 재코딩했다. 코더 간 신뢰도[6]는 연구주제 0.90, 연구방법 0.94였다.

네트워크 분석은 논문에 수록된 키워드를 중심으로 이루어졌다. 먼저, 분야별 키워드를 KnowledgeMatrix 0.80 프로그램[7]을 이용해 2D 메트릭스 자료를 만들고, 이 자료를 네트워크 분석이 가능한 엣지리스트 파일로 변환했다. 이후 노드엑셀 프로그램(NodeXL)을 이용해서 네트워크 분석을 했다. 연결 중앙성(*degree centrality*), 매개 중심성, 인접 중심성 등 값을 산출했고, 의미 있는 수치를 중심으로 연결망 그래프를 제시했다. 연결 중앙성은 한 노드(이 연구에서는 키워드 한 개)가 얼마나 많은 노드와 연결되었는지, 연결된 엣지(*edge*) 수를 의미한다. 연결된 엣지 수가 많을수록 그 노드가 중요한 것으로 평가받는다. 매개 중심성은 노드와 직접 연결된 노드의 거리를 측정해 평균값을 구한 것으로 한 노드가 얼마나 많은 노드와 직접 연결되었는지를 보여준다. 즉 한 노드가 특정 네트워크에서 매개 역할을

---

6) Holti 계수로 신뢰도를 측정했다.
7) 한국과학기술연구원이 개발한 프로그램으로 홈페이지에서 무료로 다운로드 받을 수 있다.

얼마나 잘하는지 알려준다. 인접 중심성은 직접 연결된 노드뿐만 아니라 건너 건너까지의 거리를 측정해 평균값을 구한 것이다. 한 노드가 다른 노드와의 연결 거리가 얼마나 짧은지를 알려준다. 인접 중심성이 크면 네트워크에서 다른 노드와의 관계에서 영향력이 크다는 것을 의미한다.

3) 분석유목

(1) 연구분야

〈한국언론학회 50년사〉에서 분석한 연구분야와 한국언론학회에서 분류한 전공영역을 기준으로 연구분야를 정했다. 새로운 주제나 연구분야가 있으면 추가하는 방식으로 총 30개의 분야를 선정했다. 새로운 매체의 등장과 미디어 환경의 변화로 연구주제가 다양해진 것을 반영해 연구분야를 추가했다. 기존 언론학회가 분류한 전공영역에 방송, 인터넷 커뮤니케이션, 소셜미디어 커뮤니케이션, 영상 커뮤니케이션 등 4개 영역을 추가했다. '50년사'에서 독립 분야로 다뤘던 정치경제학은 문화연구에 포함시켰다.[8] 방송은 '50년사'에서는 방송학으로 다루었는데 한국언론학회의 전공영역에서는 독립된 영역으로 구분되지 않아 방송 분야를 추가했다.

　연구분야별로 세부 내용은 〈한국언론학회 50년사〉에서 저자들이 기술한 1960년대부터 2008년까지의 연구경향을 참고로 했다. 〈표 2-4〉는 연구분야별 세부 유목을 보여준다. 50년사에서 저자들이 분류한 유목을 모두 포함했고, 2000년대 이후 등장한 연구주제를 추가했다. 논문에 따라서 어느 한 분야로 명확하게 분류하기 어려운 경우가 있는데 우선 세부 유목을 중심으로 체크했다. 여러 분야의 세부 유목에 중복 체크가 가능한 경우에는 제목과 초록을 기준으로 분류가 어렵다고 판단해 연구자와 보조 연구

---

8) 50년사의 문화연구 분야 분류에 정치경제학이 포함되어 이 유목을 따랐다.

〈표 2-4〉 연구분야와 연구분야별 세부 유목

연구분야	세부 유목	비고
저널리즘	뉴스 보도, 기사형식, 뉴스 프레임(현실구성), 취재방식, 기자, 미디어 사회학, 언론사 조직, 독자 의견 형성, 뉴스 효과, 언론의 공정성, 언론의 역할, 대안 언론, 정부와 언론관계, 언론 신뢰도, 소셜 뉴스	언론학회
정치커뮤니케이션	제도·철학, 정치 보도, 대통령, 정치인/의견지도자, 정당, 미디어 효과, 인터넷 정치환경과 수용자, 대안연구, 특별주제, 대선, 총선, 정치광고, 여론, 숙의민주주의, 인터넷 네트워크, 정치참여, SNS 이용과 정치 행동	언론학회
수용자 연구	이용과 충족, 이용자 효과, TV시청행위, 능동적 시청, 영화시청, 어린이 효과 연구, 팬덤, 방송사 웹사이트 평가, 게임, 웹/인터넷, 독자 능동성, 이동전화 이용, 신문·온라인 뉴스 이용	언론학회
미디어 경영·법제 윤리·정책	미디어 산업, 소유구조, 개인적, 사회적 법익, 표현의 자유, 언론의 자유, 언론중재제도 일반, 언론법, 언론법제 교육, 의무전송, 사업자 행위 및 성과	언론학회
뉴미디어 정보기술	인터넷, 인터넷서비스, 모바일 커뮤니케이션, 포털, 온라인, 사이버공간, 온라인저널리즘, 인터넷 언론, 디지털 텔레비전, 디지털 미디어, 케이블 텔레비전, 방송통신융합, 광대역 서비스, UCC, 블로그, 뉴미디어 기술, 유튜브, 소셜미디어, 인터넷 방송 IPTV, 정보격차, 위성DMB, 뉴미디어 수용, 스마트폰, 소셜콘텐츠, 태블릿PC	언론학회
PR	명성관리, 위기관리, 사과전략, 캠페인, 공중관계, 지역관계, 위험인지, 정부PR, 마케팅PR, 비영리/시민단체PR, PR 실무	언론학회
문화·젠더연구	문화주의, 포스트모던, 부르디외 등 문화이론, 하위문화, 대중문화, 미디어 상징, 서사구조, 담론, 젠더, 재현, 여성수용자, 여성노동자, 미디어 이용, 정치경제학	언론학회
커뮤니케이션 미디어 역사	신문, 방송, 언론인, 방송정책, 언론정책 등 역사적 고찰	언론학회
소셜미디어·인터넷·컴퓨터 매개 커뮤니케이션	정보확산, 정보공유, 이용자 관계, SNS이용, 정보유통, SNS여론지각, 온라인 네트워크, 댓글 효과, 온라인 커뮤니티, 온라인 토론, 상호작용성, 인터넷 뉴스 이용, 온라인 언어, 집단지성, 온라인 관계, CMC 효과	소셜미디어, 인터넷 신규추가
문화간 커뮤니케이션	커뮤니케이션 유형 비교	언론학회
조직커뮤니케이션	조직상호작용성, 조직커뮤니케이션, 조직특성, 조직문화, 미디어조직	언론학회
비판커뮤니케이션	독점자본주의, 미디어 산업소유구조, 수용자, 민주주의, 정보접근 불평등, 노동운동, 사회자본	언론학회
광고 마케팅	광고 메시지 효과, 구매 의도, 구매요인, 마케팅 효과, 소비자행동, 광고효과 측정 방법론	언론학회

연구분야	세부 유목	비고
휴먼커뮤니케이션	메시지 연구(언어, 연설), 스피치와 토론, 갈등연구, 의료 커뮤니케이션, 리더십 설득전략, 의사소통, 대인 연결망, 공신력, 비언어적커뮤니케이션, 정보처리	언론학회
방송	방송제작자, 방송환경, 방송제작, 방송기술 정책, 시청자, 시청행위, 방송의 공공성, 방송의 질, TV프로그램, 콘텐츠 전략, 방송평가, 방송 철학, 채널 충성도, PPL, 프로그램 포맷, 소셜TV	신규추가
헬스 커뮤니케이션	정보처리, 건강 캠페인, 건강관련 정보, 지식, 태도 변화, 위험인지, 조절효과	언론학회
매스커뮤니케이션과 사회	미디어와 사회의 관계, TV방송, 신문, 전화, 지역사회, 수용자복지, 라디오, 한류, 종교	언론학회
영상커뮤니케이션	드라마 재현, 사진, 영화, 다큐재현, 수용자효과, 영상자막, 정보처리	신규추가
미디어 교육	인터넷리터러시, 디지털리터러시, 신문읽기, 광고리터러시	언론학회
언론학	언론학 연구에서 사용된 이론, 연구방법, 메타분석	50년사
커뮤니케이션 철학 사상	언론 이론, 표현의 자유, 커뮤니케이션 사상	언론학회
북한통일	통일 언론, 통일 언론에 대한 인식	언론학회
국제커뮤니케이션	발전이론, 외국미디어 제도, 국가 간 비교, 세계화, 글로벌 미디어 발달	언론학회
과학커뮤니케이션	과학보도, 과학보도 인지	언론학회
출판	출판산업	언론학회

자가 url로 연결된 논문을 찾아서 읽고 논문에서 전달하고자 하는 핵심 주제를 파악했다. 핵심 주제가 어느 분야에 해당하는지를 기준으로 최종적으로 논문을 분류했다.

(2) 연구방법

연구방법도 '50년사'에서 구분한 대로 양적 연구, 질적 연구로 나누었고, 양적 연구의 세부 연구방법과 질적 연구의 세부 연구방법도 '50년사'의 분류를 따랐다. 2000년대 이후에 새롭게 등장한 연구방법이 있으면 분석유목에 추가했다. 양적 연구에서 전문가 델파이 조사가 추가되었다. 연구방법은 양적 연구와 질적 연구, 양적 연구와 질적 연구의 혼합으로 분류했다. 양적 연구는 서베이, 실험, 내용분석, 자료 분석, 네트워크 분석, 2차 분석, Q방법론, 전문가 델파이 조사로 유목을 만들었다. 질적 연구는 사례분석, 텍스트 분석, 심층인터뷰, 문헌연구, 역사적 분석, 참여관찰, 민속지학으로 분류했다.

4. 분석결과

언론학의 연구경향을 알아보기 위해 2000년 이후 〈한국언론학보〉에 수록된 논문에 대한 내용분석과 논문의 키워드에 대한 네트워크 분석을 했다. 내용분석을 통해 연구분야별 논문 편수를 비교했고, 네트워크 분석을 통해 분야별 주요 주제가 무엇인지 알아봤다.

1) 연구문제 1: 2000년 이후 연구분야 및 연구방법 분석결과

2000년 이후 〈한국언론학보〉에 게재된 논문의 연구분야를 분석한 결과, 저널리즘 분야의 논문이 231편으로 가장 많았다. 2000년대와 2010년대로 구분해 비교하면 저널리즘 분야의 논문은 2000년대 13.8%, 2010년대 15.2%로 나타났다. 다음으로 정치커뮤니케이션 분야의 논문이 167건이었고, 수용자 연구 163건 순이었다. 미디어 경영·법제 윤리·정책 분야도 149건의 논문이 게재되었다. 매체 기술이 발달하면서 새로운 연구분야로 주목받은 뉴미디어 정보기술이 139건, PR 130건, 문화·젠더연구 106건, 커뮤니케이션 미디어 역사와 소셜미디어·인터넷·컴퓨터 매개 커뮤니케이션(Computer-Mediated Communication: 이하 CMC)이 각각 84건 순으로 나타났다.

2000년부터 2018년까지 〈한국언론학보〉에 저널리즘과 정치커뮤니케이션, 수용자 연구 분야의 논문이 많이 게재된 것은 언론학 연구에서 이 분야가 차지하는 비중이 크고 중요하다는 것을 보여준다. 한편으로는 학제적 성격을 띠는 언론학의 정체성을 저널리즘, 정치커뮤니케이션, 수용자 연구에서 찾을 수 있겠다.

2000년대와 2010년대로 구분해 논문 편수를 비교해 보면 2000년대에 비해 2010년대에 PR 분야와 소셜미디어·인터넷·CMC 분야의 논문이 각각 6.3%, 4.6% 증가했다. 조직이나 정부의 PR에 대한 인식이 바뀌면서 조직의 명성 관리, 위기관리와 관련된 연구와 프로젝트가 증가했기 때문으로 생각된다. 소셜미디어와 인터넷 연구가 많아진 것은 2012년 스마트폰의 대중화와 함께 트위터, 페이스북 이용자가 급증한 현상과 무관하지 않다. 소셜미디어를 통한 이슈 및 정보확산, 루머, 가짜뉴스 확산 등 정보유통 및 확산 채널로 소셜미디어가 자리매김하면서 주목할 만한 문제들이 지속적으로 제기되었고, 이러한 현상에 학자들이 관심을 갖고 연구한 것으로 여겨진다. 저널리즘과 정치커뮤니케이션, 수용자 연구 분야는 2010년대에도 여전히 논문 편수가 많아 언론학 연구의 핵심 분야로 볼 수 있다.

2000년대에 비해 미디어 경영과 법제, 정책 분야의 논문은 6.7% 감소했고, 뉴미디어 정보기술 분야도 3.3% 감소했다. 지상파 방송의 의무 재전송, 방송법, 포털 관련 법, 디지털 저작권, 개인정보보호 등 급변하는 미디어 환경을 둘러싼 쟁점이 많음에도 불구하고, 〈한국언론학보〉에 게재된 논문 편수가 줄어든 이유는 법·정책과 관련된 학회에서 발행하는 전문 학술지가 증가하면서 전공자들이 〈한국언론학보〉보다 전문 학술지에 논문을 게재했기 때문으로 보인다. 9)

뉴미디어 정보기술 분야도 2000년대에 비해 2010년대에 논문 편수가 감

---

9) 법 관련 한국언론법학회 등재 학술지인 〈언론과 법〉과 〈법과 사회〉, 〈공법연구〉, 〈헌법학연구〉 등이 있다.

소했다. 2000년대는 ICT 기반 인터넷 확산기로(김경희 외, 2016) 인터넷 게시판 활성화, 포털의 언론 역할 논란, 정치권의 댓글 여론 편향성 논란, 온라인저널리즘 등 새로운 미디어의 등장이 사회에 미치는 영향 등 주목할 만한 이슈가 많았다. UCC, 블로그, 인터넷 방송 등 새로운 미디어도 주목

〈표 2-5〉 2000년 이후 언론학 연구분야별 논문 편수

단위: 편(%)

연구분야	2000~2009년	2010~2018년	전체
저널리즘	114(13.8)	**117(15.2)**	231(14.5)
정치커뮤니케이션	87(10.5)	80(10.4)	167(10.5)
수용자 연구	83(10.1)	80(10.4)	163(10.2)
미디어 경영 · 법제 윤리 · 정책	**105(12.7)**	46(6.0)	151(9.5)
뉴미디어 정보기술	**85(10.3)**	54(7.0)	139(8.7)
PR	42(5.1)	**88(11.4)**	130(8.2)
문화 · 젠더연구	53(6.4)	53(6.9)	106(6.6)
커뮤니케이션 미디어 역사	46(5.6)	38(4.9)	84(5.3)
소셜미디어 · 인터넷 · 컴퓨터 매개 커뮤니케이션	26(3.2)	**58(7.8)**	84(5.3)
광고 마케팅	**44(5.3)**	24(3.1)	68(4.3)
휴먼커뮤니케이션	**46(5.6)**	21(2.7)	67(4.2)
방송	13(1.6)	**35(4.6)**	48(3.0)
헬스 커뮤니케이션	4(0.5)	**26(3.4)**	30(1.9)
매스커뮤니케이션과 사회	33(4.0)	4(0.5)	37(2.3)
영상커뮤니케이션	8(1.0)	8(1.0)	16(1.0)
비판커뮤니케이션	9(1.1)	7(0.9)	16(1.0)
미디어 교육	4(0.5)	9(1.2)	13(0.8)
언론학	4(0.5)	5(0.7)	9(0.6)
커뮤니케이션 철학 사상	1(0.1)	6(0.8)	7(0.4)
북한통일	3(0.4)	3(0.4)	6(0.4)
국제커뮤니케이션	5(0.6)	1(0.1)	6(0.4)
과학커뮤니케이션		4(0.5)	4(0.3)
문화간 커뮤니케이션	3(0.4)	1(0.1)	4(0.3)
조직커뮤니케이션	3(0.4)	1(0.1)	4(0.3)
출판	1(0.1)		1(0.1)
합계	825(100.0)	769(100.0)	1,594(100.0)

주: 언론학 논문 편수를 기준으로 〈한국 언론학 연구 60년〉 편찬을 위한 13개 분야를 정했다.

받았다. 이에 비해 2010년대에는 뉴미디어 정보기술 측면에서 소셜미디어와 스마트폰을 고찰하기보다는 1인 미디어의 확산으로 인한 SNS 이용과 SNS를 통한 정보확산과 정보공유, 여론 지각, 온라인 네트워크 등 인터넷 포털과 소셜미디어를 통한 커뮤니케이션 현상에 학자들이 더 관심을 보인 것으로 생각된다.

2010년대에 방송 분야에서는 방송환경이 변화하면서 시청 행태 변화, 프로그램의 포맷 다양성, 소셜 TV, 상호작용적 라디오 프로그램, 방송 종사자에 대한 연구가 이루어졌다.

2000년 이후 언론학 연구의 연구방법을 분석한 결과 양적 연구가 전체 연구의 67.5%로 많았고, 질적 연구는 29.3%로 많은 연구자들이 양적 연구를 통해 언론 현상을 측정하고, 이론을 검증했다고 볼 수 있다. 양적 연구와 질적 연구방법을 동시에 선택한 연구는 3.2%였다. 2000년대보다 2010년대에는 양적 연구의 비율이 8.9% 증가해 71.9%로 나타났다.

연구방법별로 세부 유목을 분석한 결과10) 양적 연구방법 중에서는 서베이가 49.8%로 가장 많았다. 연구자들이 수용자, 독자를 대상으로 미디어 효과를 규명하려는 시도를 많이 했다는 것을 알 수 있다. 다음으로 미디어가 현실을 왜곡하는지, 아니면 현실을 반영하는지 비교하기 위한 내용분석이 많았다(23.9%). 내용분석을 통해 특정 시기에 미디어에서 전달하는 내용의 경향을 파악하고, 객관적 현실과 비교할 수 있다는 점에서 내용분석은 미디어가 현실을 어떻게 틀 짓는지 규명하는 데 유용한 방법이다 (Shoemaker & Reese, 1996; Krippendorff, 2004). 세 번째로 독립변인의 효과를 검증하는 실험이 많았다(16.8%).

2010년대에 주목받은 연구방법으로 네트워크 분석을 들 수 있다. 네트

---

10) 연구분야별 세부 연구방법 분석결과는 지면 관계상 제시하지 않았으나, 분야별 교차 분석결과를 참고로 기술했다.

〈표 2-6〉 2000~2018년 언론학 연구의 연구방법 분석결과

단위: 편(%)

	2000~2009년	2010~2018년	전체
양적 연구	491(63.0)	**561(71.9)**	**1,052(67.5)**
질적 연구	**248(31.8)**	209(26.8)	457(29.3)
양적 + 질적	40(5.1)	10(1.3)	50(3.2)
합계	779(100.0)	780(100.0)	1,559(100.0)

주: 양적 연구 또는 질적 연구에서 두 가지 이상 연구방법을 사용한 것은 제외했다.

〈표 2-7〉 2000년 이후 언론학 연구의 양적 연구방법 분석결과

단위: 편(%)

	2000~2009년	2010~2018년	전체
서베이	202(43.3)	**309(55.4)**	511(49.8)
실험	67(14.3)	**105(18.8)**	172(16.8)
내용분석	**152(32.5)**	93(12.1)	245(23.9)
네트워크 분석	5(1.1)	**27(4.8)**	33(3.2)
자료 분석	**26(5.6)**	6(0.8)	32(3.1)
2차 분석	12(2.6)	15(2.0)	27(2.6)
Q방법론	3(0.6)	2(0.4)	5(0.5)
전문가델파이조사		1(0.2)	1(0.1)
합계	467(100.0)	558(100.0)	1,025(100.0)

주: 양적 + 질적 연구와 혼합연구를 제외한 수치이다.

〈표 2-8〉 2000년 이후 언론학 연구의 질적 연구방법 분석결과

단위: 편(%)

	2000~2009년	2010~2018년	전체
사례분석	60(26.1)	50(24.7)	110(25.5)
텍스트분석	48(20.9)	52(25.7)	100(23.1)
심층인터뷰	50(21.7)	38(18.8)	88(20.4)
문헌연구	38(16.5)	33(16.3)	71(16.4)
역사적 분석	32(13.9)	24(11.9)	56(13.0)
참여관찰	1(0.4)	5(2.5)	6(1.4)
민속지학	1(0.4)		1(0.2)
합계	230(100.0)	202(100.0)	432(100.0)

주: 양적 + 질적 연구와 혼합연구를 제외한 수치이다.

워크 분석은 넓은 의미에서 내용분석으로 볼 수 있다. 다만 연구자가 정한 유목을 기준으로 현실을 측정하는 내용분석과 달리 네트워크 분석은 현실을 조작하지 않고 원자료를 있는 그대로 활용한다는 점에서 내용분석과 차이가 있다. 트위터, 페이스북의 글, 댓글, 신문기사에서 사용된 단어를 그대로 불러와서 단어와 단어의 관계 분석을 통해 어떤 메시지를 전달하는지 파악하는 것이 네트워크 분석이다. 자료 분석은 경제지표나 통계 자료 등을 이용해 분석하는 것이다. 미디어 산업 연구에서 여러 경제, 산업 지표와 시청률 자료 등 통계 자료를 독립변인과 종속변인으로 사용한 연구를 자료 분석으로 분류했다. 2000년대는 자료 분석을 이용한 연구가 5.6%였으나 2010년대에는 0.8%로 줄었다.

질적 연구방법을 분석한 결과 사례분석이 25.5%로 가장 많았고, 텍스트 분석 23.1%, 심층인터뷰 20.4% 순이었다. 문헌연구와 역사적 분석이 각각 16.4%와 13.0%로 뒤를 이었다. 연구자들은 사례분석과 텍스트 분석을 통해 현상에서 의미를 찾고, 독자와 사회에 주는 함의가 무엇인지 논의한 것으로 보인다.

2) 연구문제 2: 2000년 이후 연구주제 네트워크 분석결과

2000년 이후 〈한국언론학보〉에 게재된 논문의 주제를 키워드에 대한 네트워크 분석을 통해 알아봤다. 2000년대 게재된 논문의 키워드에 대한 네트워크 분석결과를 보면, 인터넷의 연결성 109, 매개 중심성 409269.837으로 이 시기에 인터넷과 관련된 논의가 가장 활발하게 이루어졌음을 알 수 있다. 인터넷-신뢰-민주주의, 인터넷-여론-공론장, 인터넷 토론-관용-다양성-공론장-인터넷, 인터넷-숙의민주주의-태도-관용, 인터넷-숙의민주주의-다양성으로 연결되어 2000년대 인터넷이 의견 표출 공간으로 기능했고, 정치커뮤니케이션 분야에서 인터넷이 정치과정과 사회의 여론형성

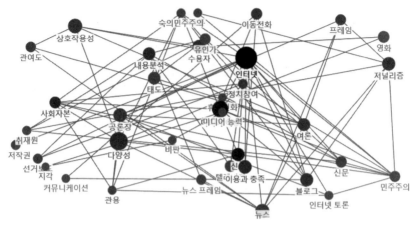

주: Degree 24 이상 핵심 단어만 필터링 결과이고, 매개 중심성 값이 클수록 짙은 색으로 표시됨..

에 미치는 영향에 주목한 것으로 생각된다. 저널리즘과 관련해서는 뉴스-프레임-저널리즘, 뉴스-뉴스 프레임-내용분석, 뉴스-뉴스 프레임-다양성-공론장으로 연결되어 언론이 사건을 어떻게 틀 짓는지, 뉴스가 어떤 메시지를 전달하는지에 주목하고 내용분석을 통해 객관적 현실과 미디어에 의해 조작된 현실을 비교한 것으로 나타났다. 저널리즘은 블로그-저널리즘-뉴스-다양성으로도 연결되어 블로그가 1인 저널리스트 역할을 하면서 사회 전체로 봤을 때 의견의 다양성을 담보하는 데 얼마나 기여했는지 규명하고자 한 것으로 생각된다. 수용자 연구도 활발하게 이루어졌는데 수용자-상호작용성-관여도, 수용자-태도-관용-인터넷 토론, 이용과 충족-이동전화-커뮤니케이션으로 연결되어 수용자가 뉴미디어를 어떻게 수용하는지와 관련된 연구가 이루어진 것으로 생각된다.

2000년대에 등장한 연구대상 매체로는 신문, 영화, 텔레비전 같은 올드 미디어와 인터넷, 휴대전화, 이동전화, 소셜미디어, 블로그 등 뉴미디어가 있다.

이 시기 주요 단어의 연결성과 매개 중심성을 분석한 결과를 보면, 인터넷의 연결성과 매개 중심성이 가장 높았다. 인터넷, 여론, 공론장, 인터넷 토론의 연결성과 매개 중심성이 높게 나타나 정치과정에서 공론장으로서 인터넷의 역할과 인터넷 중심의 여론형성 과정에 관심을 가진 것으로 생각된다. 인터넷 다음으로 '신뢰'의 연결성이 71로 높았다. 미디어 이용, 이용과 충족, 수용자의 연결성과 매개 중심성도 높아 뉴미디어의 등장과 함께 수용자가 뉴미디어를 어떻게 수용하는지, 이용동기는 무엇인지에 주목한 것으로 나타났다. 정치참여, 선거보도, 투표행위, 프레임, 뉴스, 관여

〈표 2-9〉〈한국언론학보〉 주요 단어 연결성, 매개 중심성 분석결과: 2000~2009년

키워드	연결성	매개 중심성	키워드	연결성	매개 중심성
인터넷	109	409,269.837	텔레비전	29	81,159.588
신뢰	71	116,639.088	숙의민주주의	29	39,758.128
미디어 이용	69	211,103.654	뉴스 프레임	28	60,230.780
사회자본	53	852,05.840	담론	28	35,766.534
이용과 충족	49	128,638.155	취재원	28	42,656.155
수용자	43	126,076.529	미디어 능력	28	27,758.495
내용분석	42	109,028.104	민주주의	28	70,482.638
다양성	42	257,462.282	저작권	27	52,508.052
블로그	41	117,505.562	비판	27	31,875.417
저널리즘	37	126,415.940	휴대전화	25	28,637.374
여론	37	108,421.661	인터넷 토론	25	37,039.228
상호작용성	35	151,174.945	태도	25	108,461.162
공론장	35	126,977.218	유인가	25	75,277.816
정치참여	35	49,558.480	지각	25	26,576.957
이동전화	34	79,123.805	영화	24	88,130.886
선거보도	32	51,776.127	커뮤니케이션	24	31,527.779
관용	32	35,497.287	참여	23	14,883.020
신문	31	78,764.431	공영방송	23	56,368.261
프레임	30	69,762.203	장르	23	31,573.450
뉴스	30	149,341.599	투표행위	23	25,988.744
관여도	30	61,214.244	청소년	23	36,093.408

도, 숙의민주주의, 뉴스 프레임의 연결성과 매개 중심성도 높아 저널리즘과 정치커뮤니케이션 분야의 연구가 많이 이루어졌음을 알 수 있다. 이밖에 저작권의 연결성이 27, 매개 중심성은 52508.052로 높게 나타나 이 시기에 저작권과 관련된 연구도 주목받은 것으로 생각된다.

2010년대 키워드에 대한 연결망 분석결과 트위터의 연결성과 매개 중심성이 가장 높아 2000년대와 차이를 나타냈다(연결성: 140, 매개 중심성: 435515.910). 트위터-기술수용모델-페이스북-정치참여, 트위터-소셜미디어-페이스북, 트위터-SNS-내용분석, 트위터-네트워크 분석으로 연결되어 트위터와 페이스북이 유권자의 정치참여 동인 내지는 정치참여에 미치는 영향을 정치커뮤니케이션 분야에서 주목한 것으로 생각된다. 그리고 내용분석과 네트워크 분석을 통해 트위터에 대한 연구가 이루어진 것으로 여겨진다. 프레임-인터넷-내용분석, 프레임-네트워크 분석-SNS로 연결되어 내용분석과 네트워크 분석을 통해 사건이나 이슈가 어떻게 프레임 되는지에 연구자들이 주목했다. 2010년대에는 새로운 미디어로 자리매김한 스마트폰이 주목을 받았다. 스마트폰-기술수용모델, 이용과 충족-스마트폰-소셜미디어로 연결되어 스마트폰의 이용자가 스마트폰 사용이 얼마나 업무의 효율성과 성과를 높일 것으로 지각하는지, 업무를 처리할 때 스마트폰이 얼마나 이용하기 쉽다고 인지하는지 등을 중심으로 연구가 이루어진 것으로 생각된다. 인터넷-선택적 노출-SNS-트위터로 연결되어 이용과 충족의 관점에서 인터넷과 SNS 이용동기에 대한 연구는 2000년대에 이어 지속적으로 이루어진 것으로 나타났다. 이밖에 청소년-인터넷, 청소년-미디어 이용-태도, 청소년-미디어-대인커뮤니케이션-계획된 행동이론으로 연결되어 청소년을 대상으로 미디어 이용과 효과를 검증한 연구가 이루어졌다.

2010년 이후 주요 키워드의 연결성과 매개 중심성을 분석한 결과, 트위터의 연결성이 140이고, 매개 중심성도 435515.910으로 가장 커 이 시기

〈그림 2-2〉〈한국언론학보〉 키워드 네트워크 분석결과: 2010~2018년

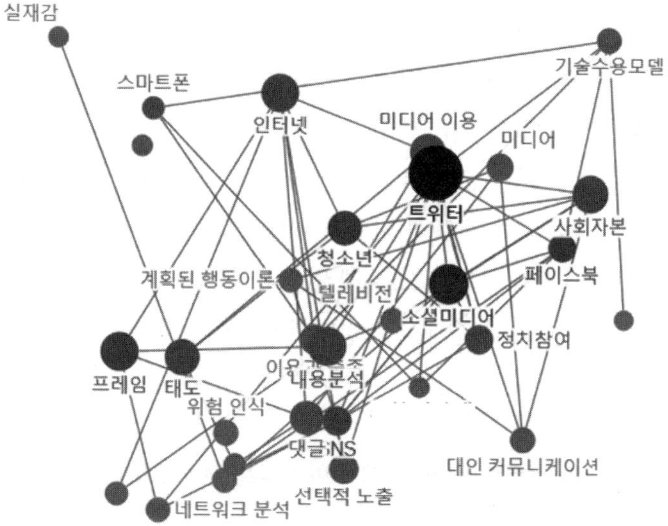

주: Degree 25 이상 핵심 단어만 필터링 결과이고, 매개 중심성 값이 클수록 짙은 색으로 표시됨.

에 학자들이 관심을 가진 주요 매체라고 할 수 있다. 이밖에 소셜미디어의 연결성이 82, 매개 중심성이 214117.605로 높았고, 페이스북, SNS, 스마트폰의 연결성과 매개 중심성도 높게 나타나 소셜미디어 커뮤니케이션 분야에서 새로운 연구가 이루어진 것을 알 수 있다. 연구방법으로는 내용분석의 연결성이 55로 나타났고, 네트워크 분석의 연결성은 25로 나타나 2000년대와 비교해 볼 때 네트워크 분석이 주목받았다고 하겠다. 인터넷과 관련된 주제어로 인터넷, 댓글, 공론장, 대인 커뮤니케이션, 실재감이 있는데, 2000년대와 마찬가지로 인터넷 커뮤니케이션 상황에서 개인들이 느끼는 감정과 댓글, 공론장 등 여론형성 과정에서 인터넷의 역할에 주목한 것으로 나타났다. 정치참여, 제 3자 지각, 자기효능감, 정치효능감 등 정치커뮤니케이션 분야와 관련된 키워드의 연결성과 매개 중심성 값도 컸다. 뉴스 프레임, 뉴스, 프레이밍 등을 통해 저널리즘 분야에서 언론의 틀

짓기가 여전히 중요한 주제라는 것을 알 수 있다. 수용자 연구와 관련해서는 감정, 즐거움, 동일시, 이용과 충족, 선택적 노출 등의 주제어가 등장했다. PR 분야에서 위험 인식, 광고 분야에서 구매의도, 계획된 행동이, 문화연구에서 신자유주의가 주요 주제어로 등장했다. 커뮤니케이션 모델 중에서는 기술수용모델의 연결성이 35이고, 매개 중심성이 높게 나타나 연구자들이 기술에 대한 이용자의 태도가 사회의 기술수용 과정에 미치는 영향에 관심을 가진 것으로 생각된다.

요약하면, 2000년대에는 인터넷이, 2010년대에는 트위터가 가장 주목

〈표 2-10〉〈한국언론학보〉 주요 단어 연결성, 매개 중심성 분석결과: 2010~2018년

키워드	연결성	매개 중심성	키워드	연결성	매개 중심성
트위터	140	435,515.910	기술수용모델	35	66,982.066
소셜미디어	82	214,117.605	뉴스 프레임	33	61,384.471
청소년	68	148,212.501	뉴스	31	96,402.108
페이스북	64	88,679.611	텔레비전	31	60,710.343
프레임	64	199,103.980	프레이밍	31	68,581.357
사회자본	59	184,307.374	감정	30	63,647.918
태도	56	166,818.695	즐거움	30	57,041.931
내용분석	55	199,323.676	동일시	30	51,876.539
인터넷	54	191,688.789	위험 인식	39	65,264.090
SNS	53	97,187.599	다양성	39	49,936.451
신뢰	49	136,036.183	구매의도	39	45,360.466
미디어 이용	49	168,549.371	계획된 행동	39	55,805.319
정치참여	47	95,447.002	한국전쟁	28	39,558.070
댓글	44	143,778.008	애착	28	38,182.857
공론장	43	78,348.800	제삼자 지각	28	35,056.462
선택적 노출	42	101,627.627	신자유주의	27	44,998.750
정서	42	95,189.095	상호작용	27	39,888.952
스마트폰	40	45,950.403	자기효능감	26	38,003.519
이용과 충족	39	103,909.202	실재감	25	32,374.651
대인커뮤니케이션	38	66,188.573	네트워크 분석	25	59,895.524
미디어	35	82,861.257	정치효능감	25	28,487.808

받은 매체로 나타났다. 2000년대에 새로 등장한 매체로는 이동전화, 블로그를 들 수 있고, 2010년대에는 트위터 외에 스마트폰과 페이스북이 관심의 대상이었다. 2000년대에는 뉴스, 신문과 여론, 공론장, 정치참여가 주목을 받았고, 2010년대에는 청소년, SNS, 페이스북의 연결성과 매개 중심성이 높았다. 정치참여는 2000년대부터 꾸준히 연구주제로 관심을 받았으며, 뉴미디어, 미디어 이용, 이용과 충족도 지속적인 관심의 대상이었다. 2010년대에는 청소년의 연결성과 매개 중심성이 컸는데, 청소년을 대상으로 한 연구가 활발하게 이루어진 것으로 생각된다. 2010년대에는 네트워크 분석이 주요 연구방법으로 자리매김했다.

3) 2000년 이후 언론학 연구분야 · 주요 이론 · 분석대상 매체

연결성과 매개 중심성 결과를 기준으로 2000년대와 2010년대의 연구분야를 비교해 보면 〈표 2-11〉과 같다. 2000년대에는 인터넷이, 2010년대에는 트위터가 연구대상으로 주목받은 것을 알 수 있다. 연구분야를 보면, 2000년대와 2010년대에 저널리즘, 정치커뮤니케이션, 수용자 연구 분야에서 관련 연구가 활발하게 이루어진 것으로 나타났다. 저널리즘 분야는 뉴스가 현실을 어떻게 틀 짓는지, 현실을 왜곡하지 않는지와 같은 뉴스가 구성한 현실에 관심을 갖고 내용분석을 통해 검증한 것으로 보인다. 정치커뮤니케이션 분야는 정치참여와 공론장에 주목하면서 2000년대에는 인터넷의 등장이 숙의민주주의의 실현에 어떤 영향을 미칠지에 관심을 기울인 것으로 생각된다. 2010년대에는 소셜미디어를 통한 직접 참여와 정치효능감이 주 관심사이고, 정치적 메시지가 타인에게 미치는 효과에 관심을 기울인 것을 알 수 있다. 수용자 연구 분야에서는 이용과 충족이 대표적인 모델이라고 할 수 있으며, 2000년대에 비해 2010년대에 수용자의 심리에 더 관심을 갖고 연구한 것으로 생각된다.

2000년 이후 〈한국언론학보〉에 게재된 논문 분석을 통해 이용과 충족 이론과 프레임 이론이 연구자들이 관심을 가진 이론이라는 것을 알 수 있었다. 이용과 충족 이론은 수용자 연구 분야에서, 프레임 이론은 저널리즘 분야와 정치커뮤니케이션 분야에서 연구자들이 선호한 것으로 생각된다. 이용과 충족 이론은 CMC가 등장하면서 다시 주목받기 시작했고, 신문, 라디오, 텔레비전, 인터넷까지 당대의 새로운 커뮤니케이션 매체가 등장할 때마다 이용동기를 밝힐 수 있는 최첨단 이론으로 여겨졌다(Ruggiero, 2000). 루지에로(Ruggiero, 2000)는 새로운 매체가 등장하면서 수용자들의 매체 이용행위가 변화하는 것을 반영해서 상호작용성, 탈대중화, 하이퍼텍스트성, 비동시성 등의 개념을 추가해야 한다고 했다. 인터넷, 소셜미디어를 통해 콘텐츠를 소비하는 시청자들은 실제로 프로그램을 검색하고, 시청하며, 좋아요, 공유, 댓글 쓰기 같은 다양한 행위를 한다. 미디어 환경이 변화하면서 능동적 시청행위의 동인을 밝히는 연구(김상철·김광호, 2016)가 이루어졌고, 멀티태스킹(*multi tasking*)(Adam & Gips, 2011), 소셜 TV, 몰아보기 등 다양한 시청행위를 나타내는 개념이 등장했다.

프레임 이론은 저널리즘 분야와 정치커뮤니케이션 분야에서 미디어가 현실을 어떻게 틀 짓는지 설명한다. 매스미디어가 현실에서 어떤 요소를 선택하고, 배제함으로써 강조하고자 하는 것이 무엇인지 밝히는 이론으로 현실은 미디어에 의해 구성된다는 관점이다(Shoemaker & Reese, 1996).

2010년 이후의 논문에서는 뉴미디어 정보기술 분야와 인터넷 커뮤니케이션 분야, 미디어 경영 분야를 중심으로 기술수용모델을 근거로 새로운 미디어에 대한 수용 태도를 연구했다. 언론학 분야에서 뉴미디어의 확산 현상을 설명한 모델로는 로저스의 개혁확산모델, 기술수용모델, 혁신 저항모델을 들 수 있다(김경희, 2016). 이 중에서 〈한국언론학보〉에 많이 등장한 기술수용모델(TAM: Technology acceptance Model)[11]은 매체 기술에 대해 이용자들이 유용하다고 인지하고, 이용하기 쉽다고 인지하는 정도가 이용 의도에 영향을 미치고, 이용행위를 이끈다는 것으로 기술에 대한 이용자의 태도가 개인에게 미치는 영향력을 설명하는 모델이다(Venkatesh & Davis, 2000). 사용자들은 새로운 시스템을 이용하는 것이 자신의 업무 성과와 인지된 일의 수고를 덜어줄 것이라고 믿고 있는데, 개인들의 인지된 유용함과 인지된 용이성에 업무 관련성, 결과물의 질, 결과 입증력, 시스템의 특징, 훈련 등 외적 요인이 영향을 미친다고 한다. 결국 뉴미디어가

〈표 2-11〉 연결성과 매개 중심성 기준으로 비교한 2000년대와 2010년대 연구경향

기준		2000년대	2010년대
연결성, 매개중심성 최고값		인터넷 109, 409269.837	트위터 140, 435515.910
연구 분야	저널리즘	다양성, 저널리즘, 내용분석, 뉴스, 프레임, 취재원, 뉴스프레임	프레임, 내용분석, 뉴스프레임, 뉴스, 프레이밍, 다양성
	정치커뮤니케이션	정치참여, 선거보도, 공론장, 여론, 숙의민주의, 민주주의, 투표행위, 참여	정치참여, 공론장, 제 3자 지각, 정치효능감
	수용자 연구	이용과 충족, 수용자, 미디어 이용, 관여도	청소년, 태도, 신뢰, 미디어 이용, 선택적 노출, 정서, 이용과 충족, 미디어, 감정, 즐거움, 동일시, 애착, 자기효능감
	인터넷, 소셜미디어, CMC	인터넷, 상호작용성, 인터넷 토론,	트위터, 소셜미디어, 인터넷, SNS, 댓글, 상호작용, 네트워크 분석
	뉴미디어 정보기술		기술수용모델
	방송	공영방송, 장르	
	비판커뮤니케이션	비판	
	PR		위험 인식
	광고		구매의도, 계획된 행동
	커뮤니케이션 역사 철학		한국전쟁
	미디어 법제	저작권	
매체		신문, 텔레비전, 인터넷, 블로그, 휴대전화, 이동전화, 영화	페이스북, 스마트폰, 텔레비전, 소셜미디어, 팟캐스트

---

11) 〈그림 2-2〉 〈한국언론학보〉 키워드 네트워크 분석결과:2010~2018년 참조.

얼마나 업무를 수행하는 데 도움이 될 것이라고 인지하는지, 일을 습득하는 데 얼마나 용이하다고 인지하는지가 개인들의 뉴미디어 수용과 조직의 성과에 영향을 줄 수 있다는 것이다. 언론학 연구자들은 뉴미디어가 도입될 때 이용자들의 뉴미디어 수용과 개인과 조직, 사회에 긍정적인 영향을 미칠 것인지와 같은 미디어 효과, 뉴미디어 도입 후 성과에 관심을 기울인 것으로 생각된다.

연구자들이 주목한 주요 매체를 보면 2000년대에는 텔레비전, 영화 같은 전통 미디어와 인터넷과 블로그, 이동전화, 휴대전화였고, 2010년대에는 텔레비전, 인터넷과 함께 소셜미디어, 트위터, 페이스북, 스마트폰, 팟캐스트로 나타났다. 연구자들은 뉴미디어가 도입되면, 개인의 수용 태도와 뉴미디어 이용행위 등 개인에게 미치는 효과와 대인 커뮤니케이션, 정치 캠페인 과정, 여론형성 과정 등 사회적으로 미친 영향에 관심을 나타낸 것으로 보인다.

5. 결론: 언론학의 확장성 및 연구의 한계

2000년 이후 〈한국언론학보〉에 게재된 논문에 대한 내용분석, 네트워크 분석결과를 기준으로 연구의 함의 및 논의점을 다음과 같이 제시했다.

1) 매체 기술의 발전과 2000년대 이후 주류 언론학 연구

2000년대 이후 언론학 연구는 저널리즘, 정치커뮤니케이션, 수용자 연구를 주축으로 이루어졌다고 할 수 있다. 2010년대에는 소셜미디어 커뮤니케이션 분야의 연구가 활발했다. 2000년대 이후 언론학의 연구경향을 분석한 결과 연구자들은 새로운 매체가 개인과 사회에 미치는 영향에 주목한 것으로 나타났다. 2000년대에는 1990년대 중반 이후 확산된 인터넷이 온라인 언론, 인터넷 공론장 등 사회의 정보유통 및 확산과정에 혁명적인 변화를 가져온 시기이다(김경희 외, 2016). 2010년대는 트위터, 페이스북 같은 소셜미디어의 확산과 스마트폰의 등장으로 인터넷 중심의 커뮤니케이션 양식이 개인 중심으로 변화한 시기이다. 이러한 매체 환경의 변화가 2000년대 이후 언론학 연구에 반영된 것을 알 수 있었다.

논문 수가 많은 분야를 중심으로 미디어 환경이 어떻게 변화했는지 보면 저널리즘 분야에서는 기존의 매스미디어 중심의 의제설정 과정이 소셜미디어 중심의 정보 생산과 확산과정으로 바뀌면서 이론적 논의의 수정이 불가피해졌다(Trottier & Fuchs, 2015). 연구자들은 새로운 매체의 등장으로 뉴스의 형식과 내용이 변화한 것에 주목했다(Omar, 2017). 저널리즘 분야에서 AI・빅데이터, 사물 인터넷의 등장은 기자의 뉴스취재방식에 변화를 가져왔다(Omar, 2017). 정보량이 증가하고, 인터넷과 소셜미디어에 모든 정보가 기록으로 남으면서 기자들은 무수히 많은 데이터에서 문제를 찾고, 이를 근거로 해결 방안을 제시할 수 있게 되었다. 기자는 통계에 익숙하고 데이터를 분석하고, 시각화 작업까지 할 수 있어야 하는 등 전통적인 기자의 역할이 변화했으며, 인터넷과 모바일에서 작동하는 상호작용적 뉴스와 뉴스 앱을 만들기 위해 컴퓨터 전문가, 디자이너와 협업을 하는 시대가 되었다(김익현, 2015).

수용자 분야에서 유튜브 같은 1인 미디어의 등장은 동영상 콘텐츠 중심의 정보 수용과 소비가 이루어지도록 했으며, 콘텐츠를 제공하는 플랫폼이 다양해지면서 수용자 개개인의 취향을 고려한 콘텐츠 제작과 유통 및 수용이 일상화되었다. 수용자가 적극적으로 정보를 검색하고, 직접 콘텐츠를 제작하고, 뉴스의 생산과정에 관여하면서 사회의 정보 생산과 확산과정이 획기적으로 변화했다. 수용자의 시청환경이 변화한 것을 반영해서 이용과 충족 관점에서 인터넷과 소셜미디어가 뉴스 소비와 소셜 TV, 멀티태스킹,

몰아보기와 같은 시청자의 행위에 미친 영향에 주목한 것으로 생각된다.

정치커뮤니케이션 분야도 2012년 오바마 대통령이 페이스북을 통해 젊은이들의 참여와 지지를 얻은 것처럼,[12] 소셜미디어의 등장과 스마트폰의 대중화가 유권자의 정치참여와 정치효능감에 미친 영향에 주목했다.

2000년대에는 인터넷이, 2010년대에는 트위터와 소셜미디어의 연결성과 매개 중심성이 큰 것으로 나타나 매체 기술의 발전이 언론학 연구에 긴밀한 영향을 미쳤다고 할 수 있다. 특히, 저널리즘, 정치커뮤니케이션, 수용자 연구, 소셜미디어·인터넷·CMC 분야에서는 2000년대와 2010년대 연구경향이 확연하게 차이를 나타내 이 네 개의 분야가 뉴미디어의 등장과 뉴미디어의 개인적·사회적 효과에 관심을 보인 것으로 여겨진다.

키워드 네트워크 분석결과 이용과 충족 모델, 프레임 이론, 기술수용모델이 언론학 연구에서 주목받은 이론으로 나타났다. 수용자 연구 분야에서 이용자 충족 접근이 대표적인 이론으로 자리매김했고, 저널리즘 분야에서는 프레임 이론이 주목을 받았다. 뉴미디어·정보기술 분야, PR 분야에서는 기술수용모델을 선호했다. 이들 이론은 미디어 현상을 설명하는 데 가장 적합한 이론이라고 볼 수 있지만 동일한 현상을 다양한 이론을 통해 규명하려는 시도가 부족하지 않았는지 생각해 볼 필요가 있다. 최신 이론이나 기존에는 주목하지 않았던 이론으로 현상을 설명하고 여러 방법으로 측정해야 이전에는 드러나지 않았던 새로운 문제를 발견하고 해결 방안을 제시할 수 있기 때문이다.

---

12) Friended: How the Obama Campaign Connected with Young Voters, *TIME*, Nov. 20, 2012. http://swampland.time.com/2012/11/20/friended-how-the-obama-campaign-connected-with-young-voters/

2) 뉴미디어 중심의 연구주제와 양적 연구의 강세

2000년대 이후 〈한국언론학보〉에 게재된 논문의 연구주제를 보면, 연구자들이 새로운 매체의 등장과 같은 미디어 환경의 변화에 민감하게 반응했다는 것을 알 수 있다. 키워드 네트워크 분석결과에 따르면 인터넷, 트위터, 페이스북, 블로그, 소셜미디어 등 뉴미디어가 주목을 받았다. 언론학이 새로운 매체의 등장에 관심을 갖는 것은 바람직하지만 다른 관점에서 보면, 연구자들의 관심사가 뉴미디어 중심의 연구주제에만 집중된 것은 아닌지 돌아볼 필요가 있다. 가짜뉴스, 오보, 루머가 소셜미디어를 통해 순식간에 확산되고 1인 미디어를 통해 뉴스를 접하는 시대에 이용자들이 정확한 정보를 생산하고, 소비하도록 교육하는 디지털 미디어 리터러시가 중요함에도 불구하고, 2010년대에는 관련 연구가 많지 않았다. 콘텐츠 제작, 뉴스 제작, 소셜미디어를 이용한 정보유통 및 확산 등 최신 미디어 현상을 반영한 연구는 많았지만 커뮤니케이션 철학·사상에 대한 연구는 2000년대 이후에 활발하지 않았다.[13] 구조적인 측면에서는 1990년대에 비해 언론학 전공에서 커뮤니케이션 철학이나 사상 강좌가 개설되지 않거나 줄어들고, 이 분야를 연구하는 연구자도 감소했기 때문으로 여겨진다.

연구자들은 양적 연구방법을 주로 선택했다(2010년대 72.3%).[14] 양적 연구 중에서는 서베이가 절반 이상을 차지했다. 연구자들이 수용자들의 생각과 태도를 주로 연구한 것을 알 수 있다. 다음으로 실험이 많았는데, 연구자들은 뉴스를 조작하거나 인터넷 환경 조작, 광고를 조작하는 등 미디어 효과를 측정하는 데 주목했다. 2000년대에 비해 2010년대에 내용분석을 선택한 연구는 줄어든 반면, 네트워크 분석·의미연결망 분석을 이용한

---

13) 커뮤니케이션 철학이나 사상과 관련된 논문은 〈커뮤니케이션 이론〉, 〈언론과 사회〉 등 다른 학술지에 상대적으로 많이 게재되고 있다.

14) 2000년대에 비해 7.2% 증가한 수치다.

연구는 증가했다. 질적 연구 중에서는 사례분석과 텍스트 분석, 심층인터 뷰가 주로 사용됐다. 질적 연구방법을 택한 연구자들은 수용자의 생각이나 태도보다는 미디어 텍스트에 내재된 의미를 찾고 미디어가 현실을 어떻게 재현하는지에 주목한 것으로 보인다.

3) 학술지에 적합한 연구주제, 연구방법 선호

연구를 시작할 때 연구자들은 현실적인 조건들을 고려한다. 예를 들면 자 료수집 기간, 비용, 연구 인력 등을 생각하지 않을 수 없다. 그럼에도 불구 하고 연구자로서 접근하기 쉬운 주제와 연구방법으로 연구를 수행하지 않 았는지 반성할 일이다. 예를 들면 연구문제를 해결하려면 가장 적합한 방 법이 심층인터뷰인데, 인터뷰이를 찾기 어렵고 시간이 오래 걸린다는 이유 로 다른 연구방법을 택하지 않았는지, 기간이 촉박하다는 이유로 조사 대 상자를 축소하지는 않았는지, 트위터 자료를 수집해야 하는데 자료수집이 어려워 유튜브 자료로 대체하지는 않았는지, 내용분석 대신 자료수집과 분 석 기간이 짧은 네트워크 분석을 하지 않았는지 자문해 볼 일이다. 〈한국 언론학보〉논문을 분석하면서 연구자 자신의 연구주제 선택이나 연구방법 선택에 문제가 없었는지 돌아보게 되었다. 논문을 양적으로 많이 써야 한 다는 이유로[15] 접근하기 쉬운 주제를 선택하고 단기간에 자료를 수집하기 쉬운 연구방법을 택했다는 비난이나 연구방법에 적합한 연구주제를 선택 했다는 비판으로부터 결코 자유로울 수 없었다.

　가짜뉴스가 확산되고, 기자가 쓴 뉴스를 팩트체킹 해야 한다는 주장이 제기될 정도로 뉴스에 대한 신뢰가 하락한 오늘날 뉴스의 공공성, 공정성,

---

15) 교육부가 학과 교수들의 논문 편수, 국제학술지 게재 점수 등 여러 지표를 기준으로 대학 을 평가하고, 정부 사업 단위 중심으로 대학을 지원하면서 신임 교원들의 논문 편수와 연 구비가 중요하게 되었다.

객관성, 심층성 등 저널리즘의 본질이 무엇인지, 뉴스 조작과 영상 조작이 만연한 시대에 언론·기자의 역할은 무엇인지, 유통 플랫폼의 다양화로 뉴스유통이 중요해진 시대에 올드미디어의 생존 방안은 무엇인지 등 저널리즘과 관련된 근본적인 문제에 관심을 기울일 필요가 있다. 아울러 빅데이터와 새로운 매체 기술을 통해 사회문제를 어떻게 찾고, 개인과 사회를 변화시킬 수 있는지, 데이터 저널리즘·AI 저널리즘·VR 저널리즘 등 저널리즘의 미래를 고민하고, 새로운 분야에 대한 실증적인 연구도 증가했으면 한다.

2000년 이후의 〈한국언론학보〉 분석을 마치면서 부족한 점, 연구의 한계를 제시하면 다음과 같다. 첫째, 분석대상을 〈한국언론학보〉로 한정했기에 분석결과가 2000년대 이후 한국 언론학 연구경향을 보여준다고 일반화할 수 없다. 물론 〈한국언론학보〉가 언론학 분야의 대표적인 학회인 한국언론학회에서 발간하는 학술지라는 점과 회원 수가 가장 많은 학회의 학술지라는 점에서 충분히 의의가 있으나 2000년대 이후 분야별로 전문 학술지가 많이 생겼기 때문에 대표성에 문제가 있을 수 있다. 16)

둘째, 이 연구는 현실적인 이유로 논문의 핵심 키워드에 대한 네트워크 분석만 했는데, 논문 제목이나 초록에 대한 네트워크 분석을 시도한다면, 더 상세하게 연구경향을 파악할 수 있을 것이다. 연구자들이 초록에 이론이나 연구방법을 제시하지 않았다면 네트워크 분석을 할 때 이를 반영할 수 없다는 문제가 있다. 따라서 이 연구의 결과를 키워드를 분석했을 때 나타난 연구경향으로 한정해 해석하는 게 맞다.

셋째, 지면 부족으로 내용분석과 분야별 네트워크 분석결과를 다 제시

---

16) 〈한국언론정보학보〉, 〈언론과 사회〉, 〈커뮤니케이션 이론〉, 〈한국커뮤니케이션학보〉, 〈사이버커뮤니케이션학보〉, 〈인터넷정보학회지〉, 〈언론과학연구〉, 〈한국콘텐츠학회논문지〉, 〈의정연구〉, 〈언론과 법〉, 〈방송문화연구〉 외에도 각 대학 연구소에서 발간하는 학술지가 있다.

하지 못했다. 연구결과에서 분석결과를 언급하긴 했지만 충분하게 전달하지 못했다.

넷째, 이 연구는 현실적인 문제로 연구분야만 내용분석을 했는데, 연구분야별로 어떤 주제를 다루는지 세부 유목을 만들고 내용분석을 한다면 각 분야에서 주목한 주제를 파악하고, 이를 근거로 향후 연구경향을 전망할 수 있을 것이다.

다섯째, 연구분야를 구분할 때 상호배타적이지 않을 수 있다는 문제가 제기된다. 예를 들면, '종합편성 채널 도입과 방송 뉴스 보도의 다양성' 논문의 경우 보도의 다양성을 다룬다는 점에서 저널리즘으로 분류할 수도 있고, 종합편성 채널 도입에 따른 정책 효과를 들여다본다는 점에서 미디어 정책 분야의 연구로도 분류가 가능하다. 이 연구에서는 논문의 핵심 주제가 방송 보도의 질과 관련이 있다는 점에서 방송 분야로 분류했다. 한 논문만 예로 들었지만 논문에 따라서는 어느 한 분야로 분류하기 어려운 경우가 있다는 점을 고려해보면 향후 연구에서는 중복 분류가 가능한 논문에 대해서는 중복 체크를 하는 방안도 생각해볼 필요가 있다.

참고문헌

고영만·송민선·김비연·민혜령 (2013). 인문학 및 사회과학 분야 국내 학술논문의 저자키워드 출현빈도와 피인용횟수의 상관관계 연구. 〈정보관리학회지〉 30권 2호, 227~243.

김경희 (2016). 한국 ICT 기반 미디어의 확산: 시기별 특성과 사회변화. 김경희 편, 〈한국사회와 뉴미디어 확산〉, 71~117. 서울: 한울엠플러스.

김광재 (2000). 혁신의 확산 연구에 대한 메타분석: 언론학 분야를 중심으로. 〈한국언론학보〉 54권 2호, 31~56.

김상철·김광호 (2016). 마이리틀텔레비전 시청률에 영향을 미치는 요인에 관한 연구: SNS 빅데이터 중심으로. 〈디지털콘텐츠학회지〉 17권 1호, 1~10.

김성태 (2005). 국내 내용분석 연구의 방법론에 대한 고찰 및 제언. 〈커뮤니케이션 이론〉 1권 2호, 39~67.

김춘식·양승찬·이강형·황용석 (2005). 정치커뮤니케이션 연구의 동향과 쟁점 및 미래의 연구방향: 한국의 연구논문 현황분석을 중심으로. 〈커뮤니케이션 이론〉 1권 1호, 126~162.

나은영 (1994). 청소년 태도 및 태도변화 연구의 최근 동향: 1985~1994년. 〈한국심리학회지: 사회 및 성격〉 8권 2호, 3~33.

박지혜 (2017). 국내 1인 미디어 시장 현황 및 발전 가능성. 〈KEI 산업경제분석〉 4월호.

안수찬·민혜영·장바울·박재영 (2015). 한국 저널리즘 연구의 메타분석: 1990년~2014년 국내 12개 언론학술지 게재논문을 중심으로. 〈한국언론학보〉 59권 6호, 246~280.

유선영 (2014). 한국의 커뮤니케이션학, 공통감각을 소실한 공생적 지식생산. 〈커뮤니케이션 이론〉 10권 2호, 4~40.

임종수 (2009). 분과연구회 20년의 성찰. 한국언론학회 50년사 편찬위원회, 〈한국언론학회 50년사: 1959~2009〉, 233~280.

최선열 (2001). 한국 언론학의 정체성 위기: 이론과 방법론을 중심으로. 〈한국언론학회 심포지엄 및 세미나 발제집〉, 98~112.

한국언론학회 50년사 편찬위원회 (2009). 〈한국언론학회 50년사: 1959~2009〉. 서울: 한국언론학회.

황용석 (2006). 한국 온라인 저널리즘 연구의 주제와 접근방법에 대한 메타분석. 〈커뮤니케이션 이론〉 2권 1호, 128~169.

최윤정·권상희(2013). 텔레비전 드라마 연구 메타분석. 〈언론학 연구〉 17권 1호, 305~328.

Adam, B. S. & Gips, G. (2011). Media multitasking behavior: Concurrent television and computer usage. *Cyberpsychology, Behavior and Social Networking* 14(9), 527~534. http://www. nchi. nlm. nih. gov/pmc/articles/PMC3171998.

Albarran, A. B. (2017). *The Media Economy* (2nd ed.), 70. New York and London: Routledge.

Endres, K. L. (2000). Evolution of journalism and mass communication. *Journalism and Mass Communication* 1, 1~25.

Griffin, E. (2012). *A First Look at Communication Theory* (8th ed., international edition). McGRAWHILL.

Hansen, D. L., Shneiderman, B., & Smith, M. A. (2004). *Analyzing Social Media Networks with NodeXL: Insights from a Connected World.* MK: MA.

Hoover, K. & Donavan, T. (2001). *The Elements of Social Scientific Thinking* (7th ed.). Bedford/St. Martin's.

Howard, A. B. (2014). *The Art and Science of Data-Driven Journalism.* 김익현 역 (2015), 〈데이터저널리즘 스토리텔링의 과학〉. 서울: 한국언론진흥재단.

Jiménez, L. G. & Guillen, S. M. (2009). Does communication studies have an identity?: Setting the bases for contemporary research. *Catalan Journal of Communication & Cultural Studies* 1(1), 16~27.

Kohle, F. H. (2015). The social media "information explosion" spectacle: Perspectives for documentary producers. In Sahilin, J. P. (ed.), *Social Media and the Transformation of Interaction in Society.* PA, USA: IGI Global.

Krippendorff, K. (2004). *Content Analysis an Introduction to Its Methodology.* CA: SAGE Publications.

Littlejohn, S. W. (1992). *Theories of Human Communication* (4th ed.). CA: Wadsworth Publishing Company.

Omar, B. (2017). Online news production, consumption and immediacy: The remediation perspective. *Malaysian Journal of Communication* 33(3), 250~266.

Paranyushkin, D. (2011). Identifying the pathways for meaning circulation using text network analysis. https://noduslabs. com/publications/Pathways-Meaning-

Text-Network-Analysis. pdf.

Phillip, M. N. (2011). *Audience Evolution: New Technologies and the Transformation of Media Audiences.* 박영민·오현경·강남준 역(2013), 〈수용자 진화 신기술과 미디어 수용자의 변화〉. 파주: 나남.

Reynolds, P. D. (2017). *A Primer in Theory Construction.* NY: Routledge.

Ruggiero, T. E. (2000). Use and gratifications theory in the 21st century. *Mass Communication & Society* 3(1), 3~37.

Shoemaker, P. J. & Reese, S. D. (1996). *Mediating the Messages: Theories of Influence on Mass Media Content* (2nd ed.). USA: Longman Publishers. https://chinhnghia. com/mediating-the-message. pdf.

Swanson, R. R. & Chermack, T. J. (2013). *Theory Building in Applied Disciplines.* San Francisco: BK (Barret-Koehler Publishers, Inc.)

TIME (2012. 11. 20). Friended: How the Obama campaign connected with young voters. http://swampland. time. com/2012/11/20/friended-how-the-obama-campaign-connected-with-young-voters.

Trottier, D. & Fuchs, C. (2015). Theorising social media, politics and the state: An introduction. *Social Media, Politics and the State*, 1~36. https://www. dhi. ac. uk/san/waysofbeing/data/economy-crone-trottier-2015. pdf.

Venkatesh, V. & Davis, F. D. (2000). A Theoretical extension of the technology acceptance model. *Management Science* 46(2), 186~204.

Wimmer, R. D. & Dominick, J. R. (2014). *Mass Media Research: An Introduction* (10th ed., international edition). Wadsworth Cengage Learning.

3장

한국 미디어 역사 연구동향
2009~2019

김영희 | 서울대 언론정보학과 객원교수

1. 미디어 역사 연구를 돌아보며

미디어 현상, 언론 현상에 대한 역사적 연구는 한국의 언론학 연구에서 가장 먼저 시작되고 발전한 연구분야이다. 미디어 현상의 역사에 대한 관심과 연구는 한국에서 언론학이라는 학문이 성립되기 이전인 일제 식민지시기에 시작되었다. 그러나 보다 학술적 체계를 갖춘 연구는 각 대학에 신문방송학과 등 언론학 관련 학과가 설립된 1950년대 중반 이후 1960년대 언론학이 하나의 학문으로 성립되는 제도화 과정 속에서 출현하고 발전했다. 그 후 미디어에 관한 역사적 연구는 1970, 80년대까지 언론학의 대표적 연구분야의 하나였고, 대학 교과과정에서도 비중 있게 다뤘다. 이에 따라 미디어의 역사 연구 성과는 꾸준히 증가했다. 연구의 대상과 방법론도 다양화하여 연구의 수준도 높아진 경향을 보였다.

그런 한편 1990년대 이후 뉴미디어에 관한 관심이 본격화하고, 새로운 미디어 환경에 대처하는 관심과 수요가 급속도로 확대되었다. 이런 경향을 반영하여 점차 미디어와 언론 현상의 역사 연구에 대한 관심도 줄고, 이에 대한 수요는 더욱 감소한 실정이다. 현재는 기존 연구자들이 연구를 수행하여 어느 정도 유지되지만, 후속 연구자가 매우 드물어 앞으로 관련 연구의 생산이 점차 줄어들 것으로 전망된다. 〈한국언론학보〉 메타 데이터 분석에서 토픽 77의 '미디어 역사'를 발생가능성이 확률적으로 현저하게 낮아지고 있는 토픽 가운데 하나로 지적한 것은 바로 그런 실정을 그대로 확인해준다(최선영 · 고은지, 2019, 26쪽 및 31쪽).

2009년 '50년 연구사' 정리에서는 '언론사'라는 용어를 사용했는데, 이 글은 '미디어 역사'라는 표현을 사용한다. 언론학 연구 60년사를 종합하기 위한 선행 작업인 〈한국언론학보〉 메타연구 결과 2009년 연구사 정리를 위해 구분한 16개 분야를 13개 분야로 조정하고, 언론사를 '매체 역사'라는 표현을 사용한 것을 고려한 것이다. 다만 이 글은 여러 유형의 미디엄을 포괄한다는 의미에서 미디어라는 용어를 사용했다. 구체적으로 이 글에서 검토하는 미디어 연구사의 범위는 전근대 신문과 언론 현상, 신문, 방송(라디오, 텔레비전), 영화, 언론공보정책, 언론통제와 검열, 언론인, 미디어 수용자 및 기타 미디어에 대한 역사적 연구를 대상으로 한다.[1] 법제, 문화 관련 역사적 연구는 별도의 정리 작업이 있으므로 일부 중복되는 사례가 있겠지만, 원칙적으로는 제외했다. 연구대상 시기는 1970년대의 미디어 현상을 다룬 연구까지이다. 일반적으로 30년 이상 지난 시기를 역사적 연구대상으로 보는 관행을 적용한 것이다. 물론 통시적 고찰로 1970년대 이후가 포함되는 것은 대상에 포함했다.

이 글은 한국언론학회 창립 60주년을 기념하여 연구사를 살펴보는 작업이지만, 분량상 2009년까지의 연구사는 2009년에 정리한 결론 부분을 다시 제시하려고 한다. 그 내용이 현재에도 대부분 유효하기 때문이다. 이어 여

---

1) 출판/잡지의 경우 이 글의 조사대상 학술지에 관련 연구들이 최남선과 잡지 〈소년〉을 살펴보는 논문 이외에는 없어 조사항목에서 제외했다. 전문 학술지들을 따로 발행하기 때문으로 생각된다. 이에 따라 저서 조사에서도 출판/잡지 분야는 제외했다.

기서는 2009년 이후의 미디어 역사 연구동향을 중심으로 검토하고자 한다. 이를 위해 2009년 이후 2019년 6월까지 발표된 논문과 출간된 단행본을 조사했다. 먼저 논문의 경우 〈한국언론학보〉와 함께 언론학 관련 학술지 가운데 미디어 역사 논문을 상대적으로 많이 수록하는 〈한국언론정보학보〉와 〈언론과 사회〉에 수록한 논문을 대상으로 조사, 검토했다. 2)

이와 함께 미디어 역사 연구는 단행본에 대한 검토도 필요하다고 보고, 2009년 이후 2019년 6월까지 간행한 단행본을 중심으로 살펴보았다. 이러한 논의를 바탕으로 2009년 이후의 연구동향의 특징을 살펴보고, 앞으로의 과제를 논의했다.

2. "한국의 언론사 연구 50년: 성찰과 과제"의 결론3)

1) 언론사 연구 50년의 주요 연구동향

첫째, 1958년 본격적인 언론사 학술논문이 처음 출현한 이후 언론사 연구 성과는 점차 증가했다. 1980년대 들어 이전의 언론사 연구에서 학술적으로 조명되지 않았던 전근대 언론 현상, 미군정기 이후의 언론, 방송의 역사 등이 연구되기 시작했다. 1990년대 이후에는 언론산업, 수용현상 등이 새로 연구되기 시작했고, 새로운 연구방법이 활용된 연구들이 증가했다. 그리하여 특히 1990년대 이후 언론사 연구는 양적, 질적으로 크게 발전했다. 2009년 2월 현재 언론사 연구논문과 연구서 모두 꾸준히 늘어나는 추

---

2) 2009년 연구의 조사 대상이었던 〈한국방송학보〉는 2009년 이후 미디어 역사 논문이 거의 없어 이번 조사에서 제외했다.

3) 김영희(2009c). 한국의 언론사 연구 50년: 성찰과 과제. 한국언론학회 50년사 편찬위원회 편, 〈한국언론학회 50년사〉, 398~403쪽.

세를 보이고 있다. 그러나 활발한 연구 성과를 내고 있는 방송학 등 언론학의 다른 분야에 비하면 매우 적은 편이었다.

둘째, 연구대상과 연구접근방법 및 분석방법이 훨씬 다양해져 점차 체계적이고 분석적인 연구들이 증가하는 것으로 나타났다. 역사연구의 대상으로 그 이전시기에는 거의 연구되지 않았던 주제들이 1980년대, 1990년대에 새롭게 출현했고, 2000년대에 더욱 다양해지는 경향이 있었다. 또한 연구방법에서도 자료 조사와 분석에서 역사적 문헌연구 이외에 1990년대 이후 담론 분석, 기호학적 분석, 구술사 등이 활용된 연구 성과들이 출현해 점차 증가하고 있고, 그전에는 거의 활용하지 않았던 양적 분석방법을 적용한 연구들도 출현하고 있음을 알 수 있었다. 역사적 문헌연구의 경우에도 다양한 통계자료를 활용한 보다 분석적인 논의들이 늘고 있었다. 특히 그 이전시기에는 거의 없었던 문화이론적 접근방법에 의한 역사적 연구 성과들이 꾸준히 축적되고 있는 것이 1990년대 이후 언론사 연구의 중요한 한 경향이었다.

셋째, 특히 1945년 이후의 현대시기에 대해 언론학에서 발전한 이론과 개념 및 분석방법들을 적용하여 우리나라와 외국의 언론(커뮤니케이션) 현상을 역사적으로 접근한 연구들이 출현했다. 이런 연구들은 언론사를 전공으로 하는 학자들보다는 방송이나 미디어산업론 등 언론학의 다른 분야 연구자들에 의해 연구되는 경향을 보이고 있다.

이러한 유형의 연구들은 역사언론(커뮤니케이션) 학을 지향하는 연구라고 할 수 있다. 일반적으로 언론(커뮤니케이션) 사가 1차 사료에 충실하여 구체적 언론 현상, 커뮤니케이션 현상의 역사적 사실을 확인하고 설명하는 것을 우선적 과제로 한다면, 역사언론(커뮤니케이션) 학은 역사학계와 언론사 연구에서 축적된 연구 성과를 바탕으로 하면서 역사적 현상에 대해 언론학적 관점에서 설명하고, 해석하려는 연구지향이다. 이러한 연구들은 언론 현상의 역사를 좀더 분석적이며, 체계적으로 이해하는 데 기여할 수 있다는 점에서 긍정적으로 평가된다. 그러나 역사언론학을 지향하는 연구를 수행하는 연구자들의 경우 대부분 전공이 역사연구가 아니기 때문에 지속적으로 관련 연구를 수행하지는 않았다. 즉, 이들에 의해 수행된 역사적 접근방법에 의한 연구들은 대개 1회나 2회 정도로 그치고 말아, 연구의 지속적인 축적이 이루어지지는 않았다.

넷째, 언론사 연구 성과가 증가하고 있으나, 언론사를 전공으로 하는 연구자들은 전체 한국언론학회 회원 수에 비하면 매우 적은 수에 불과하다. 다시 말하면 한국 언론학계에서 지난 50년간의 언론사 연구가 양적으로 질적으로 성장한 것은 사실이지만, 역사를 전공으로 하는 연구자들은 매우 적은 소수에 지나지 않는 것이 현실이다.

이에 따라 언론학 관련 연구자가 아닌 한국사와 국문학 연구자들 가운데 언론사 관련 연구들이 늘고 있다. 그 모든 것을 다루기는 어렵지만 비교를 위해 일부 살펴보면, 대표적 연구자들로 이광린, 신용하, 최승희, 최기영, 박환, 최수일, 한기형, 장신 등을 들 수 있다. 이광린은 개화기를 연구하면서 〈한성순보〉와 〈한성주보〉, 〈독립신문〉, 〈황성신문〉, 〈대한매일신보〉, 서재필, 유길준 등을 고찰했다(1969; 1979; 1989; 1992 등). 신용하(1976)는 〈독립신문〉 연구의 수준을 한 단계 높였다고 평가된다. 최승희(1976)는 조선초기 언관(言官) 언론에 대해 1차 사료를 깊이 있게 분석한 바 있고, 2004년 이를 보완해 〈조선초기 언론사연구〉를 저술했다. 최기영은 〈뎨국신문〉, 〈광무(光武) 신문지법〉 등을 연구하여 〈대한제국시기 신문연구〉(1991)를 펴냈고, 박환은 러시아지역의 교포신문 〈해조신문〉, 〈권업신문〉 등을 연구하여 〈러시아지역 한인언론과 민족운동〉(2008)을 저술했다.

최수일은 일제강점기 대표적 잡지였던 〈개벽〉에 관해 치밀하게 분석한 논문을 잇달아 발표하고, 이를 모아 〈개벽연구〉(2008)를 저술했다. 장신(2005; 2006; 2007 등)은 일제시기 신문의 성격을 깊이 있게 고찰했다. 최수일 외에 한만수, 한기형 등 국문학 연구자들의 일제강점기 잡지미디어를 중심으로 한 연구 성과들이 있는데, 최근에는 이들과 함께 사회사 연구자들이 일제강점기의 검열문제를 집중 연구했다. 언론사 연구자가 너무 적어 언론사의 많은 연구대상들이 언론학을 학문적 배경으로 한 연구자들이 아닌 일반사나 국문학, 사회사를 전공하는 연구자들에 의해 연구되고 있는 것이다. 이들의 연구 가운데는 언론사 연구자들에게 연구의 시각과 깊이에서 시사하는 바가 큰 연구 성과들이 많이 있다. 그럼에도 연구의 관점이나 분석에서 언론학적 논의가 필요한 부분이 여전히 남아있다. 이런 점에서 언론사 연구자의 확충은 매우 시급한 과제이다.

2) 한국 언론학에서 언론사 연구 발전을 위한 과제

이와 같이 한국의 언론사 연구는 질적, 양적인 성장과 함께 긍정적 연구경향들이 많이 나타났지만 문제도 여전히 적지 않았다. 언론학의 연구 분과의 하나로서 한국언론학이 균형 있게 성장하는 데 기여할 수 있는 언론사 연구를 위해 요청되는 몇 가지 과제를 제기해보면 다음과 같은 것을 들 수 있을 것이다.

첫째, 정진석(1999)이 강조하듯 언론사에 대한 근면한 연구는 여전히 필요하고, 중요하다고 말할 수 있다. 과거의 언론 현상을 구성하는 각 요소와 각각의 미디어에 대해 성실하게 1차 사료를 수집하여 이를 바탕으로 역사적 사실을 확인하고, 설명해서 그 의미를 분석, 평가해야 할 연구과제들이 산적해 있기 때문이다. 이와 함께 언론학에서 발전한 이론과 개념들이 역사연구를 위한 이론적 배경과 분석도구로 적극 활용할 필요가 있다고 생각된다. 언론사 연구가 "새로운 자료의 개발과 소재의 확장에 기댄 세부적 경험연구 위주로 발전하고 있다"는 지적을 경청할 필요가 있기 때문이다 (이상길, 2008, 6쪽).

과거의 언론 현상에 대해 언론학적 관점에서 설명하고, 해석하려는 연구지향, 즉 역사언론학적 연구를 수행하는 연구자들의 경우 대부분 전공이 역사연구가 아니기 때문에 1차 사료에 대한 관심이 상대적으로 적은 경향을 보인다. 이에 비해 언론사를 전공으로 하는 연구자들의 연구는 1차 사료의 수집과 확인에 대해서는 성실한 경향을 보이는 반면 언론학을 바탕으로 한 이론적 분석과 논의가 상대적으로 미흡한 경향이 없지 않다. 물론 모든 역사연구 대상과 주제들에 언론학의 이론과 개념들이 적용되기 어렵고, 이론적 논의와 관련 없는 경우도 적지 않을 것이다. 하지만 이러한 두 가지 연구지향의 한계들이 보완되고, 극복되어 더 성실한 사료수집과 확인과정을 거쳐 더 정밀한 언론학적 분석과 이론적 논의가 이루어질 때 언론 현상에 대한 역사적 연구 성과들이 한국 언론학 정립에 더 많이 기여할 수 있게 될 것이다.

둘째, 이미 신문화사적 접근방법의 연구들이 역사연구의 지평을 확대하는 데서 알 수 있듯이 언론사 연구에서 더욱 다양한 접근방법과 연구방법들을 활용할 필요가 있다. 역사학 분야에서 20세기 후반에 들어서면서 이념 중심의 역사에 도전하여 친근하고 편안하며 재미있는 이야기로서의 역사를 지향하는 역사연구, 일반적으로 신문화사로 불리는 미시사, 일상생활사, 역사인류학 등 새로운 접근방법에 의한 역사연구가 활발한 것은(안병직 외, 1998; 김기봉 외, 2002; 김동노, 2003; Iggers, 1997; 1999) 이성과 논리 중심의 인쇄문화시대의 역사연구에서 감성 중심의 전자매체문화에 적응하는 역사연구의 경향이라고 할 수 있다. 이상길(2005)이 커뮤니케이션사 연구에서 이와 같은 새로운 역사학을 수용할 필요가 있다고 주장한 바와 같이, 한국의 언론사 연구도 새로운 역사 연구동향에 좀더 관심을 갖고 적극 수용하는 자세를 가질 필요가 있을 것이다.

또한 언론사 연구방법에 좀더 관심을 갖고 현상을 보다 치밀하게 분석할 수 있는 방법을 다각도로 모색할 필요가 있을 것이다(Godfrey, 2006 참조).

연구시각 확대를 위해서는 조항제가 지적하듯이 일국가적인 시각을 극복하고, 다른 나라의 현상과 비교분석하는 비교사적 방법도 좀더 많이 활용할 필요가 있을 것이다(조항제, 2006; 2008). 대중매체사와 미디어별로 개관한 사회문화사가 출현하여 통사(通史)의 새로운 방향이 제시되었는데, 이러한 방향의 논의가 좀더 풍성하게 이루어져 각 시기별로 미디어의 보급과 발전에 따른 사회모습과 그 변화양상을 역사적으로 조명한 미디어사회사적 연구(Briggs & Burke, 2007 참조)도 필요할 것이다. 또한 네론(Nerone, 2003; 2006)이 소개한 공공영역의 변화과정에 대한 연구나 우리 사회에 지배적 매체가 형성하는 보이지 않는 환경 속에서 나타나는 커뮤니케이션 현상을 매체이론적 접근방법을 활용하여 설명하는 연구도 필요할 것이다(김영희, 2004; McQuail, 2003; Rowland, 2007 참조).

셋째, 언론사 연구를 위한 기초사료의 발굴과 보존 작업의 필요성 문제이다. 1990년대 이후 개화기에서 미군정기 시기의 많은 문헌자료, 신문, 잡지 등이 꾸준히 영인(影印)되고 있다. 인터넷을 통해서도 확인할 수 있는 자료들이 늘고 있다. 이에 따라 접근하기 어려웠던 여러 사료들을 비교적 용이하게 확인할 수 있어 연구 환경이 훨씬 나아지고 있다고 할 수 있을 것이다. 그러나 제 1공화국 이후 비교적 최근의 자료라고 할 수 있는 사료들은 제대로 보존되어 있지 못한 것이 적지 않다. 또한 신문과 방송 등 미디어산업 현장에서 오래 활동한 인물들의 경험과 회고담을 체계적으로 채록하는 작업도 매우 중요한 과제일 것이다. 최근 이 작업의 필요성에 주목하고 강명구와 백미숙 등이 방송사 연구에 활용하여 의미 있는 성과를 내고 있는 구술사(*oral history*)(윤택림·함한희, 2006) 방법을 언론사 연구에서 좀더 적극 활용할 필요가 있을 것이다. 사료보존과 구술 작업에 대한 정책적 관심과 지원이 필요하다.

넷째, 한국의 언론학의 진정한 학문적 정립 내지는 토착화를 위해서도 학문의 기초인 언론사 연구에 지속적으로 관심을 갖고, 후속 연구자들이 출현하여 연구의 축적과 발전이 이루어질 수 있도록 학계 차원의 대책이 절실하게 요청된다. 이 문제는 김민환(1996, 37쪽)이 앞으로 요구되는 첫 번째 연구과제로 제기했던 문제, "언론학의 균형성장을 위해 한국언론사 전문연구자를 적극 양성해야 한다"이기도 하다.

3. 2009~2019년 한국 미디어 역사 연구 개관

1) 학술논문의 연구동향

조사대상 기간 세 학술지에서 미디어 역사를 주제로 한 논문은 〈표 3-1〉과 같이 모두 93편으로 조사되어, 전체 수록 논문 1,152편의 6.4%를 차지했다. 그런데 2009년 연구에서 세 학술지에 발표된 2000년대 미디어 역사 논문은 모두 89편이었다(김영희, 2009c, 367쪽). 이와 비교하면, 지난 10년 6개월간 발표된 역사 연구 논문은 다소나마 증가했다. 전체 연구자가 매우 적은 실정을 감안할 때, 연구자 수는 적지만 이들이 활발하게 논문을 발표한 결과로 판단된다. 그러나 전체 논문 편수에서 차지하는 비중은 점차 감소하고 있는 실정이다.

〈표 3-2〉는 연구대상 시기별 발표된 논문 편수이다. 2009년 '50년 연구사'에서는 개화기를 다룬 연구가 가장 많았고, 그 다음이 일제강점기를 다룬 연구였다. 그런데 2009년부터 지난 10년 6개월간의 연구에서는 박정희 정권 시기인 1960~70년대에 대한 연구가 가장 많았다. 1세대 연구자들에 이은 2, 3세대 후속 연구자들이 이 기간에 관심이 많았다는 것을 말해준다. 이 기간은 사실 한국의 미디어 역사에서 미디어대중화 시기에 해당하는 기간으로서 미디어에 관해 다뤄야 할 주제가 매우 다양하고 많은 기간이라고 할 수 있다.

<표 3-1> 주요 학술지 미디어 역사 주제 논문 비중

기간: 2009. 1~2019. 6

학술지 이름	전체 논문(편)	미디어역사 논문(편)	역사논문 비중(%)
〈한국언론학보〉	904	55	6.1
〈한국언론정보학보〉	381	26	6.8
〈언론과 사회〉	167	12	7.2
전체	1,452	93	6.4

<표 3-2> 연구대상 시기별 논문 편수

한국 관련		외국 관련	
조선시대	5	근대 이전	
개화기	7	근대 이후	
일제식민지 시기	25	20세기 전반	
미군정기	8	1945년 이후	1
1공화국 시기	14	1950년대	1
한국전쟁	6		
1960~1970년대	29	1960~1970년대	1
통사	10	통사	
시기 무관	1	시기 무관	

주: 시기가 겹치는 경우 중복 계산함.

일제식민지 시기에 관한 연구는 2위로 나타났다. 36년으로 기간이 길기도 하지만, 연구자들이 꾸준히 관심을 갖는 기간임을 알 수 있다. 이에 비해 이전 조사에서 발표논문이 가장 많았던 개화기에 대한 연구관심은 많이 감소했다. 미군정기는 이번 조사에서 많다고 하기는 어려워도 어느 정도 꾸준히 연구의 관심을 받았다.

이번 조사에서 한국전쟁 기간을 포함하는 제 1공화국 시기를 다룬 논문은 20편 출현했다. 1990년에서 2004년까지를 대상으로 한 조사에서는 제 1공화국 시기와 한국전쟁기에 관한 연구가 가장 적었다(김영희, 2005, 103~104쪽). 역사적으로 한국전쟁기를 포함한 제 1공화국 시기는 한국 현대 사회의 성격 형성에 매우 큰 영향을 미쳤다고 평가된다(김영희, 2010b). 한국사와 정치사, 사회사 등 사회과학 다른 분야의 역사 연구에서 이 기간이 비교적 활발하게 연구되는 이유다. 그럼에도 미디어관련 연구는 거의 없는 실정이었는데, 이 기간을 다룬 논문들이 다수 출현했다는 점에서 의미가 있다.

그런데 〈표 3-2〉에서 보듯 외국 관련 연구는 1편에 불과했는데, 그나마 한국과 관련한 주제의 이해를 위한 연구였다(차재영, 2013). 미디어 역사 연구자가 절대적으로 적은 현실에서 관심분야가 한국의 미디어 현상에 집중되어 있음을 보여준다.

〈표 3-3〉은 미디어 역사논문의 연구방법을 분류한 것이다. 표에서 보듯, 전체 논문 93편 가운데 75편이 문헌연구 방법으로 전체의 80.6%를 차지했는데, 문화역사적 접근의 연구는 주로 담론 분석 방법을 활용했다. 그러나 역사적 접근의 문헌연구라고 하더라도, 2009년 연구에서 1990년대 이후의 연구경향으로 설명한 바와 마찬가지로 다양한 통계자료 등을 활용하여 보다 분석적인 방법을 동원하는 경향을 보이고 있다.

2009년 연구와 달리 새로 추가된 항목은 문헌+구술인터뷰 방법과 코퍼스 분석이다. 2009년 연구에서 앞으로의 과제의 하나로 구술인터뷰의 필요성을 제시했는데, 미디어 현상을 다루는 문화역사적 접근의 연구에서 담론 분석과 문헌+구술인터뷰를 활용한 연구들이 출현하여 새로운 양상을 보여주었다. 또한 개화기 신문을 대상으로 전산언어학의 말뭉치(*corpus*) 분석을 활용한 연구가 새롭게 출현했다. 신문의 보도태도 분석에는 꾸준히 양적 내용분석 방법을 활용했고, 프레임 분석, 드라마티즘 분석, 연결망 분석 방법을 활용한 연구도 처음 출현했다. 2009년 연구에서는 비교사적 방법이 드물지만 활용되었는데, 이번 조사에서는 1편도 없었다.

〈표 3-4〉는 조사대상 기간 미디어 역사 논문 주제 및 세부 내용을 정리한 것이다. 신문을 대상으로 한 연구가 23편으로 가장 많았는데, 여기에 정책, 검열, 통제 등을 주제로 한 연구의 경우도 신문을 주요 대상으로 하는

<표 3-3> 미디어 역사 논문이 활용한 연구방법

문헌연구		양적 방법	양적 + 질적방법	문헌 + 구술인터뷰	코퍼스분석	전체
역사적 접근	담론 분석					
68	7	6	5	4	3	93

<표 3-4> 미디어 역사 논문 주제 및 세부 내용

논문 주제	세부 내용	논문 편수
전근대언론	조선후기 동학 커뮤니케이션, 조선왕조 언론윤리, 조선후기 대항 공론장, 조선후기 인간커뮤니케이션, 조선시대 민간조보	5
언론정책, 통제	〈광무신문지법〉, 일제의 언론정책, 검열통제, 한국전쟁기 언론정책, 박정희 정권 지역 언론 정책 등	9
공보선전	초기 이승만정부, 박정희정부 공보선전, 남한점령기 북한 선전선동, 미군정기, 1950년대 미국 도서번역, 1950년대 미공보원 기록영화, 미국무성 언론인교육사업 등	8
신문역사	〈국민신보〉, 〈독립신문〉, 〈대한매일신보〉 논설분석, 1910년대 〈매일신보〉, 1920년 민간신문 창간배경, 식민지시기 사회면, 친일청산, 반민특위 보도태도, 〈민주중보〉, 신탁통치 왜곡보도, 영어신문의 외교사, 〈한국일보〉 초기성장, 1960~1970년대 여성 가정란, 한국 언론의 상업화, 신문용지의 사회문화사 등	23
방송역사	경성방송 연예프로그램, 아나운서 직업정체성, 한국전쟁기 유엔군사령부의 KBS통제 지원, 전쟁기간 미국의 대한 방송, 주한미군방송, 1950년대 부산 라디오, 코카드TV, 1960년대 유선방송, 1960년대 〈대한뉴스〉, 1960년대 VUNC, 70년대 TV교양피디, 1960~1970년대 주부교양 프로그램, 1970년대 TV외화 수용, 1970년대 TV드라마 미디어 비평, 북한TV역사, TV 수용과 근대성 등	19
영화	환등과 식민지 시각성, 식민지 '미디어효과론', 1950년대 미공보원 기록영화, 1960년대 대한뉴스, 영화산업의 시대별 특성	5
언론인	장지연, 신채호, 최남선, 박팔양, 한기악, 장준하, 송건호, 리영희, 박권상, 해직언론인, 부산지역 언론인, 여성 언론인 경력이동	13
미디어 전체	식민지 공공성과 해방공간, 3공화국 지역미디어와 지배권력, 전쟁 소식전파	3
미디어사연구, 방법	방송사의 구술사 방법론, 미디어 사회문화사의 방법론적 난점, 일제 언론사 연구와 안재홍, 이해창, 차배근 언론사 연구	5
기타	개화기 인간커뮤니케이션, 최남선과 잡지 〈소년〉, 일제기 전화교환시스템, 한국전쟁기 연구동향, 전쟁사진	5
외국 미디어 관련	냉전기 미국의 공공외교와 언론	1

주: 주제가 겹치는 경우 중복 계산함.

연구들이 많아 실제로는 이보다 많은 비중이라고 할 수 있다. 라디오와 텔레비전을 포함한 방송역사 연구도 19편으로 꾸준히 연구되었다. 이번 조사에서 주목되는 것은 언론인 연구이다. 2009년의 '50년 연구사'에서는 언론인 연구가 매우 적다고 지적했다. 50년 가까운 기간을 대상으로 한 2009년 조사에서 언론인 연구가 5편에 불과했기 때문이다. 그런데 이번 조사에서는 13편으로 조사되었고, 개별 언론인만이 아니라 해직 언론인, 여성 언론인에 관한 연구도 출현했다. 이에 따라 언론사상과 인식은 독립된 주제가 아닌, 언론인 연구에서 주로 다루어졌다.

공보선전은 2009년 연구에서 분류 항목에 없던 주제인데, 이번 조사에서는 8편이 발표되어 따로 항목을 두었다. 2009년 연구에서는 미디어 접촉과 수용에 관한 연구들을 독립된 주제로 분류했는데, 이번 연구에서는 독립된 주제로 다룬 연구들이 드물어 텔레비전 수용을 다룬 연구 2편을 방송역사에 포함시켰다.

2) 저서로 본 미디어 역사 연구동향

조사대상 기간 미디어 역사를 다룬 서적은 〈표 3-5〉와 같이 전부 32권으로 조사되었다.[4] 1990년대 52권, 2000년대 62권 발행되었는데, 이번 조사대

〈표 3-5〉 미디어 역사 서적의 주제별 분류

통사	미디어, 커뮤니케이션	언론인	신문역사	방송역사	한국전쟁	기타	전체
4	4	13	2	4	2	3	32

---

4) 국립중앙도서관과 국회도서관 홈페이지에서 검색하고 확인했다. 그러나 일부 누락된 사례가 있을 것이다. 이 점 양해를 구한다. 또한 연구의 역사를 다루고 있고, 분량의 제한도 있어 문고본은 제외했다.

적보다도 적다. 논문은 다소 증가했으나, 단행본 발행은 매우 부진했음을 알 수 있다. 이번 조사기간 가장 많이 발행한 서적의 주제는 언론인 인물에 관한 것이었다. 특히 정진석은 이 기간 언론인 관련 서적을 7권 발행한 것으로 조사되었다. 또한 언론인의 정체성 형성과정을 주제로 한 연구서, 안재홍, 박권상의 언론활동과 사상을 주제로 한 연구서 등이 발행되었다.

이 기간에는 한국 미디어의 역사를 다룬 통사가 3권, 미국 신문발달사를 다룬 서적이 1권 발행되었다. 신문과 방송의 역사 연구에는 그동안 거의 관심을 받지 못했던 다양한 주제들을 사회문화사적 시각으로 공동 연구한 연구서들이 발행되었다. 새로운 접근방법으로 미디어 현상을 설명하고 해석한 연구 성과였다. 한국 미디어 출현과 수용 양상, 조선시대 백성들의 커뮤니케이션 양상, 공론장의 역사적 형성과정, 한국 공영방송의 역사, 한국전쟁기 미디어 현상 등을 다룬 저술들도 지금까지 연구된 적이 없는 주제였다.

4. 주제별 주요 연구 성과

1) 통사

먼저 미디어의 통사로 발행한 저술을 살펴보기로 한다. 이 기간 통사로 먼저 눈에 띄는 것은 채백의 〈부산 언론사연구〉(2014) 이다. 이 책은 개화기의 부산지역 신문 보급에서 시작하여 제6공화국 시기까지의 부산지역의 언론사를 정리했다. 기존에 부산지역 언론의 역사를 다룬 저술들이 없지는 않았으나, 전문 연구자의 저술이 아니어서 사료 활용과 체계 등 미흡한 부분들이 있었는데, 이 책은 관련 사료를 많이 수집하여 부산지역 신문, 방송, 언론인 등을 새롭게 확인하고 설명했다는 점에서 의미가 있다. 채백은 이어 〈한국 언론사〉(2015)를 저술했다. 이 책은 개화기에서 제6공화국 시기까지의 신문과 방송을 중심으로 구조사적 관점에서 역사적 사건의 흐름에 초점을 맞춰 개관했다. 그간의 채백의 연구 성과를 기본으로 각 시기 언론 정책과 통제 및 수용자의 반응 등을 함께 살펴보고 있다.

강준만의 〈한국 언론사: 한성순보에서 유튜브까지〉(2019)는 개화기부터 문재인 정권까지 한국 언론의 역사를 개관했다. 미디어와 관련한 사회문화적 의미를 해석하고 맥락을 제시하는 방식으로 전두환 정권시기까지 다룬 그의 이전 저서 〈한국 대중매체사〉(2007)의 내용을 많이 보완하고, 시기를 추가했다.

특정 주제를 통시적으로 접근한 연구 성과들도 출현했다. 먼저 김영희의 〈한국사회의 미디어 출현과 수용: 1880~1980〉(2009a)은 개화기에서 1970년대까지 각 시기 새로운 미디어의 출현과 보급과정의 특성 및 새로 출현한 미디어 수용자의 수용양상을 고찰했다. 미디어 출현과 수용이라는 주제를 처음으로 다룬 저술이었다. '서울 2천년사' 제37권으로 간행한 〈현대 서울의 교육과 언론〉(2016)은 전체 11장 가운데 7장이 미디어 관련 주제인데, 광복 이후 최근까지의 서울의 신문(유선영), 출판(백원근), 잡지(김영희), 라디오(김은규), 텔레비전(김서중), 인터넷신문(송경재), 비공식 언론(김영희)에 대해 그 역사적 전개양상을 개관했다. 개관 수준이지만, '서울 2천년사'의 현대 편에 언론 주제가 교육보다 더 비중 있게 다뤄졌다는 점에서 의미가 있다.

강명구의 〈훈민과 계몽: 한국 훈민공론장의 역사적 형성〉(2016)은 한국사회의 공론장을 훈민공론장으로 개념화하고, 조선조에서 현대시기까지 한국사회의 훈민공론장 형성과정을 고찰했다. 이 책은 중국과 일본의 경우를 비교하여 동아시아의 시각으로 한국사회 공론장의 역사적 기원과 각 시기에 발현하는 주요 양상을 분석한 저술로서, 공론장의 한국적 변용으로 훈민공론장 개념을 제시하고, 그 형성과정을 설명하는 새로운 시도였다.

차배근은 1983년 간행한 〈미국신문사〉를 대폭 보완해 〈미국신문발달사: 690~1960〉(2014)을 저술했다. 미국 최초의 신문이 출현한 1690년부터 1960년까지 각 시기 신문발달 과정의 중요한 특징과 동태들을 고찰하는 방식으로 미국신문의 역사를 자세하게 개관했다.

2) 전근대 언론 현상 연구

조사기간 전근대 언론 현상에 대한 연구는 드물었으나, 새롭게 시도한 연구 성과들이 출현했다. 이규완(2009)은 조선왕조의 언론윤리 체계를 언론이념, 언론규범, 언론기준 등의 기준으로 고찰했다. 정일권(2010)은 조선후기 피지배층의 대표적 집합행동이었던 동학운동을 커뮤니케이션 이론의 틀로 분석하고, 동학운동이 집합행동의 총체적인 힘은 커뮤니케이션을 통해 강화되거나 약화될 수 있음을 보여준 사례라고 평가했다. 역사적 사건을 커뮤니케이션 이론 틀로 고찰한 연구였다.

채백(2014a; 2014b)은 한글 고전소설과 신소설을 분석해 조선후기 인간 커뮤니케이션 양태를 고찰하고, 이를 보완해 〈조선시대 백성들의 커뮤니케이션〉(2017)을 저술했다. 이 책은 조선시대 인간 커뮤니케이션은 구두 커뮤니케이션을 기반으로 문자를 매개로 한 커뮤니케이션이 보조적으로 사용되었는데, 개화기에 미디어 의존 커뮤니케이션 비중이 증가하기 시작했고, 커뮤니케이션 영역과 범위도 확대되며 그 방법도 다양해졌다고 평가했다.

김영주와 이범수(2017)는 1577년 민간인쇄 조보(朝報) 5건의 실물 발견을 계기로 조선 선조대의 민간인쇄 조보를 고찰했다. 이 연구에 의하면, 당시 민간인쇄 조보는 일간으로 발행된 것으로 추정되고, 필사 조보와 비슷한 내용을 다루었다. 선조의 탄압으로 3~4개월 만에 폐간되었으나, 발행자·메시지(뉴스)·독자·인쇄 기술 등의 요소를 갖추어 세계 최초의

'상업 일간 활판인쇄 신문'으로 평가될 수 있다고 보았다. 민간인쇄 조보에 대해 처음으로 역사적 고찰이 이루어졌다는 점에서 의미가 있다.

3) 언론정책과 통제 연구

전통적으로 미디어사 연구에서 활발하게 연구된 주제가 바로 각 시기의 언론정책과 통제 관련 연구이다. 민주화 이전 시기 정부의 언론정책과 통제가 미디어의 성격형성에 절대적인 영향을 미쳤기 때문이었다. 그러나 민주화시기 이후 이 주제 연구는 많이 감소한 편이다.

그런 경향에서도 이민주는 일제강점기의 특수성에 주목하여 언론정책과 검열관련 주제를 집중적으로 다루었다. 그는 식민지 조선의 검열 기반이된 일본 국내의 검열제도(2010), 일제시기 검열관들의 검열업무 인식(2011a), 일제시기 언론정책과 언론 상황을 다룬 일본어 잡지기사 분석(2011b), 조선어 민간신문의 사진검열(2013), 1930년대 신문검열의 작동양상(2017)을 주제로 검열 연구를 계속했다. 이어 이민주(2018)는 일제의 언론통제에 대해 당시 조선어 민간신문은 신문사 자체 검열, 검열회피 전략, 삭제 및 압수처분과 게재금지에 대한 도전, 발행정치 처분에 대한 해정운동으로 대응했고, 언론통제를 비판하는 사설, 보도기사 등을 통해 담론적으로 대응했음을 밝혔다. 따라서 1930년대 중반 이후 민간지 신문논조가 많이 약해졌지만, 그 이전에 언론검열에 대한 지속적 저항이 있었음을 간과할 수 없다고 보았다. 일본의 관련 사료를 활용한 이민주의 일련의 연구를 통해 일제시기 검열제도와 담당자들의 인식, 운영양상 및 대응 등이 세밀하게 밝혀졌다.

채백(2013)은 박정희 정권의 언론정책에서 지역신문이 어떻게 다루어졌고, 그것이 지역신문들에게는 어떠한 의미를 지니는지 분석하여, 정부의 여러 조치와 통제들이 지역신문에 특히 차별적이어서 언론 분야의 중앙집중화가 가중되었음을 밝혔다.

4) 공보선전 연구

미군정기에서 1950년대 기간 미국이 한국에 전개한 선전사업을 집중 분석한 차재영(2013; 2014)은 1950년대에 미국무성이 공공외교의 일환으로 시행한 한국 언론인교육 교류사업은 한국에 친미적 언론인을 양성하고, 미국 언론을 모델로 한국 언론을 변화시키려는 목적이었으며, 연수 이후에도 주한 미국대사관과 미공보원이 프로그램 참여언론인들과 접촉하는 사후관리를 하여 이 사업의 궁극적 목적 달성을 위해 노력했다고 설명했다. 이어 차재영(2018a)은 미국무성이 1955년부터 1959년까지 격년으로 한국에 파견한 미국 언론 전문가사업을 고찰했다.

그는 또한 미군정기와 1950년대 미국이 한국에서 추진한 도서번역사업 (차재영, 2016; 2018b) 및 주한 미공보원의 기록영화에 대해 분석했다(차재영·염찬희, 2012). 차재영은 이 사업들이 한국에서 미국에 대한 이해를 높이고, 여러 분야에서 미국의 성취를 전파하는 것이 주목적이었음을 밝혔다. 차재영(2016)은 해방 이후 1950년대 모든 부문에서 열악했던 한국 실정에서, 이런 사업들이 한국인들의 대미 인식과 세계정세 판단에 미국적 시각으로 인식하게 하는 데 영향을 미쳤을 가능성이 있다고 분석했다. 미국 국립문서기록관리청을 비롯한 미국 여러 기관에서 지속적으로 수집한 문서들을 기본사료로 하여 규명한 성과였다.

윤상길(2017)은 엘룰과 아렌트의 이론을 적용해 1960년대 박정희 정부의 공보선전정책의 성격을 고찰하여, 군사정부 초기의 총체적 선전체제에 대한 구상이 상당부분 현실화되었고, 부분적으로 전체주의적 성격을 띠었다고 평가했다. 한국전쟁기 관련 선전 연구는 뒤에서 다룬다.

5) 신문역사 연구

(1) 개화기 신문

조사기간 개화기 신문에 대해서는 연구가 드문 편이었으나 그동안 연구된 적이 없던 주제들이 연구되었다. 먼저 한영학(2011)은 개화기 〈광무신문지법〉이 일본 신문지법의 전신인 신문지조례를 기본으로 규제를 더욱 강화한 형태임을 밝혔다. 〈광무신문지법〉의 성격을 일본법과 비교하여 고찰한 성과로서 연구의의가 크다. 박용규(2012a)는 대한제국 말기 친일단체 일진회의 기관지였던 〈국민신보〉의 운영과 활동을 고찰하여, 이 신문이 일진회 존재가치를 알리는 정치적 투쟁수단의 역할을 했다고 평가했다.

김영희·윤상길·최운호(2011a; 2011b)는 개화기 〈독립신문〉과 〈대한매일신보〉의 논설의 형태주석 코퍼스를 활용하여 신문의 역할, 신문의 공변(公辯, 공정성) 개념, 언론자유, 기자에 대한 인식 등 언론관련 개념들의 사용양상을 분석했다. 특히 '언론'이라는 단어가 오늘날의 저널리즘의 개념으로 본격 사용되기 시작한 것이 1907년 〈대한매일신보〉가 발행되던 시기임을 밝힌 것은 개념사적으로도 의미 있는 성과였다. 김영희(2013a)는 이어 〈독립신문〉의 지식 개념이 어떤 의미로 사용되었는지 〈독립신문〉 코퍼스를 활용해 분석했다.

(2) 일제 식민지시기 신문

일제 식민지시기의 미디어 현상에 대해 꾸준히 연구 성과를 내온 박용규는 발표논문들을 보완해 〈식민지 시기 언론과 언론인〉을 저술했다(2015a). 일제의 언론정책, 조선인 민간신문 창간 이후 신문 인식, 〈시대일보〉·〈중외일보〉·〈중앙일보〉, 지방신문, 언론인 안재홍과 여운형, 여기자의 언론활동 등 신문관련 11개의 주요 주제를 고찰했다. 또한 그는 1920년대 초 친일단체 국민협회 기관지로 출현해 1년 남짓 발행한 〈시사신문〉은 독립운동을 철저하게 비판하고, 동화주의 실현을 적극적으로 주장한 신문이었음을 밝혔다(2015b). 이어 조선어 민간신문 창간 과정(2018)과 식민지 시기 뉴욕 한인 언론(2016b)에 대해 고찰했다.

이 기간 총독부 기관지 〈매일신보〉를 대상으로 한 연구가 2편 발표되었다. 먼저 윤상길(2011b)은 일본의 강제병합 직후 1910년대 총독부 기관지 〈매일신보〉의 사회적 역할을 '식민지 공공영역' 개념으로 고찰하여, 병합 직후 식민지 조선의 공론장이 일본어를 근간으로 한 지배적 공론장과 조선어를 근간으로 한 저항적 공론장으로 이원화된 상황 속에서 〈매일신보〉가 두 공론장을 담론적으로 연결하여 식민지배자와 피식민지인 간의 담론투쟁의 장이 되었다고 해석했다.

이민주와 최이숙(2016)은 식민지 시기 〈매일신보〉의 '부인과 가정'란의 출현 배경을 살펴보고, 이 난이 처음 출현한 1923년 후반에서 1924년 12월까지 기사를 내용 분석했다. 분석결과 계몽적 설명기사가 가장 많았고, 연애/결혼/가족 관련 주제가 많이 다루어졌는데, 이 기사들은 전통적 가족 관계를 비판하고 평등한 부부 관계에 기초한 새로운 가정 상을 주장했으나, 여성은 '가정'의 틀 내에서 가정을 잘 유지·관리하는 제한적 주체였다고 설명했다.

유선영(2014)은 식민지 시기 조선인 발행 신문 사회면의 관련 요인들을 분석하여, 식민지의 정치부재와 엄격한 검열 상황에서 사회적 사실들이 정치적 문제로 환원되고, 해독되었다고 설명했다. 이러한 식민지 지식인/기자들의 전략과 전술, 의도는 식민지 저널리즘의 한 특수한 양상으로 해석된다는 것이다.

(3) 미군정기 이후 현대 신문

미군정기 신문에 대해 채백이 꾸준하게 연구 성과를 냈다. 채백(2009)은 미군정기 부산 최초로 출현한 〈민주중보〉의 이념적 성향을 초창기 참여인물과 지면의 논조 검토로 분석하고, 〈민주중보〉는 중도적이면서 사안에 따라 좌익적 성향을 보였다고 평가했다. 미군정기 부산지역 신문에 대한 본격적 연구 성과로서 의미가 있었다. 그는 이어 이 시기 〈동아일보〉와 〈조선일보〉의 친일청산문제(2016)와 반민특위(2018) 관련 보도태도를 내용분석방법과 질적인 방법으로 분석했다. 두 신문은 친일청산에 대해 대체로 소극적이었고, 과거의 친일보다는 현재의 반민족 문제가 더 중요하므로 청산의 시기를 정부수립 이후로 미루자는 입장이었음을 밝혔다.

원용진(2009)은 1945년 8월 15일 해방국면의 언론 상황을 점검하고, 그를 통해 대안적으로 포착해야 할 언론단면들을 설명했다. 결론적으로 이 연구는 해방 국면에 제한된 형태로나마 언론이 해방의 의미를 전달했고, 민중들은 그 의미를 언론을 통해 받아들이는 습관을 나름으로 형성한 식민지적 공공성을 지니고 있었다고 설명했다. 해방공간 언론의 전반적 성격에 대해 새로운 관점으로 해석한 연구였다.

이선영(2011)은 〈코리언 리퍼블릭〉의 창간 1년간(1953. 8. 15. ~1954. 8. 14)의 사설을 분석하여, 이 신문이 정부입장을 대변하여 국내문제에 대해서는 언론의 역할을 올바로 수행했다고 평가할 수 없으나, 1950년대 냉전시대에 국가안보, 경제, 대외관계 등에서 적극적으로 미디어 외교전을 펼쳤다고 긍정적으로 평가했다. 한국의 영어신문에 대한 최초의 보도태도 분석이었다.

윤상길(2016a)은 광복 이후 한국 신문용지 시장의 변화 양상을 신문용지 수급 상황에 대한 경제사적 관점과 신문용지의 시장 상황에서 벌어지는 시장행위자들(국가, 제지업계, 신문업계)의 시장행동에 대한 사회사적 관점으로 한국 신문용지 시장의 특징을 통시적으로 고찰했다.

이 기간 신문연구에서 주목되는 성과는 한국언론진흥재단의 지원으로 신문의 주요 현상을 사회문화사적 관점에서 분석하여 2권의 단행본으로 펴낸 공동연구 작업이다. 먼저 근대신문 등장 이후 최근까지 100여 년의 기간에 대해, 신문 독자(채백), 언론인의 '직업정체성'과 '독자인식'(박용규), 신문의 유통(윤상길), 신문사의 문화사업(김영희), 문화면 구성과 전개방식(이종숙), 연예 저널리즘 변화과정(이성민), 여성가정란의 변화(최이숙)를 연구하여 〈한국 신문의 사회문화사〉(2013)를 펴냈다. 이어 언론사의 문화사업을 주제로, 문화사업의 역사적 기원(채백), 교양사업(이종숙), 교육사업(윤상길), 출판사업(심영섭), 신춘문예제도(이봉범), 마라톤대회(김영희), 캠페인(이성민)을 집중 분석하여 〈언론사 문화사업의 역사와 사회적 의미〉(2014)를 간행했다. 그동안 신문정책과 통제, 신문 산업 관련 연구에서 상대적으로 소홀했던 주제들을 사회문화사의 시각으로 집중 검토한 연구 성과로서 의미가 있었다.

김영희(2013d)는 1954년 6월 9일 상업신문으로 창간해 빠르게 성장한 〈한국일보〉의 초기 성장과정을 살펴보고, 〈한국일보〉의 급속한 성장은 한국 현대 신문의 인력구조, 조직, 편집, 광고, 독자관리, 보급방법, 체육문화사업 주최 등에 상당한 영향을 미치며 신문의 상업화를 견인했다고 평가했다. 김남석(2010)은 1960년대 한국의 신문 산업이 정파적 언론에서 중립적 언론으로 변화하는 양상을 보이고, 경영과 편집의 분리경향이 나타났으나, 5·16 이후 폭력기구가 사회통제의 전면에 나서면서 자유주의적 언론이론이 제약받고, 공론영역으로서의 언론의 성숙은 미약한 상태였다고 설명했다. 이번 조사대상 기간 신문 산업의 성격을 분석한 유일한 연구였다.

유현옥과 김세은(2013)은 제3공화국 시기 강원도의 지역 언론 현상을 고찰하여, 공화당의 거물정치인 김진만이 강원도 주요 신문과 방송의 지배주주로 경영에 직접 참여하고 관리하여 미디어를 통제함으로써 거대 언론 및 정치권력으로 지역에서의 영향력을 키워왔고 그것이 강원지역 언론의 성격을 규정했다고 설명했다. 지역 언론과 지역 권력과의 유착은 사실상 전국적 현상인데, 강원지역 언론 분석에서 구체적으로 확인했다는 점에서 의미 있는 작업이었다.

이정훈(2013)은 객관주의, 전문직업인주의 등 대중적 상업언론 성격의 대부분이 언론의 상업화 과정에서 형성되었기 때문에 상업화 과정 연구가 매우 중요하다면서, 1933년 상업화론과 1960년대 후반 상업화론 모두 한국의 언론이 정치적 억압에 적응하는 과정에서 전략적 선택으로 상업화했다고 설명한다는 사실을 밝혔다. 이것은 오늘날 한국 언론의 정파성과 이념적 편향성을 이해하는 실마리를 제공한다는 것이다. 박용규와 류지석 (2013)은 1960년대 신문독자 조사가 신문사 간의 경쟁에 대비하는 신문지면 개선을 위한 조사 외에 공공기관의 정책적 필요성과 개별 연구자들이 수용자들의 매체이용행태에 관한 이론적 관심으로 조사가 진행되었다고 설명했다.

최이숙(2015b)은 내용분석, 프레임분석 및 가정란 제작자 인터뷰방법을 활용해 1960~1970년대 한국 신문의 가정란을 분석하여, 당시 가정란이 사회의 가부장적 질서의 경계 안에 있었지만 때로는 제한적으로나마 이에 도전하면서 '의식주와 가정'의 주제를 넘어 일상의 문제를 다루는 영역으로 변화했다고 설명했다.

이완수와 최영일(2016)은 박정희 전 대통령의 사망 직후 그의 죽음을 다룬 10일간의 신문 부고기사에 나타난 사회적 기억을 의미연결망 분석으로 관찰하고, 이념적 지향점이 다른 신문들의 역사적 기억과 기록을 비교했다. 분석결과 한국사회 공동체가 기억하는 박정희의 모습은 군사정변과 유신이라는 부정적 측면과 경제개발, 근대화, 남북문제 등의 긍정적 측면이 중첩되었는데, 신문의 이념 차이에 따라 기억의 차이를 보였음을 밝혔다. 의미연결망 분석방법을 활용한 신문보도 태도 분석으로서 의미가 있다.

6) 방송역사 연구

이 기간 방송의 역사 연구에도 공동연구 형식으로 4권의 책이 간행되었다. 먼저 한국언론학회가 한국 텔레비전 방송 개국 50년을 기념해 한국사회와 텔레비전 방송 50년(김영희), 한국 텔레비전 방송 기술의 사회문화사(윤상길), 한국 텔레비전 방송 시청자의 형성과 성격(마동훈), 한국 텔레비전 방송 프로그램 편성 추이와 특성(한진만), TV방송 50년의 자화상: 한국 TV 저널리즘의 변천(최이숙), 한국 텔레비전 방송의 교육·계몽적 역할과 내용규제의 역사, 1963~1987(백미숙), 한국 텔레비전과 대중문화(원용진), 한국 텔레비전 방송 광고 50년의 흐름과 특성(김병희)을 묶어 〈한국 텔레비전 방송 50년〉(2011)을 간행했다.

한국방송학회가 펴낸 〈한국 방송의 사회문화사〉(2011)는 식민지 시기 이중방송의 다이글로시아(*diglossia*) 상황 분석(서재길), 일제시기 라디오 음악프로그램(박용규), 1950년대 HLKZ 텔레비전의 성격(백미숙), 1960년대 라디오 테크놀로지의 부락화 양상(윤상길), 1960년 전후 라디오문화(주창윤), 1960년대 라디오저널리즘(이종숙), 1970년대 텔레비전 외화시리즈 수용(김영찬), 1970년대 텔레비전 드라마 비판(조항제) 등의 주제를 다루었다. 이어 〈(관점이 있는) 한국 방송의 사회문화사〉(2012)와 〈한국의 텔레비전 드라마: 역사와 경계〉(2013)를 간행하여 한국 라디오와 텔레비전 방송의 내용, 드라마, 수용자의 수용 등 다양한 주제들이 조명되었다. 공동연구의 효율성이 드러난 작업들이었다.

조항제(2014)의 〈한국 공영방송의 정체성〉은 비교 역사적 접근방법으로 한국 공영방송의 역사와 그 성격을 1960년대 국영방송 시기의 전사에서 시작하여 2000년대까지 정책과 법, 시장, 시민사회의 차원으로 나누어 정밀하게 고찰했다.

이 기간의 방송사 연구에서 새롭게 출현한 또 다른 주제는 미국 국립문서기록관리청에서 수집한 자료를 활용한 연구들이다. 그 대표적 성과가 장영민(2013)의 코카드 텔레비전(KORCAD-TV) 설립과 경영을 고찰한 연구이다. 이 연구는 미국 정부기관이 코카드 텔레비전 설립에 개입하고 지원했다는 문화적 냉전설은 근거가 취약하다고 지적하고, 한국 최초의 텔레비전 방송국인 코카드 텔레비전(호출부호 HLKZ)은 상업적 이윤을 위해 미국인 회사 코카드가 설립했으나 경제 등 제반여건이 갖춰지지 않아 경영상 어려움을 겪었다고 설명했다.

김영희(2012c)는 한국전쟁 시작 직후 미군의 대한반도 심리전을 위해 출현했던 VUNC(유엔군총사령부방송: Voice of United Nations Command)의 1960년대 운영과 폐쇄과정을 고찰하여, VUNC는 미국의 극동과 태평양지역의 군사정책과 심리전 정책의 틀 안에서 한국전쟁이 휴전된 이후에도 계속 운영했으나, 1960년대 말 미국의 대외 정책과 상황이 변화하면서 1971년 6월 30일 폐쇄했음을 밝혔다. 박용규(2014a)는 해방 이후 미군이 진주하면서 개국한 주한미군방송 WVTP에 대해 고찰하여, 영어방송이었으나 대중음악 프로그램 같은 다양한 오락프로그램으로 한국인 청취자가 늘어났고, 영어공부 수단으로 활용되기도 했다고 설명했다. 그러나 당시 라디오 수신기 수가 많지 않았고, 낮은 출력에 한국인의 미국 인식이 호의적인 것만은 아니어서 그 문화적 영향은 제한적이었다고 평가했다.

이상길(2012)은 일제시기 경성방송 개국 직후 1년간의 연예프로그램을 분석하여, 최초의 라디오 드라마가 〈명예와 시인〉임을 밝히고, 당시 라디오극연구회 중심으로 제작된 20편의 번역극과 창작극의 사회문화적 의미를 탐색했다. 그 후 이상길(2019)은 1960~70년대 텔레비전 도입 과정을 가정화 접근 관점에서 심층인터뷰 방법으로 분석하고, 근대화 시기 한국사회도 텔레비전이 가정 안의 기술이자 사물로 길들여지는 사회문화적 과정이었다고 설명했다.

최이숙(2015a)은 1950년대 부산의 방송은 1950년대 냉전의 맥락에서 전파 선전전과 국민위안이 강조되던 중앙의 환경과 선명하게 들려오던 일본 방송이 공존하는 방식으로 구성되었다고 설명했다. 그러나 라디오에 대한 사회적 관심이 높았고 일본문화와 방송의 영향력이 여전했던 부산에서 HLKB의 전략은 국영방송이라는 조건과 인프라의 부족 속에 한계가 있었다고 평가했다.

윤상길은 그동안 연구된 적이 없었던 1960년대 라디오 유선방송사업에 주목하여, 1960년대 전반기 한국 유선라디오 방송사업의 운영과 변모과정을 1963년 12월 창립된 전국유선방송협회의 활동을 중심으로 살펴보았다 (2016b). 이어 1965년 이후 공보부와 내무부에서 추진한 '유선방송 일원화 사업'의 추진배경과 전개과정을 규명하여, 권위주의정치 체제하에서 유선방송이 공보매체화하는 과정을 추적했다(2019).

1970년대 텔레비전은 젠더와 문화적 의미 해석 연구가 관심을 받았다. 백미숙(2012)은 1970년대 KBS 교양PD의 직무 내용과 직업정체성 형성과정을 탐색했다. 이들은 국가의 압도적 헤게모니하에서, 교양을 특화된 전문영역으로 독립시켜 제작주체로 등장했다고 설명하고, 공무원과의 구별짓기와 상업방송과의 구별짓기라는 두 가지 전략으로 전문 방송인으로서 직업정체성을 형성했다고 설명했다. 백미숙(2015)은 이어 1960~70년대 텔레비전 주부대상 교양프로그램 편성의 역사를 통해 국가 주도의 근대화 기획이 주부를 근대화의 국민으로 호명하고 동원하는 방식을 조명했다.

한편 이종임(2014)은 1970년대 압축적 근대화의 시대에 일일드라마에서 나타난 여성의 역할과 젠더재현 방식을 분석하여, 텔레비전이 대중문화 형성의 기제이자 국가정책 수행의 기제로서 작용했다고 해석했다. 임종수 (2012)는 1970년대 텔레비전 드라마의 인물 표상과 인물 간의 관련 및 당시의 미디어비평의 담론을 분석하여, 희생적 여성상과 대조되는 가부장 성격의 드라마는 가부장주의의 헤게모니를 약화시켜 궁극적으로 여성이 도덕적 승리를 가져오는 기호로 이해되어야 한다고 주장했다.

7) 언론인 연구

언론인 연구가 활발했던 이 기간 정진석은 언론인을 주제로 7권의 책을 출판했다. 개화기 이승만과 박은식의 언론활동을 살펴본 〈두 언론 대통령 이승만과 박은식: 언론을 통한 항일·구국투쟁〉(2012a), 〈대한매일신보〉 사장 배설의 생애를 전기적으로 다룬 〈나는 죽을지라도 신보는 영생케 하여 한국동포를 구하라: 대한매일신보 사장 배설의 열정적 생애〉(2013a)와 같은 주제를 대중교양서로 펴낸 〈배설: 한국의 독립운동을 도운 영국 언론인〉(2013b), 서재필 탄생 150주년이던 2014년에는 서재필의 발자취를 돌아보는 화보집 〈선각자 서재필: 민족을 위한 '희망의 씨앗'을 뿌리다〉를 책임 집필했다.

이어 그는 언론인이자 정치가, 교육가, 독립운동가였던 남궁억을 소개하는 〈(황성신문 초대사장) 남궁억: 개화기 민족언론의 주춧돌을 놓다〉(2014), 〈대한매일신보〉에서 활동한 양기탁의 언론인으로서의 활동을 다룬 〈(항일 민족언론인) 양기탁〉(2015a), 문인기자였던 이광수의 생애와 활동을 정리한 〈언론인 춘원 이광수〉(2017)를 저술했다. 정진석은 일본 경찰의 비밀 기록과 신문, 잡지에 실린 관련 자료들을 세밀하게 조사하여 지금까지 제대로 알려지지 않았던 개화기와 식민지시기의 대표적 언론인들의 생애와 활동을 정리한 것이다. 이와 함께 그는 〈책 잡지 신문 자료의 수호자: 지식의 보물창고를 지키고 탐험로를 개척한 사람들〉(2015b)에서 책, 잡지, 신문 자료의 수집과 정리에 자신을 바친 백순재, 오한근, 안춘근, 김근수, 하동호, 최덕교를 소개했다.

박용규의 〈한국의 언론인 정체성을 묻다: 지사(志士)에서 샐러리맨으로〉(2015)는 한국의 언론인들이 개화기 지사에서 출발해, 1960년대 말 이후 언론노동자라는 현실을 자각하고 전문직업인으로의 변신을 모색하다가, 1990년대 말 이후 샐러리맨으로 전락하는 과정을 살펴보았다. 많은 사료들을 활용하여 언론인 정체성 형성과정을 통시적으로 고찰했다는 점에서 의미가 있다. 그는 개별 언론인에 대해서도 꾸준히 연구 성과를 냈다. 최남선의 현실 인식을 고찰하면서 잡지 〈소년〉의 성격을 살펴보았고 (2011), 그동안 연구된 적이 없는 언론인 한기악(2016a)과 문인 기자 박팔양(2017)에 대해 고찰했다. 그에 의하면 박팔양은 1924년 〈동아일보〉 입사 후 12년간 거의 모든 한글 신문에서 활동하면서, 식민지 현실을 비판하는 입장이었다. 그런데 1937년에는 만주국 〈만선일보〉에서, 광복 이후는 북한 〈로동신문〉에서 활동했다. 식민지와 분단체제라는 상황 속에서 박팔양은 좌와 우, 항일과 친일, 남과 북, 숙청과 복권 등이 교차하는 복잡한 삶을 살았다고 평가했다.

박선영(2009)은 장지연의 친일 논란과 관련 장지연과 신채호의 사상을 비교하여, 장지연에게는 전통적인 유교적 세계관의 특징이 지속된 반면, 신채호에게는 그것이 초극되고 있음을 알 수 있고, 이 차이를 통해 전자의 '변절'이 갖는 의미를 이해할 수 있다고 해석했다.

2012년 〈한국 언론정보학보〉는 '한국 현대 언론사상가 연구'를 기획하여 리영희(최영묵, 2012), 장준하(김영희, 2012a), 송건호(박용규, 2012b)의 활동과 언론사항을 집중 조명했다. 리영희의 제자 최영묵은 그후 〈비판과 정명: 리영희의 언론 사상〉(2015)을 저술했다. 그동안 리영희에 대해서는 여러 학자와 언론인들이 쓴 평전과 전기가 있었으나, 이 책은 그의 삶과 언론사상을 언론학자의 시각으로 조명한 저술이라는 점에서 의의가 있다.

최이숙(2009)은 산업화 시기(1961~1987년) 여성들의 언론계 진출과 경력이동 양상을 분석하여, 기혼 직업여성에 대한 사회적 편견과 뉴스생산조직 내의 가부장 이데올로기로 여성 기자들이 많은 차별과 불이익을 받았음을 실증적으로 밝혔다.

이 기간의 언론인 연구 가운데 학계에서 크게 주목받은 주제는 김세은의 해직 언론인 연구였다(2010; 2012). 그는 두 편의 연구에서 유신시기 1975

년 〈동아일보〉 광고해약사태와 자유언론실천선언운동의 여파로 해고된 기자들과 1980년 전두환 정권 시기 강제해고된 해직언론인들의 해직 이후의 삶과 한국사회의 변화모습을 추적했다. 군부 권위주의정권 시기 언론통제 과정의 희생자들에 관심을 갖고, 그들의 해직 이후의 삶과 활동을 학문적으로 접근하고 그 역사적 의미를 분석했다는 점에 의미가 있었다. 그의 연구로 해직 언론인에 대한 학계의 관심이 확대되어, 관련 주제를 다룬 세미나가 몇 차례 개최되었다.

김영희는 1960년대 전문연구자들보다 더 많은 연구 성과를 내었던 언론인 박권상의 언론학 연구(2016a)와 해직된 이후의 활동과 언론사상(2017)을 발표한 데 이어, 박권상의 관훈클럽 창립 주도 활동, 합동통신에서 시작한 기자로서의 활동, 〈시사저널〉 창간 활동, KBS 사장으로서의 활동 등을 추가로 고찰하여 〈언론인 박권상과 한국 현대 언론〉(2019)을 간행했다.

8) 한국전쟁기 미디어 현상 연구

앞에서 살펴보았듯이 이 기간은 그동안 거의 연구관심을 받지 못했던 한국전쟁 관련 연구들이 출현했다. 김형곤(2009)은 미국과 중국에서 1950년대 발간된 한국전쟁에 관한 사진화보집을 비교분석했는데, 일반적으로 사진이 역사적 사실을 있는 그대로 보여줄 것이라고 생각하지만, 시각적으로 기억하는 전쟁은 현재의 관점에서 구성되고 재해석된 것이라고 설명했다. 한국전쟁 사진의 의미를 분석한 최초의 성과였다.

정진석(2012b)의 〈전쟁기의 언론과 문학〉은 해방공간과 6·25전쟁기의 좌익언론과 언론인, 문인들에 대해 고찰한 연구서이다. 북한이 발행한 〈로동신문〉, 〈민주조선〉, 〈조선문학〉, 〈조선기자〉 등의 신문, 잡지 및 박헌영, 이승엽, 임화 등 남로당 계열 숙청 재판기록 등 접근하기 쉽지 않은 자료들을 활용하여 좌익 언론과 언론인들의 활동을 조명했다는 점에서 의미가 있다.

장영민(2012)은 한국전쟁 기간 유엔군사령부가 한국의 국영라디오방송 KBS의 운영을 통제 관리하는 한편으로 프로그램 편성과 제작 및 열악한 방송시설의 개보수와 확충을 지원한 사실에 대해 상세하게 고찰했다. 미국 국립문서기록관리청(NARA)의 자료들을 활용하여 지금까지 알려지지 않았던 역사적 사실들을 밝혔다.

김영희의 〈한국전쟁기 미디어와 사회〉(2015)는 전쟁기간 이승만 정부의 언론정책과 언론의 대응(2012c), 전쟁소식 전파와 남한 주민들의 대응(2014), 전쟁기간 미국의 대한 방송활동(2009b), 대표적 심리전 매체인 삐라 분석, 북한의 남한점령지역 선전선동사업(2010c) 등을 주제로 발표한 논문들을 보완하고, 전쟁기간 신문, 출판·잡지 상황, 국영 라디오방송 프로그램 편성 등 새로운 주제들을 추가한 연구서이다. 그동안 연구의 공백 기간으로 남아있던 한국전쟁 기간의 주요 미디어 현상을 고찰한 최초의 연구서로 의의가 있다.

9) 영화 연구

이 기간은 영화와 관련해서도 새로운 주제가 관심을 받고 그 의미가 해석되었다. 식민지시기 환등(幻燈), 영화 등 시각적 미디어의 문화적 의미 분석에 천착해 온 유선영(2016a)은 말(연설)이 억압되고, 문자에 대한 검열이 일상화된 1920년대 초 시각미디어로서의 환등의 경험은 매우 주목되는 문화사적 국면이라고 설명했다. 이어 그는 이 시기 근대적 오락으로 소비된 시각 미디어 영향 담론들이 식민 통치와 군중 통제에 역점을 두어 구성되었다고 설명하면서, 그러나 식민지 대중의 동의를 얻는 데는 실패했다고 평가했다(2016b).

차재영·염찬희(2012)는 1950년대 주한 미공보원이 영화를 선전의 유용한 매체로 간주해 보도영화, 기록영화 등을 제작하고, 배급 상영했는데, 한국대중이 이런 영화에 크게 호응했다고 설명하고, 미공보원이 배급·상영했던 12편의 기록영화를 기호학적 방법으로 분석하여 미국이 과학기술로 발전하는 풍요한 국가 이미지를 제시하거나, 한국의 재건과 발전을 지원하는 좋은 친구 이미지를 담고 있다고 해석했다.

박성희(2009)는 1960~1969년까지 극장에서 상영된 〈대한뉴스〉가 전파한 메시지를 버크(Kenneth Burke)의 드라마티즘(Dramatism)으로 선전문법을 추출했다. 연구 결과, '대한뉴스'는 스스로 표방한 뉴스 전달매체가 아니라 국가이데올로기의 당위성을 전파한 선전매체로 기능했음을 다시 확인시켜준다고 평가했다. '대한뉴스'의 저널리즘 성격을 분석한 연구로서 의미가 있다.

10) 미디어 연구방법, 연구사 연구

이 기간 역사 방법론으로 주목받은 주제는 백미숙(2009)의 구술사 방법론 연구였다. 이 연구는 초기 방송인물 구술사연구사례를 분석하여 한국방송사 연구에 구술사 활용의 이론적, 방법론적 쟁점을 다루었다. 개인의 기억 구술은 '개인과 사회의 상호작용'으로 구성된다는 점에서 구술생애사의 미시적 접근은 공적 기억과 사적 기억의 구분을 넘어 '대항 기억'이 출현할 수 있는 공간을 창출하고, '구체적 일반성'을 재구성할 수 있도록 허용한다고 설명했다. 따라서 구술생애사는 한국 방송의 다양한 역사상을 구축하는 역사쓰기 작업의 일환으로 누락되고 배제된 역사의 복원이라는 수정주의 역사쓰기를 가능하게 해줄 수 있다고 주장했다. 그의 연구는 학계의 주목을 받아 구술사를 활용한 연구들이 출현하는 성과로 이어졌다.

이상길(2014)은 자신이 연구한 라디오극연구회를 사례로 미디어 사회문화사의 인식론, 방법론 및 과제에 대해 고찰했다. 그는 미디어 사회문화사

쓰기에 커뮤니케이션학 전공자로서의 전문성이 도움이 될 여지가 크다면서, 외국의 미디어사에 대한 관심과 지식, 특정 미디어나 테크놀로지에 대한 전문 지식과 다양한 문화이론 이해 등이 역사에 새로운 질문들을 제기하고 분석을 정교화하는 데 유용할 수 있다고 설명했다. 특히 비교사적 관심이 중요하고, 역사학, 국문학, 영화학 등 다른 학문의 미디어에 대한 연구 성과들을 적극 흡수, 접합하려는 시도가 중요하다고 주장했다.

김영희는 선행연구자들의 언론사 연구를 분석해 한국에서 신문사, 언론사 연구가 어떤 특징과 연구경향을 보였는지 고찰했다. 먼저 식민지 시기 안재홍의 언론사 연구는 연구의 대상, 해석의 시각과 방향에서 이 시기 신문사 연구 가운데 가장 대표적인 업적으로, 동시대의 신문사 연구와 해방 이후 언론사 연구의 시기구분과 서술 방식에도 영향을 미쳤음을 밝혔다 (2013c). 언론학 1세대의 대표적 학자인 이해창의 한국언론사 연구는 해외 국문지의 변천, 구한국시대 친일지와 민족지와의 갈등, 한국 시사만화의 역사 등의 주제에 대한 선구적 업적이었다고 평가했다(2009d). 그는 또한 차배근의 언론사 연구는 미국신문사, 중국 전근대, 근대 언론사, 중국 조선족 언론사, 대학신문사, 조선인 일본유학생의 친목회 회보 등 한국에서 지금까지 연구되지 않은 주제들을 연구하여 언론사 연구대상과 범위를 확대했고, 언론학의 학문적 체계와 양적 분석방법을 활용하여 언론사 연구의 분석수준을 높였다고 평가했다(2016b).

5. 2009∼2019년 한국 미디어 역사 연구동향과 과제

1) 2009∼2019년 한국 미디어 역사 연구 주요 동향

지금까지 한국 미디어의 역사를 주제로 한 3개 학술지의 논문과 저서를 대상으로 살펴본 2009년에서 2019년 6월까지의 미디어 역사 연구동향의 주요 특징을 정리하면 다음과 같다.

첫째, 이 기간 연구논문은 2000년대의 89편에 비하면 93편으로 다소 증가했다. 그러나 연구서의 경우 32권이 발행되어 2000년대의 62권에 비하면 거의 절반수준으로 감소했다. 하지만 1천 명이 넘는 한국언론학회의 전체 회원 가운데, 실제 연구 활동을 하는 미디어 역사 연구자 수가 20여 명도 채 되지 않을 규모를 생각하면, 소수의 연구자들이 비교적 활발하게 연구 활동을 수행했다고 할 수 있다.

둘째, 2009년 50년 연구사에서 가장 관심을 받은 연구대상 시기는 개화기였는데, 이번 조사에서는 1960∼1970년대의 미디어 현상을 대상으로 한 연구가 가장 많아 관심을 받는 대상 시기가 달라진 것으로 나타났다. 한국전쟁기간을 포함한 제 1공화국 시기도 이전에는 연구가 매우 드물었는데, 이번 조사에서는 상당히 증가했다. 홍주현(2019)이 2000년 이후 〈한국언론학보〉의 수록 논문에 대해 연결성과 매개 중심성 기준으로 분석한 연구에서 커뮤니케이션 역사 분야의 2010년대 연구경향으로 유일하게 확인된 분야가 한국전쟁이다. 이런 결과는 장영민과 김영희의 연구 성과에서 나온 경향일 것이다. 언론학 분야에서 한국전쟁 관련 미디어 역사 연구는 그 전에는 신문의 보도태도를 다룬 일부 연구, 언론인 납북을 다룬 연구 및 일부 석사학위 논문 이외에는 이 기간에 대한 연구가 매우 부진한 실정이었다는 점에서 의미가 있다(김영희, 2015, 477∼495쪽 참고).

한편 일제 식민지시기에 대한 관심은 2009년 연구와 마찬가지로 비교적 꾸준히 지속되었다. 그러나 개화기에 관한 관심은 크게 줄었고, 외국 미디어 관련 주제를 다룬 연구는 단 1편이었다. 그나마 한국과 관련된 주제라고 할 수 있어서 온전한 외국 미디어관련 연구는 1편도 없었다.

셋째, 2009년 이후 그 이전에 연구된 적이 없던 다양한 주제들이 연구되었다. 미디어 출현과 수용자의 수용양상, 부산지역 언론의 역사, 공영방송의 정체성 형성과정, 한국전쟁기 미디어 현상, 언론인의 정체성 형성과정, 훈민공론장 형성과정, 조선시대 백성들의 커뮤니케이션 현상 등과 같은 특정 주제를 집중 검토한 연구서들이 출현한 것은 단일 논문에 포함하기 어려운, 보다 깊이 있고 폭넓게 검토하는 연구들을 수행하고 있다는 것을 시사한다는 점에서 의미가 있다.

신문과 관련한 연구는 꾸준히 활발했다. 언론정책과 통제, 공보선전에 관한 연구도 신문과 관련한 주제들이 많아 실제로는 더 늘어날 수 있다. 인터넷으로 검색이 가능한 신문이 증가하면서 연구대상에 접근하기가 상대적으로 용이하기 때문으로 생각된다. 방송의 역사를 다룬 연구들도 문화역사적 주제들을 포함해 다양한 주제들이 비교적 꾸준하게 연구되었다. 신문과 텔레비전의 젠더문제를 다룬 연구들도 새롭게 출현했다.

2009년 연구와 비교할 때, 큰 폭으로 증가한 연구는 언론인 관련 연구이다. 2009년 연구에서 언론인 연구가 매우 드물어 연구가 필요하다고 지적할 정도였는데, 이번 대상 기간에는 언론인의 언론활동과 사상을 주제로 한 논문발표도 활발한 편이었고, 단행본도 여러 권 간행되었다. 정진석의 언론인 관련 7권의 저술과 박용규의 여러 논문과 저술이 그 대표적 사례였다. 해직 언론인에 대한 본격적 연구가 크게 주목받았고, 여성 언론인 관련 연구도 출현했다.

넷째, 연구방법 면에서 역사적 문헌 연구가 가장 많았으나, 그런 경우에도 언론학 이론과 개념들을 동원해 설명하고, 해석하는 연구들이 늘어났다. 구술사 연구방법의 필요성에 대한 연구가 연구방법으로서 주목되었고, 이런 관심으로 구술사와 심층인터뷰를 통해 텔레비전 수용 양식을 밝힌 연구들이 출현했다. 개화기 신문의 형태주석 말뭉치(코퍼스)를 활용한 분석 연구, 내용분석과 프레임 분석을 함께 활용한 연구, 드라마티즘 분석, 기호학적 분석, 의미연결망 분석 연구 등이 새롭게 출현했다. 미디어의 역사를 다룬 선행연구자들의 연구를 검토한 연구들은 미디어 연구사의 흐름을 파악할 수 있게 하는 성과였다.

다섯째, 공동 연구를 통해 관련 주제들을 다양하게 검토하여 생산적 성과를 내었다. 방송을 주제로 하여 〈한국 텔레비전 방송 50년〉(2011), 〈한국 방송의 사회문화사〉(2011), 〈(관점이 있는) 한국 방송의 사회문화사〉(2012), 〈한국의 텔레비전 드라마: 역사와 경계〉(2013)가 간행되었다. 신문의 경우는 〈한국 신문의 사회문화사〉(2013)와 〈언론사 문화사업의 역사와 사회적 의미〉(2014)가 간행되었다. 이와 같은 공동연구 작업으로 그동안 연구가 부족했던 신문과 방송의 여러 주제들이 사회문화사적 시각에서 집중적으로 논의되었다.

여섯째, 미군정기 이후 1950~1960년대 연구에서 미국 국립문서기록관리청에서 수집한 문서들을 활용한 연구들이 출현했다. 미군정기 이후 오늘날까지 한국사회의 다른 분야 마찬가지로 미디어 분야의 성격을 형성하는데 가장 강력한 영향을 미친 외부 요인은 바로 미국이라고 할 수 있다. 따라서 미국이 지원하거나 관여한 미디어 현상들에 대한 연구는 당시의 미디어의 성격에 대한 올바른 이해를 위해 매우 필요한 작업이다. 이를 위해서는 미국이 생산하고 기록한 자료들의 검토가 필수적으로 요청되는데, 그 전에는 미국관련 자료수집이 현실적으로 매우 어려웠다. 이에 따라 한국사와 정치사 분야 등 다른 분야에서는 1990년대부터 미국 국립기록관리청을 비롯한 미국 아카이브 자료들을 조사, 수집하는 사업을 지속적으로 추진했다. 그 후 수집된 자료들을 활용한 연구들이 출현하기 시작했고, 2000년대 들어 연구 성과들이 더욱 활발하게 발표되고 있다. 그러나 미디어의 역사 연구에서는 미국의 자료를 활용한 연구들이 매우 드물었는데, 이번 조사에서 본격적으로 출현하기 시작한 것이 확인되었다. 이러한 작업들을 통해 미국과 관련한 미디어 현상의 많은 사실들이 좀더 정확하게 밝혀지면서, 새롭게 해석되고 있는 것으로 평가된다.

2) 한국 미디어 역사 연구 발전을 위한 과제

한국의 미디어 역사 연구의 과제와 관련, 앞에서 다시 살펴본 2009년 연구의 4가지 과제들 가운데 일부는 개선되고 있지만, 전체적으로는 2019년 현재에도 여전히 유효하며, 특히 연구자 부족 문제는 더욱 심각해졌다고 생각된다. 이런 실정을 고려하면서 한국 언론학의 균형 있는 연구 발전에 도움이 되는 미디어 역사 연구를 위해 보다 실천 가능하고 시급한 과제들을 제시해 보기로 한다.

첫째, 미디어의 역사 연구는 1차 사료에 대한 성실한 수집과 검토가 기본적으로 요구된다. 이와 함께 미디어 역사 연구에도 언론학 이론과 개념 및 보다 체계적인 분석방법을 동원해 해석하는 연구들이 필요하다. 앞에서 살펴보았듯이 이런 연구들이 증가하는 것은 고무적이다. 앞으로의 미디어의 역사 연구에서도 이론과 개념을 활용해서 좀더 깊이 있게 설명하고, 해석의 수준을 높인 연구들이 더 늘어나야 한다고 생각한다. 특히 미디어의 존재가 한국사회의 일상에서 차지하는 비중이 점차 확대되기 시작한 미군정기 이후 현대 미디어사의 연구에서는 이론적 검토와 분석이 가능한 주제들이 많으므로 그 필요성이 더욱 크다고 생각된다. 또한 단일 매체 관련 연구만이 아니라, 미디어 전반이 관련되는, 미디어가 형성하는 사회의 성격과 환경에 관한 고찰 등 좀더 거시적인 연구에 대한 관심도 필요할 것이다.

둘째, 미디어 역사 연구자가 매우 적은 현실과 앞에서 살펴본 공동연구 작업의 성과를 생각할 때, 앞으로도 공동연구 형식의 연구를 적극 추진할 필요가 있다. 공동연구를 통해 비교적 단기간에 주요 주제들을 집중적으로 깊이 있게 연구할 수 있기 때문이다. 한국 언론학의 균형 잡힌 학문 발전을 위한 기초 연구로서, 이와 관련한 정책적 지원에 대해 언론학계 차원에서 관심을 가져주기를 기대한다.

이번 연구의 조사대상 학술지는 아니지만 서울대 언론정보연구소가 발행하는 학술지 〈언론정보연구〉의 기획특집으로 발표된 '박정희 시대의 신문문화 연구'(〈언론정보연구〉 51권 2호, 2014)와 '미디어 역사연구 지형과 미래 지평'(〈언론정보연구〉 53권 2호, 2016) 역시 공동연구 작업을 통해 미디어 역사의 주요 주제에 대해 의미 있는 성과를 내었다고 생각한다.

셋째, 앞에서 살펴본 바와 같이 미디어 역사 연구에서 연구관심을 많이 받는 시기가 개화기에서 제1공화국 시기 이후 1960대～970년대로 변화되었다. 그런데 이 시기는 한국 미디어의 역사에서 엘리트 미디어시기에서 대중화시기로 변화하던 매우 주목되는 기간이다. 이 기간 한국 미디어의 성격 형성에 강력한 영향을 미친 외부 요인이 미국이라는 점을 고려할 때, 미국 자료를 활용한 연구들이 본격 출현하고 있는 것은 다행스러운 일이다. 앞으로도 미국 자료를 활용한 연구들이 좀더 활발하게 수행되어야 한다고 생각한다. 이를 위해서는 국사편찬위원회, 국립중앙도서관 등이 주도하여 미국에서 수집한 문서들을 조사, 검토해서 활용하는 연구들이 우선적으로 필요하다. 이와 함께 미국 국립문서기록관리청을 비롯한 관련 아카이브를 방문해 자료를 수집하여 연구에 활용하는 작업도 필요할 것이다.

넷째, 2009년 '50년 연구사'에서 앞으로의 과제로 언급한 미디어의 역사 연구를 위해 필요한 기초 사료의 발굴과 보존 문제는 다시 한 번 강조하지 않을 수 없다. 일제시기와 미군정기 자료의 발굴 및 보존 작업과 함께 제1공화국 시기 이후 1960년대, 1970년대 자료들의 발굴, 정리, 보존도 매우 시급하게 요청된다. 시간이 지나면서 보관상의 문제로 사료 자체가 점차 활용하기 어려운 상태가 된 자료도 늘고 있다. 따라서 특히 제1공화국 시기 이후 현대의 자료들을 적극 발굴하여 영인본으로 만들거나 디지털화 하는 작업이 필요하다. 여러 미디어에 오랜 기간 활동한 대표적 인물들에 대한 구술 작업도 꾸준하게 추진되어야 한다고 생각한다.

참고문헌

강명구(2016). 〈훈민과 계몽: 한국 훈민공론장의 역사적 형성〉. 파주: 나남.
_____(2007). 〈한국대중매체사〉. 서울: 인물과사상사.
강준만(2019). 〈한국 언론사: 한성순보에서 유튜브까지〉. 서울: 인물과사상사.
고바야시 소메이(2012). 북한 텔레비전 방송의 역사적 전개. 〈언론과사회〉 20권 2호, 105~140.
김기봉 외(2002). 〈포스트모더니즘과 역사학〉. 서울: 푸른역사.
김남석(2010). 1960년대 초반의 정치변동과 신문산업의 성격변화. 〈한국언론학보〉 54권 4호, 168~188.
김동노(2003). 거시구조 이론에서 미시사건사로: 미국 역사사회학의 경향과 과제. 〈사회와 역사〉 제63집, 86~122.
김동민(2010). 동아일보의 신탁통치 왜곡보도 연구. 〈한국언론정보학보〉 52호, 135~153.
김민환(1996). 〈한국언론사〉. 사회비평사. (2002 개정판. 나남)
김병희 외 7인(2011). 〈한국 텔레비전 방송 50년〉. 서울: 커뮤니케이션북스.
김보형·백미숙(2009). 초기 여성 아나운서의 직업 성격과 정체성의 형성. 〈한국언론학보〉 53권 1호, 59~83.
김서중 외 9인(2016). 〈서울 2천년사 37: 현대 서울의 교육과 언론〉. 서울역사편찬원 편.
김세은(2010). 해직 그리고 그 이후… : 해직 언론인의 삶과 직업을 통해 본 한국 현대언론사의 재구성. 〈언론과사회〉 18권 4호, 158~208.
_____(2012). 해직 언론에 대한 생애사적 접근 연구: 동아자유수호투쟁위원회를 중심으로. 〈한국언론학보〉 56권 3호, 292~319.
김영주·이범수(2017). 조선시대 민간인쇄 조보(朝報)의 언론사적 의의. 〈한국언론정보학보〉 85호, 7~29.

김영찬(2011). 1970년대 텔레비전 외화 시리즈 수용연구. 〈한국언론학보〉 55권 6호, 5~29.

김영희(2004). 역사적 접근방법으로서의 매체이론(*medium theory*): 연구경향과 시사점. 임상원 외. 〈매체·역사·근대성〉, 151~183. 파주: 나남.

＿＿＿(2005). 한국의 커뮤니케이션사 연구동향과 과제: 1990년 이후를 중심으로. 〈커뮤니케이션 이론〉 창간호, 94~125. 한국언론학회.

＿＿＿(2009a). 〈한국사회의 미디어 출현과 수용: 1880~1980〉. 커뮤니케이션북스.

＿＿＿(2009b). 한국전쟁기간 미국의 대한(對韓) 방송활동: VOA 한국어방송과 VUNC를 중심으로. 〈한국언론학보〉 53권 2호, 140~160.

＿＿＿(2009c). 한국의 언론사 연구 50년: 성찰과 과제. 한국언론학회 50년사 편찬위원회, 〈한국언론학회 50년사: 1959~2009〉, 359~422.

＿＿＿(2009d). 우범(牛凡) 이해창(李海暢)의 언론학과 언론사 연구에 관한 고찰. 〈한국언론학보〉 53권 5호, 129~152.

＿＿＿(2010a). 제 1공화국 초기 이승만 정부 공보선전활동의 성격. 〈한국언론학보〉 54권 3호, 326~348.

＿＿＿(2010b). 한국전쟁기 커뮤니케이션 현상에 관한 연구동향과 과제. 〈한국언론학보〉 54권 5호, 205~226.

＿＿＿(2010c). 한국전쟁기 북한의 남한 점령지역 선전선동사업. 〈한국언론학보〉 54권 6호, 150~172.

＿＿＿(2012a). 장준하의 언론사상 연구. 〈한국언론정보학보〉 59호, 50~70.

＿＿＿(2012b). 1960년대 VUNC(유엔군총사령부방송)의 운영과 폐쇄. 〈한국언론학보〉 56권 5호, 244~269.

＿＿＿(2012c). 한국전쟁기 이승만정부의 언론정책과 언론의 대응. 〈한국언론학보〉 56권 6호, 366~390.

＿＿＿(2013a). 〈독립신문〉의 지식 개념과 그 의미. 〈한국언론학보〉 57권 3호, 409~430.

＿＿＿(2013b). 일제강점기 한국 언론사 연구와 안재홍의 "조선신문소사". 〈한국언론정보학보〉 64호, 85~108.

＿＿＿(2013c). 〈한국일보〉의 초기 성장과 성장요인. 〈한국언론학보〉 57권 6호, 297~321.

＿＿＿(2014). 한국전쟁 초기 전쟁소식 전파와 대응의 커뮤니케이션. 〈한국언론학보〉 58권 4호. 183~209.

＿＿＿(2015). 〈한국전쟁기 미디어와 사회〉. 서울: 커뮤니케이션북스.

_____(2016a). 1960년대 언론인 박권상의 언론학 연구에 대한 고찰. 〈한국언론학보〉 60권 2호, 154~177.

_____(2016b). 언론사 연구 대상과 범위를 크게 확대하다: 차배근의 언론사 연구. 〈한국언론학보〉 60권 4호, 95~119.

_____(2017). 해직이후 박권상의 언론활동과 언론사상. 〈한국언론학보〉 61권 5호, 102~129.

_____(2019). 〈언론인 박권상과 한국 현대언론〉. 서울: 커뮤니케이션북스.

김영희·박용규(2011). 〈한국 현대 언론인 열전〉. 서울: 커뮤니케이션북스.

김영희·윤상길·최운호(2011a). 대한매일신보 국문 논설의 언론 관련 개념 분석: 대한매일신보 논설 코퍼스 활용 사례연구. 〈한국언론학보〉 55권 2호, 77~102.

김영희·최운호·윤상길(2011b). 독립신문 논설의 언론 관련 개념 분석: 독립신문 논설 코퍼스 활용 사례연구. 〈한국언론학보〉 55권 5호, 5~29.

김인경·이원선·조수영(2014). 한국신문의 불임(난임) 관련 보도분석: 1962~2013년. 〈한국언론학보〉 58권 6호, 329~361.

김형곤(2009). 미국과 중국에서의 한국전쟁 사진과 기억: 미국과 중국에서 발간된 사진화보집의 구성과 표상양식분석. 〈한국언론정보학보〉 48호, 153~169.

김영희·윤상길·안종묵·조맹기·박용규(2013). 〈안재홍 언론사상 심층연구〉. 민세 안재홍선생 기념사업회 편. 서울: 선인.

박선영(2009). 장지연의 변절과 신채호의 순국. 〈한국언론학보〉 53권 2호, 254~276.

박성희(2009). 프로파간다의 문법: 버크의 드라마티즘에 기초한 1960년대 대한뉴스. 〈한국언론학보〉 61권 5호, 324~347.

박승관·장경섭(2000). 한국의 정치변동과 언론권력: 국가-언론 관계 모형 변화. 〈한국방송학보〉 제 14-3호, 81~113.

박용규(2008). 일제강점기 언론에 대한 연구동향과 전망. 김민환·박용규·김문종. 〈일제 강점기 언론사 연구〉, 15~27. 파주: 나남.

_____(2011). 최남선의 현실인식과 〈소년〉의 특성변화. 〈한국언론학보〉 55권 1호, 461~484.

_____(2012a). 대한제국 말기 국민신보의 특성과 역할. 〈한국언론학보〉 56권 2호, 249~273.

_____(2012b). 송건호의 언론활동과 언론사상. 〈한국언론정보학보〉 59호, 71~91.

_____(2014a). 주한 미군방송(WVTP)의 등장과 영향(1945~1950). 〈한국언론학보〉 58권 1호, 356~380.

_____(2014b). 박정희 정권 시기 언론인의 직업적 정체성의 변화. 〈언론정보연구〉

51권 2호, 34~76.

_____ (2015a). 〈식민지 시기 언론과 언론인〉. 서울: 소명출판.

_____ (2015b). 1920년대 초 〈시사신문〉의 창간과 특성. 〈한국언론학보〉 59권 5호, 178~204.

_____ (2015c). 〈한국의 언론인 정체성을 묻다: 지사(志社)에서 샐러리맨으로〉. 서울: 논형.

_____ (2016a). 일제강점기 한기악의 언론활동과 민족운동. 〈한국언론학보〉 60권 2호, 35~60.

_____ (2016b). 일제강점기 뉴욕 한인 언론의 특성과 역할. 〈한국언론학보〉 60권 4호, 68~94.

_____ (2017). 문인기자 박팔양의 생애와 언론활동: 〈동아일보〉에서 〈로동신문〉까지. 〈한국언론학보〉 61권 6호, 87~116.

_____ (2018). 1920년대 조선어 민간신문 창간의 배경과 과정. 〈한국언론학보〉 62권 5호, 107~135.

박용규·류지석 (2013). 1960년대 신문독자조사에 관한 연구. 〈한국언론학보〉 56권 2호, 396~422.

박용규·김영희·윤상길 외 (2013). 〈한국 신문의 사회문화사〉. 한국언론진흥재단.

박진우 (2016). 정치사와 문화사, 테크놀로지와 사회 변동의 교차점: 프랑스 미디어사(史) 연구의 역사적 경과와 쟁점. 〈언론정보연구〉 53권 2호, 11~47.

박 환 (2008). 〈러시아지역 한인언론과 민족운동〉. 서울: 경인문화사.

백미숙 (2009). 한국방송사 연구에서 구술사 방법론의 사용과 사료 활용에 관하여. 〈한국언론학보〉 53권 5호, 102~128.

_____ (2012). 1970년대 KBS텔레비전 교양피디의 직무와 직업정체성. 〈한국언론정보학보〉 60호, 125~149.

_____ (2015). 1960~70년대 주부 교양 프로그램과 텔레비전의 젠더정치: 주부화, 탈주부화, 재가정화의 가족 이데올로기. 〈언론과사회〉 23권 3호, 120~185.

신용하 (1976). 독립신문의 창간과 그 계몽적 역할. 〈독립협회연구〉, 1~80. 일조각.

원용진 (2009). 식민지적 공공성과 8·15 해방공간. 〈한국언론정보학보〉 47호, 170~190.

원숙경·윤영태 (2012). 조선후기 대항 공론장의 특성에 관한 연구. 〈한국언론정보학보〉 59호, 92~115.

유선영 (2014). 식민지 신문 '사회면'의 감정정치: 사회적 사실들의 정치적 서사화. 〈한국언론정보학보〉 67호, 177~208.

_____(2016a). 식민지 '미디어 효과론'의 구성: 대중 통제기술로서 미디어 영향 담론. 〈한국언론정보학보〉 77호, 137~163.

_____(2016b). 시각기술로서 활동과 식민지의 시각성. 〈언론과사회〉 24권 2호, 191~229.

유진환·이창현(2011). 일제하 '조선미술전람회' 관련 신문보도에 나타난 일본의 오리엔탈리즘. 〈한국언론정보학보〉 54호, 5~31.

유현옥·김세은(2013). 제3공화국 시기 지역미디어의 확산과 지배 권력의 형성. 〈한국언론학보〉 57권 3호, 122~153.

윤상길(2011a). 일제 강점기 전화 교환시스템 구성과 교환노동의 표준화 및 성별화. 〈언론과사회〉 19권 2호, 110~151.

_____(2011b). '식민지 공공영역'으로서의 1910년대 〈매일신보〉. 〈한국언론학보〉 55권 2호, 56~76.

_____(2014). 박정희 정권 시기 신문배달원 신화 창출의 사회적 맥락. 〈언론정보연구〉 51권 2호, 77~108.

_____(2016a). 한국 신문용지의 사회문화사. 〈한국언론정보학보〉 77호, 200~254.

_____(2016b). 1960년대 전반기 한국 유선방송사업의 운영과 전국유선방송협회 활동의 의미. 〈한국언론정보학보〉 80호, 193~223.

_____(2017). 1960년대 박정희 정부 공보선전정책의 정치적 성격. 〈한국언론학보〉 61권 6호, 147~176.

_____(2019). 1960년대 중후반기 박정희 정부의 유선방송 일원화 사업에 대한 연구. 〈한국언론학보〉 63권 1호, 46~79.

윤상길·정수영(2016). 일본 미디어사 연구 지형의 탐색: 관학(官學)과 민간학(民間學)의 흔적, 그 접합과 분절의 역동. 〈언론정보연구〉 53권 2호, 85~137.

윤택림·함한희(2006). 〈(새로운 역사 쓰기를 위한) 구술사 연구방법론〉. 아르케.

이광린(1969). 〈한국개화사연구〉. 서울: 일조각.

_____(1979). 〈한국개화사상연구〉. 서울: 일조각.

_____(1989). 〈개화파와 개화사상연구〉. 서울: 일조각.

_____(1992). 〈유길준〉. 동아일보사.

이규완(2009). 조선왕조의 언론윤리 체계에 관한 시론. 〈한국언론학보〉 53권 1호, 391~411.

이민주(2010). 일본 출판경찰의 법적 근거와 검열업무를 통한 언론통제. 〈한국언론학보〉 54권 4호, 73~96.

_____(2011a). 일제시기 검열관들의 조선어 미디어와 검열업무에 대한 인식. 〈한국

언론학보〉 55권 1호, 169~195.

_____(2011b). 일본어 잡지기사에 나타난 일제하 언론정책과 언론 상황. 〈한국언론학보〉 55권 6호, 30~55.

_____(2013). 일제하 조선어 민간신문 사진검열에 대한 연구. 〈한국언론학보〉 57권 2호, 262~286.

_____(2017). 검열의 '흔적지우기'를 통해 살펴본 1930년대 식민지 신문검열의 작동 양상. 〈한국언론학보〉 61권 2호, 37~63.

_____(2018). 일제검열에 대한 조선어 민간신문의 대응양상 연구. 〈한국언론학보〉 62권 1호, 69~97.

이민주·최이숙(2016). 매일신보 '부인과 가정'란을 통해 살펴본 1920년대 초반 부인에 대한 시선. 〈한국언론학보〉 60권 6호, 219~247.

이상길(2008). 미디어 사회문화사-하나의 연구 프로그램. 〈미디어, 젠더 & 문화〉 9호, 5~49.

_____(2012). 경성방송국 초창기 연예 프로그램의 제작과 특성. 〈언론과사회〉 20권 3호, 5~74.

_____(2014). 애타게 라디오극 연구회를 찾아서: 미디어사회문화사의 방법론적 난점들. 〈언론과사회〉 22권 3호, 66~111.

_____(2019). 텔레비전의 일상적 수용과 근대성의 경험. 〈언론과사회〉 27권 1호, 59~129.

이선영(2011). 영어신문의 외교사적 역할: 코리언 리퍼블릭(1953. 8. 15~1954. 8. 14)의 사설을 중심으로. 〈한국언론정보학보〉 56호, 219~236. 삭

이완수·최영일(2016). 박정희의 역사적 유산에 대한 미디어의 기억 형성방식. 〈언론과사회〉 24권 2호, 5~46.

이정훈(2013). 한국 언론의 상업화 논의에 관한 비판적 검토. 〈한국언론정보학보〉 62호, 315~328.

_____(2016). 실용주의적 목적과 발전주의적 역사관의 만남: 미국 저널리즘사 연구의 최신동향, 2005~2014. 〈언론정보연구〉 53권 2호, 48~84.

이종숙(2016). 한국 미디어 인식 지형의 변화와 인문학적 지평: 근대 미디어 역사에 관한 인문학 연구의 동향과 함의를 중심으로. 〈언론정보연구〉 53권 2호, 138~203.

이종임(2014). 1970년대 드라마 속 여성의 역할과 젠더 재현방식에 대한 연구. 〈한국언론학보〉 58권 5호, 180~205.

이준호(1998). 정부정책과 방송사 경쟁구도의 변화에 따른 편성다양성의 변화에 관한

연구: 1962~1995. 〈한국방송학보〉 10호, 257~322.

임종수(2012). 1970년대 텔레비전 드라마 인물과 미디어 비평. 〈언론과사회〉 20권 4호, 132~178.

장영민(2012). 한국전쟁기 유엔군사령부의 KBS 통제와 지원. 〈한국언론학보〉 56권 1호, 441~464.

_____(2013). 코카드 텔레비전 방송국(KORCAD-TV)의 설립과 경영에 관한 연구. 〈한국언론학보〉 57권 6호, 663~690.

장 신(2005). 1930년대 언론의 상업화와 조선·동아일보의 선택. 〈역사비평〉 70호, 164~196.

_____(2006). 1924년 동아일보 개혁운동과 언론계의 재편. 〈역사비평〉 75호, 242~272.

_____(2007). 한말·일제초 재인천 일본인의 신문 발행과 조선신문. 〈인천학연구〉 6호, 289~311. 인천학연구원.

정일권(2010). 조선후기 사회의 변화와 동학운동과정에서의 커뮤니케이션 요소 분석. 〈한국언론학보〉 54권 6호, 81~102.

정진석(1993). 한국의 언론사 연구. 김동철교수 정년퇴임 기념 논문집 간행위원회 (편). 〈언론과 커뮤니케이션의 제문제〉. 105~122. 서울: 나남,

_____(1999). 신문사 연구의 방법론과 대안모색. 〈신문업과 신문연구의 과거 및 현대적 조망〉. 한국언론학회 심포지엄자료, 3~18.

_____(2012a). 〈두 언론 대통령 이승만과 박은식: 언론을 통한 항일·구국투쟁〉. 서울: 기파랑.

_____(2012b). 〈전쟁기의 언론과 문학〉. 서울: 소명출판.

_____(2013a). 〈나는 죽을지라도 신보는 영생케 하여 한국동포를 구하라: 대한매일신보 사장 배설의 열정적 생애〉. 서울: 기파랑.

_____(2013b). 배설: 한국의 독립운동을 도운 영국 언론인. 독립기념관 한국독립운동사연구소 기획, 〈한국의 독립운동가들〉. 서울: 역사공간.

_____(2014). 〈선각자 서재필: 민족을 위한 '희망의 씨앗'을 뿌리다〉. 서재필기념회 편. 서울: 기파랑.

_____(2014). 〈(황성신문 초대 사장) 남궁억: 개화기 민족언론의 주춧돌을 놓다〉. 서울: 기파랑.

_____(2015a). 〈(항일 민족 언론인) 양기탁〉. 서울: 기파랑.

_____(2015b). 〈책 잡지 신문 자료의 수호자: 지식의 보물창고를 지키고 탐험로를 개척한 사람들〉. 서울: 소명출판.

_____(2017). 〈언론인 춘원 이광수〉. 서울: 기파랑.

조맹기(2015). 〈한국 근대 언론사상과 실학파들〉. 서울: 커뮤니케이션북스.

조은희·임정수(2009). 한국 영화산업의 시대별 특수성에 따른 원작사용 연구. 〈언론 과사회〉 17권 3호, 51~77.

조항제(2006). 방송의 역사적 지식체계의 한계와 대안적 접근. 〈언론과 사회〉 14권 4 호, 2~36.

_____(2008). 한국방송사의 관점들. 〈언론과 사회〉 16권 1호, 2~48.

_____(2014). 〈한국 공영 방송의 정체성〉. 서울: 컬처룩.

차배근(2014). 〈미국신문발달사 1690~1960〉. 서울: 서울대 출판문화원.

차재영(2013). 냉전기 미국의 공공외교와 국가-언론 협력 관계: 미국무성의 '공동 후 원 언론인 프로젝트'를 중심으로. 〈한국언론학보〉 57권 3호, 87~108.

_____(2014). 1950년대 미국무성의 한국 언론인 교육교류 사업 연구: 한국의 언론 전문직주의 형성에 미친 영향을 중심으로. 〈한국언론학보〉 58권 2호, 21~45.

_____(2016). 1950년대 한국에서의 미국 도서번역사업의 전개와 의미. 〈한국언론정 보학보〉 78호, 206~242.

_____(2018a). 1950년대 미 국무성의 미국 언론전문가 파견사업 연구: 한국 언론에 미친 영향을 중심으로. 〈한국언론정보학보〉 87호, 243~276.

_____(2018b). 선전으로서의 도서번역: 미군정기 미국 도서번역 활동의 전개와 의 미. 〈한국언론학보〉 62권 3호, 187~212.

차재영·염찬희(2012). 1950년대 주한 미공보원의 기록영화와 미국의 이미지 구축. 〈한국언론학보〉 56권 1호, 235~263.

채 백(2009). 미군정기 〈민주중보〉의 이념적 성향. 〈한국언론정보학보〉 48호, 170~ 190.

_____(2011). 일제기 부산지역 언론인 연구. 〈한국언론정보학보〉 56호, 132~155.

_____(2012). 〈부산언론사 연구〉. 부산: 산지니.

_____(2013). 박정희 정권의 언론정책과 지역신문: 부산지역을 중심으로. 〈한국언론 정보학보〉 65호, 140~158.

_____(2014a). 한글 고전소설을 통해 본 조선후기 인간커뮤니케이션 양태. 〈한국언 론정보학보〉 62호, 27~50.

_____(2014b). 신소설을 통해 본 개화기의 인간커뮤니케이션 양태. 〈한국언론정보학 보〉 68호, 34~64.

_____(2014c). 박정희 시대 신문 독자의 사회문화사. 〈언론정보연구〉 51권 2호, 5~ 33.

_____(2015). 〈한국언론사〉. 서울: 컬처룩.

_____(2016). 친일청산에 대한 미군정기 〈동아일보〉와 〈조선일보〉의 보도태도. 〈한국언론정보학보〉 79호, 196~225.

_____(2017). 〈조선 시대 백성들의 커뮤니케이션〉. 서울: 컬처룩.

_____(2018). 반민특위에 대한 〈동아일보〉와 〈조선일보〉의 보도태도. 〈한국언론정보학보〉 88호, 182~210.

채 백·김영희·윤상길 외(2014). 〈언론사 문화사업의 역사와 사회적 의미〉. 한국언론진흥재단.

최기영(1991). 〈대한제국시기 신문연구〉. 일조각.

최선열(2001). 한국 언론학의 정체성 위기. 2001 한국언론학대회 공동 심포지엄. 〈뉴밀레니엄 시대의 언론학 연구와 교육〉, 97~112.

최선영·고은지(2019). 메타데이터를 활용한 1960~2018 〈한국언론학보〉 논문 분석 : 다이내믹 토픽 모델링(Dynamic Topic Modeling) 방법을 중심으로. 〈한국언론학보〉, 63권 4호, 7~42.

최수일(2008). 〈『개벽』 연구〉. 서울: 소명출판.

최승희(1976). 〈조선초기 언관·언론연구〉. 서울대 한국문화연구소.

최승희(2004). 〈조선초기 언론사 연구〉. 서울: 지식산업사.

최영묵(2012). 리영희 언론사상과 실천에 관한 연구. 〈한국언론정보학보〉 59호, 7~30.

_____(2015). 〈비판과 정명: 리영희의 언론 사상〉. 파주: 한울아카데미.

최이숙(2009). 산업화시기(1961~1987) 성별화된 언론 노동시장과 여성 언론인의 경력이동. 〈한국언론학보〉 53권 1호, 133~160.

_____(2015a). 전후 1950년대 탈식민 도시 부산 그리고 라디오. 〈언론과사회〉 23권 1호, 47~95.

_____(2015b). 1960~1970년대 한국 신문의 상업화와 여성 가정난의 젠더정치. 〈한국언론학보〉 59권 2호, 287~323.

김병희·김영희·마동훈·백미숙·원용진·윤상길·최이숙·한진만(2011). 〈한국 텔레비전 방송 50년〉. 한국언론학회 편. 서울: 커뮤니케이션북스.

이 연·서재길·박용규·백미숙·마동훈·윤상길·주창윤·이종숙·김영찬·김설아·임종수(2011). 〈한국 방송의 사회문화사〉. 한국방송학회 편. 파주: 한울아카데미.

조항제·김수정·정영희·이종숙·원용진·박진우·백미숙·정수영·고바야시 소메이(2012). 〈(관점이 있는) 한국 방송의 사회문화사〉. 한국방송학회 편. 파주: 한울아카데미.

고선희 · 박진우 · 백미숙 · 신혜선 · 원용진 · 이영미 · 이종숙 · 조항제 (2013). 〈한국의 텔레비전 드라마: 역사와 경계〉. 한국방송학회 편. 서울: 컬처룩.

한영학 (2011). 광무신문지법과 일본 신문지법의 비교. 〈한국언론학보〉 55권 1호, 337~360.

홍주현 (2019. 6). 2000년 이후 〈한국언론학보〉 논문을 통해 본 언론학 연구경향: 연구 주제, 연구방법 내용분석 및 논문 키워드 네트워크 분석. 2019년 한국언론학회 창립 60주년 기념 학술대회. 광주: 국립아시아문화전당.

Briggs, A. & P. Burke (2007). *A Social History of the Media: From Gutenberg to the Internet* (2nd ed). Cambridge: Polity Press.

Cloud, B. (2000). The Variety of Journalism History: 26 Years of Scholarship. *Journalism History* 26(4), 141~146.

Godfrey, D. G. (2006). Researching Electronic Media History. Godfrey, D. G. ed.. *Methods of Historical Analysis in Electronic Media.* New Jersey: Lawrence Erlbaum Assiciates, INC., 3~24.

McQuail, D. (2003). New Horizons for Communication Theory in the New Media Age. Valdvia, A. N. (Ed.). *A Companion to Media Studies*, 40~49. Malden, MA.: Blackwell.

Nerone, J. (2003). Approaches to Media History. Valdvia, A. N. (Ed.). *A Companion to Media Studies*, 93~114. Malden, MA.: Blackwell.

Nerone, J. (2006). The Future of Communication History. *Critical Studies in Media Communication* 23-3, 254~262.

Rowland, Jr., W. D. (2007). Foreword. In Crowley, D. & P. Heyer (Eds.). *Communication in History: Technology, Culture, Society* (5th ed.), pp. xi~viii. Boston: Pearson Allyn & Bacon.

4장

저널리즘

박재영 | 고려대 미디어학부 교수

1. 도 입

기자가 취재하고 기사 쓰는 것을 저널리즘이라고 하지 독자가 신문 보는 것을 저널리즘이라고 하지는 않는다. 저널리즘은 뉴스의 소비보다 생산과 연관된다. 심지어 뉴스도 저널리즘 자체라기보다 저널리즘의 결과이다. 저널리즘은 뉴스와 같은 정물(靜物)이 아니라 그것이 만들어지는 동적(動的) 과정이다. 뉴스의 생산자와 조력자, 방해자의 다이내믹스가 저널리즘이다. 한마디로, 저널리즘은 '기자의 뉴스 생산 활동'이다. 저널리즘이 이렇다면, 저널리즘 연구의 의미는 자명하다. 이런 관점이 지나치게 협소할지 몰라도, 미국에서 저널리즘 연구는 그렇게 시작했으며 지금도 그런 전통이 강하다.

　신문은 독일이 개발했지만, 저널리즘을 개척하고 선도한 것은 미국이다. 미국에서 저널리즘은 1900년쯤 교육에서 먼저 나타났으며 1930년대에 연구로 이어졌다. 교육은 대학의 인문학 교과과정에서 기사 작성과 저널리즘 역사를 가르치면서, 연구는 시카고대 민속지학 스쿨의 로버트 파크

(Robert Ezra Park) 교수가 기자를 탐구하면서 시작했다(Zelizer, 2004/2010). 미국의 원조 저널리즘 교육은 실무교육이었으며 원조 저널리즘 연구는 기자 연구였다. 그러다가 1940년대에 세계대전이 터지고 프로파간다가 횡행하자, 미국 정부와 학자들은 메시지의 영향력 쪽으로 관심을 돌렸다. 그러나 이 시기의 연구는 미디어연구이지 저널리즘 연구가 아니다. 어떤 연구도 저널리즘 내부나 기자의 활동에 초점을 맞추지 않았다.

미국 저널리즘 연구는 1950년대에 본격화했다. 1950년 데이비드 매닝 화이트(David Manning White)의 게이트키핑(*gatekeeping*) 연구에 이어 1955년 워렌 브리드(Warren Breed)의 뉴스룸 통제 연구가 나왔다. 1960년대에 기자의 인식과 전문직화를 연구한 논문이 등장했다. 마침내 1970~1980년대에 '3대 명저'가 나오면서 미국 저널리즘 연구는 반석에 올랐다 (Zelizer, 2004/2010). 1978년 게이 터크만(Gaye Tuchman)의 *Making News*, 1979년 허버트 갠즈(Herbert Gans)의 *Deciding What's News*, 1980년 마크 피시먼(Mark Fishman)의 *Manufacturing the News*는 모두 장기간 뉴스룸을 참여관찰한 결과물이다. 화이트와 브리드도 에디터나 뉴스룸을 조사했으니 미국의 초창기 저널리즘 학자들은 한결같이 기자의 뉴스 생산 활동을 탐구했다. 그 기록이 지금도 교과서로 쓰인다.

이런 학풍의 결정판이 1996년 파멜라 슈메이커와 스티븐 리즈(Pamela Shoemaker & Stephen Reese)의 저작 *Mediating the Message*이다. 이 책은 뉴스를 종속변인에 놓고 독립변인을 찾고자 했다. 뉴스 자체를 분석하거나 뉴스를 독립변인에 놓고 뉴스 효과와 같은 종속변인을 탐구하는 일반적 연구와 대조적이다. 뉴스의 독립변인은 뉴스의 생산과정에 개입하는, 그래서 뉴스 콘텐츠에 영향을 줄 수 있는 요인이다. 슈메이커와 리즈는 이런 요인을 최대한 수집하여 5개 차원의 동심원으로 체계화했다. 이 요인은 기자, 뉴스룸, 출입처, 취재원, 광고주, 정부, 이데올로기 등 뉴스 생산과 관련한 주체를 망라한다. 뉴스의 생산과 소비 가운데 무엇을 먼저 연구해야 한다는 원칙은 없지만, 뉴스의 생산을 알면 뉴스 콘텐츠와 뉴스 소비를 더 잘 이해할 수 있다. 콘텐츠나 소비에 문제가 발생하면 생산을 고쳐야 하는데, 이를 위해서도 생산을 잘 알고 있어야 한다. 플랫폼이 다양해지고, 멀티미디어 보도가 증가하고, 뉴스 생산조직이 통합하거나 분화하는 이 시대에 뉴스 생산을 알아야 할 필요성은 더 커졌다. 이 책은 이미 20여 년 전에 학자들의 관심을 뉴스 생산 쪽으로 이끌었다.

이 책은 동심원 모델이라는 저자들의 창의적 개념 틀로 유명해졌지만, 책에 인용된 수많은 선행연구로 가치를 더한다. 뉴스의 생산과정을 이처럼 정밀하게 설명할 수 있는 연구가 미국에 많이 축적되어 있다. 최근에 국내에서도 이 책과 유사한 작업이 수행되었다.

1) 한국 저널리즘 연구의 지형

고려대 석·박사과정 학생들로 구성된 연구팀은 1990~2014년의 25년 동안 12개 학술지에 게재된 저널리즘 논문 1,205편을 분석하여 〈저널리즘의 지형〉으로 출간했다(박재영 외, 2016). 이 책은 뉴스 생산은 물론이며 뉴스 콘텐츠, 뉴스 효과, 언론 윤리, 민주주의와 뉴스의 관계까지 저널리즘 연구에 포함했기 때문에 전체 연구에서 뉴스의 생산, 콘텐츠, 소비가 차지하는 비중을 파악하는 데 유용하다. 이 책의 주요 발견사항은 아래와 같다.

- 뉴스 콘텐츠를 분석한 연구가 가장 많다.
- 뉴스 소비자를 다룬 연구는 두 번째로 많으며, 특히 2000년대 들어 급증했다.
- 뉴스 생산자, 생산조직, 생산과정과 환경을 분석한 연구는 적다.

한국 저널리즘 연구는 뉴스 생산의 동학보다 그 결과물인 뉴스 콘텐츠 또는 소비 단계의 수용자 반응을 더 많이 탐구했다. 뉴스 생산 쪽의 선행연구가 적다 보니, 그 부분의 책 내용은 슈메이커와 리즈의 책보다 빈약하다. 이런 경향성은 최근의 또 다른 연구에서도 발견됐다. 최선영과 고은지(2019)는 〈한국언론학보〉의 1959~2018년 논문 2,048편을 토픽 모델링으로 분석했는데, 저널리즘 토픽을 구성하는 단어가 언론, 사회, 언론인, 국제 보도, 취재원, 언론사, 국내 등으로 나타나 취재 관행이나 생산자를 연구한 논문은 많지 않았던 것으로 추론할 수 있다고 보고했다. 한국의 저널리즘 연구는 뉴스 생산 연구가 부족한 상태에서 뉴스 콘텐츠 연구에 집중하다가 다급하게 뉴스 효과 연구로 옮겨갔다고 말할 수 있다. 이 경로는 미국의 언론학자 허버트 갠즈의 제안과 반대 방향이다.

갠즈(1983)는 1983년 ICA(International Communication Association)의 심포지엄(Ferment in the Field)에서 1970년대의 중요한 성취는 언론이 어떻게 뉴스를 선택하고, 생산하고, 보도하고, 확산시키는지를 밝혀낸 것이라고 했다. 뉴스 및 뉴스 생산 연구는 충분히 이뤄졌으니 앞으로 뉴스 조직이 외부의 권력과 어떻게 상호작용하는지, 언론이 정치사회에 어떤 영향을 끼치는지, 반대로 정치가 언론에 어떻게 작동하는지, 대중이 뉴스를 어떻게 수용하며 어떤 영향을 받는지를 연구해야 한다고 제안했다. 미국 학계가 갠즈의 제안을 충실하게 따랐는지는 파악할 수 없지만, 그간의 엄청난 논문 양으로 미뤄볼 때 뉴스의 생산, 콘텐츠, 소비 쪽을 고르게 연구했다고 말할 수 있다.

2) 사회과학화의 득실

한국 저널리즘 연구가 뉴스 생산보다 뉴스 콘텐츠나 소비 쪽에 경도된 데에는 역사적 배경이 있다. 뉴스 생산 연구는 취재 보도 실무나 현장을 다루는 연구이며 기자, 뉴스룸, 출입처와 취재원 속에 들어가야 나올 수 있는 연구다. 한국 저널리즘 연구는 원래 그런 역량을 갖고 있었지만, 하나의 학문으로 성장하는 과정에서 그것을 잃고 말았다.

초창기 한국 저널리즘 교육과 연구를 이끌었던 주역은 기자들이다. 한국 언론학의 시조로 불리는 김동성은 미국 오하이오주립대 유학파로서 언론학 분야 최초의 교재인 〈신문학〉을 저술했다. 그는 동아일보 창간 멤버로서 '한국 최초의 현대 탐사기사'를 썼다(홍병기, 2018, 257쪽). '신문학 교수 1호'로 한국신문학회 초대 회장을 맡았던 곽복산은 일본 조치대 유학파이며 동아일보 기자 출신으로 편집국장을 역임했다. 1959년 한국신문학회 창립 임원 10명 가운데 8명이 언론인이거나 언론인 출신이었다. 거기에는 차배근(2009)이 한국 언론학의 4대 비조로 꼽은 곽복산, 임근수, 이해창, 최준이 포함돼 있다. 1930년대 독일에서 시작하여 일본에 이식된 신문학에 관심을 가졌던 언론인들이 한국 언론학의 기초를 쌓았다. 한국 저널리즘 연구는 현장에 관한 직업적 지식의 연장선에서 싹틀 수밖에 없었다(임영호, 2009). 하지만, 언론인과 언론학의 연관은 1970년대 초까지 이어지다가 사라졌다. 이런 변화를 초래한 것은 미국에서 커뮤니케이션을 공부하고 돌아온 학자들이었다(차배근, 2009).

1960년대 말 차배근, 서정우, 오인환이 귀국했으며 1970년대 들어 미국 유학파는 더 늘었다. 독일 신문학의 영향을 받았던 1세대 언론학자들이 퇴조하고, 미국에서 커뮤니케이션을 체계적으로 배워온 2세대 언론학자들이 전면에 등장했다. 이 젊은 학자들이 대학에서 새로운 커뮤니케이션 이론과 방법론을 가르쳤으며 사회과학적 관점에서 연구를 시작했다(차배근·하종원·이종혁, 2017). 이제 사회과학 연구자가 학계 중심이 됐으며 학문적 관심도 언론의 규범적 역할에서 의사소통 일반으로 옮겨갔다(박재영 외, 2016). 학술적 형태를 갖춘 연구가 이때 처음 나왔는데, 오주환과 임상원의 "신문의 한글전용이 독자의 독서행위에 미치는 영향"이라는 수용자 실험연구였다(임영호, 2009). 미국의 저널리즘 연구가 기자 탐구와 게이트키퍼 연구 같은 뉴스 생산에서 시작했던 반면에 한국 최초의 저널리즘 연구는 뉴스 효과 연구였다. 물론 이 시기에 생산자 연구도 있었지만, 양이 적고 이론적 문제의식도 부족했다(임영호, 2009).

한국 언론학은 1970년대를 전후해 비로소 사회과학으로서 커뮤니케이션학이라는 정체성을 갖게 됐다(양승목, 2005). 어떤 학문 분야가 하나의 '학'(學)으로 자리 잡으려면 고유의 연구대상, 과학적 방법론, 이론이라는 세 요소가 필수적이다. 미국 유학파는 실증주의적 검증 모델을 기본으로 하는 사회과학적 이론과 방법론을 도입하고 안착시킴으로써 한국 언론학이 반듯하게 성장하는 데 결정적으로 이바지했다. 하지만, 그 바람에 잃은 것도 있었다.

신문학에 기초했던 초창기 저널리즘 연구는 현실에 대한 폭넓은 관심과 다양한 문제의식, 강한 현실 지향성을 지녔지만, 개념과 방법론의 엄밀성이 부족하며 관념적이고 규범적인 논의에 머무르는 결함이 있었다. 이런 초기 전통은 미국 커뮤니케이션 이론과 방법론에 압도되어 체계적 학문 지식으로 발전해보기도 전에 쇠퇴하고 말았다(임영호, 2009). 1970년대에 불어닥친 미국 커뮤니케이션 학풍도 문제점을 안고 있었다. 우선, 전반적인 연구 분위기가 미국식 경험주의로 돌아섰다. 이 경향은 지금까지 이어져서 〈한국언론학보〉 60년을 통틀어 경험주의적 연구나 실증 연구의 경향이 강하게 발견됐다(최선영·고은지, 2019). 미국 커뮤니케이션학의 세례 가운데 하나인 방법론도 부작용을 낳았다. 방법론적으로 잘 무장되는 바람에 방법론적 재탕이나 연습이라 할 수 있을 정도로 비슷하고 단편적인 연구들이 양산되었다. 그런 연구는 대개 이론적 문제의식이 모자랐다(임영호, 2009). 그러나 더 큰 손실은 '저널리즘의 실종'이었다.

저널리즘의 중요한 주제들은 방법론적 타당성을 우선하는 분위기에서 연구로 이어지기 어려웠다. 특히 규범적 논제를 다룬 글은 이론과 방법론의 벽을 넘지 못하고 연구의 변방으로 밀려났다. 이론·방법론 중심주의가 득세하면서 과연 저널리즘 연구가 존재하는지 의문이 들 정도로 저널리즘의 많은 고유 영역이 폐기됐다. 더 큰 여파는 언론 실무학 쪽에서 나타났다. 학술적 엄밀성을 충족하는 연구가 증가하고 학문적 위상이 높아지면서 기자와 학자의 긴밀했던 관계는 느슨해졌고 연구의 현장 연계성은 약화했다(임영호, 2009). 1970년대 신문학은 매스커뮤니케이션학에 흡수 통합되었으므로 실무적 저널리즘 교육과 연구는 '종말'을 맞았다(강현두, 1994, 15쪽). 저널리즘의 사회과학화를 먼저 이루었던 미국은 과연 어떠했을까? 미국에서도 저널리즘 연구가 주변화할 것이라는 우려가 있었지만, 한국과 상이한 상황도 함께 전개됐다.

3) 미국의 경우

미국에서는 1942년 아이오와대 윌버 슈람(Wilbur Schramm) 교수가 사회학의 폴 라자스펠드(Paul Lazarsfeld), 정치학의 해럴드 라스웰(Harold Lasswell), 사회심리학의 칼 호블랜드(Carl Hoveland) 연구를 통합하여 저널리즘을 사회과학에 편입하는 역할을 주도했다(Zelizer, 2004/2010). 우리보다 약 30년 앞선다. 하지만 미국의 저널리즘 학자들이 모두 이 움직임에 찬성했던 것은 아니다. 예를 들어, 캐리는 "저널리즘의 사회과학화는 저널리즘을 내재적으로 해석하는 것이 아니라 기능적으로 해석하고, 저널리즘에 대한 이해를 증진하기보다 저널리즘을 신호전달 체계의 수준으로 격하시킴으로써 저널리즘이라는 직업이나 현상에 대한 이해에 막대한 손해를 끼쳤다"(Carey, 2000, 21쪽; Zelizer, 2004/2010, 27쪽 재인용)고 주장했다. 여기까지는 한국과 비슷하지만, 이후에 미국에서는 한국에서 볼 수 없었던 상황이 나타났다.

1960~1970년대 미국 저널리즘 교육자와 커뮤니케이션 연구자 사이에 커리큘럼을 둘러싼 냉전 기류가 형성됐다(Zelizer, 2004/2010). 당시 많은

대학의 대학원 과정은 사회과학 지향의 연구자와 교육자들이 사회과학적 관점과 방법론으로 저널리즘을 가르쳤던 반면에 학부 과정은 여전히 영어와 인문학 지향의 교육자들이 기사 작성과 에디팅 실무, 언어의 활용을 중점적으로 가르쳤다. 저널리즘 교육과 연구에서 인문학과 사회과학이 형성했던 긴장 관계는 '녹색 보안용 챙 대 카이 스퀘어'(*green eye-shades vs. chi squares*) 논쟁으로 불릴 만큼 가시화했다. 하지만, 이런 긴장은 결국 두 집단의 상호이해에 도움을 줬다. 그 후, 미국 대학은 사회과학적 가정과 방법론이 언론 실무에 유용함을 알게 되어 교육에 포함했으며 학부 과정뿐 아니라 대학원 과정도 인문학과 사회과학을 함께 가르치게 됐다(Becker-Lausen & Rickel, 1997). 미국은 저널리즘의 인문학적 뿌리가 단단하여 사회과학으로 발전하면서도 인문학적 전통을 유지한 가운데 사회과학과 균형을 유지하며 성장했다고 말할 수 있다. 반면에 한국의 언론학은 미국에서 사회과학이 들어오면서 인문학적이고 실무적인 학풍을 잃었으며 지금도 되살리지 못하고 있다.

2. 성 과

이제 세부적으로 한국 저널리즘 연구의 성과와 특징을 살펴본다. 여기에 1990~2014년 〈한국언론학보〉, 〈언론정보학보〉, 〈한국방송학보〉, 〈언론과 사회〉, 〈커뮤니케이션 이론〉, 〈언론과학연구〉, 〈방송문화연구〉, 〈방송통신연구〉, 〈미디어, 젠더 & 문화〉, 〈언론정보연구〉. 〈미디어 경제와 문화〉, 〈방송과 커뮤니케이션〉의 저널리즘 논문 1,205편을 분석한 연구(박재영 외, 2016), 1959~2018년 〈한국언론학보〉의 전체 논문 2,048편을 분석한 연구(최선영·고은지, 2019), 2000~2018년 〈한국언론학보〉의 전체 논문 1,624편을 분석한 연구(홍주현, 2019)를 중점적으로 인용했다. 이 선행연구를 요약하고, 저자가 최근 10여 년간(2009~2019년) 〈한국언론학보〉의 저널리즘 논문을 간이분석한 결과를 덧붙였다. 〈한국방송학보〉와 〈한국언론정보학보〉 등 타 학술지의 저널리즘 논문도 필요한 곳에 소개했다.

1) 기자와 뉴스 생산

이 분야 선행연구를 요약하면 다음과 같다(박재영 외, 2016 참조). 기자 연구는 제법 축적되었지만, 대부분 오래되어서 업데이트가 필요하다. 취재보도 관행과 뉴스룸을 포함하는 뉴스 생산 연구는 많지 않은 가운데 뉴스가치, 게이트키핑, 이차적 판단(second-guess) 등은 어느 정도 밝혀졌다. 언론사 조직 내부는 위계적 조직문화가 연구되었으며 조직 외부는 취재원, 기자-취재원 관계, 출입처와 기자실, 엠바고, 팩(pack) 저널리즘, 보도자료 등이 탐구되었다.

최근 10년간 〈한국언론학보〉의 기자 연구를 보면, 공영방송 KBS 기자의 직업정체성과 자율성, 뉴스룸의 관료적 위계화와 통제체제를 다룬 연구(김수영, 2017)가 돋보인다. 기자의 노동력 탈진은 여전히 관심사이다(예: 정재민·김영주, 2011). 한 연구팀은 세월호 참사 취재기자를 조사하여 이들의 약 절반이 심리적 외상을 입었음을 밝히고(배정근·하은혜·이미나, 2014), 6개월 후에 다시 조사하여 이 외상자의 절반이 여전히 외상 상태였다고 보고했다(이미나·하은혜·배정근, 2015). 10개 일간지 전·현직 편집국장 14명을 인터뷰하여 편집권의 독립과 침해를 연구한 독보적인 논문(이충재·김정기, 2015)도 있다.

취재 보도 관행과 뉴스룸을 다룬 연구로는 원자력 안전 기사를 보도자료와 비교하거나(최윤정, 2016) 포털뉴스의 게이트키핑과 뉴스 가치를 분석하거나(김경희, 2016) 네이버에 '단독'으로 보도된 기사의 실제 독창성을 탐구한 논문(유수정, 2018)이 있다. 디지털 뉴스의 의제설정을 최대한 거시적으로 분석하려고 언론사 24개의 뉴스 사이트와 블로그, 트위터, 페이스북 간의 의제 흐름을 분석한 의욕적 연구(임종섭, 2016)도 발견되었다.

뉴스 생산자나 생산과정을 탐구한 논문은 매우 적었다. 천안함 침몰 사건의 탐사 프로그램 생산자를 연구한 논문(김상균·한희정, 2014)이 〈한국언론정보학보〉에 실렸다. 문화연구 관점의 생산자 연구가 눈에 띄었는데, 관습적인 뉴스 문법을 해체한 YTN 〈돌발영상〉의 생산방식 연구 논문(이기형, 2009)과 SBS 〈그것이 알고 싶다〉의 제작진이 받았던 압박과 영향 및 프로그램의 역할과 성취를 조명한 논문(이기형·황경아, 2016)이 그들이다. 설진아(2013)의 '위키트리' 연구는 소셜저널리즘의 뉴스 생산 양식을 입체적으로 탐구하여 뉴스 생산 연구의 관점을 SNS 등 뉴미디어 쪽으로 확장했다.

뉴스룸 통제 연구도 희소했다. 김연식(2014)은 지상파 3사의 기자와 PD를 2008년과 2013년에 반복 조사하여 언론사 내부에서 사주나 경영진의 통제가, 외부에서는 정치 권력과 시청률의 통제가 더 심해져 언론자유가 더 위축됐다고 보고했다. KBS 시사 프로그램에 대한 경영진의 통제를 연구한 논문(박인규, 2010)이 〈한국방송학보〉에서 발견됐다.

2) 취재 분야별 뉴스

취재 분야별로 보면, 뉴스 분석연구의 대다수는 정치뉴스 특히 선거나 대통령 보도에 집중됐으며 일상화한 정쟁 뉴스를 분석한 연구는 거의 없었다(박재영 외, 2016 참조). 국제, 문화, 스포츠, 연예 분야도 이슈의 중요성이나 수용자의 관심도에 비해 연구사례는 극히 적었다. 분석대상 매체는 신문이 방송의 두 배나 될 정도로 많았다. 심지어, 2000년대 이후에도 연구자들은 신문을 훨씬 더 많이 연구하여 방송과 인터넷, 모바일에서 다양하고 복잡한 언론 현실이 진행되는 것과 대비되었다. 저널리즘 논문 10개 중 약 9개는 국내 뉴스를 분석했으며 한국-외국 비교연구는 극히 적었다. 한국-외국 비교연구 중에서 한국-미국 비교가 약 절반을 차지했다. 10년 이상의 추세를 살펴본 통시적 연구는 전체의 약 15%였다.

이런 가운데 최근 10년간 〈한국언론학보〉에서 몇 가지 새로운 특징이 발견되었다. 국민적 관심을 끌었던 현안 보도를 분석한 연구가 다수 발견되어 학계가 사회변화에 시의적으로 대응했던 것으로 나타났다. 이런 예로 용산 참사(임양준, 2010), 4대강사업(박기수, 2011), 원전 안전성(최윤정, 2016), 신종플루(김여라, 2010; 주영기·유명순, 2011), 미세먼지(김영욱·이현승·이혜진·장유진, 2015), 이주 여성(정연구·송현주·윤태일·심훈, 2011), 담배규제 정책(최유진, 2017), 알파고의 의인화 연구(임종수 외, 2017)를 들수 있다. 대표적인 사회 기사인 자살 보도를 분석하거나(김대욱·최명일, 2016; 김병철, 2010; 김은이·송민호·김용준, 2015) 성폭력 프레임의 매개효과를 연구한 논문(김윤경·김지현·김영석, 2013)도 있었다. 검찰이나 법원 기사는 사회적으로나 언론사 내부적으로 중대한 사안임에도 불구하고 연구자들의 관심을 받지 못했는데, 매우 이례적으로 법조 뉴스의 품질을 다룬 논문(박성호·윤영민, 2016)이 〈한국방송학보〉에 게재됐다.

취재 분야 가운데 최근 10년간 가장 활발하게 탐구된 것은 경제뉴스다. 이 분야를 개척한 이완수는 경제뉴스의 논조 변화를 정부 시기별로 분석하고, 경제뉴스와 경제지표, 경제 인식 등 서너 개 요소를 비교하는 입체적인 연구를 여러 번 수행했다(예: 이완수·노성종, 2008; 이완수·박양수, 2016; 이완수·박재영, 2008; 이완수·심재철, 2017). 김성해는 금융 저널리즘 분야의 연구를 이끌었으며(예: 김성해·김동윤, 2009) 타 연구자들도 경제뉴스를 분석한 논문을 여럿 내놓았다(예: 박대민·박진우, 2015; 이나연·백강희, 2016). 한편, 국제정세 변화를 좇아 북한 보도를 분석한 연구가 있었으며(예: 김경희·노기영, 2011; 도정은·나은경, 2014) 신문 문화면을 분석하여 문화 저널리즘의 위상과 현황을 분석한 보기 드문 논문(김경희·이기형·김세은, 2015)이 〈한국언론정보학보〉에서 발견되었다.

신문 분석은 많았지만 방송뉴스를 분석한 연구는 적었다. 그중에서 방송뉴스의 텍스트를 분석한 논문은 용산 참사(임양준, 2010), 정신건강과 질환(조수영·김정민, 2010), 북한(이이제·송진, 2011) 뉴스를 탐구했다. 방송뉴스의 영상을 분석한 논문은 〈한국언론학보〉에 없었으며 〈한국방송학보〉에서 발견되었다. 한국과 미국 시사 다큐멘터리의 쓰나미 영상 서사를 분석하거나(심훈, 2009) KBS '9시뉴스' 헬기 보도의 영상 이데올로기를 분석하거나(홍경수, 2009) 한국과 미국 텔레비전의 대선 보도 영상을 분석한 연구(남지나·최윤정, 2010)가 그런 예다.

통시적 연구는 최근 10년간 〈한국언론학보〉에서 다수 발견되었다. 이런 연구는 세종시 갈등문제(유영돈·마정미, 2015), 의료복지(손승혜·이귀옥·이수연, 2014), 불임(김민경·이윤선·조수영, 2014), 정신질환(백혜진·조혜진·김정현, 2017), 내외신의 한국경제 보도(반현·김남이·노혜정, 2010)를 분석했다. 기사의 주제, 취재원, 관점 다양성을 조사하거나(이진영·박재영, 2010a; 2010b) 루머의 신문 보도 양태를 분석하거나(양지혜·백혜진, 2018) 컴퓨터 텍스트 분석기법으로 역대 대통령과 영부인의 형용사를 분석한 연구(박종민, 2018)도 있었다. 위에 언급한 김대욱과 최명일(2016), 이나연과 백강희(2016), 이이제와 송진(2011), 조수영과 김정민(2010)의 논문도 통시적 연구다. 특히, 한국언론진흥재단이 언론인 인식조사와 수용자 인식조사의 역대 원자료를 공개한 덕에 최근 2~3년 사이에 〈한국언론정보학보〉와 〈한국방송학보〉에도 10여 편의 통시적 연구가 한꺼번에 등장했다.

3) 저널리즘 원칙과 윤리

저널리즘 원칙을 연구한 논문은 별로 없었다. 최근 10년간 〈한국언론학보〉에 뉴스 신뢰도(김미희, 2016; 오대영, 2015), 객관성(박아란, 2016; 이나연, 2018), 의견 다양성과 공정성(노현주·윤영철, 2016; 심훈, 2018)을 다룬 논문이 있었다. 〈김영란법〉 시행과 관련하여 기자의 윤리의식을 조사하거나(박기효·홍성완·신태범, 2017) 언론인 해고 판결과 관련한 법원의 언론자유 인식을 다룬 연구(이정기, 2015)가 발견되었다. 디지털 뉴스시대의 언론 윤리를 다룬 연구(이준웅, 2017)와 언론-정치 병행 관계라는 한국적 맥락에서 언론인의 전문직주의를 파악한 연구(박진우, 2015)도 눈에 띄었다. 언론사상이나 철학을 연구한 논문은 찾기 어려웠다.

4) 수용자, 뉴스 유통과 효과

수용자 연구는 최근 10년에 과거보다 더 늘어난 느낌을 받을 정도로 많이 발견되었다. 우선, 범죄뉴스의 인지적, 정서적 영향을 분석한 연구가 많았다. 폭력범죄 뉴스가 어린이에게 끼치는 영향(유우현·정용국·정지희, 2016), 외국인 범죄 보도가 외국인 우범자 인식에 끼치는 영향(박상조·박승관, 2016), 이주 노동자의 범죄 보도가 다문화 수용에 끼치는 영향 연구(이민영, 2017)가 그런 예다. 선거 여론조사 보도의 영향(문정현·정성은, 2018), 대학평가 기사의 고교생에 대한 영향(오대영, 2015), 신체 이미지 뉴스의 여대생에 대한 영향(김경보, 2016), 오보와 정정 보도가 해당 인물의 인상 형성에 끼치는 영향(이재신, 2018)도 연구되었다. 최근 이슈인 페이크 뉴스(*fake news*)와 팩트체크 뉴스 노출에 따른 수용자 효과를 분석한 일련의 연구도 돋보였다(예: 백영민·김선호, 2017; 염정윤·정세훈, 2017; 2018; 2019). 이외에 수용자의 공정성 평가 효과(이종혁, 2015), 참여적 뉴스 사용의 매개 효과(김은이·최지향, 2015), 저널리즘 전문성 및 편향성의 언론 신뢰도 영향 관계(민영, 2016), 언론 프레임의 문화적 공명과 여론 틀 짓기의 영향 관계(이찬주·임종섭, 2018), 원자력 기사의 프레이밍과 수용자 심리적 저항의 관계를 다룬 연구(김효정, 2017)가 있었다.

　뉴스 이용자의 프로파일을 연구한 예로 온라인 환경에서 이용자의 뉴스 선택(최지향, 2018), '다음' 뉴스 이용자의 특성(김경희·송경재, 2018), 지역신문의 이용동기와 비이용자 연구(황성욱·최홍림·배지양, 2016)를 들 수 있다. 신문과 스마트폰의 기사 읽기 차이를 비교한 실용적 연구(이미나, 2011)가 있었으며 요즘 뉴스 소비의 핵심인 뉴스 공유 현상을 분석한 연구(김은미·임소영·박현아, 2017; 최진호·박진우·손동영, 2017)가 〈한국방송학보〉에서 두 편이나 발견되었다. 한편, 김경모(2012)는 온라인 뉴스 확산과 여론 형성을, 김위근(2014)은 포털뉴스 서비스로 인한 뉴스 유통구조 및 온라인 저널리즘의 지형 변화를 탐구했다.

5) 새로운 주제

새 연구주제를 개척한 학자들이 〈한국언론학보〉에서 발견되었다. 예를 들어, 유홍식(2007; 2008; 2009)은 기사에 등장하는 예시와 기저율 정보의 수용자 효과를 선구적으로 분석했으며 배정근(2010; 2012)은 광고와 광고주의 영향력을 밝히는 연구를 연속해서 수행했다. 김세은(2012; 2017)은 해직 언론인과 폴리널리스트를 탐구했다.

　민감한 현안을 시의적절하게 탐구한 논문이 타 학술지에 여럿 나왔다. KBS 사장 해임 보도의 프레임(최선욱·유홍식, 2010), MBC 백종문 녹취록 사건으로 본 공영방송의 위기(김상균, 2017), 정치적 전장이 된 종편 시사토크쇼를 분석한 논문(이영주, 2016; 이정훈·이상기, 2016)이 〈한국언론정보학보〉에 있었으며, 최순실 국정농단 담당 기자의 권력 감시 인식을 분석한 논문(배정근, 2017)이 〈한국방송학보〉에 실렸다.

저널리즘의 미래와 관련된 연구도 몇 편 있었다. 데이터 저널리즘의 미래를 모색하거나(정동우, 2016) 자체 개발한 알고리즘으로 스포츠 기사를 자동으로 작성하는 로봇 저널리즘 과정을 소개하거나(김동환·이준환, 2015) 저널리즘과 알고리즘의 융합을 탐색한 연구(오세욱, 2016)가 있었다. 언론업계의 최대 관심사인 뉴스 유료화와 관련한 연구도 발견되었다 (예: 금현수·이화행·이정기, 2012; 이정기, 2013).

6) 이 론

특정한 이론이나 개념을 적용한 저널리즘 논문은 10개 가운데 약 6개 (57.8%)였다(박재영 외, 2016). 1990년대까지 이론이나 개념을 적용하지 않은 논문이 더 많았지만, 2000년대 이후에는 이론이나 개념을 적용한 논문이 더 많았다. 논문에서 발견된 주요 이론은 틀 짓기, 의제설정, 점화 효과, 이용과 충족, 침묵의 나선, 제3자 효과, 문화계발, 공론장 등이었다.

이론의 빈곤은 매스커뮤니케이션학의 전반적 문젯거리다. 최선영과 고은지(2019)는 역대 〈한국언론학보〉의 모든 논문에서 발견된 주요 이론 3개는 프레임, 이용과 충족, 의제설정이며 한국 언론환경에 맞는 고유한 이론은 단 하나도 추출되지 않았다고 보고했다. 그 원인에 대해 두 저자는 언론학이 경험주의 중심으로 자리 잡는 과정에서 이론적 문제의식이 결여한 가운데 메시지 내용분석이나 수용자 연구를 수행했기 때문이라고 설명했다.

최근 10년간 〈한국언론학보〉에서도 이론적 지형을 넓혔다고 할 만한 연구는 별로 없었다. 그런 가운데 이준웅(2010)은 신문위기의 대안으로 '신문의 가치 창출'을 이론적으로 정당화하는 작업을 시도했으며, 김혜미와 이준웅(2011)은 인터넷 뉴스와 댓글의 융합으로 새로운 이야기가 만들어지는 '뉴스 프레임 융합' 개념을 제안했다. 이완수와 심재철(2017)은 경제 뉴스, 실제 경제 상황, 시민의 경제 현실 인식, 대통령의 경제 리더십이라는 경제 저널리즘 4대 요소로 '경제 커뮤니케이션 효과이론 모형'을 만들고 한국 상황에 검증을 시도했다. 이종혁도 일련의 이론 연구를 내놓았다. 예를 들어, 일탈적 내용의 기사 제목을 놓고 모순되는 두 이론(진화론적 설명과 인지부조화 이론)을 테스트하여 수용자가 일탈성 기사를 어떻게 선택하는지 체계적으로 설명하거나(이종혁, 2009) 뉴스 가치의 개념, 유형, 작동 기제 및 규범에 대한 선행연구를 종합하여 '뉴스가치 통합 모형'을 제안했다(이종혁, 2019). 안정윤과 이종혁(2015)은 뉴스 매체와 수용자 사이의 이슈 속성 네트워크의 전이를 추적하는 '네트워크 어젠다 세팅'이라는 새 이론을 소개하고 기초연금 수정안 논란 보도 분석에 적용했다. 한편, 김사승(2013)은 뉴스 소비 경험을 경험량, 경험 위치, 경험 관계의 세 요소로 강화할 수 있다고 보고, 이를 구현하는 중층 뉴스생산 방식을 개념적으로 구성했다.

7) 방법론

저널리즘 연구에 적용된 방법론은 양적 방법론(51.3%)이 질적 방법론 (33.5%)보다 1.5배 많았다(박재영 외, 2016). 1990년대까지 질적 방법론이 더 많았지만, 2000년대 이후에는 양적 방법론이 더 많아졌으며 2010년대에는 60%를 넘을 정도로 급증했다. 양적 방법론 중 가장 많은 것은 내용분석이며 그다음은 설문조사와 실험연구였다. 질적 방법론 중 최다수는 문헌연구이며 참여관찰은 저널리즘 논문 1,205편 가운데 1편밖에 없었다. 홍주현(2019)도 2000~2018년 저널리즘 논문에서 양적 연구(67.0%)가 질적 연구(27.8%)보다 많았다고 보고했다. 양적 연구는 2000년대 65.1%에서 2010년대 68.7%로 증가 추세다. 이 연구에서도 양적 방법론 중 최다수는 내용분석(42.9%)이었다. 내용분석 방법론 역시 2000년대 37.9%에서 2010년대 45.8%로 증가 추세다.

저널리즘 연구에 내용분석 방법론이 가장 많이 쓰인다는 것은 한국 저널리즘 연구가 뉴스 생산의 동학보다 뉴스 콘텐츠나 수용자 반응을 더 많이 다룬다는 주장과 상응한다. 뉴스 생산 단계에는 참여관찰이나 심층인터뷰가, 뉴스 소비 단계에는 설문조사나 실험이 유용하다. 뉴스 콘텐츠 연구에 적합한 방법론은 내용분석이다. 하지만, 내용분석은 '미디어의 세계'를 알려줄 뿐이다. 이것은 실제 세계가 아니며 어떻게 해서 그런 세계가 만들어졌는지 알 수도 없다. 1970년대 미국 학자들이 기자와 뉴스룸을 먼저 연구했던 이유는 뉴스룸 참여관찰에 비용이 들지 않았기 때문이었지만(Gans, 1983), 당시에 이미 팽배했던 내용분석 비판론 탓도 있었다. 내용분석 방법론은 일찌감치 미국에서 분석대상의 복잡성을 과도하게 단순화한다는 비판을 받았다(Zelizer, 2004/2010).

방법론과 관련한 더 심각한 문제는 방법론이 연구 전체를 지배하는 본말전도의 현상이다. 특히, 양적 방법론은 '성화'(聖化) 하다시피 하여 이론도 방법론에 종속될 정도다(김웅진, 1994, 165쪽). 그 결과, 방법론 중심으로 연구주제가 결정되며 좋은 주제라도 방법론의 형식적 틀을 갖추지 못하면 학술지에 게재되지 못한다.

양적 방법론에 대한 근본적 의문은 사회가 분화할수록 더 커질 수밖에 없다. 거의 모든 통계분석은 평균값으로 연산을 하므로 보편적 현상이나 지배적 행위를 찾아내는 데 유용하다. 하지만, 그 때문에 정규분포의 양쪽 외곽에 있는, 평균값 바깥으로 수렴하는 개인이나 현상은 묻히게 되며 아웃라이어(outlier)는 아예 분석에서 제외된다. 요즘같이 수용자의 이질성이 높은 시대에는 그런 비평균적 개인이나 현상이 더 중요할 수 있는데, 양적 방법론이 이들을 반영하기는 쉽지 않다.

그런 가운데, 최근 10년간 〈한국언론학보〉에서 새롭고 창의적인 방법론이 다수 발견되어 고무적이다. 최선영과 고은지 (2019) 의 연구에서도 나타났듯이 최근에 컴퓨테이셔널 방법론이 증가했는데, 그중에서도 의미연결망 분석이나 네트워크 분석으로 수행된 논문들이 돋보였다 (예: 김대욱·최명일, 2016; 박대민, 2015; 정수영·황경호, 2015; 차민경·권상희, 2015; 홍주현·나은경, 2015). 빅데이터 분석방법으로 취재원의 연결망을 분석하거나 (박대민, 2013) 토픽 모델링으로 뉴스 의제 분류와 미디어 다양성을 분석한 연구 (이종혁·길우영, 2019) 도 있었다.

방법론 면에서 가장 주목할 만한 특징은 뉴스 내용과 실제 지표 (*real world indicator*) 를 비교하여 뉴스가 얼마나 실상을 잘 반영하는지 분석한 연구가 현저하게 늘었다는 점이다. 이완수는 이 방법론을 경제 저널리즘에 선구적으로 적용하여 경제뉴스, 경제지표, 경제 인식을 비교하는 일련의 연구를 내놓았다 (예: 이완수·노성종, 2008; 이완수·박양수, 2016; 이완수·박재영, 2008; 이완수·심재철, 2017). 박상조와 박승관 (2016) 은 신문과 방송의 범죄기사, 내·외국인의 범죄 발생통계, 시민들의 미디어 이용량을 비교했으며 주영기와 유명순 (2010; 2011) 은 질환 보도와 신종플루 보도분석에 이 방법론을 적용했다.

이외에 현지실험 (*field experiment*) 으로 텔레비전 탐사저널리즘의 효과를 분석하거나 (이영돈·심재철·노성종, 2009) 사례연구 형식으로 위키트리의 소셜저널리즘을 탐구한 논문 (설진아, 2013) 이 눈에 띄었다. 아주 드물게, CBS 통합뉴스룸을 참여관찰한 연구 (윤익한·김균, 2011) 가 〈한국언론정보학보〉에서 발견되었다.

8) 종합

전체적으로 한국 저널리즘 연구는 연구주제와 대상, 방법론의 각 측면에서 비대칭적이었으며 연구에 일종의 고정 패턴이 있는 것으로 나타났다 (박재영 외, 2016). 대다수 연구는 커뮤니케이션 이론 가운데 대표적인 것을 근거로 삼아 연구문제나 가설을 설정하고, 양적 방법론을 적용해 신문기사 내용을 분석하거나 수용자 효과를 조사했다. 선행연구에 많이 사용된 분석 틀과 방법론은 '안전'하므로 논문심사를 잘 통과하며, 그래서 유사한 논문이 반복적으로 복제되고 있다. 반면에 도발적 주제와 창의적 방법론은 위험을 감수해야 하며 대개 심사에서 탈락하는 운명이다.

최근 10년간의 〈한국언론학보〉 논문을 살펴본 결과, 취재 관행과 뉴스룸, 기사 작성 등 뉴스 생산 연구가 적어서 저널리즘의 본령이 아니라 주변부를 건드린다는 느낌을 받았다. 미디어 환경이 급변한 요즘에 뉴스와 기자 및 언론사의 변화에 주목한 연구가 별로 없어서 더욱 아쉬웠다. 오히려 돋보이는 몇몇 연구는 〈한국언론정보학보〉와 〈한국방송학보〉에서 발견되었다.

3. 제 안

지금까지 검토 내용을 토대로 몇 가지 연구주제와 방법론을 제안한다.

1) 기자와 뉴스 생산

언론의 산업적 위기와 정파성은 심화했으며 디지털 모바일 기술은 더욱 발전하고 플랫폼은 더 다양해졌다. 뉴스룸은 실험적 변신을 거듭하고 있으며 기자에게는 고난도 데이터 처리 기술이 요구되고 있다. 주 52시간 근로체제와 인권의식이 강해진 분위기 속에서 위계 문화와 강요된 노동을 거부하며 '워라밸'(work & life balance)을 즐기려는 젊은 기자들이 들어왔다. 한국 언론의 판 자체가 새로 짜였다고 말할 수 있다. 저널리즘의 기본 연구를 다시 수행해야 한다.

- 한국사회의 기본 가치와 저널리즘 프로페셔널리즘에 대한 기자의 인식
- 기자 준비생부터 수습 기자를 거쳐 간부 기자로 성장하는 사회화 과정
- 데이비드 매닝 화이트(White, 1950) 식의 게이트키핑 연구 재연
- 워렌 브리드(Breed, 1955) 식의 뉴스룸 통제 연구 재연
- 게이 터크만(Tuchman, 1978) 식의 전략적 의례 연구 재연
- 편집회의를 통해 본 뉴스룸 부서 간, 플랫폼 간 협력과 갈등
- 의제설정 과정, 뉴스 프레임 생성과정
- 출입처 기자들의 공조와 경쟁
- 홍보・공보담당자와 기자의 긴장과 협력

2) 개별 뉴스

사회와 정치 분야 외에 더 다양한 취재영역의 뉴스를 분석해야 함은 물론
이다. 특히, 탐사보도 연구를 확대하여 '좋은 뉴스'의 탄생과정과 효과를
밝히고, 그런 뉴스의 확산을 부추겨야 한다. 이 시대 뉴스의 화두가 영상
이며 멀티미디어 보도의 중심 역시 영상뉴스이므로 방송뉴스 영상에 대한
분석이 절실하다. 세계 속 한국 저널리즘의 좌표를 파악하는 글로벌 관점
의 연구도 필요하다. 다행히 최근에 한국, 미국, 영국, 일본 주요 신문기
사의 품질을 비교한 연구가 발표되어 고무적이다(김경모・박재영・배정
근・이나연・이재경, 2018).

- 취재 분야별 뉴스 분석(예: 대통령, 정쟁, 입법, 외교, 국제, 법조, 스포
  츠, 영화비평, 서평, 여행, 음식)
- 탐사보도 사례연구
- 텔레비전 방송뉴스 영상 분석
- 국가 간 언론 정파성 비교

3) 저널리즘 원칙과 윤리

기자의 신분 가장과 '몰래카메라' 사용, 그리고 화재현장의 사진기자가 사람을 구하는 대신 사진을 찍어야 하는지 등은 도덕적 이슈가 아니라 윤리적 이슈다(박재영 외, 2016). 정답이 없는 딜레마 상황이라는 뜻이다. 그런데도 언론 윤리는 그저 법원 판결에 종속하는 것으로 오해되어 건전한 사회적 논의로 이어지지 못했다. 이런 사례를 찾아내고 분석하여 사회적 담론으로 발전시켜야 한다. 한국사회는 유달리 언론의 자유보다 책임을 강조한다. 언론자유는 언론 스스로 부르짖어야 하는데도, 기자와 언론사는 독재정권 시절에도 언론자유의 확장에 기여하지 못했다(안광식, 1989). 언론의 자유 특히 취재의 자유 없이 언론의 고매한 역할은 달성될 수 없다. 언론의 자유와 취재의 자유가 학계 화두가 되어야 하며 그런 연구를 촉발해야 한다.

- 언론 윤리 딜레마 사례연구
- 언론의 자유 인식
- 취재의 자유 사례연구

4) 수용자, 뉴스 유통과 효과

페이스북과 유튜브, 네이버가 대세로 등장하면서 그들이 언론의 가치를 결정하게 되었다. 기자들은 자신이 중요하다고 생각하는 것을 기사로 쓰기보다 네이버에서 많이 읽히는 것 즉 조회 수와 같은 '데이터'의 이야기를 듣고 따라야 하는 시대에 살고 있다. 이렇게 시대가 급변할수록 기본적인 의문에 답하는 연구가 더 필요하다. 사람들은 무엇을 뉴스로 간주하는지, 왜 뉴스를 보는지, 누구를 기자라고 부르는지 등이 그런 연구다. 수용자 중심적 접근이 어느 때보다 필요하다는 점에서 수용자가 원하는 뉴스를 찾아내고 그들에게 필요한 뉴스와 어떻게 절충할지 연구해야 한다(박재영 외, 2016). '한국인의 뉴스 소비'라는 대형 연구를 기획하는 것도 좋다. 로봇 저널리즘 시대이기에 수용자는 오히려 기자가 '로봇 같은 기자 노릇'은 그만하고 독창적이고 분석적인 기사 생산에 주력하라고 주문할지 모른다(김익현, 2017). 요즘의 수용자는 〈조선일보〉독자, 〈뉴스타파〉후원자, 종편 뉴스 고정시청자, 소셜미디어 뉴스 소비자 등으로 분화했으므로 조사집단을 더 쪼개서 연구해야 한다(박재영 외, 2016). 공유(*sharing*) 되는 뉴스의 속성, 구매 상품으로서 뉴스의 조건, 수용자 친화적인 뉴스 디자인과 인터페이스 연구 등 실용적 연구도 필요하다.

- 이 시대에 누가 기자이며 무엇이 뉴스인가?
- 이 시대 사람들은 왜 뉴스를 보는가?
- 한국인의 뉴스 소비
- 많이 읽는 기사와 깊이 있게 읽는 기사의 차이
- 시청각 요소의 뉴스 이해 기여도
- 구매 상품으로서 뉴스의 조건
- 공유되는 뉴스의 속성
- 수용자 친화적 뉴스 디자인과 인터페이스
- 세분화한 수용자 집단 조사

5) 새로운 주제

과학적 엄밀성을 위해 관점을 좁히고 현상을 쪼개어 연구해야 하지만, 그렇게 하면 단편적 정보만 제공하기 쉽다(유선영, 2014). 이와 반대로, 현상과 관련되는 요인들을 최대한 종합하면 구조와 맥락을 파악할 수 있다. 즉 쪼개지 말고 합치는 연구가 필요하다. 그래야 사건의 전모를 밝힐 수 있다. 예를 들어, 어떤 사건이 터졌을 때 뉴스룸의 의제설정 과정, 취재 과정, 권력 집단과 관계, 광고주와 연관성, 독자의 반응을 종합적으로 연구하는 것이다. 인쇄 매체, 방송 영상, 온라인과 모바일 보도 등 여러 매체와 플랫폼을 한꺼번에 분석하여 뉴스 표출의 전모를 파악하는 연구 세팅도 좋다.

언론의 속성은 보편적 일상이 아니라 결정적 순간에 더 잘 드러난다. 대형 스캔들, 권력형 비리 사건, 선거 등을 보도할 때가 그렇다. 이들을 사례 연구하면, 저널리즘의 일관성과 대비되는 저널리즘의 변종, 퇴락, 모순을 밝혀낼 수 있다(Zelizer, 2004/2010). 이런 '국면 연구'는 새로운 이론이나 개념을 창출하는 데도 도움이 된다. 언론 현실 자체를 비판적으로 연구하는 것도 필요하다. 그간에 한국에서 "권력화된 언론의 감시나 위축되는 언론의 자유에 대한 고발, 정치의 논리가 방송을 지배하는 공영방송의 사장 선임 등 학문의 비판적 실천이 필요했던 여러 문제에서 언론학은 그렇게 핍진하게 대응하지 못했다"(조항제, 2014, 66쪽). 수년 전의 KBS, MBC, YTN 사태는 뉴스룸 통제의 실상을 보여줄 수 있는 좋은 기회였다.

- 의제설정부터 뉴스 소비까지 전모 분석
- 뉴스 표출과 유통의 전모 분석
- 두드러진 사례의 국면 연구
- 언론 현실에 대한 비판적 연구

6) 방법론

데이터의 양이 폭발하고 뉴스 소비 양태도 다양화했으므로 여기에 맞는 방법론의 혁신이 필요하다(김익현, 2017). 빅데이터를 활용한 보도가 더 활성화하면, 전통적인 양적 방법론의 한계는 더 커지므로 새로운 계량 연구 방법을 적극적으로 시도해야 한다. 사례연구와 참여관찰 방법론도 활성화해야 한다. 창의적 방법론에 대한 학계의 관용도 필요하다.

4. 맺 음

미국 미주리대 저널리즘 스쿨의 '석사논문 세미나' 담당교수인 리 윌킨스 (Lee Wilkins)는 석사 논문을 준비하는 학생들에게 두 가지를 먼저 생각하라고 했다. 하나는 "자기의 연구가 수행 가능한 것인가?"이며, 나머지는 "자기의 논문을 누가 볼 것인가?"이다. 논문의 주요 독자 중 하나는 실무자들이라고 했다. 이 조언은 윌킨스가 매스커뮤니케이션이라는 학문을 어떻게 이해하는지 잘 보여준다. 그는 자기 전공인 언론 윤리 논문도 그런 실용성 잣대로 들여다볼 것이다.

매스커뮤니케이션은 응용학문이다. 이론 개발이 목표인 기초학문이 아니므로 이론에 소홀해도 된다는 뜻이 아니다. 이론을 중시하는 것 못지않게 실용을 강조하지 않아서 하는 말이다. "이론 개발과 연구는 실무적 관련성을 강화해야 한다"(최세정, 2015, 394쪽)라는 광고 학계 금언은 저널리즘에도 필요하다.

> 대학원생으로서 내가 읽었던 어떠한 학술적 논문이나 저서도 내가 떠났던 현장의 세계를 제대로 반영하지 못하고 있었다. 학술적 관점은 편파적이고, 때로는 타협할 수 없을 정도로 권위적이었다. 또한, 학자 자신이 기술하는 대상인 실질적 저널리즘 현장을 정확하게 포착해 내기보다는 학자 자신의 학문적 환경을 훨씬 더 많이 반영하고 있었다. 그 속에는 내가 저널리스트로서 활동했던 당시 겪었던 말할 수 없는 경험들, 즉 작지만 확실한 승리, 끊임없는 긴장, 전혀 예측할 수 없는 순간에 휘몰아치는 지루함, 설명할 수 없는 충성심, 동료의식이 빚어낸 편협함, 그리고 해결할 수 없는 딜레마 등은 없었다 (Zelizer, 2004/2010, 4쪽).

기자 출신 학자인 바비 젤리저(Barbie Zelizer)의 학문적 여정은 어쩌면 자기가 학교에서 처음 느꼈던 언론 현장과 학문 세계의 괴리를 이어보려는 것이었는지 모른다. 그런 노력의 근원이 바로 자기 저서의 서두에 적었던 위의 글이라고 할 수 있다. 젤리저의 문제의식은 우리에게 시사점이 있다.

한국의 "저널리즘 연구는 원래 저널리즘 현장의 목소리를 반영하고 이들이 필요로 하는 지식을 공급하려고 출발했지만, 이처럼 소박한 시작의 의미가 오랫동안 잊혀지고 있었음을 부인할 수는 없다"(임영호, 2009, 451쪽). 자칫 저널리즘 연구는 학문화를 강조하다 보면 현실 용용성이 떨어지고, 현실 유용성을 강조하다 보면 기능적 정보 생산에 그치게 된다(임영호, 2009). 학문화와 현실 유용성은 이처럼 양극단에 있지만, 둘이 양립 불가능하다고 볼 것만은 아니다. 이 둘이 공존하는 것 자체를 문제시하기보다 둘을 합치려는 노력이 부재했던 것에 문제를 제기해야 한다. 저널리즘의 학문화와 현실 유용성은 교육과 연구의 두 영역에서 모두 추구되어야 한다. 저널리즘의 원칙과 규범, 윤리는 강의실 지식에 현장 체험이 결합하여야 온전해진다. 현장 수요에 답하는 연구를 수행하면서 이론의 실무 관련성을 강화할 수 있다. 이런 기대감은 최근에 새로운 학자 그룹이 등장하면서 더욱 커졌다. 기자 출신 학자가 몰라보게 늘어난 것이다.

개인적으로 파악해보니 기자 경력자로서 매스커뮤니케이션 박사학위를 받고 활동하는 사람이 119명이다. 신문기자 출신은 74%이고 방송기자 출신은 20%이며, 국내 학위자는 62%이고 국외 학위자는 36%이다. 대다수 (83%)는 2000년대 이후에 학위를 받았다. 원래 기자와 학자는 '토끼와 거북이'(Hartz & Chappell, 1997, 28쪽)처럼 이질적이어서 학자는 기자들이 흥미로운 대목만 중시하고 전체 맥락은 무시한다고 비판하며 기자는 학자들이 언론의 작동방식을 모르며 현실성이 떨어진다고 지적한다(임종섭, 2015). 이렇게 동떨어진 두 세계가 한 몸이 되어 만나면 어떻게 될까?

기자 경력자의 연구와 관련하여 학계에 보고된 사실이 하나 있다. 저널리즘 논문 중 기자 경력자가 저자에 포함된 논문은 20.4%인데, 이런 논문은 타 논문보다 뉴스 생산자와 생산조직을 더 많이 연구했다(박재영 외, 2016). 기자 경력자는 비경력자보다 뉴스 생산에 관심이 더 많은 것이다. 기자 경력자는 이 글의 요지 중 하나인 한국 저널리즘 연구의 공백 즉 뉴스 생산 연구를 채우고, 저널리즘 연구의 비대칭성을 정상화하는 데 기여할 수 있다.

앞에서 미국과 한국 저널리즘 연구의 역사를 설명하면서 소개하지 않은 두 거목이 있다. 월터 리프먼(Walter Lippmann)과 박권상. 이 두 사람도 기자 학자다. 이들은 각자 자국에서 가장 유명한 언론인이며 자국 저널리즘 연구의 출발점이었던 훌륭한 언론학자다. 진실, 뉴스, 유사환경, 언론과 민주주의의 관계에 대한 리프먼의 회의주의적 현실론은 저널리즘 연구의 영원한 화두를 제공했다. "적어도 이론적 시각에서, 미국 매스커뮤니케이션 이론과 연구는 리프먼의 〈여론〉(Public Opinion)에 각주를 단 것이다"(Peters, 1989, 206쪽). 임상원(임상원 외, 2007)은 리프먼의 사상에서 저널리즘과 민주주의의 재개념화를 읽어냈다. 저널리즘이 민주주의 정치 이데올로기에 기초한다면, 오늘날의 민주주의는 위기이며 따라서 저널리즘도 위기다. 그는 저널리즘은 민주주의에 필요한 정보제공을 넘어 자유, 평등, 상호존중과 같은 도덕적, 문화적 기능을 수행해야 하므로 인문학적 측면에서 저널리즘의 의미를 되새겨보아야 한다고 주장했다. 저널리즘은 매스커뮤니케이션의 전 분야 가운데 인문학적 규범성이 가장 강하다. 저널리즘만큼 원칙과 책임, 윤리를 강조하는 분야가 없으며 민주주의와 관련하여 저널리즘만큼 깊고 복잡하게 논의된 분야가 없다. "언론의 자유, 책임, 윤리 등에 관련된 가치관, 규범, 방향 판단 등의 문제는 확실히 실증과학 이상의 것이며 따라서 커뮤니케이션학 전반적 탐구에는 인문학적 사고와 연구방법도 필요하다"(차배근·하종원·이종혁, 2017, 142쪽).

박권상은 1960년대에 언론의 자유와 언론 교육, 한국의 언론 현실을 가장 왕성하게 연구했던 학자다. 그는 언론의 임무는 단편적 사실 보도가 아니라 사실에 대한 포괄적 진실 보도이며 '유사환경'을 '실제 환경'에 접근시키는 것이라고 했다(김영희, 2017, 111쪽). 언론의 질적 저하를 지적했으며 언론이 권력과 금력의 시녀로 전락하고 언론인이 정치권을 넘보는 현상을 개탄했다. 그는 언론인은 특정 대상에 아무리 동의하더라도 전적으로 그편에 서서는 안 된다고 하면서 언론인의 도덕과 용기, 의식혁명을 요청했다. 리프먼 같은 존재로 평가받는 박권상의 문제의식과 성찰적 제안은 지금도 한국 언론에 강한 울림을 준다.

많은 미디어 조직이 직면하는 문제는 비즈니스에 있는 것이 아니라 저널리즘에 있다. 그리고 저널리즘의 문제점에 대한 책임은 기자에게만 있지 않고 학자에게도 있다(Zelizer, 2004/2010). 민주주의의 작동을 감시하고 비판하는 책무가 저널리즘에 부여돼 있다면, 저널리즘의 작동을 감시하고 비판하는 책무는 저널리즘 연구자에게 있다(박재영 외, 2016). 한국 저널리즘의 위기는 곧 한국 저널리즘 연구의 위기다. 저널리즘 연구자들은 한국 언론 현장을 정면으로 감시하고 비판하는지, 언론 권력을 의식해 민감한 현안을 외면하지 않는지, 자신의 정치 성향에 따라 연구대상을 선택하지 않는지, 통계적 차이에 매몰되어 원인과 의미 파악에 소홀하지 않은지 자문해볼 일이다. "저널리즘 연구는 결국 더 나은 기자, 더 좋은 뉴스를 위한 실태 확인이고 방안 모색이며 미래 제안"(박재영 외, 2016, 10쪽)임을 다시 상기해 본다.

참고문헌

강현두(1994). 한국언론학사 재고. 〈언론정보연구〉 31집, 1∼17.

금현수·이화행·이정기(2012). 지역신문의 지속적 구독의도 및 유료 온라인 뉴스 콘텐츠 이용의도에 관한 연구: 부산 지역 대학생 집단을 중심으로. 〈한국언론학보〉 56권 3호, 134∼160.

김경모(2012). 온라인 뉴스 확산과 여론 형성. 〈언론과학연구〉 12권 4호, 35∼72.

김경모·박재영·배정근·이나연·이재경(2018). 〈기사의 품질: 한국 일간지와 해외 유력지 비교연구〉. 서울: 이화여대 출판문화원.

김경보(2016). 신체 이미지 관련 뉴스 및 댓글의 논조가 여대생의 신체 이미지에 미치는 영향. 〈한국언론학보〉 60권 6호, 36∼67.

김경희(2016). 저널리즘 관점에서 본 모바일 기반 포털 뉴스의 게이트키핑과 이용자의 뉴스이용. 〈한국언론학보〉 60권 3호, 117∼144.

김경희·노기영(2011). 한국 신문사의 이념과 북한 보도방식에 대한 연구. 〈한국언론학보〉 55권 1호, 361∼387.

김경희·송경재(2018). 누가 2위 포털인 다음 뉴스를 이용하는가?: 포털 뉴스 이용자의 특성과 포털 뉴스에 대한 이용자의 인식을 중심으로. 〈한국언론학보〉 62권 6호, 141∼164.

김경희·이기형·김세은(2015). 기사 구성과 특징으로 본 '문화 저널리즘'의 변화상과 함의: 주요 일간지 문화면의 내용분석을 중심으로. 〈한국언론정보학보〉 74호, 136∼176.

김대욱·최명일(2016). 의미연결망 분석을 이용한 2005∼2014년 자살보도 분석: 〈조선일보〉와 〈한겨레〉를 중심으로. 〈한국언론학보〉 60권 2호, 178∼208.

김동환·이준환(2015). 로봇 저널리즘: 알고리즘을 통한 스포츠 기사 자동 생성에 관한 연구. 〈한국언론학보〉 59권 5호, 64∼95.

김미희(2016). 페이스북 친구의 뉴스추천이 뉴스신뢰도 인식과 뉴스관여 행동에 미치는 영향: 인지정교화와 의견지도력을 중심으로. 〈한국언론학보〉 60권 5호, 176∼202.

김민경·이윤선·조수영(2014). 한국 신문의 불임(난임) 관련 보도 분석(1962∼2013년). 〈한국언론학보〉 58권 6호, 329∼361.

김병철(2010). 자살에 영향을 미치는 사회적 예측 변인 연구: 자살에 관한 언론 보도 내용 분석을 중심으로. 〈한국언론학보〉 54권 2호, 346∼362.

김사승(2013). 소비자 경험가치 관점의 뉴스상품성 강화를 위한 뉴스생산의 탐색적 모형에 관한 연구: 신문을 중심으로. 〈한국언론학보〉 57권 2호, 33~57.

김상균(2017). MBC '백종문 녹취록' 사건으로 본 공영방송의 위기: 정치권력의 언론통제 기제를 중심으로. 〈한국언론정보학보〉 81호, 189~224.

김상균·한희정(2014). 천안함 침몰 사건과 미디어 통제: 탐사보도 프로그램 생산자 연구. 〈한국언론정보학보〉 66호, 242~272.

김성해·김동윤(2009). 금융 위기와 언론: 2008 글로벌 위기에 대한 각국 언론의 보도양상과 프레임. 〈언론과학연구〉 9권 4호, 98~134.

김세은(2012). 해직 언론인에 대한 생애사적 접근 연구: 동아자유언론수호투쟁위원회를 중심으로. 〈한국언론학보〉 56권 3호, 292~319.

_____(2017). 한국 '폴리널리스트'의 특성과 변화: 언론인 출신 국회의원을 중심으로. 〈한국언론학보〉 61권 3호, 7~54.

김수영(2017). 한국 공영 방송 언론인의 직업 정체성에 관한 연구. 〈한국언론학보〉 61권 3호, 55~86.

김여라(2010). 신종플루 뉴스 이용 정도가 개인 및 공중에 대한 건강보호 행위의도에 미치는 영향에 관한 연구: 보호동기이론을 중심으로. 〈한국언론정보학보〉 51호, 5~25.

김연식(2014). 방송 저널리스트의 방송 통제요인 인식 변화 연구: 2008년과 2013년의 비교를 중심으로. 〈한국언론학보〉 58권 1호, 283~305.

김영욱·이현승·이혜진·장유진(2015). 미세먼지 위험에 대한 수용자의 인식과 의견 형성에 관한 연구: 프로모션 기사 인식정도와 관여도에 따른 분석. 〈한국언론정보학보〉 72호, 52~91.

김영희(2017). 해직 이후 박권상의 언론활동과 언론사상. 〈한국언론학보〉 61권 5호, 102~129.

김웅진(1994). 방법론의 이론 종속성과 이론의 방법론 종속성: 연구방법론의 성화(聖化)와 지식의 화석화(化石化). 〈한국정치학회보〉 27집 2호(하), 165~179.

김위근(2014). 포털 뉴스서비스와 온라인 저널리즘의 지형: 뉴스 유통의 구조 변동 혹은 권력 변화. 〈한국언론정보학보〉 66호, 5~27.

김윤경·김지현·김영석(2013). 성폭력 뉴스 프레임이 개인의 지각에 미치는 영향: 개별 정서의 매개 효과를 중심으로. 〈한국언론학보〉 57권 1호, 245~217.

김은미·임소영·박현아(2017). 관계적 커뮤니케이션으로서의 뉴스 공유: 자기제시 성향과 뉴스 공유 대상의 특성을 중심으로. 〈한국방송학보〉 31권 3호, 114~151.

김은이·최지향(2015). 정향욕구와 정치참여에 관한 연구: 참여적 뉴스 사용의 매개 효과를 중심으로. 〈한국언론학보〉 59권 3호, 7~28.

김은이·송민호·김용준(2015). 신문의 자살보도가 자살 관련 인식에 미치는 영향: 자살보도 내용과 웹 검색 활동의 동적 관계를 중심으로. 〈한국언론학보〉 59권 3호, 94~122.

김익현(2017). 데이터 시대 언론 현장의 변화와 언론학 연구의 과제. 한국언론학회 편, 〈데이터 시대의 언론학 연구〉, 212~246. 서울: 커뮤니케이션북스.

김혜미·이준웅(2011). 인터넷 뉴스와 댓글의 뉴스 프레임 융합 효과 연구: 해석의 복잡성 및 태도의 극단성 분석을 중심으로. 〈한국언론학보〉 55권 2호, 32~55.

김효정(2017). 원자력 기사 프레이밍이 수용자의 심리적 저항에 미치는 영향: 심리적 저항 이론을 중심으로. 〈한국언론학보〉 61권 5호, 130~164.

남지나·최윤정(2010). 한국과 미국 TV뉴스의 대선보도 비교: 신 단위의 형식과 내용의 공정성을 중심으로. 〈한국방송학보〉 24권 4호, 87~121.

노현주·윤영철(2016). 신문, 방송, 포털매체의 의견 다양성 비교분석: '통진당 해산 선고' 관련 보도를 중심으로. 〈한국언론학보〉 60권 6호, 68~99.

도정은·나은경(2014). 북한 관련 언론 보도의 메시지 해석 수준 및 수용자의 시간적 거리감이 통일에 대한 태도와 전쟁 위험 인식에 미치는 영향. 〈한국언론학보〉 58권 1호, 381~410.

문정현·정성은(2018). 선거 여론조사 결과 보도의 실제 영향과 지각된 영향의 차이: 유권자 자신과 타유권자에 대한 승자편승 효과와 열세자 효과. 〈한국언론학보〉 62권 3호, 7~36.

민 영(2016). 신뢰의 조건: 저널리즘 전문성과 정파적 편향성이 언론 신뢰와 정치 신뢰에 미치는 영향. 〈한국언론학보〉 60권 6호, 127~156.

박기수(2011). 4대강 사업 뉴스에 대한 보도 프레임 연구: 〈경향신문〉·〈동아일보〉·〈한국일보〉 등 3개 종합일간지를 중심으로. 〈한국언론학보〉 55권 4호, 5~26.

박기효·홍성완·신태범(2017). '김영란법' 시행이 한국 언론윤리에 미친 영향에 대한 탐색적 연구: 언론인의 법인식 및 법 시행 이후 보도원칙 준수변화를 중심으로. 〈한국언론학보〉 61권 5호, 165~203.

박대민(2013). 뉴스 기사의 빅데이터 분석방법으로서 뉴스정보원 연결망 분석. 〈한국언론학보〉 57권 6호, 234~262.

_____(2015). 사실기사의 직접인용에 대한 이중의 타당성 문제의 검토: 〈동아일보〉와 〈한겨레신문〉의 4대강 추진 논란 기사에 대한 뉴스 정보원 연결망 및 인용문 분석. 〈한국언론학보〉 59권 5호, 121~151.

박대민・박진우(2015). 양적완화 정책에 대한 국내 언론 보도의 정보원 및 인용문 분석: 경제 저널리즘의 신자유주의적 경향에 대한 비판적 고찰. 〈한국언론학보〉 59권 1호, 37~61.

박상조・박승관(2016). 외국인 범죄에 대한 언론 보도가 외국인 우범자 인식의 형성에 미치는 영향. 〈한국언론학보〉 60권 3호, 145~177.

박성호・윤영민(2016). 방송 법조 뉴스의 품질 연구: 정확성, 심층성, 불편부당성을 중심으로. 〈한국방송학보〉 30권 4호, 83~120.

박아란(2016). 방송의 객관성에 대한 연구: 법률적 관점을 중심으로. 〈한국언론학보〉 60권 6호, 157~185.

박인규(2010). 구조적 통제하의 저널리즘: KBS 시사프로그램의 변화를 중심으로. 〈한국방송학보〉 24권 6호, 209~245.

박재영 외(2016). 〈저널리즘의 지형: 한국의 기자와 뉴스〉. 서울: 이채.

박종민(2018). 2000년 이후 언론에 표현된 역대 대통령과 영부인: 컴퓨터 텍스트 형용사 분석. 〈한국언론학보〉 62권 4호, 7~43.

박진우(2015). 한국 언론의 전문직주의와 전문직 프로젝트의 특수성: 언론-정치 병행 관계의 한국적 맥락. 〈한국언론정보학보〉 74호, 177~196.

반 현・김남이・노혜정(2010). 한국 경제에 관한 국내외 언론 보도경향 비교분석 연구. 〈한국언론학보〉 54권 5호, 397~422.

배정근(2010). 광고가 신문보도에 미치는 영향에 관한 연구: 그 유형과 요인을 중심으로. 〈한국언론학보〉 54권 6호, 103~128.

_____(2012). 대기업 광고주가 자사 신문기사에 미치는 영향에 대한 기자 인식 연구: 종합일간지 경제・산업부 기자들을 중심으로. 〈한국언론학보〉 56권 5호, 373~396.

_____(2017). 언론의 권력감시 기능 발현에 영향을 미치는 요인에 관한 연구: 최순실 국정농단 사태 취재기자 심층면접을 중심으로. 〈한국방송학보〉 31권 3호, 42~77.

배정근・하은혜・이미나(2014). 언론인의 외상성 사건 경험과 심리적 외상에 관한 연구: 세월호 참사 취재 기자를 대상으로. 〈한국언론학보〉 58권 5호, 417~445.

백영민・김선호(2017). 팩트체크 뉴스 노출, 영향력 인식, 공유 행동에 대한 탐색적 연구. 〈한국언론학보〉 61권 6호, 117~146.

백혜진・조혜진・김정현(2017). 정신질환의 낙인과 귀인에 대한 언론 보도 분석. 〈한국언론학보〉 61권 4호, 7~43.

설진아(2013). 소셜 뉴스의 기사유형 및 뉴스특성에 관한 연구. 〈한국언론학보〉 57권

6호, 149~175.

손승혜・이귀옥・이수연(2014). 의료복지 기사의 주요 특성과 프레임 비교 분석: 김
  영삼 정부부터 이명박 정부까지 정권의 변화와 언론사의 이념적 성향에 따른 차
  이. 〈한국언론학보〉 58권 1호, 306~330.

심 훈(2009). '쓰나미'에 대한 한・미 양국 간의 시사 다큐멘터리 담화 분석: 서술자
  의 등장 유형 및 발화 방식을 중심으로. 〈한국방송학보〉 23권 1호, 208~240.

_____(2018). 공정 보도는 과연 최고선을 지향하는가?: 칸트의 윤리형이상학과 공맹
  (孔孟)사상을 통해 본 공정 보도의 문제점과 한계, 그리고 유가 언론학적 극복
  방안. 〈한국언론학보〉 62권 3호, 37~67.

안광식(1989). 언론학회 30년의 과정 평가와 방향 모색. 〈한국언론학보〉 24호, 5~27.

안정윤・이종혁(2015). '네트워크 의제설정'의 출현: 뉴스 매체와 온라인 게시판 간 이
  슈 속성 네트워크의 유사성 분석. 〈한국언론학보〉 59권 3호, 365~394.

양승목(2005). 초창기 한국 언론학의 제도화와 정체성 변화: 남정 김규환 소고(南汀
  金圭煥 小考). 〈커뮤니케이션 이론〉 1권 1호, 1~34.

양지혜・백혜진(2018). 위험 루머에 대한 10년간의 언론보도 내용분석. 〈한국언론학
  보〉 62권 3호, 345~382.

염정윤・정세훈(2017). 국내 미디어 멀티태스킹 연구 현황: 이용과 효과 연구를 중심
  으로. 〈한국언론학보〉 19권 1호, 102~135.

_____(2018). 가짜뉴스에 대한 인식과 팩트체크 효과 연구: 기존 신념과의 일치 여
  부를 중심으로. 〈한국언론학보〉 62권 2호, 41~80.

_____(2019). 가짜뉴스 노출과 전파에 영향을 미치는 요인: 성격, 뉴미디어 리터러
  시, 그리고 이용동기. 〈한국언론학보〉 63권 1호, 7~45.

오대영(2015). 언론사 대학평가 기사가 고교생의 대학평가와 언론 신뢰도에 미치는 영
  향. 〈한국언론학보〉 59권 4호, 102~130.

오세욱(2016). 저널리즘과 알고리즘의 융합에 대한 탐색적 연구. 〈사이버커뮤니케이
  션학보〉 33권 3호, 51~101.

유명순・주영기(2010). 신문・TV 뉴스의 신종 출몰형 질환 및 만성질환 보도 패턴 분
  석. 〈한국언론학보〉 54권 2호, 363~381.

_____(2011). 한국 언론의 신종플루 보도 연구: 진단과 예후 프레이밍을 중심으로.
  〈한국언론학보〉 55권 5호, 30~54.

유선영(2014). 한국의 커뮤니케이션학, 공통감각을 소실한 공생적 지식생산. 〈커뮤니
  케이션 이론〉 10권 2호, 4~40.

유수정(2018). 포털에서 유통되는 '단독' 보도의 유형에 대한 탐색적 연구: 네이버를

중심으로. 〈한국언론학보〉 62권 3호, 68~97.

유영돈·마정미(2015). '세종시 갈등'에 대한 뉴스 프레임 연구: 7개 전국 일간지 기사 분석을 중심으로. 〈한국언론학보〉 59권 3호, 29~59.

유우현·정용국·정지희(2016). 폭력 범죄 보도가 어린이에게 미치는 정서적 및 인지적 영향: 두려움 반응의 매개적 역할을 중심으로. 〈한국언론학보〉 60권 1호, 42~67.

유홍식(2007). 뉴스보도에서 다양한 예시화 유형이 독자의 이슈 지각과 뉴스 가치 평가에 미치는 영향. 〈한국언론학보〉 51권 5호, 346~366.

_____(2008). 뉴스보도에서 예시문과 역예시문의 불균형이 독자의 이슈 지각과 판단에 미치는 영향. 〈한국언론학보〉 52권 3호, 346~373

_____(2009). 기사제목과 예시가 수용자의 뉴스가치 평가와 이슈 지각에 미치는 영향. 〈한국언론학보〉 53권 5호, 176~198.

윤익한·김 균(2011). 통합 뉴스룸 도입 이후 뉴스생산 노동과정의 변화: CBS 통합 뉴스룸 사례연구. 〈한국언론정보학보〉 55호, 164~183.

이기형(2009). 〈돌발영상〉의 풍자정신 그리고 정치현실에 대한 환기효과를 맥락화하기: 생산자연구의 단초를 마련하기 위한 하나의 시도. 〈방송문화연구〉 21권 2호, 81~115.

이기형·황경아(2016). SBS 〈그것이 알고 싶다〉의 역할과 성취 그리고 명과 암을 맥락화하기: 텍스트 분석과 미디어 생산자연구를 통해서 조명하기. 〈한국언론정보학보〉 75호, 83~144.

이나연(2018). 과학적 객관주의, 형식적 객관주의, 한국형 형식적 객관주의: 신문 기사에 사용된 취재원 사용과 직접 인용 분석을 중심으로. 〈한국언론학보〉 62권 2호, 112~142.

이나연·백강희(2016). 1994~2014년 한국 경제뉴스의 변화: 언론의 감시견 역할을 중심으로. 〈한국언론학보〉 60권 4호, 203~231.

이미나(2011). 신문 기사 제공 방식의 차이에 따른 기사 회상과 뉴스 가치 인식 차이에 대한 탐색적 고찰: 종이 신문과 스마트폰 신문의 비교. 〈한국언론학보〉 55권 5호, 105~127.

이미나·하은혜·배정근(2015). 세월호 취재기자의 심리적 외상의 지속양상과 영향요인에 관한 종단연구. 〈한국언론학보〉 59권 5호, 7~31.

이민영(2017). 예시 사진과 집단주의 성향이 다문화 수용에 미치는 영향: 위험인식의 매개적 역할을 중심으로. 〈한국언론학보〉 61권 6호, 177~200.

이영돈·심재철·노성종(2009). 탐사저널리즘의 속성의제설정: KBS 〈추적 60분〉

'KT&G를 아십니까' 현장실험 연구. 〈한국언론학보〉 53권 2호, 161~182.

이영주(2016). 종합편성채널 저널리즘의 비판적 재조명: 시사토크쇼 정치 매개 엘리트들의 텔레비전 정치. 〈한국언론정보학보〉 77호, 36~72.

이완수·노성종(2008). '무엇'에서 '언제'로: 벡터자기회귀 모형을 통한 경제현실, 경제보도, 경제인식 간 상호영향의 시간차 탐구. 〈한국언론학보〉 52권 5호, 320~345.

이완수·박양수(2016). 경제 정보에 대한 비대칭적 반응: 경제 뉴스에 대한 경제 주체의 심리와 행위. 〈한국언론학보〉 60권 1호, 165~201.

이완수·박재영(2008). 국내 경제뉴스 보도경향에 대한 연구: 김대중 정부와 노무현 정부 시기를 중심으로. 〈한국언론학보〉 52권 4호, 5~24.

이완수·심재철(2017). 경제커뮤니케이션 효과이론에 대한 실증적 분석: 한국경제 시계열 변수 간의 위계, 방향, 강도, 지속성 검정. 〈한국언론학보〉 61권 1호, 36~77.

이이제·송 진(2011). 방송 뉴스 시장의 관점 다양성: 대북 관련 보도를 중심으로. 〈한국언론학보〉 55권 6호, 277~303.

이재신(2018). 오보와 정정보도가 기사 속 인물에 대한 인상 형성과 변화에 미치는 영향: 사진과 사진 속 감정의 역할을 중심으로. 〈한국언론학보〉 62권 6호, 219~246.

이정기(2013). 한국형 유료 온라인 뉴스 콘텐츠(뉴스 제공자의 내용제공 서비스) 모형에 관한 탐색적 연구: 뉴스 콘텐츠 전문가들에 대한 심층인터뷰를 중심으로. 〈한국언론학보〉 57권 2호, 207~235.

_____(2015). 언론인 해고 관련 판결의 특성과 판결에 나타난 법원의 '언론의 자유' 인식, 한계에 관한 탐색적 연구: 이명박 정권 출범 이후의 언론인 해고를 중심으로. 〈한국언론학보〉 59권 4호, 7~43.

이정훈·이상기(2016). 민주주의의 위기와 언론의 선정적 정파성의 관계에 대한 시론: 채널A와 TV조선의 정치시사 토크쇼를 중심으로. 〈한국언론정보학보〉 77호, 9~35.

이종혁(2009). 뉴스의 일탈성이 기사 선택에 미치는 영향: 진화론, 인지부조화, 정보 효용성을 바탕으로 모델 도출. 〈한국언론학보〉 53권 6호, 241~261.

_____(2015). 언론 보도에 대한 편향적 인식이 공정성 평가에 미치는 영향: 우호적, 중도적, 적대적 매체에 대한 비교 검증. 〈한국언론학보〉 59권 1호, 7~36.

_____(2019). 뉴스가치의 개념, 유형, 작동 기제 및 규범에 대한 종합 고찰: '뉴스가치 통합 모형'의 제안. 〈방송문화연구〉 31권 1호, 7~45.

이종혁·길우영(2019). 토픽모델링을 이용한 뉴스 의제 분류와 미디어 다양성 분석: 대통령 신년 기자회견 관련 뉴스 분석을 통해. 〈한국방송학보〉 33권 1호, 161~196.

이준웅(2010). 언론 체계와 신문의 가치 창출: 이른바 '신문 위기'에 대한 대안의 모색. 〈한국언론학보〉 54권 4호, 253~275.

_____(2017). 디지털 뉴스 시대의 언론 윤리: 하버마스 담론 윤리의 적용. 〈커뮤니케이션 이론〉 13권 3호, 86~128.

이진영·박재영(2010a). 한국 신문 보도의 다양성 연구: 한겨레 시장 진입 전후(1986~2005)를 중심으로. 〈한국언론학보〉 54권 3호, 301~325.

_____(2010b). 경쟁 신문의 등장에 따른 신문의 보도 차별화 전략: 한겨레 창간의 경우. 〈한국언론학보〉 54권 6호, 444~470.

이찬주·임종섭(2018). 언론 프레임의 온라인 문화적 공명이 여론 틀 짓기에 미치는 영향 관계: 김영란법 관련 기사와 댓글에 대한 텍스트 마이닝 및 그랜저 인과 관계 분석을 중심으로. 〈한국언론학보〉 62권 4호, 82~121.

이충재·김정기(2015). 종합일간지 편집국장의 편집권에 대한 인식 연구: 10개 일간지 전·현 편집국장을 대상으로. 〈한국언론학보〉 59권 6호, 165~186.

임상원 외(2007). 〈민주화 이후의 한국언론〉. 파주: 나남.

임양준(2010). 용산사태에 대한 일간신문의 뉴스보도 비교연구: 〈조선일보〉, 〈한겨레신문〉, 〈한국일보〉를 중심으로. 〈한국언론학보〉 54권 1호, 337~361.

임영호(2009). 저널리즘 연구 50년의 성찰. 한국언론학회 50년사 편찬위원회, 〈한국언론학회 50년사: 1959~2009〉, 427~460.

임종섭(2015). 뉴스 생산과 메시지. 이준웅·박종민·백혜진 편, 〈커뮤니케이션 과학의 지평〉, 223~260. 파주: 나남.

_____(2016). 국내 디지털 뉴스의제의 흐름에 대한 거시적 분석: 전통 언론사, 인터넷 언론사, 소셜미디어를 중심으로. 〈한국언론학보〉 60권 5호, 91~120.

임종수 외(2017). AI 로봇 의인화 연구: '알파고' 보도의 의미네트워크 분석. 〈한국언론학보〉 61권 4호, 113~143.

정동우(2016). 빅데이터 시대의 데이터 저널리즘 전개 방향에 대한 모색. 〈한국출판학연구〉 42권 2호, 165~207.

정수영·황경호(2015). 한·일 주요 일간지의 한류 관련 뉴스 프레임과 국가 이미지: 기사 헤드라인에 대한 의미연결망 분석을 중심으로. 〈한국언론학보〉 59권 3호, 300~331.

정연구·송현주·윤태일·심 훈(2011). 뉴스 미디어의 결혼이주여성 보도가 수용자의 부정적 고정관념과 다문화 지향성에 미치는 영향. 〈한국언론학보〉 55권 2호, 405~427.

정재민·김영주(2011). 신문사 종사자의 탈진에 대한 연구: 편집국과 비편집국 종사자의 비교를 중심으로. 〈한국언론학보〉 55권 2호, 252~276.

조수영·김정민(2010). 정신건강 및 정신질환에 대한 지상파 TV 뉴스 분석. 〈한국언론학보〉 54권 5호, 181~204.

조항제(2014). 한국의 민주화와 언론의 자유·언론학에 대한 비판적 성찰. 〈커뮤니케이션 이론〉 10권 2호, 41~76.

주영기·유명순(2010). 신문·TV뉴스의 신종 출몰형 질환 및 만성질환 보도 패턴 분석. 〈한국언론학보〉 54권 2호, 363~381.

＿＿＿(2011). 한국 언론의 신종플루 보도 연구: 진단과 예후 프레이밍을 중심으로. 〈한국언론학보〉 55권 5호, 30~54.

차민경·권상희(2015). 언론의 '창조경제'에 대한 의제설정 의미연결망 분석. 〈한국언론학보〉 59권 2호, 88~120.

차배근(2009). 한국언론학회를 일군 사람들: 한국신문학회 시기를 중심으로. 한국언론학회 50년사 편찬위원회, 〈한국언론학회 50년사: 1959~2009〉, 97~188.

차배근·하종원·이종혁(2017). 〈커뮤니케이션학이란 무엇인가〉. 서울: 서울대 출판문화원.

최선영·고은지(2019). 메타데이터를 활용한 1960~2018 〈한국언론학보〉 논문 분석: 다이내믹 토픽 모델링(Dynamic Topic Modeling) 방법을 중심으로. 〈한국언론학보〉 63권 4호, 7~42.

최선욱·유홍식(2010). 공영방송 사장의 해임 뉴스보도에 나타난 프레임 분석연구. 〈한국언론정보학보〉 52호, 69~89.

최세정(2015). 전략 커뮤니케이션. 이준웅·박종민·백혜진 편, 〈커뮤니케이션 과학의 지평〉, 364~404. 파주: 나남.

최유진(2017). 담배규제 정책 보도에 나타난 기사 유형, 주제, 논조 분석: 2011~2016년 금연 구역, 담배 가격, 경고 그림, 금연 지원 정책 기사를 중심으로. 〈한국언론학보〉 61권 2호, 64~92.

최윤정(2016). 우리는 평소 원자력 안전 이슈를 어떻게 다루는가?: 보도 자료와 언론 보도 비교를 통한 '원자력 안전 현실' 탐색. 〈한국언론학보〉 60권 1호, 229~262.

최지향(2018). 온라인 뉴스 환경에서 이용자들은 어떻게 뉴스를 선택하는가?: 포털 뉴스사이트에서 뉴스단서(new cue) 선택의 동기 및 결과. 〈한국언론학보〉 62권 2

호, 143~169.

최진호 · 박진우 · 손동영 (2017). 소셜미디어와 뉴스 인식: 인지된 네트워크 구조가 뉴
스 신뢰도와 공유의도에 미치는 영향. 〈한국방송학보〉 31권 1호, 184~219.

홍경수 (2009). 뉴스의 탈현실의 수사학 연구: KBS 9시 뉴스 헬기 보도의 서사 및 이
데올로기 분석을 중심으로. 〈한국방송학보〉 23권 5호, 418~457.

홍병기 (2018). 〈뉴스 동서남북: 한 권으로 읽는 한국 언론 명인 · 명문 열전〉. 서울:
아마존의 나비.

홍주현 (2019. 6). 2000년 이후 〈한국언론학보〉 논문을 통해 본 언론학 연구경향: 연구
주제, 연구방법 내용분석 및 논문 키워드 네트워크 분석. 2019년 한국언론학회
창립 60주년 기념 학술대회. 광주: 국립아시아문화전당.

홍주현 · 나은경 (2015). 세월호 사건 보도의 피해자 비난 경향 연구: 보수 종편 채널
뉴스의 피해자 범주화 및 단어 네트워크 프레임 분석. 〈한국언론학보〉 59권 6
호, 69~106.

황성욱 · 최홍림 · 배지양 (2016). 지역신문 이용동기 및 비이용의 이유가 지역신문 이
용행태에 미치는 영향: 영남 · 호남 · 충청 지역민 조사를 중심으로. 〈한국언론
학보〉 60권 1호, 7~41.

Becker-Lausen, E. & Rickel, A. U. (1997). Chi-squares versus green eye
shades: Psychology and the press. *Journal of Community Psychology* 25(2),
111~123.

Breed, W. (1955). Social control in the newsroom: A functional analysis. *Social
Forces* 33, 326~335.

Carey, J. W. (2000). Some personal notes on journalism education. *Journalism:
Theory, Practice, and Criticism* 1(1), 12~23.

Fishman, M. (1980). *Manufacturing the News*. Austin, TA: The University of
Texas Press.

Gans, H. J. (1979). *Deciding What's News: A study of CBS Evening News, NBC
Nightly News, Newsweek, and Time*. New York: Pantheon Books.

_____(1983). News media, news policy, and democracy: Research for the
future. *Journal of Communication* 33(3), 174~184.

Hartz, J. & Chappell, R. (1997). *Worlds Apart: How the Distance between Science
and Journalism Threatens America's Future*. Nashville, TN: First Amendment
Center.

Peters, J. D. (1989). Democracy and American mass communication theory: Dewey, Lippmann, Lazarsfeld. *Communication* 11(3), 199~220.

Shoemaker, P. J. & Reese, S. D. (1996). *Mediating the Message: Theories of Influence on Mass Media Content.* New York: Longman.

Tuchman, G. (1978). *Making News: A Study in the Construction of Reality.* New York: The Free Press.

White, D. M. (1950). The 'Gatekeeper': A case study in the selection of news. *Journalism Quarterly* 27, 383~390.

Zelizer, B. (2004). *Taking journalism Seriously: News and the Academy.* Thousand Oaks, CA: SAGE. 이강형·최현주 역(2010), 〈왜 저널리즘은 항상 제자리걸음이었나?〉. 서울: 커뮤니케이션북스.

5장

정치커뮤니케이션 연구회 60년
최근 10년의 연구동향을 중심으로

양승찬 | 숙명여대 미디어학부 교수

1. 서론

'정치커뮤니케이션 연구 50년' 논문에서 최선열(2009) 교수는 한국언론학회에서의 정치커뮤니케이션 연구동향을 심층적으로 분석하여 제시한 바 있다. 최선열 교수의 메타분석 작업을 통해 지난 50년 동안 정치커뮤니케이션 분야의 연구 성과와 연구동향을 체계적으로 파악할 수 있었다. 지난 50년의 연구 흐름은 민주화 과정과 밀접한 연관성이 있었으며 정권의 정치 구조 변화, 학문적 관심사와 연구영역의 변화가 연결되어 있었다는 점이 2009년 분석에서 지적된 바 있다. 또한 2000년대에 들어서면서 인터넷의 급성장이 가져온 미디어 환경과 정치 환경의 변화 속에 정치커뮤니케이션 연구에 새로운 개념과 이론들이 소개되어 왔다는 점이 문헌분석을 토대로 확인되었다. 한국언론학회 정치커뮤니케이션 연구회의 발자취를 살펴보고 새로운 연구영역의 도전을 위한 성찰의 기회를 갖는 데 최선열 교수의 분석과 정리는 훌륭한 지침서이다.

　2009년 한국언론학회에서 학회 50년의 발자취를 살펴본 후 또 10년이

흘렀다. 지난 50년의 연구동향 진단에서는 한국사회의 민주화 과정의 단계 속 정치적, 법적, 제도적 환경의 변화시기가 평가와 분석의 중요한 기준점이었다. 정치커뮤니케이션의 본질적 문제를 탐구하기에 민주주의 사회의 여건이 갖추어지지 않은 가운데 정치커뮤니케이션 연구의 흐름은 법과 제도의 변화에 민감하게 반응하면서 변화하고 확장되어 나간 특징이 있었다. 이러한 과거 50년의 경향과 비교할 때 최근 10년 정치커뮤니케이션 연구의 동향과 밀접한 관계가 있는 요인은 단연 미디어 지형의 변화와 이를 통한 인간 커뮤니케이션 양식의 변화이다. 한국사회에서 그동안 경험하지 못했던 엄청난 변화가 미디어, 커뮤니케이션 영역에서 발생했고 이러한 변화는 정치커뮤니케이션 연구의 대상인 정치행위자, 시민, 미디어 간의 관계를 드라마틱하게 바꾸면서 진행되고 있다.

50년의 발표 논문을 분석한 최선열 교수는 정치커뮤니케이션 연구가 생산되는 현실의 아래에는 학회라는 지식공동체 지층이, 그 아래로 미디어 지층이, 그리고 가장 기저에는 강력한 정치체제의 지층이 있다는 지층모델을 제시한 바 있다. 지난 50년간 한국사회의 정치커뮤니케이션 연구의 발전에는 정치 지층이 가장 강력한 영향을 미쳤다는 점을 분석결과는 보여주고 있다. 이러한 지층모델을 놓고 볼 때 최근 10년은 진보, 보수의 정권 교체가 이루어지고 있는 구조상의 민주화 과정이 마련된 가운데 정치커뮤니케이션 연구의 동향에 가장 큰 영향을 미친 것은 미디어 지층이라고 할 수 있겠다.

최근 10년을 돌아보면 정치커뮤니케이션 과정에 영향을 미칠 중대한 미디어 환경 변화가 나타났다. 2009년 이후 개인용 스마트 미디어 기기의 이용이 보편화되면서 모바일 커뮤니케이션이 인터넷 환경의 대세로 자리하기 시작했다. 모바일 기기 이용의 증가 속에서 미디어 플랫폼의 이용형태뿐만 아니라 그 안에서의 뉴스 소비형태의 변화가 나타났다. 전통미디어가 담당하던 언론의 기능은 상대적으로 위축되는 반면 새로운 플랫폼 중심의 뉴스, 시사정보 유통이 보편화되기 시작했다. 포털미디어와 소셜미디어는 새로운 영향력의 근원으로 자리매김하기 시작하면서 정치과정에 깊숙하게 개입하게 되었다. 인터넷, 모바일 기기의 확산 속에 뉴스를 자체적으로 생산하지는 않지만 다양한 디지털 소프트웨어와 디지털 기기를 통해 뉴스 유통 과정에만 참여하는 디지털 뉴스중개자의 출현은 최근 10년 미디어 환경 변화 속 주목할 현상이라 하겠다. 2015년 문화체육관광부가 발표한 여론 집중도조사 결과를 보면 포털미디어를 뉴스 미디어로 간주하였을 경우 전통미디어인 KBS의 영향력을 압도하는 현상이 나타났다. 소셜미디어인 SNS, 메시징 서비스(예를 들어, 카카오톡)에서 뉴스 서비스가 새롭게 등장하며 새로운 뉴스 유통의 경로가 확장되었다. 초기에는 트위터가 중요한 뉴스의 매개 공간으로 활용되었고 2010년대 들어서는 페이스북이 뉴스 유통의 주도적 위치를 차지하기도 했다. 2018년 이후에는 유튜브에서의 뉴스 유통과 정치적 의견표명이 활발하게 이루어지는 급변하는 미디어 환경의 진화를 목격하고 있다. 다양한 이념적 스펙트럼을 가진 개인 미디어 생산자가 유튜브, 팟캐스트 등을 활용하여 정치적 메시지를 생산하는 것도 주목할 변화라고 할 수 있다.

정치커뮤니케이션 연구가 한국사회에 뿌리 내리는 데 공헌한 최선열 교수의 지적처럼 최근 미디어 지형의 획기적 변화는 우리 연구자들에게 지속적 성찰과 새로운 도전을 하게 하는 동인으로 작동하고 있다. 이 글은 한국언론학회 출범 60주년을 맞이하여 지난 50년의 역사를 진단한 연구를 정리하고 최근의 미디어 환경 변화 속의 정치커뮤니케이션 연구의 특징을 진단해보는 것을 목적으로 한다. 지난 50년을 점검한 최선열 교수의 분석결과를 정리하여 소개하면서 유사한 분석틀에 기초하여 최신의 동향을 비교 제시할 것이다. 아울러 최근 10년간 부각된 이론과 개념을 중심으로 〈한국언론학보〉에 게재된 정치커뮤니케이션 연구의 사례를 정리한다.

2. 정치커뮤니케이션 연구회 50년사 분석 연구의 핵심

50년을 정리한 연구를 보면 한국의 정치커뮤니케이션 연구는 정치와 언론의 민주화가 진전되면서 인터넷이 새로운 미디어로 부상하고 학회의 제도화도 성과를 보인 2000년대 들어 안정적 궤도에 진입했다는 평가다. 50년의 역사를 지녔음에도 정치커뮤니케이션 연구가 한국의 독특한 정치발전사와 미디어 발전 역사 지형 위에서 매우 더디게 성장했다는 점이 지적되었다. 국민의 정부 출발시점인 1997년 이후에 들어서야 연구영역에서 제자리를 확보하기 시작했고 2000년대 들어서 연구가 본격적으로 활성화되었다는 평가를 받았다.

주제별로는 미디어와 관련한 연구가 52.7%로 가장 많았고, 시민 관련 연구가 36%, 정치행위체 관련 연구가 11.2%로, 정치커뮤니케이션 연구의 주류를 이룬 영역은 메시지 연구과 수용자 연구 분야였음을 알 수 있었다. 약 1/4 정도의 연구가 선거를 배경으로 실시되었고 이 중 절반 이상이 수용자 효과 연구를 다룬 특징도 발견되었다. 주 연구대상 매체로는 신문을 중심으로 한 인쇄매체 연구가 43.2%로 가장 많았고, 인터넷 16.3%, 텔레비전 15.2% 순이었다. 활용된 연구방법은 양적 방법론이 63.3%로 다수였는데 주로 서베이, 실험연구를 하는 수용자 연구와 내용분석을 사용하는 메시지 연구에 편중된 것으로 나타났다.

가장 많은 연구가 진행된 미디어 관련 연구들의 경우 지나치게 메시지 분석에 치우쳐 저널리즘의 본질적 문제를 다루지 못하는 한계가 있었다. 시민 관련 영역의 경우, 전형적인 효과 연구 틀에 의존한 수용자 연구가 많아 아쉬움이 있다는 평가가 있었다.

'정치커뮤니케이션 연구 50년' 논문에서는 연구분야의 양적 성장에도 불구하고 질적 성장 부분에 대해서는 향후 개선과 발전이 필요한 아쉬운 부분이 있다는 지적이 있었다. ① 우리나라의 정치문화와 언론문화에 대한 진지한 고민이 없는 연구들이 많다는 점, ② 단순히 외국의 학문적 전통에서 나온 개념과 이론들을 고민 없이 받아들인 반복연구가 많다는 점, ③ 연구결과의 체계화가 부족하고 지식을 축적하는 노력이 부족하다는 점, ④ 장기적이고 체계적인 연구기획과 데이터베이스 구축이 없다는 점, ⑤ 데이터의 질적 수준에 대한 철저한 검증이 부족하다는 점 등이 그것이다. 이러한 문제를 개선하는 방향의 연구 필요성이 강조된 바 있다.

3. 최근 10년 연구의 특징

이번 분석에서는 '정치커뮤니케이션 연구 50년' 논문과 유사하게 최근 10년 〈한국언론학보〉에 게재된 정치커뮤니케이션 분야 논문을 계량적으로 분류했다.[1] 분류 개념과 체계는 비교를 위해서 지난 연구의 틀을 그대로 원용했다. 이어 최근 10년 동안 다루어진 이론과 개념의 특징을 문헌분석을 통해 정리했다.

1) 계량적 특징 정리 : 지난 50년 연구결과와의 비교와 최근 10년의 특징

(1) 연구 대주제

2009년부터 2018년까지 지난 10년간 〈한국언론학보〉에 게재된 논문 중에서 정치커뮤니케이션 영역으로 분류한 논문은 116편이었다. 2009년 이전

---

[1] 분류와 코딩은 연구자와 언론학 박사과정 대학원생이 담당했다. 대부분의 변인들이 명확한 속성을 가지고 있고 이전 연구의 지침이 있었기 때문에 코더 간 일치율은 최저가 93%였다. 분석대상이 116편으로 상대적으로 많지 않은 가운데 코더가 모호하다고 판단한 사항을 연구자와의 논의를 거쳐 분류했다. 특히 전문적 판단을 필요로 하는 핵심이론과 개념 분류의 경우 모호한 부분은 토론을 거쳐 조정했다.

<표 5-1> 시기별 대주제 영역 비교

단위: 편(%)

구분	정치행위체	시민(수용자)	미디어	계
지난 50년(1959~2008)	29(11.2)	93(36.0)	136(52.7)	258(100)
최근 10년(2009~2018)	7(6.0)	91(78.4)	18(15.5)	116(100)
계	36(9.6)	184(49.2)	154(41.2)	374(100)

10년 동안 국민의 정부(1997~2002) 시기에 52편, 참여정부(2003~2008) 시기에 132건이 발표된 것과 비교하면 양적으로 그 수가 크게 늘어난 것은 아니었다.

연구주제를 지난 50년의 추이와 비교하면 최근 10년의 논문 주제 영역은 차이가 발견되었다. 지난 50년간을 놓고 볼 때 정치커뮤니케이션 영역에서 미디어 주제가 52.7%로 가장 많았는데, 최근 10년을 보면 시민(수용자)과 관련한 연구가 91편으로 전체 논문의 78.4%를 차지했다. 〈한국언론학보〉에 게재된 논문만을 분석대상으로 하여 일반화에는 제약이 있기는 하지만 정치커뮤니케이션 연구의 주제 영역이 대부분 사람들의 미디어 이용, 미디어 효과에 초점 맞추어 진행된 특징을 최근 10년의 연구 분석에서 발견할 수 있다.

(2) 선거/비선거 연구

선거 연구와 비선거 연구의 비율은 지난 50년의 양상이 그대로 이어져 갔다. 정치커뮤니케이션 연구 가운데 약 1/4 가량의 연구가 선거 맥락에서 선거를 대상으로 실시된 연구였다.

정치커뮤니케이션 관련 논문은 선거 이후 다음해에 게재 편수가 늘어나는 경향이 나타났다. 2009년(대통령선거 이후) 16편, 2013년(대통령선거, 국회의원선거 이후) 21편, 2015년(지방선거 이후) 17편으로 다수의 논문이 〈한국언론학보〉에 발표되었다. 하지만 2016년 이후 국회의원 선거와 대통령선거가 있었으나 정치커뮤니케이션 영역 논문 수는 선거와의 관련성이 크게 없는 것으로 나타난 특징이 있다.

<표 5-2> 선거/비선거 연구 시기별 비교

단위: 편(%)

구분	선거	비선거	계
지난 50년(1959~2008)	68(26.4)	190(73.6)	258(100)
최근 10년(2009~2018)	31(26.7)	85(73.3)	116(100)
계	99(26.5)	275(73.5)	374(100)

<표 5-3> 연도별 선거/비선거 연구 비교: 최근 10년간

단위: 편(%)

연도	선거	비선거	계
2009	6(37.5)	10(62.5)	16
2010	1(14.3)	6(85.7)	7
2011	2(28.6)	5(71.4)	7
2012	3(27.3)	8(72.7)	11
2013	6(28.6)	15(71.4)	21
2014	5(35.7)	9(64.3)	14
2015	5(29.4)	12(70.6)	17
2016	2(20.0)	8(80.0)	10
2017	0(0.0)	8(100.0)	8
2018	1(20.0)	4(80.0)	5
계	31(26.7)	85(73.3)	116(100)

<표 5-4> 선거/비선거 시기별 연구의 대주제 비교

단위: 편(%)

구분		정치행위체	시민(수용자)	미디어	계
지난 50년(1959~2008)	선거	3(4.4)	38(55.9)	27(39.7)	68(100)
	비선거	26(13.7)	55(28.9)	109(57.4)	190(100)
최근 10년(2009~2018)	선거	1(3.2)	25(80.6)	5(16.1)	31(100)
	비선거	6(7.1)	13(15.3)	66(77.6)	85(100)
계		36(9.6)	184(49.2)	154(41.2)	374(100)

선거/비선거 연구를 대주제별로 놓고 비교할 때 최근 10년간 선거 기간 중 시민(수용자) 연구의 비중이 높아졌다. 미디어 주제는 비선거 기간에서의 비중이 지난 50년과 비교해 볼 때 높아졌다. 선거 연구의 80.6%가 시민 관련 주제였다. 선거기간 중 많은 정치커뮤니케이션 연구자들이 미디어 효과의 차원에서 시민의 미디어 이용과 정치참여 등의 이슈를 집중적으로 다룬 것과 관련 있는 것으로 보인다. 한편 비선거 기간에는 연구 관심사가 미디어 메시지 분석에 초점을 맞추는 패턴이 나타났다. 비선거 연구의 77.6%가 미디어 관련 주제였다.

(3) 정치매체

10년 전 한국언론학회의 50주년을 정리하면서 당시에도 선도적 위치에 있는 한국의 인터넷 정치커뮤니케이션 연구가 국내 학자들이 세계 학문공동체에 기여할 수 있는 기회를 열 것이라는 긍정적 전망이 있었다(최선열, 2009). 지난 50년과 비교해 볼 때 인터넷 미디어를 대상으로 한 연구의 비중은 지난 50년 동안 전체 연구 중 42편으로 16.3%를 차지했던 것과 비교

〈표 5-5〉 시기별 정치매체

단위: 편(%)

구분	신문/잡지	TV	인터넷	언론일반	기타	계
지난 50년(1959~2008)	111(43.2)	39(15.2)	42(16.3)	49(19.1)	16(6.2)	257(100)
최근 10년(2009~2018)	13(11.2)	9(7.8)	55(47.4)	34(29.3)	5(4.3)	116(100)
계	124(33.2)	48(12.8)	97(25.9)	84(22.5)	21(5.6)	373(100)

〈표 5-6〉 인터넷 대상 연구의 세부 분류

단위: 편(%)

구분	인터넷 일반	블로그	포털뉴스	팟캐스트	SNS 전반	트위터	페이스북	계
최근 10년 (2009~2018)	20(36.4)	3(5.5)	6(10.9)	4(7.3)	10(18.2)	11(20.0)	1(1.8)	55(100)

하면 최근 10년에는 55편으로 47.4%를 차지하고 있다. 언론 일반으로 분류된 연구에서도 일부 인터넷을 다루는 것을 볼 때 연구관심에서 정치매체로서 인터넷이 차지하는 비중이 매우 높아진 변화를 볼 수 있다.

인터넷을 주 대상으로 하여 진행된 연구를 구체적으로 세분화하면, 연구의 주관심사로서 트위터를 다룬 논문이 11편으로 가장 많았고, SNS 전반을 다룬 논문이 10편, 포털 뉴스를 다룬 논문이 6편, 팟캐스트를 다룬 논문이 4편이었다. 2018년까지 발표된 논문을 분석에 포함시켰는데, 〈한국언론학보〉에 게재된 논문 중 페이스북, 유튜브를 주 대상으로 한 연구는 크게 드러나지 않았다.

(4) 분석대상

'정치커뮤니케이션 연구 50년' 논문의 분류를 따라 분석대상을 중심으로 연구주제를 세분화했다. 연구주제를 송신자, 메시지, 채널, 수용자, 사상·제도·법으로 구분하여 분류했다. 이전 50년을 대상으로 한 연구를 보면 메시지 분석(32.2%)과 수용자 연구(34.1%)가 비슷한 비중으로 30% 이상 다루어졌음을 알 수 있다.

반면 최근 10년의 경우 연구 관심사가 수용자로 많이 기울어졌다는 점이 확연하게 나타났다. 전체 연구 중 수용자 연구는 92편으로 79.3%로 나타

〈표 5-7〉 **시기별 분석대상**

단위: 편(%)

구분	송신자	메시지	채널	수용자	사상/제도법	해당 없음	복수 분석대상	계
지난 50년 (1959~2008)	21(8.1)	83(32.2)	41(15.9)	88(34.1)	20(7.8)	5(1.9)		258(100)
최근 10년 (2009~2018)	5(4.3)	10(8.6)	4(3.4)	92(79.3)	4(3.4)		1(0.9)	116(100)
계	26(7.0)	93(24.9)	45(12.0)	180(48.1)	24(6.4)	5(1.3)	1(0.3)	374(100)

나 압도적인 비중을 차지했다. 그리고 메시지 분석 연구의 비중이 크게 떨어진 가운데 송신자, 채널, 사상·제도·법 관련 연구는 정치커뮤니케이션 연구 분야에서 상대적으로 많지 않아 연구주제의 다양성 차원에서는 아쉬움이 있다.

(5) 핵심이론과 개념

연구 논문에서 제시된 주제어를 중심으로 개별 연구가 다룬 핵심이론을 복수 코딩했다. 지난 10년 동안 전통적 효과 이론과 함께 특정한 이론을 다룬 연구가 〈한국언론학보〉에 다수 발표되었다. 최근 10년 동안 제3자 효과를 다룬 정치커뮤니케이션 연구가 7편, 적대적 미디어 지각을 다룬 연구가 7편, 선택적 노출 이론을 다룬 연구가 7편으로 상대적으로 많이 등장했다. 이론적 논의 중에 미디어 효과 연구의 맥락에서 수용자가 갖는 인식의 편향에 정치커뮤니케이션 연구자들이 초점을 맞춘 것으로 나타났다. 한편 전통적 미디어 효과 관련 이론으로 의제설정 이론을 주로 다룬 연구가 3편, 이용과 충족 접근을 다룬 연구 5편, 침묵의 나선 이론을 검증한 연구가 4편 발표되었다.

최근 10년간 다루어진 주요 개념을 보면 정치참여를 다룬 논문이 30편으로 가장 많았고 정치지식을 다룬 논문 14편, 정치효능감을 중심으로 파생된 다양한 효능감을 다룬 논문이 12편 발표되었다. 또한 정치대화(10편), 이견(9편), 신뢰(9편), 관용(7편), 냉소주의(7편) 등을 다룬 논문도 지속적으로 등장했다.

(6) 연구방법

활용된 연구방법론 역시 양적 방법으로 매우 치우친 경향이 발견되었다. 지난 50년의 연구에서 비평/해석을 담은 논문이 42편 등장했으나 최근 10년에는 이러한 유형을 발견할 수 없었다. 116편의 전체 연구의 91.4%인

〈표 5-8〉 연도별 핵심이론

단위: 편

연도	핵심이론
2009	이용과 충족(1), 프레임 이론(1), 합리적 행위 이론(1), 계획된 행위 이론(1)
2010	지식격차가설(1), 침묵의 나선 이론(1)
2011	적대적 미디어 지각(1), 이용과 충족(1)
2012	제3자 효과(1), 이용과 충족(1), 선택적 노출(1), 레퍼토리(1), 숙의 이론(1), 침묵의 나선 이론(1)
2013	제3자 효과(3), 적대적 미디어 지각(1), 이용과 충족(1), 선택적 노출(2), 허위합의지각이론(1), 프레임 이론(1)
2014	제3자 효과(1), 이용과 충족(1), 레퍼토리(1)
2015	적대적 미디어 지각(3), 계획된 행동 이론(1), 레퍼토리(1), 책임귀인(1), 의제설정 이론(1), 침묵의 나선 이론(1), 프레임 효과 연구(1)
2016	제3자 효과(1), 적대적 미디어 지각(1), 선택적 노출(3), 의제설정 이론(1), 프레임 효과 연구(1)
2017	적대적 미디어 지각(1), 도덕 기반 이론(1)
2018	제3자 효과(1), 의제설정 이론(1), 침묵의 나선 이론(1), 프레임 연구(1)

〈표 5-9〉 연도별 주요 개념

단위: 편

연도	주요 개념
2009	효능감(3), 참여(8), 숙의(2), 냉소(2), 지식(2), 네트워크 동질성(1), 여론지각(1), 태도변화(1), 대화(3), 관용(1), 신뢰(2), 관여(1), 선유경향(1),
2010	효능감(1), 참여(2), 숙의(1), 다원적 무지(1), 극화(1), 이견(1), 지식(1), 자본(1), 다양성(1)
2011	효능감(1), 참여(5), 대화(2), 네트워크 동질성(1)
2012	효능감(1), 숙의(2), 공론장(2), 냉소(1), 지식(1), 여론지각(1), 자기검열(1), 이견(1), 신뢰(2), 의견표명(2), 정서(1), 참여(1), 관용(1), 동기(1)
2013	효능감(2), 이견(1), 관용(1), 참여(3), 숙의(1), 대화(3), 공론장(2), 신뢰(2), 허위합의지각(1), 이견(1), 냉소(3), 지식(3), 관여(1), 사회적 연결망(1)
2014	효능감(1), 이견(2), 관용(2), 참여(3), 공론장(1), 지식(4), 사회적 규범(2), 신뢰(1), 관여(1), 다양성(1)
2015	효능감(3), 이견(2), 참여(5), 고립에 대한 두려움(1), 극화(1), 여론지각(1), 책임귀인(1), 태도변화(2), 학습(1), 관용(1), 대화(1), 관여(3), 사회적 규범(1), 신뢰(1), 정향(1), 편향(1), 숙의(1), 지식(1), 네트워크 동질성(1), 투표행동(1)
2016	참여(2), 지식(1), 극화(2), 여론지각(1), 편향(1), 신뢰(1), 자본(1), 태도변화(1)
2017	참여(1), 공론장(1), 냉소(1), 관여(1), 극화(1), 대화(1), 지식(1), 의견표명(1), 정서(1), 관용(1)
2018	이견(1), 고립에 대한 두려움(1), 승자편승(1), 의견표명(1), 다양성(1), 정향(1)

〈표 5-10〉 시기별 연구방법

단위: 편(%)

구분	양적 방법	질적 방법	양적 + 질적 방법	비평/해석	계
지난 50년(1959~2008)	164(63.6)	34(13.2)	18(7.0)	42(16.3)	258(100)
최근 10년(2009~2018)	106(91.4)	5(4.3)	5(4.3)		116(100)
계	270(72.2)	39(10.4)	23(6.1)	42(11.2)	374(100)

〈표 5-11〉 시기별 양적 방법론

단위: 편(%)

구분	실험	서베이	내용분석	네트워크 분석	Q방법론	계
지난 50년(1959~2008)	20(11.5)	74(42.5)	76(43.7)	3(1.7)	1(0.6)	174(100)
최근 10년(2009~2018)	21(18.9)	69(62.2)	17(15.3)	4(3.6)		111(100)
계	41(14.4)	143(50.2)	93(32.6)	7(2.5)	1(0.4)	285(100)

106편이 양적 방법을 채택하고 있었고 순수하게 질적 방법을 활용한 연구는 5편에 그쳤다.

양적 방법론을 활용한 111편(방법론의 혼합 5편 포함)을 세부적으로 분류해 주 방법론을 구분하면 서베이가 69편으로 62.2%를 차지했다. 지난 50년의 연구에서 서베이(42.5%)와 내용분석(43.7%)이 엇비슷하게 활용되었던 것과 비교하면 내용분석의 비중이 15.3%로 급격히 줄었다.

계량적 차원에서 최근 10년간 〈한국언론학보〉에 게재된 116건의 정치커뮤니케이션 논문을 분석한 결과, 수용자 연구, 인터넷 정치매체 연구, 서베이 분석의 양적 방법론을 활용한 연구가 압도적 다수를 차지했다. 메시지 분석, 정치행위자를 중심으로 한 송신자 연구, 사상·제도·법을 다룬 연구의 비중은 매우 낮았다. 이 글의 후반부에서 다루겠지만 이러한 특징은 인터넷 미디어 지층이 정치커뮤니케이션 연구에 큰 영향력을 행사하는 가운데 학계의 특별한 환경을 반영한 것으로 추측할 수 있다. 사회과학 방법론에 기초한 이론과 방법론에 대한 평가가 매우 중요한 기준으로 마련된 논문 발간 구조에서 상대적으로 근거와 이론을 제시하기 용이한 영역으로 수용자 연구가 채택되는 것 같다. 인터넷을 통한 서베이 조사가 시간, 비용 측면에서 상대적으로 용이해진 연구 환경도 영향이 있는 것 같다.

2) 세부주제별 문헌 분석

(1) 연구대상 이론의 특징

이전 50년의 연구와 비교하면서 〈한국언론학보〉에 게재된 논문만을 놓고 볼 때 전통적 미디어 관련 이론을 검증하는 연구는 맥을 잇고 있었지만 지난 10년 동안 그렇게 많이 등장하지 않았다.

① 의제설정 이론

몇 편의 연구가 의제설정 이론을 기반으로 실시되었다. 의제설정 효과의 맥락에서 제기된 정향욕구와 관련해서 참여적 뉴스 사용이 시민들의 공적, 정치적 참여에 어떤 영향을 미치는지를 진단한 연구가 발표되었다(김은이・최지향, 2015). 또한 포털미디어를 통한 뉴스 이용 과정에서 정향욕구와 뉴스 선택의 문제도 지속적으로 다루어졌다(최지향, 2018). 속성 의제설정 이론에 기초해 정치인에 대한 뉴스 보도의 영향력이 정치인에 대한 수용자의 선호 정도에 따른 변화를 살펴본 연구도 보고되었다(이나연, 2016).

② 프레임 연구 / 프레이밍 효과

프레임 관련 효과 연구도 발표되었지만 그 수는 역시 상대적으로 많지 않았다. 송현주(2015)는 정파성의 강도와 정책 이슈에 대한 전략적 뉴스 프레임이 유권자의 정파적 양극화에 미치는 영향에 주목했다. 전창영・김춘식(2016)은 정치뉴스 프레임과 수용자의 해석적 프레임이 정부정책에 대한 태도에 미치는 영향을 전통적 프레이밍 효과의 틀에서 살펴보았다. 언

론 기사 프레임이 여론에 미치는 영향력을 '프레임의 온라인 문화적 공명'
이라는 개념을 토대로 진단한 연구가 전통적 개념을 한국의 미디어 환경에
서 분석한 것 중 눈에 띈다. 이찬주·임종섭(2018)은 최근 텍스트 마이닝
방법으로 언론의 기사 프레임과 댓글 프레임의 시계열 데이터를 구성하고
이 둘의 관련성을 점검했다. 이들의 연구는 보도와 댓글 간의 영향 관계를
프레임의 맥락에서 컴퓨터를 활용한 텍스트 분석으로 살펴본 특징이 있다.

③ 제 3자 효과 지각 / 적대적 매체 지각
미디어의 내용에 대한 인식이나 미디어가 다른 사람에게 행사하는 영향력
에 대한 인식에 다양한 편향이 발견되는데, 정치커뮤니케이션 연구에서 자
주 다루는 적대적 매체 지각, 제 3자 효과 지각, 거울반사 지각 등이 대표
적인 유형이다(이유민·정세훈·민영, 2013).

　설득 메시지의 강도와 특정 이슈에 대한 지식의 보유 정도, 이슈에 대한
기존 태도와의 관계 속에서 제 3자 효과 지각 모형을 진단해 보려는 시도는
최근 10년 동안에도 지속되었다(정성은·이원지, 2012). 특히 여론 현상과
관련한 메시지 효과 지각에 대해서는 정성은과 동료 연구자들이 여론조사
결과 보도에 대한 제 3자 효과 지각을 태도변화와 연결하면서 지속적으로
연구했다(허윤진·정성은, 2016). 선거 여론조사 보도에 대한 제 3자 효과
지각이 지지후보의 우세 여부에 따라 변화하는지에 대한 진단이 태도와 메
시지의 일치 여부와 연결하여 탐구되었고(정성은·박예진·문신일, 2014),
비슷한 맥락에서 선거 여론조사 결과보도의 실제 영향과 지각된 영향의 차
이가 승자편승 효과와 열세자 효과의 차원에서 다루어졌다(문정현·정성
은, 2018). 새로운 유형의 정치 미디어가 등장하면서 연구자들은 다양한
맥락에서 제 3자 효과 지각의 발생과 영향 요인을 진단했다(곽정원·정성
은, 2013).

　또한 여론에 대한 인식에 미치는 미디어의 영향력을 진단하는 과정에서

미디어 보도가 자신의 의견과 반대 방향으로 편향되었다고 믿는 '적대적 미디어 효과' 지각에 대한 연구 역시 최근 10년 동안 주목 받았다. 이은주 (2011)는 인터넷 포털 미디어 댓글과 이로 유추된 여론에 대한 인식이 기사의 논조에 대한 지각에 미치는 영향을 적대적 미디어 효과 틀에서 살폈다. 이 연구는 여론이 자신의 의견과 반대라고 생각하는 사람들은 여론에 호의적이라고 생각하는 사람들에 비해 적대적 미디어 지각을 보이는 경향이 높아 방어적 정보처리가 발생할 수 있음을 보여주었다. 댓글과 같은 방향으로 기사가 편향되었다고 지각하는 동화현상이 발생할 수 있다는 점도 보고되었다. 온라인을 통해 기사가 전달되고 관련한 댓글이 영향력을 행사하는 가운데 이은주(2011)의 연구는 여론에 미치는 기사와 댓글의 영향력을 지각의 편향성과 정보처리 과정과 연결하여 이론적 기여도가 높았다.

선거기간 중 우세 후보지지 집단, 열세 후보지지 집단을 대상으로 적대적 매체 지각과 제 3자 효과 지각이 어떤 행동적 차이를 가져오는지를 살펴본 연구도 보고되었다. 이유민·정세훈·민영(2013)은 열세 후보를 지지하는 유권자 집단이 우세 후보를 지지하는 집단에 비해 미디어 선거 보도에 대해 더 강한 적대적 매체 지각과 제 3자 지각을 보여준다는 연구결과를 제시했다. 적대적 미디어 지각 현상을 투표과정과 연결시킨 연구도 보고되었는데, 김남두·황용석(2015)은 대통령과 관련한 보도에 대한 적대적 미디어 지각이 책임귀인 및 회고적 투표의향과 연결될 수 있음을 보여주었다. 트위터 사용자들의 트윗글에 대한 편향성 인식이 여론 환경에 미치는 영향 연구도 적대적 매체 인식의 틀 안에서 진행되었다(김미희·정다은, 2015). 김현정(2016)은 적대적 매체 지각이 행동과 연결되는 과정에서 분노와 불안감과 같은 정서적인 요인이 중요하다는 점을 지적하기도 했다.

한편 여론 지각 과정에서 여론을 개인 자신의 의견과 같은 방향으로 지각하는 '거울반사 지각'에 대한 연구가 진행되었다. 정지은·박남기(2016)는 뉴스 댓글에 대한 '거울반사 지각'을 분석했는데, 댓글의 논조와 상관없이 여론에 대한 잘못된 지각을 가져올 수 있는 가능성을 보여주었다.

④ 이용과 충족

새로운 미디어가 정치과정에 미치는 영향력을 탐구하는 초기에는 이용동기와 관련한 연구가 등장했다. 트위터 등 SNS 이용에 대한 동기 분석이 이용과 충족 접근의 맥락에서 실시되어 왔다. 트위터의 이용동기와 정치적 관심사, 정치참여의 연결고리가 탐구되었고(황유선, 2011), 사회적 교류, 정보추구, 오락추구 등 인터넷 토론방의 이용동기가 평가되면서 이용과 충족의 맥락 속에서 이슈 공중의 특성이 분석되기도 했다(박근영·최윤정·이종혁, 2013). SNS 이용과 정치참여의 관계를 진단하면서 정보 및 오락추구 동기의 매개 효과를 진단한 연구도 발표되었다(최지향, 2016).

⑤ 선택적 노출 / 태도와 의견의 극화

미디어 환경은 다양해졌지만 유권자들의 정치정보의 이용이 편향되고 선택적 경향이 관찰되면서 연구자들은 정치적으로 동기화된 선택적 노출이 태도의 극화(polarization)를 가져오는 현상에 주목했다. 노정규·민영(2011)은 정치정보에 대한 선택적 노출이 우호적 여론 지각을 가져오면서 태도의 극화를 가져올 가능성을 탐구했다. 정치적 이념성향에 따른 정파적 신문 노출이 가져오는 결과를 정치적 양극화의 관점에서 비교한 연구도 진행되었다(백영민·김희정·한규섭·장슬기·김영석, 2016). 황유선(2013a)은 트위터상의 선택적 노출이 가져오는 트위터 공간의 이념적 양극화를 진단하기도 했다. 보수/진보 성향의 언론사를 팔로우하는 이용자들의 트위터 계정 내용분석을 통해 정보의 선택적 노출이 가져오는 동질적 정보의 확산문제가 다루어졌다. 또한 SNS에서의 정치적 동질성과 정치적 소통의 양극화 문제도 제기되었는데, SNS 친구 집단이 정치적으로 동질적일수록 이용자들이 정치 관련 정보 수집과 소통에 더 관여하고 적극적이라는 연구

결과가 보고되었다(금희조, 2013).

연구자들은 논쟁적 이슈에 대한 뉴스 보도에 대해 유권자가 갖는 입장과 관여도 등이 선택적 노출과 의견 극화 등의 문제와 어떻게 연결되는지를 다루고 있다(양정애·이종혁·정일권·최윤정, 2015). 정파적 미디어 이용이 정파적 해석을 강화하고 해당 이슈에 대한 태도 극화로 이어진다는 연구결과가 지속적으로 보고되고 있다(이나연·조윤정, 2017). 한편 민영(2016a)은 최근 한국사회에서 정파적 선택성과 뉴스 선택성의 원인을 분석하며 뉴스 선택성이 대안적 정치참여와 정치지식 증진을 가져올 수 있는 긍정적인 측면을 논의한 바 있다.

(2) 연구대상 주요 개념의 특징
① 정치 효능감 / 정치적 냉소주의

새로운 인터넷 미디어가 정치과정에 개입하여 특정한 미디어 이용이 정치과정 참여에 영향을 미치기 시작하면서 정치커뮤니케이션 연구자들이 주목한 개념은 효능감과 정치냉소주의였다. 다양한 미디어 내용의 이용 여부, 이용동기와의 연결고리 속에서 효능감과 정치참여와의 관계가 탐구되었다. 때로는 정치 효능감이 종속변인으로 상정되며 특정한 장르의 미디어 콘텐츠를 이용하는 것(조성동·김규찬·강남준, 2010), 트위터 등 소셜미디어를 이용하여 읽기와 쓰기 등의 행위를 하는 것(김동윤·박현식, 2015)이 정치 효능감에 어떠한 영향을 미치는지 평가되었다. 소셜미디어가 정치과정에서 활발히 활용되기 시작하면서 소셜미디어 이용과 정치효능감의 관계가 정치참여의 맥락에서 검토되기도 했다(문원기·김은이, 2014). 정치효능감과 관련해서 주목할 수 있는 연구는 강수영(2013)의 논문인데, 반두라의 자기효능감 이론을 기반으로 '정치적 자기효능감' 개념을 측정하는 척도를 개발하고 타당도 검증을 시도해 방법론적 차원의 기여가 있었다.

한편 다양한 연구에서 정치효능감은 정치 냉소주의와 연결되어 탐구되었다. 권혁남(2013)은 선거기간 전략적 뉴스의 이용정도가 정치 냉소주의에 미치는 영향을 진단했다. 인터넷 미디어 이용동기와 신뢰를 정치적 냉소주의와 연결하여 살펴본 연구도 있었다(김춘식, 2012). 송종길·박상호(2009)는 TV토론 이용, 포털 뉴스 이용의 영향력을 진단하는 과정에서 이와 같은 매개 변인에 주목했는데, 인터넷 자기효능감은 정치참여에 긍정적인 영향, 정치냉소주의는 부정적 영향을 미치는 패턴이 보고되기도 했다. 정치수사학의 관점에서 정치인의 말하기 방식이 가져오는 결과를 정치신뢰, 정치냉소주의와 연결시킨 연구도 소개되었다(백영민·조윤경·노경래·이원혜, 2013). 백영민과 동료 연구자들은 인사청문회에서 후보자의 해명방식을 부인, 정당화, 변명, 참회로 분류하며 이 가운데 참회 전략이 정치신뢰의 고양에 긍정적으로 작동한다는 결과를 보여주었다.

② 이견노출, 이견 활용, 이견추구 성향 / 정치적 관용성
숙의(熟議) 민주주의와 관련한 정치적 의견표명, 정치적 대화 등을 다룬 다양한 정치참여에 대한 연구에서 연구자들이 한국의 특별한 정치문화를 고려해야 한다는 점에 주목하기 시작한 것은 매우 긍정적 변화라고 볼 수 있다. 다수의 연구자들은 한국사회의 정치적 대화의 연결망이 자신과 동질적 지향을 갖는 사람들로 구성되어 있음에 주목했다(노성종·민영, 2009; 양승찬·이미나, 2013). 특히 이들 연구자들이 고민한 부분은 자신과 다른 의견을 제대로 포용하지 못하는 인터넷 환경에서의 매우 적대적인 토론문화였다. 숙의 민주주의는 다양한 의견의 교환 속에서 이루어지는데 한국사회에서는 자신과 다른 의견을 수용하는 데 특별히 적대적인 경우가 많다는 문제의식에서 출발한 연구자들이 '이견'의 수용여부 등에 관심을 가졌다. 서로 다른 의견을 지닌 개인들이 온라인상에서 상호 호혜적으로 이견을 인정하면서 대화를 나눌 때 식견 있는 시민 참여가 활성화되고 숙의 민주주의 과정의 기초를 마련할 수 있다는 전제 속에 이견의 문제가 탐구되었다.

타인의 관점에 대한 수용, 교환, 수렴 등을 포함한 의사소통적 관용도 중요한 개념으로 다양성을 인정하는 측면에서 등장한 중요한 연구개념이었다(이동훈, 2009).

숙의 민주주의의 규범적 논의를 경험적으로 진단하고자 한 여러 연구 가운데 이견에 대한 노출이 정치적 관용성과 정치참여에 어떤 관련성이 있는지를 살펴보는 연구가 최근 10년 동안 부각되기 시작했다. 연구자들은 대화의 숙의 수준이 높을 경우 이견을 지닌 다른 사람들과의 빈번한 대화가 참여의 수준을 높일 수 있다는 점을 보고하기 시작했다(노성종·민영, 2009). 관련하여 주목할 연구는 최윤정·이종혁(2012)의 '인터넷 토론에서 이견노출이 정치적 관용에 이르는 경로 분석'이다. 이들 연구자들은 미국학계에서 제기된 이론적 논의를 토대로 이견노출-비판적 이해-의견 조정 및 공고화-관용으로 이어지는 모델을 제시했다. 이들은 이념이 강한 집단에서도 이견노출 후 비판적 이해를 통해 의견을 조정할 경우 정치적 관용이 높아질 수 있는 가능성을 제시했다. 또한 이견노출이 의견 조정뿐 아니라 의견 공고화를 유발한다는 점이 연구결과로 밝혀졌다. 한국사회의 온라인 토론 공간에서 이념적 강도가 이견노출의 효과를 해석하는 데 매우 중요한 요소라는 점이 이들의 연구에서 제기되었다.

온라인 게시판 토론에서 의견 다양성의 효과를 살펴본 장윤재·이은주(2010b)의 실험연구도 이견노출과 관련한 중요한 연구다. 이들은 의견 다양성이 높거나 낮은 조건에서 피험자들이 글을 읽거나 쓰게 처치한 후 특정 이슈나 자신과 반대 의견을 가진 사람들에 대한 태도에 차이가 발생하는지를 살펴보았다. 연구 결과, 의견 다양성이 높은 조건에서 의견의 양가성과 반대론자에 대한 공감이 높고 반대론자에 대한 편견이 낮았다. 의견 다양성과 이견 접근성이 온라인 토론을 긍정적으로 바꾸는 데 중요한 요인일 수 있음이 제안되었다. 이들 연구자들은 이견을 읽는 부분에 메시지의 질적 수준과 의견 극단성의 조절효과도 살펴보았는데, 연구 결과, 질적 수준이 낮은 이견을 읽은 사람들은 편견이 높고, 의견 극단성이 높은 사람들은 이견에 대한 공감이 낮은 패턴이 발견되었다(장윤재·이은주, 2010b).

또 다른 연구자들은 이견노출의 중요성에 동의하면서 새로운 디지털 미디어가 참여, 대화, 의견표명, 소통 등 민주주의 목표를 달성하는 데 기여하기 위해서는 이를 이용하는 개인의 자질과 조건을 논의할 필요가 있다고 주장했다. 양승찬·이미나(2013)는 개인의 정보추구와 소비과정의 특징을 이견추구 성향이라는 개념을 통해 탐구하면서 여론과정에 참여하는 정치커뮤니케이션 메시지 처리과정과의 연관성을 진단했다. 이견추구 성향이 높은 경우 여론과정에서 이슈가 되는 기사의 내용을 기억하거나 주요 논거를 기억하는 정도가 높다는 점이 보고되기도 했다(양승찬·이미나·서희정, 2014).

한편 이종혁·최윤정·조성겸(2015)의 연구는 참여 민주주의, 숙의 민주주의 과정에서 정치효능감과 정치적 관용을 중요한 요인으로 보고 한국사회를 배경으로 이상적 소통 모형을 제공하려 했다. 이들은 정치효능감과 정치적 관용의 수준에 따라 집단을 구분하고 이러한 집단에 필요한 조건이 무엇인지를 소통량, 반대의견 접하기, 합리적 토론하기 등으로 나누어 제시했다. 최지향(2015)의 경우, 이견노출을 조금 더 세분화할 필요를 제기했는데 SNS에서 자신과 반대되는 의견을 접하는 것을 이견관찰로, 이견을 지닌 타인과의 토론에 관여하거나 반박하는 등 상호작용을 하는 것을 이견관여로 구분하며 이 분야의 연구를 진전시켰다.

연구자들의 관심사에 따라 다루는 초점이 다를 수 있지만 한국사회 공론장의 특수성을 고려하여 숙의 민주주의, 참여 민주주의 과정에서 필요한 조건들을 효능감, 관용, 이견추구, 이견노출 등의 요인들에서 찾아보려는 시도가 지속되고 있다. 이러한 맥락 속에 정치과정에 참여하는 시민성 함양을 위한 토론 교육의 중요성을 탐구한 연구 역시 규범적 논의 속에 현실적 이슈를 다룬 중요한 시도라 할 수 있다(장윤재·이준웅·김현석, 2009).

③ 정치참여, 정치대화, 공론장, 정치지식에 입각한 참여

한국의 뉴미디어 환경이 개인의 정치참여, 사회참여를 촉진시키는가에 대한 기본적 관심 속에서 최근 10년간 뉴미디어의 이용과 다양한 유형의 참여를 연결시키는 연구가 진행되었다(금희조, 2009; 문원기·김은이, 2014). 정치참여 연구의 일환으로 댓글 읽기/쓰기 등을 통한 온라인 소통, 의견표명 등이 연구의 관심사로 주목받았다. 또한 정치지식에 입각한 정치참여에 대한 연구자들의 관심은 지속되었다.

관련하여 인터넷 뉴스 댓글을 많이 읽을수록 정치지식을 더 많이 습득한다는 긍정적 결과가 보고되었다(나은경·이강형·김현식, 2009), 인터넷 이용과 면대면 대화를 통한 정치정보 습득이 온라인/오프라인 정치참여에 긍정적인 영향을 줄 수 있는 가능성도 지적되었다(이재신·이영수, 2009). 트위터를 매개로 하는 정치대화, 트위터와 연계한 정치대화가 얼마나 활성화되는지의 진단도 있었는데, 정치지식과 정치 성향의 강도가 대화 활성화 과정에서 중요한 요인이라는 제안이 있었다(황유선, 2013).

한편 386세대와 정보화 세대의 정치참여, 시민참여 수준의 비교에 초점을 맞춘 거시적 연구문제를 다룬 연구도 등장했다(민영·노성종, 2013). 미디어 환경 변화 속에서 신문, 방송뉴스, 뉴스 웹사이트, 소셜미디어 등을 통한 뉴스 정보 이용과 네트워크 특성을 반영한 대화가 정치지식, 정치효능감, 정치참여에 미치는 영향력이 매체별로 비교되며 평가되기도 했다(금희조·조재호, 2015). 대통령 탄핵 국면과 관련해서 다양한 채널을 통한 정치대화와 다양한 뉴스미디어 이용이 탄핵관련 실제 행동에 미치는 영향에 대한 진단이 시도되었다(김수정·정연구, 2017). 또한 온라인 공론장에서의 토론이 합의와 대립에 이르게 하는 조건에 초점을 맞춘 연구가 숙의민주주의 틀에서 진행되었다(박근영·최윤정, 2013).

전통적 미디어 효과 연구 모델인 O-S-O-R 모델을 적용하여 정치토론, 정치적 소비자 운동 참여 등에 미치는 다양한 개인적 성향과 메시지 처리

과정에서의 성향 등을 진단한 연구도 보고되었다(김춘식·강형구, 2009).

공론장에서의 정치참여와 관련하여 정치대화, 댓글 등 인터넷 토론 공간에 대한 내용분석 연구가 지속적으로 실시되었다. 인터넷 온라인 커뮤니티상의 소통 스타일, 소통 담론을 분석한 연구(박창식·정일권, 2011), 토론 게시판을 숙의 관점에서 체계적으로 정리하며 토론의 논리 구조, 예의, 조정성, 다양성 등을 평가한 연구가 보고되었다(이종혁·최윤정, 2012). 최수진(2017)은 인터넷 토론 공간에서 공유된 대화의 인지적 구조와 정서적 특징을 분석하고 해당 내용이 공중의 지지를 얻는지를 고찰했다.

④ 신뢰 / 사회자본

신뢰와 관련한 사회자본의 문제도 지속적으로 다루어졌다. 전통적 저널리즘의 전문성과 정파적 편향성이 한국사회의 언론 신뢰와 정치 신뢰에 미치는 영향을 진단한 연구가 발표되었다. 민영(2016b)은 언론 불신 현상이 팽배한 한국사회에서 언론 신뢰의 원인과 결과를 탐색하면서 저널리즘 전문성에 대한 평가와 정파성에 대한 인식이 언론에 대한 신뢰에 어떤 영향이 있는지를 살펴보았다. 온라인 정치참여의 경우 기존 시스템에 대한 신뢰(나은경·이강형·김현식, 2009), 또는 정치적 불만(이재신·이영수, 2009) 등의 개념과 연결되어 탐구되었다.

신뢰와 사회적 연결망으로 대표할 수 있는 '사회자본'의 감소가 정치참여를 낮추는 주원인으로 제기되면서 이러한 현상이 한국사회에도 발생하는지 연구자들이 집중하기 시작했다(이영수·이재신, 2009). 온라인 사회자본(류정호, 2010), 지역 사회자본(정용복·박성복, 2015) 등의 관련된 개념이 등장하여 정치참여에 미치는 영향력에 초점을 맞추어 연구가 진행되었다. 최지향(2016)은 정치적 사회자본이 SNS 이용과 정치참여의 관계를 매개하는 조절효과를 진단하기도 했다.

⑤ 감정의 민주주의, 감정과 정치

정치커뮤니케이션 과정에서 숙의 민주주의에 대한 논의는 대부분 이성적, 합리적, 논리적인 대화와 토론 등의 개념과 연결하여 제시된 경우가 많았다. 한국사회 공론장의 모습은 이러한 규범적 기대와는 거리가 있는 부분이 많고 현실적으로 볼 때 이성적인 것과는 구분이 되는 다양한 정서적 요인이 개입되는 부분이 많다. 연구자들은 감정의 민주주의, 감정과 정치의 관계 등에 주목하기 시작했다. 특히 기존의 커뮤니케이션 합리성, 공론장 개념과 더불어 협동적 창작의 즐거움, 상호 배려와 공감 형성과 같은 감성 요소가 정치커뮤니케이션 과정에서 중요할 수 있다는 지적이 제기되었다 (박창식·정일권, 2011). 정치적 참여 의향에 미치는 정서적 요인이 제3자 인식의 맥락에서 다루어지기도 했는데 김현정(2013)의 연구에서는 자신이 지지하는 후보가 여론조사에서 뒤지고 있다는 결과 보도에 대한 제3자 인식이 분노의 정서를 거쳐 정치적 참여에 영향을 미친다는 점을 보고했다.

정치와 관련한 정서적 요인을 측정하려는 정교화 작업도 눈에 띈다. 조은희(2017)는 정치 관련 부정적 정서에 대한 척도를 개발하고 타당성을 진단하는 연구를 시도했는데 불만, 분노, 두려움 요인, 냉소주의 요인, 냉담 요인과 함께 혐오 요인 등이 검토되었다.

⑥ 엔터테인먼트 요소

정치 예능 토크쇼(정은교·금희조, 2014), 정치 팟캐스트(민영, 2014) 등 오락적 엔터테인먼트 요소를 가진 프로그램의 이용이 정치적 학습이나 정치참여에 어떤 영향을 미치는지 살펴본 연구가 최근 새로운 관심 영역으로 등장했다. 뉴스와 비교하여 정치학습에 미치는 정치 엔터테인먼트 장르의 시청 영향력을 살펴본 연구도 발표되었다(오은정·민영, 2015).

(3) 전통적 정치커뮤니케이션 영역 연구 관심사

위에서 다룬 이론적 논의와 개념들이 최근 10년 동안 정치커뮤니케이션 연구 속에서 특별히 부각되어 연구자들의 공통 관심 영역으로 자리했다고 할 수 있다. 하지만 정치커뮤니케이션 연구영역의 전통적 관심사인 투표행동, 후보자지지, TV토론, 정치사회화, 지식격차, 정치적 의견표명, 정치보도 문제도 지속적으로 다루어지며 관련 연구결과가 발표되었다.

① 투표행동 및 후보자지지 태도

전통적 투표행동 관련 연구가 선거를 배경으로 발표되었는데, 김성태·노성동(2009)의 연구는 패널조사 결과를 분석하면서 전통적 투표행동 예측 요인과 선거커뮤니케이션 요인을 포괄적으로 탐색한 특징이 있었다. 부정적 선거 캠페인이 후보자지지 태도에 미치는 영향도 지속적으로 진단되었는데 김진선·정성은(2015)의 연구는 특히 유머의 사용을 중점적으로 탐색한 점이 돋보였다.

② TV토론 연구

대통령 후보 TV토론이 유권자의 태도변화와 투표행동에 미치는 영향 연구가 전통적 미디어 효과 모델의 틀 안에서 수행되며 그 결과가 발표되었다 (송종길·박상호, 2009). 국민적 관심사가 상대적으로 낮은 지방선거에서 TV토론에 대한 관심시청이 정치효능감과 선거관심도, 선거대화의 정도를 높일 수 있다는 점도 보고되었다(권혁남, 2011).

한편 TV토론 포맷과 진행방식에 대한 연구(이종희·오지양, 2010; 최영돈·이종희, 2014)와 역대 대통령 선거 TV토론 내용분석을 통한 후보자의 충돌전략을 비교한 연구(범기수·최용혁, 2013)가 미디어 중심 연구의 맥락에서 전개되었다.

③ 정치광고

최근 10년간 정치광고와 관련한 연구는 〈한국언론학보〉에 많이 실리지 않았다. 비교연구의 시각으로 한국과 미국 대통령 선거 정치광고의 서사구조를 비교한 연구(나미수, 2010)가 있었다.

④ 정치사회화

정치사회화 역시 정치커뮤니케이션 연구의 꾸준한 관심사였다. 인터넷 커뮤니케이션이 청소년의 정치의식과 정치참여에 미치는 영향력이 정치사회화의 맥락에서 국가 간 비교연구로 실시되어 보고되었다(민영·노성종, 2011). 새로운 미디어의 정치사회화 역할과 관련하여 네트워크 미디어 이용이 '디지털 네이티브'라고 불리는 청소년의 시민성 계발에 어떤 영향을 주는지 정치지식, 관심, 참여의 문제와 연결하여 탐구되기도 했다(김은미·양소은, 2013).

⑤ 커뮤니케이션 격차

뉴미디어 환경에서의 디지털 디바이드, 격차의 문제가 커뮤니케이션의 맥락에서 검토되었다. 특히 최근 10년간 스마트폰이 일반화되면서 스마트폰의 채택여부와 정치참여의 관계가 커뮤니케이션 격차의 차원에서 논의되었다(금희조·조재호, 2010). 교육 수준에 따른 정치참여 격차를 커뮤니케이션 환경의 차이와 효과의 차이로 진단한 연구도 진행되었다(이숙정·백선기·한은경, 2013).

⑥ 정치보도의 문제, 주목 문제

정치보도, 선거보도의 문제는 저널리즘 연구의 일환으로 최근에도 주목받았다. 전통적 저널리즘 내용분석 연구로는 문민정부부터 이명박 정부까지 대통령의 선거개입 이슈를 다룬 뉴스를 신문과 정권의 정파성에 따라 분석한 연구가 있다(송은지·이건호, 2014). 정치정보원으로서 인터넷미디어의 신뢰도를 분석한 연구(장정헌·하주용·김선호, 2014), 언론 보도에 대한 편향적 인식과 공정성에 대한 평가를 다룬 연구(이종혁, 2015), 선거보도의 게이트키핑 과정에서 포털미디어의 선택과 이용자의 선택에 대한 연구(김소형·이건호, 2015) 등이 발표되었다.

⑦ 정치적 의견표명

소통의 문제와 관련한 정치적 의견표명도 지속적인 연구주제로 등장했다. 주로 침묵의 나선 이론을 배경으로 한 연구가 주를 이뤘는데, 선거기간 중 동질적인 대인 커뮤니케이션과 여론분위기 지각의 이슈를 다룬 연구(정효명, 2012), 정치적 의견표명에 영향을 줄 수 있는 특정 주장의 견고성과 성공 가능성 지각의 중요성을 진단한 연구가 진행되었다(정다은·정성은, 2018). 다원적 무지 현상과 침묵의 나선 모델의 연결고리를 사회적 다수와의 동의/비동의 속에서 점검한 연구결과도 보고되었다(박종민·박현정, 2010).

한편 도덕기반이론에 기초하여 정치이념, 정치적 의견표명, 관용과의 연결성을 살펴본 연구도 보고되었다. 이 연구는 특별한 한국의 정치, 소통문화를 배경으로 하고 있어 눈에 띈다(류원식·이준웅, 2017).

⑧ 주목할 정치행위체 연구

최근 10년간 대부분의 연구가 수용자에 미치는 효과나 미디어 메시지를 중심으로 실시되어 발표되었다. 이 가운데 몇 편의 논문은 정치행위체와 관련하여 정치커뮤니케이션의 거시적인 이슈를 탐구하고 있어 주목할 수 있다. 성민규(2013)는 철학적 이슈를 다루면서 용기의 윤리정치와 커뮤니케이션의 문제를 숙의 민주주의와 관련하여 풀었다. 1960년대 박정희 정부 공보선전 정책의 정치적 성격을 분석한 윤상길(2017)의 논문도 정치행위자를 다룬 연구로서 눈에 띈다. 많지는 않지만 정부와 언론과의 관계 속에서 언론 정책, 보도 이데올로기, 정부조직과 언론조직의 상호의존성 문제 등을 다룬 연구도 발표되었다(김영욱·임유진, 2009; 권장원, 2009).

(4) 인터넷 미디어 환경을 반영한 연구

최근 10년간 모바일 커뮤니케이션 환경이 형성되면서 정치커뮤니케이션 과정에 큰 영향력을 행사하기 시작한 것은 소셜미디어라고 할 수 있다(문원기·이수범, 2015).

2010년대 초반에는 SNS 가운데 주로 트위터가 연구대상으로 주목받으며 트위터의 이용과 시민참여, 정치참여의 연결성이 탐구되었다(황유선, 2011). 정치과정에서 언론사와 정치인이 트위터의 트윗글을 활용하는 문제가 내용분석을 통해 진단되었다(손경수·윤영철, 2013). 정치인들에 의해 자아표현과 공중과의 상호적인 커뮤니케이션으로 활용되는 트위터의 기능이 평가되었다(박종민·권구민·김선정·장희경, 2013). 선거기간 중 트위터상에서 유통된 투표 인증샷을 자기표현과 설득 커뮤니케이션의 맥락에서 내용분석한 최신 현상에 대한 흥미로운 연구도 진행되었다(이미나·서희정·김현아, 2012).

트위터 이용자들의 여론 지각에 대한 연구가 네트워크 동질성 지각의 측면에서 탐구되어 트위터 이용자가 비이용자에 비해 허위합의 지각의 정도가 높다는 연구결과가 발표되었다(장윤남·김영석·백영민, 2013). 또한 트위터 공간에서 선택적 노출을 기반으로 동질적 네트워크를 활용한 현상에 대한 진단도 있었는데, 이용자들이 트윗 속에서 이용하는 단어도 집단에 따라 다르다는 결과가 소셜네트워크 분석 연구에서 소개되었다(정효정·배정환·홍수린·박찬웅·송민, 2016).

SNS 공간에서 실명/익명, 정보공개가 개인의 의사표현을 위축시키는지와 관련한 현실적 이슈에 대한 진단도 실시되었다(변상호·정성은, 2012).

한일(韓日) 국가 간 비교연구의 시각으로 선거기간 중 유권자의 SNS 정보 이용과 정치적 의사결정과의 관계를 평가한 연구도 진행되었다(최민재·이홍천·김위근, 2013). 블로그 이용자의 지역 공론장 참여를 질적 연구방법을 통해 진단하면서 풀뿌리 민주주의 과정에서 새로운 미디어의 역할을 살펴보기도 했다(한선, 2012). 소셜미디어로서 마이크로 블로그 공론장에서의 정치적 의사소통의 문제가 네트워크 동질성과 정치적 관용성과 연결되어 탐구되었다(류정호·이동훈, 2011).

2012년 들어 인기를 끌기 시작한 정치 팟캐스트의 경우 그 이용과 수용자들의 정치참여와의 연결고리가 정치효능감(이정기·금현수, 2012), 정치 학습과 후보자 이미지(민영, 2014), 기성 미디어와의 대체/보완(변상호, 2014) 관계 등과 연관하여 탐구되었다. SNS 이용자의 정치인에 대한 평가를 계획된 행동이론과 침묵의 나선 이론 맥락에서 여론지각, 고립에 대한 두려움 등과 연결시킨 연구가 발표되었다(이현지·박종민, 2015). SNS에서 이견에 노출되는 것이 정치참여에 어떤 영향을 미치는지도 연구자들의 중요한 관심 과제였다(최지향, 2015). 젠더 이슈도 SNS 선거 캠페인 과정에 다루어지면서 여성 정치후보자의 SNS 활용 전략의 효과가 검토되었다(문원기·김현정, 2014).

4. 요약 및 논의

〈한국언론학보〉 논문을 통해서 검토한 최근 10년(2009~2018년) 정치커뮤니케이션 연구동향을 보면 다음과 같은 특징을 정리해 볼 수 있다.

첫째, 최근 10년 정치커뮤니케이션 연구는 주로 미디어 지층의 변화에 큰 영향을 받은 것으로 나타났다. 새로운 인터넷 미디어 등장에 따른 정치커뮤니케이션 변화와 정치 현실에 나타나는 문제를 민주주의 과정에서 미디어에 기대하는 규범적 기능 속에서 평가하는 연구가 다수 등장했다. 연구자들은 다음과 같은 문제 제기를 하며 연구 관심사를 세분화하고 있었다. 숙의 민주주의 틀 안에서 정치대화, 정치참여가 활성화되는가? 새로운 미디어가 제공하는 공론장의 기능이 제대로 작동하고 있는가? 정치효능감의 증대, 정치자본의 활성화를 가져오는가? 새로운 정치커뮤니케이션 과정에서 정치 냉소주의, 집단 극화, 의견 극화 등의 문제가 발생하지 않는가? 등의 질문 속에서 연구 개념이 채택되고 있었다. 이전 50년 연구에 대한 종합평가 가운데 우리나라 정치문화와 언론문화에 대한 진지한 고민이 없다는 지적(최선열, 2009)이 있었다. 이를 고려할 때 최근 10년 동안 최소한 한국사회의 특별한 정치문화 속에서 미디어변화가 만들어내는 특별한 현상에 대한 문제의식이 연구에 반영되는 것으로 보인다. 트위터, 페이스북 등 소셜미디어가 정치커뮤니케이션 영역에 진입하는 미디어 지층 변화에서 연구자들이 공통적으로 숙의 민주주의 과정에 기대했던 것은 미디어를 통한 시민과 정치행위자들의 양방향 소통, 다양한 시민들 간, 집단 간의 토론과 대화였다. 이러한 규범적인 논의 틀 안에서 한국사회의 정치커뮤니케이션 현상을 진단하고, 태도나 의견의 집단 극화나 냉소주의 등의 문제와 참여의 이슈를 미디어 활용을 통한 효능감과 관련한 개념을 중심으로 풀어나가려는 특징이 발견되었다.

둘째, 연구대상, 세부주제에서는 서베이, 실험의 방법론에 기초한 수용자 효과 연구에 집중되는 경향이 나타났다. 앞서 잠시 언급했지만 이러한 경향은 연구자들이 연구결과를 논문으로 게재하는 과정에서 특별한 집단 규범 환경에 영향을 받은 것이 아닌지 의문을 제기하게 된다. 특히 엄격한 이론과 방법론의 틀을 요구하는 논문 평가 기조와 연관된 것으로 보인다. 글쓰기 방식의 정형화 속에 상대적으로 사회과학방법론의 틀 안에서 이론적 논의를 연결하기가 수월한 수용자 효과 연구가 다수 진행된 것이 아닌지 연구자들의 논의가 필요한 시점이다. 이론적 논의와의 연결이 상대적으로 쉽지 않을 수도 있는 뉴스 분석, 메시지 분석, 논평과 비평 등을 담은 연구가 최근 10년 급감했는데, 그 원인에 대해 학회 차원의 진단이 있어야 할 것이다. 물론 온라인 서베이, 온라인 실험 등 인터넷을 통한 조사 방법의 발전도 한 몫을 하고 연구 경비를 절감시킨 것도 연관성이 있는 것으로 보인다. 또한 저널리즘 연구회가 독립적으로 활동하면서 미디어 메시지 영역의 분석을 담당하는 것도 이러한 추세와 관련이 있는 것으로 평가된다.

셋째, 이론적 관심 영역을 놓고 볼 때 미디어 메시지에 대한 인식의 편향과 관련한 이론적 논의가 최근 10년 부각되었다. 연구자들은 직접적 설득 효과보다 간접적 과정 속에서 미디어 메시지에 대한 수용자의 지각, 여론 환경에 대한 지각의 문제에 관심을 가지고 매개 효과나 조절 효과 등을 진단하는 효과 모델을 채택하고 있었다. 이는 더욱 정교한 과정을 찾아 미디어의 간접적이고 누적적인 효과를 찾아보려고 하는 최근의 정치커뮤니케이션 학계의 효과 연구동향을 일부 반영하는 것으로 판단된다. 이론을 단순히 복사하여 검증하는 연구의 틀을 넘어서 우리나라 정치커뮤니케이션의 특수성을 반영한 변인을 찾아내고 그 중재 효과를 탐색하려는 시도는 적절한 것으로 보인다.

이 글에서는 〈한국언론학보〉에 게재된 논문만을 대상으로 특징을 정리했기 때문에 정치커뮤니케이션 연구 전반을 논의하는 데는 제약이 있다. 이러한 한계를 고려하더라도 일반적인 한국의 미디어 현상, 커뮤니케이션 현상의 특징에 초점을 맞추며 특정 분야를 지속적으로 진단하는 연구자 집단이 늘어나는 것은 바람직한 현상이다. 다만 발표된 논문 중에서 대학원생과의 공동작업으로 학위논문을 기초하여 작성된 것이 많은 경향이 발견되었다. 공통의 관심사를 가진 연구자들 간에 공동작업이 더욱 활성화되어 협업을 통해 특정 연구 관심사에 대한 연구결과를 축적하는 것은 향후 중요한 과제이다.

지난 정치커뮤니케이션 50년사를 정리한 논문에서 연구의 질적 수준을 향상시키는 부분에 연구자들이 노력을 기울일 필요가 있다는 점이 지적된 바 있다(최선열, 2009). 인터넷을 통한 서베이와 실험 연구가 활발해지며 연구비용을 절감하고 데이터를 기초로 한 통계 분석이 활성화되기는 하지만 대부분의 연구가 단편적으로 진행되어 발표되는 경우가 많다. 장기적으로 데이터를 축적하고 데이터에 대한 검증이 필요하다는 이전의 지적 사항은 정치커뮤니케이션 연구자들이 함께 고민해야 할 부분이다.

연구의 질적 수준을 높이는 과정에서 다루는 이론, 연구대상, 방법론의 다양성을 높이는 것 또한 여전히 중요한 정치커뮤니케이션 연구의 과제이다. 최근 10년 〈한국언론학보〉에 발표된 정치커뮤니케이션 영역 논문은 수용자, 효과 연구에 집중되었다. 지난 50년과 비교해 볼 때 미디어 영역과 관련한 연구가 매우 위축되었고 정치행위자와 관련한 연구도 매우 제한적으로 실시되었다. 정치커뮤니케이션을 구성하는 정치행위자와 미디어를 대상으로 하는 연구에 조금 더 관심을 가질 필요가 있다. 최근 텍스트를 빅데이터화하고 컴퓨터를 통해 의미 네트워크를 분석하는 다양한 기법들이 활용되기 시작했는데, 이와 같은 방법론의 개발은 전통적 내용분석의 영역을 확장시키면서 정치커뮤니케이션 메시지를 체계적으로 평가하고 진단하는 데 유용할 것이다. 또한 논문 글쓰기의 다양성을 높여 정치행위자와 관련한 비평이나 정치행위자와 관련한 기록에 대한 해석적 평가 등 질적 방법론을 활용한 연구결과가 논문의 형식으로 게재될 수 있는 기회를 마련하는 것이 필요하다.

정치커뮤니케이션 연구 분야 가운데 연구자들의 관심이 조금 더 확장될 필요가 있는 부분은 숙의 민주주의 과정에서 중요한 요인들에 대한 진단 및 시민적 덕성과 관련한 미디어 교육이다. 연구자들은 시민성과 관련한 문제를 미디어 교육과 연결하여 탐구하고 제도적 변화를 이끌 연구가 진행되어야 한다는 점을 지적한 바 있다(장윤재·이준웅·김현석, 2009; 장윤재·이은주, 2010a; 양승찬·이미나, 2013). 아울러 커뮤니케이션 합리성,

논리성에 기초한 숙의 민주주의 논의에 추가하여 정치와 미디어, 시민을 연결하는 감성적, 정서적 요인에 대한 진단이 향후 더욱 활발하게 진행될 필요가 있다. 뉴스 외의 다양한 콘텐츠, 예를 들어 엔터테인먼트와 소셜미디어상의 이용자 생산 콘텐츠 등에 대한 분석과 함께 이들 콘텐츠가 활용되고 처리되는 측면도 심도 있게 탐구되어 정치커뮤니케이션의 연구영역이 포괄적으로 확장되기를 기대한다.

참고문헌

강수영(2013). 정치적 자기효능감 척도(PSES) 제작 및 타당화 연구. 〈한국언론학보〉 57권 3호, 294~323.

곽정래·이준웅(2009). 김대중·노무현 정부시기 탈북자 문제에 관한 언론의 프레임 유형연구. 〈한국언론학보〉 53권 6호, 196~217.

곽정원·정성은(2013). 정치 팟캐스트의 제삼자 지각 영향 요인에 관한 연구. 〈한국언론학보〉 57권 1호, 138~162.

권장원(2009). 정부 조직과 언론 조직 간의 상호의존적 관계 구조분석. 〈한국언론학보〉 53권 5호, 31~54.

권혁남(2011). 2010 지방선거에서 미디어 이용과 TV토론관심시청이 정치효능감, 투표행위에 미치는 효과연구. 〈한국언론학보〉 55권 6호, 126~151.

_____(2013). 전략적 뉴스가 정치 냉소주의, 투표참여에 미치는 개인적 특성 효과연구. 〈한국언론학보〉 57권 1호, 5~27.

금희조(2009). 뉴미디어 환경이 개인의 사회정치참여에 미치는 영향. 〈한국언론학보〉 53권 4호, 5~26.

_____(2013). SNS의 활용과 정치적 소통의 양극화. 〈한국언론학보〉 57권 3호, 272~293.

금희조·조재호(2010). 스마트폰, 커뮤니케이션 격차, 그리고 정치참여. 〈한국언론학보〉 54권 5호, 348~371.

_____(2015). 미디어를 통한 뉴스 이용과 대화가 정치지식, 효능감, 참여에 미치는 영향. 〈한국언론학보〉 59권 3호, 452~481.

김남두·황용석(2015). 적대적 미디어 지각과 이슈 관여가 대통령을 향한 책임귀인 및 회고적 투표의향에 미친 영향에 관한 연구. 〈한국언론학보〉 59권 5호, 32~63.

_____(2017). 재난이슈에서 적대적 미디어 지각의 발생에 영향을 미치는 요인 연구. 〈한국언론학보〉 61권 5호, 40~68.

김동윤·박현식(2015). 관여도에 따른 트위터 이용자의 읽기와 쓰기 행위가 정치효능감에 미치는 영향. 〈한국언론학보〉 59권 1호, 93~114.

김미희·정다은(2015). 트윗글에 대한 편향성 인식이 트위터 사용자의 여론 지각에 미치는 영향. 〈한국언론학보〉 59권 3호, 235~262.

김성태·노성종(2009). '표심의 동학'. 〈한국언론학보〉 53권 1호, 33~58.

김소형·이건호(2015). 바람직하지 않은 뉴스 전달자, 더 바람직하지 않은 뉴스 수용자. 〈한국언론학보〉 59권 2호, 62~87.

김수정·정연구(2017). 정치성향, 뉴스 미디어 이용, 정치대화가 정치참여 태도와 행위에 미치는 영향. 〈한국언론학보〉 61권 5호, 69~101.

김영욱·임유진(2009). 언론의 정부-언론 관계와 언론 정책에 대한 담론 변화 분석. 〈한국언론학보〉 53권 4호, 94~115.

김은미·양소은(2013). '디지털 네이티브'의 시민성. 〈한국언론학보〉 57권 1호, 305~334.

김은이·최지향(2015). 정향욕구와 정치참여에 관한 연구. 〈한국언론학보〉 59권 3호, 7~28.

김진선·정성은(2015). 부정적 선거 캠페인 메시지에서의 유머 사용이 후보 자신과 상대 후보 지지에 미치는 영향. 〈한국언론학보〉 59권 6호, 137~164.

김춘식(2012). 전통미디어와 대화를 통한 정치정보 습득이 정치 신뢰와 미디어 신뢰에 미치는 영향. 〈한국언론학보〉 56권 4호, 389~413.

김춘식·강형구(2009). 정치적 소비자운동에 영향을 미치는 예측요인 연구. 〈한국언론학보〉 53권 4호, 162~182.

김현정(2013). 선거 여론조사 보도에 대한 제삼자 인식이 정치적 참여 의향에 미치는 영향. 〈한국언론학보〉 57권 4호, 72~95.

_____(2016). 적대적 매체 지각이 행동의향에 미치는 영향. 〈한국언론학보〉 60권 3호, 66~90.

나미수(2010). 한국과 미국의 대선 정치광고 서사구조의 비교 연구. 〈한국언론학보〉 54권 2호, 323~345.

나은경·이강형·김현석(2009). 댓글 읽기/쓰기를 통한 온라인 소통이 대의민주주의 사회에서 갖는 의미. 〈한국언론학보〉 53권 1호, 109~132.

노성종·민 영(2009). '숙의'와 '참여'의 공존. 〈한국언론학보〉53권 3호, 173~197.

노정규·민 영(2012). 정치정보에 대한 선택적 노출이 태도 극화에 미치는 효과. 〈한국언론학보〉56권 2호, 226~248.

류원식·이준웅(2017). 도덕기반이 정치이념, 정치적 의견표명, 관용에 미치는 효과. 〈한국언론학보〉61권 5호, 491~525.

류정호(2010). 온라인자본과 정치참여의 관계에 관한 연구. 〈한국언론학보〉54권 3호, 5~26.

류정호·이동훈(2011). 소셜미디어로서 마이크로 블로그 공론장의 정치적 의사소통에 대한 탐색적 연구. 〈한국언론학보〉55권 4호, 309~330.

문원기·김은이(2014). 정치정보의 서비스 품질에 대한 인식이 정치조직 소셜미디어 이용자의 온라인 정치참여에 미치는 영향. 〈한국언론학보〉58권 3호, 145~172.

문원기·김현정(2014). 여성 정치후보자의 SNS 선거 캠페인 전략에 대한 유권자 반응. 〈한국언론학보〉58권 6호, 302~328.

문원기·이수범(2015). 소셜미디어가 정치참여에 미치는 영향. 〈한국언론학보〉59권 4호, 133~162.

문정현·정성은(2018). 선거 여론조사 결과 보도의 실제 영향과 지각된 영향의 차이. 〈한국언론학보〉62권 3호, 7~36.

민 영(2014). 뉴스와 엔터테인먼트의 융합. 〈한국언론학보〉58권 5호, 70~96.

_____(2016a). 선택적 뉴스 이용. 〈한국언론학보〉60권 2호, 7~34.

_____(2016b). 신뢰의 조건: 저널리즘 전문성과 정파적 편향성이 언론 신뢰와 정치 신뢰에 미치는 영향. 〈한국언론학보〉60권 6호, 127~156.

민 영·노성종(2011). 한국과 미국 청소년의 인터넷 이용, 정치의식, 그리고 정치참여. 〈한국언론학보〉55권 4호, 284~308.

_____(2013). 가치, 참여, 인터넷 이용. 〈한국언론학보〉57권 2호, 5~32.

박근영·최윤정(2014). 온라인 공론장에서 토론이 합의와 대립에 이르게 하는 요인 분석. 〈한국언론학보〉58권 1호, 39~69.

박근영·최윤정·이종혁(2013). 인터넷 토론 공론장의 분화. 〈한국언론학보〉57권 3호, 58~86.

박상호(2009). 포털뉴스 이용동기가 인터넷 자기효능감, 정치적 신뢰, 정치냉소주의와 정치참여에 미치는 영향에 관한 연구. 〈한국언론학보〉53권 5호, 153~175.

박웅기·박윤정(2009). 인터넷 자기효능감과 인터넷 정보격차의 관계에 관한 연구. 〈한국언론학보〉53권 2호, 395~417.

박종민·박현정(2010). 금주 쟁점에 대한 공중의 단일합의, 다원적 무지, 비동의 합의와 침묵의 나선 현상 연구. 〈한국언론학보〉 54권 6호, 368∼395.

박종민·권구민·김선정·장희경(2013). 트위터를 통한 정치인 자아표현과 공중과의
상호 커뮤니케이션. 〈한국언론학보〉 57권 5호, 155∼189.

박창식·정일권(2011). 정치적 소통의 새로운 전망. 〈한국언론학보〉 55권 1호, 219∼
244.

백영민·조윤경·노경래·이원혜(2013). 공직자의 말과 민주주의. 〈한국언론학보〉
57권 4호, 192∼217.

백영민·김희정·한규섭·장슬기·김영석(2016). 정치적 이념성향에 따른 정파적 신
문 노출. 〈한국언론학보〉 60권 1호, 99∼132.

범기수·최용혁(2013). 한국의 역대 대선 TV 토론에 나타난 후보자의 충돌 전략에 관
한 연구. 〈한국언론학보〉 57권 3호, 455∼481.

변상호(2014). 정치 팟캐스트 이용과 정치성향의 상호작용이 기성 미디어 대체와 보완
에 미친 영향. 〈한국언론학보〉 58권 6호, 90∼118.

변상호·정성은(2012). 실명성, 직업상 조직소속 여부, 개인의 정치적 성향이 SNS 공
간에서 의사표현 위축행위에 미치는 영향. 〈한국언론학보〉 56권 4호, 105∼132.

성민규(2013). 용기의 윤리정치와 커뮤니케이션. 〈한국언론학보〉 57권 4호, 218∼
242.

손경수·윤영철(2013). 매스미디어와 정치인 트위터 간 상호정보이용 행태 분석. 〈한
국언론학보〉 57권 3호, 162∼188.

송은지·이건호(2014). 대통령의 선거개입 이슈 보도. 〈한국언론학보〉 58권 3호,
228∼250.

송종길·박상호(2009). 17대 대통령 선거에서 TV토론 이용동기가 유권자의 정치행태
에 미치는 영향 연구. 〈한국언론학보〉 53권 3호, 417∼442.

송현주(2015). 정파성의 강도와 정책 이슈에 대한 뉴스 프레임이 정파적 양극화에 미
치는 영향. 〈한국언론학보〉 59권 6호, 221∼245.

양승찬·이미나(2013). 이견추구성향과 후보지지여부가 정치적 메시지 처리에 미치는
영향. 〈한국언론학보〉 57권 4호, 5∼26.

양승찬·이미나·서희정(2014). 이견추구성향, 사전 지식, 미디어 이용이 기사 읽기
의 정보처리 과정에 미치는 효과. 〈한국언론학보〉 58권 3호, 202∼227.

양정애·이종혁·정일권·최윤정(2015). 태도 양가성과 이슈 관여도가 뉴스기사 노출
및 태도변화에 미치는 영향. 〈한국언론학보〉 59권 3호, 395∼422.

오은정·민 영(2015). 정치 엔터테인먼트 시청이 내재적 심리 욕구와 정치학습에 미
치는 효과. 〈한국언론학보〉 59권 4호, 44∼73.

윤상길(2017). 1960년대 박정희 정부 공보선전 정책의 정치적 성격. 〈한국언론학보〉 61권 6호, 147~176.

이나연(2016). 정치인에 대한 사전태도가 속성 의제설정효과에 미치는 영향에 대한 연구. 〈한국언론학보〉 60권 5호, 63~90.

이나연·조윤정(2017). 지식 습득인가 정파적 해석인가. 〈한국언론학보〉 61권 5호, 204~240.

이동훈(2009). 숙의적 공론장으로서 블로그 공간의 의사소통적 관용에 대한 연구. 〈한국언론학보〉 53권 4호, 27~49.

이미나·서희정·김현아(2012). 투표 인증샷 분석. 〈한국언론학보〉 56권 6호, 246~277.

이숙정·백선기·한은경(2013). 교육수준에 따른 정치참여 격차. 〈한국언론학보〉 57권 5호, 113~136.

이영수·이재신(2009). 사회자본과 정치참여 기대감이 정치참여 의도에 미치는 영향에 관한 연구. 〈한국언론학보〉 53권 5호, 316~339.

이유민·정세훈·민 영(2013). 적대적 매체 지각과 제삼자 지각이 정치참여에 미치는 효과. 〈한국언론학보〉 57권 5호, 346~367.

이은주(2011). 지각된 편향인가 편향된 지각인가? 댓글의 내용, 여론에 대한 인식과 이슈 관여도에 따른 기사의 논조 지각. 〈한국언론학보〉 55권 3호, 179~198.

이은주·장윤재(2009). 인터넷 뉴스 댓글이 여론 및 기사의 사회적 영향력에 대한 지각과 수용자의 의견에 미치는 효과. 〈한국언론학보〉 53권 4호, 50~71.

이재신·이영수(2009). 정치정보 습득, 관여도, 정치적 불만과 정치참여 유형의 관계. 〈한국언론학보〉 53권 2호, 183~205.

이정기·금현수(2012). 정치 팟캐스트 이용이 온·오프라인 정치참여에 미치는 영향에 관한연구. 〈한국언론학보〉 56권 5호, 163~189.

이종희·오지양(2011). 후보자 TV토론회 토론포맷 연구. 〈한국언론학보〉 55권 1호, 47~78.

이종혁(2015). 언론 보도에 대한 편향적 인식이 공정성 평가에 미치는 영향. 〈한국언론학보〉 59권 1호, 7~36.

이종혁·최윤정(2012). 숙의(deliberation) 관점에서 본 인터넷 토론 게시판과 글 분석. 〈한국언론학보〉 56권 2호, 405~435.

이종혁·최윤정·조성겸(2015). 정치 효능감과 관용을 기준으로 한 바람직한 소통 모형. 〈한국언론학보〉 59권 2호, 7~36.

이찬주·임종섭(2018). 언론 프레임의 온라인 문화적 공명이 여론 틀 짓기에 미치는 영향 관계. 〈한국언론학보〉 62권 4호, 82~121.

이현지·박종민(2015). 한국형 SNS 사용자 당파적 정치 행동이론의 제안. 〈한국언론
학보〉 59권 3호, 423~451.

장윤재·이은주(2010a). 온라인 게시판 토론에서 읽기, 쓰기, 그리고 의견 다양성의
효과. 〈한국언론학보〉 54권 2호, 277~298.

_____(2010b). 온라인 토론 게시판에서 메시지의 질과 의견 극단성에 따른 이견 읽기
의 효과. 〈한국언론학보〉 54권 6호, 422~443.

장윤남·김영석·백영민(2013). 트위터 공간에서의 허위합의지각. 〈한국언론학보〉 57
권 5호, 271~296.

장윤재·이준웅·김현석(2009). 공공화법과 토론교육 효과의 개인차. 〈한국언론학
보〉 53권 4호, 183~200.

장정헌·하주용·김선호(2014). 정치정보원으로서 인터넷미디어 신뢰도 연구. 〈한국
언론학보〉 58권 4호, 96~128.

전창영·김춘식(2016). 정치뉴스 프레임과 수용자의 해석적 프레임이 과학기술 의견
형성에 미치는 영향. 〈한국언론학보〉 60권 2호, 61~94.

정다은·정성은(2018). 우리는 언제, 누구에게 자신의 의견을 말하는가?. 〈한국언론
학보〉 62권 1호, 98~128.

정성은·이원지(2012). 제삼자 지각 가설의 재구성. 〈한국언론학보〉 56권 5호, 322~
349.

정성은·박애진·문신일(2014). 지지후보 우세 여부에 따른 선거 여론조사 보도의 영
향력 지각 변화. 〈한국언론학보〉 58권 2호, 365~395.

정용복·박성복(2015). 미디어 레퍼토리 유형에 따른 지역사회자본과 사회정치참여에
관한 연구. 〈한국언론학보〉 59권 3호, 60~93.

정은교·금희조(2014). 정보인가 오락인가. 〈한국언론학보〉 58권 5호, 362~390.

정일권·김은미·백영민(2014). 인터넷 이용과 커뮤니케이션 규범 변화의 관계에 관
한 연구. 〈한국언론학보〉 58권 3호, 283~312.

정지은·박남기(2016). 뉴스 댓글에 대한 편향지각이 이슈에 대한 여론지각에 미치는
영향. 〈한국언론학보〉 60권 2호, 95~126.

정효명(2012). 동질적인 대인 커뮤니케이션과 침묵의 나선. 〈한국언론학보〉 56권 3호,
85~109.

정효정·배정환·홍수린·박찬웅·송 민(2016). 정치적 이념에 따른 트위터 공간에
서의 집단간 의견차이 분석. 〈한국언론학보〉 60권 2호, 269~302.

조성동·김규찬·강남준(2010). 다매체 수용자의 장르 선호와 장르 이용에 따른 정치

　　　사회적 영향에 대한 연구. 〈한국언론학보〉 54권 1호, 362~386.

조은희(2017). 정치 관련 부정적 정서에 대한 척도 개발과 타당화 연구. 〈한국언론학보〉 61권 5호, 274~307.

진보래·양정애(2015). 성격특성, 오프라인 활동, 정치성향, 삶의 만족도에 따른 SNS 이용. 〈한국언론학보〉 59권 5호, 239~271.

최민재·이홍천·김위근(2013). 한국과 일본의 지방자치단체장 선거에 나타난 유권자의 SNS 정보이용과 정치적 의사결정의 관계. 〈한국언론학보〉 57권 1호, 392~421.

최선열(2009). 정치커뮤니케이션 연구 50년. 한국언론학회 50년사 편찬위원회, 〈한국언론학회 50년사: 1959~2009〉.

최수진(2017). 인터넷 토론공간의 정치커뮤니케이션 기제. 〈한국언론학보〉 61권 1호, 78~108.

최영돈·이종희(2014). 2013 독일 총리후보자 TV토론 진행방식 및 내용 연구. 〈한국언론학보〉 58권 2호, 447~477.

최윤정·이종혁(2012). 인터넷 토론에서 이견(異見) 노출이 정치적 관용에 이르는 경로 분석. 〈한국언론학보〉 56권 2호, 301~330.

최지향(2015). 온라인 소셜 네트워크 사이트 내에서의 이견노출이 정치참여에 미치는 영향. 〈한국언론학보〉 59권 5호, 152~177.

＿＿＿＿(2016). SNS 이용과 정치참여. 〈한국언론학보〉 60권 5호, 123~144.

＿＿＿＿(2018). 온라인 뉴스 환경에서 이용자들은 어떻게 뉴스를 선택하는가?. 〈한국언론학보〉 62권 2호, 143~169.

한 선(2012). 블로그 이용자의 지역 공론장 참여에 대한 질적 연구. 〈한국언론학보〉 56권 4호, 365~388.

황유선(2011). 트위터 이용이 사회 정치참여에 미치는 영향. 〈한국언론학보〉 55권 6호, 56~81.

＿＿＿＿(2013a). 선택적 노출 행위를 통해 바라본 트위터 공간의 이념적 양극화. 〈한국언론학보〉 57권 2호, 58~79.

＿＿＿＿(2013b). 진보적 정치 성향과 정치지식은 정치대화를 촉진하는가?. 〈한국언론학보〉 57권 3호, 221~248.

Jun, N. J. (2014). Political tolerance and encountering political diversity in strong ties and weak ties. 〈한국언론학보〉 58권 4호, 129~156.

6장

휴먼 커뮤니케이션 연구의 성찰과 과제

이두원 | 청주대 미디어콘텐츠학부 교수

1. 머리말

한국언론학회 60주년을 맞이하여 휴먼 커뮤니케이션 연구분야에 대한 성찰과 향후 과제를 논하는 일은 결코 간단한 일이 아니다. 그럼에도 불구하고 집필진에 참여하기로 결정한 것은 두 가지 이유가 있다. 첫째, 한국언론학회가 50주년을 맞이하여 발행한 〈한국언론학회 50년사〉에서 '한국의 휴먼 커뮤니케이션학사'(강길호, 2009, 631∼660쪽)가 체계적으로 잘 정돈된 바가 있고, 이번 작업은 최근 유관 연구들을 추가하여 지난 60년의 휴먼 커뮤니케이션 연구 성과를 축약하고, 향후 과제를 제언하는 것으로 목표를 정하였기 때문이다. 둘째, 언론학회의 휴먼 커뮤니케이션 분과에 대한 애착과 인연 때문이다. 약 25년 전, 1994년 겨울, 한국언론학회 회원 10명(강길호·김병길·김영룡·김현주·박기순·백선기·이두원·이현우·임태섭·조맹기)이 프레스센터 커피숍에서 만나 인간 커뮤니케이션 연구회를 만들고, '한국인의 인간 커뮤니케이션'을 주제로 공동저술 작업을 시작했었다. 이듬해 봄, 공동작업의 결과로 〈정, 체면, 연줄 그리고 한국인의 인간관계〉(임태섭 편저, 1995)가 출간되었다. 이 모임은 언론학회의 휴먼 커뮤니케이션 연구분과의 모태가 되었다. 당시 언론학계에서 스피치나 인간 소통 연구의 존재감이 미약하여, 연구회 교수들 간의 소모임은 정겹고 의지가 되었다. 동행자로서 느끼는 공감과 유대감이 지난 25년 동안 휴먼 커뮤니케이션 분과에 대한 애착으로 간직되어 온 듯하다.

앞서 언급한 〈한국언론학회 50년사〉에서 강길호 교수는 국내에서 이루어진 휴먼 커뮤니케이션학 연구사를 '소외기(~1970년대 말), 도입기(1980~1989), 개화기(1990~1999), 자생기(2000~2009)'로 나누고, 각 시기별 주요 연구들을 망라하여 소개하고 있다. 아울러 각 시기별 주요 연구동향과 연구사적 의의에 대한 논평을 제시하고 있다. 언론학계에서 이루어진 휴먼 커뮤니케이션 연구사(研究史)를 발전사적 관점에서 성찰한 최초의 논의로 볼 수 있다. 다만, 1970년대 말 이전을 소외기, 그 이후를 10년 단위로 묶어서 도입, 개화, 자생기로 규정한 강길호 교수의 논거에 동의하면서도 본 논의에서는 최근 10년간의 연구 성과들을 묶어서 또 하나의 시기로 명명하지는 않겠다. 왜냐하면 휴먼 커뮤니케이션 연구가 2000년대 들어와 그 이전 대비 증가한 것은 사실이지만 언론학계의 미디어 분야 연구와 비교하면, 아직 '비주류'에 속하는 수준이어서 개화기나 자생기에 이어 '성장기'나 '정착기'라는 후속 명칭을 부여하는 데 적지 않은 부담이 따르기 때문이다. 언론학회 100주년의 집필자가 이 부담을 자연스럽게 해소할 수 있기를 기대해 본다.

무엇을 휴먼 커뮤니케이션 연구로 볼 것인가? 사실 휴먼 커뮤니케이션 연구의 영역을 명료하게 규정하는 것도 쉽지가 않다. 언론학계 내에서 휴먼 커뮤니케이션 연구의 테제는 주로 스피치, 토론, 문화 간 소통, 설득, 언어 및 비언어적 소통 등과 같은 하위주제들과 연결된다. 하지만 엄밀히 보면 신문, 방송, 뉴미디어, 저널리즘, 광고, PR 등이 모두 인간의 소통 현상이라는 점에서 보면 연구영역을 분류하는 데 적지 않은 지형적 혼란이 발생할 수 있다. 따라서 지난 60년간 언론학계의 휴먼 커뮤니케이션 연구 업적을 성찰하는 본 논의의 서두에서 '연구영역의 분류기준'을 다음과 같이 간략하게 제안하고자 한다.

휴먼 커뮤니케이션 연구는 언론학계에서 사용하는 SMCR 모델에서 '발신자(S)·수신자(R)', 즉 인간의 소통 심리와 행위에 방점을 찍고 SMCRF로 구성된 제반 소통현상을 연구하는 것을 의미한다. 반면 미디어, 즉 'C'(채널)에 방점을 찍고 SMCRF의 제반 소통현상을 연구하는 것은 미디어연구로 규정할 수 있다. 이를테면, 지각·인식·사고의 주체자 관점에서 '발신자(S)·수신자(R)'의 의사소통을 연구하면 휴먼 커뮤니케이션 연구로 분류하고, '채널·미디어'의 영향·효과의 관점에서 '미디어 사용자·반응자'를 연구하면 '미디어 수용자 연구'가 된다. 다만 이러한 거시적 분류가 갖는 원천적 한계는 언론학계의 공동체적 담론과 집합적 지능이 작용하는 '합리적 모호성' 안에 남겨 놓겠다.

2. 휴먼 커뮤니케이션 연구주제의 유형

과거 주류를 이루었던 '신문방송학과'라는 명칭이 최근에는 '미디어 커뮤니케이션' 혹은 '커뮤니케이션'이라는 학부·전공 명칭으로 바뀌는 추세이다. 이러한 추세를 하나의 작명 유행 정도로 볼 수도 있지만 대학 강의실에서는 적지 않은 변화가 일어나고 있다. 생각보다 이름이나 호칭은 매우 강력해서 '신문방송'학과 전공생들에게 휴먼 커뮤니케이션 강좌들을 가르치는 교수들은 학기 초 일상적으로 '휴먼컴 강좌의 명분'을 역설해야 했다. 최근에는 다행히 학부 전공탐색 과목에 커뮤니케이션학 기초강좌를 개설하고, 오리엔테이션 수업에서 커뮤니케이션학의 지형을 나름 '커뮤니케이션학 나무' 모형을 만들어 체계적으로 설명할 수 있게 되었다.

가장 먼저 커뮤니케이션 현상의 유전자(DNA)라고 할 수 있는 SMCR 모델을 소개하면서 '커뮤니케이션학 나무의 뿌리와 기둥'이 완성된다. 이를 근간으로 뻗어 나온 휴먼 커뮤니케이션과 미디어 커뮤니케이션으로 구성된 두 개의 큰 가지를 소개한다. 휴먼 커뮤니케이션은 발신자와 수신자 사이의 물리적·심리적 거리에 비례하여 자아, 대인, 소그룹, 조직, 퍼블릭, 문화간 커뮤니케이션 순서로 작은 가지들을 소개한다. 매스커뮤니케이션은 올드 미디어와 뉴미디어 가지로 나누고, 다시 TV, 라디오, 신문, 잡지, 책, 영화 등의 잔가지들과 인터넷, 위성, 케이블, 이동통신, 스마트미디어, SNS 등의 잔가지들로 확장해간다. 그 다음 휴먼과 미디어라는 두 개 가지 사이에 '하이브리드' 가지를 하나 더 추가해서 광고, PR, 정치컴, 비즈니스컴 등과 같은 잔가지들로 구성된 '응용 커뮤니케이션' 영역을 소개한다.

오리엔테이션을 마치면서 연결, 소통, 융합의 시대로 일컫는 4차 산업혁명 시대의 창의적 융복합형 인재가 되려면 미디어, 휴먼, 응용 커뮤니케이션 역량을 겸비해야 한다고 역설한다. 이 역설이 스스로 그럴듯하게 보이다가도 다시 신문방송과 광고홍보 사이에 '휴먼컴'을 끼워 파는 마케팅 같은 느낌이 스치는 것은 아직 휴먼 커뮤니케이션이 소외 영역임을 방증(傍證)하는 듯하다.

1) 휴먼 커뮤니케이션 연구의 기본 유형: 미국 학풍을 중심으로

위와 같은 거시적 커뮤니케이션학의 맥락 속에서, 지난 60년간의 인간 소통 연구에 초점을 맞추고 논의를 전개하기 위해서는 휴먼 커뮤니케이션학의 '내부 지형(地形)'을 파악할 수 있는 기본적 유형론(typology)이 필요하다. 본 논의에서는 〈표 6-1〉과 같이 발신자와 수신자 사이의 물리적·심리적 거리를 중심으로 휴먼 커뮤니케이션의 기본 유형을 분류하고, 자아,

대인, 소그룹, 조직, 퍼블릭, 문화 간 소통영역 순서로 국내 연구 성과를 성찰한다(Devito, 2008). 이러한 분류체계는 미국 실용주의 학풍에 기반을 둔 휴먼 커뮤니케이션학의 유형론을 따르는 것이다. 실용주의 관점의 휴먼 커뮤니케이션 연구들은 궁극적으로 '일상의 삶에 실질적으로 적용하여 도움을 줄 수 있는 연구결과를 도출'하는 데에 그 지향점이 맞추어져 있다. 따라서 연구문제가 현장의 소통 문제를 해결하는 데 얼마나 밀착되어 있는가와 연구결과의 외적 타당성 문제가 중요하게 다루어지는 경향이 있다.

〈표 6-1〉 휴먼 커뮤니케이션 연구의 기본 지형

기본 유형	형태	소통의 목표	주요 연구주제
자아 커뮤니케이션	자아(자신)- 타아(자신)	지각, 사고(思考), 기억, 성찰, 숙고, 상호주관적 분석, 추론 등	자아 존중감, 자기 인식, 자아-타아 소통, 자아노출, 독백, 불안, 공감, 감정이입, 앎(awareness), 전의식, 무의식, 자아담론, 자기통제 등
대인 커뮤니케이션	자신-타인 두 사람 간	정보교환, 관계형성, 설득, 놀이, 친밀성, 공감, 위안 등	대인관계, 소통기술, 대화기법, 내·외향성, 비언어적 기술, 갈등, 설득, 치유, 회복, 부모-자녀, 부부, 교사-학생, 의사-환자 등
소그룹 커뮤니케이션	약 3~12명 정도의 소규모 집단 내 구성원 간	정보교환, 브레인스토밍, 문제해결, 상호협력, 공동 의사결정 등	그룹 리더십, 상호협력, 공동과업 추진 프로세스, 소그룹의 창의성, 의사결정, 역할 분담, 따돌림, 팀제 의사소통 프로세스 등
조직 커뮤니케이션	조직, 기관, 단체, 정부 등의 대내적 소통	정보전달, 소속감 제고, 사기 진작, 협력 도출, 효율성 및 생산성 제고 등	조직관리, 메시지, 대내 소통 채널, 정보 유통 네트워크, 정보 과부하, 구성원 만족도, 사내 소통, 대내 공중관계 소통 등
공공 커뮤니케이션	연설(스피치·수사)· 토론·디베이트, 공론(公論)·공청회, 공중관계·광고소통	정보전달, 공중(국민, 유권자, 소비자, 이해관계자) 설득, 즐거움 제공 등	스피치(작성, 전달기술, 발표불안), 디베이트(전략, 전술), 수사학, 언어·준언어·비언어적 소통, 대(對) 공중 소통 메시지(성명서, 사과문 등), 리더십, 신뢰, 명성 등
문화간 커뮤니케이션	자문화권 구성원- 타문화권 구성원 간	타문화 이해증진, 해외 비즈니스, 국제협력 및 교류, 다문화 사회 소통, 인류평화 촉진 등	내국인-외국인, 글로벌 비즈니스, 문화 차원 비교(東西, 韓美, 韓中 등), 문화적 편견, 선입견, 고정관념, 자민족중심주의, 언어·비언어적 사용체계 등

주: Devito, 2008 참조.

반면 실용성이 떨어지는 휴먼 커뮤니케이션 현상에 대한 기초 이론이나 기반 연구에 대한 관심과 논의가 매우 부족한 것도 사실이다(Berger, 1991; Purcell, 1992). 여하튼 미국 학풍의 휴먼 커뮤니케이션 연구들은 대부분 각 유형별 · 상황별로 발생하는 인간 소통의 문제에 대해 체계적 진단을 하거나 문제를 개선하기 위한 실용적인 해법을 구축하는 데 노력을 기울이고 있다. 국내 언론학계에서 지난 60년간 발표된 휴먼 커뮤니케이션 연구들을 살펴보면 미국의 휴먼 커뮤니케이션 연구의 동향 및 지형과 맥을 같이 하는 것을 볼 수 있다. 이는 실용주의 학풍이 전 세계적으로 보편화되고, 미국 유학파 교수들이 국내 대학에서 자리를 잡고 연구를 진행하거나 대학원생들을 지도하면서 나타난 현상으로 추론된다.

휴먼 커뮤니케이션 연구주제의 지형을 논함에 있어, 〈표 6-1〉에서 제시되고 있는 발신자와 수신자의 역학적(물리적 · 심리적) 거리에 따른 분류 이외에 인간 소통의 메시지나 채널 · 미디어를 기준으로 분류할 수도 있다. 메시지를 기준으로 휴먼 커뮤니케이션 연구를 살펴보면, 그 형태에 따라 언어적 · 준언어적 · 비언어적 메시지 연구가 있고, 주로 각 영역별 메시지의 내용과 형식을 살펴보는 내용분석 형태의 연구가 주류를 이루고 있다. 채널 · 미디어를 기준으로 휴먼 커뮤니케이션 연구를 살펴보면, 소셜미디어, 컴퓨터 매개 커뮤니케이션, 시청각(AV) 보조자료, 조직 내부의 소통 채널, 공중관계 소통 채널 등과 같은 소통 채널을 인간 소통 효과의 변인으로 보고 그 인과관계나 채널 속의 인간 소통의 양상을 파악하려는 시도가 이루어지고 있다. 본 논의에서는 이러한 메시지나 채널을 기준으로 분류하여 별개의 논의를 전개하지 않고, 〈표 6-1〉에 제시된 인간 소통의 기본 유형별 논의 속에 포함시켜서 성찰하겠다.

2) 한국적 · 동양적 전통의 휴먼 커뮤니케이션에 대한 연구

본 논의를 전개하기 위한 틀을 마련하고자 현대 휴먼 커뮤니케이션학 연구의 기본 지형을 미국 학풍을 중심으로 구분하긴 했지만 역사적으로 보면, 서양의 휴먼 커뮤니케이션학은 고대 수사학에서 시작하여 근현대 사회의 설득학, 스피치, 논쟁학 등에 이르기까지 긴 역사와 방대한 담론을 내포하고 있다. 마찬가지로 동양에서도 고대부터 현대사회에 이르기까지 시대적 철학과 사상의 패러다임 내에서 인간의 소통 문제에 대한 수많은 과제와 도전을 이어왔다.

한국사회도 예외가 아니어서, 시야를 조금만 확장해도, 이를테면 삼강오륜(三綱五倫) 속에서 정치커뮤니케이션〔君爲臣綱, 君臣有義〕, 조직 커뮤니케이션〔長幼有序〕, 대인 커뮤니케이션〔朋友有信〕, 가족 커뮤니케이션〔父爲子綱, 父子有親〕, 부부간 커뮤니케이션〔夫爲婦綱, 夫婦有別〕에 대한 사회적 솔루션이 제시되고 있음을 볼 수 있다. 더 나아가 동양의 정신세계를 지탱해온 유 · 불 · 선 사상을 자세히 훑어보면 인간 소통의 문제로 발생하는 '불행'과 '고통'을 해결하기 위한 불굴의 탐구가 이어져 왔고, 각각의 관점에서 도출한 심오한 해법이 담겨있다.

한국의 휴먼 커뮤니케이션 연구자들이 이처럼 오랜 역사와 함께 숙성된 한국적 · 동양적 사상과 관점을 현대인이 직면한 인간 소통의 문제와 해결 과제를 진단하고 처방하는 연구에 접목시킨다면 창의적이고 효용 가치가 높은 연구 성과를 도출할 가능성이 있다. 지난 60년간 언론학계에서 진행된 휴먼 커뮤니케이션 연구를 훑어보면 이러한 시각에서 시도된 연구들이 이어져 하나의 연구주제 장르로 성장했다. 따라서 본 논의에서는 앞서 제시한 휴먼 커뮤니케이션의 기본 유형 6가지 영역(자아, 대인, 소그룹, 조직, 공공, 문화 간)을 살펴본 후, 지난 60년간의 '한국적 · 동양적 휴먼 커뮤니케이션에 대한 연구'를 살펴보는 것으로 성찰적 논의를 완성하려 한다.

3. 한국언론학회 60년 속의 휴먼 커뮤니케이션 연구 성찰

1) 자아 커뮤니케이션 연구

협의(狹義)의 시각에서 자아(intrapersonal) 커뮤니케이션은 한 사람의 마음 속에서 자아적 의식과 타아적 의식이 '발신자 대 수신자'의 양태로 상호작용하면서 기호를 처리하는 상호주관적 소통행위라고 볼 수 있다. 자문자답(自問自答), 역지사지(易地思之), 감정이입(感情移入) 등이 가장 대표적인 사례들이다. 자아 커뮤니케이션의 논거에서 보면, 타인과의 대화(즉, 대인 커뮤니케이션) 현상도 '한 사람'(communicator)의 내면적 경험세계에서 일어나는 소통현상으로 접근할 수 있다. 즉, 외부로부터 들어오는 타인의 음성 정보를 메시지로 경청, 지각, 의식, 경험하는 곳이 '자기'의 타아적 공간이며, 자신의 입장과 의사를 형성하고 표현하는 의식적 과정이 일어나는 곳도 '자기'의 자아적 공간인 것이다.

광의(廣義)의 시각에서 자아 커뮤니케이션은 한 인간의 마음, 즉 내면세계 속에서 일어나는 모든 소통현상을 연구대상으로 한다. 따라서 자아, 대인, 그룹, 조직, 공공, 문화 간 소통은 물론이고 모든 미디어 소통현상이 지각되고 처리되는 곳이 본질적으로 인간의 마음(一切唯心造 사상 참조)이기 때문에 모두 자아 커뮤니케이션의 관점에서 연구가 가능한 것이다. 이를테면, TV뉴스를 보는 한 시청자의 행위를 객관적 시점으로 보면, TV와 시청자가 따로 존재하고 있다. 하지만 자아적 소통현상의 관점에서 보면, 'TV뉴스를 시청한다'는 말은 '이미' 그 시청자의 눈과 귀를 통해 그의 의식 세계에 지각된 TV수상기, 화면의 영상과 음향 정보이며, 그 지각된 정보의 의미해석이나 후속 정보처리과정까지도 모두 그 사람의 '마음'(내면세계)에서 일어나는 마음·심리 작용인 것이다. 시청자 '안'(마음)에 TV가 있는 것이지 시청자 '밖'에 TV가 있는 것이 아니다. 따라서 엄밀히 보면, 자아 커뮤니케이션 연구는 커뮤니케이터로서 한 인간의 경험세계(心界)를 연구대상으로 삼는다.

언론학계에서는 1990년대 초부터 자아 커뮤니케이션에 대한 관심과 유관 연구들이 본격적으로 시작된 것으로 보인다. 국내에서 '자아 커뮤니케이션'이란 제목으로 출간된 두 권의 저서가 있다. 1994년 최창섭 교수가 저술한 〈자아 커뮤니케이션〉은 국내 언론학계에 자아적 소통을 처음 소개한 저술로 보이며, 인간 커뮤니케이션, 영혼, 자아, 의식과 무의식, 정신, 양심, 정신·육체(신경계와 두뇌)의 상호작용 등에 대한 포괄적 내용을 담고 있다. 이후 20년이 지난 2015년 김진영 교수의 〈자아 커뮤니케이션〉이 출간되었고, 이 책은 인간소통의 정보처리 과정, 인지와 자아적 소통, 자아개념과 심리적 성향, 감정과 비언어 소통, 자아표현과 자아노출, SNS시대 자아 커뮤니케이션 등에 대한 논의를 담고 있다.

자아 커뮤니케이션에 대한 이론·교육적 탐색 연구로서, 인간 커뮤니케이션의 본질을 인간의 내면적 기호와 의미 처리과정으로 고찰한 연구(홍기선, 1991), 커뮤니케이션과 자아개념에 대한 연구(정만수, 1991), 기호 현상학적 커뮤니케이터의 내부 의식 구조 모델 및 자아 커뮤니케이션 모형을 제시한 연구(이두원, 1995a) 등이 있다. 2000년대에 들어서 인간커뮤니케이션의 모델 구축을 위한 인지 기호학적 연구(조창연, 2004a), 언어 이전의 의미적 현상을 중심으로 침묵, 파열, 소리의 내면 현상을 현상학적으로 해석한 연구(이두원, 2004), 인간의 기호적 소통현상을 지각의 현상학으로 발전시킨 메를로퐁티의 관점을 소개한 연구(이두원, 2007), 자아 커뮤니케이션에 대한 기호현상학적 모델을 구축한 연구(이두원, 2011a), 자아 커뮤니케이션 교육 시안 연구(김광희, 2009) 등이 있다.

자아-타아 간의 소통현상을 기반으로 한 응용연구들로서, 사이버 공간이 다중자아 현상을 일으키는 존재론적 구조를 살펴본 연구(김선희, 2003), 인간의 자아정체성과 다중자아의 관점에서 사이버 다중자아 및 정보사회의 자아정체성을 논의한 연구(김선희, 2004), 가족 의사소통 패턴과 자녀의 자아존중감, 자아노출, 내적 통제성 및 의사소통 능력과의 관계를 탐색한 연구(한주리·허경호, 2005), 사회문화적 태도, 외모만족도, 자아존중감, 자기효능감을 중심으로 TV 노출이 청소년의 외모만족과 자아인식에 미치는 영향을 살펴본 연구(노혜정, 2010), 자아적 차원의 내면 아이와 내면 부모의 개념에서 영화 관람을 치유 수단으로서 고찰한 연구(송진열, 2013) 등이 있다.

자아 커뮤니케이션에 대한 커뮤니케이션 학계의 연구는 국내외를 불문하고 그 중요성에 비해 매우 부족하고 아직 미개척 분야라고 할 수 있다. 다만 앞서 살펴본 바와 같이 자아 커뮤니케이션이 인간의 내면세계를 연구 대상으로 하기 때문에 철학, 심리학, 심리치료학, 언어학, 종교학, 교육학 등의 유관 학회로 시야를 넓히면 자아적 소통과 직간접으로 유관성이 있는 다양한 연구들이 존재한다. 이를테면, 운동 수행 과정에서 일어나는 자아대화와 그 효과를 고찰한 연구(최승식, 2005), 일기쓰기를 이용한 긍정적 자기암시가 자아 존중감 향상에 미치는 영향을 추적한 연구(정도교, 2008), 자존감 유형에 따른 대학생의 대인관계능력을 분석한 연구(정현진, 2014), 간화선(看話禪) 화두 수행과정의 의정(疑情)과 의문의 본질을 학습자 내면의 배움과 연결하여 바라보려는 시도(안성규, 2019) 등과 같은 연구들이 자아 커뮤니케이션의 연구 테제로 공유할 수 있는 충분한 타당성을 갖고 있다. 따라서 커뮤니케이션학 연구자들은 향후 학제간 연구를 통하여 자아 커뮤니케이션 연구의 효율성과 실용성을 제고할 수 있을 것이다.

2) 대인 커뮤니케이션 연구

대인(interpersonal) 커뮤니케이션의 가장 기본적·유전적인 골격은 두 사람, 즉 '나(자신)-너(타인) 사이의 의사소통'이다. 하지만 '나와 너'의 만남의 맥락에 따라 대인 커뮤니케이션의 다양한 환경적 유형이 결정되고, 그 결과로 교사-학생(교수학습 커뮤니케이션), 남편-아내(부부 커뮤니케이션), 부모-자녀(가족 커뮤니케이션), 의사-환자(헬스 커뮤니케이션), 노-사(갈등·협상 커뮤니케이션), 내국인-외국인(문화간 커뮤니케이션), 설득자-피설득자(설득 커뮤니케이션), 바이어-생산자(비즈니스 커뮤니케이션), 컴퓨터 사용자-사용자(CMC 커뮤니케이션) 등과 같은 상황적 대인 소통이 발생한다. 앞서 살펴본 자아 커뮤니케이션 분야에 비해 대인 커뮤니케이션은 상대적으로 많은 연구가 이루어진 영역이다. 그 이유 중 하나는 이처럼 다양한 대인 커뮤니케이션 상황에서 발생하는 소통의 문제들과 그에 대한 연구결과들이 실제 삶의 현장에서 필요한 '문제-원인파악-솔루션' 형식의 실용적·활용적 정보를 내포하거나 함의하고 있기 때문이다.

대인 커뮤니케이션을 다룬 언론학계의 저술로서, 〈대인 커뮤니케이션〉(박기순, 1998), 〈커뮤니케이션과 대인관계〉(이경우·김경희, 2006), 〈대인관계 의사소통〉(신민주·주용국, 2019) 등이 있다. 특히 박기순 교수의 저술은 언론학계에서 '대인 커뮤니케이션'의 연구범위를 포괄적으로 소개한 의미 있는 저서로 평가된다. 이 책은 대인 커뮤니케이션의 개념, 모형, 특성, 목적, 기능, 유형, 자신-타인 대인적 상호작용, 자아노출, 언어와 비언어적 메시지, 경청, 대인관계의 권력과 갈등, 대인관계의 발전과정, 대인 소통의 윤리, 뉴미디어 및 가상공간의 인간관계 등에 이르기까지 대인 커뮤니케이션의 주요 범위와 하위 영역을 자세히 소개하고 있다.

대인 커뮤니케이션에 대한 이론·교육적 탐색 연구로서, 한국의 대인 커뮤니케이션 동향과 과제를 탐색한 연구(강길호, 2002), 대인 의사소통 능력 척도개발 및 타당성을 검증한 연구(허경호, 2003), 대인 커뮤니케이션을 중심으로 휴먼 커뮤니케이션의 메타포 모형을 구축한 연구(조창연, 2004b), 대인관계 특성이 대인 커뮤니케이션 채널 이용에 미치는 영향을 추적한 연구(이재신·이민영, 2007), 대인 커뮤니케이션 유형별 대중매체 이용이 사회자본에 미치는 영향을 비교한 연구(김은이·이종혁, 2010), 대인 커뮤니케이션에서 거짓말 단서로의 시선회피와 시선회피의 역할과 기능을 살펴본 연구(김대중, 2016) 등이 있었다.

대인관계의 소통전략에 관한 연구로서, 커뮤니케이션 목표와 체면 전략에 대한 연구(강길호, 1992), 인간관계의 변화에 따른 한국인의 커뮤니케이션 메시지 작성 전략에 관한 연구(이의정, 1992), 한국인의 커뮤니케이션에 나타난 공손전략 연구(강길호, 1994), 체면의 구조와 체면욕구의 결정요인에 대한 연구(임태섭, 1994), 설득메시지에 나타난 공손표현과 성별이 수용자 태도에 미치는 효과 연구(강길호·김종욱, 1998), 공손전략의 관점에서 방송언어의 불손전략을 분석한 연구(오미영, 2007), '가는 말이 험해야 오는 말이 곱다'는 반 규범적 명제를 통하여 현대 한국사회의 의사소통 예절, 권력 그리고 전략을 권력-전략 비대칭 이론과 연계하여 해석한 비판 연구(이준웅, 2009), 한국인의 커뮤니케이션에 나타난 대인설득 전략(강길호·김경은, 2012) 등이 있다.

대인 커뮤니케이션의 맥락·환경적 유형을 기준으로 보면, 사제 간 커뮤니케이션을 불확실성 감소 이론의 관점에서 고찰한 연구(김병길, 1993), 청소년들의 세대 간 커뮤니케이션에 대한 인식 연구(임태섭, 1999b), 대학생의 음주와 대인 커뮤니케이션의 관계에 대한 연구(김병길, 2000), 의사-환자 간 커뮤니케이션 행위에 대한 대화분석 연구(이두원, 2000), 의사의 커뮤니케이션 스타일에 영향을 미치는 요인 연구(김민정, 2009), 의사-환자 간 커뮤니케이션과 병원-환자 관계성이 재방문에 미치는 영향(정지은·이유나, 2009), 부모와 자녀 간 의사소통 행위에 대한 지각 차이가 자녀의 감정조절 및 인지적 의사소통 능력에 미치는 영향을 분석한 연구(류성진, 2016), 부모-자녀 의사소통, 교사-학생 의사소통과 학업성취의 관계를 추적한 연구(정은선·정종원, 2017) 등을 볼 수 있다.

미디어는 우리의 일상을 비추는 '거울'이라는 점에서 미디어 콘텐츠에는 우리의 일상적 대인 커뮤니케이션 문제들이 투과되어있기 마련이다. 미디어 속의 대인 커뮤니케이션 현상을 분석한 연구로서, TV 토크쇼 진행자의 대화전개 과정에서 나타나는 언어적 스타일을 분석한 연구(이두원, 1995b), TV 드라마에 나타난 부부간 소통적 관계를 분석한 연구(장하경, 1998), 인터넷 환경에서 비언어적 공손전략으로서 도상문자의 사용에 관한 연구(박현구, 2004), TV 드라마에 재현된 가족 관계 내에서 아버지의 역할과 이미지를 분석한 연구(정영희, 2008), TV 드라마에 나타난 노인의 가족 내 역할과 위상을 분석한 연구(박주연·김숙, 2013) 등이 있다.

'미디어가 곧 메시지이다'라는 맥루한의 관점에서 보면, 하나의 뉴미디어 속에는 인간 소통의 양태와 관계적 삶의 내용을 바꾸어 놓을 수 있는 강력한 에너지가 꿈틀거리고 있다. 이를테면, 스마트폰은 이제 인간의 눈, 귀, 입, 피부의 확장이 되었고, 스마트폰을 내려놓는 것이 눈, 귀, 입을 막아버린 고통처럼 느껴지는 세상이다. 면대면 대화보다 카톡을 통한 채팅이 더 편안하고 친근한 소통 효과를 창출하기도 한다. 이처럼 뉴미디어 환경에서 발생하는 대인 소통의 변화 양상을 살펴본 연구로서, 가상공간에서의 대인 커뮤니케이션 현상을 탐색한 연구(이재신, 2002), 한국인의 커뮤니케이션 가치관과 대인 커뮤니케이션 매체로서의 이동전화의 매체인식을 추적한 연구(배진한, 2003), 컴퓨터 매개 커뮤니케이션을 통한 대인관계 형성 과정을 추적한 실험 연구(김문수, 2004), 친밀성에 따른 대인 매체 이용행태 및 심리적 경험과의 관계를 매개된 대인 커뮤니케이션의 관점에서 추적한 연구(김민정·한동섭, 2006), 소셜미디어 이용방식이 대인관계 만족감과 이질감에 미치는 영향을 추적한 대인관계 연구(김영임, 2016), 사회적 실재감과 긍정적 환상의 효과를 중심으로 연인 간 인스턴트 메시지 이용이 관계 헌신에 미치는 영향을 분석한 연구(김총혜·조재희, 2019) 등을 볼 수 있다.

3) 소그룹 커뮤니케이션 연구

휴먼 커뮤니케이션학에서 소그룹 커뮤니케이션은 일정한 목적·목표를 공유하는 3~12명 정도의 규모로 구성된 집단으로, 그 구성원 간의 상호작용 과정에서 일어나는 소통을 의미한다. 소그룹의 구성원들에게는 회원이라는 심리적·사회적 지위가 부여되며, 그 결과 구성원들은 안정감, 소속감, 자긍심, 지위·계층, 권한·힘, 목적달성, 성과공유, 욕구충족 등을 공유하게 된다. 소그룹은 과제 지향적이며 명령체계 조직을 갖는 공식적 그룹과 관심사 및 친목을 도모하기 위한 비공식적 그룹으로 나누어 볼 수 있다. 북아메리카 문화에서는 사교모임인 파티에 초대를 받았는가의 여부가 소그룹의 멤버십을 결정하는 하나의 준거요인이 되기도 한다. 정(情), 체면, 연줄을 중요하게 생각하는 한국문화에서도 이러한 소그룹 형태의 집단문화가 존재하며, 소집단 내에서 구성원들은 정보교류, 소속감 충족, 상부상조, 유희와 오락 등의 욕구 및 동기를 충족시킨다. 다만 이러한 소그룹 소통에서도 집단보다 개인의 이익을 우선하는 개인주의 문화의 소그룹 소통과 개인보다 집단의 이익을 우선하는 집합주의 문화의 소그룹 소통 사이에 역학적인 미묘한 차이들이 내재되어 있다.

지난 60여 년간 언론학계에서 소그룹 소통 영역의 연구 성과는 미흡했던 반면 소그룹이 중요한 소통 수단으로 활용되는 교수학습, 심리치료, 사회복지, 선교 등의 분야에서는 소그룹 소통의 기능과 효과에 대한 많은 연구들이 진행되었다. 언론학계에서 발표된 소그룹 소통 연구를 보면, 역할이론과 소집단 커뮤니케이션의 시각에서 가족의 구매행동을 분석한 연구(정만수, 1990), 한국인의 연줄 커뮤니케이션을 고찰한 연구(김현주, 1992), 한국사회의 연줄망의 관점에서 지역기관장 소그룹 모임의 담론적 의미 분석을 시도한 연구(박기순·백선기, 1994), 한국정치에서 소집단성을 인간 커뮤니케이션 요소를 중심으로 분석한 연구(백선기, 1994), 소집단 커뮤니케이션 형태가 구성원의 집단 만족도에 미치는 영향(김경아, 1995), KBS 팀제 시행 사례를 중심으로 소그룹 팀제가 팀 임파워먼트에 미치는 영향을 추적한 연구(김홍·안동수, 2006), 소집단 커뮤니케이션이 구성원의 집단 응집력, 집단 만족도, 노력 회피성향에 미치는 영향을 살펴본 연구(범기수·김은정·백세진, 2010), 스마트 미디어 기반 소그룹 협동학습을 통한 의사소통 능력 신장에 관한 연구(김정랑·노재춘, 2014) 등이 있다.

기타 학문영역에서 이루어진 소집단 커뮤니케이션 연구사례를 보면, 과제 수행 중 소그룹활동을 통한 의사소통 능력 신장에 관한 연구(이정자, 2001), 소집단 협동학습을 통하여 웹 미디어 기반 문제해결 학습 시스템의 개발 및 적용을 탐색한 연구(류영란·박선주, 2001), 의사결정 과제를 중심으로 학생들의 소집단 대화의 협의 양상을 파악한 연구(서현석, 2005), 수학문제 해결을 위한 소집단 협동학습에 나타나는 의사소통의 수단을 분석한 연구(공희정·신항균, 2005), 소집단 역동을 이용한 대학생의 의사소통 훈련 프로그램의 효과를 분석한 연구(원정숙·신현숙, 2008), 소그룹 리더를 위한 의사소통 모형(유재성, 2008), 집단 따돌림 경험유형에 따른 초기 청소년의 자아존중감, 자기주장 행동 및 부모와의 의사소통을 추적한 연구(한송이·윤혜미, 2010), 소그룹 퍼실리테이터의 역할과 주요역량의 수행 수준 인식을 분석한 연구(염우선·송영수, 2011), 소집단 활동에서 과학 영재들의 집단 내 의사소통 지위와 언어 네트워크를 분석한 연구(정덕호·조규성·유대성, 2013), 대학생 소그룹 팀 프로젝트 수행에서 나타나는 갈등 관리와 인식에 대한 연구(이유미, 2015), 의료·교육·금융서비스업 종사자를 중심으로 직장 내 집단 따돌림에 영향을 미치는 조직문화와 반 따돌림 대처의 효과에 관한 연구(유계숙, 2015), 발표불안 극복을 위한 대학생 소그룹 의사소통 활동에 관한 연구(최건아, 2016) 등이 있다.

4) 조직 커뮤니케이션 연구

조직 커뮤니케이션은 조직과 구성원 그리고 조직의 구성원들 간의 정보를 교류하는 상호작용 과정으로서, 조직 내의 갈등을 조정·해결하고 조직의 신뢰성, 투명성, 효율성 등을 극대화하는 기능과 역할을 수행한다. 현대 사회에서 하나의 조직이 지속가능한 경쟁력을 구축하기 위해서는 이러한 조직 커뮤니케이션의 기능과 역할이 '정상적'으로 작동되어야 한다. 이를 테면, 영리 또는 비영리 조직을 막론하고, 공식 조직이 제 기능과 역할을 수행하지 않거나 못하고, 비공식·비선 조직이 그 기능과 역할을 대행할 때 어떤 결과가 초래될 수 있는지를 얼마 전 한국사회는 '최순실 사태'를 통하여 실감한 바 있다. 하지만 한 조직 내에는 정상적인 조직 커뮤니케이션을 방해하는 요인들(예: 정보왜곡, 루머, 정보과다, 비선, 선입견·편견·고정관념, 직급 차이, 폐쇄적·경직된 조직문화, 불통, 부서·부처 간 이해관계, 변화·혁신 회피성향 등)이 곳곳에 산재해 있기 마련이다. 이처럼 당면한 조직 내부의 소통 문제들을 신속하고 정확하게 진단하고 그에 대한 맞춤형 솔루션을 찾는 것이 무한경쟁 시대 지속가능한 조직이 되기 위해서 우선과제가 되고 있는 것이다.

지난 60여 년간 조직 커뮤니케이션 연구는 이러한 실용적 수요와 기대효과에 부응하여 지속적 연구가 진행되었고, 아울러 경영학의 조직행위론이나 경영조직론 분야에서도 조직 커뮤니케이션에 대한 연구와 관심이 고조되고 있다. 언론학계에서 조직 커뮤니케이션의 중요성과 과제를 전파한 주요 저술을 보면, 〈조직커뮤니케이션론〉(이종화, 1987), 〈조직 커뮤니케이션 원론〉(오두범, 1994), 〈커뮤니케이션과 조직〉(이종화, 1996), 〈조직 커뮤니케이션〉(이준일, 1997), 〈조직커뮤니케이션의 이해〉(황상재, 2006), 〈조직커뮤니케이션〉(안주아·신명희·이희복 역, 2006) 등이 있다. 그 외에 경영학계의 조직행위론 및 조직경영론에 대한 다수의 저서들도 조직 커뮤니케이션을 한 부분으로 다루고 있다.

조직 커뮤니케이션의 이론 및 수행모델에 대한 언론학계의 연구들로서, 조직체의 발전커뮤니케이션(장을병, 1978), 조직의 구조변화와 커뮤니케이션 네트워크 분석연구(정윤식, 1982), 바람직한 조직문화 형성을 위한 사내 커뮤니케이션 진단을 시도한 연구(신호창·윤선현, 2008), 조직문화, 사원 커뮤니케이션, 조직-사원 관계성에 대한 연구(문비치·이유나, 2008), 사내 커뮤니케이션과 보상이 내부 공중의 임파워먼트와 조직 애착심에 미치는 영향력을 조사한 연구(이화미, 2008), 사내 커뮤니케이션 기풍적 요인과 조직 구성원 간 신뢰와의 관계에 대한 연구(유선욱·신호창, 2011), 조직 커뮤니케이션의 이론에 관한 연구(성연옥, 2012), 조직-사원 관계성 및 조직 동일시의 매개효과를 중심으로 조직원 간 대인 커뮤니케이션이 기업명성에 미치는 영향을 조사한 연구(장현지·차희원, 2013), 커뮤니케이션과 조직 신뢰 그리고 조직 몰입에 대한 연구(이건혁, 2017), 조직 내부 공중의 커뮤니케이션 역량에 대한 척도를 개발한 연구(김혜영·정만수·안보섭, 2017), 조직 내부 공중의 커뮤니케이션 역량이 조직 관계 유효성에 미치는 영향을 조사한 연구(김혜영·안보섭, 2018) 등이 있다.

조직 커뮤니케이션의 사례 및 효과 분석 연구로서, 사례분석을 통하여 업무용 컴퓨터 사용이 조직 구성원의 커뮤니케이션과 업무인식에 미치는 영향을 분석한 연구(최윤희·박정순, 1991), 미국의 경찰조직을 대상으로 커뮤니케이션 네트워크와 조직 분위기의 인식을 분석한 연구(장하용·George A. Barnett, 1998), 대학 교직원을 중심으로 조직 내 커뮤니케이션과 구성원의 직무만족도의 상호작용을 분석한 연구(이준일·이지연, 2006), 서울시 도시철도공사 사례를 중심으로 조직 갈등관리 전략으로서 노사협상의 커뮤니케이션 특징을 분석한 연구(신성진, 2008), 은행 간 인수·합병에 따른 조직문화의 통합과 사내 커뮤니케이션 전략을 살펴본 연구(신호창·노형신, 2010), 조직 커뮤니케이션 매체로서 위성영상방송의 활용성을 정보적·관계적 효과 차원에서 분석한 연구(김형경 · 민영, 2011), 조직 커뮤니케이션이 직무스트레스와 조직몰입에 미치는 영향을 분석한 연구(박지철 · 장석인, 2013), 효과적 조직업무수행을 위해 SNS와 면대면 커뮤니케이션 간의 차이를 분석한 연구(정은경 · 황혜선, 2014), 사내 커뮤니케이션의 매개효과를 중심으로 조직문화가 기업명성과 재무적 성과에 미치는 영향을 분석한 연구(차희원 · 임유진, 2014), 대학 위기사례를 중심으로 비영리 조직의 위기관리 커뮤니케이션 전략을 탐색한 연구(이두원, 2016), 대학 조직에서 조직 커뮤니케이션과 대학-학생 관계성 및 대학 만족도를 분석한 연구(박노일 · 정지연 · 진범섭, 2017), 공무원의 조직 커뮤니케이션이 직무태도에 미치는 영향을 분석한 연구(손정민, 2018) 등을 볼 수 있다.

5) 공공 커뮤니케이션: 스피치와 토론 연구

공공(*public*) 커뮤니케이션은 개인, 그룹, 조직, 국가 등이 공공(公共) · 공중(公衆) · 대중(大衆) · 민중(民衆) 집단을 대상으로 정보를 전달하거나 설득하기 위해 수행하는 제반 소통행위를 지칭한다. 발신자와 수신자의 공간, 즉 심리적 · 물리적 거리가 앞서 살펴본 자아, 대인, 소그룹, 조직 영역에 비해 급격히 확대되기 때문에 소통의 장벽이나 두려움도 그만큼 증폭될 수 있다. 스피치 · 공공연설, 토론 · 논쟁, 집회(集會), 공중관계(PR) 등이 모두 일종의 공공 소통이다. 다만 공중관계 커뮤니케이션은 본 저술의 다른 장에서 별도로 성찰이 이루어지기 때문에 여기서는 스피치와 토론을 중심으로 지난 60여 년간 언론학계의 연구 성과를 살펴본다.

스피치와 토론 커뮤니케이션학은 동서양의 고대 철학과 수사학에 뿌리를 두고 출발하여 근현대 설득 및 스피치 커뮤니케이션학에 이르기까지 지속적 연구와 논의가 이어져 온 영역이며, 그 결과 다양한 이론, 모델, 전략, 전술, 기술, 지침 등을 내포하고 있다. 1990년대 후반부터 국내 대학들도 본격적으로 스피치・토론 유관 교과목을 교양 및 전공과목으로 개설하기 시작했다. 2003년에는 부패방지위원회(現 국민권익위원회)가 주관한 전국 대학생 토론대회가 시작되었고, 그 이후 주관 기관・학회에는 변화가 있었지만 꾸준히 그 맥이 이어져 오고 있다. 2001년에는 언론학회의 회원들로 주축이 된 한국 스피치 커뮤니케이션 학회(現 한국소통학회)가 설립되어 스피치・토론 분야의 연구와 교육을 촉진하고 있다. 언론학계 내에서 스피치・토론 커뮤니케이션을 다룬 교재・저서가 수십 권에 달해서 휴먼 커뮤니케이션의 어느 영역보다도 활발한 연구와 교육이 전개되고 있음을 확인할 수 있다. 이 중 몇 권을 언급하면, 〈스피치 커뮤니케이션의 이론과 실제〉(문용식, 1997), 〈스피치 커뮤니케이션〉(김영임, 1998), 〈스피치 커뮤니케이션〉(임태섭, 1999a; 2011), 〈토론의 방법〉(강태완, 2001), 〈스피치와 커뮤니케이션〉(한국 스피치 커뮤니케이션 학회, 2002), 〈논쟁: 입장과 시각의 설득〉(이두원, 2005), 〈스피치와 토론〉(이상철, 2006), 〈스피치 커뮤니케이션〉(김상준, 2007), 〈정책토론의 방법〉(허경호, 2014), 〈정책토론의 정석〉(이두원, 2014) 등이 있고, 이 외에도 수십 권의 스피치 유관 문헌들이 출간되었다.

스피치 커뮤니케이션의 이론 및 교육에 관한 연구들을 살펴보면, 미국 대학의 스피치 커뮤니케이션 교육 현황에 대한 연구(이준웅・양승목, 2004), 효율적 스피치 수업에 관한 연구(정순현・이혜영, 2005), 교양교육으로서 스피치와 토론 프로그램의 유익성과 한계점(이상철, 2005), 스피치 교육이 커뮤니케이션 능력과 불안감에 미치는 영향(장해순・강태완, 2005), 방송 진행자의 스피치 구성요인과 공신력 평가에 관한 연구(김은성, 2007), 스피치 교육이 의사소통 및 문제해결 능력에 미치는 영향에 관한 연구(이병혜, 2008), 대학 스피치 교육에 대한 비판적 검토와 대안적 시각(오세정, 2009), 스피치 강좌에 대한 학습자들의 인지유형 연구(김진영, 2012), 대학생의 부정적 평가 두려움과 스피치 불안감의 관계에서 자기격려의 매개효과를 분

석한 연구(장해순·이만제, 2017), 국내 스피치 커뮤니케이션 관련 연구동
향을 분석한 연구(정은이·남인용, 2018) 등이 있다.

스피치에 대한 실용·실무적 차원의 사례 및 분석 연구들을 살펴보면,
자기소개 스피치에서 청중분석을 중심으로 자기소개 스피치의 논증구조를
분석한 연구(박은영, 2006), 공공 스피치와 토론 교육이 커뮤니케이션 능
력과 시민성에 미치는 효과(이준웅 외, 2006), 의사소통 능력 향상을 위한
여대생 스피치 교육의 사례를 분석한 연구(신희선, 2006), 스피치 교육 프
로그램이 의사소통 능력과 리더십에 미치는 효과를 분석한 연구(서미경,
2010), 청중분석을 통한 설득 스피치 구성 전략을 살펴본 연구(최영인,
2012), 스피치 두려움의 유형 분류에 대한 연구(이서영, 2013), 스피치 교
육이 개인의 성격특성과 스피치 능력 변화에 미치는 영향을 사관생도를 대
상으로 분석한 사례연구(김연화·이시훈, 2017), 대학생들의 정치관심도,
정치이념 강도, 이견노출, 그리고 스피치 효능감과 토론 효능감이 정치참
여에 미치는 효과를 분석한 연구(최두훈·이상철, 2018), 인터넷 15분 강연
스피치를 대상으로 스피치 구조에 따른 비언어 커뮤니케이션을 분석한 연
구(김도희·김정규, 2018) 등을 볼 수 있다.

국내에서 사회적 소통 도구로서 토론에 대한 관심과 이목이 집중되기 시
작한 것은 2004년 선거방송토론위원회(現 중앙선거방송토론위원회) 출범과
그 맥을 같이 한다. 과거 유세장이나 거리 연설과 달리 후보자 간 선거방송
토론은 유권자들에게 TV와 라디오를 통하여 생생하게 전달되었고, 유권
자들에게 후보자들을 직접 비교하고 최종 선택을 결정하는 중대한 변수로
자리 잡게 되었다. 선거방송토론이 점차 교차조사식 입론과 상호질의응답
포맷을 도입함으로써 이제 디베이트 소통역량은 정치인의 필수요건이 되
었다. 언론학계에서 발표된 토론 연구들을 살펴보면, 이러한 선거방송토
론이 중요한 연구 테마로 형성되고 있음을 쉽게 볼 수 있다.

이러한 토론·디베이트에 관한 연구사례들을 살펴보면, 대학생들의 학

습동기와 인지욕구가 토론능력에 미치는 효과를 분석한 연구(강태완·장해순, 2003), 방송토론에서 후보자들이 사용한 논증전략을 조사한 연구(김인영·강태완, 2003), 대통령후보 TV합동토론 형식을 비교한 연구(송종길, 2003), 성숙한 커뮤니케이션 문화 조성을 위한 토론 프로그램의 역할을 살펴본 연구(김현주, 2005), 방송토론이 유권자의 인지변화에 미치는 영향을 조사한 연구(정성호·이화행, 2006), TV토론의 후보자 지지도와 토론 포맷에 따른 설득전략의 차이를 조사한 연구(김관규·박연진, 2007), 대선 합동선거방송토론회의 설득 효과를 분석한 연구(김연종, 2008), 한국 대학생의 디베이트 스타일에 대한 분석 연구(이두원, 2008), 정치선거의 정책 찬반토론 포맷 개발 연구(이두원, 2009), 후보자 TV토론회 토론 포맷 연구(이종희·오지양, 2011), 대통령후보 TV토론에 나타난 후보들의 수사 분석 연구(박기령·김재영, 2014), 대통령선거 TV토론의 설득전략을 분석한 연구(이수범·김용준, 2017), 선거방송토론에서 나타난 대선 후보자의 설득전략을 분석한 연구(김관규·박연진, 2018) 등이 있다.

6) 문화간 커뮤니케이션 연구

문화간(intercultural) 커뮤니케이션은 한 문화의 구성원과 다른 문화의 구성원이 만나서 서로 메시지를 교환하는 상황에서 발생하는 소통을 의미한다. 문화가 다르다는 것은 세상을 지각하는 세계관, 정보처리의 인식과정과 사고방식, 가치 표현방식과 언어 형태, 행위양태와 행동방식, 사회적 구조와 상호행위 방식, 메시지 전달방식과 미디어 활용방식, 의사결정의 방식과 결정의 동기적 요인들이 다르다는 것을 의미한다. 따라서 문화간 커뮤니케이션은 공공 커뮤니케이션보다 더 난해하고, 소통의 장벽도 두텁다. 대표적인 문화간 소통의 장벽으로 언어 차이, 타문화에 대한 고정관념, 선입견, 편견, 인종차별, 자민족중심주의, 회피성향 등을 예로 들 수 있다. 흔히 문화간 커뮤니케이션을 언급하면 동서양의 만남이나 국적이 다른 사람들 간의 교류를 떠올리지만 실제 한 문화 속에서도 다양한 하위문화들이 존재하며, 이를테면, 젠더, 세대, 종교, 지역, 계층, 조직, 직업 간 소통이 모두 일종의 문화간 소통으로 볼 수 있다.

문화간 커뮤니케이션은 1970년대 초부터 하나의 학문영역으로 그 위상을 쌓기 시작하여 1980년 이전까지는 주로 인류학자, 사회학자, 언어학자, 조직심리학자들에 의해 연구가 이루어졌으나 1980년대부터는 커뮤니케이션 학자들에 의해 발전되었다. 20세기 정보통신기술 및 교통수단의 급속한 발달로 탈국경 지구촌 시대가 열리고, 한국에서도 1990년대부터 글로벌 무한경쟁과 국가경쟁력이 사회적 화두로 부각되기 시작했다. 정치, 경제, 사회, 문화 분야에서 '세계화 바람'이 거세게 불기 시작했고, 이 무렵부터 국내에서도 문화간 커뮤니케이션 연구가 활기를 띠기 시작했다. 휴먼 커뮤니케이션을 다루는 언론학계뿐만 아니라 외국어를 전공하는 어문학 분야, 다국적 기업의 경영과 마케팅을 다루는 경영학 분야, 그리고 다문화 사회를 연구하는 사회학 분야에서도 문화간 소통의 연구와 교육이 주목을 받기 시작했다. 한국언론학회 외에도 1972년에 설립된 한국 커뮤니케이션학회는 '문화간 커뮤니케이션학회'의 성격을 띠면서 언론학, 어문학, 경영학 등의 관점에서 문화간 커뮤니케이션 담론과 연구를 아우르고 촉진하는 역할을 했다. 언론학계 안팎에서 문화간 커뮤니케이션 논의를 전파한 주요 저술로서 〈문화간 커뮤니케이션의 이해〉(최윤희, 1997a), 〈한국인과 문화간 커뮤니케이션〉(김숙현, 2001), 〈세계화와 동서양 문화간 커뮤니케이션〉(박명석, 2001), 〈문화간 의사소통의 이해, 다문화시대의 소통방법〉(유수연, 2008), 〈동과 서 마주보다: 동서양 문화를 읽는 열 가지 키워드〉(한국서양문화교류연구회, 2011), 〈문화간 커뮤니케이션과 국제협상〉(최윤희, 2014), 〈문화간 커뮤니케이션〉(래리 사모바 외, 2015) 등을 볼 수 있다.

문화간 커뮤니케이션의 이론 및 교육에 관한 언론학계의 연구 성과들을 살펴보면, 효과적인 문화간 의사소통을 위한 정책적 방향 시정과 필요한 준비 교육을 제안한 연구(전기택, 1994), 문화간 커뮤니케이션과 문화간 관계 훈련 과정을 소개한 연구(최윤희, 1997b), 한국사회의 당면 현실과 문화간 커뮤니케이션의 역할을 제시한 연구(임태섭, 1998), 대화의 상호행위 분석을 통해 문화간 커뮤니케이션의 관계적 능력을 분석한 연구(이두원, 1998), 문화간 커뮤니케이션 연구경향에 대한 비판적 고찰을 통하여 이론적 전제와 대안을 제시한 연구(이수범, 2000), 문화간 커뮤니케이션 교과과정을 모색한 연구(최윤희, 2000), 문화적 가치관을 중심으로 기업의 세계화를 위한 문화간 커뮤니케이션을 제안한 연구(박명석, 2000), 문화간 커뮤니케이션의 연구동향과 과제를 제시한 연구(정현숙, 2002), 저널 및 학위논문을 중심으로 한국의 문화간 커뮤니케이션 연구동향과 전망을 분석한 연구(박기순, 2004), 국가명성과 문화간 커뮤니케이션의 관계를 살펴본 연구(차희원·신호창, 2007) 등이 있다.

문화간 커뮤니케이션의 실제 현장은 민간 차원의 여행, 교류, 유학, 이주·이민 등이 있고, 영리·비영리 조직의 국제간 비즈니스, 마케팅, 협력 구축, 협상, 협약·조약 체결 등이 있다. 이러한 현장에서 일어나는 소통의 문제와 솔루션을 찾고자 하는 연구들로서, 국내 거주 외국인의 한국사회 적응과정을 문화간 커뮤니케이션과 사회적 연결망의 관점에서 살펴본 연구(김현주·전광희·이혜경, 1997), 한·미 문화간 커뮤니케이션 문제의 유형과 해결 방식에 대한 분석 연구(이두원, 1997), 비교문화적 관점에서 한국과 미국 간 체면에 대한 차이를 살펴본 연구(강길호, 2004), 한국에 거주하는 외국인 노동자의 체험담을 중심으로 문화간 커뮤니케이션 갈등을 고찰한 연구(정현숙, 2004), 〈하멜 일지〉 분석을 통하여 17세기 한국인과 화란인의 문화간 커뮤니케이션을 추적한 연구(김숙현, 2005), 다문화 한국사회에서 한국인과 중국인 사이의 소통의 두려움과 갈등관리 유형 및 관계를 문화간 상호작용 시각에서 살펴본 연구(홍종배. 2007), 국내 체류영어권 외국인과 유학생을 중심으로 한국 문화적응과 모국문화 친화도에 영향을 미치는 요인을 분석한 연구(조창환·성윤희, 2010), 호스트와 체류자 관계를 중심으로 살펴본 한-중 대학생의 문화간 커뮤니케이션 수행능력을 분석한 연구(이두원, 2011b), 중국인 유학생의 문화적 통합에 대한 영향 요인을 미디어와 대인 채널의 상호작용을 중심으로 살펴본 연구(이재신 외, 2014) 등이 있다.

한국사회의 문화간 소통 현장이 미디어의 창을 통해 투영되면서 우리사회가 갖고 있는 타문화에 대한 선입견, 편견, 고정관념, 자민족중심주의, 차별, 회피 등의 소통 장벽들도 자연스럽게 비추어졌고, 이러한 미디어 텍스트들은 다양한 연구 시각에서 분석의 대상이 되고 있다. 미디어 속의 '문화간 커뮤니케이션'을 분석·고찰한 연구들로는, 한류 효과로서 중국인의 한국 문화상품 이용이 한국에 대한 인식과 태도에 미치는 영향을 분석한 연구(이준웅, 2003), 혼혈인에 대한 미디어 보도 분석을 통하여 한국의 다문화 커뮤니케이션 현상을 고찰한 연구(정의철·이창호, 2007), 한국 다문화가족 TV드라마의 인종적, 문화적 갈등과 사회적 편견을 분석한 연구(황영미, 2010), 한국 다문화 영화를 중심으로 다문화사회와 인종차별주의를 고찰한 연구(김종갑·김슬기, 2014), KBS 〈이웃집 찰스〉에 나타난 국내거주 외국인의 문화간 커뮤니케이션 갈등 사례를 분석한 연구(이노미, 2015), 매스미디어가 조장하는 다문화 청소년의 부정적인 성(性)에 대한 선입견과 고정관념을 분석한 연구(고경자, 2017), 중국 유학생들의 스마트폰에 설치된 앱의 이용과 그들의 중국적 그리고 한국적 사회화를 고찰한 연구(문성준·우분·서탁, 2018), 한국 다문화 TV프로그램에서 재현되는 이주민·외국인의 이미지를 분석한 연구(김초희·김도연, 2018), 외국인 여행 TV리얼리티 프로그램의 민족·국가의 재현 과정을 분석한 연구(이설희·한희정, 2019) 등이 있다.

4. 한국적·동양적 전통의
휴먼 커뮤니케이션 연구에 대한 성찰

미국의 실용주의 학풍에 기반을 두고 발전한 현대 휴먼 커뮤니케이션학이 일반적으로 현대사회가 당면한 인간 소통의 현실적 문제와 해결방안을 찾는 데 연구의 초점을 맞추는 것이 사실이다. 앞서 살펴본 자아, 대인, 소그룹, 조직, 공공, 문화간 소통 차원에 관한 대부분의 연구들이 각 차원별로 발생하는 소통문제의 실체를 파악하고 실용적 해결방안을 모색하는 데 그 지향점을 두고 있다. 하지만 이러한 실용주의 학풍의 연구 설계와 결과해석에 적용되는 논거의 관점을 자세히 들여다보면, 고대 수사학에서부터 근현대 설득학, 스피치학, 그리고 논증학에 이르는 서양의 분석적 사고와 담론에 그 뿌리를 두고 있음을 알 수 있다. 즉, 서양의 사상과 철학이 제공하는 세계관, 인간관, 사회관, 소통관을 통하여 인간 소통의 과제가 인식되고, 조사되며, 분석되고 있다는 것이다.

　반면 동양의 사상과 철학은 전통적으로 통합적·유기적 접근과 사고를 기반으로 하고 있다. 따라서 동양 문화권의 구성원들이 당면하는 인간 소통의 문제는 표면적으로는 서양의 소통 문제와 유사하게 보일 수 있지만 본질적으로 그 원인과 해결방안을 모색하는 방향이 다른 관점에서 이해되고 접근되어야 할 상황이 존재한다. 오늘날 연구자들이 과학적 연구방법의 신뢰성과 타당성을 담보로 문명이나 문화의 경계를 다소 소홀히 다루는 경향이 있다. 하지만 그 경험주의, 객관주의, 실증주의적 담보의 효력도 한 시대의 문명관이나 문화적 패러다임의 경계 속에서 유효하다는 과학철학의 교훈을 염두에 둘 필요가 있다.

　이런 맥락에서 볼 때, 한국의 휴먼 커뮤니케이션학이 당면한 중대한 과제 중의 하나가 한국적·동양적 전통의 인간 커뮤니케이션학을 체계화하는 작업이다. 동양권 문명에서도 고대부터 근현대 사회에 이르기까지 시대별 사상과 철학의 테두리 속에서 인간의 소통 문제에 대한 진지한 고민과 도전이 이어져 온 것이 사실이기 때문이다. 한국적·동양적 전통의 휴먼 커뮤니케이션학을 이론적 논의로 전개하기에 아직까지 지표가 될 만한 연구 성과가 충분하지는 못하지만 지난 60년간 언론학계에서 이러한 시도와 노력이 하나의 명맥을 형성했다. 그 맥락 속에서 출간된 언론학계의 저술들을 살펴보면, 〈조선조 사회의 커뮤니케이션 현상 연구〉(이상희, 1993), 〈한국적 커뮤니케이션 모델의 탐구〉(한국언론학회 편, 1993), 〈정, 체면, 연줄 그리고 한국인의 인간관계〉(임태섭 편, 1995), 〈예(禮)와 예(藝), 한국인의 의사소통 사상을 찾아서〉(김정탁, 2004), 〈한국 전통사회의 의사소통체계와 마을문화〉(김무진, 2006), 〈한국사회의 소통 위기, 진단과 전망〉(한국언론학회, 2011), 〈한국의 소리 커뮤니케이션〉(김성재, 2012), 〈소통 열음, 한국사회의 소통문화를 통틀어 묻는다〉(이하배, 2013), 〈현, 노장의 커뮤니케이션〉(김정탁, 2014b), 〈동양의 고대 커뮤니케이션 사상〉(박허식, 2014), 〈조선 시대 백성들의 커뮤니케이션〉(채백, 2017) 등을 볼 수 있다.

한국적·동양적 전통의 휴먼 커뮤니케이션을 읽어내기 위한 연구자들의 시도가 다양한 관점에서 이루어졌다. 먼저 한국인의 정신문화에 근간인 유불선(儒佛仙) 사상에 입각하여 한국적·동양적 의사소통관을 성찰한 연구들을 살펴보면, 유가(儒家)의 언행윤리의 기본원칙과 표상화 방법(강상현, 1991), 예(禮)의 커뮤니케이션을 중심으로 유교사상과 한국인의 인간 커뮤니케이션을 고찰한 연구(박정순, 1993), 원시불교의 커뮤니케이션 사상에 관한 연구(박허식, 1993), 선문답(禪問答)의 커뮤니케이션(이장송, 1996), 동양의 커뮤니케이션 사상 연구(장낙인, 1998), 커뮤니케이션학의 관점에서 원시유가의 정명사상에 관한 기축론적 논의를 전개한 연구(박허식, 2000), 원효의 화쟁사상 관점에서 본 현대 한국인의 의사소통관을 성찰한 연구(김정탁·이경열, 2005), 단군신화의 원시형에 내재된 한국 고대 원시인들의 커뮤니케이션 사상을 고찰한 연구(박허식, 2010), 커뮤니케이션 관점에서 본 노장사상(老莊思想)의 인식론과 언어관을 해석한 연구(정필모, 2012), 유교적 전통과 세대 간의 소통(한기범, 2015) 등이 있다.

한국인의 시대별 사회적 소통 체계나 소통 문화를 고찰한 연구로서, 조선시대 교서 윤음(綸音)에 관한 정치적 소통체계 시각의 연구(박정규, 1993), 한국 정치의 소집단성을 한국인의 윤리의식과 인간 커뮤니케이션 요소를 중심으로 살펴본 연구(백선기, 1994), 한국인의 커뮤니케이션 가치관을 전통과 변화의 시각에서 고찰한 연구(임태섭, 1999c), 조선시대 말 개화세력의 형성과 커뮤니케이션 혁신을 살펴본 연구(윤병철, 2001), 상소의 설득구조에 관한 분석 연구(오인환·이규완, 2003), 상소에 인용된 고사의 설득 용도에 관한 분석 연구(이규완, 2004), 한국의 쇠북(鐘) 소리의 메시지를 고찰한 연구(김성재, 2004), 한국 풍물 소리의 메시지를 살펴본 연구(김성재, 2007), 한국적 커뮤니케이션의 관점에서 '언론' 유사 개념으로서의 '간쟁'(諫爭)에 대한 해석을 시도한 연구(김영주. 2009), 조선 후기 사회의 변화와 동학운동 과정에서의 커뮤니케이션 요소를 분석한 연구(정일권, 2010), 한글 고전소설을 통해 본 조선 후기의 인간 커뮤니케이션 양태를 살펴본 연구(채백, 2014), 한국인의 커뮤니케이션에 나타난 설득거절 전략을 추적한 연구(강길호·우아란, 2015) 등을 볼 수 있다.

한국인의 인간관계에서 주요변인으로 작용하는 정, 체면, 연줄의 차원에서 한국인의 휴먼 커뮤니케이션론을 구축하려는 한국언론학회의 '인간 커뮤니케이션 연구회'의 공동작업도 있었다. 1995년에 출간된 연구서 〈정, 체면, 연줄 그리고 한국인의 인간관계〉에는 한국인의 '정과 한', '체면과 눈치' 그리고 '연줄과 인맥'이라는 3가지 전통적 정서를 기반으로 나타나는 한국적 인간 소통의 체계를 해독하고 있다. 첫째, '정(情)과 한(恨)의 정서' 차원에서, 대인 정서로서 정의 본질, 생성과정, 속성 그리고 정의 관계와 소통(김영룡), 정과 한이 얽힌 애별리고(愛別離苦)의 남녀간 소통과

정(이두원), 정에 기반을 둔 사제관계와 지식 전수의 소통 방식(김병길), 한(恨)의 본질과 한국인의 해한(解恨)적 소통현상(임태섭)을 분석하고 있다. 둘째, '체면과 눈치의 정서' 차원에서 체면의식의 본질, 구조, 영향요인(임태섭), 공손전략과 체면관리, 그리고 그 사회적 기능(강길호), 눈치소통과 눈치문화의 배경, 눈치의 체면 보호 기능(임태섭), 갈등에 대한 인식과 속성 그리고 갈등대응 전략(이현우)을 논의하고 있다. 셋째, '연줄과 인맥의 정서' 차원에서 연고주의와 연줄망, 연줄 소통의 특성, 명과 암, 그리고 지향점(김현주), 정치적 인맥주의와 인맥주의의 문화적 배경과 개선점(백선기), '나'와 '우리'의 두 가지 얼굴을 통해본 개인주의와 집단주의 의식(임태섭), 유교적 인간관계의 현대적 의미(박기순)를 조망해보고 있다.

이처럼 지난 60년간 한국언론학회의 커뮤니케이션 연구자들은 한편으로 서구의 이론과 모델을 도입하여 한국인의 당면한 소통 문제를 진단하고 해결방안을 모색하면서, 다른 한편으로는 한국적·동양적 전통의 문명과 사상 속에서 한국인의 소통관(疏通觀), 수사학, 언어사상, 스피치 문화, 사회적 소통체계 등을 해독하려는 지속적인 노력을 기울였다. 인간의 소통은 문화적 환경 및 시대적 사상과 불가분의 관계를 갖기 때문에 우리는 한국적·동양적 전통의 의사소통 체계와 현상을 성찰하는 과제를 소홀히 할 수 없다. 이러한 연구 공동체의 도전과 성과는 한국 휴먼 커뮤니케이션학의 시야(視野)와 담론의 깊이를 확장하는 기반이 될 것이다.

5. 맺음말

1) 4차 산업혁명 시대, 휴먼 커뮤니케이션학의 확장성과 과제

오늘날 스마트 미디어는 현대인의 일상을 급격하게 바꾸고 있고, 갈수록 변화의 속도도 빨라지는 것을 실감한다. 현실 세계의 언론, 교육, 대중문화, 금융, 부동산, 쇼핑, 교통, 여행, 오락 등이 모두 내 손바닥 안, 스마트폰 속으로 들어오고 있다. 스마트폰으로 해외여행을 위한 항공권, 호텔, 관광지 입장권 예약을 끝내고, 유튜브로 사전답사까지 마치고 나면 여행은 마치 스마트폰의 정보에 대한 현지실사 평가처럼 느껴진다. 미디어가 일상의 패러다임을 바꿀 뿐만 그 속으로 일상을 모두 빨아들임으로서 그 자체가 메시지가 되어버리는 것을 시연해주는 듯하다. 스마트폰과의 일상에 빠져들수록 '신체의 확장'으로서 미디어, 그리고 '미디어가 바로 메시지'라는 맥루한의 선견지명에 감탄하게 된다.

한편 '인간의 소통'을 연구하는 전공자의 관점에서 보면, 이러한 미디어 발달 속에서도 '불통'(不通)의 고통은 여전히 인간의 삶과 행복을 위협하고 있다. 옆자리의 친구와도 카톡으로 대화를 나누는 장면을 보면 미디어가 오히려 인간 소통의 장벽이 될 수도 있다는 생각이 든다. 미디어 발달이 '인간 소통'의 문제를 해결할 수 있다면 오늘날 스마트폰을 손에 쥔 우리는 고려나 조선 시대의 사람들보다 '불통'의 통증이 훨씬 덜해야 한다. 하지만 현실을 보면 자와 타(自他), 진과 보(進保), 좌와 우(左右), 신과 구(新舊), 노와 사(勞使), 빈과 부(貧富), 동과 서(東西), 남과 북(南北)으로 나뉘어 '불통'의 고통에서 벗어나지 못하고 있다.

지금 인류는 4차 산업혁명 시대로 진입하고 있다. 인공지능, 빅데이터, 사물인터넷, 자율주행, 로봇, 드론, 가상·증강·융합 현실, 3D 프린터, 블록체인 등의 수식어로 무장한 4차 산업혁명은 초고속, 초연결, 초지능

사회를 열어갈 것으로 기대되고 있다. 이러한 4차 산업혁명 시대가 열리면 '인간의 불통' 문제가 해결될 수 있을까? 동의보감에 나오는 '불통즉통(不通 卽痛), 통즉불통(通卽不痛)'이란 구절은 불통(不通)하면 즉시 고통(痛)이 따라오고, 소통(疏通)하면 즉시 고통(痛)이 사라지는 '소통의 마법'을 표현하고 있다. 인간의 신체와 마음에 모두 적용되는 말이다. 인간의 소통을 표면적으로 보면, 미디어를 '통'(通)하여 정보가 전달·이동되면서 소통이 된 것처럼 보일 수 있다. 하지만 심층적으로 보면 인간의 소통은 결국 인간에게 시작되어 인간으로 끝난다. 나의 미디어와 너의 미디어가 통하는 것은 소통의 충분조건에 지나지 않는다. 인간 소통의 필요조건은 소통욕구, 소통동기, 소통의지 등과 같은 '마음작용'이다. 이러한 마음작용은 인간의 지각, 의식, 전의식, 무의식 체계에 의거하여 개인마다 축적한 고유한 경험세계(또는 정신세계)를 기반으로 일어나며 생주이멸(生住異滅), 즉 생겨나고 머물다가 흩어져 소멸한다.

따라서 인간 소통에 초고속, 초연결, 초지능의 미디어와 네트워크 환경을 투입해도 '나'와 '너' 사이에는 영원히 '불확실성', '모순성', 그리고 '모호성'이 존재할 수밖에 없다. '예'라고 해도 수만 가지의 '예'가 있고, '아니오'라고 해도 '예'라는 의미가 될 수 있으며, '글쎄요'라고 하면 '예'의 수만 가지 스펙트럼에서 '아니오'의 수만 가지 스펙트럼에 이르기까지 미지의 그 어느 한 점을 '적당히' 추론해야 하는 것이 '아날로그 체계'의 인간 소통이다. 게다가 인간의 마음은 시시각각 변화무쌍하여 자아적 소통이라 하더라도, 조금 전 자아적 공간에서 생각했던 것이 찰나의 순간에 마음이 변하여 타아적 공간에 도착하면, 자아와 타아의 '거리'는 한 몸 안에서도 수억 만리 떨어진다. 인간 소통에서는 같은 메시지도 화자와 청자의 경험세계에 따라 그 의미가 천지(天地)로 벌어진다. 태조 이성계와 무학대사의 고사로 내려오는 '부처의 눈에는 부처만 보이고, 돼지의 눈에는 돼지만 보인다'(豚 眼只有豚, 佛眼只有佛)는 무학대사의 설파 속에 인간 소통의 '비책'이 담겨져 있을지 모른다. 시각적 통로(channel)로서 '눈'(眼根)의 보는 기능은 같지만 보는 사람의 마음에 따라 '돼지'가 보이기도 하고 '부처'가 보이기도 하는 것이 인간의 소통현상이기 때문이다. 미디어가 발달해도 해결할 수 없는 인간 소통의 난제는 대부분 여기에서 발생한다. 이것이 앞으로 휴먼 커뮤니케이션 연구의 도전 과제이며, 이 도전 속에 휴먼 커뮤니케이션 연구의 확장성이 내포되어 있다.

앞서 살펴본 바와 같이 지난 60년간 휴먼 커뮤니케이션 연구는 실용주의 학풍에 기인하여 현대사회가 당면한 시급한 소통 문제를 해결하는 데 초점을 맞추었다. 거시적으로 보면 연구 성과도 문화간 커뮤니케이션, 공공(스피치, 토론, 설득, 공중관계 등) 커뮤니케이션, 조직 커뮤니케이션 분야에 편향되어 온 것을 볼 수 있다. 인간 소통의 연구가 문화간 교류, 대외 공중 설득, 조직 내부 관리 분야의 효율성과 생산성(성과)을 제고하는 커뮤니케이션 전략을 도출하는 데 노력을 기울여왔다. 하지만 앞으로 4차 산업혁명 시대가 도래하면서 공공 조직의 효율성과 생산성을 제고하는 전략과 수단으로서 소통의 역할은 점차 줄어들 것으로 예상된다.

과학기술 문명이 발전할수록 인간 '소통학'의 지향점은 결국 동서고금의 인간이 추구하는 '행복'이 될 것이다. 다소 추상적으로 들릴 수 있지만, 행복하려면 불행하지 않아야 하고, 불행하지 않으려면 고통이 없어야 한다. 질병이나 장애로 인한 육체적 고통은 의학적·생체공학적 지식과 기술에 의존하여 치료하고 처치할 수 있다. 반면 정신적 고통은 평안과 만족이 깨진 상태, 즉 불안과 불만의 상태에서 발생하는데, 이러한 심적 고통을 소멸시키는 치유 수단으로서 인간의 자아적, 대인적, 소그룹 단위의 소통이 중요한 역할을 할 수 있다. 이미 심리·정신치료학에서 명상, 대화와 경청, 소집단 경험공유 등과 같은 자아, 대인, 소그룹 소통이 응용되고 있다. 앞으로 언론학계의 휴먼 커뮤니케이션 연구에서도 자아, 대인, 소그룹 영역에 대한 실용적·학문적 관심이 모아질 것으로 예측된다.

2) 한국적·동양적 전통의 휴먼 커뮤니케이션학 연구의 지향점과 과제

앞서 우리는 지난 60년간 언론학계 내에서 한국적·동양적 전통의 의사소통관, 수사학, 언어사상, 스피치 문화, 사회적 소통체계 등을 파악하고자 하는 지속적인 노력이 하나의 맥을 형성했음을 확인하였다. 아직까지 한국인의 소통 이론을 체계화하여 하나의 패러다임으로 제시하기에는 연구 성과가 충분하지 못하지만, 다음 3가지 관점에서 한국적·동양적 전통의 휴먼 커뮤니케이션학에 대한 지속적인 관심과 연구가 필요하다.

첫째, 동양과 서양의 의사소통 문화에 분명한 차이가 존재하고, 그에 따라 소통 문제의 본질을 파악하고 그 개선 방법을 찾기 위한 접근방식도 해당 문화권의 사상과 소통관을 토대로 이루어져야 한다. 왜냐하면 문화가 다르다는 것은 곧 세상을 바라보는 세계관, 정보의 지각과 인식과정, 사고방식, 가치체계, 표현방식과 언어형태, 행동방식, 의사결정 방식, 메시지의 전달과 미디어 활용방식 등이 다르다는 것을 의미하기 때문이다. 이를테면, 한국의 집합주의적 소통문화는 체면과 겸손을 중요시하며 인맥이나 연줄(예: 학연, 혈연, 지연)이 사회적 네트워크가 되고, 조직에서도 성과보다는 관계에 더 무게를 두며, 사회적 권위나 위계를 수용하는 성향이 높다. 반면 서양의 개인주의적 소통문화는 자신감과 자기주장을 중요시 여기고 개인의 성과와 업적이 사회적 네트워크가 되며, 조직에서도 관계보다 성과에 더 무게를 두고, 권위나 위계를 수용하는 성향이 낮다. 따라서 한국인이 당면하는 자아, 대인, 소그룹, 조직, 공공, 문화 간 소통의 양태는 표면적으로는 서양의 소통 양태와 유사하게 보이지만 소통 문제의 원인을 파악하고 그 해결방안을 모색하는 작업은 한국적·동양적 사고방식과 소통문화에 기반을 두고 달리 접근하는 것이 타당하다.

둘째, 인간의 소통현상에 대한 동서양의 전통적 사상과 담론을 비교해 보면 '연구자'(관찰자)의 접근방식에서 근본적 차이가 나타난다. 연구자가 인간 소통(즉, 연구대상)을 바라보고 접근하는 방식에 근본적 차이가 있다. 서양에서는 이성적 논리와 분석적 사고에 기초를 두고 인간 소통에 대한 연구가 전개되어 왔다. 분석을 통하여 개별 요인 자체에 초점을 맞추고, 한 요인과 또 다른 요인 간의 인과관계를 찾아냄으로써 각 요인의 실질이나 실체를 밝히는 데 연구의 초점을 맞추고 있다. 반면 한국적·동양적 전통에서는 감성적 정서와 통합적 사고에 기초를 두고 인간 소통을 접근했다. 인간 소통을 유기적 현상으로 보고, 개별 요인에 초점을 맞추기보다는 다양한 요인들 사이의 관계성 그리고 주변 상황(맥락)에 중점을 두고 종합적 측면을 파악하는 데 연구의 초점을 맞추고 있다. 따라서 분석적·개체 중심적 연구 시각을 갖고 발전한 서양권의 휴먼 커뮤니케이션 연구 성과를 살펴보고 활용하는 동시에, 통합적·유기체적 관점으로 구축된 동양권의 인간 소통론을 성찰하고 현대 휴먼 커뮤니케이션학 영역으로 확장하는 과제도 소홀히 해서는 안 될 것이다.

셋째, 짧게는 지난 수백 년, 길게는 수천 년 동안 이어온 한국적·동양적 전통의 인간 소통관과 그 담론이 향하는 곳으로 시선을 돌려보면 늘 인간의 '마음'(人心)이 그곳에 있었고, 연구의 대상이었음을 깨닫게 된다. 한국인의 정신문명의 근간이 된 유불선 사상의 소통관만 보아도, 소통의 문제와 해결 방향이 바로 인간의 마음을 가리키고(直指人心) 있음을 볼 수 있다. 인간의 의사와 표현 작용이 일어나는 곳, 지각과 인식작용이 일어나는 곳, 입장과 시각이 변화무쌍하게 바뀌는 곳, 막히면 아프고(不通卽痛) 통하면 평안한(通卽不痛) 이곳은 어디인가? 그곳은 인간의 '마음'이며, 그곳에서 자존과 이타가 공존하는 자리이타(自利利他)의 심성 그리고 자아와 타아의 관점이 교차하는 교감·공감의 성품이 생겨난다. 이러한 인간의 마음에 대한 심각한 탐구가 21세기 휴먼 커뮤니케이션학의 주요 도전 과제가 될 것이다. 어쩌면 한국의 휴먼 커뮤니케이션 연구자들은 이미 큰 보고(寶庫)를 손에 쥐고 있을지도 모른다. 다만 그 보고의 가치를 얻기 위해서는 연구자들이 21세기 현대사회의 인간들이 직면한 소통 문제의 본질을 정확하게 진단하고, 이를 치유할 수 있는 '비책'을 고전에서 찾아내 '불통의 고통'을 치유할 수 있는 어플리케이션의 개발자가 되어야 한다. 한국적·동양적 인간 소통학의 지향점과 과제가 여기에 있다고 할 수 있다.

참고문헌

강길호(1992). 커뮤니케이션 목표와 체면 전략. 〈한국언론학보〉 27호, 5~29.

_____(1994). 한국인의 커뮤니케이션에 나타난 공손전략. 〈한국언론학보〉 32호, 9~35.

_____(2002). 한국의 대인 커뮤니케이션연구 동향과 과제. 〈한국스피치커뮤니케이션학회 학술대회 자료집〉, 55~66.

_____(2004). 한국과 미국간 체면에 대한 비교문화권적 차이. 〈스피치와 커뮤니케이션〉 3호, 262~282.

_____(2009). 한국의 휴먼 커뮤니케이션학사. 한국언론학회 50년사 편찬위원회, 〈한국언론학회 50년사: 1959~2009〉, 631~660.

강길호·김경은(2012). 한국인의 커뮤니케이션에 나타난 대인설득 전략. 〈한국소통학보〉 18호, 78~120.

강길호·김종욱(1998). 설득메시지에 나타난 공손표현과 성별이 수용자 태도에 미치는 효과. 〈한국언론학보〉 43권 1호, 5~36.

강길호·우아란(2015). 한국인의 커뮤니케이션에 나타난 설득거절 전략. 〈한국소통학보〉 28호, 219~250.

강상현(1991). 유가적(儒家的) 언행윤리(言行倫理)의 기본 원칙과 표상화 방법. 〈언론 사회 문화〉, 75~95. 연세대 언론연구소.

강준만(2010). 죽음의 문화정치학: 한국의 '장례' 커뮤니케이션에 관한 연구. 〈한국언론학보〉 54권 5호, 86~107.

강태완(2001). 〈토론의 방법〉. 서울: 커뮤니케이션북스.

강태완·장해순(2003). 대학생들의 토론학습동기와 인지욕구가 토론능력, 상호작용관여 및 논쟁성에 미치는 영향. 〈한국언론학보〉 47권 6호, 249~278.

고경자(2017). 매스미디어가 조장하는 다문화 청소년의 부정적인 성(性). 〈다문화와 인간〉 6권 2호, 111~136.

공희정·신항균(2005). 초등학교 수학과 소집단 협동학습에 나타나는 의사소통의 수단 분석. 〈한국초등수학교육학회지〉 9권 2호, 181~200.

김경아(1995). 소집단 커뮤니케이션 형태가 구성원의 집단 만족도에 미치는 영향. 서강대 대학원 석사논문.

김관규·박연진(2007). TV토론에서의 후보 지지도와 토론 포맷에 따른 설득전략의 차이. 〈한국방송학보〉 21권 3호, 47~87.

_____(2018). 19대 대통령선거 선거방송토론에서 나타난 후보자의 설득전략 분석. 〈언론과학연구〉 18권 2호, 35~69.

김광희(2009). 자아커뮤니케이션 교육이 커뮤니케이션 능력 향상에 미치는 영향 연구. 〈한국방송학회 학술대회 논문집〉, 129~136. 한국방송학회.

김대중(2016). 대인 커뮤니케이션에서 거짓말 단서로의 시선회피. 〈한국언론학보〉 60권 3호, 7~35.

김도희·김정규(2018). 스피치구조에 따른 비언어커뮤니케이션의 탐색적 분석연구. 〈한국소통학회 학술대회〉, 85~92.

김무진(2006). 〈한국 전통사회의 의사소통체계와 마을문화〉. 대구: 계명대 출판부.

김문수(2004). 컴퓨터 매개 커뮤니케이션을 통한 대인관계 형성에 대한 실험연구. 〈한국언론학회 학술대회 발표논문집〉, 339~343.

김민정(2009). 환자 중심적 성향과 환자만족에 영향을 미치는 요인에 관한 연구: 환자와 의사의 개인적 특성과 커뮤니케이션 스타일을 중심으로. 한양대 대학원 박사논문.

김민정·한동섭(2006). 친밀성에 따른 대인 매체 이용행태 및 심리적 경험과의 관계 연구. 〈한국언론학보〉 50권 3호, 94~121.

김병길(1993). 사제간 커뮤니케이션에 있어 불확실성 감소 이론에 관한 재고찰. 〈한국언론학보〉 29호, 5~34.

_____(2000). 대학생의 음주와 대인 커뮤니케이션의 관계에 관한 연구. 〈한국언론학보〉 44권 3호, 76~114.

김상준(2007). 〈스피치커뮤니케이션〉. 서울: 역락.

김선희(2003). 사이버 공간이 다중자아 현상을 일으키는 존재론적 구조. 〈철학〉 74집, 171~197. 한국철학회.

_____(2004). 〈자아정체성과 다중자아의 문제〉. 정보통신정책연구원.

김성재(2004). 한국의 소리 커뮤니케이션: 쇠북(鐘) 소리의 메시지. 〈한국언론학보〉

48권 1호, 258~283.

_____(2007). 한국의 소리 커뮤니케이션: 풍물의 메시지. 〈한국언론학보〉 51권 2호, 105~123.

_____(2012). 〈한국의 소리 커뮤니케이션: 쇠북소리, 징소리, 풍물, 민요, 판소리, 산조, 유행가의 메시지〉. 서울: 커뮤니케이션북스.

김숙현(2001). 〈한국인과 문화간 커뮤니케이션〉. 서울: 커뮤니케이션북스.

_____(2005). 17세기 한국인과 화란인간의 문화간 커뮤니케이션에 대한 연구: 하멜 일지 분석을 중심으로. 〈커뮤니케이션학연구〉 13권 5호, 94~115.

김연종(2008). 17대 대선 합동선거방송토론회의 설득 커뮤니케이션 효과. 〈한국소통학보〉 9호, 167~206.

김연화·이시훈(2017). 스피치 교육이 개인의 성격특성과 스피치 능력 변화에 미치는 영향 연구: 사관생도를 대상으로 한 사례연구. 〈한국소통학보〉 16권 2호, 145~171.

김영임(1998). 〈스피치커뮤니케이션〉. 서울: 나남.

_____(2016). 소셜미디어의 대인관계: 이용방식이 대인관계 만족감과 이질감에 미치는 영향. 〈통합인문학연구〉 8권 2호, 163~187.

김영주(2009). 한국적 커뮤니케이션 개념의 역사적 이해: '언론' 유사 개념으로서의 '간쟁'에 대한 고찰. 〈커뮤니케이션 이론〉 5권 1호, 44~71.

김은성(2007). 방송 진행자의 스피치 구성요인과 공신력 평가에 관한 연구. 〈한국언론학보〉 51권 1호, 114~143.

김은이·이종혁(2010). 대인 커뮤니케이션 유형별 대중매체 이용이 사회자본에 미치는 영향 비교. 〈한국언론학보〉 54권 6호, 5~27.

김인영·강태완(2003). 제 15, 16대 대통령선거 TV토론에 나타난 후보자 논증전략. 〈한국소통학보〉 2호, 7~40.

김정랑·노재춘(2014). 스마트 기반 협동학습을 통한 의사소통 능력 신장에 관한 연구. 〈정보교육학회논문지〉 18권 4호, 625~632.

김정탁(2004). 〈예(禮)와 예(藝), 한국인의 의사소통 사상을 찾아서〉. 서울: 한울.

_____(2014a). 다문화사회와 동아시아 커뮤니케이션: 현(玄)과 황(黃)의 관점에서. 〈커뮤니케이션 이론〉 10권 3호, 4~35.

_____(2014b). 〈현, 노장의 커뮤니케이션〉. 서울: 커뮤니케이션북스.

김정탁·이경열(2005). 원효의 화쟁사상 관점에서 본 현대 한국인의 의사소통관. 〈한국언론학회 학술대회 발표논문집〉, 379~392.

김종갑·김슬기(2014). 다문화사회와 인종차별주의: 한국다문화영화를 중심으로. 〈다문화사회연구〉 7권 2호, 85~105.

김진영(2012). 스피치 강좌에 대한 학습자들의 인지유형 연구. 〈한국소통학보〉 19호, 124~158.

_____(2015). 〈자아 커뮤니케이션〉. 서울: 커뮤니케이션북스.

김초희·염정윤·김류원·정세훈(2017). 스피치 교육에서 영화 활용의 효과. 〈한국소통학보〉 16권 3호, 197~227.

김총혜·조재희(2019). 연인 간 인스턴트 메시지 이용이 관계 헌신에 미치는 영향: 사회적 실재감과 긍정적 환상의 효과를 중심으로. 〈한국언론학보〉 63권 3호, 117~142.

김현주(1992). 제1장: 한국인의 연줄 커뮤니케이션. 〈한국적 커뮤니케이션 모델의 탐구: 한국인과 커뮤니케이션〉. 서울: 한국언론학회.

_____(2005). 올바른 커뮤니케이션 문화를 위한 토론 프로그램의 역할과 과제. 〈한국소통학보〉 4호, 57~83.

_____(2012). 한국 휴먼 커뮤니케이션 연구의 회고와 전망. 〈한국소통학회 가을철 정기학술대회집〉, 137~145.

김현주·양승목(2004). 국내외 대학 스피치커뮤니케이션 교육현황: 국내대학사례. 〈한국소통학회 가을철 정기학술대회집〉, 83~124.

김현주·전광희·이혜경(1997). 국내 거류 외국인의 한국사회 적응과정에 관한 연구: 문화간 커뮤니케이션과 사회적 연결망을 중심으로. 〈한국언론학보〉 40호, 105~139.

김형경·민 영(2011). 조직 커뮤니케이션 매체로서 위성영상방송: 정보적·관계적 차원의 효과를 중심으로. 〈방송통신연구〉 74호, 42~63.

김혜영·안보섭(2018). 조직 내부 공중의 커뮤니케이션 역량이 조직 관계 유효성에 미치는 영향 연구. 〈홍보학연구〉 22권 3호, 55~104.

김혜영·정만수·안보섭(2017). 조직 내부 공중의 커뮤니케이션 역량에 대한 척도 개발 연구. 〈홍보학연구〉 21권 3호, 64~104.

김 홍·안동수(2006). 팀제가 팀 임파워먼트에 미치는 영향에 관한 연구: KBS 팀제를 중심으로. 〈벤처창업연구〉 1권 1호. 53~70.

노혜정(2010). 텔레비전 노출이 청소년의 외모만족과 자아인식에 미치는 영향. 〈한국언론학회 학술대회 발표논문집〉. 129~131.

류성진(2016). 부모와 자녀 간 의사소통행위에 대한 지각 차이가 자녀의 감정조절 및 인지적 의사소통 능력에 미치는 영향. 〈한국언론학보〉 60권 6호, 100~126.

류영란·박선주(2001). 소집단 협동학습을 통한 웹기반 문제해결학습 시스템의 개발 및 적용. 〈정보교육학회논문지〉 4권 2호, 159~168.

문비치・이유나(2008). 조직문화, 사원 커뮤니케이션, 조직-사원 관계성에 대한 연구. 〈한국언론학보〉 52권 3호, 122~150.

문성준・우 분・서 탁(2018). 중국 유학생들의 스마트폰에 설치된 앱(APP)의 이용과 그들의 중국적 그리고 한국적 사회화. 〈한국언론학보〉 62권 6호, 197~215.

문용식(1997). 〈스피치 커뮤니케이션의 이론과 실제〉. 서울: 한국로고스연구원.

박기령・김재영(2014). 제18대 대통령후보 TV토론에 나타난 후보들의 수사 분석. 〈한국소통학보〉 23호, 107~138.

박기순(1994). 유교에서 본 인간커뮤니케이션에 관한 일 고찰: 모형정립적 접근. 〈한국언론학보〉 31호, 123~142.

＿＿＿(1998). 〈대인 커뮤니케이션〉. 서울: 세영사.

＿＿＿(2004). 한국의 문화간 커뮤니케이션 연구동향과 전망: 저널 및 학위논문을 중심으로. 〈커뮤니케이션학 연구〉 11권 1호, 5~35.

박기순・백선기(1994). 보도・담론・함축의미: '부산기관장모임' 담론의 의미구조 분석. 〈한국언론학보〉 31호, 143~189.

박노일・정지연・진범섭(2017). 대학 조직 커뮤니케이션과 대학-학생 관계성 및 대학 만족도. 〈홍보학연구〉 21권 6호, 131~151.

박란희・이시훈(2009). 목소리 구성요소의 커뮤니케이션 효과에 관한 연구. 〈한국소통학보〉 11호, 293~327.

박명석(2000). 기업의 세계화를 위한 문화간 커뮤니케이션: 문화적 가치관을 중심으로. 〈커뮤니케이션학 연구〉 8권 1호, 7~19.

＿＿＿(2001). 〈세계화와 동・서양 문화간 커뮤니케이션〉. 서울: 태학사.

박은영(2006). 자기소개 스피치의 논증구조: 자기소개 스피치에 나타난 청중분석. 〈한국소통학보〉 5호, 40~68.

박정규(1993). 조선시대 교서(敎書) 윤음(綸音)에 관한 연구. 〈한국언론학회 연구보고서 및 기타간행물〉, 46~57.

박정순(1993). 예(禮)의 커뮤니케이션: 유교사상과 한국인의 인간 커뮤니케이션. 〈한국언론학보〉 30호, 59~97.

박주연・김 숙(2013). 텔레비전 드라마에 나타난 노인의 가족 내 역할과 지위에 관한 연구. 〈한국언론학보〉 57권 2호, 185~206.

박지철・장석인(2013). 조직 커뮤니케이션이 직무스트레스와 조직몰입에 미치는 영향에 대한 연구. 〈기업경영리뷰〉 4권 1호, 111~134.

박허식(1993). 원시불교의 커뮤니케이션 사상. 〈한국언론학회 연구보고서 및 기타간행물〉, 364~424.

_____(2000). 커뮤니케이션의 관점에서 본 원시유가의 정명사상에 관한 기축론적 연구. 〈한국언론학보〉 44권 2호, 124~149.

_____(2004). 〈동양의 고대 커뮤니케이션 사상〉. 서울: 커뮤니케이션북스.

_____(2007). 동양의 신화적 커뮤니케이션 사상. 〈한국언론학보〉 51권 6호, 34~57.

_____(2010). 단군신화의 원시형에 내재된 우리나라 고대 원시인들의 커뮤니케이션 사상. 〈한국사회과학연구〉 32권 1호, 47~82.

박현구(2004). 인터넷 환경에서 비언어적 공손 전략으로서 도상문자에 관한 연구. 〈한국언론학보〉 48권 1호, 142~165.

반승원·전범수(2013). 가족 커뮤니케이션이 자녀의 배우자 선택에 미치는 영향: 커뮤니케이션 만족도와 자아분화도 매개를 중심으로. 〈한국언론학보〉 57권 5호, 137~154.

범기수·김은정·유가기·정혜진(2009). 자기주장성과 스피치 교육의 효과: 스피치 능력과 스피치 불안감을 중심으로. 〈한국소통학보〉 12호, 196~218.

범기수·김은정·백세진(2010). 소집단 커뮤니케이션이 구성원의 집단 응집력, 집단 만족도, 노력회피성향에 미치는 영향. 〈한국광고홍보학보〉 13권 2호, 134~170.

배진한(2003). 한국인의 커뮤니케이션 가치관과 대인 커뮤니케이션 매체로서의 이동전화의 매체인식: 기성세대의 이중성을 중심으로. 〈한국언론정보학보〉 21호, 87~113.

백선기(1994). 한국 정치에서의 소집단성: 한국인의 윤리 의식을 바탕으로 한 인간 커뮤니케이션 요소를 중심으로. 〈커뮤니케이션학 연구〉 2권 1호, 226~243.

서미경(2010). 스피치 교육 프로그램이 의사소통 능력과 리더십에 미치는 효과. 〈화법연구〉 17호, 137~167.

서현석(2005). 학생 소집단 대화의 '협의' 양상: 의사결정 과제를 중심으로. 〈국어교육학연구〉 22집, 159~186.

성연옥(2012). 조직 커뮤니케이션의 이론에 관한 연구. 〈기업경영리뷰〉 3권 1호, 19~47.

손정민(2018). 공무원의 조직커뮤니케이션이 직무태도에 미치는 영향. 〈한국행정학회 학술발표논문집〉, 2189~2219.

송종길(2003). 대통령후보 TV합동토론 형식 비교 연구: 대통령선거방송토론위원회 주최 합동토론회를 중심으로. 〈한국언론정보학보〉 22호, 107~130.

송진열(2013). 치유의 수단으로서 영화적 관람: 내면 아이와 내면 부모의 개념을 중심으로. 〈커뮤니케이션 디자인학연구〉 43권, 101~111. 커뮤니케이션디자인학회.

신민주·주용국(2019). 〈대인관계 의사소통〉. 서울: 학지사.

신성진(2008). 조직 갈등관리 전략으로서 노사협상의 커뮤니케이션 특징에 관한 연구. 〈한국스피치커뮤니케이션학회 학술대회 자료집〉, 32~47.

신호창·노형신(2010). 은행 간 인수·합병에 따른 조직문화의 통합과 사내커뮤니케이션 전략에 관한 연구. 〈한국언론학보〉 54권 2호, 405~427.

신호창·윤선현(2008). 바람직한 조직문화 형성을 위한 사내 커뮤니케이션 진단. 〈홍보학연구〉 12권 2호, 44~81.

신희선(2006). 의사소통 능력 향상을 위한 여대생 스피치 교육의 사례연구. 〈한국소통학보〉 6호, 70~102.

염우선·송영수(2011). 소그룹 퍼실리테이터의 역할과 주요역량에 대한 중요성 및 수행수준 인식 차이분석에 관한 연구. 〈산업교육연구〉 22권, 67~88.

오두범(1994). 〈조직 커뮤니케이션 원론〉. 서울: 서울대 출판부.

오미영(2007). 방송 언어의 불손 전략: 공손 전략 논의를 바탕으로. 〈한국소통학보〉 7호, 109~150.

오세정(2009). 대학 스피치 교육에 대한 비판적 검토와 대안적 시각. 〈서강인문논총〉 25집, 87~114.

오인환·이규완(2003). 상소의 설득구조에 관한 연구. 〈한국언론학보〉 47권 3호, 5~37.

원정숙·신현숙(2008). 소집단 역동을 이용한 간호대학생의 의사소통 훈련프로그램의 효과. 〈동서간호학연구지〉 14권 2호, 60~66.

유계숙(2015). 직장 내 집단따돌림에 영향을 미치는 조직문화와 반 따돌림 대처의 효과. 〈보건사회연구〉 35권 4호, 245~277.

유선욱·박혜영(2018). 대학의 PR과 대학생의 학업 성취. 〈한국언론학보〉 62권 5호, 329~363.

유선욱·신호창(2011). 사내 커뮤니케이션 기풍적 요인과 조직 구성원간 신뢰와의 관계에 대한 연구. 〈한국언론학보〉 55권 3호, 54~81.

유수연(2008). 〈문화간 의사소통의 이해: 다문화시대의 소통방법〉. 서울: 한국문화사.

유재성(2008). 소그룹 리더를 위한 의사소통 모형. 〈복음과 실천〉 41권 1호, 225~248.

윤병철(2001). 조선조 말 개화세력의 형성과 커뮤니케이션 혁신. 〈한국언론학보〉 46권 1호, 264~305.

윤태일(2009). 신명커뮤니케이션 서설(序說). 〈커뮤니케이션 이론〉 5권 1호, 8~50.

이건혁 (2017). 커뮤니케이션과 조직 신뢰, 그리고 조직 몰입: 지식창출의 효과를 중심으로. 〈지역과 커뮤니케이션〉 21권 4호, 65~88.

이경우·김경희 (2006). 〈커뮤니케이션과 대인관계〉. 서울: 보고사.

이규완 (2004). 상소에 인용된 고사의 설득 용도에 관한 연구. 〈한국언론학보〉 48권 4호, 299~322.

이귀혜 (2007). 한국 대통령들의 설득 수사학: 에토스, 파토스, 로고스 개념을 중심으로. 〈한국소통학보〉 8호, 276~312.

이노미 (2015). KBS 〈이웃집 찰스〉에 나타난 국내거주 외국인의 문화간 커뮤니케이션 갈등 사례연구. 〈한국영상학회 논문집〉 13권 5호, 135~150.

이두원 (1995a). 기호 현상학적 휴먼 커뮤니케이션 모델 구축에 대한 이론적 연구. 〈한국언론학보〉 35호, 71~105.

_____ (1995b). TV 토크쇼 진행자의 언어적 스타일에 대한 연구. 〈한국방송학보〉 6호, 5~39.

_____ (1997). 한·미문화간 커뮤니케이션 문제의 유형과 해결 방식에 대한 분석 연구. 〈커뮤니케이션학 연구〉 5권 1호, 29~66.

_____ (1998). 문화간 커뮤니케이션의 관계적 능력 연구. 〈한국언론학보〉 42권 3호, 171~208

_____ (2000). 의사-환자간 커뮤니케이션 행위에 대한 대화분석 연구. 〈한국언론학보〉 45권 1호, 232~265.

_____ (2004). 침묵, 파열, 소리에 대한 커뮤니케이션 현상학적 탐색. 〈커뮤니케이션학 연구〉 11권 1호, 82~108. 한국커뮤니케이션학회.

_____ (2005). 〈논쟁: 입장과 시각의 설득〉. 서울: 커뮤니케이션북스.

_____ (2007). 휴먼 커뮤니케이션에 대한 메를리-퐁티(Merleau-Ponty)의 현상학적 탐색. 〈커뮤니케이션학 연구〉 15권 4호, 81~96. 한국커뮤니케이션학회.

_____ (2008). 한국 대학생의 디베이트 스타일에 대한 내용 분석. 〈커뮤니케이션학 연구〉 16권 1호, 79~100.

_____ (2009). 정치선거의 정책 찬반토론 포맷 개발 연구. 〈한국사회과학연구〉 31권 1호, 143~162.

_____ (2011a). 자아 커뮤니케이션에 대한 기호현상학적 모델 구축 연구. 〈한국사회과학연구〉 33권 1호, 235~250.

_____ (2011b). 한-중 대학생의 문화간 커뮤니케이션 수행능력에 대한 탐색연구: 호스트와 체류자 관계를 중심으로. 〈커뮤니케이션학 연구〉 19권 2호, 5~25.

_____ (2014). 〈정책토론의 정석〉. 서울: 커뮤니케이션북스.

_____(2016). 비영리 조직의 위기관리 커뮤니케이션 전략에 대한 탐색연구. 〈한국사회과학연구〉 37권 2호, 65~90.

이병혜(2008). 스피치 교육이 의사소통 및 문제해결 능력에 미치는 영향에 관한 연구. 〈화법연구〉 12호, 299~327.

이상철(2005). 교양교육으로서 스피치와 토론 프로그램의 유익성과 한계점. 〈한국스피치커뮤니케이션학회 학술대회 자료집〉, 268~283.

_____(2006). 〈스피치와 토론〉. 서울: 성균관대 출판부.

이상희(1993). 〈조선조 사회의 커뮤니케이션 현상 연구〉. 서울: 나남.

이서영(2013). 스피치의 두려움 유형분류에 관한 연구. 〈한국스피치커뮤니케이션학회 학술대회 자료집〉 11호, 219~232.

이설희·한희정(2019). 외국인 여행 리얼리티 프로그램의 민족·국가 재현. 〈한국언론정보학보〉 95호, 163~193.

이수범(2000). 문화간 커뮤니케이션 연구경향에 대한 비판적 고찰. 〈한국언론학보〉 44권 2호, 186~214.

이수범·김용준(2017). 제19대 대통령선거 TV토론의 설득전략 연구. 〈선거연구〉 1권 8호, 37~57.

이유나·허경호(2008). 발표상황에서 발표자의 비언어적 요소가 발표자의 이미지 평가 및 메시지 인지도에 미치는 영향. 〈한국소통학보〉 10호, 38~72.

이유미(2015). 대학생 팀 프로젝트 수행에서 나타나는 갈등 관리와 인식에 대한 연구. 〈인문과학연구〉 47호, 595~612.

이의정(1992). 한국인의 커뮤니케이션 메시지 작성 전략에 관한 연구. 〈한국언론학보〉 27호, 381~411.

이장송(1996). 선문답의 커뮤니케이션. 〈커뮤니케이션학 연구〉 4권 1호, 176~206.

이재신(2002). 가상공간에서의 대인 커뮤니케이션. 〈사이버커뮤니케이션학보〉 10호, 105~148.

이재신·이민영(2007). 대인관계 특성이 대인 커뮤니케이션 채널 이용에 미치는 영향에 관한 연구. 〈한국언론학보〉 51권 1호, 427~454.

이재신·이문광·류재미·최문훈(2014). 중국인 유학생의 문화적 통합에 대한 영향요인 탐구. 〈한국언론학보〉 58권 5호, 233~254.

이정자(2001). 그룹활동을 통한 의사소통 능력 신장 연구. 〈한국어 교육〉 12권 2호, 29~52.

이종화(1987). 〈조직 커뮤니케이션론〉. 서울: 전예원.

_____(1996). 〈커뮤니케이션과 조직〉. 서울: 성균관대 출판부

이종희 · 오지양(2011). 후보자 TV토론회 토론포맷 연구: 제 5회 전국동시지방선거 서울시장 후보자 토론회를 중심으로. 〈한국언론학보〉 55권 1호, 67~96.

이준웅(2003). 한류의 커뮤니케이션 효과: 중국인의 한국 문화상품 이용이 한국에 대한 인식과 태도에 미치는 영향. 〈한국언론학보〉 47권 5호, 5~35.

_____(2009). 가는 말이 험해야 오는 말이 곱다: 의사소통 예절, 권력, 그리고 전략. 〈한국언론학보〉 53권 4호, 395~417.

이준웅 · 양승목(2004). 국내외 대학 스피치커뮤니케이션 교육 현황: 미국 대학의 스피치 교육 현황. 〈한국스피치커뮤니케이션학회 학술대회 자료집〉, 127~165.

이준웅 · 이상철 · 이귀혜 · 유정아 · 장윤재 · 김현석(2006). 공공 스피치와 토론 교육이 커뮤니케이션 능력과 시민성에 미치는 효과. 〈한국언론학회 학술대회 발표논문집〉, 15~17.

이준일(1997). 〈조직 커뮤니케이션〉. 서울: 나남.

이준일 · 이지연(2006). 조직내 커뮤니케이션과 구성원의 직무만족도에 관한 연구: 대학교 교직원을 중심으로. 〈한국언론학회 춘계학술대회 발표논문집〉, 491~507.

이하배(2013). 〈소통 열음, 한국사회의 소통문화를 통틀어 묻는다〉. 서울: 논형.

이화미(2008). 사내 커뮤니케이션과 보상이 내부공중의 임파워먼트와 조직 애착심에 미치는 영향력 연구. 〈한국언론학회 학술대회 발표논문집〉, 167~168.

임태섭(1994). 체면의 구조와 체면욕구의 결정요인에 대한 연구. 〈한국언론학보〉 32호, 205~247.

_____(1998). 한국사회의 당면 현실과 문화간 커뮤니케이션 연구. 〈커뮤니케이션학 연구〉 6권 1호, 37~60.

_____(1999a) 〈스피치 커뮤니케이션〉. 서울: 연암사.

_____(1999b). 청소년들의 세대간 커뮤니케이션에 대한 인식 연구. 〈한국언론학보〉 43권 3호, 244~269.

_____(1999c). 한국인의 커뮤니케이션 가치관: 전통과 변화. 〈커뮤니케이션학 연구〉 7권 1호, 52~66.

_____(2011). 〈스피치 커뮤니케이션〉. 서울: 커뮤니케이션북스.

임태섭 편저(1995). 〈정, 체면, 연줄 그리고 한국인의 인간관계〉. 서울: 한나래.

장낙인(1998). 동양의 커뮤니케이션 사상. 〈커뮤니케이션학 연구〉 6권 1호, 13~36.

장을병(1978). 조직체와 발전커뮤니케이션. 〈한국언론학보〉 10호, 113~129.

장하경(1998). 대중문화에 나타난 부부관계 분석: TV 드라마를 중심으로. 〈한국가족관계학회지〉 3권 2호, 153~170.

장하용 · George A. Barnett(1998). 커뮤니케이션 네트워크와 조직분위기의 인식.

〈한국언론학보〉 43권 2호, 285~319.

장해순·강태완(2005). 스피치교육이 커뮤니케이션 능력과 불안감에 미치는 영향. 〈한국언론학보〉 49권 1호, 163~191.

장해순·이만제(2017). 대학생의 부정적 평가 두려움과 스피치 불안감의 관계에서 자기격려의 매개효과. 〈커뮤니케이션학 연구〉 25권 1호, 63~83.

장현지·차희원(2013). 조직원 간 대인 커뮤니케이션이 기업명성에 미치는 영향. 〈홍보학연구〉 17권 4호, 135~186.

전기택(1994). 효과적인 문화간 의사 소통을 위한 정책적 방향 시정과 필요한 준비 교육. 〈커뮤니케이션학 연구〉 2권 1호, 84~94.

전애란(2013). 체제적 교수 설계에 의한 설득 스피치 교육 효과 분석. 〈한국소통학보〉 20호, 188~221.

정일권(2010). 조선 후기 사회의 변화와 동학운동 과정에서의 커뮤니케이션 요소 분석. 〈한국언론학보〉 54권 6호, 81~102.

정덕호·조규성·유대성(2013). 소집단 활동에서 과학 영재들의 집단 내 의사소통 지위와 언어네트워크. 〈한국지구과학회지〉 34권 2호, 148~161.

정만수(1990). 역할이론과 소집단 커뮤니케이션: 가족의 구매행동을 중심으로. 〈커뮤니케이션 과학〉 12권 1호, 47~61.

_____(1991). 커뮤니케이션과 자아개념에 대한 일 연구. 〈커뮤니케이션 과학〉 13권 1호, 101~114. 고려대 신문방송연구소.

정성호·이화행(2006). TV토론이 유권자의 인지효과에 미치는 영향연구. 〈한국방송학회 학술대회 논문집〉, 664~678.

정순연·이혜영(2005). 효율적인 스피치 수업방안에 관한 연구. 〈한국스피치커뮤니케이션학회 학술대회 자료집〉, 103~121.

정영희(2008). 텔레비전 드라마에 재현된 가족관계 내에서의 아버지상. 〈한국언론학회 춘계학술대회 발표논문집〉, 289~290.

정윤식(1982). 조직의 구조변화와 커뮤니케이션 네트워크 분석연구. 〈커뮤니케이션 과학〉 5권 1호, 127~173.

정은경·황혜선(2014). 효과적 조직업무수행에서 SNS와 면대면 커뮤니케이션 간의 차이 분석. 〈정치커뮤니케이션 연구〉 32권, 255~295.

정은선·정종원(2017). 초등학생의 부모-자녀 의사소통, 교사-학생 의사소통과 학업성취의 관계: 자기결정성 학습동기의 매개효과. 〈교육문제연구〉 64집, 77~102.

정은이·남인용(2018). 국내 스피치커뮤니케이션 관련 연구동향 분석. 〈한국소통학보〉17권 3호, 31~76.

정은이·정의철(2013). TV 홈쇼핑 쇼호스트의 언어적, 비언어적 커뮤니케이션 요인이 구매의도에 미치는 영향. 〈한국소통학보〉 21호, 139~178.

정의철·이창호(2007). 혼혈인에 대한 미디어 보도 분석과 한국의 다문화커뮤니케이션. 〈한국언론학회 학술대회 발표논문집〉, 47~69.

정지은·이유나(2009). 의사-환자 간 커뮤니케이션과 병원-환자 관계성이 병원 재방문에 미치는 영향. 〈한국언론학회 학술대회 발표논문집〉, 169~169.

정필모(2012). 커뮤니케이션 관점에서 본 노장사상(老莊思想)의 인식론과 언어관. 〈언론과학연구〉 12권 1호, 130~154.

정현숙(2002). 문화간 커뮤니케이션의 연구동향과 과제. 〈언론과 정보〉, 8권 1호, 65~91.

_____(2004). 문화간 커뮤니케이션 갈등에 관한 연구: 한국에 거주하는 외국인 노동자의 체험담을 중심으로. 〈커뮤니케이션학 연구〉 12권 3호, 27~45.

조창연(2004a). 인간커뮤니케이션의 모델 구축을 위한 인지기호학적 연구. 〈커뮤니케이션학 연구〉 11권 1호, 36~68.

_____(2004b). 휴먼 커뮤니케이션의 메타퍼 모형 구축을 위한 연구: 대인 커뮤니케이션을 중심으로. 〈커뮤니케이션학 연구〉 12권 3호, 46~69.

조창환·성윤희(2010). 국내 체류 외국인의 한국문화적응과 모국 문화 친화도에 영향을 미치는 요인. 〈한국언론학보〉 54권 4호, 374~397.

차희원·신호창(2007). 국가명성과 문화간 커뮤니케이션. 〈한국언론정보학보〉 39호, 506~543.

차희원·임유진(2014). 조직문화가 기업명성과 재무적성과에 미치는 영향: 사내 커뮤니케이션의 매개효과를 중심으로. 〈광고학연구〉 25권 8호, 269~292.

채 백(2014). 한글 고전소설을 통해 본 조선 후기의 인간 커뮤니케이션 양태. 〈한국언론정보학보〉 65호, 27~50.

_____(2017). 〈조선 시대 백성들의 커뮤니케이션〉. 서울: 컬처룩.

최건아(2016). 발표 불안 극복을 위한 대학생 소그룹 활동에 관한 연구. 〈새국어교육〉 109권, 389~418.

최두훈·이상철(2018). 대학생들의 정치관심도, 정치이념 강도, 이견노출, 그리고 스피치 효능감과 토론 효능감이 정치참여에 미치는 효과 연구. 〈한국소통학보〉 17권 1호, 7~38.

최영인(2012). 청중 분석을 통한 설득 스피치 구성 연구. 〈화법연구〉 21호, 319~347.

최윤희 (1997a). 〈문화간 커뮤니케이션의 이해〉. 서울: 범우사.

_____ (1997b). 문화간 커뮤니케이션과 문화간 관계훈련. 〈커뮤니케이션학 연구〉 5권 1호, 18~28.

_____ (2000). 문화간 커뮤니케이션 교과과정에 관한 모색. 〈한국언론학회 학술대회 발표논문집〉, 143~150.

_____ (2014). 〈문화간 커뮤니케이션과 국제협상〉. 서울: 커뮤니케이션북스.

최윤희·박정순 (1991). 업무용 컴퓨터의 사용이 조직구성원의 커뮤니케이션과 업무인식에 미치는 영향. 〈한국언론학보〉 26호, 375~403.

최창섭 (1994). 〈자아 커뮤니케이션〉. 서울: 범우사.

한국서양문화교류연구회 (2011). 〈동과 서 마주보다: 동서양 문화를 읽는 열 가지 키워드〉. 서울: 성균관대 출판부.

한국스피치커뮤니케이션학회 (2002). 〈스피치와 커뮤니케이션〉. 서울: 커뮤니케이션북스

한국언론학회 편 (1993). 〈한국적 커뮤니케이션 모델의 탐구〉(1권: 커뮤니케이션 이론 토착화, 2권: 한국인과 커뮤니케이션). 서울: 한국언론학회.

_____ (2011). 〈한국사회의 소통 위기, 진단과 전망〉. 서울: 한국언론학회.

한기범 (2015). 유교적 전통과 세대간의 소통. 〈한국사상과 문화〉 76호, 75~102.

한송이·윤혜미 (2010). 집단따돌림 경험유형에 따른 초기 청소년의 자아존중감, 자기주장 행동 및 부모와의 의사소통. 〈생활과학연구논총〉 14권 1호, 30~46.

한주리·허경호 (2005). 가족 의사소통 패턴과 자녀의 자아존중감, 자아노출, 내적통제성 및 의사소통 능력과의 관계. 〈한국언론학보〉 49권 5호, 202~227.

허경호 (2003). 포괄적 대인 의사소통 능력 척도개발 및 타당성 검증. 〈한국언론학보〉 47권 6호, 380~408.

_____ (2014). 〈정책토론의 방법〉. 서울: 커뮤니케이션북스.

홍종배 (2007). 다문화 한국사회에서 한국인과 중국인의 커뮤니케이션 어프리헨션과 갈등관리유형의 특징 및 그 관계에 대한 비교 연구. 〈한국언론학회 학술대회 발표논문집〉, 1~28.

홍기선 (1991). 인간 커뮤니케이션 이해를 위한 연구시도. 〈커뮤니케이션 과학〉 13권 1호, 47~74. 고려대 신문방송연구소.

황영미 (2010). 한국 다문화가족 TV드라마의 특성 연구. 〈한국문예비평연구〉 31집, 295~319.

황상재 (2006). 〈조직커뮤니케이션 이해〉. 서울: 법문사.

Berger, C. R. (1991). Communication theories and other curios. *Communication Monographs* 58, 101~113.

DeVito, J. (2008). *Human Communication: The Basic Course* (11th ed.). Boston, MA: Pearson Education.

Miller, K. (2003). *Organizational Communication: Approaches and Processes.* 안주아·신명희·이희복 역(2006), 〈조직커뮤니케이션: 접근과 과정〉. 서울: 커뮤니케이션북스.

Purcell, B. (1992). Are there so few communication theories?. *Communication Monographs* 59, 94~97.

Samovar, L. A., Porter, R. E., McDaniel, E. R., & Roy, C. S. (2013). *Communication between Cultures.* 이두원·이영옥·김숙현·김혜숙·박기순·최윤희 역(2015), 〈문화 간 커뮤니케이션〉. 서울: 커뮤니케이션북스.

7장

커뮤니케이터 연구

김은미 | 서울대 언론정보학과 교수

1. 수용자 연구에서 커뮤니케이터 연구로

이 장은 '커뮤니케이터 연구'라는 제목을 갖고 있지만 그동안 '수용자 연구'에 포함되었던 언론학 연구가 어떤 흐름을 가지고 있는지 그 지형을 담는 것을 목적으로 한다. 좁게는 2010년대의 연구들, 넓게는 2000년대 이후의 연구를 주로 다룬다. 이들 연구는 수용자의 어떤 점이나 행동, 맥락, 커뮤니케이션의 결과 등에 걸쳐 무엇에 주목하고 있으며, 그 발견이나 성찰의 의미는 무엇이었는지를 이해하고자 한다. 더불어 일반적으로 학계에서 통용되는 '수용자' 연구라는 명칭 대신 '커뮤니케이터' 연구라고 지칭할 것을 제안하면서 장을 열고자 한다.

사회과학의 연구대상은 사람들이 아닌 제도나 역사일 때도 있다. 하지만 그렇다 하더라도 연구가 사회과학 범주에 포함되어 있는 한, 궁극적으로 역사나 제도의 맥락 속에서 사람들이 어떻게 삶을 살아가는가를 규명하고자 한다. 그러므로 언론학뿐 아니라 모든 사회과학 연구는 개인이 되었건 집단이 되었건 사람에 대한 관찰과 기록과 설명임은 당연하다. 단순화하자면 사회란 사람들이 모여 사는 모습이기 때문이다. 그러므로 '수용자'라고 부르건 혹은 '이용자'나 '자기 표현자'라고 부르건 커뮤니케이션하는 사람들이 어떤 특성을 가지고 있고 어떤 커뮤니케이션 행동을 하는 존재들인가에 관한 질문은 모든 언론학 연구가 추구하는 궁극적 질문이라고도 할 수 있다.

이 책의 집필위원회에서도 여러 번 회의를 거치는 동안 지난 50년사를 정리한 책에는 없었던 수용자 연구를 다루는 장이 필요하기는 하지만 동시에 다른 장들과 가장 중복된 영역이 많을 수 있는 애매모호한 장이 될 수밖에 없다는 점을 확인하였다. 많은 연구를 정치커뮤니케이션 연구라든지 대인 커뮤니케이션 연구라고 분류할 수도 있지만, 동시에 이들은 커뮤니케이터 연구이기도 하기 때문이다. 모든 언론학 연구가 커뮤니케이션하는 인간, 즉 커뮤니케이터를 관찰하거나 분석하고 이해하고자 하고 있으므로, 언론학 연구의 대부분을 커뮤니케이터 연구라고도 할 수 있다는 점을 분명히 해두는 것이 이 장의 출발점이 된다.

그래서 필자는 그동안 익숙한 '수용자 연구'라는 이름을 버릴 시점이 이미 지났으며 '커뮤니케이터 연구'라는 명칭이 더 적절하다고 주장한다. 그 이유는 다음과 같다. 첫째, 이는 특정 미디어의 존재에 의존해야만 개념이 성립하는 '수용자'보다 개념의 적용이 더 자유롭다. 사용하는 미디어의 형식이나 내용이 바뀌어도 적용이 가능하다. 서로 다른 연구에서 수용자라고 하면 상대 미디어가 무엇이었는가에 따라 다른 존재들이 되지만 커뮤니케이터는 무엇을 통하건 커뮤니케이터이다. 둘째, 다양한 미디어를 넘나드는 오늘날의 보다 능동적인 미디어 이용자를 지칭하기에 더 적합하다. 셋째, 커뮤니케이터 연구라고 호명함으로써 연구자들을 보다 궁극적인 문제의식으로 유도할 수 있다. 미디어의 작동방식이나 원리를 이해하기 위해 우회적으로 그 수용자에 관한 관찰을 통하는 것이 아니라 우리는 커뮤니케이션을 행하는 사람들 자체를 탐구의 대상으로 삼는다.

사회과학 안의 다양한 학문분야나 이론들은 각자 토대로 삼는 인간관이 있다. 이는 마치 석고상을 하나 두고 옆에서, 위에서, 밑에서 그린 그림을 조합하여 종합적으로 그 석고상의 모습을 이해하려는 것과 같다. 전통적인 경제학은 합리적 인간, 비용과 효용을 늘 비교형량하는 인간을 생각한다. 정치학은 권력이라는 개념을 중심으로 삼기에 권력을 추구하는 인간이 생각의 출발점이 된다. 그렇다면 언론학은 인간의 어떤 측면을 보고자 하는가? 커뮤니케이션 행위를 통해 외부와 메시지를 교환하면서 자아를 만들고 동시에 공동체를 구성하는 측면을 중점적으로 본다고 할 수 있을 것이다.

〈한국언론학회 50년사〉에서 수용자 연구라는 장은 없었다. 대신 오늘날 수용자 연구라는 영역과의 중복이 가장 많았던 장의 제목은 방송이었다. 수용자 연구가 방송이라는 이름을 가진 장에서 다루어졌다는 것 자체가 바로 '수용자'란 미디어 소비라는 관계나 상황에 의해서만 그 존재가 규정될 수 있는 상대적, 가변적 개념이었다는(임영호 · 김은미 · 김경모 · 김예란, 2008) 점을 말해주고 있다. 강남준과 김은미(2010)는 수용자에서 이용자로, 이용자에서 다중미디어 이용자로의 개념 전이가 일어나는 과정에 어떤 힘들이 영향을 미치는지에 관해 설명한 바 있다. 디지털 미디어의 다중성과 변용성을 생각할 때 학계에서 수용자, 이용자, 다중미디어 이용자 혹은 영문 그대로 '오디언스'라는 용어가 혼재하여 쓰인다는 점도 그리 놀라운 일은 아니다. 이제 맞지 않게 된 옷과도 같이 수용자 연구를 떼어버리고 낯설지만 커뮤니케이터 연구라고 부르자는 주장은 인간 커뮤니케이터를 미디어로부터 독립시켜 대등한 관계로 보자는 선언이기도 하다.

앞서 언급한 바와 같이 이 장에 담긴 연구들은 다른 장에서 다룬 내용과 겹침이 있을 수밖에 없다. 특히 정치소통, 교류매체, 인간 소통 등의 장들에 담긴 연구의 결과나 의미를 커뮤니케이터 연구로 이해할 수도 있을 것이다. 그럼에도 불구하고 필자는 해당 연구가 궁극적으로 인간 커뮤니케이터의 본질이나 특성, 성향에 대한 이해를 주목적으로 하는가, 아니면 미디어의 구조나 콘텐츠의 특성을 이해하기 위해, 혹은 특정한 목적을 지향하는 사회적 수준의 소통의 흐름을 이해하기 위해 우회적으로 커뮤니케이터들을 연구하는가(예컨대 방송, 보건소통 등)를 기준으로 삼아 이 장에 담을 것인지를 결정하였다. 물론 이러한 기준은 주관적이며 따라서 이러한 필자의 걸러내기 작업의 과정에서 누락된 연구들이 있을 수밖에 없음을 미리 고백한다. 더불어 영미에서 문화연구계열의 수용자 연구도 이 장에서는 제외하였음을 밝힌다. 최근에는 인간행위자 뿐 아니라 비인간행위자의 의지(*agency*)와 행동이 다양한 사회과학 분야에서 연구되지만 아직은 〈한국언론학보〉에 많이 담기고 있지 않아 이 장에서 다루지 않기로 하였다.

2. 문제제기: 커뮤니케이터를 연구한다는 것은

미디어를 이용하는 사람들에 대한 분석은 커뮤니케이터라는 존재에 대한 관심보다는 20세기 초 매스컴 연구가 본격화되면서 미디어 효과를 연구하기 위한 목적을 가지고 시작되었다. 과연 매스컴이 강효과를 갖는가, 소효과를 갖는가에 관한 탐색은 인간 사회에 영향을 끼치는 새로운 힘의 본성을 이해하기 위한 학술적 노력이었는데 결국 강효과냐, 소효과냐는 것의 주어는 매스컴 혹은 신문사나 방송사이고 그 힘의 영향을 받는 반대쪽에 인간 커뮤니케이터들이 위치할 뿐이었다.

　방대한 양의 책과 논문 간의 인용관계 분석을 바탕으로 미디어 효과연구의 역사적 흐름을 정리한 뉴먼과 구겐하임(Neuman & Guggenheim, 2011)은 미디어의 (강)효과에 대한 주목('설득이론'이라 지칭)과 수용자의 능동성에 대한 주목(능동적 수용자 연구라 지칭)이 거의 동시다발적으로 등장하였고 발전해왔다고 본다. 이 두 계열의 연구들 공히 대중사회 안에서 원자화된 수용자들에게 미디어 메시지가 도달한다는 전제는 같았지만 능동적 수용자 연구에 포함되는 연구들의 경우 개인 나름의 동기나 심리적 성향이 미치는 영향이 함께 수반되어야 미디어의 효과를 만들어낸다는 믿음을 전제하고 있다고 한다. 이들에 따르면 능동적 수용자 연구에는 귀인이론, 이용과 충족 연구, 의사사회적 상호작용론, 인지부조화/사회적 정체성 이론, 소효과 이론, 선택적 노출, 심리적 성향이론, 미디어 의존이론, ELM모델 등과 같은 이론들이 포함된다. 오늘날의 커뮤니케이터 연구들의 상당 부분이 이러한 연구 전통의 계승으로부터 출발한다.

뉴먼과 구겐하임이 통시적으로 미디어연구를 조망하였다면 공시적으로 조망한 하나의 예로 핸드북 시리즈의 하나로 발간된 〈매개 커뮤니케이션론〉(*Mediated Communication*, Napoli, 2018) 을 들 수 있다. 이 책은 현재 언론학에서 이루어지는 연구의 이론적 접근을 7개의 주제로 정리하여 제시하고 있다. 그것들은 미디어 효과, 미디어 이용, 기술의 채택, 수용자 행동, 수용자 연구, 생산 연구, 미디어 생태계와 진화이다.

능동적 수용자 연구의 시작이 미디어의 효과를 이해하기 위해 인간 커뮤니케이터의 심리적 특성이 미디어의 효과를 보강하는지, 약화하는지를 보는 것이었다면 오늘날의 커뮤니케이터 연구는 인간의 사회적 삶이 미디어의 구조 안에서 어떻게 영위되는지를 보고자 한다고 규정할 수 있을 것이다. 인간은 자연환경뿐 아니라 사회적 환경 안에서 영향을 주고받으며 사는데, 그중에서도 어떠한 미디어 안에서 생활하는지에 초점을 둔 연구가 언론학이며 그중에서도 커뮤니케이터로서 인간의 내면(심리, 성격 등)과 외면(행동) 을 연구하는 것이 커뮤니케이터 연구라고 할 수 있다. '수용자'라는 용어가 미디어 개념을 위주로 특정한 미디어를 규정해야 비로소 의미가 형성되는 미디어 의존적 개념이라면, 커뮤니케이터 연구는 메시지를 교환하는 인간, 소통하는 인간을 연구대상의 중심에 둔다.

드웨즈(Deuze, 2007) 는 인간이 미디어와 더불어 사는 것('*with*' *the media*) 이 아니라 미디어 안에서 산다('*in*' *the media*) 고 접근해야 함을 강조하였다.

이미 인생의 많은 일들이 미디어를 통해 이루어진다. 미디어를 통해 사랑에 빠지고, 가족과 울고 웃고, 친구를 사귀고 혹은 헤어지고, 나를 자랑하면서 '자뻑'에 빠지거나 나의 이야기에 대한 사람들의 반응을 통해 스스로를 새롭게 이해하기도 한다. 이는 커뮤니케이터가 있고 이들이 미디어'를' 접근하고 활용하는 것이 아니라 커뮤니케이터와 미디어가 서로 얽혀서 영향을 주고받으며 존재한다는 것을 의미한다.

인간이 미디어 안에서 살면서 주목하게 된 가장 혁명적 변화는 메시지 교환 행위가 인간 존재 자체를 규정하게 되었다는 점이다(Hartley, 2012). 하틀리는 인간의 본질을 메시지 교환자(messenger)로 규정한다. 과거와는 달리 메시지는 인간 외부에서 조직적으로 생산되고 이를 사람들이 수용하는 것이 아니라 메시지 교환자들이 생산하는 것으로 전환되었고, 이에 따라 메시지 생산과 교환은 인간의 정체성 자체가 되었다는 것이다. '미디어 이용'보다 인간의 '커뮤니케이션 행위'를 보는 것이 커뮤니케이터 연구의 본질이다.

디지털 미디어와 관련해서도 초기에는 인터넷 이용시간이 많은 사람과 적은 사람이 어떤 차이를 보이는지, 특정 콘텐츠를 이용하는 사람과 다른 콘텐츠를 이용하는 사람이 어떤 차이를 보이는지 살피는 연구가 대부분이었다. 즉, 기존 연구는 사람들을 커뮤니케이터라기보다는 인터넷 이용자라는 시각에서 본 것이다. 하지만 여전히 인터넷 이용행위라고 부를 수 있을지라도 자신의 의견을 표현하고 생산하는 '쓰는 행위'인가, 타인의 의견을 듣는 성격의 '읽는 행위'인가를 구분해서 관찰해야 한다(김은미·이준웅, 2006)는 연구의 등장은 당시의 수용자 연구가 이미 커뮤니케이터 연구로 전환하고 있음을 반영하는 것이다.

어떤 미디어를 얼마나 쓰는가는 이제 측정하기가 거의 불가능해졌다. 하루 소셜미디어 이용량을 어떻게 측정해야 하는가? 하루 몇 회, 하루 몇 시간 등 기계적으로 측정을 한다한들 이것이 어떤 의미가 있을지 간단히

답이 나오지 않는다. 미디어를 많이 이용한다는 것의 기준이 이용시간인지, 접속빈도인지, 혹은 특정 미디어에 대한 의존도인지, 이용 양식의 다양성인지 가늠하기 어렵다. 디지털 미디어에의 접속은 더 이상 변수라기보다는 상수에 가깝다. 최근 미디어 이용을 측정할 때 '얼마나' 쓰는가보다는 '어떻게' 쓰는가, 어떤 '맥락에서' 활용하는가를 중시하는 사례 또한 전통적 수용자 연구의 접근법이 이제 효력을 다했음을 보여준다. 같은 현상을 수용자 연구라는 틀로 바라보는가, 혹은 커뮤니케이터 연구로 생각할 것인가에 따라 새로운 이론적 통찰을 얻을 수 있을 것이다.

매스미디어 연구 전통의 영향으로부터 보다 적극적으로 자유로워질 필요가 있다. 그동안의 언론학 연구에서 인간의 커뮤니케이션 행동이나 실천보다는 제도와 산업으로서, 메시지 생산자로서 미디어가 상대적으로 더 큰 비중을 차지했다면 이제 메시지 교환 행위의 본질은 무엇인지에 대해 연구를 누적하고 지속적으로 고민할 필요가 있다. 메시지에 대한 분석도 중요하지만 메시지 교환 행동(messaging) 혹은 커뮤니케이터 행동에 대한 이론적 고민도 함께 수행하는 균형을 다시 찾아야 하는 시점이다.

3. 〈한국언론학보〉를 중심으로 살펴본 커뮤니케이터 연구

1) 수용자 연구로부터: 미디어 이용량과 패턴

명시적으로 '이 연구는 개인 커뮤니케이터의 행동을 관찰한다'든가 혹은 '이 연구는 집단 수준에서 커뮤니케이터의 행동에 주목한다'라고 밝히는 연구는 드물지만 읽어보면 각 연구가 이해하려는 것이 개인 수준인지 집단 수준인지 구분해 볼 수 있다. 방송시청자와 신문독자를 주로 연구했던 수용자 연구의 전통에서는 주로 집단 수준의 연구가 많이 수행되었다. 개인 커뮤니케이터에 대한 관심보다는 특정 신문사의 독자나 특정 프로그램의 시청자의 흐름을 이해하려는 시각으로 연구가 수행되는 경우가 많기 때문이다. 이것은 활용할 수 있는 데이터의 종류나 수준과도 관련이 깊은데, 주로 시청량 데이터에 의존하는 경우에는 집단 수준에서의 연구가 더 용이하다. 영미권에서 수용자 연구의 대부분을 아예 '시청률 분석'이라고 불러온 것을 보면 그 특징이 잘 드러난다. TV 시청량과 TV 이용자의 채널 전환 패턴 간의 관계(심미선, 2000)와 같은 연구가 대표적 사례이다.

집단 수준에서 시청시간 등 양적 지표를 통해 채널의 증가, 새로운 미디어 기업의 출현, 규제의 변화 등 미디어 환경의 변화나 인구변동, 도농의 차이, 노동시간의 변화 등과 같은 사회문화적 환경 변화가 어떤 영향을 일으키는지를 살펴보는 연구들이 여기에 속한다고 할 수 있다. 그런데 전자 혹은 후자의 경우에 따라 우리가 이러한 연구를 통해 알 수 있는 지식의 성격이 조금 다름을 생각해 볼 필요가 있다. 전자의 경우 미디어 이용행동인 시청행동 자체에 대한 탐구라기보다는 미디어 산업이나 규제체제의 변화의 영향이나 파급력을 측정하기 위한 정책 연구의 성격을 가진 경우가 많다. 그러나 후자의 경우에는 시청행동(이은미·강익희, 2001)이나 열독행동(임영호·김은미·박소라, 2002) 등 미디어 이용행동 자체를 이해하기 위한 시도에 가깝다. 상업적 목적으로 생산되는 시청률 데이터 이외에도 생활시간조사나 KISDI와 같은 연구소에서 공개하는 미디어 이용에 관한 데이터(예: 한국미디어패널조사)는 인구사회학적 특성이나 가족의 특성 등에 따라 미디어 이용행동이 어떻게 달라지는지를 보여줄 수 있는 훌륭한 2차 자료이다.

연구자들은 미디어 이용에서 이러한 집단적 행동 패턴의 결정요인을 이론화하기 위해서 크게 구조적 요인/미디어 환경 요인과 개인적 요인이라는 분류를 통해 분석했다. 2000년대에는 이러한 이해의 틀을 바탕으로 TV 시청 시간량을 결정하는 요인들에 관한 연구가 많았다. 이들은 주로 시청률 자료를 바탕으로 프로그램이나 채널의 시청량 예측을 목적으로 하거나(심미선·한진만, 2002) 라이프스타일 유형과의 연관성(심미선·김은미·이준웅, 2008)과 같이 개인적 요소에 초점을 맞추었다. 시청패턴을 결정하는 데 미디어 환경의 영향이 더 큰지, 개인적 요인의 영향이 큰지는 이론적으로 미디어 이용행위의 능동성의 정도를 이해하기 위함이었다.

2000년대를 거치면서 일상적 인터넷 이용이 증가하면서 인터넷 이용에 관한 연구들이 그 연장선상에서 등장하였다. 김병선(2004a)의 연구와 같이 인터넷(웹) 이용패턴을 기존 수용자 연구의 분석틀에 따라 구조적 요인과 개인적 요인(심리적 요인)으로 나누어 분석하는 시도들이 시작되었다. 그는 웹을 '이용한다'를 어떻게 정의하는가에 따라 이들 두 유형의 요인들의 영향력이 다름을 보여주었다. 이용시간 외에도 장르 레퍼토리와 같은 내용적 측면이나 관여와 같은 상황적 특성을 종합적으로 다루었다는 점에서 기존의 이용시간 중심의 연구에서 탈피하여 '커뮤니케이터가 미디어를 이용한다'란 무엇인가에 대해 본격적 질문을 시작했다고 평가할 수 있다. 온라인 콘텐츠 이용에 관한 최근의 연구들에서도(예: 송진·이영주, 2016) 이용시간과 장르가 '이용'을 의미하는 것으로 꾸준히 분석되고 있다.

다채널, 다중매체, 디지털 플랫폼의 등장으로 미디어 환경이 연달아 변화함에 따라서 집단적 수준의 이용량과 이용패턴에 대해 보다 다각적으로 그리고 종합적으로 분석하려는 시도가 등장하기 시작하였다. 미디어 이용은 시간과 이용유형을 함께 측정하는 방향으로 자리잡기 시작했다(나은영·박소라·김은미, 2007; 심미선·김은미·이준웅, 2008).

2000년대에는 '다매체 환경'이 많은 커뮤니케이터 연구자들의 관심사였는데 연구자들은 대개 두 가지 연구문제를 주목적으로 둔 것으로 보인다. 첫째는 우선 다중매체를 넘나드는 커뮤니케이터들의 미디어 이용패턴을 이해하고자 함이고, 둘째는 이를 토대로 새로운 미디어 유형의 등장에 따라 신·구 매체들 간에 대체나 보완 관계를 밝히고자 함이었다(예: 김병선,

2004b).

조성동·강남준(2009)의 경우 다매체 이용패턴을 명확하게 확인하고자 국민생활시간조사의 연도별 데이터를 통합하여 시계열로 비교분석하였다. 연구 결과, 성별과 연령에 따라 구분된 12개 집단에서 다매체 이용특성과 변화는 서로 매우 다르게 나타나고 있어 사람들의 매체이용 패턴이 개인화되고 있다는 점을 보여 주었다. 이러한 연구들은 각각 조금씩 다른 개념화와 측정도구를 이용했으나, 텔레비전에서 인터넷으로 중심매체가 전이하면서 집단적 수준에서만 이해하기 어려운 개인화된 이용패턴이 등장하고 있음을 확실히 보여주고 있다.

미디어 간 대체에 관해서 논의하기 위해서는 시계열적 분석이 꼭 필요함에도 불구하고 데이터의 희소성이나 접근성 때문에 통시적 연구는 여전히 매우 드물다. 디지털 플랫폼의 확산으로 자기기입식 설문조사 방식의 자료수집의 한계가 확장되면서 기억에만 의존하지 않는, 보다 미디어 이용의 일상성을 반영하는 혁신적인 방법을 추구하게 되고 이러한 맥락에서 흔치 않은 경험표집법을 사용한 사례(이귀옥·최명일, 2009)도 있다. 아쉬운 점은 이러한 새로운 자료수집 방법들이 단회성 시도에 머물러 반복된 작업을 통해 어떤 다른 커뮤니케이터 행동이 더 잘 조망될 수 있는지에 대한 통찰을 얻는 단계까지 이르지 못하고 있다는 것이다.

2) 이용동기

이용량(시청량) 중심의 연구와 함께 2000년대 초반 이후까지도 대다수의 커뮤니케이터 연구는 이용과 충족 개념을 중심으로 두었다. 이용동기와 만족도에 관한 조사를 바탕으로 한 기술적 연구들도 있고, 새로운 미디어의 등장에 따라 이용과 충족을 조사하여 새로운 매체의 특징을 기존 미디어와 비교하는 연구들도 꾸준히 진행되고 있다(예: 배진한, 2002).

하지만 이용, 충족, 만족과 같은 개념이 엄밀하게 정의되고 분석적으로 쓰이기보다는 미디어 이용 경험을 총체적으로 지칭하는 데다 연구마다 조금씩 다르게 쓰이기 때문에, 이 많은 연구들을 어떻게 누적적으로 이론화할 것인지에 관해서는 여전히 갈 길이 멀어 보인다. 이용이나 충족의 유목들이 다소 포괄적이고 추상적인 데다가 연구자에 따라 의미가 조금씩 달라서, 개별 연구가 커뮤니케이터로서 인간에 관해 어떤 면을 밝히고 있는지 행간을 자세히 검토해보지 않는다면 연구결과로부터 어떤 새로운 커뮤니케이터에 대한 지식을 알 수 있는지 판별하기 어려울 수도 있다. 기존 연구의 틀을 적용하여 새로운 미디어를 분석할 경우 비교가 용이하다는 장점이 있기는 하지만, 동일한 분석틀이 기계적으로 반복 적용되어 명목상의 연구결과는 있지만 정작 어떤 것이 새롭게 밝혀진 것인지 알기 어렵다는 것이다. 이용과 충족 계열로 분류할 수 있는 연구들에 대한 이러한 비판은 기술 수용에 대한 연구에도 어느 정도 동일하게 적용될 수 있을 것이다.

이용과 충족 계열의 연구를 계승하면서 이론적, 방법론적으로 새로이 돌파하려는 시도는 꾸준히 있어 왔다. 은혜정과 나은영(2002)의 연구는 보다 정교한 연구 디자인이 돋보인다. 인터넷 도입 초기에 이루어진 연구임에도 불구하고 현재 미디어 환경에도 시사점을 줄 수 있는 선제적 연구라고 평가할 수 있다. 이들은 동기를 구분하고 측정하는 것을 넘어서 이용 전 기대(추구된 충족), 이용 후 만족(얻어진 충족) 및 이용 후 생성된 불만의 상호관계를 모델화하고 측정하였다. 만족과 불만족을 함께 연구대상으로 하고, 특히 객관적 시선으로 불만족에 주목해서 불만족 역시 미디어 의존이나 관여에 연결된다는 것을 지적했다는 점이 돋보인다. 또한 정보에 대한 욕구보다 접촉에 대한 욕구가 인터넷 이용의 더 중요한 동기라는 점을 밝히고, 이를 통해 인터넷을 정보미디어로 보기보다는 사회정서적 이용을 충족시키는 미디어로 보아야 한다고 주장하였다. 이론적으로도 만족과 불만족이 별개의 차원이고 반드시 대칭적이지는 않으며, 기존 매체와 달리 기대했던 영역 외의 곳에서 의외의 불만족이 생성되기도 하고, 불만족이 곧바로 이용의 감소로 이어지기보다는 새로운 기대를 가지고 계속 이용하는 추동이 된다는 점 등을 새로이 제시하고 있다.

또한 이준웅·김은미·심미선(2006)은 이용과 충족 연구경향을 비판적으로 검토하면서 성향적 동기로의 재(再) 개념화를 통해 이론적으로 돌파를 시도했다. 박종민(2003)은 다중매체를 가로질러 공통적으로 적용될 수 있는 미디어 속성과 이용동기를 체계화함으로써 기존 이용과 충족 계열 연구의 변화를 시도하기도 했다. 이정권과 최영(2015)은 소셜미디어 이용동기 요인으로 정체성 표현, 사회적 상호작용, 정보 추구, 재미, 오락, 이데올로기 추구 등 6개 요인을 추출하면서 기존 연구결과와는 차별화된 '잔재미', '끼리끼리 놀기'와 같이 재미와 관련된 요인과 사회적 신념과 가치 관계를 잘 설명하는 '이데올로기 추구'라는 새로운 요인을 발견했다는 점에서 주목할 만하다. 이 연구는 개방형과 폐쇄형 SNS 이용동기를 비교분석했을 뿐 아니라 삼각접근법을 통한 질적 자료를 수집해 양적 분석결과에 대한 심층적 해석을 제공한 점에서 다중적 방법의 활용이 방법론 차원에서 돋보인다.

3) 수용자 연구의 연장과 전환: 미디어 이용이란 무엇인가 질문하기

(1) '무엇을' 보는가 — 미디어

시청시간 분석 중심이었던 연구들은 2010년대에 접어들면서 분석의 단위와 대상이 매체의존도(김남두·강재원, 2012), 다중매체 이용, 미디어 레퍼토리(다중미디어 레퍼토리) 등으로(이창훈·김정기, 2013) 다양하게 변화했다. 2000년대에 이어 2010년대 초반까지 미디어 레퍼토리 개념(채널 레퍼토리로부터 확장)에 관한 연구가 이어졌다. 이들을 유형화하고 명명하고 차이를 규명하는 것이 일차적 연구문제였다(심미선, 2007; 강남준 등, 2008;

심미선·김은실·하예린, 2009 등). 이전에 특정 미디어 이용자 단위로 연구가 이루어졌다면 이것이 일군(一群)의 미디어 집단으로 대체되는 변화라고 볼 수 있다. 이들 미디어 집단은 대개는 중심 매체가 무엇인가에 따라 '휴대폰 중심형', '인터넷 중심형', '텔레비전 중심형' 등으로 주로 구분하고 있다(이미영·김담희·김성태, 2010; 정용복·박성복, 2015 등).

이렇게 미디어 레퍼토리 유형의 구분과 확인을 목적으로 하였던 연구를 토대로 최근에는 미디어 레퍼토리를 독립변수로 두고 이들이 어떤 차이로 귀결되는지를 보는 연구들이 등장하고 있다. 뉴스미디어 레퍼토리와 주제 관심도의 연관성을 보거나(윤호영·길우영·이종혁, 2017) 사회자본이나 참여와의 관련성을 본(정용복·박성복, 2015) 연구들을 예로 들 수 있다. 또한 미디어 사용의 시간성(멀티태스킹)을 함께 고려하여 주매체와 보조매체로 나누어(강미선, 2011) 미디어 이용을 분석한 연구도 있다.

레퍼토리에 관한 연구가 시청량에 대한 연구를 점차 대체한 것은, 한편으로는 시청패턴의 다변화와 개인화를 기술하면서도 다른 한편으로는 유사한 이용패턴을 가진 몇 개의 미디어를 유형화하는 시도를 통해 시청패턴의 질서를 밝히려는 노력의 일환이라고 할 수 있다. 이러한 맥락에서 이재현 등(2016)의 연구는 미디어 이용의 변화에 관한 기존의 논의들을 비판적으로 통합하면서 이용의 변화를 크기와 방향으로 체계화하여 기술하고 이를 시계열 자료인 미디어 패널조사(KISDI, 2011; 2012; 2013)를 통해 증명하여 이론적, 방법론적으로 답보상태에 있던 미디어 이용 연구를 한 단계 진화시키고 있다.

(2) '무엇을' 보는가 — 텍스트

아직도 많은 연구들이 채널로서의 미디어와 텍스트로서의 미디어를 명시적으로 구분하지 않고 모두 '미디어'라 지칭하는 경우가 많다. 위에서 채널로서 미디어를 어떻게 활용하는가를 본 것과는 달리 미디어 이용을 특정 텍스트를 중심으로 연구하는 것도 꾸준히 하나의 흐름을 이룬다. 연구대상이 되는 텍스트는 예컨대 초국가적 위성방송(손승혜, 2002), 야구경기(김광수·이진균, 2003), 지역신문(조성호, 2003), 비디오 게임(유홍식, 2003) 등으로 다양하다.

　디지털 미디어의 편재성과 일상성을 고려할 때 특정 텍스트를 대상으로 커뮤니케이터들의 행동을 연구하는 것은 이론적으로 기여할 수 있는 잠재력이 크다. 커뮤니케이터들은 결국 미디어 안에서 특정한 사람들을 만나거나 특정한 텍스트를 소비하기 때문이다. 개별 연구가 특정하거나 독특한 유형의 텍스트를 다루는 것으로부터 진일보해서, 텍스트가 갖는 형식적 혹은 내용적 특성을 추상화하여 일관된 속성으로 분류하고 왜 특정한 속성을 가진 텍스트에 대해서는 커뮤니케이터들이 독특한 행동 패턴을 보이는지 체계화하는 것이 다음 이론화 단계의 한 방향이 될 것이다.

　한편 특정 장르나 기타 유형화된 콘텐츠 외에 특정 감각을 따로 다룬 연구도 등장하고 있다. 방영주와 노기영(2015)은 음악이라는 감각으로 이용 대상을 한정하고 청각과 관련된 집중, 몰입행위에 관해 연구했다. 측정에 있어 뇌파 패턴을 측정하는 기술을 활용하고 있어 이미 해외에서 활성화된 뇌과학과 사회과학의 접목 연구의 연장선상에서 이해할 수 있다.

4) 커뮤니케이터 연구의 본격화

(1) 어떻게 하는가

미디어든 텍스트든 무엇을 보는가에 초점을 두는 연구가 2000년대 초반까지 주류를 이루었다면 중반 이후에는 이러한 연구를 계승하면서 커뮤니케이터 개인이 '어떻게' 이용하는가를 규명하려는 연구들이 커뮤니케이터 연구의 중요한 한 부분을 차지한다. 집단 수준으로 커뮤니케이터를 보는 시각에서보다 개인 수준에 대한 학술적 관심이 더 강해졌다고도 할 수 있겠다. 무엇을 보는가에 관한 연구가 커뮤니케이터에 대한 탐구보다 텍스트의 속성이나 커뮤니케이션 채널로서 미디어의 속성을 이해하려는 목적이 상대적으로 강했다고 평가한다면, 어떻게 이용하는가에 관한 연구는 보다 더 직접적으로 커뮤니케이터로서의 내면적 심리와 행동을 체계화하고자 한다고 볼 수 있다.

상호작용적 디지털 미디어의 등장은 미디어 내에서 이루어지는 커뮤니케이터의 행동을 보다 면밀히 조망할 수 있게 했다. 이러한 맥락에서 정치소통 영역의 연구로도 간주될 수 있는 송현주·신승민·박승관(2006)이나 김은미와 이준웅(2006)의 연구는 인터넷상에서 정치토론을 하는 커뮤니케이터의 행동을 읽기와 쓰기로 구별하여 이들이 서로 구별되는 행위임을 보여주면서 커뮤니케이터의 구체적 행동을 나누어 보는 것이 이론적으로 의미 있는 작업임을 보여 주었다. 이후에 읽기와 쓰기 행위를 구별한 연구들이 다양한 맥락에서 꾸준히 수행되었다(장윤재·이은주, 2010; 김은미·이준웅·장현미, 2011; 이종혁·최윤정, 2012; 최윤정·이종혁, 2013 등). 또한 연구들은 읽기와 쓰기 행동의 유형화(장현미, 2012)를 시도하여 다양한 커뮤니케이터 속성이나 효과 변인들과의 관련성을 살피고 있다.

이러한 연구의 연장선상에서 새로운 커뮤니케이션 행동 유형에 관한 연구를 조망하고 해석한다면 더 풍부하게 커뮤니케이터 행동을 이해할 수 있을 것이다. 예를 들면 멀티태스킹과 연관하여 스포츠 시청과 문자메시지 교환을 동시 수행하는 행동(이동연·이수영, 2014), 미디어 몰아보기(정금희·최윤정, 2019), 게임 내 행동(김은미·이상혁, 2016; 이상혁·김은미, 2019) 등은 모두 구체적 커뮤니케이터 행동에 더 가까이 다가가기 위한 이론적 시도라고 볼 수 있다.

온라인상에서의 자기표현 행동에 관한 연구(최미경·나은영, 2015)들도 함께 조망해 볼 수 있다. 특히 자기표현은 곧 커뮤니케이션이자 인간의 가장 기본적 욕구인데, 비단 글쓰기를 통한 자기표현뿐 아니라 이미지(이미나 · 서희정 · 김현아, 2012) 나 홈피 아이템의 활용 등 다양한 양식으로 표출될 수 있어 이러한 연구들이 연속성을 가지고 누적된다면 보다 이론적으로 체계화할 수 있는 잠재력이 충분하다고 볼 수 있다.

더불어 커뮤니케이터의 커뮤니케이션 행동뿐 아니라 커뮤니케이션하지 않으려는 행동이나 일탈적 성격을 가진 커뮤니케이터 행위에 대한 연구도 주목할 만하다. 사이버폭력(류성진, 2013), 게임의 공격행위(육은희 · 이숙정, 2014)나 소셜미디어 피로감이나 중단 행위에 관한 연구(이현지 · 정동훈, 2013)를 그 예로 들 수 있다. 다른 한편으로 중독에 관한 연구들은 TV, 인터넷, 게임, 휴대전화 등을 막론하고 다양한 연구자에 의해 수행되었다(박웅기, 2003; 허경호 · 안선경, 2006; 김주환 · 이윤미 · 김민규 · 김은주, 2006; 주정민, 2006; 강진숙 · 이제영, 2011; 이상호 · 고아라, 2013; 김형지 · 김성태, 2018). 이들 연구 중 방법론적으로 특이한 것은 강진숙과 이제영(2011)의 연구라고 할 수 있는데 전문가를 대상으로 한 Q방법론을 적용하여 중독의 본질을 분석하고자 하였다. 이 연구는 경험적 증거를 기반으로 한 정책연구라는 점에서도 의미를 가진다.

(2) 대인 커뮤니케이션과의 접목

스마트폰이 등장하기 이전인 2000년대 초반부터도 휴대전화와 인터넷이 변화시킨 미디어 정경과 일상에 주목하면서, 대인 미디어(음성전화, 문자메시지, 이메일, 메신저 등)와 기존의 매스미디어를 구분하고 디지털 테크놀로지의 등장이 대인 커뮤니케이션(예: 김관규, 2000; 안민호, 2001; 이재현, 2005)과 인간관계에(안민호, 2001; 이재신 · 이민영, 2008) 어떤 변화를 일으키는지를 기술하는 연구들이 등장하기 시작하였다. 이들 초기 연구들은 한편으로는 미디어 대체가설(이시훈 · 안주아, 2006)이나 적소이론(권상희 · 김위근, 2007)을 틀로 삼아 대인 커뮤니케이션에 할애되는 시간이 증대하거나 감소하는 것을 분석하는 연구들과 공존하였다.

인터넷 커뮤니티나 개인의 블로그가 언론사와 유사하게 콘텐츠를 제공하고 스마트폰 확산이 본격화되는 2010년대에 진입함에 따라 콘텐츠를 제공하는 주체나 기술로서의 미디어뿐 아니라 대인적 채널의 역할이 두드러지면서 연구자들은 본격적으로 매스 커뮤니케이션과 대인 커뮤니케이션의 경계를 넘나들기 시작하였다. 이러한 소위 미디어 융합현상은 더 이상 언론학에서 사람을 '수용자'로만 지칭하기 어렵게 만든 직접적인 계기가 되었다. 인터넷에서 무엇을 이용하는가와 함께 누구와 교류하는가를 분석하는 연구(김은미·정일권·배영, 2012)나 이용량을 기본적으로 분석하지만 대인 커뮤니케이션까지 포괄적으로 분석하여 커뮤니케이터들이 어떻게 지역 정체성과 사회자본을 구성하는지에 관한 연구(이영원, 2013) 등이 등장하였다.

김은미 등(2012)의 연구는 관계적 인간으로서 커뮤니케이터, 즉 미디어 안에서 누군가와 메시지 교환 행위를 하는 사람의 행위에 주목한다. 미디어와 사회 신뢰에 관한 기존 연구와는 달리 무엇을 보는가(이용 콘텐츠) 혹은 얼마나 보는가(이용시간)에 초점을 두기보다 어떤 상대를 대상으로 소통하는가가 이들의 사회 신뢰 인식과 더 깊이 연관되었음을 보여준다. 대화는 같은 주제라 하더라도 상대의 규모나 관계의 속성 혹은 유사성 여부에 따라 다를 수밖에 없다. 같은 주제에 대한 나의 대화는 상대가 누구냐에 따라 달라진다. 이러한 논리의 연장선상에서 볼 때, 인터넷에서 이루어지는 대화와 교류도 대화 상대가 누구인지에 따라 달라진다는 것이다.

이러한 연구들은 미디어를 이용한다는 것이 과연 무엇인가에 관해 지속적 질문을 요구하고 있다. 예컨대 김광수·박효정·송인기(2006)는 이동전화를 이용한다는 것이 무엇인지 그 의미를 반추하였다. 이들은 이동전화의 이용을 커뮤니케이션 양식은 물론 대인관계와 가치에도 중요한 영향을 끼치는 것으로 보아야 한다고 주장하면서, 방법론적으로도 외면적으로 드러난 커뮤니케이션 행동과 내면적 인식의 변화를 함께 접목하는 방법을 모색하였다. 이들은 일대일 인터뷰 결과를 내용분석하고 래더링 기법을 이용하여 이동전화가 새롭게 생성하는 결과와 가치를 설명하고자 했다. 방법론적으로도 양적, 질적 방법의 상대적 장점을 통합하고자 하는 시도였다고 평가할 수 있다.

이렇듯 수용자 연구에서 커뮤니케이터 연구로의 전환이 가장 두드러지는 영역은 매스미디어와 대인 커뮤니케이션 영역으로 구분되었던 두 하위 분야의 이론적 자원을 동시에 연구하는 경향이다. 최근 언론학 연구에서는 자연스럽게 커뮤니케이터가 일상에서 매스미디어와 대인 커뮤니케이션을 넘나드는 것을 다룬다(예: 심홍진·이연경·김지현·김용찬, 2014). 이 경향은 거시적으로는 미디어화(mediatization)의 물결 속에서 커뮤니케이터가 매스미디어와 대인 커뮤니케이션을 넘나드는 것이 자연스러운 일상이 되었음을 반영한다. 디지털 미디어가 사적, 사회적, 직업적 영역 등 삶의 모든 분야에 개입하면서 우리의 일상이 재구조화되고 있으며, 이에 따라 커뮤니케이터와 미디어의 관계에 관해 언론학뿐 아니라 다양한 학문 영역에서도 연구가 이루어지고 있다.

(3) 커뮤니케이터의 내면: 내적 심리경험

커뮤니케이터의 내면 심리상태의 영향이나 변화는 오랫동안 언론학의 연구대상이었다. 전통적으로 커뮤니케이터 내면에 관한 연구는 언론학의 태동기부터 지속된 메시지 처리 과정에 관한 연구와 이용과 충족 계열 연구가 주류를 이루어왔다. 최근의 연구들은 보다 다양한 심리경험에 대한 탐색으로 연구의 폭을 넓히고 있음을 볼 수 있다. 이는 다양한 상호작용을 가능하게 하는 기술의 발달과 측정 기술의 발달, 인접학문과의 이론이나 방법론 교류 등에 기인한다.

심리적으로 더 몰입적인 경험을 하는 것으로 알려진 비디오게임 상황에서의 연구가 다수 이루어지고 있다. 기존 미디어 이용에서의 심리적 경험은 주로 유희적 경험을 중심으로 하지만 게임의 경우 경쟁 상황에서의 정서 경험(유홍식, 2003)을 다루거나 격투기 프로그램의 폭력 수준과 커뮤니케이터의 지각각성, 상태분노, 적대감(유홍식·임성원·김수정·박원준·김인경, 2004)을 다루기도 한다. 또한 MMORPG 경험을 게임 콘텐츠와의 상호작용과 게이머들 간의 대인 커뮤니케이션이 복합된 경험으로 보고 소규모 집단에서의 위계적 대인관계의 경험이 게이머의 공격행동에 영향을 미치고 있음을 살핀 연구도 있다(이상혁·김은미, 2012).

커뮤니케이터의 주요 행동인 온라인 자기표현이 이와 표면적으로 상반되는 프라이버시에 대한 보호동기와 서로 어떻게 경합하는지를 트위터상의 설문조사를 통해 규명하고자 한 나은영(2013)의 연구는 인간 커뮤니케이터의 존재를 구성하는 가장 근원적 행동과 내적 동기의 긴장관계를 정면으로 풀어낸 연구라고 평가할 수 있다. 이 연구는 커뮤니케이터가 자신에 대한 정보를 노출하고자 하는 욕구와 보호하려는 양면적 욕구를 동시에 가지고 있고 이러한 문제와 일상적으로 대면하는 존재라는 점을 확인하면서, 특정한 미디어 안에서 이들 두 근원적 욕구가 어떠한 관계를 갖는지를 규명하고 있다.

나은영(2013)의 연구가 커뮤니케이터 개인 내면의 심리적 긴장에 초점을 두었다면 또 다른 연구들은 특정 미디어의 기술적 속성에 초점을 두고 커뮤니케이터들이 이를 어떻게 심리적으로 경험하는지를 연구하고자 했다. 게임 입력기의 구조에 따라 커뮤니케이터의 공간현존감 경험이 어떻게 달라지는지(김옥태, 2010), 혹은 이동전화의 이동성을 모바일 공간감 경험으로 개념화하여 탐색한(김정미·이재신, 2012) 연구들을 들 수 있다. 이러한 연구들은 공간감이나 현존감과 같이 다양한 감각이나 경험이 만들어내는 복합적 구성체 개념을 중심으로, 미디어를 구성하는 개별 속성 요소들이 어떤 연관성을 갖는지 그림을 그려보려는 하나의 흐름으로 볼 수 있다.

(4) 미디어 리터러시

미디어 테크놀로지와 커뮤니케이터 사이의 중간지대에 위치하는 개념으로 미디어 어포던스(*affordance*) 와 미디어 리터러시(*literacy*) 가 있다. 단순화 하자면 미디어 어포던스는 미디어 테크놀로지의 속성이지만 커뮤니케이터 들에게 활용될 수 있는 속성을 주로 지칭한다. 반면 미디어 리터러시는 테 크놀로지와 커뮤니케이터 사이에 구성되는 개념이지만 커뮤니케이터 쪽에 가까운 개념이다. 이론적으로는 사회와 개인과 미디어 테크놀로지가 만나 는 지점에서 미디어 리터러시가 구성되지만 좁은 의미에서 경험적 연구자 들이 통상 미디어 리터러시를 말할 때는 주로 커뮤니케이터가 가지고 활용 하는 역량과 기술을 의미한다. 따라서 미디어 리터러시는 커뮤니케이터와 한 몸을 이루어 미디어 테크놀로지와 상호작용한다고 보아야 한다.

2000년대에도 미디어 리터러시 개념을 미디어 이용행태나 격차를 설명 하기 위한 하나의 변수로 활용하는 연구들이 있었지만(윤석민·송종현·김 유경·김주형, 2004; 이준웅·김은미·김현석, 2007; 이숙정·육은희, 2014) 2010년대 이후 미디어 리터러시를 본격적 연구주제로 삼는 연구들이 양적 으로 크게 성장하였다. 구체적으로, 2000년대에는 주로 청소년의 미디어 교육 프로그램의 구성과 이와 관련된 정책(강진숙, 2007; 나경애·이상식, 2010) 에 대한 연구가 주를 이루었다면, 2010년대를 지나면서는 미디어 리 터러시 개념 자체를 탐구한 연구(김은미, 2011; 안순태, 2012; 류성진, 2016; 김은미·양소은, 2017) 가 증가하였다.

4. 정 리

2000년대 이후, 〈한국언론학보〉를 중심으로 커뮤니케이터 연구의 흐름을 간략히 조망해보았다. 이 기간 동안 이 장에서 다룬 연구들을 중심으로 다음과 같은 점을 알 수 있었다.

그동안의 연구는 미디어나 미디어가 생산하는 유형의 텍스트의 소비패턴을 이용량을 중심으로 분석하거나 기존 이용과 충족 연구의 틀을 활용하여 커뮤니케이터들이 미디어 이용을 통해 무엇을 추구하는지를 그려보는 기술적 연구에서 커뮤니케이터와 미디어의 속성들을 추출하고 분류하여 이들 간의 상호작용을 분석하는 연구로 진화했다. 또한 점차 더 구체적 커뮤니케이션 행동들이 분석단위가 되면서 커뮤니케이터 개인에 관해 더 많은 이해가 축적되고 있음을 알 수 있다. 언론학 전반에서 커뮤니케이션 행동이란 무엇인가, 커뮤니케이터가 미디어를 넘나드는 행위는 개인적, 사회적, 문화적 차원에서 어떤 의미를 갖는가를 보다 본격적으로 마주 대하고 질문하는 것이다.

언론사나 방송사의 시각에서 어떤 것이 의미 있는 '이용'이냐에 따라 기존 연구가 추동되었다면 이제는 커뮤니케이터와 미디어의 상호작용이 보다 다양한 삶의 맥락에서 관찰되고 분석되고 있음을 알 수 있었다. 추상적 차원에서 보자면, 인간이 미디어 테크놀로지를 개발하고 이를 통해 삶을 영위한다는 것이 무엇인지, 커뮤니케이터로서의 인간이란 어떤 존재인지에 대해 보다 근원적 질문을 던지고 해석하려는 노력들이 커뮤니케이터 연구를 추동하고 있다.

수용자에서 커뮤니케이터로 인간을 바라보는 시각의 전환은 돌아보면 능동성 개념의 등장으로부터 시작되었다고 볼 수 있겠다. 능동성 개념은 2000년대 초반 연구에서 유난히 많이 등장한다. 당시 능동성의 의미는 혼란스러우리만큼 매우 다의적으로 이용되었다. 이용자의 능동성은 미디어 환경 전체 혹은 특정 미디어를 상대로 두고 형성되는 개념이라고 할 수 있는데, 보다 보편적인 사회과학적 용어로 표현하자면 기술적·산업적 미디어 환경에 대한 이용자 개인의 영향력 혹은 힘(agency)이라고 이해할 수 있다. 얼핏 이율배반적으로 들릴 수도 있으나 인간의 삶 전반에 미디어의 지형이 갖는 의미가 커지고 일상의 거의 모든 영역이 빼곡하게 미디어 안에서 이루어지면서 동시에 미디어 이용이라는 미시적 맥락에서는 개인 수준에서만 설명할 수 있는 영역이 더 커지고 있다.

연구에서도 이러한 두 가지 측면을 동시에 발견할 수 있다. 이용자의 능동성 개념을 키워드로 삼는 연구들은 크게 두 가지로 나눌 수 있다. 하나는 사회변동이나 미디어 환경 변화에 따라 사람들이 미디어 이용량이 증가하는 추세에 있음을 능동성의 일환으로 해석하는 것이다. 여기서 커뮤니케이터의 집단적 능동성은 일종의 활동성으로서 거시적 시각에서 미디어 의존도와 유사하게 적용해 볼 수 있다(예: 이은미·강익희, 2001; 오정호, 2001). 또 하나는 능동성을 시청이라는 미디어 접촉 행동을 통해 구현되는 것으로 보고 그 과정을 나누어 분석하는 접근(박소라·황용석, 2001)을 들 수 있다.

결국 앞서 뉴먼과 구겐하임(Neuman & Guggenheim, 2011)이 그간의 미디어 효과 연구의 메타분석을 통해 밝힌 것과 같이 미디어의 힘과 커뮤니케이터의 능동성은 동시에 다루어지며 이 둘의 상호작용을 어떻게 체계적으로 분석할 것인가는 커뮤니케이터 연구뿐 아니라 언론학 전반의 이론적 과제라고 할 수 있다. 이미 미디어의 속성을 체계화(Sundar & Limperos, 2013)한 다음 일관된 틀로 미디어를 해체하여 속성별로 분석하자는 제언이나, 미디어 어포던스 개념을 도입하여 미디어 개념을 재구성하자는 논의들이 설득력을 얻고 있다.

그렇다면 인간과 미디어의 상호작용을 보다 이론적으로 분석하기 위해 인간 커뮤니케이터의 존재는 어떻게 체계적으로 분석해야 할지, 앞으로 연구자들이 어떤 분석틀을 다양하게 시도하면서도 이를 통합해 나갈지가 향후 과제로 남는다. 이 장에서도 살펴보았듯이 미디어 이용과 대인 커뮤니케이션을 통합적으로 바라보고 분석하고자 하는 시도들이 이미 2010년대부터 본격화되기 시작했다. 이러한 연구들은 결국 그 이전의 연구자들이 커뮤니케이터의 능동성에 주목하고 이들이 무엇을 하는지 질문해왔기 때문에 가능한 연구이며, 동시에 앞으로 나아가야 할 방향도 제시하고 있다.

커뮤니케이터 연구의 축적과 체계적 이론화는 비단 커뮤니케이터 연구의 발전에만 기여하는 것이 아니라 지역정체성(이영원, 2013)이나 문화적응(이재신 등, 2014), 이주민 문제(양혜승, 2011; 이선영, 2015), 사회자본의 축적(금희조, 2011; 나은영·김은미·박소라, 2013; 심홍진 등, 2014) 등과 같은 범사회과학적으로 의미 있는 이슈들을 커뮤니케이터와 미디어 테크놀로지의 상호작용 측면에서 풀어내는 언론학 고유의 연구들을 생산하는 데 기여할 것이다. 그리고 순환적으로 이러한 다양한 문제영역에서의 커뮤니케이터 연구의 결과들을 커뮤니케이터 행동을 분석하기 위한 기본 틀을 구성하는 데 기여할 것이다. 개념을 중시하는 이른바 이론적 연구와 이를 적용하여 경험적 결과를 중시하는 연구는 이렇게 서로가 서로를 밀고 끌면서 돌고 돈다.

5. 뒤에 올 연구자들을 위하여

지금까지 간략하게나마 〈한국언론학보〉를 중심으로 최근의 커뮤니케이터 연구를 살피고 이들의 흐름이 이론적으로 어떤 지향점을 갖는 것으로 나타나는지를 개괄하였다. 이론적으로든 경험적으로든 커뮤니케이터 연구자들이 연구를 수행하면서 생각해볼 만한 과제는 다음과 같다.

첫째는 다양성이다. 커뮤니케이터 연구는 수용자 연구의 연장선상에 있기는 하지만 언론학 연구자들에게 상당히 도전적 과제를 던지는 영역이다. 미디어 이용량과 동기에 국한하여 제한적으로 인간 커뮤니케이터의 행동을 살폈던 초기 연구에서부터 진화하여 오늘날의 커뮤니케이터 연구에 다다르기까지 인간 커뮤니케이터와 미디어의 상호작용을 관찰하는 맥락이 다양화되었다는 점이 주효했다. 따라서 기존에 적용되었던 개념이나 방법론의 안전한 울타리에서 벗어나 보다 도전적으로 다양한 이론이나 개념을 적용하고 검증하려는 시도를 많이 해야 할 필요가 있다. 다양한 개념적 틀을 적용한 연구결과들이 축적될 때, 산만한 연구결과들이 서로 연결점을 만들 때, 한국인 커뮤니케이터의 온전한 상을 그려볼 수 있지 않을까 생각해본다. 개념적 측면뿐 아니라 특히 방법론적 측면에서 혁신성이나 다양성 측면에서 현재 연구의 지형은 아쉬움이 남는다.

둘째는 통합이다. 연구자가 가진 구체적이고도 좁은 연구문제에 집중하는 것도 물론 중요하지만 큰 틀에서 인간 커뮤니케이터의 존재를 탐구한다고 생각하면 구체적 키워드가 겹치지 않더라도 문헌연구의 단계에서 살펴보면 연구자의 생각을 영글게 하고 새로운 시각을 던져주는 기존 연구들을 좀더 폭넓게 참고할 수 있을 것이다. 이미 위에서 살폈던 것처럼 예컨대 과몰입이나 중독에 이르게 하는 유인요인과 반대로 커뮤니케이션을 하지 않게 하는 요인은 필연적으로 연결되어 있고, 따라서 어느 한쪽을 연구하더라도 동전의 양면과 같이 서로 상이한 측면을 동시에 조망할 때 커뮤니케이터의 동기나 욕구, 행동을 보다 총체적으로 이해하는 데 기여한다는 것을 알 수 있었다. 이와 같은 맥락에서 프라이버시와 표현, 특정 미디어 어포던스에 대한 만족과 불만족 등도 통합적으로 하나의 모델에서 다루어진다면 보다 흥미로운 이론적 진전이 가능할 것이다.

셋째는 커뮤니케이터의 내면과 외면의 연결성 문제이다. 초기 미디어 이용량과 동기에 관한 연구가 수용자 연구의 주류를 이루었던 것처럼, 커뮤니케이터에 대한 연구는 결국 외면적으로 드러난 커뮤니케이션 행동과 내면적인 심리적 상황 혹은 인식의 변화가 어떻게 서로 연동하는가에 집중할 필요가 있다. 외면적 커뮤니케이션 행동만으로 내면적 상태를 유추하거나 내면적 상태의 기술에 초점을 두고 분석할 수도 있지만, 커뮤니케이터의 외면적 행동과 내면적 상태의 연결점들을 찾는 연구들을 축적하는 과정을 통해 하나의 대이론에 이르겠다는 보다 의욕적인 목표를 가져볼 수도 있겠다.

이 장을 집필하기 위해 준비하면서 그동안 국내 학술지에 의미 있는 이론적 지적이나 향후 연구방향들에 대한 지적들 중에서 충분히 학계의 주목을 받지 않은 것들이 많다는 것을 깨닫게 되었다. 이 책과 같은 핸드북의 효용이 여기에 있을 것이다. 연구를 착수하면서 개별 키워드를 중심으로 기존 문헌을 검토할 때 보다 시각을 넓혀서 핸드북에 담긴 내용을 참고한다면, 자신이 가진 구체적 연구문제를 보다 더 큰 틀 안에 위치시킬 수 있어 과거의 연구와 현재, 미래의 연구가 서로 어우러지고 연결되면서 만들어지는 이론화의 흐름에 보다 명확히 기여할 수 있을 것이다. 인간 커뮤니케이터에 대한 이해는 로봇과 에이전트의 시대에 비인간행위자 커뮤니케이터에 대한 이해로도 확장될 수 있다.

참고문헌

강남준·김은미 (2010). 다중 미디어 이용의 측정과 개념화. 〈언론정보연구〉 47권 2호, 5~39.

강남준·이종영·이혜미 (2008). 군집분석 방법을 사용한 미디어 레퍼토리 유형분석. 〈한국방송학보〉 22권 2호, 7~46.

강미선 (2011). 서울 시민의 두 매체 동시소비 행동. 〈한국언론학보〉 55권 2호, 333~355.

강진숙 (2007). 미디어 능력 제고를 위한 미디어 교육의 과제와 문제점 인식 사례 연구. 〈한국언론학보〉 51권 1호, 91~113.

강진숙·이제영 (2011). 청소년 TV중독의 원인과 예방에 대한 Q방법론적 연구. 〈한국언론학보〉 55권 1호, 79~108.

권상희·김위근 (2007). 적소이론 관점에서 대인 뉴미디어의 경쟁. 〈한국방송학보〉 21권 1호, 47~97.

금희조 (2011). 소셜미디어 이용과 다문화에 대한 관용. 〈한국언론학보〉 55권 4호, 162~186.

김관규 (2000). 전자메일과 다른 대인매체의 기능적 관계에 관한 연구. 〈한국언론학보〉 44권 2호, 40~64.

김광수·이진균(2003). 스포츠 시청의 결정 요인에 관한 연구. 〈한국언론학보〉 47권 2호, 338~360.

김광수·박효정·송인기(2006). 이동전화의 이용에 따른 결과와 가치의 탐색. 〈한국언론학보〉 50권 1호, 60~90.

김남두·강재원(2012). 매체 의존도에 영향을 미치는 요인들에 대한 탐색적 연구. 〈한국언론학보〉 56권 4호, 236~264.

김병선(2004a). 웹 이용 행위에 영향을 미치는 심리적 요인과 구조적 요인. 〈한국언론학보〉 48권 1호, 112~141.

_____ (2004b). 재택 공간에서 미디어 대체 가능성의 재평가. 〈한국언론학보〉 48권 2호, 400~428.

김옥태(2010). 비디오게임 입력기의 사실감이 이용자의 맵핑, 공간 현전감(*spatial presence*), 생체적 각성 그리고 감정에 미치는 영향. 〈한국언론학회 학술대회 발표논문집〉, 46~47.

김은미(2011). 부모와 자녀의 인터넷 리터러시의 관계. 〈한국언론학보〉 55권 2호, 155~177.

김은미·양소은(2017). 관계망과 인터넷리터러시가 청소년의 온라인 참여행동에 미치는 영향. 〈한국언론학보〉 61권 3호, 121~154.

김은미·이상혁(2016). 미디어 이용으로서의 게임 이용. 〈한국언론학보〉 60권 5호, 261~291.

김은미·이준웅(2006). 읽기의 재발견. 〈한국언론학보〉 50권 4호, 65~94.

김은미·이준웅·장현미(2011). 블로그 동기와 이용자 규모에 대한 인식이 블로그 운영과 지속의사에 미치는 영향. 〈한국방송학보〉 25권 6호, 162~203.

김은미·정일권·배 영(2012). 누구와의 교류인가?. 〈한국방송학보〉 26권 5호, 44~77.

김은미·심미선·김반야·오하영(2012). 미디어화 관점에서 본 스마트미디어 이용과 일상경험의 변화. 〈한국언론학보〉 56권 4호, 133~159.

김정미·이재신(2012). 이동전화 이용자의 모바일 공간감 형성 요인에 관한 연구. 〈한국언론학보〉 56권 1호, 209~234.

김주환·이윤미·김민규·김은주(2006). 온라인 게임 중독의 유형과 원인에 관한 연구. 〈한국언론학보〉 50권 5호, 79~107.

김형지·김성태(2018). 스마트폰 중독과정에 관한 연구. 〈한국언론학보〉 62권 1호, 131~161.

나경애 · 이상식(2010). 청소년 미디어교육 프로그램 내용과 효과에 관한 연구. 〈한국 언론학보〉 54권 3호, 349~373.

나은영(2013). 트위터 이용자의 온라인 자기노출에 영향을 주는 요인들. 〈한국언론학 보〉 57권 4호, 124~148.

나은영 · 김은미 · 박소라(2013). 청소년의 사회자본과 공감능력. 〈한국언론학보〉 57권 6호, 606~635.

나은영 · 박소라 · 김은미(2007). 청소년의 인터넷 이용 유형별 미디어 이용 양식과 적 응. 〈한국언론학보〉 51권 2호, 392~425.

류성진(2013). 청소년들의 사이버 폭력과 오프라인 폭력 경험에 관한 연구. 〈한국언 론학보〉 57권 5호, 297~324.

＿＿＿(2016). 부모와 자녀 간 의사소통행위에 대한 지각 차이가 자녀의 감정조절 및 인지적 의사소통 능력에 미치는 영향. 〈한국언론학보〉 60권 6호, 100~126.

민 영(2012). 이주 소수자의 미디어 이용, 대인 커뮤니케이션, 그리고 적대적 지각. 〈한국언론학보〉 56권 4호, 414~438.

박소라 · 황용석(2001). 케이블 시청자와 지상파 시청자간의 시청능동성 차이에 대한 연구. 〈한국언론학보〉 45권 4호, 277~311.

박웅기(2003). 대학생들의 이동전화 중독증에 관한 연구. 〈한국언론학보〉 47권 2호, 250~281.

박유진(2008). 자기표현 도구로써 미니홈피 꾸미기 아이템의 이용동기와 행태에 관한 연구. 〈사이버커뮤니케이션학보〉 25권 3호, 5~39.

박종민(2003). 휴대전화, 인터넷, 텔레비전의 미디어 속성 차이와 이용동기 요인 연 구. 〈한국언론학보〉 47권 2호, 221~249.

방영주 · 노기영(2015). 디지털 게임 효과음의 실재감이 사용자 경험과 뇌 반응 특성에 미치는 영향. 〈한국언론학보〉 59권 3호, 157~182.

배진한(2002). 전화의 이용과 충족 그리고 대인매체로서의 전화의 속성. 〈한국언론정 보학보〉 18호, 131~164.

손승혜(2002). 글로벌 텔레비전 시대의 수용자 능동성. 〈한국언론학보〉 46권 6호, 127~152.

송 진 · 이영주(2016). 웹 기반 동영상 콘텐츠 이용에 관한 탐색적 연구. 〈사이버커뮤 니케이션학보〉 33권 2호, 43~85.

송현주 · 신승민 · 박승관(2006). 인터넷 게시판에서의 이견 읽기와 논변구성과 정치적 관용에 미치는 영향. 〈한국언론학보〉 50권 5호, 160~183.

심미선(2000). 채널전환에 관한 연구. 〈한국언론학보〉 45권 1호, 195~231.

_____(2007). 다매체 시대 미디어 레퍼토리 유형에 관한 연구. 〈한국방송학보〉 21권 2호, 351~390.

심미선·김은미·이준웅(2008). 라이프스타일과 매체 이용행위 간의 관계 연구. 〈한국언론학보〉 52권 6호, 189~216.

심미선·김은실·하예린(2009). 미디어 이용의 보완 및 대체에 관한 연구. 〈한국방송학보〉 23권 3호, 317~364.

심홍진·이연경·김지현·김용찬(2014). 지역민의 사회자본 형성 요인에 관한 연구. 〈한국언론학보〉 58권 4호, 484~506.

안민호(2001). 커뮤니케이션 네트워크와 대인 매체의 이용 및 선택 행위에 관한 연구. 〈사이버커뮤니케이션학보〉 7권, 152~181.

안순태(2012). 어린이의 광고 리터러시(advertising literacy). 〈한국언론학보〉 56권 2호, 72~91.

양혜승(2011). 이주민의 대인 커뮤니케이션 및 미디어 이용이 한국사회의 가치(value)에 대한 인식 및 한국사회에 대한 태도에 미치는 영향. 〈한국언론학보〉 55권 6호, 181~205.

_____(2015). 지역 미디어 활용 및 대인 커뮤니케이션이 지역 사회 유대감에 미치는 영향에서 한국과 미국 수용자의 차이. 〈한국언론학보〉 59권 6호, 365~394.

오정호(2001). 텔레비전 시청시간량의 결정 메커니즘. 〈한국언론학보〉 46권 1호, 229~263.

유우현·정용국(2016). 매스미디어 노출과 메르스 예방행동 의도의 관계에서 대인 커뮤니케이션의 역할. 〈한국방송학보〉 30권 4호, 121~151.

유홍식(2003). 비디오게임에서 개인간 경쟁의 승패가 게이머의 기분, 고통에 대한 지각과 참을성, 자기방어적 자신감에 미치는 영향. 〈한국언론학보〉 47권 5호, 36~64.

유홍식·임성원·김수정·박원준·김인경(2004). 폭력적 이종격투기 프로그램 시청이 수용자의 지각각성·상태 분노·상태적대감 및 행위의도에 미치는 영향. 〈한국언론학보〉 48권 4호, 147~174.

육은희·이숙정(2014). FPS 게임의 혈흔과 전투정보가 적대감 및 공격행위에 미치는 영향. 〈한국언론학보〉 58권 1호, 123~147.

윤석민·송종현·김유경·김주형(2004). 이동전화격차. 〈한국언론학보〉 48권 3호, 354~378.

윤호영·길우영·이종혁(2017). 다중미디어 시대의 뉴스 미디어 레퍼토리와 주제 관심도 관계 분석. 〈한국방송학보〉 31권 1호, 107~148.

은혜정·나은영(2002). 인터넷에서 추구하는 충족(GS)과 획득된 충족(GO) 및 이용 행동 간의 관계. 〈한국언론학보〉 46권 3호, 214~251.

이귀옥·최명일(2009). 경험표집법(ESM)을 통한 동시 매체 이용에 관한 실증적 연구. 〈한국언론학보〉 53권 4호, 138~161.

이동연·이수영(2014). 실시간 스포츠 스트리밍 비디오 시청자의 미디어경험에 관한 연구. 〈한국언론학보〉 58권 1호, 148~177.

이미나·서희정·김현아(2012). 투표인증샷 분석. 〈한국언론학보〉 56권 6호, 246~277.

이미영·김담희·김성태(2010). 청소년 미디어 레퍼토리에 관한 연구. 〈한국언론학보〉 54권 1호, 82~106.

이상혁·김은미(2019). 게임 중독 예측을 위한 새로운 접근. 〈한국언론학보〉 63권 1호, 165~196.

이상호·고아라(2013). 소셜미디어 중독의 영향 요인 연구. 〈한국언론학보〉 57권 6호, 176~210.

이선영(2015). 결혼 이주 여성의 결혼 만족에 대한 부부 커뮤니케이션, 부부의 문화 적응 및 성 역할 인식의 영향. 〈한국언론학보〉 59권 6호, 41~68.

이숙정·육은희(2014). 디지털 활용 격차와 결과 격차. 〈한국언론학보〉 58권 5호, 206~232.

이시훈·안주아(2006). 매스 미디어 및 대인 미디어의 이용과 대면 커뮤니케이션. 〈언론과학연구〉 6권 1호, 331~360.

이영원(2013). 지역 정체성과 사회자본 구성에 대한 탐색적 연구. 〈한국언론학보〉 57권 6호, 636~662.

이은미·강익희(2001). IMF와 텔레비전 시청. 〈한국언론학보〉 45권 3호, 298~327.

이재신·이민영(2008). 상호관계의 특성과 유지에 관한 연구. 〈한국언론학보〉 52권 1호, 413~436.

이재신·이문광·류재미·최문훈(2014). 중국인 유학생의 문화적 통합에 대한 영향 요인 탐구. 〈한국언론학보〉 58권 5호, 233~254.

이재현(2005). 인터넷, 전통적 미디어, 그리고 생활시간패턴: 시간 재할당 가설의 제안. 〈한국언론학보〉 49권 2호, 224~254.

이재현·강민지·최순욱·이소은(2016). 미디어 이용의 탈구. 〈언론정보연구〉 53권 2호, 204~264.

이정권·최 영(2015). 소셜미디어 이용동기 연구. 〈한국언론학보〉 59권 1호, 115~148.

이종혁·최윤정 (2012). 숙의적 (*deliberative*) 인터넷 토론 모델의 검증. 〈사이버커뮤니케이션학보〉 29권 1호, 87~126.

이준웅·김은미·김현석 (2007). 누가 인터넷 토론에서 영향력을 행사하는가?. 〈한국언론학보〉 51권 3호, 358~384.

이준웅·김은미·심미선 (2006). 다매체 이용자의 성향적 동기. 〈한국언론학보〉 50권 1호, 252~284.

이창훈·김정기 (2013). 다중미디어 이용자의 이용특성과 사회적, 개인적 효과에 관한 연구. 〈한국언론학보〉 57권 3호, 347~380.

이현지·정동훈 (2013). 트위터와 페이스북의 이용중단의도에 관한 연구. 〈한국언론학보〉 57권 4호, 269~293.

임영호·김은미·김경모·김예란 (2008). 온라인 뉴스 이용자의 뉴스관과 뉴스이용. 〈한국언론학보〉 52권 4호, 179~204.

임영호·김은미·박소라 (2002). 한국 신문의 지리적 시장 형태와 경쟁구조. 〈한국언론학보〉 46권 3호, 319~352.

장윤재·이은주 (2010). 온라인 게시판 토론에서 읽기, 쓰기, 그리고 의견 다양성의 효과. 〈한국언론학보〉 54권 2호, 277~298.

장현미 (2014). SNS에서 글쓰기가 공감경험과 친사회행동에 미치는 효과. 〈한국언론학보〉 58권 3호, 5~35.

정금희·최윤정 (2019). 수용자의 능동적 행위로서 미디어 몰아보기 (*binge watching*): 계획된 행동이론 (TPB)을 적용한 몰아보기 행동 모형. 〈한국방송학보〉 33권 3호, 141~179.

정용복·박성복 (2015). 미디어 레퍼토리 유형에 따른 지역사회자본과 사회정치참여에 관한 연구. 〈한국언론학보〉 59권 3호, 60~93.

조성동·강남준 (2009). 다매체 환경 정착에 따른 수용자들의 매체이용 특성변화와 이용매체 구성변화. 〈한국언론학보〉 53권 1호, 233~256.

조성호 (2003). 신문구독 유형에 따른 구독동기 및 만족도 비교. 〈한국언론학보〉 47권 3호, 125~145.

주정민 (2006). 인터넷 의존유형과 인터넷 중독과의 관련성 연구. 〈한국언론학보〉 50권 3호, 476~503.

최미경·나은영 (2015). 블로그 이용자의 자기표현이 심리적 안녕감에 미치는 영향. 〈한국언론학보〉 59권 4호, 163~193.

최윤정·이종혁 (2013). 인터넷 공간에서의 '여가화된 정치 토론'에 대한 연구. 〈한국방송학보〉 27권 3호, 206~247.

허경호・안선경(2006). 대학생의 텔레비전 중독 성향의 이용과 충족 시각적 특성. 〈한국언론학보〉 50권 2호, 198~226.

Deuze, M. (2007). *Mediawork*. Cambridge, UK: PolityPress.

Hartley, J. (2012). *Communication, Cultural and Media Studies: The Key Concepts*. London: Routledge.

Napoli, P. M. (2018). *Mediated Communication*. Berlin: De Gruyter Mouton.

Neuman, W. R. & Guggenheim, L. (2011). The evolution of media effects theory: A six-stage model of cumulative research. *Communication Theory* 21(2), 169~196.

Sundar, S. S. & Limperos, A. M. (2013). Uses and grats 2.0: New gratifications for new media. *Journal of Broadcasting & Electronic Media* 57(4), 504~525.

8장

방송 연구

배진아 | 공주대 영상학과 교수

1. 방송 영역: 경계의 무너짐

방송 연구의 대상 영역은 방송이다. 2000년 이후 지난 20년 동안 방송 영역은 많은 변화를 겪어 왔다. 1990년대 민영방송 SBS의 개국과 케이블 방송·지역민방의 도입으로 다채널 방송이 시작되었으며, 2001년에는 위성 방송이 출범했고, 방송채널사용사업자에 대한 등록제가 도입되면서 방송 시장에서의 자율성이 강조되기 시작했다. 이후 2005년과 2006년에는 위성 DMB와 지상파DMB가, 2008년에는 IPTV가 도입되면서 방송은 급격한 변화를 맞이한다. 이후 2011년 종합편성채널이 출범하면서 방송 시장에서의 경쟁은 더욱 심화되었으며, 이후 네이버와 다음의 동영상 서비스를 비롯하여 유튜브와 같은 새로운 동영상 매체가 확산되면서 방송의 경계가 모호해지고 있다.

〈방송법〉에 따르면 방송은 '방송 프로그램을 기획, 편성, 제작하여 이를 공중에게 전기통신설비를 이용하여 송신하는 것'(제2조 제1항)이라고 되어 있다. 다소 모호한 문구라 할 수 있지만, 이에 따르면 지상파방송과 종합유선방송, DMB 등이 방송 영역에 포함된다. 그러나 법 규정과 상관없이 우리는 수많은 유형의 다양한 콘텐츠들을 방송으로 인식하고 있고, 혹은 방송에서 시작된 콘텐츠이지만 다른 플랫폼에서 이용할 때 방송이 아니라고 여기기도 한다. 연구의 대상으로서 '방송 영역'이 무한히 확장하면서 그 경계가 무너지고 있는 것이다.

방송 영역의 경계가 무너지고 있는 가장 중요한 원인은 플랫폼의 확장이다. 방송사는 고전적인 의미의 방송이라 할 수 있는 텔레비전 수상기를 통한 유통만으로는 수익을 얻을 수 없는 상황에 직면했으며, 방송에서 시작한 콘텐츠는 수많은 플랫폼을 통해 다양한 방식으로 확산되고 있다. 콘텐츠 경쟁력을 앞세워 네이버캐스트, 카카오TV 등 포털사와 제휴하기도 하고 티빙(tving)이나 푹(pooq) 같은 자체 유통 플랫폼을 만들기도 한다. 이에 더하여 유튜브 등의 강력한 동영상 플랫폼의 출현이 방송 콘텐츠의 유통에 영향을 미치면서 수용의 이동성, 개인화 등의 변화를 초래했다. 방송 콘텐츠를 실어 나르는 플랫폼의 형태는 매우 다양해지고 있으며, 이와 더불어 가족이 둘러앉아 텔레비전을 시청하는 고전적인 의미의 방송은 이제 과거의 이야기가 되어 버렸다. 플랫폼의 확장과 더불어 방송의 경계가 무너지면서 그 영역이 무한히 확장되고 있다.

플랫폼 다변화로 인한 방송 영역의 확장은 이용행위의 다변화와 확장으로 연결된다. 단순히 방송 콘텐츠를 '시청'하는 행위뿐 아니라, 방송을 보면서 SNS 등을 이용하여 지인, 친구, 심지어 모르는 사람들과 대화를 나누는 사회적 시청 행위(social viewing)가 등장했다. 20~30대 젊은 독신가구에서는 집에 텔레비전 수상기가 없는 것은 물론 유료방송에 전혀 가입하지 않는 코드커팅(code cutting, 고객이탈) 현상이 확산되고 있다. 방송 콘텐츠의 이용은 텔레비전 수상기를 통해서만 일어나는 것이 아니라 PC와 휴대폰 등 다양한 기기를 통해서 다양한 방식으로 이루어진다. 방송 콘텐츠를 이용하면서 그것이 어떤 방송사 혹은 채널에서 제공되는 프로그램인지 잘 모르며, 특별히 방송 콘텐츠라는 점에 별 의미를 부여하지 않기도 한다. 방송 시청 혹은 방송 이용의 의미가 과거와는 전혀 달라지고 있는 것이다. 이러한 변화와 함께 텔레비전을 보면서 동시에 컴퓨터, 휴대폰 등 다른 매체를 동시에 이용하는 다중매체 이용행위도 주목받고 있다.

방송 영역의 확장은 편성, 콘텐츠의 내용과 포맷, 영상 콘텐츠 사업자의 확장으로도 연결된다. 앞서 언급한 것처럼 〈방송법〉에 명시된 방송의 정의에도 '편성'이라는 개념이 등장하는데, 〈방송법〉상 편성은 '방송되는 사항의 종류·내용·분량·시각·배열을 정하는 것'으로 정의되어 있다(제2조 제15항). 그러나 〈방송법〉이 정의한 바의 '편성' 개념, 즉 특정 프로그램을 특정 요일, 특정 시간대에 배치하는 실시간 방송에서의 편성 개념은 그 중요성이 점차 줄어들고 있다. 편성 개념 자체가 소멸될 위기라는 진단이 나오기도 한다. 방송에서의 편성 개념은 이제 새로운 미디어 환경에 맞게 콘텐츠에 대한 종합적인 유통 마케팅 개념으로 확장되어야 할 시점에 와 있다. 또한 텔레비전 수상기 이외에 다른 플랫폼을 염두에 두고 기획·제작이 이루어지거나 플랫폼 간 협력을 통한 트랜스미디어 콘텐츠가 제작되면서 방송 콘텐츠의 내용과 형식도 다양하게 변화하고 있다. 그동안 적용해왔던 장르 관행이 무너지고, 이용자와의 다양한 상호작용이 내용의 일부가 되며, 제작자와 이용자의 경계가 무너지는 등 기존의 방송 영역에서 적용되던 것과는 전혀 다른 논리가 방송 콘텐츠 영역에 적용된다. 이와 더불어 방송사 및 일부 외주제작사가 프로그램 제작에 참여하던 과거의 관행을 넘어서서 포털과 같은 다른 미디어는 물론 일반 기업과 개인, 해외 자본에 이르기까지 다양한 주체들이 방송 콘텐츠 제작 사업에 참여하고 있다. 방송 콘텐츠의 편성 방식, 내용과 포맷, 제작 주체 등에 있어서도 방송 영역은 무한 확장을 거듭하고 있다.

방송 영역의 전반적인 확장은 방송의 경계를 모호하게 한다. "무엇이 방송인가, 또는 무엇이 방송이 아닌가, 무엇이 방송 콘텐츠이며, 무엇이 방송 콘텐츠가 아닌가?"라는 질문에 명확하게 답하기 어려워지는 것이다. 〈방송법〉 조항에 충실히 따르자면 지상파방송과 케이블방송, DMB 등이 방송의 범주에 속하겠지만, IPTV는 물론 인터넷방송과 개인방송은 어떠 한가? 플랫폼에서 시작한 방송의 경계는 이용행위, 문화, 편성 전략, 산업 분야, 규제 및 정책 등 다양한 범주에서 연쇄적으로 확장되는 동시에 무너 지고 있다.

방송 영역의 확장과 경계의 무너짐은 방송 연구에도 영향을 미친다. 방 송 연구는 현장에 발을 딛고 있는 실용학문의 속성이 강하기 때문에 이는 극히 자연스러운 현상이다. 언론학, 커뮤니케이션학, 미디어학 등으로 명 명되는 유사학문과의 중복은 더욱 커지고 있고, 법학, 경제학, 사회학, 심 리학 등 인접학문과의 관계도 더욱 깊어지고 있다. 특히 인접학문과의 관 계를 정립하는 과정에서 방송 연구가 법학이나 경제학 등 다른 학문 분야 로 통합되는 경우도 적지 않게 발견할 수 있다. 방송 연구의 지평을 다양화 하기 위해서 사회학, 심리학은 물론 법학, 경제학, 행정학, 역사학, 철학 등과의 제휴가 필요한 것이 사실이지만(정윤식, 2004, 5쪽), 이러한 과정에 서 방송 연구의 학문적 정체성 문제가 제기되기도 한다.

2. 기존 문헌에서 분석한 방송 연구

방송 관련 연구는 대략 1960년대부터 시작되었고, 1970년대에는 연구의 관심 영역이 확대되었으며 1980년대에는 방송 영역이 연구대상 영역으로 자리 잡았다(정재철, 2002, 335쪽). 1960년대부터 1980년대까지의 방송 연 구에 대해 김동진(1990)은 방송 환경의 변화나 시대적 필요와 유행을 지나 치게 의식하면서 연구주제가 변해 왔으며 외국의 이론과 방법을 과도하게 모방했다고 보았다. 그 결과 방송 이론 정립을 위한 기초가 마련되지 못했다는 평가이다. 이후 1990년대에는 방송 연구의 지평이 조금씩 확장되었고 특히 산업 정책연구가 증가하기 시작했다. 정재철(2002)은 1990년대의 방송 연구를 분석한 결과를 토대로 다음의 여섯 가지 결론을 도출한다. 첫째, 전통적인 방송 프로그램 연구와 더불어 텔레비전 텍스트 비평으로 연구 지평이 확대되었으며 이에 수반하여 이론적 틀, 연구방법도 광범위하게 확장했다. 둘째, 전통적인 수용자 연구가 확대되어 문화연구 접근법의 수용자 연구 조류가 형성되었고 질적인 수용자 연구방법이 도입되었다. 셋째, 방송정책 및 법제 연구가 다양화되고 심화되었다. 넷째, 방송 산업의 경제적 효용성을 강조하면서 매체경제학적 연구 조류가 형성되었다. 다섯째, 효과 연구의 주제가 다양해졌으며 이와 관련한 이론 구축 작업이 심화되었다. 마지막으로 연구주제 및 방송 매체 분야별로 방송 전문 학자들이 출현했다.

2000년대 이후에도 이러한 경향이 지속되면서 방송의 이용과 효과, 정책 연구가 주류를 이루는 가운데, 방송과 뉴미디어의 접점에 다중미디어 이용행태에 관한 연구 및 뉴미디어 등장과 함께 제기되는 다양한 정책 이슈에 대한 연구들이 나타났다. 기존 문헌에서는 2000년대 이후 방송 연구의 특징에 대해서도 언급하고 있다(김용학·김영진·김영석, 2008; 이준웅, 2014; 정인숙, 2006). 2000년대에 들어서면서 방송정책에 관한 연구가 크게 증가했으며, 특히 법학 및 경제학 분야와의 활발한 제휴와 접목이 이루어졌다. 수용자 연구의 관점에서는 TV 시청 행태보다는 인터넷 미디어 이용에 대한 연구가 크게 늘어났고 효과 연구가 주류를 이루고 있다. 특히 이동기기를 이용한 다양한 콘텐츠 이용에 관한 연구가 성장했다. 이준웅(2014)은 3년 동안 〈한국방송학보〉에 실린 논문에 대한 검토를 통해 방송 연구에 대해 다음과 같은 비판적 결론에 도달한다. 먼저 양적으로 많은 연구들이 실렸음에도 불구하고 연구주제와 대상이 다양하다고 보기 어렵다는 점을 지적한다. 방송 이용, 효과, 정책 등에 대한 연구가 주류이며 PC

나 이동기기를 통한 인터넷 서비스에 대한 연구가 그 다음을 차지하는 반면 정치적 소통, 문화 비평, 영화 제작 등에 대한 논문은 예외적이라고 할 만큼 적었다는 설명이다. 둘째, 연구주제의 흐름을 살펴보면 최근 교류매체(social media)와 다중매체 이용이 유행하는 주제이며, 연구의 관심 대상 매체가 변화했음에도 불구하고 실제로 매체 이용을 중심에 놓는 연구문제를 크게 벗어나지 못했다고 비판한다. 이와 더불어 '기존 이론에 대한 논의'는 있지만 '새로운 이론에 대한 모색'은 찾기 어려우며 이론적으로 혁신적인 연구문제를 제기하는 논문이 거의 없다는 점을 지적했다.

이러한 지적에서도 확인할 수 있는 것처럼 2000년대 이후 방송 연구 분야의 논문에 대해서는 실용성에 치우쳐 이론 구성을 지향하는 논문들이 거의 없다는 평가가 지배적이다. 2000년대 이후 많은 방송 연구들은 산업의 수요나 정책 기관의 수요에 부응하는 주제들을 다루고 있다. 방송 연구가 사회적 수요에 맞추어 진행되어 왔다는 것을 알 수 있다. 외부 펀딩이 주어지는 연구들이 논문으로 출간되는 사례가 많다는 점과, 그동안 방송 연구 분야에서 외부 펀딩이 활발히 이루어졌다는 점을 고려한다면 실용적인 연구주제가 많이 다루어진 것은 자연스러운 결과이다. 또한 대학에서 승진 등에 요구되는 논문 편수가 강화되면서, 이론을 지향하는 깊이 있는 연구보다는 실증적, 양적 데이터를 토대로 정교하고 체계화된 결론을 도출할 수 있는, 비판적으로 말하자면 '논문화'가 용이한 주제들이 선택되는 경향이 있다는 점도 이러한 비판의 원인으로 지적할 수 있다.

지금으로부터 10년 전인 2009년에 국내 방송학 연구 50년을 되돌아본 최양수(2009)의 진단에 따르면 방송 연구에서 가장 많이 다루어진 주제는 수용자, 정책과 법, 내용과 콘텐츠 분야이며 그 다음은 경영·경제, 비교, 저널리즘 분야의 순서이다. 특히 수용자 관련 주제는 전공 학자군이 형성되면서 꾸준하고 활발한 학문적 성과를 이루고 있으며 방송정책과 법제도에 관한 연구는 정책학과 법학 등 인접학문의 성과를 차용하여 전문성과 다양성을 갖추어 나가고 있는 것으로 평가한다. 방송 영역의 연구는 특히 1990년대 이후 양적, 질적 성장을 이루기 시작했으며, 방송 산업의 성장과 더불어 학문의 활성화가 전개된 것으로 분석되었다. 그러면서 그는 방송 분야의 연구가 순수한 학술적 요구보다는 사회적 수요에 부응하여 학문적 성과가 미진하가도 진단한다.

한편 2014년 〈한국방송학보〉에 실린 연구들의 주요 단어를 추출한 결과를 살펴보면 온라인, OTT, 포털, 동종애, 정치컴, 산업, 미디어영향력, 정책, 언론보도, 사회적 책임, 이미지, 기호 등이 나열된다(조영신, 2014). 방송 영역의 경계에 있거나 혹은 그 밖에 있는 온라인, OTT, 포털 등의 매체가 방송 연구에서 중요하게 다루어지고 있으며, 산업이나 정치, 사회적 책임 등과 같이 방송이 우리 사회에서 수행하는 역할이 연구의 주요 내용으로 다루어지고 있다는 것을 알 수 있다. 물론 방송이 만들어내는 이미지와 기호 등을 분석하는 연구도 여전히 방송 연구의 중요한 부분을 차지하고 있다.

3. 〈한국언론학보〉의 방송 연구

1) 방송 영역을 대상으로 하는 연구

방송 연구의 대상 영역을 방송이라고 보았을 때 어떤 연구를 방송 연구의 범위에 포함시킬 수 있으며 어떤 연구는 배제되어야 할까? 방송 영역의 확장과 경계의 무너짐 현상이 지속되고 있는 현재의 시점에서 여기에 답하기는 쉽지 않다. 여러 가지 논란의 여지가 있지만, 이 글에서는 방송 영역을 지상파 방송, 케이블 방송, 위성 방송, IPTV, 라디오, DMB를 포함하는 것으로 보고, 〈한국언론학보〉에 대한 검토를 통해 방송 연구의 역사적 전개와 성과를 진단하고자 한다. 전통적인 방송 플랫폼 이외에 인터넷방송과 개인방송을 포함하는 다른 플랫폼에서의 동영상 서비스는 방송 영역을 대상으로 하는 이 글의 범위에서 제외했다. 이들 서비스는 방송 영역의 경계 밖에 위치하는 것들로 매체 환경 변화에 따라 방송 영역에 포함되거나, 혹은 방송이 이들 매체 영역에 포함되는 방식으로 융합될 여지가 크다. 그러나 이러한 과정이 아직은 진행 중이며, 그동안의 연구가 전통적인 방송 매체 영역에서 주로 이루어져 왔기 때문에 이 글에서는 전통적인 방송 개념을 적용하기로 한다.

〈한국언론학보〉에서 방송 영역을 대상으로 하는 연구가 얼마나, 어떤 주제를 중심으로 이루어졌는지를 확인하기 위해서, 2000년(45권 1호) 이후 2019년 6월(63권 3호)까지 발간된 논문 중에서 방송 영역을 연구대상으로 하는 논문을 모두 수집했다. 해당 기간에 게재된 모든 논문의 제목과 초록을 확인하여 방송 영역이 연구의 대상인지의 여부를 확인하는 방식으로 자료 수집을 진행했다. 수집한 자료에 대한 분석결과, 해당 기간 동안 방송 영역을 대상으로 하는 연구는 모두 253편이었으며 연도별로 발행 논문 편수에 편차가 있었다. 〈그림 8-1〉에서 보는 것처럼 2000년에는 3편에 불과했으나 2004년에는 25편, 2007년에는 24편에 이르는 등 2000년대에는 제법 많은 논문이 게재되었다. 그러나 2015년에 8편으로 감소한 이후 현재까지 게재 논문이 많지 않으며 2018년에는 심지어 1편에 불과하다. 이러한 변화는 여러 가지 관점에서 설명이 가능하다. 방송 매체의 사회적 위상 변화와 함께 방송 영역을 대상으로 하는 연구가 감소했을 것이라는 추측을 해볼 수 있다. 이와 함께 〈한국언론학보〉 전체 논문 편수의 변화도 영향을 미친 것으로 보인다. 제1장의 메타데이터를 활용한 분석에 따르면 〈한국언론학보〉에 실린 전체 논문 편수가 2000년에는 36편에 불과했으나 2004년에는 94편, 2007년에는 107편으로 크게 증가했다가 2018년에는 48편으로 다시 크게 줄어들었다. 방송 영역을 대상으로 하는 연구의 논문 편수 변

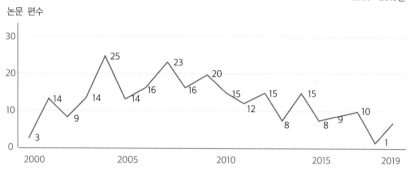

〈그림 8-1〉 방송 영역을 대상으로 하는 〈한국언론학보〉 게재 논문

2000～2019년

화 추이와 유사한 양상을 보이고 있다. 방송 분야의 학술지 확대도 또 다른 원인으로 지목된다. 방송 영역을 주로 다루는 〈한국방송학보〉와 더불어 〈방송문화〉, 〈방송과 커뮤니케이션〉, 〈미디어 경제와 문화〉 등 방송사가 주도하는 방송 분야 전문학술지가 창간되면서 방송 영역을 대상으로 하는 학술논문이 여러 학술지에 분산 게재되기 시작했으며, 이에 따라 〈한국언론학보〉에서 방송 영역을 대상으로 하는 연구의 비중이 점차 줄어들고 있는 것으로 해석된다.

한국언론학회 60년을 맞아 〈한국 언론학 연구 60년: 성과와 전망〉을 기획한 편찬위원회에서는 〈한국언론학보〉의 연구영역을 13개 분야로 분류하고 있다. 저널리즘, 정치소통, 수용자 연구, 매체정책법제, 매체정보기술, 공중관계, 문화성차, 매체역사, 교류매체, 광고마케팅, 인간소통, 방송, 보건소통이 그것이다. 저널리즘, 문화 성차 등 다른 연구영역은 연구주제와 접근방법에 있어 공통분모가 있는 학문 분야를 지칭하는 반면 방송은 유독 연구대상을 지칭한다는 점에서 다르다. 그만큼 방송 영역이 언론학의 학문적 발전 과정에서 중요한 부분을 차지했고, 연구주제 및 접근방법에 있어서도 나름의 독창적인 분야를 구축해 왔기 때문일 것이다. 하지만 연구대상 영역을 하나의 연구분야로 구분하다보니 불가피하게 다른 연구영역과 중첩되는 부분이 많이 발견될 수밖에 없다. 즉, 방송 영역을 대상으로 하는 수용자 연구나 매체 역사 연구, 저널리즘 연구 등이 수행되고 있다. 방송 영역과 다른 연구분야 간의 중첩 양상을 확인하기 위해 2000년 이후 〈한국언론학보〉에 게재된 방송 영역을 대상으로 하는 논문 253편이 각각 어떤 분야에 속하는지 분류해 보았다. 그 결과가 〈표 8-1〉에 제시되어 있다.

〈표 8-1〉 〈한국언론학보〉에 게재된 방송 영역을 대상으로 하는 논문: 연구분야별 논문 편수

단위: 편

분야 / 연도	저널리즘	정치소통	수용자연구	매체정책법제	매체정보기술	공중관계	문화성차	매체역사	광고마케팅	방송	계
2000			2					1			3
2001	1		5	4	1		1			2	14
2002	1	1	3		1		1	1		1	9
2003	1	1	3	2	1	1	2			3	14
2004	1		10	3	4		2	2		3	25
2005			3	2	2		3	1		3	14
2006		3	5	3	3					2	16
2007	1	1	6	3	3		5			3	23
2008	1		2	6	1		3		1	2	16
2009	2	1	4		2		2	2	3	4	20
2010	1	1	3	2	3		3		1	1	15
2011	1	1	6	3						1	12
2012			6	4			2	2		1	15
2013	1	1	2	1	1		1			1	8
2014			6	1			1	2		5	15
2015			3	2						2	8
2016			3	1			2			3	9
2017	3		3	1			1			2	10
2018										1	1
2019			1	1			3	1			6
합계	14	9	72	43	23	1	32	13	5	40	253

〈표 8-1〉에서 확인하는 것처럼 방송 영역을 대상으로 하는 연구들은 실제로 다양한 연구분야에 산재되어 있다. 가장 많은 부분을 차지하는 연구분야는 수용자 연구로서 72편의 논문(28.5%)이 게재되었다. 여기에는 시청 패턴, 시청의 능동성과 수동성, 시청률 영향 요인, TV 효과 연구 등이 포함된다. 그 다음은 매체정책법제 분야로서 전체 253편의 17%인 43편이 동 분야에 포함된다. 앞에서 언급한 것처럼 2000년대 들어 방송 분야의 법적, 정책적 이슈에 대한 연구 수요가 증가하면서 이 분야의 연구가 많은 부분을 차지하는 것으로 판단된다. 이 분야의 연구들은 방송자유와 공익, 다양성 등 방송 이념에 대한 정책 연구, 방송 평가제와 심의제도에 대한 연구 및 그 밖의 법적 이슈를 주제로 다루고 있다. 문화성차 연구도 32편(12.6%)으로 많은 부분을 차지했는데, TV프로그램의 서사구조 및 내러티브와 시청양식, 문화 생산에 대한 내용을 주로 담고 있다. 이밖에 매체경영학의 관점에서 방송사의 시장 전략과 성과에 대해 주로 분석하는 매체정보기술 분야(23편), TV뉴스의 저널리즘적 기능에 관심을 갖는 저널리즘 연구(14편), 방송을 역사적 관점에서 기술하고 분석하는 매체역사 연구(13편), 선거 과정에서 TV 토론 프로그램의 역할과 TV뉴스의 정치적 효과를 다루는 정치소통 연구(9편) 등에도 방송 영역을 대상으로 하는 연구가 발견되었다. 공중관계 분야의 경우 방송 영역을 대상으로 하는 논문이 1편에 불과했으며 교류매체, 인간소통, 보건소통 분야의 경우에는 방송 영역을 다루는 논문이 한 편도 없었다. 다른 분야와 중복되지 않으면서 고유의 방송 분야로 분류된 연구는 40편으로서 수용자 연구 및 매체정보기술 분야와 중첩된 논문 편수보다도 적었다. 방송 분야로 분류된 연구는 크게 방송 프로그램에 대한 내용분석 연구과 제작 과정에 관한 연구로 나뉘며, 이밖에 프로그램 포맷과 장르, 표현양식 등에 대한 논문들이 있었다.

2) 방송 연구

다음에서는 앞에서 수집한 '방송 영역을 대상으로 하는 연구' 중 다른 연구 분야와의 중첩 없이 '방송 연구' 분야로 분류된 40편의 논문을 중심으로 〈한국언론학보〉에 게재된 방송 연구에 대해 살펴보고자 한다. 제 2장의 논문 키워드 네트워크 분석에 따르면, 2000년 이후 2018년까지 언론학 연구에서 방송 분야 논문은 48편으로 전체의 3.0%를 차지한다. 여기에는 시청 행태 변화, 프로그램의 포맷 다양성, 소셜 TV, 상호작용적 라디오 프로그램, 방송 종사자에 대한 연구 등이 포함되어 있다. 그러나 이 글에서는 제 2장의 분류 중 시청 행태 변화에 대한 연구는 수용자 연구에 포함하였으며 소셜 TV는 방송의 범주에서 제외하였다. 또한 방송 프로그램에 대한 내용분석 연구를 방송 연구에 범주에 포함하였다. 그 결과 제 2장의 분류에서 48편이 방송 연구로 분류된 것과 달리 여기에서는 40편이 방송 연구로 분류되었다. 이는 해당 기간 동안 〈한국언론학보〉에 실린 논문의 약 2.5%에 불과한 것으로서 언론학 연구에서 방송 연구로 분류된 논문은 매우 적은 비중을 차지하고 있다.

〈한국언론학보〉에 실린 방송 분야의 논문에서 가장 먼저 주목할 만한 개념은 '다양성'이다. 먼저 초기의 다양성 연구는 편성 다양성 (이은미, 2001), 지역 TV뉴스의 다양성 (배현석, 2002), 장르 다양성 (박소라, 2003)에 관한 것으로서, 내용분석을 통해 다양성 수치를 도출하는 양적 접근을 취하고 있다. 이들 연구는 방송 시장에서의 경쟁 도입이 다양성의 감소를 초래한다는 결론을 도출한 바 있다. 이후 방송 프로그램의 장르 구분이 모호해지면서 장르를 기준으로 하는 다양성 측정의 문제점이 지적되었고 포맷의 다양성을 분석하는 연구들도 등장했다 (김정섭·박주연, 2012; 이창원·김정현, 2015). 종합편성채널이 등장한 이후에는 채널 증가에 따른 방송 뉴스 보도의 다양성, 장르 다양성, 노출 다양성 변화에 대한 분석이 이루어졌다

(조은영·유세경, 2014; 송인덕, 2016). 종합편성채널의 등장은 방송 시장의 다양성 증가에 적어도 단기적으로 기여한 것으로 나타났다. 이러한 일련의 연구들은 방송의 중요한 가치인 '다양성' 개념을 다각적인 관점에서 정의하고, 이를 측정할 수 있는 방법론을 제안하며, 실제 측정과 평가를 통해 국내 방송 시장의 다양성 변화를 진단하고 대안을 제시했다는 점에서 방송 연구 분야의 학술적 성과를 높이는 데 기여했다.

한편 그동안의 연구가 주로 프로그램의 내용 다양성에 주목했던 것과 달리 송인덕(2016)의 연구에서는 이용 차원에서 노출 다양성 개념을 도입하여 실증적 분석을 시도했다. 방송 프로그램에 대한 내용분석에 치우쳤던 다양성 연구에 이용 차원의 다양성 개념이 도입된 데에는 방송 정책의 변화가 중요한 영향을 미쳤을 것으로 추론된다. 2010년에 출범한 미디어다양성위원회와 여론집중도위원회는 방송을 포함한 미디어 이용행위에 대한 자료를 근거로 다양성 및 집중도 수준을 측정·평가했고, 이와 비슷한 시기에 다른 학술지를 통해서도 이용 차원의 다양성 측정에 관한 연구를 다수 발견할 수 있다(성욱제, 2010; 임정수·윤정미·조은지, 2014; 정인숙, 2013). 이론적인 면에서 살펴보면, 방송 분야에서 다양성 연구는 독특한 이론을 발전시키지는 못했다. 과점 이론과 재정투입이론(배현석, 2002), 시장구조와 경쟁행위모델(박소라, 2003) 등 시장 구조의 변화가 사업자의 행위에 미치는 영향에 관한 기존 이론들이 방송의 다양성 변화를 설명하기 위해 적용되었다. 그러나 이외에 대부분의 연구들은 미디어 다양성에 대한 기존 연구의 개념적 틀을 차용하는 데 그치고 있으며 특정 이론을 적용하기보다는 관련 연구들을 검토하는 수준에서 이론적 논의를 전개하고 있다. 방법론적인 차원에서도 HHI와 CR지수 등 다른 분야에서 적용되는 다양성(집중도) 지수를 차용해서 적용하는 방식에서 크게 벗어나지 못하는 한계를 안고 있다. 내용 다양성에서 이용 다양성으로 개념이 확장되었다는 점은 다양성 연구의 긍정적 성과로 평가할 수 있지만, 이러한 발전이 학술 공동체의 필요에 의해 시도되었다기보다는 정책 변화에 따른 수요에 따른 것이라는 점에서 아쉬움이 남는다.

다양성에 이어 '방송제작 현장'에 주목하는 연구들에 대해 논의하고자 한다. 방송 현장의 조직, 제작자 그리고 방송제작 시스템을 면밀히 들여다보고 함의를 도출하는 연구들은 방송 연구 분야에서 중요한 부분을 차지한다. 방송제작자들이 처한 현실과 프로그램 제작의 메커니즘을 분석함으로써, 실제 방송 현장에 중요한 함의를 제공하기 때문이다. 여기에 속하는 연구는 다시 두 가지 유형으로 구분된다. 첫 번째는 제작종사자에게 초점을 맞추는 연구로서 전문화와 조직사회화(손승혜·김은미, 2004), 조직문화(백영민·윤석민, 2005), 번아웃(정유진·오미영, 2015), 직업정체성(김수영, 2017)에 관한 논문이 그것이다. 성별과 소득 수준, 소속 부서 등 방송제작자들의 개인적 속성과 방송사 내의 지위 및 역할에 따라 전문성 인식과 하위문화의 형성, 번아웃(burnout) 인지 등에 어떠한 차이가 있는지를 분석했다. 전문직, 조직사회화, 번아웃, 공공서비스지향성 등의 개념이 주로 적용되며, 조직문화이론(백영민·윤석민, 2005)을 통해 방송사의 하위문화를 연구했다. 방송제작 현장에 있는 제작자들의 전문성과 자율성, 윤리성, 공공성, 응집도 등을 분석함으로써 방송 현장 내부를 들여다보고 방송프로그램이 제작되는 과정에서 어떤 관행과 논리가 적용되는지를 살펴보았다는 점에서 의미 있는 작업들이다. 방송 현장을 연구주제로 하는 만큼 연구방법으로는 방송제작자들을 대상으로 하는 설문조사(손승혜·김은미, 2004; 백영민·윤석민, 2005; 정유진·오미영, 2015)와 심층인터뷰(김수영, 2017)가 적용되었다.

방송제작 현장에 관한 연구 중 두 번째 유형은 방송프로그램의 제작 과정에 주목하는 논문들이다. 인터넷의 등장으로 인한 프로그램 제작 과정의 변화(김경희·정희선, 2003), 특정 프로그램이 출현하게 되는 과정(이오현, 2007) 및 특정 소재의 드라마가 기획되고 제작되는 과정(박진규, 2008)에 관한 논문이 그것이다. 프로그램이 기획되고 제작되는 과정을 탐색함으로써 제작 관행의 변화와 방송프로그램 출현의 맥락, 드라마 재현의 메커니즘과 한계를 분석한다는 점에서 의미 있는 연구들이다. 이들 연구들은, 제작자들이 스스로를 문화 엘리트로 인식하고 능동적 주체로 제작에 참여하고자 하지만 시청률 지상주의와 조직 논리, 제작 환경의 제약 등으로 한계에 봉착하고 있다는 점을 지적한다. 방송 저널리즘 이론(김경희·정희선, 2003), 문화생산이론과 관행이론, 부르디외(Bourdieu, P.)의 장(場) 이론 (이오현, 2007), 드라마의 정치경제학과 장르 관행에 관한 이론(박진규, 2008) 등이 적용되었다. 방송제작 과정 연구에 적용된 방법론은 모두 심층 인터뷰로서, 방송제작 과정에 관여하는 다양한 주체들(PD, 기자, 작가, 행정직)을 대상으로 인터뷰가 진행되었다.

방송제작 현장에 대해 다루는 연구들은 대체로 정교한 이론 틀을 적용하기보다는 전문직주의, 조직 이론, 문화생산이론 등 기존 이론의 일부를 가져오되 현장의 관행과 실천을 깊이 있게 심층적으로 분석하는 과정을 통해 결론을 도출하고 있다. 방송제작 현장에 관한 연구가 방송 연구에서 중심적인 연구주제가 되어야 하는 만큼, 좀더 정교한 이론적 틀을 제시하고 창의적인 연구방법론을 적용하는 등의 변화가 있어야 할 것이다. 방송 연구의 주제들이 대부분 그러하지만 방송제작 현장을 다루는 연구들은 특히 현실과 밀접하게 닿아 있다. 이러한 이유로 현장의 전문가들을 대상으로 하는 설문조사 및 심층인터뷰가 연구방법의 전부를 차지한다. 참여관찰을 통해 방송제작 과정에 대해 질적 고찰을 하는 연구가 다른 학술지를 통해 일부 발표된 바 있지만(육서영·윤석민, 2013; 문지호·홍성욱, 2013) 논문 편수가 많지 않으며, 〈한국언론학보〉에서는 한 편도 발견할 수 없었다.

세 번째로 살펴보고자 하는 연구주제는 '방송프로그램의 특성'에 관한 것이다. DMB 콘텐츠가 차용하는 표현양식(김미라, 2008), 탐사보도 프로그램의 논증 구조(설진아, 2009), 자막의 특징과 기능(정수영, 2009), 토론 프로그램과 라디오 프로그램의 포맷 특성(이종희·오지영, 2011; 신원섭·박주연, 2014; 최영돈·이종희, 2014) 등의 논문이 여기에 속한다. 이론의 차원에서 살펴보면, 특별한 이론에 기대지 않고 관련 문헌에 대한 검토를 근거로 하여 연구를 설계했거나 공론장, 재매개, 재목적화, 의사인간관계 등 기존 연구에서 발전시켜 왔던 개념을 일부 적용하는 수준에 머물고 있다. 방송프로그램의 특성을 분석하기 위한 방법론으로는 내용분석(양적/질적)과 사례분석이 가장 많이 적용되었으며, 심층인터뷰와 초점집단토론을 통해 내용분석 방법을 보완한 연구도 있었다. 내용분석과 초점집단인터뷰를 동시에 진행함으로써 두 연구방법을 서로 보완하거나(김미라, 2008), 양적 내용분석과 질적 내용분석을 동시에 적용(정수영, 2009)하는 등 복수의 연구방법을 적용하여 충실한 분석을 시도한 경우도 있었다. 또한 질적 내용분석을 적용하는 경우(설진아, 2009; 정수영, 2009; 이종희·오지영, 2011)도 다수 있었으며, 문헌분석을 통해 프로그램의 특성을 다양한 맥락에서 검토하고 분석하기도 했다. 다양한 연구방법을 동원하여 다양한 시각에서 방송프로그램의 특징을 들여다보려는 시도가 있었다는 것을 알 수 있다.

방송프로그램의 특성에 관한 연구들은 방송프로그램의 포맷 특성과 표현 양식, 논증 모형 등을 분석함으로써 방송 영역에서 생산된 콘텐츠의 속성을 파악하고 문제점을 드러내며 바람직한 방향을 제안한다는 차원에서 그 의의를 찾아볼 수 있다. 그러나 앞서 방송제작 현장에 대한 연구와 마찬가지로 이론적인 차원에서 큰 성과를 내지 못했으며, 내용분석과 사례분석 등 고전적인 연구방법론에 머물고 있다는 점에서 학문적으로 주목할 만한 큰 발전을 이루지 못한 것으로 평가된다.

방송프로그램에 대한 내용분석 및 질적 평가에 관한 연구들도 의미 있는 결과를 도출하고 있다. 드라마에 나타난 여성 관리자·경영자 묘사(양문희·강형철, 2005), 지역방송의 뉴스 구성(주정민·박복길, 2007), 방송프로그램의 폭력성(하승태·민영·김창숙, 2007), 방송프로그램에 나타난 소비 이미지(양혜승, 2009), 드라마에 나타난 노인의 가족 내 역할과 지위(박주연·김숙, 2013), 다문화 방송프로그램의 이주민·외국인 재현(김초희·김도연, 2018) 등의 주제가 다루어졌다. 이들 연구는 모두 양적 내용분석 방법을 적용하고 있으며, 일부는 사회학습이론(양문희·강형철, 2005), 사회인지이론, 점화효과이론, 배양이론(하승태·민영·김창숙, 2007) 등을 이론적 틀로 적용한 반면 다른 연구들은 특정 이론에 의존하지 않은 채 논의를 전개한다. 방송프로그램에 대한 내용분석 연구가 모두 양적 접근을 취하고 있는 것은 이 분야에서 실제로 양적 연구만 이루어졌기 때문이라기보다는 내러티브분석 등 질적 접근을 취하는 연구들이 '문화성차' 분야 등으로 따로 분류되었기 때문인 것으로 해석된다. 실제로 문화성차 분야로 분류된 논문 중에는 드라마(주창윤, 2019; 이종임, 2014; 윤선희, 2010; 양혜승, 2010; 정영희, 2009), 다큐멘터리(민병현·백선기, 2009), 리얼리티(이승희, 2019), 토크쇼(이종수, 2016) 등 다양한 장르의 방송프로그램을 젠더 및 문화연구 등의 관점에서 질적 분석을 시도한 연구들이 다수 있다.

앞에서 언급한 다른 주제의 연구들과 유사하게 내용분석 연구에서도 역시 이론적인 차원에서 두드러진 성과를 발견하기 힘들다. 일부 연구에서 적용한 사회학습이론과 배양이론 등은 내용분석만으로 이론의 내용을 발전시키거나 결론을 도출할 수 없으며, 다만 내용분석 연구를 설계하게 된 배경으로서 방송프로그램의 내용이 수용자들의 사회적 인지와 정서의 형성에 영향을 미칠 것이라는 가정을 설명하기 위한 도구로 적용된 경우이다. 방송프로그램에 대한 내용분석 연구들을 살펴보면 전반적으로 기존의 관련 연구에 대해 충실하게 문헌을 정리하고 논의를 전개하지만, 이론을 구성하거나 수정 발전시키는 논문은 찾아보기 어렵다. 방법론의 차원에서도 양적 내용분석이 일률적으로 적용되고 있다. 폭력성, 소비, 재현, 지역성 등 여러 개념을 측정하는 방법을 정교화하는 등 방법론 차원의 성과가 있었으나, 좀더 새로운 내용 연구방법이 제안되지는 못했다.

한편 2006년과 2009년에는 방송프로그램의 질적 측면에 관한 논문도 게재되었다(이호준, 2006; 전혜선, 2009a). 공교롭게도 두 논문의 저자는 모두 방송위원회(현재의 방송통신위원회) 소속으로, 방송프로그램 관련 정책을 수행하기 위한 도구로서 질적 평가척도를 개발하고(이호준, 2006), 경쟁과 방송프로그램의 질적 수준의 관계를 이해하기 위한 목적에서(전혜선, 2009a) 연구가 수행되었다. 전자의 연구는 1,000명의 시청자를 대상으로 하는 면접조사를 통해, 방송프로그램을 평가하는 척도로 그동안 주로 적용했던 시청률의 한계를 보완하기 위한 새로운 수단으로 질적 평가척도를 제안했다. 후자는 방송제작비와 본방송 비율을 곧 프로그램의 질적 수준을 의미하는 척도로 보고 방송채널의 증가와 방송제작비 등의 관련성을 분석했다. 특히 전혜선(2009a)의 연구에서는 경쟁의 증가로 인해 방송제작비는 증가한 반면 본방송 비율은 감소하는 것으로 나타났으며, 이에 대해 방송사들이 경쟁력 높은 소수의 프로그램에 집중적인 투자를 함으로써 경쟁에 대처하고 있다는 결론을 도출했다. 방송프로그램의 품질 평가와 관련하여 2000년대 중반 이후 정책적 수요에 의해 많은 연구가 수행되었으며(유홍식 외, 2005; 심미선 외, 2003; 이준웅 외, 2005; 강명현, 2013; 전혜선, 2009b), 이론적 차원에서 눈에 띌 만한 성과는 없었지만 평가척도를 개발하는 과정에서 방법론이 정교하게 발전하는 성과가 있었다.

이밖에 방송프로그램의 사회자본지수(SCI)를 개발한 연구에 주목하고자 한다. 오풍과 윤영철(2006)은 개별 프로그램이 이질적인 사람들 간의 경험을 공유시켜주는 정도를 사회자본지수로 보고 이를 산출하고 적용하는 방안을 논의했다. 사회자본 이론을 도입하여 텔레비전 시청이 만들어내는 경험의 공유가 사회자본을 생성하며 이후 구성원 간의 지속적인 상호관계를 통해 사회자본이 증대될 수 있다고 보았다. 이러한 이론적 배경을 기반으로 사회연결망 분석기법을 적용하여 사회자본지수(SCIk)를 개발 및 산출하고, 이를 토대로 시청률과 방영시간, 다양한 사람들의 시청 참여가 사회자본지수를 결정하는 요인이라는 결과를 도출한다. 그리고 이를 토대로 방송이 대화와 토론을 촉진하는 숙의 민주주의에 기여하고 사회통합에 기여하기 위해 어떤 프로그램들을 제공하는 것이 바람직할 것인지의 방향을 제안하고 있다. 방송 연구 분야 논문들의 이론적 토대가 부족한 상황에서 이 연구는 사회자본 이론과 공론장 이론을 정교하게 발전시켜 '공유 경험'과 '사회자본'의 관련성에 대해 논의했다는 점에서 의의를 찾을 수 있다. 방법론적인 차원에서도 시청률데이터를 근거로 하는 양적 사회자본지수를 제안하는 것과 동시에, 사회연결망 분석기법을 적용하여 개발한 '프로그램이 형성하는 이질관계쌍'을 통해 질적 사회자본지수를 제안했다. 정교하면서도 창의적인 방법을 적용하여 방송프로그램의 사회자본 개념을 양적으로 수치화했다는 점에서 중요한 성과를 거둔 연구로 평가된다. 하지만 이후 방송 연구영역에서 공유 경험과 사회자본 개념을 적용한 후속 연구가 이루어지지 않았다는 점에서 아쉬움이 남는다.

2010년 이후에는 국내 방송사의 포맷 개발과 포맷 수출이 성과를 나타내면서 포맷 관련 연구가 등장하기 시작했다. 방송 포맷 산업에 대한 진단과 전망(박주연·배진아, 2010), 포맷 다양성 변화(김정섭·박주연, 2012), 포맷 유통(정윤경, 2016)에 관한 연구들이 그것이다. 이들 연구는 방송 포맷 분야의 산업적 가능성을 진단하고 포맷 산업의 활성화를 위한 과제를 제안하는 등 실용적인 함의를 담고 있다. 방송프로그램의 수출입에서 방송 포맷의 수출입으로 변화하는 방송 산업의 관행을 연구주제로 반영함으로써 방송 영역의 경계 확장에 대응한 논문이라 할 수 있다. 이들 연구는 방송 영역에 새롭게 등장한 '포맷'에 주목하면서 동 개념을 학술적으로 정의하고 유형화했으며, 현실에서의 포맷 활용 및 유통 현황을 체계적으로 정리함으로써 포맷 산업의 활성화에 학술적인 기여를 했다. 반면 방송 산업의 변화에 부응하는 탐색적 연구라는 속성으로 인해 고유의 이론과 방법론을 발전시키지 못했다는 점에서 아쉬움이 남는다.

4. 성찰과 반성

이상에서 논의한 방송 연구에 대한 성찰을 토대로 몇 가지 비판적 진단을 내려 보고자 한다. 첫 번째는 방송 영역의 연구들이 외부의 변화에 느리게 대응해왔다는 점이다. 방송 연구 분야의 논문들이 확장된 방송 영역에 대응하면서 새로운 연구주제들을 탐색하고는 있지만 방송 영역의 급진적인 변화와 뉴미디어 산업의 성장, 새로운 제도의 필요성을 주도하지는 못하고 있다. 방송 영역의 변화에 다소 느리게 반응하고 있는 것이다. 〈한국방송학보〉를 비롯하여 방송 영역을 연구대상으로 하는 학술지가 다수 있기 때문에 〈한국언론학보〉에 대한 분석만으로 이러한 진단을 내리는 것이 다소 성급한 것일 수도 있다. 그러나 방송 분야의 연구에 대해 성찰한 기존의 연구결과들을 종합해 볼 때, 다른 학술지에서 다루는 방송 연구의 주제 역시 크게 다르지 않을 것으로 추론된다.

두 번째는 방송 연구가 이론과 방법론 차원에서 질적 성장을 이루지 못했다는 점이다. 앞에서 분석한 것처럼 2000년대 이후 이론구성을 목적으로 하는 논문은 찾아보기 어려우며, 기존 연구들에 근거하여 방송 현실을 진단하는 데 머물고 있다. 재정투입이론, 경쟁행위모델, 문화생산이론, 사회학습이론, 조직사회화, 점화효과이론, 배양이론 등 다양한 이론이 적용되었으나 커뮤니케이션 분야의 고유한 이론을 정립하고 발전시키는 데 기여한 연구는 드물다. 또한 방송 영역의 변화를 설명할 수 있는 의미 있는 새로운 개념이 제시되지 못했으며, 독창적이고 유용한 새로운 연구방법이 제시되지도 못했다. 20년 전 임영호(1998, 14쪽)가 지적했던 '지식 수요의 호황 속에서 소모적이고 이론적 기여도가 적은 작업에 많은 시간을 소모하는 것이 언론학 연구의 현실'이라는 비판이 2019년에도 여전히 유효하다.

세 번째는 방송 현장과 진정성 있게 교류했는가에 대한 성찰과 반성이다. 앞에서 살펴본 것처럼 방송 연구는 현장의 이슈들에 민감하게 반응하고 현장과의 밀접한 관계를 맺으면서 연구주제를 선정하고 연구문제를 발전시켜 왔다. 그럼에도 불구하고 방송 연구가 현장과 원활하게 교류하지 못했다는 비판이 제기된다. 현장의 전문가들이 언론학의 현실분석과 대안 제시 능력에 대해 극도의 냉소적 평가를 내리고 있으며(윤석민·백영민, 2005), 현장에서 현업자로부터 외면당하고 있다(김평호, 2017). 김평호는 현장 전문가들과의 인터뷰를 통해 미디어 논문이 현장의 문제들을 절실하게 담아내지 못한다는 점에 대해 비판하고 있다. 그의 연구에서 인용된 한 기자의 발언을 귀담아들을 필요가 있다.

기자 8: 현실과 동떨어진 미디어 학계에 부정적 인식이 강한 편입니다. 일례로 2008년 이후 정권에 의한 방송장악이 시작됐고, 지금은 고착화 단계에 이르렀음에도 미디어 학계에서 이에 대한 진지한 연구가 이뤄졌다는 소식을 듣지 못했습니다. 그래서 신뢰하지 않는 편입니다(김평호, 2017, 137쪽).

이처럼 방송 연구가 현장의 전문가들로부터 외면당하는 이유는 세 가지로 요약된다. 실무적 유용성과 현실 관련성이 빈약하다는 부정적 인식, 미디어 학계의 역량과 사회적 역할에 대한 불신, 학계와 현장 간의 상투적이거나 부패한 관계 및 교류의 부실함이 그것이다. 이로 인해 학계와 현장 간에 내실 있는 지식 네트워크가 형성되지 못하고, 빈약한 네트워크는 연구 결과물의 순환과 유통에 장애물로 작용하며, 결과적으로 학술 연구의 성숙과 확산에 걸림돌이 되고 있는 것(김평호, 2017)이 방송 연구의 현실이다.

학계 내부의 지식 교류 차원에서도 긍정적인 평가를 내리기 어렵다. '본인과 심사위원 몇몇을 제외하고는 아무도 읽지 않는다는 소외된 저널 논문'(전규찬, 2014, 86쪽)이라는 지적과 '한국의 언론학계는 이론적 패러다임 간에, 연구논문 간에 서로 참고하거나 인용하지 않고 대화가 단절된 폐쇄적이고 고립된 패턴을 띠고 있다'(임영호, 2013, 24~25쪽)는 평가는 학계 내부에서 지식 교류가 성공적이지 못하다는 점을 보여준다. 2008년도 기준 〈한국언론학보〉의 평균 피인용빈도는 1. 1에 불과하며(김용학 외, 2008), 2017년부터 2018년까지 2년 동안의 평균 피인용빈도(KCI IF)는 여전히 1. 13에 머물고 있다(사회과학 분야 279위). 같은 기간 동안 〈교육공학연구〉의 평균 피인용빈도가 3. 6이며(사회과학 분야 1위), 뉴미디어 분야를 주로 다루는 〈사이버커뮤니케이션학보〉의 평균 피인용빈도가 1. 64(사회과학 분야 96위)인 점을 감안할 때 매우 낮은 수준임을 확인할 수 있다.[1] 방송 연구 분야 학술지의 인용 패턴을 분석한 김용학 등의 연구(2008)에서도, 이질적인 연구결과들이 서로 고립되고 분절되어 있어서 다른 연구 성과를 참고하지 않고 외국 이론에 대한 의존도가 높다는 점을 중요하게 지적한 바 있다. 학계 내부에서의 지식 교류가 성공적이지 못했다는 결론에 도달할 수밖에 없다.

마지막으로 방송 연구에서 장기적 지식의 축적이 이루어지지 못했다는 점을 반성하고자 한다. 방송 연구는 방송 환경의 변화나 유행, 정책적 수요를 의식하면서 연구주제가 변화해 왔다. 이러한 과정에서 각 연구주제별로 체계적이고 지속적인 연구를 수행하기보다는 매체 환경 변화에 대응하면서 연구주제가 변화하는 경향이 있었다. 방송 분야의 연구를 지원하는 기금 역시 일회적이고 단기적인 것들이 대부분이기 때문에, 방송 연구에서 장기적으로 의미 있는 지식들이 축적되는 데 도움을 주지 못했다. 이와 관련해서 더욱 충격적인 것은 동일한 반성이 이미 20년 전에도 이루어진 바 있다는 것이다. 임영호(1998)는 방송학에서 수요공급의 원리에 의해서 나타나는 특징은 단기적, 시의적, 불연속적 성격을 띠며, 장기적인 의제보다는 단기적인 정책결정과 같은 문제에 치중하는 경향을 보인다는 점을 비판

---

[1] 평균 피인용빈도(KCI IF) 수치는 한국학술지인용색인 홈페이지(www. kci. go. kr)를 참고함

한 바 있다. 최선열(2001)도 언론학 연구가 시대적 필요 또는 유행을 지나치게 의식한 나머지 각 연구주제별로 체계적이고 지속적인 연구를 하지 못하고 커뮤니케이션 기술의 혁신에 대응하여 단기간에 걸쳐 신속히 연구의 초점을 옮겨가는 경향이 있었다는 점을 비판하고 있다. 2000년 전후에 이루어졌던 이러한 비판은 2019년 현재의 방송 연구에도 그대로 적용된다.

5. 방송 연구의 정체성과 미래

방송 연구의 범위를 방송 영역을 대상으로 하는 연구로 확장하여 보았을 때 다른 분야와 다양한 방식으로 중첩된다는 것을 앞의 분석을 통해 확인했다. 또한 방송 연구로 분류된 논문들은 각기 파편적으로 다양한 연구주제를 다양한 관점에서 다양한 방법론을 적용해서 연구하고 있다는 점도 알 수 있었다. 방송 분야의 학술논문들은 대상 영역, 적용 이론, 관점, 방법론 등의 차원에서 매우 다양하고 그 범위가 넓다. 전체 언론학 연구에서 아주 작은 부분을 차지하는 연구영역임에도 불구하고 방송 연구 분야에서 일관되게 적용되는 고유의 이론과 접근방법을 발견하기 어려운 것이다. 방송 분야 연구의 공통점을 굳이 찾는다면 '제작 및 이용의 차원에서 방송 현장과 밀접하게 관련되어 있는 연구주제를 다루고 있다는 것' 정도가 될 수 있을 것이다. 조영신(2014)은 이러한 특징을 강조하면서 '방송학은 방송 산업에 특화된 산업 관계형 실용학문'이라고 지적하기도 했다. 이렇듯 방송 영역에 실용적인 기여를 한다는 점을 방송 연구의 가장 두드러진 특성이라고 본다면, 이 분야에서 이론을 발전시키고 새로운 이론을 정립하는 일은 불가능하거나 무의미한 일인가? 질문에 답하기 위해 방송 연구의 사명과 정체성에 대해 논의하고자 한다.

다른 학문 분야에서도 크게 다르지 않겠으나 방송 연구의 사명은 지식의 생산, 지식의 공유, 사회적 기여이다. 사명을 제대로 실천할 때 방송 영역의 확장과 경계 무너짐 현상과 상관없이 방송 연구 분야는 정체성을 확립할 수 있다.

지식을 생산한다는 것은 무엇을 의미하는 것일까? 단순히 경험적 자료를 생산하고 시의성 있는 사안들에 대해 구체적인 대안을 제시하는 것을 의미하지는 않을 것이다. 근원적인 문제 해결의 방법을 제시할 수 있는 깊은 통찰과 사색의 결과를 제공하는 것이 곧 지식을 생산하는 과정이 되어야 한다. 학술적으로 말하자면 방송 현장을 이해하고 통찰하기 위한 이론을 정립하고 발전시키며, 의미 있는 자료의 수집을 위한 방법론을 모색하는 과정을 통해 지식을 생산할 수 있다.

지식의 공유는 학술 공동체 안에서의 자유롭고 적극적인 소통을 통해 구현된다. 전규찬(2014)은 '논문은 타자와의 지적인 교전을 위해 저자가 제출한 대화적 발문'이라고 설명하면서 지식의 공유를 위한 연구자 간의 소통을 강조했다(84쪽). 학술연구에 대한 사회적 평가는 품질과 확산의 두 가지 차원에서 이루어진다(김평호, 2017). 품질 차원은 학술연구의 문제의식, 주제, 연구방법과 논지, 설명과 비판, 해석, 대안과 전망의 제시가 이루어졌는가에 대한 평가이며, 확산의 차원은 연구결과의 공유와 교환, 비판의 과정을 거쳐 반성의 지식으로 확대 재생산되는 순환과정에 대한 평가이다. 전자가 지식의 생산에 해당한다면 후자는 지식의 공유와 관련이 있다. 품질 높은 지식의 생산과 더불어 학계 공동체 안에서의 비판적 공유가 이루어질 때 방송 연구 분야는 정체성을 확립할 수 있다.

사회적 기여는 방송 연구의 대상 영역인 방송 분야의 '실물성'(*corporality*)과 밀접하게 관련되어 있는 사명이다. 실물성은 미디어연구의 기본적 특성으로서, 이로 인해 미디어는 학계와 현장이 상호 불가분의 관계를 가지며, 미디어 현업 종사자들과 연구자 집단 간의 지속적인 소통이 각별히 요구된다. 현장과 학계 상호 간 지식·정보 소통의 내용과 형식이 양 집단의 발전에 중요한 요인으로 작용한다는 것이다(유선영, 2014). 학술논문은 지식의 생산물이면서 동시에 연구자가 관련 분야에 던지는 사회적 발언이기도 하다. 이런 의미에서 학술논문은 사회적 자산이고 공공재의 성격을 가지며, 그 연장선상에서 학술논문이 학계 내부에서만 순환되어서는 안 된다는 당위적 명제가 성립된다. 미디어 현장의 문제를 진단하고 비판과 제언을 던지는 연구 성과물이 정작 현업에서 적절하게 수용/소화되지 않는다면, 현장의 종사자들은 학문 공동체와 신뢰의 관계를 맺기 어렵고 지식의 긍정적 환류 효과를 현장에서 반영치 못하게 되며, 학계 역시 현장의 의미 있는 피드백을 받지 못하면서 부실하고 취약한 지식 네트워크의 악순환이 빚어지게 된다(김평호, 2017, 125쪽). 방송 연구는 실천성을 담보해야 하고 때로는 정책 과정에 긍정적 영향을 미칠 수 있어야 하며, 분석과 설명을 넘어서서 우리 사회에 비판과 대안을 제시해야 한다. 결국 다양한 사회문화적 함의를 갖는 연구들을 통해 사회에 기여해야 하는 것이다.

방송 연구의 사명과 정체성에 대한 논의를 넘어서서 마지막으로 방송 연구의 미래에 대해 이야기하고자 한다. 윤석민은 '언론정보학의 반성과 새로운 전망'이라는 제목의 대담을 통해 학문 분야의 정립을 위해 필요한 두 가지 요소로 '고유한 연구의 대상 내지 영역'과 '독자적인 개념 및 이론의 체계와 방법론'을 제안했다(임동욱 외, 1999). 그러면서 고유의 학문 분야로 정립되기 위해서는 커뮤니케이션 이론 체계를 중심에 두어야 하며, 이론 중심적이고 설명적이고 분석적이고 중립적이며 비판적인 연구를 수행해야 한다고 주장했다. 이러한 주장에 동의하며 이것이 방송 연구가 나아가야 할 방향이라고 생각한다.

이와 같은 맥락에서 방송 연구의 경계를 무한히 확장할 것을 제안하면서 '학문에 과연 경계가 존재하는가?'라는 근본적인 질문을 던져본다. '학문 분야에서 연구의 대상 영역이 되었든 방법론이 되었든 서로 경계를 짓고 저쪽 영역과 이쪽 영역을 구분하는 것이 지식의 발전에 도움이 될 것인가?'

라는 의문을 제기하는 것이다. 방송 연구는 연구대상 영역, 이론, 연구방법의 차원에서 무한 확장할 수 있다. 그렇다고 해서 방송 연구가 정체성을 잃고 혼돈에 빠질 것을 염려할 필요는 없다. 두 가지 뿌리만 명심하면 된다. 첫째, 방송 연구의 고유한 대상은 당연히 방송 영역이다. 방송을 중심으로 뻗어나간 다양한 미디어 현상을 모두 포괄하는 방향으로 진화하겠지만, 그 뿌리는 방송 영역으로부터 시작된 것임을 기억해야 할 것이다. 둘째, 커뮤니케이션 분야 고유의 개념과 이론 체계를 이어나가면서, 그 안에서 깊이 있는 통찰을 제공하고 설명과 분석과 비판이 이루어져야 할 것이다. 방송 영역의 속성상 주변의 다양한 학문과의 교류 및 융합이 자연스럽게 발생하겠지만, 커뮤니케이션 이론이라는 학문적 뿌리를 단단히 딛고 연구의 분석틀과 방법론을 무한히 확장해 나가야 한다.

마지막으로 앞서 설명했던 방송학의 사명을 다시 상기하면서 글을 마무리하고자 한다. 결론적으로 방송 연구는 지식의 생산과 확산, 현장과의 교류, 사회적 소통을 통해 고유의 학문 분야로 성장하고 정체성을 회복할 수 있을 거라고 믿는다. 연구결과를 공유하고 교환하고 비판하는 확대 재생산의 순환 과정이 필요하며, 학계와 현장 간의 원활한 교류를 통해 선순환적인 지식 네트워크를 구축하려는 노력이 필요하다. 이와 함께 방송 연구 분야의 학술논문이 사회적 자산으로서 사회적 커뮤니케이션 과정에 대한 통찰을 제시하고 문화와 제도의 긍정적인 변화를 유인함으로써 사회에 기여해야 한다. 이러한 일련의 과정을 통해 방송 연구가 우리 사회에 의미 있는 통찰을 제시하고, 문화와 제도의 차원에서 긍정적 변화를 유인하고, 이를 통해 사회에 기여할 수 있기를 기대한다.

참고문헌

강명현(2013). 지역방송 프로그램의 질적 측정을 위한 척도개발 및 평가에 관한 연구. 〈한국방송학보〉 27권 6호, 7~36.

강상현(2001). 한국 언론학 연구 현황과 과제: 뉴미디어와 정보사회. 〈뉴밀레니엄 시대의 언론학 연구와 교육〉.

김경희·정희선(2003). 인터넷과 TV 시사다큐멘터리 프로그램 제작과정의 변화. 〈한국언론학보〉 47권 4호, 106~135.

김동진(1990). 한국 방송연구 30년의 시대적 경향과 그 성찰. 한국언론학회 편, 〈한국언론학 연구 30년: 성찰과 전망〉. 서울: 나남.

김미라(2008). DMB 전용 콘텐츠의 특성과 적합한 장르 및 표현양식에 관한 연구. 〈한국언론학보〉 52권 4호, 401~426.

김수영(2017). 한국 공영 방송 언론인의 직업 정체성에 관한 연구: KBS 언론인의 '기능 직업인'적 속성을 중심으로. 〈한국언론학보〉 61권 3호, 55~86.

김용학·김영진·김영석(2008). 한국 언론학 분야 지식 생산과 확산의 구조. 〈한국언론학보〉 52권 1호, 117~140.

김정섭·박주연(2012). 지상파 TV 주시청시간대 프로그램의 포맷 다양성 변화 연구: 2000년, 2005년, 2010년 가을시즌 편성 비교를 중심으로. 〈한국언론학보〉 56권 1호, 289~313.

김초희·김도연(2018). 한국 다문화 TV프로그램에서의 이주민·외국인 재현: 장르별 차이와 시기별 변화. 〈한국언론학보〉 62권 3호, 309~341.

김평호(2017). 미디어 학술논문은 미디어 현장에서 어떻게 받아들여지고 있는가: 지식 네트워크 관점에서의 문제제기. 〈방송과 커뮤니케이션〉 18권 2호, 121~150.

노동렬 외(2014). 〈방송학의 이해〉. 서울: 부키.

문지호·홍성욱(2013). 과학 다큐멘터리 만들기: EBS의 〈빛〉의 제작과정과 자문위원의 역할을 중심으로. 〈과학기술학연구〉 13권 1호, 145~180.

민병현·백선기(2009). TV 시사다큐멘터리 영상구성방식과 사실성 구현에 관한 연구: KBS, MBC, SBS를 중심으로. 〈한국언론학보〉 53권 3호, 267~295.

박소라(2003). 경쟁 도입이 텔레비전 프로그램 장르 다양성에 미치는 영향에 대한 연구: 1989년 이후 지상파 방송 편성표 분석을 통하여. 〈한국언론학보〉 47권 5호, 222~250.

박주연·김 숙(2013). 텔레비전 드라마에 나타난 노인의 가족 내 역할과 지위에 관한 연구. 〈한국언론학보〉 57권 2호, 185~206.

박진규(2008). 종교와 신비주의를 소재로 한 일일드라마의 기획과 제작: "코드파괴 시
리즈"(*code-breaking series*)의 사례연구. 〈한국언론학보〉 52권 4호, 324~352.

배현석(2002). 지역 TV 뉴스의 다양성에 관한 연구: 대구 지역 공중파 TV 뉴스를 중
심으로. 〈한국언론학보〉 46권 4호, 141~176.

백영민·윤석민(2005). 지상파 방송사 내 부서별 하위문화의 차이: MBC를 대상으로.
〈한국언론학보〉 49권 3호, 129~152.

설진아(2009). 탐사보도 프로그램의 논증모형에 관한 분석 연구: 〈PD 수첩〉의 '줄기
세포' 관련 프로그램을 중심으로. 〈한국언론학보〉 53권 3호, 370~394.

성욱제(2010). 국내 시사정보 미디어의 이용집중도 측정을 통한 다양성 연구. 〈방송
통신연구〉 72호, 194~225.

손승혜·김은미(2004). 지상파방송 종사자의 남녀 차이에 관한 연구: 전문화와 조직
사회화 차원을 중심으로. 〈한국언론학보〉 48권 6호, 196~224.

송인덕(2016). 페이스북 이용이 삶의 만족도에 미치는 영향: 주변 인물과 페이스북 친
구와의 사회적 상·하향 비교 효과 분석. 〈사이버커뮤니케이션학보〉 33권 4호,
209~254.

신원섭·박주연(2014). 진행자-청취자 직접 상호작용에 의해 제작된 라디오 프로그램
의 특성 연구: 실제 제작 사례 및 심층 인터뷰 분석을 중심으로. 〈한국언론학
보〉 58권 1호, 226~251.

심미선·이준웅·김은미(2003). 방송수용자의 프로그램 품질에 대한 이해와 평가: 초
점집단토론(FGD)을 이용한 프로그램 품질평가 차원의 재구성. 〈한국방송학
보〉 17권 2호, 233~263.

양문희·강형철(2005). 텔레비전 드라마의 직장 내 여성 관리자 및 경영자 묘사에 대
한 연구. 〈한국언론학보〉 49권 5호, 95~123.

양혜승(2009). 한국 텔레비전 프로그램에 나타난 소유와 소비 이미지 실증분석: 프로
그램 유형, 방송채널, 편성시간대별 차이를 중심으로. 〈한국언론학보〉 53권 3
호, 30~57.

_____(2010). 우리 텔레비전 드라마에 투영된 가치 분석(*value*): 등장인물들의 가치
지향을 중심으로. 〈한국언론학보〉 54권 2호, 163~186.

오 풍·윤영철(2006). 사회자본 형성의 토대로서의 텔레비전 프로그램: 프로그램 사
회자본지수(SCI)의 개발. 〈한국언론학보〉 50권 6호, 333~361.

유선영(2014). 한국의 커뮤니케이션학, 공통감각을 소실한 공생적 지식생산. 〈커뮤니
케이션 이론〉 10권 2호, 4~40.

유세경(2015). 〈방송학 원론〉. 서울: 이화여자대학교 출판부.

유홍식·황성연·주영호·박종민(2005). 경쟁적 방송환경에서 민영방송의 프로그램 품질평가에 관한 연구. 〈방송통신연구〉 60호, 243~262.

육서영·윤석민(2013). 탐사보도 프로그램 제작에서 구성작가의 역할. 〈방송통신연구〉 81호, 127~155.

윤석민·백영민(2005). 커뮤니케이션 정책 연구의 현황과 과제. 〈커뮤니케이션 이론〉 1권 1호, 191~226.

윤선희(2010). 대중문화에 나타난 종교적 모티브와 TV 드라마 내러티브의 신화 구조. 〈한국언론학보〉 54권 2호, 299~322.

이승희(2019). 리얼리티 프로그램의 성역할 고정관념 연출프레임 분석. 〈한국언론학보〉 63권 1호, 325~368.

이오현(2007). KBS 〈인물현대사〉의 출현과정에 대한 연구: 제작진들과의 인터뷰를 중심으로. 〈한국언론학보〉 51권 2호, 30~53.

이은미(2001). 1990년대 텔레비전 방송의 다양성 분석: 지상파방송의 프라임타임대 프로그램 다양성 변동을 중심으로. 〈한국언론학보〉 46권 1호, 388~412.

이종수(2016). 역사 토크쇼의 장르 혼종화: KBS1 〈역사저널 그날〉 분석을 중심으로. 〈한국언론학보〉 60권 3호, 271~299.

이종임(2014). 1970년대 드라마 속 여성의 역할과 젠더 재현 방식에 대한 연구. 〈한국언론학보〉 58권 5호, 180~205.

이종희·오지양(2011). 후보자 TV 토론회 토론포맷 연구: 제 5회 전국동시지방선거 서울시장 후보자토론회를 중심으로. 〈한국언론학보〉 55권 1호, 47~78.

이준웅(2014). 방송학 분야 매체 이론의 발전을 위한 모색. 〈한국방송학회 학술대회 논문집〉, 15~23.

이준웅·심미선(2005). 지상파방송의 프로그램 품질 평가, 채널 브랜드 자산, 채널 충성도 간의 관계 연구. 〈방송과 커뮤니케이션〉 6권 2호, 98~135.

이창원·김정현(2015). 주말 저녁 지상파 예능 프로그램의 다양성 변화(2004~2013): 프로그램 포맷, 소재, 구성원 분류를 중심으로. 〈한국언론학보〉 59권 3호, 265~299.

이호준(2006). 장르별 TV프로그램 질적 평가척도의 개발. 〈한국언론학보〉 50권 3호, 424~450.

임동욱·장하용·윤석민·전규찬·김승수(1999). 언론정보학의 반성과 새로운 전망. 〈한국언론정보학보〉 12권, 176~216.

임영호(1998). 한국 언론학의 영역주의와 정체성의 위기. 〈한국언론정보학보〉 11권,

3~31.

임정수·윤정미·조은지(2014). 성별, 연령대, 요일에 따른 시간대별 미디어 이용의 집중도 분석. 〈사회과학연구〉 21권 2호, 144~168.

전규찬(2014). 현실 학회, 학회 현실에 대한 성찰적 소환장. 〈커뮤니케이션 이론〉 10권 2호, 77~116.

전혜선(2009a). 미디어시장의 '경쟁'과 지상파 TV '프로그램의 질'에 관한 연구: 〈방송제작비 비율〉과 〈본방송 비율〉을 중심으로. 〈한국언론학보〉 53권 4호, 116~137.

_____(2009b). 방송프로그램 품질평가지수에 관한 비교 연구: KBS의 품질평가지수, MBC의 QI, SBS의 ASI를 중심으로. 〈사회과학연구〉 15권 2호, 369~395.

정수영(2009). TV 영상자막의 특징 및 기능에 관한 연구: 지상파 TV 3사의 리얼 버라이어티쇼를 중심으로. 〈한국언론학보〉 53권 6호, 153~176.

정영희(2009). 한국 텔레비전 드라마의 동시대 지형과 역사성. 〈한국언론학보〉 53권 1호, 84~108.

정유진·오미영(2015). 방송제작 종사자들의 '번아웃'에 관한 연구: 인구사회학적 속성에 따른 차이를 중심으로. 〈한국언론학보〉 59권 1호, 216~241.

정인숙(2006). 3대 언론학술지에 게재된 방송정책연구에 대한 평가. 〈미디어, 젠더 & 문화〉 6호, 109~135.

_____(2013). 미디어다양성 지수에 대한 평가와 정책 제언. 〈한국언론정보학보〉 61권 1호, 98~117.

정재철(2002). 90년대 이후 한국 방송학 연구의 성찰. 〈한국방송학보〉 16권 1호, 333~366.

조영신(2014). 종속변수로서의 방송학에서 독립변수의 방송학으로: 시장과 산업의 관점에서. 한국방송학회 2014 가을철정기학술대회 발표논문.

조은영·유세경(2014). 종합편성 채널 도입과 방송 뉴스 보도의 다양성: 철도노조파업 이슈에 대한 지상파 채널과 종합편성 채널 보도내용분석을 중심으로. 〈한국언론학보〉 58권 3호, 433~461.

조항제(2014). 한국의 민주화와 언론의 자유·언론학에 대한 비판적 성찰. 〈커뮤니케이션 이론〉 10권 2호, 41~76.

주정민·박복길(2007). 지역방송 뉴스 특성, 구성방식과 지역성 구현과의 관계 연구. 〈한국언론학보〉 51권 1호, 304~327.

주창윤(2019). 〈미스터 션샤인〉, 역사의 소환과 재현방식. 〈한국언론학보〉 63권 1호, 228~252.

최양수(2009). 방송학 연구 50년. 한국언론학회 50년사 편찬위원회, 〈한국언론학회 50년사: 1959~2009〉, 461~485.

최영돈·이종희(2014). 2013 독일 총리후보자 TV 토론 진행방식 및 내용 연구. 〈한국 언론학보〉 58권 2호, 447~477.

하승태·민 영·김창숙(2007). 주시청시간대 지상파 텔레비전의 폭력성 연구: 폭력 의 맥락적 변인을 중심으로. 〈한국언론학보〉 51권 6호, 317~345.

한진만 외(2017). 〈새로운 방송론〉. 서울: 커뮤니케이션북스.

9장

언론법제 연구의 동향과 과제

조연하 | 이화여대 정책과학대학원 교수

1. 언론과 법의 이해

언론법제 연구는 언론과 관련된 법을 다루는 영역이다. 언론과 법의 접점에 위치하여 언론에 대한 이해와 법에 대한 기본적 이해가 요구되는 교차로의 성격을 띠기 때문에, 법학과 언론학의 두 학문 분야를 동시에 이해하고 있어야 연구하고 교육할 수 있는 영역이다(이재진, 2002; Zuckman & Gaynes, 1993). 그러므로 언론의 법적 문제를 이해하기 위해서는 언론과 법에 관한 이해가 필수이다. 하지만 법학자 중에 변화하는 미디어 환경을 종합적으로 이해하는 사람이 많지 않고 언론학자 중에 법학을 체계적으로 공부한 사람이 많지 않다는 점이 언론법제 연구의 딜레마이다. 언론학 연구에서 비교적 역사가 오래된 연구분야로서 당당히 독립된 연구분야로 인정받고 있지만, 연구가 양적으로 많지 않고 연구자 수도 적은 것이다. 그럼에도 불구하고 언론법을 알고자 하는 수요는 늘어나는 추세이다(문재완 외, 2018; Gillmor & Dennis, 1981).

그 이유를 추론해보면 첫째, 미디어가 정치, 경제활동, 공적인 소통, 문화예술, 대인관계 등 모든 영역에서 중요해지고, 일상생활에서 중심의 자리를 차지하게 되었기 때문이다. 둘째, 새로운 기술의 도입과 함께 누구나 콘텐츠를 생산하고 공유하는 환경이 되면서, 명예훼손, 사생활침해와 같은 전형적인 법적 문제뿐 아니라 저작권, 개인정보보호와 같이 이전에는 예상하지 못했던 새로운 법적 쟁점이 발생하고 있고, 그것이 누구에게나 생길 수 있기 때문이다. 언론과 법은 어렵고 따분한 연구영역이라는 지금까지의 인식에서, 이제는 학문적인 영역은 물론이고 일상생활에서조차도 기본적으로 중요하다는 인식으로 전환 중이다. 본 연구는 〈한국언론학회 50년사〉가 발간된 2009년 전후 20년간 언론법제에 관한 연구동향을 분석해서 그 특징과 한계를 제시하고 방향성을 제시하려는 목적을 가진다.

1) 언론법제의 개념

언론법제는 말 그대로 언론과 법제(legal system)의 합성어이다. 일반적으로 언론법제는 미디어 법제 또는 커뮤니케이션 법제라는 용어로 중첩 사용되고 있다. 류일상(1994)은 법제는 법의 규제적 측면을 부각한 일본어로, 법적 정서의 통제 지향적 분위기를 발산하는 용어의 영향을 받아, 그동안 언론법제 연구가 권력으로부터의 자유 등 정태적 연구 수준에 머물면서 언론과 법의 다양하고 광범위한 접촉을 간과했던 점을 지적했다. 그러면서 법과 법의 한 형식에 불과한 법제, 법규, 법체계를 구별, 사용할 것을 주장하였다. 이에 기초하면, 법제의 규제적 보호 기능만 부각해서 법의 역할 중 하나인 사회적 관계의 안정성 유지와 조화에만 관심을 기울이지 않고, 언론과 법의 다양하고 광범위한 관계를 연구대상으로 하기 위해서는 규제 지향적 의미가 강한 법제라는 용어 사용을 지양할 필요가 있다. 하지만 오랜 기간 언론법제 또는 미디어 법제가 언론학 연구의 한 분야를 지칭하는 용어로 사용된 점을 감안하고, 앞으로 용어에 대한 충분한 논의가 이루어질 것을 기대하면서 본 연구에서는 언론법제라는 용어로 통일하여 사용한다.

언론법제 연구가 제대로 이루어지기 위해서는 연구대상에 대한 명확한 용어정리가 요구된다(유의선, 2009). 언론법제의 핵심은 언론 관련 법률, 즉 언론법이다. 언론법에 대해 성낙인(1994)은 헌법상 언론의 자유의 이념과 이에 기초한 헌법 구체화법으로서의 언론 관련 법률을 총칭한 개념으로, 고전적 의미의 언론의 보호·규제에 관한 법제를 총괄하는 개념으로 정의하였다. 염규호(1998)는 언론의 자유와 법적인 규제 사이의 긴장과 균형, 정보 수집과 전달의 이해를 도모하는 영역으로 보았다. 이와 같은 개념 정의들은 언론의 자유와 법적 규제가 언론법의 핵심 요소라고 보고, 언론의 자유와 언론의 책임 간의 기본 관계의 관점에서 접근한 것이다. 또 임병국(2002)은 언론과 관련된 법 현상을 규율하는 법을 지칭한다고 설명하였고, 유의선(2009)은 미디어법이란 미디어에 관련된 다양한 가치관을 정립하는 골격이자 지침으로, 미디어 콘텐츠의 생산·유통과 소비에 필요한 사업과 관련된 것이거나 미디어가 생산하는 콘텐츠의 사회문화적 효과에 관한 것일 수 있다고 정의하였다. 언론법에 대해 기능적 관점에서 접근한 정의들이라고 볼 수 있다.

언론법제에 대해 권영성(1999)은 신문·잡지·방송·통신 등 언론에 관련된 사항을 규율하는 법규범의 총체를 언론법규라 하고, 언론법규의 형태와 구조와 체계라고 설명하였다. 임병국(2002)의 정의에 따르면, 언론법제는 언론과 관련된 현상을 규율하는 법과 제도이다. 또 류일상(2000)은 언론출판과 관련된 규범을 연구하는 분야로서, 특히 성문화된 법률제도를 위주로 하되 관습으로 존재하는 언론윤리도 포용하는 광범위한 논의영역으로, 언론법제를 좀더 폭넓게 정의하였다. 언론의 자유는 입헌주의의 핵심적인 한 내용을 이루며 그에 따라 표현의 자유라는 이름으로 인간의 자유와 권리의 차원에서 헌법전 속으로 들어오게 되었다. 자연히 언론법은 헌법학 이론상 기본권론 중에서 중요한 위상을 차지하게 되었고, 헌법도 제헌헌법 이래 명문으로 규정해 두고 있다(성낙인, 1994). 따라서 언론법제는 언론의 자유를 신장하고 책임을 실천하기 위한 필수적인 사회제도이다(차용범, 2000, 96쪽에서 재인용). 이와 같은 논의를 토대로 하면 언론법제는 표현의 자유와 책임을 실천하기 위해 언론과 관련된 현상을 규율하는 법률과 제도, 체계라고 이해하고 정의할 수 있다.

2) 언론법제 연구의 특성

이재진(2007)은 언론법제 연구를 한 사회의 주어진 정치적·사회적 환경에서 언론법이 어떻게 적용되고 있는지를 고찰하는 것이라고 정의한다. 기능적 관점에서 본 정의이다. 길모어와 데니스(Gillmor & Dennis; 1981)의 연구에 기초하면 언론법제 연구의 기능은 첫째, 언론법의 절차, 판례, 원칙을 분석해서 법의 의미를 명료하게 해석해주고, 둘째, 기존 언론법의 문제점을 개선하고 개정안을 제안하며, 셋째, 언론법이 사회에서 어떻게 작동하고 영향을 미치는지에 대한 이해를 제공하고, 넷째, 언론법 제정에 영향을 미치는 정치적, 사회적 맥락을 분석하며, 마지막으로 언론학 분야에서 법과 저널리즘 교육에 필요한 자료를 제공하는 것이다. 이와 같은 기능은 언론법제 연구의 추구목표로 이해할 수도 있지만, 실제로 수행된 법제 연구가 제 기능을 수행했는지 평가하는 틀이 될 수 있다.

언론법제는 언론에 관한 법적인 현상을 다루는 것이므로 언론학에서 연구가 불가피하다(성낙인, 1998)고 보았다. 이것은 법학의 입장에서도 마찬가지이다. 결국은 언론법제 연구의 주체는 언론학자와 법학자이며, 연구의 성과를 높이기 위해서는 무엇보다도 이들 간의 긴밀한 학문적 교류와 연계가 필요하다. 이와 같은 학문적 협업은 언론학자와 법학자 각각의 학문적 전통과 습관에 따라 언론법제에 대한 접근방식이 서로 다를 수 있다(Pasadeos, Bunker and Kim, 2006)는 점을 최대한 이해하고 수용할 경우

더 성공적이다.

언론법제 연구의 목적에 대해 차용범(2000)은 언론법 측면의 진리를 탐구하는 일로 설명했다. 또 팽원순(1988)은 언론과 법과의 관계를 통일적, 체계적으로 파악하고 설명하는 것으로, 이승선(2005)은 언론의 자유와 법적 규제 간의 마찰과 갈등을 규범·조화적으로 해소하는 것이라고 설명하였다. 전자는 언론과 법의 다양하고 광범위한 관계에 초점을 맞춘 반면 현실적인 목표를 간과한 측면이 있다. 반면 후자는 현실적이고 구체적인 추구목표를 제시했다는 점에서 의미가 있지만, 한편으로는 류일상(1994)이 지적한 규제적 보호 기능으로 목적이 축소될 수 있다. 한편 언론법제 연구의 목적은 한국언론법학회의 창립선언문(2002)에서도 발견할 수 있다. 이에 따르면 권력과 자본으로부터 독립하여 공공의 이익을 위해 진실만을 말하는 자유롭고 책임 있는 언론으로 발전할 수 있도록, 학제 간 연구역량을 결집하여 진정한 언론자유의 창달과 언론 민주화의 구현, 언론문화 및 언론복지의 증진에 기여할 논리와 대안을 제시하는 것이다. 다소 거창하기는 하지만 법제연구의 실질적인 목적을 친절하게 잘 제시해주고 있다.

커뮤니케이션에 관한 체계적인 연구란 커뮤니케이션의 과정, 효과, 제도, 제도적 변화, 법적 통제, 헌법상의 명령, 기술, 새로운 도전에 관한 변화하는 반응을 새롭게 조명할 수 있는 모든 연구활동을 의미한다(Westley & Stempel III, 1981). 언론법제 연구도 그와 같은 체계적인 연구의 한 영역으로서, 법학적인 접근을 통해 커뮤니케이션 연구영역에서 다루는 현상에 대해 새로운 조명을 요구한다. 정리하면, 언론법제 연구의 목적은 학제 간 연구역량을 활용하여 언론과 법과의 다양한 관계를 새롭게 조명하고 체계적으로 설명함으로써, 언론의 자유와 법적 규제 간의 갈등을 조화롭게 해결하는 방안을 제시하고, 더 나아가 언론의 자유와 책임을 구현할 수 있는 논리와 대안을 제시하는 것이다. 여기서 학제 간 연구역량 활용은 연구자를, 언론과 법과의 다양한 관계는 연구영역을, 새로운 조명과 체계적인 설명은 연구방법론을, 그리고 언론자유와 법적 규제 간의 갈등 해결방안, 언론의 자유와 책임 구현 논리와 대안은 궁극적인 연구목표에 해당한다고 볼 수 있다.

언론법제는 법학자와 언론학자와 같은 두 집단이 연구하는 영역이다. 자연 연구영역은 두 집단의 연구관심사가 될 수밖에 없고, 두 집단의 공통 관심사는 언론법의 핵심 가치인 표현의 자유로 귀결된다. 따라서 언론법제는 언론(표현)의 자유와 개인 기본권 간의 갈등을 해소하기 위한 비교형량의 영역이다(이재진·박성순, 2015). 미국에서 1980년대 초 이전까지 언론학자들의 언론법 관련 관심 영역은 첫째, 명예훼손, 프라이버시, 불공정 경쟁과 같은 불법행위, 둘째, 선동, 모욕, 언론인 권리 관련 형법, 셋째, 저작권, 상표권, 상업적 표현과 같은 사적 재산, 넷째, 표현의 자유, 적법절차에 의한 자유 보장 헌법, 다섯째, 생명·자유·재산·명예 등과 같은 실체적 권리의 집행, 언론출판 자유, 공정한 재판, 마지막으로 방송규제, 광고 커뮤니케이션 관련 행정법이다(Gillmor & Dennis, 1981). 이와 같은 관심 영역은 이승선(2005)의 언론법제 연구영역 분류와 거의 일치한다. 그는 연구영역을 법적 체계의 이해·표현의 자유와 기본권·알 권리 등의 '기본법 영역', 취재·보도의 자유·명예훼손·프라이버시 등의 '응용영역', 방송과 뉴미디어 정책·저널리즘 등 '정책 기타 영역' 등과 같이 크게 세 가지로 분류하였다. 그런가 하면, 법고을 DVD 2008의 언론법제 연구주제 분류법에서는 미디어규제 유형을 기준으로 분류하고 있는데, 사업규제와 내용규제로 대분류하고, 사업규제를 다시 소유구조와 운영으로, 내용규제를 개인적 법익(인격권), 사회적 법익(국가적 법익)으로 분류하였다(유의선, 2009).

언론법제 연구의 대상은 '언론법' 그 자체로서, 주요 소재는 판례, 법률, 헌법이다. 그러므로 기본적으로 법학적 접근이 불가피하다. 따라서 언론법제 연구자는 이것들을 검색하고 수집해서 읽을 수 있어야 한다(Gillmor

& Dennis, 1981). 그리고 법률에 관한 상당한 전문지식이 있어야 하고 동시에 언론의 구조와 역할을 정확히 이해해야 한다. 성낙인(1994)은 언론법제 논의에서 그 범위·연구방법 등이 명확하게 정립되지 않았음을 강조한 바 있다. 하지만 언론법 연구는 언론학이나 법학의 독자적 영역에서 나름의 연구방법으로 실행될 수 있고 많은 부분 그렇게 수행되어왔다(이승선, 2018).

언론법제 연구방법론의 유형은 길모어와 데니스(1981)의 분류법이 가장 많이 사용된다. 그들은 방법론을 크게 두 영역으로 분류하였다. 첫째, 법해석학적인 접근을 하는 전통적인 연구방법이다. 헌법과 각종 법규 등 실정법의 제 규정들을 법리로서 검토하고 그것이 언론 현상에 어떻게 적용되는지를 설명하는 방법이다. 법률 해석이나 판례 분석이 그 예로, 예를 들어 법규정이나 판결도출과정에 관한 상세한 검토를 통해 법규정의 의미와 판결 논리를 찾아서 그와 유사한 사안에 적용해 보는 것이다. 판례 분석에 대해 이재진(2002)은 언론법제 연구의 가장 정통적이며 핵심적인 연구방법이라고 보고, 법적 용어나 개념에 대한 정의를 제공하며 논란이 되는 사회적 문제의 해결에 지침이 되는 중요한 분석방법으로 평가하였다. 유의선(2009)은 언론법제 연구란 사회를 규율하는 규범이나 가치를 찾는다는 학문적 특성으로 인해 법해석학이 주종을 이루는 연구인데, 구체적으로는 한 사안에서 여러 가치관이 충돌될 때 어느 가치가 그 사회에서 더 중시되어야 하는지를 분석적으로 가늠하는 작업이라고 설명하였다.

둘째, 경험 실증적이고 행태주의적인 연구방법으로, 법사회학이라고도 부른다. 예를 들면 법의 독특한 배경과 문제점에 대한 인식을 토대로, 언론법이 보호해야 할 법익의 판단에 영향을 주는 요인이나 언론법의 특수성 또는 효과에 관한 기초자료를 수집하기 위해 사회과학방법론을 사용하는 것이다. 류일상(1994)은 전통적인 법해석학과 실증적인 언론법 내용연구에 논리적인 판례 분석이 결합한다면, 언론법의 이론구성과 언론법 체계의 법적 효과는 더욱 제고될 것임을 강조하였다. 이승선(2005)도 언론법 현상에 대한 법해석학적 접근에 '사회과학적' 분석과 평가가 수반될 때, 또 주류 법학적 관점뿐만 아니라 비판 법학적 관점에 따른 연구가 진행될 때, 그리고 법학 기반의 연구자들뿐만 아니라 언론학적 기반의 연구자들에 의해 법 현상이 연구될 때, 언론법 연구의 균형성과 다양성이 확보된다고 주장하였다.

2. 언론법제 연구동향에 관한 선행연구

1980년대까지의 언론법 연구 성과를 논하는 문헌은 간헐적으로 나왔다. 그러나 언론법제 연구동향에 주목한 연구가 본격적으로 등장한 것은 2000년대 중반 이후이다. 분석 시기나 대상의 차이가 있기는 하지만, 언론법 전공 언론학자들이 주축이 되어 꾸준히 연구동향 분석이 시도되었다. 특히 이재진 교수와 이승선 교수는 1990년 이후부터 최근까지 법제연구의 학문적 성과를 거의 빠짐없이 평가하고 기록하려는 노력을 게을리하지 않았다. 2000년대 중반 이전에도 국내 언론법제 연구의 변천사를 다룬 연구(정진석, 1994)가 있었으나, 주로 신문매체로 연구범위를 한정하였기 때문에 전체 동향 파악에는 한계가 있다.

본 연구에서는 2000년대 중반 이후 발표된 언론법제 연구동향에 관한 메타분석을 대상으로 어떤 틀을 가지고 분석했는지, 주된 연구영역과 연구방법은 무엇인지, 그리고 연구결과의 큰 특징은 무엇인지를 중점적으로 살펴보았다(〈표 9-1〉 참조). 본 연구에서 살펴본 메타분석은 〈언론과 법〉과 〈커뮤니케이션 이론〉에 게재된 논문들로서, 1999년 이후 〈한국언론학보〉에서 법제 논문의 편수는 늘었으나 언론법제 연구에 대한 메타분석 논문은 게재되지 않았다.

〈표 9-1〉 미디어법제 연구에 관한 메타분석 논문

연구자	분석시기	분석대상	분석틀		
			분석항목	연구영역	연구방법
이승선 (2005)	1990~2004년	〈언론학보〉, 〈방송학보〉, 〈언론중재〉 총 195건/ 박사학위논문	① 연구영역 ② 연구방법 ③ 연구관점 ④ 논문형태 ⑤ 연구초점 ⑥ 연구자 지위 ⑦ 기타	① 법적체계의 이해 ② 표현의 자유와 기본권 ③ 알 권리와 정보공개청구/ ④ 취재·보도의 자유와 책임 ⑤ 재판과 선거보도 ⑥ 명예훼손 ⑦ 프라이버시 ⑧ 반론권 ⑨ 성표현물 ⑩ 저작권 ⑪ 광고/⑫ 방송·뉴미디어 정책 ⑬ 저널리즘 ⑭ 기타	① 판례평석 ② 제도·입법·정책·규범 연구 ③ 역사적 접근 ④ 비교연구/ ⑤ 경험·실증·행태·질적연구 ⑥ 판례양적분석 ⑦ 판례질적분석 ⑧ 단일법규분석 등 기타
이재진· 이승선 (2008)	2007년	법학저널 12개, 언론학저널 14개, 언론법저널 3개 총 97건 (《언론중재》 포함) / 학위논문, 전문서적	• 이승선(2005)의 분류법 사용	• 이승선(2005)의 ⑧ 반론권 → ⑧ 반론권·언론중재·심의 • 이승선(2005)의 ⑩ 저작권 ⑪ 광고 → ⑩ 저작권·광고 • 방송심의와 포털 UCC를 새로운 연구영역으로 설정	• 이승선(2005)의 분류법 사용
이승선· 이재진 (2011)	2007~2010년	법학, 언론학, 언론법학 학술지 29개 총 494건	• 이승선(2005)의 분류법 사용	• 방송·뉴미디어정책 → 미디어 정책으로 변경 • 취재보도의 자유와 책임을 저널리즘 영역으로 대체 • 미디어 관련법 추가 • 저작권과 광고 다시 분리 • UCC, 포털을 주제 중심으로 다른 분류항목에 포함	① 판례평석 ② 규범적 연구/ ③ 사회과학적 방법/ ④ 판례·사례 질적분석 ⑤ 판례·사례 양적분석
	2009~2010년	단행본/ 석·박사학위논문 (《언론중재》 제외)			

〈표 9-1〉 미디어법제 연구에 관한 메타분석 논문(계속)

연구자	분석시기 분석대상	분석항목	분석틀 연구영역	분석틀 연구방법
이승선 (2014)	2011~2013년 법학, 언론학, 언론법 분야 학술지 29개 (《언론중재》 제외)	① 연구주제 ② 연구방법 ③ 연구자 전공분야 ④ 직종 ⑤ 지역 ⑥ 지역 ⑦ 연구인원 ⑧ 저널유형 ⑨ 연구연도	• 이승선(2005), 이승선 · 이재진(2011) 의 분류법 활용 • 연구주제의 소분류 구체화	• 이승선(2005), 이승선 · 이재진(2011) 의 분류법 활용
이재진 · 박성순 (2015)	1981~2012년 《언론중재》 총 508건	① 연구주제 ② 연구초점 ③ 연구자 지위 ④ 연구자 최종학위 ⑤ 연구매체 ⑥ 연구방법 ⑦ 기타(발표 시기, 연구자 수, 매체영역, 전공학문 등)	• 이승선(2005)의 ⑩ 저작권 ⑪ 광고 → ⑩ 저작권 ⑪ UCC사용자저작콘텐츠 ⑫ 포털, OSP, ISP	• 이승선(2005)의 분류법 사용
김민정 (2017)	2016년~2017년 초 《언론학보》, 《방송학보》, 《방송통신연구》, 《언론과 법》 총 82건	① 연구영역 ② 연구방법 ③ 연구의 지역적 초점 ④ 제1저자의 지위 ⑤ 매체영역 ⑥ 기타 항목	• 이승선(2005)의 분류법 사용	① 법규정중심 ② 판례중심/ ③ 경험적, 실증적 조사분석/ ④ 판례나 사례 절차 분석 ⑤ 제도 · 정책연구 · 법사학/ ⑥ 비교법학/ ⑦ 기타

2000년대 연구동향 분석은 이승선(2005)의 연구에서 시작되었다. 그는 1990년부터 2004년까지 언론법 연구현황을 분석하고, 그 특성을 탐색·고찰하였다. 이 연구에서 사용한 분석틀은 이후 연구동향 분석에서 그대로 사용하거나 재구성해서 사용했기 때문에 자세히 설명하기로 한다. 분석틀을 보면, 기존 학자들의 분류와 국내외 언론법제 서적 및 강의의 내용구성을 바탕으로 주요 연구영역을 크게 기본법, 응용, 정책 및 기타로 분류하고 다시 세부 영역으로 분류하였다. 이 분류법은 전통적인 언론법 연구영역에 방송 공익성, 언론 공정성, 매체정책, 온라인 저널리즘과 같은 비전통적인 연구영역을 추가함으로써, 연구영역을 다소 광범위하게 설정한 측면이 있다. 연구방법은 길모어 등의 연구방법론 분류에 기초하여, 크게 전통적 연구, 사회과학 연구, 혼합형으로 분류하였다. 연구관점은 주류 법학적 관점과 비판 법학적 관점으로 나누었고, 논문형태는 공모, 특집·기획논문으로, 연구초점은 국내외 사례·이론, 외국 사례·이론의 국내 적용 등으로 분류하였다. 그 밖에 연구자 지위와 수, 전공학문, 논문 연구비 지원 등 다양한 분석항목으로 구성되었다.

연구 결과, 명예훼손·언론 소송과 방송·뉴미디어 정책 연구가 절반가량을 차지해서, 법제연구의 지평을 저작권, 개인정보보호, 프라이버시 등의 영역으로 확장할 필요성이 제기되었다. 또 법학 전공자들은 인격권, 지식재산권, 표현의 자유 등에 많은 관심을 보인 반면, 언론학 전공자들은 저널리즘과 방송정책 등에 비중을 더 두고 있어, 전공 분야별 연구영역의 차이를 보였다. 대부분 판례연구 등의 전통적인 연구방법을 사용했고 사회과학적 접근은 15% 정도에 그쳤다. 단독 연구와 연구비 지원을 받지 않은 연구가 압도적으로 많았다. 〈한국언론학보〉로만 한정할 경우, 법제 논문은 꾸준한 양적 증가 현상을 보였고, 역시 전통적인 연구방법이 절반 정도, 사회과학적인 접근은 30% 정도였다. 또 언론학자의 논문만 게재되어 연구자 지위의 편중 현상을 보였다. 정리하면, 연구자의 학적 기반에 따라 연구영역, 연구방법 등에 있어 연구의 편식현상이 두드러졌는데, 연구자는 언론학자와 법학자 간의 공동연구, 언론법 커리큘럼 제공 등을 제안했다. 이 연구는 무엇보다 상세하고도 체계적인 분석틀을 제공하여, 언론법제 연구영역을 설정하는 토대를 마련해주었다.

이재진·이승선(2008)의 메타분석은 2007년 한 해 동안 발표된 언론법제 연구들을 대상으로 했다. 이승선(2005)의 분석틀에 방송심의와 포털, UCC를 새로운 연구영역으로 설정하였다. 분석결과, 학술지에 실린 법제 논문이 전체 논문의 8% 수준이어서, 언론학 연구에서 법제연구의 위치를 짐작하게 한다. 언론학자는 판례 양적 분석 및 실증분석, 법학자는 전통적인 법학연구방법으로, 전공 분야별로 방법론의 차이가 두드러졌다. 주목할 만한 현상은 소수이지만 법학자는 언론학 저널에 논문을 게재했으나 언론학자가 법학 저널에 논문을 발표한 사례는 없었다는 점이다. 하지만 〈언론과 법〉과 〈언론중재〉가 언론학자의 언론학 연구를 법학에 접목하는 데 중요한 통로 역할을 하고 있었다. 분석 기간이 1년으로 짧았지만, 언론학과 법학 저널을 분석함으로써 전공 분야 간 비교에 중점을 두었다는 점에서 함의가 크다.

이승선·이재진(2011)은 2007년부터 2010년까지의 학술지, 단행본, 학위논문을 내용분석했다. 분석틀은 연구영역의 소분류에서 방송·뉴미디어 정책을 미디어 정책으로 변경하고, 미디어 관련법을 새롭게 추가하였다. 또 취재·보도의 자유와 책임을 저널리즘 영역으로 대체하고, 저작권과 광고를 분리했으며, 이재진·이승선(2008년) 연구에서 포함했던 UCC, 포털·ISP 등은 별도 항목화하지 않고 주제 중심으로 다른 항목에 포함했다. 연구방법은 세 가지 대분류하에 다시 5개의 세부 접근법으로 분류했다. 분석결과, 학술지 게재 법제논문의 비중은 9.2%로 이재진·이승선(2008)의 연구결과와 유사했다. 지상파방송 3사 발행 학술지의 법제 논문 게재율이 상대적으로 높았는데, 연구영역에 '미디어 정책'이 포함되었기 때문으로 추정된다. 법학자들은 언론학 학술지에 연구논문을 게재하는 등 꾸준한 학문 간 통섭이 이루어졌으나 기대수준에는 미치지 못했다.

이승선(2014)의 연구에서는 2011년부터 2013년까지 학술지만을 대상으로 하였다. 분석틀에서 특별히 연구자의 소속기관을 새로 추가하였다. 연구 결과, 여전히 법학자들이 법제연구를 주도하면서 저작재산권, 개인정보보호, 표현 자유 기본권 관련 주제를 주로 다룬 반면, 언론학자들이 주로 다룬 주제는 미디어 정책, 표현 자유 기본권, 심의자율규제 등이다. 이 연구는 법학과 언론학의 경계가 여전히 높다는 점, 언론법제 교육과 연구시스템의 개발이 부재하다는 점 등을 지적하면서, 상반된 관점의 연구 성과에 대한 논의의 장을 활성화하고 학술단체별로 연구쟁점에 대한 기획과 실행을 할 것을 제안하였다.

언론법제 연구의 시작, 발전과정, 현재 상황을 살펴보고자, 이재진·박성순(2015)은 〈언론중재〉에 게재된 논문에 대한 메타분석을 하였다. 2회 이상 다룬 중복주제인 명예훼손, 언론자유/책임, 언론피해구제제도에 대한 질적 내용분석도 하였다. 분석틀에서는 온라인 포털을 새로운 연구영역으로 다시 설정하였는데, 동향분석 연구자들이 온라인 포털의 주제 분류과정에서 계속 고민한 흔적을 엿볼 수 있다. 양적 분석결과, 다른 언론법제 학술지와 비교할 때 언론학자가 법학자보다 더 많이 참여했으며, 법조계 및 언론계 현장 종사자들도 연구에 많이 참여한다는 점을 발견하였다. 질적 분석결과, 발행 초기(1980년대)에는 명예훼손과 같은 주제에 대한 개념 정립 위주의 연구가 많았고, 1990년대에 와서 연구방법의 다양화, 연구주제의 세분화 경향을 보였다. 미디어 환경이 급변한 2000년대에 들어서면서, 환경변화에 따른 개념정의의 변화를 다룬 연구가 활발해졌다. 이 연구는 언론학과 법학의 가교역할을 한 저널인 〈언론중재〉에 대한 학술적 접근을 통해 30년간의 연구동향을 파악했다는 점에서 의미가 크다.

가장 최근의 메타분석으로, 김민정(2017)은 2016년부터 2017년 초까지

1년여간 발간된 주요 학술지 게재논문을 대상으로 하였다. 이전의 분석에서 사용했던 연구방법론 분류법을 사용하지 않고, 법해석학, 법사회학, 법사학, 비교법학으로 분류했으며, 연구자 배경별, 연구영역별 차이점을 세밀하게 분석하였다. 연구 결과, 온라인에 관한 연구가 더 많은 편이었고, 언론학자들은 법학자보다 전통매체를 더 많이 연구하였다. 또 연구자의 학문적 배경에 따라 기존의 연구방법론 사용의 경향성이 계속 나타났다. 단독 연구가 압도적으로 많았고, 법학자보다 언론학자들의 공동연구가 많은 편이었다. 간혹 법학자와 언론학자의 공동논문[1]이 있었으나, 전반적으로 공동연구 자체가 매우 적었다. 이 연구는 연구영역이 확대되면서 기존의 분석틀에 넣기 힘든 주제들이 다수 발견되었다고 밝히고 있어, 최근의 언론법제 연구의 특징이나 동향을 반영한 분석틀의 필요성을 시사했다.

한편 유의선(2009)은 〈한국언론학회 50년사〉에 기고한 "미디어 법제연구 50년"에서, 미디어 법제연구의 외형적 측면과 내면적 연구의 추이를 고찰하였다. 시대별로 주로 연구된 주제에 어떤 차이가 있는지,[2] 연구주체와 연구서술방식은 어떤 차이가 있는지, 시대별 미디어 관련 가치규범은 어떤 이유로 변모하였는가를 중심으로 50년을 되돌아보았다. 연구 결과, 제1세대 연구자들은 언론자유나 책임의 철학적, 윤리적 문제를 중심으로 본질적 요소를 강조하면서 주로 외국 문헌이나 유명 판결을 소개하는 기술적 접근방식을 사용하였고, 반면 제2세대는 다양한 학문적 배경을 가지고 국내외 판례를 소개하면서 보다 세분화된 연구주제를 다루면서 시대별로

---

1) 범죄기사에 대한 언론인과 법조인의 인식 유형과 특징을 다룬 양재규·이창현(2016)의 연구가 있다.

2) 판례, 문헌 자료를 토대로 한 법원도서관 발간 DB자료(2008)에 의하면, 2000년 이후 사업규제영역에 속하는 소유구조 연구가 등장했고 저작권 연구도 1990년 나타나기 시작하여 2000년 이후 급증하였다. 반면 내용규제 영역에서는 1960년대부터 명예훼손 연구가 증가추세를 보이다가 1990년대, 2000년대에 양적으로 증가했다. 반면 초상권이나 사회적 법익에 해당하는 음란, 국가안보 연구는 상대적으로 적었다.

다양한 현안에 대한 법리적 해석을 시도한 것으로 평가하였다. 결론적으로 법제연구의 발전을 위해 연구대상에 대한 명확한 용어정리, 시대별 특정 가치판단이 지배적이게 된 논리나 당위성의 철학적·법리적 분석, 그 분석이 시사하는 과거-현재-미래의 연계성의 체계적인 파악을 제안하였다. 이 연구에서는 양적인 측면에서 언론보도와 표현의 자유 영역에서 미디어 사업규제로 연구의 중심축이 이전되는 현상을 지적하면서, 언론법에 대한 심도 있는 논의가 여전히 중요하다고 주장했다. 결국은 연구대상에 관한 명확한 용어정리가 진정한 의미의 언론법 연구의 방향성을 제시하는 단초가 될 것으로 생각한다.

3. 언론법제 연구의 최근 동향: 1999∼2018년 〈한국언론학보〉 게재 논문 중심으로

1) 언론법제 연구동향 분석

본 연구는 한국언론학회 60주년을 기념하기 위해, 학회가 발행하는 〈한국언론학보〉를 중심으로 언론법제 연구의 동향과 방향을 살펴보려는 취지를 가진다. 따라서 〈한국언론학회 50년사〉가 발간된 2009년 전후 20년간 연구동향을 분석해서 법제연구의 특징과 한계를 분석하는 것이 본 연구의 목적이다. 언론법제의 핵심은 언론 관련 법이므로, 연구영역을 순수하게 언론 관련 법으로만 좁게 보고 분석대상의 범위를 한정하는 방법도 있다. 하지만 개념 정의에서 보았듯이, 언론법학자들은 대부분 언론법제의 범위를 비교적 넓게 책정하고 있다는 점을 고려하여 언론 관련 현상을 규율하는 법체계를 다룬 논문으로 분석대상의 범위를 조금 넓게 정하고자 한다.

　2009년부터 2018년까지(이하 분석대상기간) 〈한국언론학보〉에 게재된

〈표 9-2〉 언론법제 연구동향 분석틀

구분		세부 영역
연구주제		① 법적 체계의 이해(사법제도, 언론법체계, 언론법 사조, 제정사 등) ② 표현의 자유와 기본권(언론/표현의 자유의 중요성, 헌법, 국가안보와 기밀, 사전억제, 가상표현) ③ 알 권리와 정보공개청구(알 권리, 액세스권, 정보공개청구) ④ 취재 · 보도의 자유와 책임(취재원 보호, 언론사 압수수색, 편집권 독립) ⑤ 재판과 선거보도(공정재판, 선거보도) ⑥ 명예훼손 · 모욕 · 인격권 ⑦ 프라이버시(사생활, 개인정보보호, 초상권, 성명권) ⑧ 반론권(언론중재, 오보와 피해구제, 정정 · 반론 · 추후보도) ⑨ 저작권(저작권, 지식재산권, 퍼블리시티권 등) ⑩ 성표현물(음란 · 저속, 가상 성표현물 등) ⑪ 미디어규제제도(내용심의, 자율규제 등) ⑫ 미디어규제법 ⑬ 미디어 정책 ⑭ 미디어 윤리 ⑮ 광고규제
이론 적용		적용 이론
연구방법	법해석학 (전통적 연구)	① 법규정 중심 ② 판례 중심(판례평석, 판례/사례분석 등-부분적 양적 통계도 포함) ③ 법규정 + 판례 분석
	법사회학 (사회과학 연구)	④ 양적 방법론(내용분석, 서베이, 실험연구 등) ⑤ 질적 방법론(심층인터뷰, FGI 등) ⑥ 제도/정책연구
	법사학	⑦ 역사적 접근(법제도와 법사상이 어떻게 생성 · 발전 · 소멸되었는지를 역사적, 사실적으로 분석, 파악, 전망)
	비교법학	⑧ 비교법 연구 등
	철학적 접근	⑨ 법현상에 대해 도덕철학적으로 접근
	기타/복합	⑩ 법경제학적 접근, 판례와 법규정을 중심으로 기술
분석대상	분석초점	① 국내에 초점 ② 외국에 초점 ③ 국내외 비교 ④ 기타
	미디어 유형	① 신문/잡지 ② 방송 ③ 영화 ④ 인터넷 ⑤ SNS ⑥ 모바일 ⑦복합 ⑧ 비매체(특정 매체로 국한되지 않거나 매체와 직접 무관한 주제)
논문 유형	논문형태	① 공모 논문 ② 특집 · 기획 · 초빙논문 ③ 기타
	연구형태 (연구자 수)	① 단독 연구 ② 공동 연구(2인, 3인, 4인, 5인 이상)
연구자 속성	전공 분야	① 언론학 ② 법학 ③ 기타(언론협업, 법조현업 등)
	직종	① 교수 ② 강사 · 연구원 · 박사과정 ③ 판검사 · 변호사 ④방송인(기자 /PD 등)

주: 이승선(2005); 이재진 · 이승선(2008); 이승선 · 이재진(2011); 이승선(2014); 이재진 · 박성순(2015); 김민정(2017) 참조.

논문을 수집하였고, 이전과의 비교 목적으로 1999년부터 2008년까지 (이하 비교대상기간) 게재된 논문도 분석대상에 포함하였다. 한국언론학회 홈페이지에 게시된 논문목록을 보고 제목, 키워드, 초록을 기준으로 법제 논문들을 분석대상으로 수집해서 내용분석을 하였다. 미디어 정책은 법을 기반으로 한다는 점에서 법제 연구영역에 포함할 수 있겠지만, 본 연구에서는 정책을 제외하고 언론법체계를 다룬 논문으로만 연구범위를 한정하였다. 분석틀은 앞에서 살펴보았던 기존의 연구에서 사용했던 유목들을 일부 수정하여 사용하였다.

분석결과, 분석대상기간에 〈한국언론학보〉를 통해 발표된 언론법제 분야의 논문은 모두 25편으로, 〈한국언론학보〉 게재 전체 학술논문(878편)의 약 3% 정도를 차지하는 것으로 나타나서 법제 논문의 게재율이 극히 낮았다. 또 이것은 비교대상기간(41편)에 비해 절반이 조금 넘는 수준으로, 양적인 감소추세를 보였다. 수집된 논문 편수가 적은 관계로 통계적으로 유의미하지는 않지만, 대략적인 연구동향 파악에 도움이 되리라고 보고 분석결과는 연구영역과 연구방법의 경우만 표로 제시하기로 한다.

(1) 연구영역

분석결과, 응용 영역이 기본법 영역보다 3배로 많았고, 마찬가지로 비교대상기간에도 응용 영역의 비중이 훨씬 큰 것으로 나타났다. 기본법 영역에서는 인터넷 논객의 표현과 제한법리(이재진·이정기, 2010), 인터넷 포털의 '임시차단' 조치(이재진·이정기, 2012), 언론인 해고 관련 판결의 특성과 판결에 나타난 법원의 '언론의 자유' 인식(이정기, 2015) 등과 같이 표현의 자유와 제한에 관한 논문이 주류를 이루었다. 응용 영역에서는 방송내용심의, 자율규제를 주제로 한 미디어규제제도와 방송 관련 법령, 〈광무신문지법〉 등 미디어규제법을 다룬 연구가 절반을 차지했다. 미디어규제법 연구의 예로, 박아란(2016)은 법률적 관점에서 '방송심의에 관한 규정'의 핵심적인 판단기준인 객관성 기준을 제시하려고 했다. 가짜뉴스 논란이 있었던 시기적 특성이 반영된 연구이며, 공정성 연구에 치중했던 심의규정 연구의 한계를 극복한 연구로 평가된다.

다음으로 많았던 연구는 저작권(이재호 · 변동식 · 김희경, 2012; 정인숙, 2011; 조연하, 2016)[3]과 프라이버시(기소진 · 이수영, 2013; 김민성 · 김성태, 2014; 천혜선 · 이현주 · 김기태, 2016)에 관한 연구였다. 특별히 비교대상기간에 전혀 등장하지 않았던 SNS와 프라이버시 이슈를 다룬 시의성 있는

<표 9-3> 언론법제 연구의 연구영역

단위: 편

연구영역	세부 영역	2009~2018년	1999~2008년	합계
기본법 영역	법적 체계의 이해		2	2
	표현의 자유와 기본권	5	4	9
	알 권리와 정보공개청구	1	1	2
	소계	6	7	13
응용 영역	취재 · 보도의 자유와 책임(윤리)	1	3	4
	사법보도/선거보도		1	1
	명예훼손 · 모욕 · 인격권		5	5
	프라이버시	3		3
	반론권	1		1
	저작권	3	6	9
	성표현물		5	5
	미디어규제법	4	7	11
	미디어규제제도	5	4	9
	광고규제	2	1	3
	기타(스팸메일/엔터테인먼트 관련법)		2	2
	소계	19	34	53
계		25	41	66

---

3) 비교대상기간에는 전자출판 저작물(유의선, 2000), 디지털 기술에 대한 저작권법 적용(우지숙, 2003), 온라인저작권 소송(고흥석 · 박재영, 2008). PVR을 이용한 방송저작물 녹화(조연하, 2006), 인터넷 음악 저작권 인식(김왕석 · 성동규 · 김민정 · 김광협, 2005)에 관한 연구가 있다.

연구들이 눈에 띄었다. 기술 혁신으로 새로운 매체가 등장할 때마다 연구의 중심이 새로운 매체로 옮겨가게 되는데, 학문의 연구대상이 기술과 사회의 변화에 따라 근본적으로 변화하면서 언론학은 역동적이지 않을 수 없다(최선열, 2001). 언론법제 연구영역도 디지털 미디어 환경의 중심이 되는 SNS와 개인정보 기반의 서비스로 연구 중심이 옮겨가고 있음을 엿볼 수 있다. 한편 비교대상기간에는 명예훼손, 성표현물에 관한 연구가 있었고 프라이버시에 관한 연구가 부재했으나, 반대로 분석대상기간에는 프라이버시 관련 논문이 새롭게 등장한 반면 명예훼손, 성표현물 연구가 부재했던 현상을 보여 대조가 되었다. 표현의 자유와 기본권, 프라이버시와 함께 언론법의 핵심적인 연구영역인 명예훼손에 관한 연구가 없었던 점이 특이했다.

이와 같은 분석대상기간의 연구동향은 언론학 학술지에 게재된 언론학자들의 언론법 연구가 주로 '미디어 정책' 관련에 편중되었고, 표현의 자유와 기본권, 명예훼손 등 인격권을 탐구한 논문의 비중이 크지 않았다는 이승선(2018)의 연구결과와도 일치한다. 그런 점에서 현재 언론학계에서 이뤄지고 있는 언론법 연구의 지평을 상대적으로 소홀하게 취급되었던 저작권, 광고, 개인정보의 보호 및 프라이버시 침해, 반론과 언론피해구제 등으로 확장할 필요가 있다(이승선, 2005)는 주장에 주목해볼 필요가 있다.

(2) 연구방법

연구방법은 법사회학적, 법해석학적 접근이 주류를 이루며, 법사학적인 접근과 비교법학적으로 접근한 논문이 각각 1편씩 있었다. 법해석학적 연구방법의 경우, 역시 가장 핵심적이고도 정통적인 언론법제 연구방법인 판례 분석이 핵심을 이룬다. 판례 분석의 사례로 이정기(2015)는 언론인 해고 관련 판례를 분석해서 법원의 '언론의 자유' 인식과 한계를 다루었고, 배정근(2009)은 정보공개소송 대법원 판결을 분석해서 정보공개법을 통한 알 권리 실현의 한계를 파악하려고 했다. 또 교육 목적의 저작물 이용의 공정이용을 다룬 조연하(2016)의 연구에서는 공정이용 관련 국내 판례가 부재한 관계로 미국 판례의 판결논리를 토대로 공정이용 판단요소를 제시하였다.

연구방법에 있어 특이점은 비교대상기간에 비해 법사회학적 접근의 비중이 다소 커졌다는 점이다. 특히 법적 이슈에 관한 의견을 조사하기 위해 온라인 서베이를 사용한 연구(기소진·이수영, 2013; 천혜선·이현주·김기태, 2016; 박기효·홍성완·신태범, 2017)와 같이 언론법제 연구에서 흔히 볼 수 없었던 양적 연구들이 등장한 점이 주목된다. 또 자율규제제도, 언론중재제도, 저작권 신탁관리 등에 관한 인식 조사 또는 자료수집 목적으로 FGI, 심층인터뷰와 같은 질적 연구를 시도한 연구들(강진숙, 2010; 허만섭, 2010; 정인숙, 2011)도 눈에 띈다.

기존의 언론법제 연구동향 분석에 의하면, 법학 기반의 언론법 연구자

<표 9-4> 언론법제 연구의 연구방법

단위: 편

연구방법		2009~2018년	1999~2008년	합계
법해석학	법규정 중심	4	5	9
	판례 중심	6	13	19
	법규정 중심 + 판례 중심		5	5
	법규정 중심 + 판례 중심 + 법경제학		1	1
	소계	10	24	34
법사회학 (사회과학)	양적 방법론	5	6	11
	질적 방법론	7	3	10
	양적 + 질적 방법론	1		1
	소계	13	9	22
법해석학 + 법사회학			1	1
법사학		1	3	4
비교법학		1		1
철학적 접근			4	4
계		25	41	66

들은 '저작권과 지식재산권'에 관한 연구와 표현의 자유와 기본권, 명예훼손과 모욕죄 등 인격권에 관한 연구를 진행해왔고, 연구방법으로 주로 개별 사례에 대한 평가나 판례평석을 주로 활용하였다(이승선, 2018). 이와 관련하여 류일상(1994)은 언론법에서 사회과학적 연구방법론 도입이 늦었고 미국에서도 적용사례가 적은 편이지만, 판사들의 이념적 경향과 언론 관계 판결에서의 의견제시 경향 간의 상관관계를 연구하거나 특정 법규의 입법을 위한 준비과정에서 그 사회가 받아들일 수 있는 규범 문화의 수준을 기술적으로 파악하는 일, 그리고 각종 언론법의 국가 간 비교를 위한 내용분석, 법률용어에 대한 일반의 이해도 조사 및 법조인의 사상의식이나 관점분석 등에 좀더 과학적이고 타당도 높은 사회과학적 연구방법이 동원될 여지가 많다는 점을 강조하였다. 차용범(2000)도 언론법이 앞으로 사회현상의 변화와 법의 조화라는 당면 과제와 함께 전통적인 언론자유의 여러 문제들을 계속 탐구하기 위해서라도 언론 관련 판례를 경험 실증적 차원에서 비교분석하는 연구를 활성화해야 한다고 주장한 바 있다. 이렇게 볼 때 그동안 법해석학 연구방법론에 편중되었던 법제연구에 사회과학적인 연구방법론의 도입은 방법론의 다양화를 도모할 수 있을 뿐 아니라 판례 분석이나 법규범 해석이 가지고 있는 한계를 해결할 수 있다는 점에서 긍정적으로 평가할 수 있다.

(3) 분석대상

분석의 초점을 국내에 맞춘 논문으로 편중되었고, 주 분석대상 미디어가 방송이 많았던 현상은 비교대상기간과 거의 유사했다. 다만 비교대상기간에 12편으로 가장 많았던 인터넷이 2편뿐이었다. 대신 방송 외에 신문, 잡지, 인터넷, SNS, 영화, 게임 등이 고르게 다루어졌으나 매체별로 1~2편에 그쳤다. 2000년대 이후 디지털 기술발전과 인터넷 등 다양한 뉴미디어 등장이 언론법제 연구의 영역 확장에 크게 영향을 미치지 않았음을 엿볼 수 있다. 분석대상 저널 등이 서로 다르기는 하지만 동향분석에 관한 기존 연구에서는 오프라인이 온라인보다 훨씬 더 많았으나(이승선, 2005; 이재진·이승선, 2008), 최근의 연구에서는 전통매체보다 온라인을 다룬 연구가 조금 더 많아서(김민정, 2017), 주 분석대상 미디어 유형에 있어 변화를 보였다. 비교적 최근에 〈언론중재〉를 분석대상으로 한 이재진·박성순(2015) 연구에서는 신문이 가장 많았던 점이 특이했는데, 대신 인터넷이 방송보다 2배가량 많았다. 언론 보도로 인한 분쟁 조정 및 중재를 주 업무로 하는 학술지 발간기관의 특성이 반영된 것으로 이해할 수 있을 것이다.

(4) 연구자 속성

연구자 직종으로 볼 때, 분석대상기간에는 교수보다는 교수와 강사·연구원·박사과정생과의 공동연구가 전체의 절반 정도로 많은 편이었는데, 대부분 박사과정생, 졸업생, 석사과정생이 지도교수와 함께 연구한 것으로 추정된다. 이에 비해 비교대상기간에는 교수의 비중이 훨씬 더 컸던 차이를 보였다. 이런 결과는 법제 전공 신진학자들의 비중이 상대적으로 커진 것으로 해석할 수 있다.

분석대상기간 연구자가 법학자인 경우는 1편에 그쳤는데, 비교대상기간에는 아예 법학 전공 연구자가 부재하였다. 이와 같은 결과는 〈한국언론학보〉에 언론학자들의 논문만 게재되어 연구자 지위의 편중 현상이 나타났던 이승선(2005)의 연구와 〈한국언론학보〉에 게재된 법학 전공자 논문이 거의 없었던 김민정(2017)의 연구와도 일치한다. 이것은 언론법제 연구영역의 성격상, 두 전공 분야의 학자들 간 교류가 절실히 요구됨에도 불구하고, 학술 교류가 활발하지 않다는 점을 시사한다.

한편 기존 연구를 보면 법제 전공 언론학자들의 소극적인 태도를 엿볼 수 있는데, 이재진·이승선(2008)의 연구에서는 비록 소수이지만 법학자가 언론학 저널에 논문을 게재한 경우는 있어도, 언론학자들이 법학 저널에 게재하려는 시도는 아예 없는 것으로 나타났다. 뿐만 아니라 언론학자들은 법학자 연구를 인용하지만, 법학자들은 언론학자 연구를 덜 인용하는 경향이 있다(Pasadeos, Bunker and Kim, 2006)는 연구결과도 있다. 치밀하게 법 해석 훈련을 받은 연구자에 비해 사회과학자의 이론적 접근은 상대적으로 취약하고 분석력이 약할 것이라는 현실에서의 인식이 작용하는 듯하다. 그러나 언론법제 연구는 언론이 없다면 존재하지 않은 분야이므로 언론의 본질에 대한 다양한 접근을 이해하고 이를 바탕으로 해야 한다(이재진, 2009)는 점에서, 이와 같은 사회과학자들에 대한 편견은 언론법제 연구발전을 위해서도 바람직한 현상은 아니다.

(5) 논문유형

모두 공모 논문의 형태이었으며 특집이나 기획논문 형태는 아예 없었다. 연구 참여자 수를 기준으로 할 경우, 비교대상기간에는 단독 연구가 4분의 3으로 많았으나 분석대상기간에는 그 수가 절반 이하로 크게 줄었다. 반면 공동연구 논문 편수는 거의 변함이 없어서, 전체 법제 논문 편수가 줄었다는 점을 고려할 때 단독 연구가 약간 감소한 것으로 해석할 수 있다.

한편 이론을 적용한 연구는 비교적 적은 편이었는데, 이와 관련해서는 법제연구의 사례분석에서 다루기로 한다. 또 비교대상기간에는 연구비 지원을 받은 논문이 훨씬 더 적었으나, 분석대상기간에는 학교나 교외 연구비 지원을 받은 논문과 지원받지 않은 논문의 비율이 거의 비슷한 것으로 나타나서, 법제연구 영역에서 연구비 지원이 늘어난 현상을 엿볼 수 있다.

이상의 분석결과를 토대로 최근 20년간 〈한국언론학보〉에 게재된 언론법제 연구동향을 정리해보면, 기본적으로 〈한국언론학보〉에서의 법제 연구논문 게재율이 아주 낮았다. 그렇다고 해서 법제 연구가 양적으로 절대 부족하다고 단정할 수 없는데, 〈언론과 법〉과 같은 언론법 전문학술지가 존재하기 때문이다. 그런 이유로 〈한국언론학보〉를 대상으로 분석한 결과를 전체 언론법제 연구의 동향으로 일반화할 수는 없을 것이다. 연구영역은 규제제도, 규제법이 절반을 차지했으며, 연구방법의 경우는 판례 분석이 중심을 이루는 법해석학과 법사회학 연구방법이 주류를 이루었는데 비교대상기간에 비해 사회과학적인 연구방법의 비중이 증가한 점이 특이할 만하다. 국내 초점의 연구에 편중된 현상을 보였으며, 주 분석대상매체는 여전히 방송이 많았으나 기존 동향분석에서는 뉴미디어의 증가추세를 보였다. 한편 법학자가 연구자인 경우는 단독 연구 1편에 그쳐, 〈한국언론학보〉에 법학자들의 논문투고율이 절대적으로 낮았고 법제연구가 지향해야 할 언론학자와 법학자의 공동연구가 부재했다.

2) 언론법제 연구의 사례분석

(1) 언론법제 연구의 목적과 기능

언론법제 연구의 목적은 언론자유와 법적 규제 간의 갈등 해결방안과 언론의 자유와 책임 구현 논리와 대안을 제시하는 것이다. 이러한 목적과 길모어 등(1981)이 제시한 언론법제 연구의 주요 기능을 수행하고 있는 연구사례를 중심으로 살펴본다.

언론자유와 법적 규제 간의 갈등 해결방안을 제시한 사례로, 윤성옥(2008)은 언론의 사법 보도에 대해 판·검사가 제기하는 명예훼손 소송으로 인한 언론의 자유에 대한 과도한 제한과 위축 효과 문제를 다루었다. 판례 분석을 통해 사법제도 운용에 대한 비판과 견제로서의 사법 보도는 언론의 자유 영역으로 폭넓게 인정해야 하고, 판·검사를 공인의 범주에 포함하여 권리 제한의 법리를 적용할 필요가 있다는 점 등을 제안했다. 기자의 특권을 누릴 수 있는 자유, 더 넓게는 언론의 자유와 공정한 재판을 받을 권리 사이의 충돌 문제를 다루었다고 볼 수 있다. 마찬가지로 공인의 명예훼손에 대한 사법적 판단의 한계를 다룬 차용범(2000)의 연구도 언론 보도의 명예훼손 소송에서 대법원이 공익성보다 진실성에 더 비중을 두면서 개별적 사안에 따른 구체적 행동준칙을 제시하지 못함으로써 생기는 언론과 법원의 갈등요인에 주목하였다. 우리나라 법운영 현실상 명예훼손의 면책조건에 관해 명확하지 못한 부분이 적지 않다는 쟁점을 제시함으로써 법원과 언론이 의사소통을 시도할 필요성을 제기하였다. 4) 한편 이재진·이정기의 인터넷 논객의 표현과 제한법리 연구(2010) 와 인터넷 포털의 '임시차단' 조치에 관한 연구(2012) 는 언론의 자유와 책임 구현 논리와 대안을 제시한 연구로 평가된다.

박종민·정영주·권구민(2018) 은 2009년 언론법 개정 관련 회의록을 내용분석해서 법 개정 과정에서 의사결정에 미치는 영향에 주목하였다. 그 결과, 개정안 찬반결정에 영향을 미치는 변수가 국회의원들의 연대성, 타협성, 당파성, 전문성, 권위성, 형식성임을 확인했고 조직 커뮤니케이션 특성인 당파적 집권화와 복잡성도 영향을 미친 것으로 나타났다. 법 제정에 영향을 미치는 정치적 맥락을 분석하는 기능을 한 연구의 예이다. 그 밖에 저작권과 개인정보보호, 잊혀질 권리라는 법 이슈에 관한 일반인들의 인식을 연구함으로써 법 제정에 간접적으로 영향을 미칠 수 있는 사회적 맥락을 분석한 연구들(김왕석·성동규·김민정·김광협, 2005; 김민성·김성태, 2014) 도 있다.

길모어 등(1981) 의 언론법제 연구 기능 중 법에 대한 명료한 해석 기능을 한 연구로, 임정수(2009) 는 1961년부터 2008년까지 역대 방송관련 법령에서 '다양'과 '선택'이라는 단어 사용의 빈도와 의미를 분석함으로써, 다양성과 선택성이 법령에서 실제로 다른 의미로 사용되고 있는지, 정치변화와 기술변화가 어떻게 이들 개념의 법률적 수용에 차별적으로 영향을 미치

---

4) 언론자유와 법적 규제 간의 갈등 해결방안 제시 기능을 한 연구로 장호순(1999; 2007) 과 김경호(2003; 2006) 의 연구 등이 있다.

는지를 파악했다. 분석결과, 법령에서 다양성은 정치변화와 선택성은 기술변화와 연관되어 있고, 다양은 공급자의 의무를 규정하는 반면 선택은 시청자를 행위 주체로 보고 있다는 흥미로운 결과를 발견하였다. 시대적 배경에 따른 관계 법령 조항에서 단어의 의미사용 변화를 분석함으로써, 법에서 사용된 용어에 대한 명료한 해석과 더불어 용어의 의미에 영향을 주는 요인까지 파악함으로써 법에 영향을 미치는 정치적, 사회적 맥락 분석 기능까지 함께 한 사례로 볼 수 있다.

법의 작동방식과 영향에 대한 이해를 제공한 연구로는 박기효·홍성완·신태범(2017)의 연구를 지적할 수 있다. 이 연구에서는 〈김영란법〉 시행 이후 법에 대한 기자들의 인식을 알아보고 법이 언론인의 윤리의식을 높이는 계기가 되었는지 설문조사를 했다. 조사 결과, 법의 타당성과 실효성이 낮다는 결과를 발견했다. 김영란법이 언론윤리 정립과 언론의 신뢰 회복에 효과가 있는지를 분석한 결과를 제시함으로써, 법의 영향에 대한 이해제공 기능뿐 아니라 법의 문제점에 대한 개선의 필요성을 제시해주는 기능까지 동시에 수행한 셈이다.

법의 문제점 개선과 개정안 제안을 목적으로 연구한 사례로, 유의선·조연하(2003)의 연구에서는 엄청난 매체기술 발달이 탄생시킨 가상 청소년이용 성표현물이 야기한 새로운 법적 이슈에 주목하였는데, 논의가 먼저 시작된 미국의 법적 분석을 토대로 '청소년의 성보호에 관한 법률'(현행 '아동·청소년의 성보호에 관한 법률')의 적정성을 검토하였다. 개선방안으로 실정법에서 정의하는 청소년이용 음란물 범주에 가상 청소년이용 성표현물을 포괄할 수 있는 법적 보완, 애매모호하고 광범위한 조항의 수정, 비영리적인 소지 및 배포행위에 대한 실정법 적용 등을 제안하였다. 또 최순희(2014)의 연구에서는 디지털 양방향 방송광고 이용자 보호를 위한 관련 법령의 특성을 분석한 결과, 이용자의 자기정보통제권 확보를 위한 보호규정과 개인정보 보호범위의 명확성 등에 문제점이 있는 것으로 나타났다. 연구자는 이용자 보호를 위한 법령상의 세부적인 규정과 법령체계 구축이 필요하다고 제안했다. 비록 구체적인 법 개선안을 제안하지는 않았지만, 법의 개선 방향을 제시하는 기능을 했다는 점에서 의미가 있다.

(2) 언론법제 연구에서의 이론 적용

1990년대 접어들어 언론소송이 급증하면서 언론자유와 인격권 간의 이익형량, 공적 인물과 공적 사안, 진실 오신의 상당성, 현실적 악의 등의 개념에 대한 이론적, 실무상 관심이 고조되었다(이승선, 2005). 그러나 최근 20년간 〈한국언론학보〉에 게재된 논문들을 보면, 이론에 근거한 연구가 많은 편은 아니었다. 보호동기이론, 계획된 행동이론, 의회조직이론, 홉스의 사회계약이론 등이 사용되었는데, 주로 사회과학적인 연구방법론을 사용한 연구에서 이론을 적용한 경향을 보였다. 언론법제 연구에서 이론에 근거한 논문이 적은 원인에 대해서는 좀더 심도 있는 검토와 논의가 필요하겠지만, 저작권법상의 공정이용 원칙, 명예훼손의 현실적 악의 원칙과 같이 실정법이나 판례법에서 사용된 원칙을 적용하거나 법리에 기초한 연구가 대부분이었기 때문으로 추정된다.

김민성·김성태(2014)는 개인정보 노출에 대한 불안감 확산과 함께 도입의 필요성이 논의되고 있으나, 아직 사회적 합의가 부족한 '잊혀질 권리'의 수용의도를 보호동기이론을 적용하여 분석하였다. 보호동기이론은 건강 관련 연구에서 적용, 검증된 이론으로, 위협 메시지에 의한 보호행동의 변화과정을 설명하기 위한 대표적인 이론이다. 연구 결과, 주민등록번호와 같은 전용 신원정보와 라이프스타일 정보 노출경험은 잊혀질 권리 수용의도에 부적인 영향을, 온라인 기록 정보와 나이, 이름, 생년월일과 같은 통용 인적 정보 노출경험은 정적인 영향을 주며, 개인정보 노출 피해의 심각성과 피해에 대한 취약성 인식이 높을수록 수용의도가 높아지는 것으로 나타났다. 아직 법적으로 도입되지 않은 개념의 수용의도를 사회과학적으로 분석함으로써 입법의 타당성이나 실효성을 판단할 수 있는 기초자료를 제공한 연구로 평가된다.

유의선(2000)은 전자책(e-book)의 저작권 보호 적정 정도를 체계적으로 모색하기 위해 경제학에서의 후생 효과를 이론적 근거로 사용하였다. 후생 효과는 저작물 보호 강도에 따라 저작자 이윤과 소비자 잉여 등의 차원에서 순후생(net welfare) 크기가 어떻게 변화하는가를 의미한다. 분석결과를 토대로 연구자는 장르, 시장 여건과 같이 전자책이 가지는 경제적 여건 및 현행 법규의 입법 취지를 고려해서 복합적으로 판단해야 한다는 결론을 내렸다. 또 송진·유의선(2008)의 연구에서도 IPTV 산업과 관련하여 망중립성 원칙이 어떤 기준으로 준용될 수 있는지 〈공정거래법〉상 경쟁제한성에 초점을 맞추어 분석하였다.

앞에서 살펴본 박종민·정영주·권구민의 연구(2018)에서는 국회와 같은 의회조직을 설명하는 의회조직이론으로 의사결정과정을 설명할 수 있는가를 분석했다. 그 결과, 여당은 정당이론적으로, 야당은 정보이론과 분배이론적 관점에서 상임위원회 활동을 하는 것으로 나타났다. 입법과정의 특징과 문제점에 대해 의사결정 행태분석과 조직 커뮤니케이션 관점에서 사회과학적인 이론과 방법론을 가지고 접근한 논문으로 평가된다. 5)

(3) 언론법제 연구의 연구방법론

앞에서 살펴보았듯이, 언론법제 연구의 정치적, 사회적 맥락분석 기능을 수행한 연구들은 대부분 사회과학적인 연구방법론을 사용하는데, 이런 역할은 주로 언론법을 연구하는 언론학자들의 몫이다. 이재진(2009)은 사회

---

5) 그 밖에 홉스의 여론과 언론자유에 대한 인식을 재평가한 조맹기(1999)의 연구에서는 홉스의 사회계약이론에 근거했으며, 명예훼손의 현실적 악의 원칙(이재진, 1999; 차용범, 2001; 손태규, 2005), 성표현물 규제에 사용되는 형법 이론(유의선·조연하, 2003; 조연하, 2005), 저작권법상의 공정이용 원칙(조연하, 2006; 2016) 등을 적용한 연구가 있다.

과학의 목표는 이론적 접근이며 이론화를 통해서 현상을 이해하는 정도와 설명력을 확장해나가는 반면, 법은 사안의 원인과 결과에 주목하고 명확성과 일반론을 원칙으로 한다는 점을 강조하면서, 언론법제 연구에서 사회과학적 접근 병행의 필요성을 강조하였다. 언론의 본질적 측면에 관한 연구와 논의를 통해 언론법 연구의 깊이와 의미를 더할 수 있다는 점에서 언론법제 연구에서 지향해야 할 점으로 판단된다.

언론법제 연구에 법경제학적으로 접근하는 대표적인 언론법학자인 유의선(2000)은 전자출판 저작물의 적정보호 수준 연구에서, 법조문에 대한 순수 해석학적인 접근이 가지는 한계를 보완하기 위해 경제학적 분석을 시도하였다. 특별히 경제적 속성을 가지는 전자책의 저작권 보호 적정 정도를 체계적으로 모색하기 위해 경제학자들이 자주 사용하는 접근방법인 저작권 보호 강도와 사회후생과의 연계분석 접근방법을 사용했다. 이 연구는 디지털 저작물의 저작권 보호 수준의 적정성에 대한 법적/경제적 차원의 평가를 동시에 시도한 연구로서, 언론법제 연구에서 법학과 경제학 연계작업의 필요성을 강조해준 연구로 평가된다. 또 사이버 공간상의 성표현물 연구(유의선, 1999)에서는 사이버공간의 성표현물을 일련의 커뮤니케이션 행위로 간주하고 커뮤니케이션 과정모델을 적용하여 성표현물 유형, 유해성 추정, 책임주체 등을 분석하였다. 이처럼 커뮤니케이션학 관점에서 경제학적 접근을 시도한 연구들은 현실사회와의 관계 속에서 법의 기능을 파악하지 못할 수 있는 순수 법해석학적 접근의 한계를 극복할 수 있다는 점에서, 연구방법론상으로 한 단계 발전을 이룬 것으로 평가된다.

국내 법학연구의 한계로 형식논리적 법해석학에의 안주, 인접학문과의 학제 간 교류 외면 등을 지적할 수 있는데, 이런 한계를 극복하기 위해서는 무엇보다 법과 사회의 관계를 집중적으로 검토하는 법사회학적 접근이 절실하다(최대권, 1999). 같은 맥락에서 앞으로의 언론법제 연구가 더 체계화되기 위해서는 테크놀로지나 경제학 등에 기초한 실증근거나 법적 논리들로 무장된 법해석학의 접목이 십분 필요하다(유의선, 2009). 언론법제 연구에서 그동안 지배적인 연구방법론은 법해석학적인 전통적인 연구방법이다. 이에 사회, 경제학적인 접근과 같은 사회과학적인 연구방법론의 병행이 필요하며, 더 나아가서 연구방법론의 다양화를 추구할 필요가 있다. 6)

4. 언론법제 연구의 성과 및 향후 과제

한국 언론학의 정체성에 대한 논란이 끊이지 않는 것은 언론학이 여러 인접학문의 전통을 수용하여 형성됐기 때문이다. 하지만 인접학문의 수용에 더해 변화무쌍한 언론 현실에 조응하려는 노력을 거듭했기 때문에 언론학이라는 새 학문이 탄생했고, 앞으로도 학문 다원성을 확장해나갈 가능성이 크다(안수찬·민혜영·장바울·박재영, 2015). 그러한 언론학과 인접학문인 법학의 이종교배로 탄생한 학문영역이 바로 언론법제 연구이다. 미디어가 일상생활의 중심에 있고, 디지털 환경에서 미디어 생산자와 이용자의 경계가 허물어지면서 누구든지 법적 문제를 경험하고 해결해야 한다는 점에서 미디어와 법에 대한 관심도가 높아지고 인식 또한 달라지고 있는 것은 사실이다. 최근에 논의되는 언론 관련 쟁점 중 어느 것 하나도 언론법제와 관련되지 않은 것이 없고 다양한 분야의 많은 전문가가 그런 논의에 참여하고 있는 점(이재진, 2009)을 보더라도 그렇다. 필자도 그런 변화를 교육의 현장에서, 또 일상생활에서 직·간접적으로 경험하고 있다.

언론법제는 언론과 관련된 법을 다루는 연구영역으로, 표현의 자유와 책임을 실천하기 위해 언론과 관련된 현상을 규율하는 법률과 제도, 체계

---

6) 철학적인 접근을 한 연구들도 소수 있었는데, 신분위장과 몰래 촬영과 같은 기자의 기만적 취재행위의 윤리적 문제(이창근, 1999), 존 밀턴의 언론자유 사상(문종대, 2004), 홉스의 여론과 언론 자유에 관한 인식(조맹기, 1999) 연구가 있다.

를 연구하고, 궁극적으로는 표현의 자유와 책임을 구현할 수 있는 논리를 제안하는 것이 언론법제 연구의 목적이다. 동향분석은 언론법제 연구의 과거를 통해 현재를 이해하고, 향후 방향을 가늠한다는 점에서 매우 유용한 작업이다.

법 연구가 본질상 추구하는 가치판단의 적정성을 가늠하는 인식론적 관점에서의 언론법제 연구 50년 고찰을 통해 법제연구의 내면적 추이를 이해할 수 있었고, 또 2000년대 언론법제 연구동향 분석이 본격적으로 시작되면서 완성된 틀을 통해 언론법제 연구의 외형적 변화를 인식할 수 있었다. 여기에는 언론법제 연구동향에 관한 학문적 관심사를 같이 했던 이승선 교수와 이재진 교수 그리고 유의선 교수의 공로가 크다고 본다.

최근 20년간 〈한국언론학보〉 게재 논문의 연구동향 분석결과와 기존의 논의를 토대로 언론법제 연구의 특징과 그 한계를 정리해본다. 먼저 언론법제 연구가 양적으로 증가추세를 보이기는 해도,[7] 여전히 전체 언론학 연구에서 언론법제 영역이 차지하는 비중은 절대적으로 적다. 이승선 (2018)은 법제연구가 소수의 언론학자로 제한되고 언론학 학술지 게재비율이 극히 낮은 점 등을 문제점으로 지적한 바 있다. 반갑게도 최근 언론법제를 연구하는 신진학자들이 늘어나는 추세여서, 언론법제 연구의 양적 증가는 물론이고 연구영역 및 연구방법론의 확대와 같은 질적 향상도 기대해본다.

둘째, 언론법제의 연구영역은 규제제도와 규제법으로 편중된 현상을 보인다. 이와 같은 연구영역의 편중 현상은 〈한국언론학보〉에 논문을 게재하는 연구자들이 언론학자뿐이라는 사실이 잘 설명해준다. 기존 연구에 의하면 언론학자들의 주 연구관심사는 미디어 정책이나 법, 제도인 반면, 법

---

7) 〈한국언론학보〉에서 게재된 법에 관한 논문이 1960~1979년 3편, 1980~1989년 2편이었다가 1990~2000에는 13편으로 증가하였다(최선열, 2001).

학자들의 주 연구영역은 인격권, 지식재산권, 표현의 자유 등으로, 전공 분야별로 연구영역의 차이를 보이기 때문이다. 또 선거와 미디어 혹은 선거와 표현의 자유를 다루는 연구를 통해 선거와 관련된 언론보도 기준, 면책 요건, 선거의 공정성 확보와 동시에 표현의 자유 영역 확대 지침을 이론적, 체계적으로 제공해 줄 필요가 있음에도 불구하고(이재진·이승선, 2008), 〈한국언론학보〉에서 언론보도와 선거법 영역에 관한 연구는 거의 없었다. 이와 같은 현상은 언론법제 영역의 외연 확장에 한계로 작용할 수 있다.

셋째, 동향분석 결과 판례 분석이 주류인 법해석학과 법사회학 연구방법론이 같은 비중으로 사용되고 있지만, 전반적으로 경험주의적이고 실증적인 연구방법론이 증가추세를 보인다. 언론법제 연구는 법에 대한 전문적·체계적인 지식을 요구한다는 점에서 법학자들이 연구를 주도하는 것은 불가피하지만, 법학뿐만 아니라 '언론학'적 지식과 접근방식이 필요한 분야이다. 따라서 언론법 현상에 대한 법해석학적인 접근과 사회과학적 분석과 평가가 수반될 때, 주류 법학적 관점과 비판 법학적 관점에 따라 연구가 진행될 때, 법학에 기반을 둔 연구자와 언론학적 기반을 갖춘 연구자들에 의해 연구될 때, 언론법 연구의 균형성과 다양성이 확보될 수 있다(이승선, 2005). 그런 점에서 사회과학적인 방법론 적용의 증가추세는 고무적인 성과라고 본다. 한편 차용범(2000)은 한국 언론학계가 명예훼손과 보도의 자유를 주요 쟁점으로 설정한 연구에서, 미국의 판례이론을 무분별하게 받아들이거나 개념상 뚜렷하지 않은 용어들을 자의적으로 해석하려는 이론 지향적 논의에 머물고 있음을 비판한 바 있다. 그러나 최근 명예훼손 관련 국내 판례 연구가 많아지면서 이러한 문제점은 어느 정도 해소될 것으로 보인다.

넷째, 언론법제 연구방법론의 다양화뿐 아니라 연구방법론 자체에 관한 연구가 이루어지지 않고 있다. 최선열(2001)은 커뮤니케이션학이 여러 분석수준을 넘나드는 변인 학문이기 때문에 언론학자들은 모든 연구방법론을 다 섭렵해야 하는데, 그러다 보니 높은 전문성을 갖기 어렵고 자연 언론학 연구방법론 수준은 심리학이나 사회학보다 떨어질 수밖에 없음을 강조하였다. 그럼에도 불구하고 언론학자들의 방법론 연구회가 활성화된 적은 없고, 학술대회에서도 방법론 세션이 매우 드물었다는 점을 문제점으로 지적하였다. 언론법제 연구에도 똑같이 적용될 수 있는 따끔한 지적이다. 같은 맥락에서 이재진·이승선(2008)도 언론법제 영역이 언론학과 법학 등의 다학제적 연구라는 점에서 볼 때 법해석학적인 연구 이외의 다양한 연구방법이 요구됨에도 불구하고 연구방법론을 다루는 연구는 거의 나타나지 않는 점을 비판했다.

다섯째, 언론학과 법학 분야에서 최근 언론법제 연구가 활발해지고 있지만, 상호 간 융합적인 연구 성과는 아직 많지 않은 실정이다. 이와 같은 학제 간 교류의 부족은 계속 반복하여 제기되는 문제로, 법학과 언론학의 경계가 여전히 높다는 점을 시사하며, 이는 언론법제 연구의 특성상 바람직하지 않은 현상이다.

마지막으로 언론법제 연구에서는 실정법이나 판례법에서 사용된 원칙을 적용한 연구가 많고 자체적인 이론 개발이나 이론에 근거한 연구가 빈약한 편이었다.

이상의 언론법제 연구의 특징과 한계에 기초해서, 언론법제 연구의 과제를 제안해 본다. 우선 언론법제 연구의 영역이 어디까지인지, 연구대상에 대한 명확한 용어정리와 영역 설정이 요구된다. 언론법제가 무엇을 연구해야 하는지가 명료해야 진정한 의미의 연구 방향성을 찾을 수 있기 때문이다. 또 비교적 많이 다루어지지 않은 저작권, 광고, 개인정보보호 및 프라이버시 침해, 선거보도 등으로 언론법제 연구의 지평을 넓혀가야 한다. 아울러 앞으로는 외국에 초점을 맞춘 연구나 국내외 비교연구도 늘어나야 할 것이며, 인공지능, 드론 등 새로운 기술 발전을 반영하여 뉴미디어 분야로 연구영역을 확장할 필요가 있다. 언론 취재보도에서 드론의 활용도가 높아지면서 발생 가능한 개인의 사생활 침해나 개인정보보호와 관련된 연구가 그와 같은 예이다. 그리고 표현의 자유를 위축하지 않는 범위에서 인터넷 혐오발언 문제를 효율적으로 해결하는 방안에 대해서도 법적 논의가 필요한데, 혐오발언의 속성을 고려하여 근본적인 해결책을 모색하기 위해 언론학, 법학, 사회학, 교육학 등 다양한 학문 분야 연구자들의 공동연구도 탐색적으로 시도해 볼 만하다.

둘째, 언론의 본질적 측면을 연구하고 언론법제 연구의 깊이와 의미를 더하기 위해, 법제연구에서 법해석학적인 접근과 사회과학적 접근의 병행을 지향해야 한다. 법해석학 연구방법론의 편중에서 탈피하여 연구방법론의 다양화를 도모할 뿐 아니라 판례 분석이나 법규범 연구가 가지는 한계를 극복할 수 있다. 연구방법론의 병행은 하나의 논문 내에서 가능하겠지만, 동일 법적 주제에 대해 다양한 접근방법을 사용한 여러 편의 논문을 작성하는 것도 시도해볼 만하다.

셋째, 언론법제 연구방법론에 관한 체계적인 연구가 요구되며, 이를 위해 학회에서 언론법제 연구방법론 연구회나 학술대회, 세미나를 활성화하는 방안이 모색되어야 한다. 이런 연구를 통해 최근 법제연구의 특징을 반영한 분석틀 개발도 이루어질 수 있을 것이다.

넷째, 언론학과 법학의 학제 간 교류를 위한 제도적인 장치가 마련되어야 한다. 이재진(2009)은 언론학계와 법학계 간 활발한 교류와 언론법 전공자들의 대학에서의 수용 정도가 향후 50년의 언론법제 연구와 교육의 발전 여부를 가늠할 것이라고 주장하였다. 또 한국언론학회의 언론법제윤리연구회 같은 각 학회의 법제연구회와 언론법학회가 학제 간 교류와 공동연구를 할 수 있는 논의의 장이 될 수도 있을 것이다.

다섯째, 언론법제 연구에 이론을 도입하거나 새로운 이론을 개발해야 한다. 유의선(2009)은 언론법제 연구의 가장 큰 영예는 길모어 등(1981)이

제시한 것처럼, 법원에서 언론법학자가 개발하거나 연구에서 적용한 이론을 도입하여 기존의 법 이슈에 대한 해석을 새롭게 하는 일이라고 강조하였다. 더 욕심을 부려, 언론법제 연구를 통해 개발된 이론과 제언을 토대로 한 입법개정까지도 기대해 본다.

참고문헌

강진숙(2010). 청소년미디어보호 자율규제제도에 대한 인식 연구. 〈한국언론학보〉 54권 5호, 372~396.

고흥석·박재영(2008). 온라인저작권 소송 사례 비교분석. 〈한국언론학보〉 52권 1호, 31~57.

권영성(1999). 자유언론과 책임언론을 위한 언론법제. 〈헌법논총〉 8집, 헌법재판소, 46~62.

기소진·이수영(2013). 프라이버시 염려와 자기효능감에 따른 SNS 이용자 유형에 관한 탐색적 연구. 〈한국언론학보〉 57권 1호, 81~110.

김경호(2003). 몰래카메라를 이용한 취재와 인격권의 침해에 관한 연구. 〈한국언론학보〉 47권 4호, 246~273.

_____(2006). 도청된 자료의 보도와 언론의 책임에 관한 연구. 〈한국언론학보〉 50권 1호, 5~30.

김민성·김성태(2014). 개인정보 노출이 잊혀질 권리 수용 의도에 미치는 영향에 관한 연구. 〈한국언론학보〉 58권 2호, 307~336.

김민정(2017). 미디어법의 연구동향. 〈한국방송학회 학술대회 논문집〉, 2017 봄철 정기학술대회, 방송이론의 변화 트랙 발제문, 2017. 4. 21.

김왕석·성동규·김민정·김광협(2005). 파일공유 서비스와 인터넷 음악 저작권의 인식에 대한 연구. 〈한국언론학보〉 49권 1호, 221~245.

류일상(1994). 언론법제연구의 성격과 방법. 〈언론중재〉 14권 1호.

_____(2000). 〈개정판 언론법제론〉. 박영사.

문재완·지성우·이승선·김민정·김기중·심석태·이인호·이재진·황성기·조연하·조소영·권형둔·이성엽·박아란·윤성옥(2017). 〈미디어와 법〉. 커뮤니케이선북스.

문종대(2004). 존 밀턴(John Milton)의 언론 자유 사상. 〈한국언론학보〉 48권 1호, 337~361.

박기효·홍성완·신태범(2017). '김영란법' 시행이 한국 언론윤리에 미친 영향에 대한 탐색적 연구. 〈한국언론학보〉 61권 5호, 165~203.

_____(2010). '김영란법' 시행이 한국 언론윤리에 비친 영향에 대한 탐색적 연구: 언론인의 법인식 및 법 시행 이후 보도원칙 준수변화를 중심으로. 〈한국언론학보〉 61권 5호, 165~203.

박아란(2016). 방송의 객관성에 대한 연구: 법률적 관점을 중심으로. 〈한국언론학보〉 60권 6호, 157~185.

박종민·정영주·권구민(2018). 미디어법 개정 과정에 나타난 18대 국회상임위원회의 의사결정에 영향을 미치는 커뮤니케이션 특성 연구. 〈한국언론학보〉 62권 4호, 44~81.

배정근(2009). 정보공개법을 통한 알권리 실현의 한계. 〈한국언론학보〉 53권 1호, 368~390.

성낙인(1994). 한국 언론법제의 특징과 문제점. 〈언론중재〉 14권 1호, 6~20.

_____(1998). 〈언론정보법〉. 나남.

손태규(2005). '현실적 악의 규정'에 대한 인식과 판단. 〈한국언론학보〉 49권 1호, 192~220.

송 진·유의선(2008). 공정경쟁 관점에서의 망중립성 분석. 〈한국언론학보〉 52권 3호. 440~461.

안수찬·민혜영·장바율·박재영(2015). 한국 저널리즘 연구의 메타 분석: 1990~2014년 국내 12개 언론 학술지 게재 논문을 중심으로. 〈한국언론학보〉 59권 6호, 246~280.

양승목(2009). 한국 언론학 연구 50년 개관. 〈한국언론학회 심포지움 및 세미나〉, 5~18.

양재규·이창현(2016). 범죄기사에 대한 언론인과 법조인의 인식 유형 및 그 특징에 대한 연구. 〈언론과 법〉 15권 3호, 251~287.

염규호(1998). 미국대학의 언론법 교육현황. 〈언론중재〉 18권 3호, 17~26.

우지숙(2003). 디지털 기술에 대한 저작권법 적용의 한계. 〈한국언론학보〉 47권 1호, 81~113.

유의선(1999). 사이버공간상의 성표현물에 대한 법적 소고: 커뮤니케이션 관점에서의 법적 해석을 중심으로. 〈한국언론학보〉 43권 5호, 187~220.

_____(2000). 전자출판 저작물의 적정보호 수준. 〈한국언론학보〉 44권 3호, 222~ 255.

_____(2009). 미디어 법제연구 50년. 한국언론학회 50년사 편찬위원회, 〈한국언론학회 50년사: 1959~2009〉, 791~824.

유의선·조연하(2003). 가상 청소년이용 성표현물(*virtual child pornography*)의 위법성 구성 및 조각에 대한 연구. 〈한국언론학보〉 47권 5호, 65~86.

윤성옥(2008). 사법 보도와 표현의 자유 범위에 관한 연구: 판검사가 제기한 언론사 상대 명예훼손 판결 분석을 중심으로. 〈한국언론학보〉 52권 5호, 420~444.

이승선(2005). 언론법제 연구의 현황과 특성. 〈커뮤니케이션 이론〉 1권 1호, 227~ 262.

_____(2014). 언론법제 연구의 최근 동향: 2011~2013년 학술논문을 중심으로. 〈언론과 법〉 13권 1호, 1~27.

_____(2017). 한국 공인 연구: 누가, 언제 '공인'에 대해 무엇을 연구했는가?. 〈언론과 법〉 16권 1호, 18~35.

_____(2018). '표현의 자유' 및 '인격권 보호'에 관한 최근 연구동향: 전문학술지 및 학위 논문 분석을 중심으로. 〈미디어와 인격권〉 4권 2호, 87~134.

이승선·이재진(2011). 언론법제 연구의 최근 동향분석. 〈언론과 법〉 10권 1호, 153~ 188.

이재진(1999). 명예훼손법상의 공인과 언론에 나타난 공인의 개념적 차이에 대한 연 구. 〈한국언론학보〉 43권 4호, 147~176.

_____(2002). 〈한국 언론윤리법제의 현실과 쟁점〉. 한양대 출판부.

_____(2007). 한국언론법제 교육의 현실과 쟁점. 〈언론중재〉 27권 4호, 4~20.

_____(2009). "미디어 법제연구 50년" 토론문. 한국 언론학 콜로키움. 서울배제학술연 구원.

_____(2018). 초창기 언론법제 연구와 장용 교수의 기여에 관한 고찰. 〈언론정보연구〉 55권 1호, 195~229.

이재진·박성순(2015). 언론법제 연구의 어제와 오늘: 〈언론중재〉지 30년의 분석을 중심으로. 〈커뮤니케이션 이론〉 11권 3호, 213~260.

이재진·이승선(2008). 언론법 연구의 최근 동향분석. 〈언론과 법〉 7권 1호, 105~ 133.

이재진·이정기(2010). 인터넷 논객의 표현과 제한법리에 관한 연구. 〈한국언론학 보〉 54권 5호, 59~85.

_____(2012). 인터넷 포털의 '임시차단' 조치에 관한 탐색적 연구. 〈한국언론학보〉 56

권 3호, 51~84.

이재호 · 변동식 · 김희경(2012). N스크린 환경에서 방송콘텐츠 저작권의 주요 쟁점에 관한 연구. 〈한국언론학보〉 56권 2호, 436~461.

이정기(2015). 언론인 해고 관련 판결의 특성과 판결에 나타난 법원의 '언론의 자유' 인식, 한계에 관한 탐색적 연구. 〈한국언론학보〉 59권 4호, 7~43.

이창근(1999). 기만적 취재행위의 윤리적 문제에 대하여: 기자의 신문위장과 몰래 촬영을 중심으로. 〈한국언론학보〉 44권 1호, 371~411.

임병국(2002). 〈언론법제와 보도〉. 나남.

임정수(2009). 역대 방송관련법령(1961~2008)에서 '다양'과 '선택'의 의미사용에 관한 연구. 〈한국언론학보〉 53권 6호, 66~86.

장호순(1999). 국가안보를 위협하는 이적표현의 범위: 유엔인권이사회, 헌법재판소, 대법원의 국가보안법 제 7조에 관한 판결. 〈한국언론학보〉 43권 4호, 177~232.

_____(2007). 언론의 자유와 신문기업 규제: 미국 연방대법원의 신문기업규제 관련 판례 연구. 〈한국언론학보〉 51권 3호, 35~63.

정인숙(2011). 방송사업자와 신탁관리단체 간의 저작권 갈등과 개선방향에 대한 연구. 〈한국언론학보〉 55권 2호, 381~404.

정진석(1994). 국내 언론법과 언론법제연구의 변천. 〈언론중재〉 14권 1호, 21~38.

조맹기(1999). 홉스의 여론과 언론자유에 대한 인식의 재평가. 〈한국언론학보〉 43권 3호, 301~333.

조연하(2005). 인터넷상의 가상 청소년이용 성표현물(*virtual child pornography*)의 침해법익에 관한 연구. 〈한국언론학보〉 49권 1호, 81~107.

_____(2006). PVR(*personal video recorder*)을 이용한 방송저작물 녹화의 법적 성격. 〈한국언론학보〉 50권 4호, 328~352.

_____(2016). 교육 목적의 저작물 이용의 공정이용 판단요소. 〈한국언론학보〉 60권 5호, 233~258.

차용범(2000). 언론법제 연구의 몇 가지 과제: 판례연구의 중요성을 중심으로. 〈언론학 연구〉 4집, 95~118.

_____(2001). 공인의 명예훼손에 대한 사법적 논의의 한계. 〈한국언론학보〉 45권 2호, 387~421.

천혜선 · 이현주 · 김기태(2016). 프라이버시 관련 요인이 페이스북 지속적 이용의향에 미치는 영향에 관한 확장모델 연구. 〈한국언론학보〉 60권 5호, 203~232.

최경진(2008). 사이버공간에서의 소통과 관련한 법학연구동향. 〈사이버커뮤니케이션학보〉 25권 1호, 351~386.

최대권(1995). 〈법사회학의 이론과 방법〉. 일신사.

최선열(2001). 〈한국언론학의 정체성 위기〉. 한국방송학회 세미나 및 보고서. 98~112.

최순희(2014). 디지털 양방향 방송광고 이용자 보호를 위한 현행 법령의 특성. 〈한국언론학보〉 58권 6호, 419~442.

팽원순(1988). 〈매스코뮤니케이션 법제이론〉. 법문사.

한국언론법학회 편집부(2002). 한국언론법학회 창립선언문. 〈언론과 법〉 창간호(1호), 410~411.

허만섭(2010). 언론중재제도의 '국가기관 반론권' 과보호 가능성에 관한 연구. 〈한국언론학보〉 54권 6호, 315~343.

Gillmor, D. M. & Dennis, E. E. (1981). Legal research in mass communication. In Stempel III, Guido H. & Westley, Bruce H. (eds.) *Research Methods in Mass Communication*, 320~341. Englewood Cliffs: Prentice-Hall.

Pasadeos, Y., Bunker, M. D. & Kim, K. S. (2006). Influences on the media law literature: A divergence of mass communication scholars and legal scholars?. *Communication Law and Policy* 11, 179~206.

Westley, Bruce H. and Stempel III, Guido H. (1981). The systematic study of mass communications. In Stempel III, Guido H. & Westley, Bruce H. (eds.) *Research Methods in Mass Communication*, 1~9. Englewood Cliffs: Prentice-Hall.

Zuckman, H. & Gaynes, M. (1993). *Mass Communications Law* (3rd ed.). West Pub. Co.

한국 공중관계(PR) 연구 지형도와 미래

차희원 | 이화여대 커뮤니케이션·미디어학부 교수

1. 서론

공중관계학은 학문적으로 그 역사가 그다지 길지 않지만 공중관계(PR) 용어 혼란이나 학문적 정체성에 대한 여러 가지 고민과 논의가 있어왔다. '홍보학연구 50년'을 저술한 이수범(2009)은 PR이란 글자 그대로 공중관계 (Public Relation)이며, 조직이 사회적 환경이 되는 공중과의 원활한 관계를 유지하고자 하는 제반 노력이라고 정의한 바 있다. 그는 한국에서 PR을 홍보로 보는 견해와 그렇지 않은 견해가 있는데, 홍보는 일방적으로 알리는 일방향 커뮤니케이션이고 PR은 공중과의 관계를 중시하는 양방향 커뮤니케이션이라고 제시하면서 PR이라는 용어를 사용하였다.

이후 십여 년의 시간이 흐르면서 이제는 PR과 홍보를 같다고 보거나 혼동하는 학자는 거의 없을 것이다. 지금은 PR과 홍보 용어에 대한 논쟁을 넘어서서 'Public Relation'이라는 용어 그대로 번역하여 '공중관계'라고 부르자는 주장도 생겨나고 있으며, 이에 대한 고민을 담은 〈공중관계 핸드북: Public Relations 바로보기〉라는 저서가 출간되기도 하였다(신호창 외,

2017). 이 책에서는 PR학을 공중관계학으로 규정하고 공중관계란 '조직과 공중이 상호 호혜적인 관계를 형성 및 유지하기 위하여 전략적인 커뮤니케이션을 통해 의미를 공유하는 과정'으로 정의하고 있다. 본고에서는 이 용어와 정의를 받아들여 PR을 공중관계로 명명하고 최근 십 년간의 공중관계학 연구경향에 대해 연구하고자 한다.

1984년 퍼거슨(Ferguson, 1984)이 공중관계학 분석을 통해 이론의 빈약함과 편중성을 비판하면서 PR 그 자체의 본질인 '관계성'에 주목해야 한다고 문제제기한 이래 공중관계학에 대한 고민과 논의가 이어져왔다(Sallot et al., 2003). 한국에서도 공중관계학 연구자들이 2000년대 초반부터 꾸준히 한국의 연구경향을 분석하거나 미국/한국 연구경향의 비교분석 등을 통해 문제점을 제기하고 개선안을 제시해왔다(이현우, 2003; 조정열, 2008; 이수범, 2009; 김수연 외, 2013). 이들의 연구결과에서는 2000년대 국내 공중관계학 연구들이 양적으로 팽창되었지만 PR이론 대부분이 미국에서 개발된 이론으로 독창성과 다양성이 부족하다는 문제가 지적되었다. 또한 자기성찰적 논문보다 캠페인 실행 논문이 두드러지고 마케팅이나 전략에 치중하는 등 조직의 수익이나 효과에 관심이 많은 기능주의적 논문이라는 점을 비판하였다. 이에 공중관계학에 대한 학문적 정체성을 구축하고 한국적 이론의 개발이 필요하다는 점을 개선안으로 제시하고 있다.

본고는 이러한 기존 연구에 기반하여 2010년대 한국의 공중관계학이 아직도 2000년대 연구에서 논의된 비슷한 문제점을 갖고 있는지, 또는 이러한 문제들을 극복하고 새로운 방향으로 변화되고 있는지 등을 확인하고자 2010년대(2010~2019년) 한국의 공중관계학 연구경향을 분석하고자 한다. 먼저 2010년대 연구 패러다임이나 주제, 이론, 학문적 관점 등 공중관계학 연구경향을 분석하고, 이들 특징을 2000년대 연구경향 결과와 비교해보고자 한다. 또한 2010년대 공중관계학의 학문적 지형도를 분석하고 이에 영향을 미친 사회환경과 미디어 환경, PR산업 및 학문세대 요인 등에 대해 논의할 것이며, 이를 바탕으로 미래의 공중관계학이 추구해야 할 방향에 대해 제안하고자 한다.

2. 공중관계학에 대한 국내외 연구경향과 특징

공중관계학 연구에 대한 기존의 논의들을 살펴보면, 국내외 학자들을 불문하고 공중관계학의 정체성이나 미래에 대한 비판과 논의가 이미 오래전부터 시작되고 있음을 보여준다. 1984년 퍼거슨(1984, 2018)은 PR학 연구경향을 분석하면서 PR이론 개발이 거의 없다는 문제를 제기하고 PR학의 본질인 '관계성'으로 패러다임을 전환해야 한다고 주장한 바 있다. 그녀는 피어리뷰 저널(PRR) 논문들을 분석한 후 향후 PR이론 개발과 관련, '관계성'과 '사회적 이슈관리', '사회적 책임과 윤리' 3가지에 초점을 맞출 필요가 있음을 주장하고 있다. 특히 관계성이란 조직이나 공중 자체에 초점을 맞추는 것이 아니라 양자의 관심사에 초점을 맞추는 것이라서 더욱 중요하다고 주장한 바 있다.

살롯 등(Sallot et al., 2003)은 퍼거슨의 연구를 반복, 확장하여 연구를 진행하면서 1984년의 연구결과와 변화에 대해 분석하였다. 그는 1984년 연구에서 PR학 이론개발 연구는 4%에 불과했지만 2003년 연구에서는 거의 20%로 괄목할 만한 성장을 이루었다고 주장했다. 이론개발에서 가장 우세했던 이론은 여전히 우수이론과 균형커뮤니케이션 이론, 상황이론 등이었지만, 퍼거슨이 주창한 관계성에 대한 이론도 지난 25년간 상당한 연구진전을 보였음을 밝혀냈다. 그밖에도 윤리와 사회적 책임, 위기대응, 비판문화주의, 페미니즘/다양성, 그리고 국제PR 이론도 최근 등장하고 있는 이론으로 나타나고 있는데, 이들 이론과 학제 간 연구는 PR학의 이론 발전에 보다 기여할 것으로 기대된다고 주장했다. 보탄과 테일러(Botan &

Taylor, 2004) 역시 PR이 학문적으로 그 역사가 아직 짧지만 지난 25년간 괄목할 만한 이론을 개발해왔다고 주장하였다. PR학문 분야는 커뮤니케이션과 매스커뮤니케이션의 여러 연구영역을 알리는 잠재성을 갖고 있으며, 헬스나 위험, 그리고 정치커뮤니케이션에 유용한 이론적 개념적 도구를 제공한 응용학문이라는 것이다.

2010년대부터 특정 주제에 대한 연구경향(위기연구나 소셜미디어 연구, PR효과평가, 공중관계성 이론 및 사회공헌 연구경향 등)을 분석한 연구들이 많이 등장하고 있다. 위기연구 결과들을 살펴보면, 연구들이 베노이트와 쿰즈의 두 가지 이론 중심으로 이루어졌으며, 실무자와 학자 간 간극이 크게 나타남에 대한 문제를 제기하거나(Kim, Avery & Lariscy, 2009), 위기커뮤니케이션 연구 중 특정 분야와의 융합현상이 많이 일어났음을 제시한 연구(Ha & Riffe, 2015)가 있었다. 소셜미디어나 온라인 연구경향에서는 소셜미디어의 대화커뮤니케이션에 대한 연구(Sommerfeldt & Yang, 2018)나, 소셜미디어 관련 기사를 분석하여 소셜미디어 이용자와 이용에 대한 기사가 증가하고 있음을 발견한 연구(Khang, Ki & Ye, 2012), 그리고 인터넷상의 이슈나 위기관리, 이미지 연구와 전략 연구가 증가함을 지적한 연구(Ye & Ki, 2012) 등이 있었다. 그밖에 조직-공중 관계성 연구경향에 대한 군집분석 연구(Huang & Zhang, 2013)와 사회공헌활동 연구경향 분석(Lee, 2017), PR효과평가 연구경향 분석(Volk, 2016) 등의 연구가 있었다.

외국의 PR학 연구경향을 살펴보면, 1980년대에는 PR학의 정체성에 대한 고민과 함께 PR이론이 다양하지 않음을 비판하는 논의가 많았지만, 2000년대 이후에는 다양한 주제별 연구경향에 대한 연구가 많아지면서 공중관계학의 확장성과 다양성을 보여준다. 이들 연구자들은 공통적으로 PR학의 학제 간 연구가 증가하여 거의 모든 학문영역으로 PR연구가 확장될 것이라는 기대감을 나타내고 있다.

한국에서도 2000년대부터 한국 공중관계학에 대한 학문적 정체성 고민이 커지고 있음을 보여준다. 이현우(2003)는 PR학 연구에서 자기성찰 논문보다 캠페인 실행 논문이 훨씬 더 많은 것으로 나타나 조직의 수익이나 효과에 더 많은 관심을 갖는 것으로 나타난다고 지적하였다. 또한 PR이론의 개발은 16% 정도로 미국보다 약간 적은 정도이지만 이론의 다양성이 부족하고 새롭게 개발된 이론들을 별로 반영하지 못하고 있으며, 미국에서 개발된 이론을 빌려올 뿐 한국만의 독창적 이론 개발은 미흡하다고 비판하였다.

1990년대와 2000년대 공중관계학 논문들을 분석한 몇몇 학자들은(이수범, 2009; 권영순·이수범, 2007)은 논문의 양적 팽창은 물론 다양한 연구이론과 주제영역이 확장되고 있음을 발견하였다고 평가하였다. 하지만 대부분의 이론은 미국학자가 연구한 이론에 기반하고 있음을 지적하며, 공중관계학의 학문적 정체성 확립과 한국적 이론의 개발 필요성을 역설하였다. 조정열(2008)은 1997년부터 십 년간 한국 PR 연구경향을 분석한 결과, 정체성의 혼란과 미국의존형 지식생산구조, 이론의 편향성, 트렌드지향적 연구주제, 기능주의적 접근 등을 문제로 지적한 바 있다. 또한 한국과 미국의 PR연구경향을 비교분석한 연구(김수연 외, 2013)에서는 한국의 PR학이 미국 PR학과 달리 마케팅이나 전략에 치중하는 경향이 있다는 특성과 한계점을 제시하면서 개선방안을 모색하고 있다.

2010년대에는 한국 공중관계학의 정체성과 독창성을 모색하고자 하는 시도가 전례 없이 많아지고 있다. 〈홍보학연구〉 저널은 기획특집을 통해 PR이론과 방법론에 대한 십여 편의 논문들을 학술지에 게재하였으며, 한국의 공중관계 이론과 방법론 연구의 동향과 문제점, 개선안 등에 대해 논의하였다. 2010년대 저서들을 살펴보면, 신인섭 등(2010)은 한국 PR의 역사를 1392년부터 2010년까지 5기로 구분하여 제시하고 있으며 PR학계와 산업의 특성을 구체적으로 분석하였다. 김병희 외(2016)는 〈한국의 PR연구 20년〉을 통해 한국 PR연구, 한국 PR학계, 한국 PR산업 등의 20년 역사와 특성 등을 분석하고 미래 전망을 제시하였다.

PR을 공중관계로 정의하고 〈공중관계 핸드북〉을 통해 PR학의 정체성을 규명하고 변화하려는 시도도 있었다(신호창 외, 2017). 이 책에서는 공중관계란 '조직과 공중이 상호 호혜적인 관계를 형성 및 유지하기 위하여 전략적인 커뮤니케이션을 통해 의미를 공유하는 과정'으로 정의하면서, 공중관계의 토대 개념을 10가지(공중, 관계성, 쌍방향 균형, 홍보, 퍼블리시티, 공중관계, 커뮤니케이션, 이슈, 옹호, 조직, 전략)로 선정하였다. 또한, 〈디지털사회와 PR윤리〉가 발간되어(김영욱 외, 2018) 디지털 미디어 시대 PR 커뮤니케이션의 다양한 윤리적 딜레마에 대해 고민하고 해결방안을 다루면서 PR의 정체성과 윤리에 대한 새로운 성찰 필요성을 제기하고 있다. 그밖에도 위험커뮤니케이션이나 위기커뮤니케이션에 대한 저서가 급속도로 증가하고 있으며, 소셜미디어PR과 이미지/명성관리PR에 대한 저서도 다수 등장하면서 한국 공중관계학의 정체성에 대한 고민과 함께 새로운 연구주제영역이 확대되고 있음을 볼 수 있다.

2010년대 공중관계학에 대한 국내외 연구동향을 보면, 공중관계학의 학문적 정체성과 독창적 이론 개발, 이론의 다양성이나 학제 간 연구에 대한 잠재가능성 논의, 그리고 한국형 공중관계에 대한 고민 등이 많아지고 있음을 보여준다. 하지만 보다 포괄적이고 객관적인 분석을 통한 공중관계학 연구가 필요하며 이에 근거하여 한국 공중관계학의 학문적 지형도를 확인할 필요가 있다. 따라서 본고에서는 2010년대 공중관계학 연구경향에 대한 양적, 질적 분석을 통해 다음과 같은 연구문제를 탐구하고자 한다.

첫째, 2010년대 한국 공중관계학 연구경향은 어떠한가? 한국 공중관계학 패러다임과 연구주제, 이론, 그리고 학문적 관점의 특성은 무엇인가?

둘째, 2010년대 한국 공중관계학은 1990년대/2000년대 연구경향과 비교할 때 어떤 변화와 차이를 보였는가?

셋째, 2010년대 한국 공중관계학의 학문적 지형은 어떠하며, 이에 영향
을 미친 학문과 산업 변화, 미디어 및 사회환경 요인은 무엇인가?

넷째, 미래 한국 공중관계학 연구가 추구해야 할 방향은 무엇인가?

3. 2010년대 한국 공중관계학 연구 분석결과

1) 2010년대 한국 공중관계학: 양적 분석

(1) 분석대상 및 분석유목

본고의 분석대상 및 분석기간은 〈한국언론학보〉와 〈홍보학연구〉두 개 저
널의 2010년대(2010~2019년) 논문이다. 〈한국언론학보〉는 대표적인 언론
학 분야의 저널로서 가장 오랜 기간 공중관계학 연구논문을 게재해왔고,
〈한국언론학 50년사〉에서 2010년 이전까지의 공중관계학 논문을 분석하
여 본고와의 비교가 용이하다는 점에서 분석저널로 선정하였다. 〈한국언
론학보〉는 공중관계 관련 논문을 저자(PR전공), 주제어나 키워드 등을 통
해 일일이 확인하여 분석대상으로 하였다. 〈홍보학연구〉는 1997년 창간
호부터 지속적으로 공중관계 관련 논문을 수록해왔기 때문에(이수범,
2009) 모든 논문을 대상으로 분석하였다.

구체적인 분석유목과 내용은 〈표 10-1〉과 같다. 연구방법과 주제유목
은 비교를 위해서 이수범(2009)의 논문에서 제시된 유목을 참고하였으며,
주제유목의 경우 새로운 주제가 다수 등장하였기에 현재의 특성을 반영하
도록 재구성하였다. 패러다임은 기능주의, 비판주의, 수사학 세 가지로
구성했는데, 기능주의란 조직 목표를 달성하기 위해서 PR활동을 수행하
기 때문에 연구문제나 결과의 함의점이 조직 목표를 달성하거나 조직 문제

를 해결하는 데 초점을 맞춘 논문들이 이에 해당된다. 비판주의란 이러한 조직 중심의 기능주의에 대한 비판을 의미하며, PR활동이 기존의 지배권력의 유지와 강화를 위해 도구로 활용된다고 보는 관점이므로 권력집단의 PR 비판이나 젠더 구조 등을 연구한 논문이 해당된다. 수사학은 사회구성원들 간 의미공유를 통해서 문제에 대한 합의를 도출해가는 것에 관심이 있는데(신호창 외, 2017), PR활동은 논쟁을 통한 자유로운 의견교환과 합의과정에 초점을 맞추고 담론 분석 등을 연구방법으로 삼고 있다. 본고는 이러한 기준에 따라 패러다임에 대한 유목화를 시도하였다. 그밖에 연구에 제시된 이론들도 유목으로 포함하여 분석하였으나 너무나 수가 많고 다양하여 질적 분석에서 다루었다.

<표 10-1> 분석유목과 내용

분석유목		내 용
연구현황		게재연도, 게재 학술지, 저자
연구방법	정량적 연구방법	① 실험연구 ② 서베이 ③ 내용분석
	정성적 연구방법	④ 심층인터뷰 ⑤ 사례연구 ⑥ 문헌연구 ⑦ 2차자료 ⑧ Q방법론 ⑨ 네트워크 분석 ⑩ 담론 분석 ⑪ 델파이조사
	혼합적 연구방법	⑫ 심층인터뷰/서베이 ⑬ 심층인터뷰/내용분석 ⑭ 기타 혼합방법
패러다임		① 기능주의 ② 비판주의 ③ 수사학
연구 대주제		① PR이론/실무자 ② 위기/위험/갈등관리 ③ 헬스 커뮤니케이션/캠페인 ④ 명성/이미지 ⑤ 커뮤니케이션 특성 ⑥ 기타
연구 소주제	PR이론/실무자	① PR이론 ② PR실무자/윤리 ③ 관계성 ④ PR학계 연구경향 ⑤ PR효과평가
	위기/위험/갈등관리	① 위기커뮤니케이션 ② 위험커뮤니케이션 ③ 갈등/쟁점관리
	헬스 커뮤니케이션/캠페인	① 헬스 커뮤니케이션 ② 설득커뮤니케이션/캠페인 ③ 마케팅커뮤니케이션
	명성/이미지	① 기업 ② 정부/공공기관 ③ 국가 ④ CEO/정치인
	커뮤니케이션 특성/수준	① 대인 커뮤니케이션 ② 조직커뮤니케이션 ③ 매스커뮤니케이션 ④ 소셜미디어, 인터넷
	기타	① 소통 ② 사회공헌 ③ 공공외교

내용분석을 위해 커뮤니케이션·미디어 전공 대학원생 2명이 논문 코딩에 참여하였다. 주요 항목에 대한 코더 간 신뢰도를 확인하기 위해 코헨(Cohen, 1960)의 카파값을 산출한 결과, '연구방법'에 대해서는 .850, '소주제'에 대해서는 .744, '주요 이론'에 대해서는 .742로 나타났다. 란디스와 코치(Landis & Koch, 1977)에 따르면 .61에서 .80까지의 값은 상당한 일치(*substantial agreement*)이며, .80이상의 값은 거의 완벽한 일치(*almost perfect agreement*)로 각 주요 항목에 대한 값은 양호하다고 할 수 있다.

(2) 연구결과

2010년대 논문을 연도별로 살펴보면, 〈한국언론학보〉는 거의 매년 10~15편 내외의 논문을 수록하고 있는 반면, 〈홍보학연구〉는 2010년 증간 이후 매년 20~30편의 논문을 게재하고 있다. 특히 2013~2015년은 다른 기간에 비해 확연히 높은 게재 편수를 보이는데 이는 저널의 증간과 더불어 PR이론과 방법론에 대한 특집기획 논문이 다수 게재된 영향으로 보인다. 이러한 특집기획 논문의 게재는 이후 공중관계학의 정체성 고민과 공중관계학 이론과 방법론 논의 등 학문적 연구경향에 대한 고민과 비판 연구가 커지는 기회로도 작용하였다.

〈한국언론학보〉와 〈홍보학연구〉를 중심으로 2000년대(이수범, 2009)와 비교해보면1) 〈한국언론학보〉는 4배 이상, 〈홍보학연구〉는 2배 이상의 양적 팽창을 보이고 있으며, 편수로는 200여 편 이상의 증가를 보였다.

연구방법을 살펴보면 정량적 연구방법이 압도적으로 많았으며, 그중에서도 서베이가 43.9%로 가장 많았다. 다음으로 실험연구가 28%로 높은

---

1) 〈한국언론학보〉와 〈홍보학연구〉의 연대별 PR논문 편수는 다음과 같다.
    1990년대와 그 이전: 〈한국언론학보〉 8편, 〈홍보학연구〉 28편.
    2000년대(2000~2008): 〈한국언론학보〉 28편, 〈홍보학연구〉 119편.
    2010년대(2010~2019): 〈한국언론학보〉 138편, 〈홍보학연구〉 265편.

〈표 10-2〉 연도별 저널의 게재 논문 편수

단위: 빈도(%)

게재연도 \ 저널	〈한국언론학보〉	〈홍보학연구〉	합계
2010~2012년	46(33.3)	73(27.5)	119(29.5)
2013~2015년	49(35.5)	108(40.8)	157(39.0)
2016~2019년	43(31.2)	84(31.7)	127(31.5)
합계	138(100.0)	265(100.0)	403(100.0)

비중을 보였으며, 내용분석도 13.9%로 나타났다. 정성적 연구방법은 11.2%로 나타났으며, 두 가지 이상의 방법론을 활용하는 경우도 3%로 나타났다. 정성적 연구방법은 심층인터뷰와 문헌연구 방법이 위주였고, 사례연구나 2차자료 분석 이외에 Q방법론, 네트워크 분석, 담론 분석, 델파이조사 등 다양한 방법론이 등장하고 있다. 저널별 큰 차이는 없지만, 〈한국언론학보〉가 〈홍보학연구〉보다 실험연구와 서베이 비중이 약간 높은 반면, 〈홍보학연구〉는 내용분석이나 심층인터뷰 비중이 약간 더 높은 것으로 나타났다.

2000년대 연구와 비교해볼 때[2] 정량적 연구방법의 비중은 67%에서 86%로 상당히 높아졌으며, 설문조사 비중은 비슷한 반면 실험연구의 비중은 4배 정도 상승했고 내용분석 방법은 다소 줄어들었다. 정성적 연구방법 비중은 33%에서 11%로 많이 줄어들었으며, 그중 사례연구와 심층인터뷰 비중은 많이 줄어든 반면, 다양한 정성적 연구방법(네트워크 분석, 담론 분석 등)이 등장하였고 혼합적(정성 + 정량 분석) 방법도 사용되었다.

연구 패러다임을 살펴보면, 조직 중심의 기능주의가 가장 많은 비율을 차지했으며 비기능주의 패러다임인 비판주의나 수사학은 상대적으로 적은

---

2) 2000년대 이전 연구방법에서는 정량적 방법이 67.1%로 설문조사가 43.1%, 내용분석 16%, 실험연구 7.9%로 나타났고, 정성적 방법은 33%로 문헌연구가 15.8%, 사례연구 11%, 심층인터뷰 6.2%로 나타남.

〈표 10-3〉 저널별 연구방법

단위: 빈도(%)

연구방법	저널	〈한국언론학보〉	〈홍보학연구〉	합계
정량적 방법	실험연구	41(29.7)	72(27.2)	113(28.0)
	서베이	64(46.4)	113(42.6)	177(43.9)
	내용분석	16(11.6)	40(15.1)	56(13.9)
	소계	121(87.7)	225(84.9)	346(85.9)
정성적 방법	심층인터뷰	3(2.2)	11(4.2)	14(3.5)
	사례연구	1(0.7)	4(1.5)	5(1.2)
	문헌연구	3(2.2)	7(2.6)	10(2.5)
	2차자료	4(2.9)	1(0.4)	5(1.2)
	Q방법론	0(0.0)	2(0.8)	2(0.5)
	네트워크 분석	1(0.7)	3(1.1)	4(1.0)
	비판적 담론 분석	1(0.7)	2(0.8)	3(0.7)
	델파이조사	1(0.7)	1(0.4)	2(0.5)
	소계	14(10.1)	31(11.7)	45(11.2)
혼합적 방법	심층인터뷰 + 서베이	2(1.4)	5(1.9)	7(1.7)
	인터뷰 + 내용분석	1(0.7)	3(1.1)	4(1.0)
	혼합분석	0(0.0)	1(0.4)	1(0.2)
	소계	3(2.2)	9(3.4)	12(3.0)
총계		138(100.0)	265(100.0)	403(100.0)

〈표 10-4〉 저널별 연구 패러다임

단위: 빈도(%)

패러다임	저널 〈한국언론학보〉	〈홍보학연구〉	합계
기능주의	133(96.4)	249(94.0)	382(94.8)
비판주의	0(0.0)	3(1.1)	3(0.7)
수사학	5(3.6)	13(4.9)	18(4.5)
합계	138(100.0)	265(100.0)	403(100.0)

비중을 차지하고 있다. 특히 비판주의나 수사학은 〈한국언론학보〉(3.6%) 보다 〈홍보학연구〉(6%)에서 더 많이 나타나 공중관계학의 정체성이나 패러다임에 대한 비판적 성찰이 더 많았음을 보여준다.

주제 영역에서 2010년대 연구의 주요 특성 가운데 하나는 대부분의 논문들이 한 가지 주제 분야만 연구한 것이 아니라 2가지의 주제 영역을 함께 연구하는 경향이 두드러졌다는 점이다(주제 중복응답 전체논문 편수 대비 1.7배). 예를 들면, 명성/이미지 연구와 위기/갈등 연구 중복 경향이 많은데, 정부명성/이미지와 갈등관리 및 소통 주제가 중첩되고 관계성이나 위기커뮤니케이션 연구에서 매체 주제나 기업명성/이미지 주제가 중첩되는 등 중복된 주제가 많다는 것이다.

대주제 영역에서는 커뮤니케이션 특성에 대한 연구가 21.7%로 가장 많았고, 헬스 커뮤니케이션/캠페인/설득커뮤니케이션 주제(20.6%)와 명성/이미지 주제(20.5%)가 많은 편이었다. PR이론(연구) 주제는 17%, 위기/위험/갈등 주제 연구는 13.7%를 차지하였다. 소주제 영역에서는 헬스커뮤니케이션이 10.6%, 기업명성/이미지가 10%, 뉴미디어/소셜미디어가 9.7%로 가장 높았고, 정부명성/이미지, 위기커뮤니케이션, 캠페인, PR이론연구, 매스커뮤니케이션 등의 주제도 5~7% 비중을 차지하였다. 그밖에 관계성 이론, 위험커뮤니케이션, 사회공헌, 조직커뮤니케이션, 갈등/쟁점관리 주제도 3~4% 내외 비중을 보였다.

저널별로 보면, 〈한국언론학보〉는 헬스 커뮤니케이션이나 매스커뮤니케이션, 위기커뮤니케이션의 비중이 좀더 높은 반면, 〈홍보학연구〉는 PR이론 연구주제가 2배 가까이 높게 나타나고 있으며, 'PR이론 개발'이나 '관계성 이론', '학계 연구경향' 주제 연구가 높게 나타난다. 또한 기업명성/이미지, 뉴미디어, 사회공헌 주제 영역의 연구가 〈한국언론학보〉보다 약간 더 높게 나타난다. 이는 〈홍보학연구〉라는 저널의 특성상 공중관계학의 정체성을 고민하는 연구가 늘어났으며 기획특집 논문을 통해 공중관계학

〈표 10-5〉 저널별 주제 영역

중복응답, 빈도(%)

대주제 및 소주제	저널	〈한국언론학보〉	〈홍보학연구〉	합계
PR이론/PR실무자	PR이론 연구	7(2.9)	27(6.2)	34(5.0)
	PR실무자, PR윤리	6(2.5)	10(2.3)	16(2.4)
	조직-공중 관계성	4(1.6)	28(6.5)	32(4.7)
	PR효과평가	7(2.9)	12(2.8)	19(2.8)
	PR학계 연구경향	1(0.4)	13(3.0)	14(2.1)
	소계	25(10.2)	90(20.7)	115(17.0)
위기/위험/갈등관리	위기커뮤니케이션	19(7.8)	24(5.5)	43(6.3)
	위험커뮤니케이션	12(4.9)	15(3.5)	27(4.0)
	갈등/쟁점관리	12(4.9)	11(2.5)	23(3.4)
	소계	43(17.6)	50(11.5)	93(13.7)
명성/이미지	기업명성/이미지	21(8.6)	47(10.8)	68(10.0)
	정부/공공기관 명성/이미지	17(7.0)	34(7.8)	51(7.5)
	국가명성/이미지/브랜드	8(3.3)	7(1.6)	15(2.2)
	CEO/정치인 이미지	1(0.4)	4(0.9)	5(0.7)
	소계	47(19.3)	92(21.2)	139(20.5)
헬스 커뮤니케이션/캠페인	헬스 커뮤니케이션	35(14.3)	37(8.5)	72(10.6)
	설득커뮤니케이션/캠페인	17(7.0)	23(5.3)	40(5.9)
	마케팅커뮤니케이션	7(2.9)	21(4.8)	28(4.1)
	소계	59(24.2)	81(18.7)	140(20.6)
커뮤니케이션 특성	대인커뮤니케이션	8(3.3)	5(1.2)	13(1.9)
	조직커뮤니케이션	9(3.7)	18(4.1)	27(4.0)
	매스커뮤니케이션	21(8.6)	20(4.6)	41(6.0)
	뉴미디어/소셜미디어	21(8.6)	45(10.4)	66(9.7)
	소계	59(24.2)	88(20.3)	147(21.7)
기타	소통	1(0.4)	7(1.6)	8(1.2)
	사회공헌(CSR)	7(2.9)	22(5.1)	29(4.3)
	공공외교	3(1.2)	4(0.9)	7(1.0)
	소계	11(4.5)	33(7.6)	44(6.5)
총계		244(100.0)	434(100.0)	678(100.0)

연구경향에 대한 논문도 증가한 것으로 여겨진다.

2000년대 연구경향과 비교해보면,[3] 당시 나타나지 않았던 주제들이 2010년대에 급상승하는데 헬스 커뮤니케이션(72편, 10.6%), 사회공헌(29편, 4.3%), 위험커뮤니케이션(27편, 4%), 갈등/쟁점관리(23편, 3.4%) 등이 그것이다. 건강이슈에 대한 사회적 관심, 반기업정서의 증대, 방사능 위험이나 미세먼지 등 여러 가지 사회적 문제가 불거지면서 이에 대한 문제해결을 학문적으로 풀어나가려는 경향이 커진 것으로 보인다. 2000년대 연구경향에서도 PR캠페인 실행연구 등 기업이나 공공기관 등 조직이 당면한 문제 상황을 학문적으로 적용하려는 실행연구가 많았지만, 2010년대에는 위기나 위험, 갈등과 건강 등 사회적 문제에 보다 관심을 기울이고 사회적 차원의 문제해결과 함께 사회적 가치를 추구하는 경향이 연구논문에 반영된 것으로 보인다.

2010년대 PR이론 연구들은 편수는 늘었지만 전체 비중은 줄어든 것으로 보이며, 특히 PR실무자/윤리 주제 비중이 줄어든 것으로 나타났다. 2000년대 연구와 주제 분류 항목에 차이가 있어서 정확한 비교는 어렵지만 십년 전보다 논문 편수는 다소 늘었지만 비중은 오히려 줄어드는 현상을 보였다. 마케팅PR이나 국제PR, 정치PR 주제 연구는 상당히 줄어들었으며, 위기커뮤니케이션 주제와 뉴미디어/소셜미디어 주제는 크게 증가한 것으로 나타났다. 이러한 현상은 기업이나 공기관 등 조직 위기가 많아지고 소셜미디어가 국민참여를 활성화시킨 중요한 요인이 되는 등 사회환경 및 미디어 환경의 변화와 연관된 것으로 풀이된다.

---

[3] 2000년대 연구주제: PR실무/윤리 31편(9%), PR연구/교육 33(9.5%), 공중관계성 25(7.2%), 기업PR 68(19.6%), 정부PR 38(11%), 국제PR 22(6.4%), 정치PR 16(4.6%), 마케팅PR 25(7.2%), PR캠페인 16(4.6%), 언론관계 14(4%), 위기관리 14(4%), 대학PR 10(2.9%), 지역관계 10(2.9%), 인터넷PR 8(2.3%) 등으로 나타남.

2) 2010년대 한국 공중관계학: 질적 분석

질적 분석에서는 대주제 영역의 연구들을 중심으로 주요 이론 및 학문분야의 관점과 특성 등을 살펴보고 2010년대 한국 공중관계학 연구의 학문적 특성을 정리해보고자 한다.

(1) 2010년대 한국 공중관계학 연구의 주요 이론과 학문적 관점

① PR이론/실무자 주제 연구

PR이론과 관련된 주제를 다룬 연구들이 〈한국언론학보〉에서는 그리 많지 않지만 〈홍보학연구〉에서는 공중관계학의 정체성과 관련하여 PR이론 자체에 초점을 맞추거나 이론의 확장, 또는 새로운 모델을 개발하려는 연구들이 다수 등장한다.

2010년대 공중관계이론 연구주제인 PR이론이나 PR실무자, 효과평가 연구에서 가장 많은 주목을 받은 이론은 '관계성 이론'이다. 공중과의 장기적인 상호호혜 관계 구축을 목표로 하는 조직-공중 관계성 이론(김효숙·양성운, 2014)을 중심으로, 기업이나 정부, 대학, 지방자치단체, 국가 등 다양한 조직에서의 관계성이 직원, 소비자, 지역주민, 외국인 등의 명성/이미지와 조직만족/태도 등에 어떤 영향을 미치는지 적용하였다. 또한 위기나 쟁점, 갈등 등 다양한 상황에서 관계성을 독립/매개/종속변수로 활용한 연구들이 많았으며, 소셜미디어에 초점을 맞춰 SNS의 특성이나 사회적 실재감, 공감성, 상호작용성 같은 요인이 관계성에 어떤 영향을 미치는지 연구하였다. 최근에는 '한국형 조직-공중 관계성'(최지현·조삼섭, 2017)이나 '부정적 관계성'에 대한 논의(권지현·김수연, 2018)도 시작되면서 관계성 연구의 새로운 측면에 주목하고 있음을 보여준다.

다음으로 공중의 특성을 분류하는 '상황이론'이 많이 등장하고 있으며 이 이론은 소셜미디어의 공중과 연계하여 소셜공중 세분화나 공중의 커뮤니

<표 10-6> 소주제별 적용 이론

주제	저널	〈한국언론학보〉	〈홍보학연구〉
PR 이론/ 연구	PR이론/ 연구	위기커뮤니케이션이론(2), 공중/문제해결 상황이론(2)	위기커뮤니케이션이론(3), 위험인식모델(3), 공중/문제해결 상황이론(3), 우수이론(3), 관계성이론(2), 계획된/합리적 행동이론(2)
	PR 실무자	개인/조직윤리(4), 직업/조직만족/조직몰입(3), 직무이직(2)	직업/조직만족/조직몰입(3), 개인/조직윤리(2)
	관계성	기타(1): 관계성이론, 공중/문제해결 상황이론 등	관계성이론(18), 진정성(4), 감정관리(2), 커뮤니케이션스타일(2)
	PR학 연구경향		관계성이론(2), 위기커뮤니케이션이론(2), 진정성(2)
	효과 평가	공중/문제해결 상황이론(3)	관계성이론(3), 기업명성/브랜드/이미지(2)
위기/ 갈등	위기 위험	위기커뮤니케이션이론(15), 위험인식모델(6), 정당성이론(2), 프레이밍이론(2), 휴리스틱-체계이론(2), 관계성이론(2)	위기커뮤니케이션이론(23), 위험인식모델(11), 프레이밍이론(3), 기업명성/브랜드/이미지(3)
	갈등 쟁점	프레이밍이론(3), 갈등협상이론(3), 위기커뮤니케이션이론(3)	메시지-소구(2), 대리이론(2)
명성/ 이미지		기업명성/브랜드/이미지(16), 위기커뮤니케이션이론(9), 진정성(6), 관계성이론(5), 프레이밍이론(4), 공공(정부)소통(3), 커뮤니케이션스타일(3), 상황이론(2), 해석수준이론(2)	기업명성/브랜드/이미지(27), 관계성이론(12), 진정성(11), 위기커뮤니케이션이론(7), 소통(7), 조직커뮤니케이션이론(3). 메시지-소구(3), 프레이밍이론(3), 커뮤니케이션스타일(3), 이슈정당성(3), IMC이론(2), 상황이론(2), 이용과 충족이론(2)
헬스컴/ 캠페인	헬스 커뮤니케 이션	계획된/합리적행동이론(7), 행동/태도이론(5), 위기커뮤니케이션이론(5), 건강신념모델(3), 낙인모델(3), 위험인식모델(3), 예시화이론(2), 사회자본모델(2), 전망이론(2), 프레이밍이론(2), 건강행동이론(2)	프레이밍이론(5), 전망이론(3), 혁신확산이론(3), 건강행동이론(3), 위험인식모델(3), 지각된효과(2), 인지와 정서 모델(2), 이용과 충족이론(2), 메시지-소구(2)

〈표 10-6〉 소주제별 적용 이론(계속)

저널 주제		〈한국언론학보〉	〈홍보학연구〉
헬스컴/ 캠페인 (계속)	캠페인/ 설득컴	프레이밍이론(4), 행동/태도이론(4), 자아성향/자아존중(2), 단계적순응기법(2), 지각된효과(2), 커뮤니케이션스타일(2)	프레이밍 이론(4), 위험인식모델(3), IMC이론(3), 이용과충족이론(2), 계획된/합리적 행동이론(2), 커뮤니케이션모델(2), 기업이미지(2) 행동/태도이론(2), 메시지-소구(2)
커뮤니 케이션 특성	대인컴	계획된/합리적행동이론(4), IMC이론(2), 사회자본모델(2)	기업명성/브랜드/이미지(4), 혁신확산이론(2)
	조직컴	조직커뮤니케이션이론(3), 관계성이론(2), 직업/조직만족/조직몰입(2)	직업/조직만족/조직몰입(3), 기업명성/브랜드/이미지(3), 진정성(2), 관계성이론(2)
	매스컴	기업명성/브랜드/이미지(5), 위기커뮤니케이션이론(3), 프레이밍이론(3), 예시화이론(2), 진정성(2)	프레이밍이론(4), 관계성이론(2), 기업명성/브랜드/이미지(2), 대리이론(2)
	뉴미디어	뉴미디어특성(7), SNS상호작용/대화커뮤니케이션(6), 위기커뮤니케이션이론(4), 커뮤니케이션스타일(2), 관계성이론(2), 낙인이론(2)	뉴미디어특성(15), 관계성이론(8), 상호작용성/대화커뮤니케이션(7), 커뮤니케이션클러터(4), 위기커뮤니케이션이론(4), 혁신확산이론(4), 정체성이론(2), 기업명성/브랜드/이미지(3), IMC이론(2), 대리이론(2), 해석수준(2), 메시지-소구(2), 프레이밍이론(2), 의견구성/의견극화(2), 상황이론(2), 계획된/합리적 행동이론(2)
기타	소통	기타(1): 관계성이론	계획된 행동이론(3), 관계성이론(2), 지각된효과(2)
	사회 공헌	진정성(6), 기업명성/브랜드/이미지(2)	진정성(17), 기업명성/브랜드/이미지(6), 조직커뮤니케이션이론(4), 관계성(4), 자아성향/자아존중(2), 위기커뮤니케이션이론(2), 커뮤니케이션스타일(2)
	공공 외교	기업명성/브랜드/이미지(2)	관계성이론(2)

주: 중복응답, 괄호 안 숫자는 각 이론이 사용된 빈도, 1회 사용된 이론은 제외.

케이션 행동 특성에 대한 연구로 이어지고 있다(김정남 외, 2014). 특히 위기/위험상황에서 불매운동 등과 같은 공중의 온라인 커뮤니케이션 행동에 대한 연구가 집중되고 있다. 그밖에도 위기커뮤니케이션 이론, 상호지향성 이론이나 우수이론 등에 대한 이론적 논의가 진행되었으며, 새로운 PR 구성체계에 대한 모형 연구(박노일 외, 2017)도 제시되었다.

공중관계 이론 연구에서는 대다수의 연구들이 공중관계학 이론을 중심으로 하여 기업이나 정부, 공공기관, 대학 등 다양한 분야에 적용하였기 때문에 조직학, 경영/마케팅, 행정학, 교육학 분야 등 다양한 학문적 영역의 이론들이 접목되었다. 또한 미디어나 소셜미디어 특성 등 매체 관련 연구들이 함께 다루어지면서 프레이밍 이론이나 상호작용성 등의 미디어 이론들이 함께 적용되고 있다.

공중관계 이론과 관련된 연구들이 점차 '조직과 공중 간 관계'나 신뢰라는 '사회적 가치', 그리고 '공중의 커뮤니케이션 행동'에 주목하고 있다는 점은 매우 흥미롭다. 이는 기존의 조직 중심 연구를 벗어나 조직과 공중 간 관계 중심, 공중 중심, 그리고 사회 중심으로 공중관계 패러다임이 변화하고 있음을 잘 보여주는 결과이다.

PR실무자나 PR윤리를 다룬 연구에서는 조직학 관점에서 PR실무자의 직무만족이나 조직몰입, 직무환경과 이직의도 간 관련성을 보는 연구가 주류를 이룬다. PR실무자 윤리 측면에서는 PR 이론을 중심으로 PR윤리나 조직윤리, PR전문성과 사회적 가치 등에 대한 논의를 전개한다. 이들 연구는 기업뿐 아니라 공무원의 전문성이나 PR윤리 등을 다루는 등 다양한 조직에 적용되기 시작하면서 조직학뿐 아니라 행정학, 경영학 분야 이론들도 함께 적용되고 있다. 그밖에 〈김영란법〉과 관련된 PR윤리나 PR회사 보상제도, PR실무자의 권력과 젠더 구조 등을 다룬 연구들이 나타나면서 법학이나 경제학, 페미니즘, 문화 이론을 함께 다루고 있다. 이들 연구가 많지는 않지만 비판주의 관점의 연구로 다양한 학문적 관점을 접목하고 있다는 점에서 미래의 공중관계학 패러다임 변화와 다양화 가능성을 예측해 볼 수 있다.

② 위기/위험/갈등관리 주제 연구

위기/위험/갈등관리 주제 영역은 위기커뮤니케이션 연구, 위험커뮤니케이션 연구, 갈등/쟁점관리 주제 영역 세 부분으로 구성된다.

대부분의 위기커뮤니케이션 연구에서 기반이 된 이론은 쿰즈의 '상황적 위기커뮤니케이션 이론'(SCCT: Situational Crisis Communication Theory)이다. SCCT 이론은 조직책임의 원인에 따라 다른 위기커뮤니케이션 전략을 수행해야 함을 주창하였고, 이에 따라 수용적/방어적 커뮤니케이션 전략에 대한 메시지 수용과 기업명성에 미치는 영향을 모델로 제시하였다(이현우·최윤형, 2014). 쿰즈의 SCCT 이론은 대부분의 연구에서 기반이 되는 이론으로 제시되었고, 이들 변수들 가운데 위기책임성, 위기전략은 가장 중요한 변수로 자주 사용되었으며, 관계성이나 사전명성, 위기이력, 정서 등의 변수도 활용되었다. 특히 기업의 평소 관계성, 사전명성 등이 위기대응전략과 상호작용하면서 공중 정서를 매개하여 메시지 수용과 기업 태도에 영향을 미치고 있음을 검증하였다.

최근 10년간 위기커뮤니케이션 연구는 SCCT 이론의 변수들을 변형하거나 확장하는 연구들이 많았는데, 반기업정서나 기업정당성, 관계성, 조직 신뢰, 진정성 등의 변수가 위기커뮤니케이션 수용에 어떻게 작용하는지를 논의하였다. 또한 미디어 프레이밍이나 부정적 보도, 제품관여나 기업광고의 영향력 등 언론이나 미디어 효과를 함께 연구하거나 위기유형에 대한 논의도 많이 나타났다. 위기책임성 외에 기업연상이나 위기안전성 기준에 따라 위기를 유형화한 연구(장수진·박현순, 2014)나 제품관여에 따른 위기유형 분류(이민우·조수영, 2010) 등 다양한 연구들이 나타났다. 연구대상도 기업뿐 아니라 정부기관이나 CEO 위기, 군사위기, 국가위기 등 다양한 대상을 중심으로 확장되는 경향을 보였다.

최근 가장 많이 나타난 연구경향은 상황이론을 접목하여 위기상황에서 공중의 적극적인 커뮤니케이션 행동(부정적 구전의도나 불매운동 참여 등)을 연구한 것이다. 최근 소셜미디어상의 위기가 많아짐에 따라서 소셜공중의 커뮤니케이션 행동에 대한 연구가 많아졌으며, 이와 관련하여 SNS 특성이나 소셜미디어 효과를 위기상황에 적용한 연구나 전통매체와 비교하는 연구도 자주 등장했다. 두 번째로 많이 나타난 연구경향은 위기커뮤니케이션 전략을 보다 구체화하는 것인데, 기존의 위기커뮤니케이션 메시지를 보다 구체화하여 공감표현하기, 환심사기, 해결책 제시하기 등의 효과를 검증하는 연구나 선제공격전략, 전략제시순서 등 다양한 학문분야 이론을 접목하여 위기커뮤니케이션을 정교화하려는 움직임을 보였다. 최근 연구자들이 관심을 보였던 주제는 한국형 위기커뮤니케이션에 대한 연구들로서 한국인의 문화적 특성 요소인 체면이나 정, 심정, 우리성 등의 요인을 고려한 연구들이다(장기선·김영욱, 2013; 김이슬·최윤형, 2015). 이 주제가 많지는 않지만 꾸준하게 제기되었고 한국인만의 독특한 문화요인을 반영한 사과전략이 개발되어야 함을 강조하고 있다.

위기커뮤니케이션 이론이 수사학과 귀인이론에 근거하고 있지만, 사회학적 관점에서 반기업정서나 정당성, 조직신뢰 등의 변수를 통해 조직을 둘러싼 사회환경 및 이해관계자의 영향을 해석하려는 논의가 주류를 이룬다. 또한 공중관계학의 관계성이나 상황이론이 다수 적용되었으며, 최근 들어 법학이나 인지심리학 관점의 심리학 변수들이 도입되면서 학제 간 연구를 통해 위기커뮤니케이션 이론의 지식기반이 더욱 다양화되고 확장되고 있다.

둘째, 위험커뮤니케이션 연구에서 가장 많이 다루어진 이론은 위험정보탐색처리모델(RISP)이었으며, 위험지각태도모델, 심리측정모델, 인간심리모델 등이 위험인식의 기반 모델로 제시되었다. 대부분의 모델이 심리학적 관점에서 위험을 인식하는 개인의 심리에 초점을 맞추고 있으며, 그 과정에서 메시지를 받아들이는 수용자의 정보처리과정에 관심을 갖는다. 따라서 커뮤니케이션 과정에서 정보나 메시지 요소에 주목하고 있고 미디어의 프레이밍이나 언론보도 방식 등 미디어 요인에도 관심을 갖는다.

위험커뮤니케이션 연구에서 다룬 주요 요인들은 위험을 확산하거나 왜곡하는 미디어 요인과 메시지 소구방식, 대인 커뮤니케이션 요인 등인데, 구체적으로 획득-손실 프레이밍이나 언론보도방식, 위험제시방식, 메시지의 공신력 등이 위험인식에 어떤 영향을 미치는지 검증하였다. 또한 인지심리학적 관점에서 수용자의 정보처리와 정보탐색과정에 대한 논의가 많았는데, 스키마이론, 접근성 이론, 휴리스틱-체계모델, 정교화가능성 모델, 해석수준이론, 인지부조화 이론 등에 근거하여 수용자가 정보를 어떻게 처리하고 수용하는지에 대한 연구가 주류를 이루었으며, 개인의 가치성향이나 자기조절 등 개인적 특성에 주목하는 연구들(김지현·김윤경·심홍진, 2013)도 있었다.

위험커뮤니케이션 연구영역은 2010년대 급부상하면서 원자력위험, 방사능 오염식품, 발암물질, 미세먼지 등 다양한 위험이슈에 적용 연구되었는데, 이는 위험사회에 직면하면서 위험과 관련된 사회적 문제를 해결하고자 하는 연구가 많아지고 있음을 보여준다. 다만, 위험을 인식하는 개인의 심리학적 관점이나 미디어, 메시지 효과에 주목하는 기능주의 관점에서 벗어나 비판적 관점에서 사회적 요인이나 비판적 이슈를 다루는 것은 향후 도전해야 할 과제라 할 수 있다.

셋째, 갈등/쟁점관리 연구의 근거가 된 주요 이론들은 갈등/협상이론과 쟁점관리이론이었으며, 특히 갈등유형이나 갈등관리전략, 커뮤니케이션 특성, 제3자(중재자) 등을 주요 변수로 하여 연구가 이루어졌다. 갈등과 관련된 커뮤니케이션 요인으로 미디어나 소셜미디어를 주로 다루었으며 프레이밍 이론을 기반으로 연구하였다. 또한 위기나 위험을 갈등상황과 연계하여 다룬 연구들은 위기커뮤니케이션 이론이나 귀인이론, 위험인식모델을 기반으로 연구하였고 공중에 초점을 맞춰 문제해결 상황이론이나 해석수준이론 등을 접목한 연구도 나타났다. 그밖에도 사회학적 관점에서 사회적 정당성이나 정부신뢰 등을 변수로 활용하거나 한국의 문화적 변수를 활용한 연구, 비판적 시각에서 갈등상황의 담론경쟁을 분석한 연구(양정은, 2014; 함승경·김영욱, 2014) 등이 나타난다.

위기나 위험, 갈등/쟁점관리에 대한 대부분의 연구들은 현대사회에서 문제가 된 이슈를 어떻게 해결할 수 있는가에 초점을 맞추고 있다는 점에서 기능주의적 관점이라고 할 수 있다. 또한 미디어나 커뮤니케이션 변수가 위기 메시지 수용이나 기업명성, 그리고 위험인식에 어떻게 영향을 미치고 작동하는지에 관심을 갖는 것 역시 매체효과를 기능적 시각에서 다룬 연구가 많음을 보여준다. 하지만, 사회학적 관점에서 사회적 문제해결을 위해 조직 정당성이나 신뢰를 강조하고 피해자 비난과 같은 사회적 현상에 초점을 맞춘 연구(함승경, 2019), 그리고 위기 시 공중의 온라인 커뮤니케이션 행동과 불매운동 등을 연구한 것 등은 조직 중심의 기능주의적 시각에서 벗어나 공중을 강조하고 사회적 가치를 추구하는 연구지향점의 전환을 보여준다. 또 많지는 않지만 비판적 시각에서 비판적 담론 분석을 통해 PR의 사회적 가치나 역할에 대한 고민을 보여주고 있는 연구(김영욱·함승경, 2015)도 등장한다는 것은 고무적이다.

③ 명성/이미지 주제 연구

명성/이미지 주제 영역은 기업/정부/공공기관 영역과 국가 영역으로 나누었는데, 대부분의 연구가 조직 명성을 높이고자 하는 경영전략적 관점과 위기 시 조직명성을 어떻게 회복하는지와 관련된 사회학적 관점에서 이루어졌다.

첫째, 기업/정부/공공기관의 명성/이미지 연구에서는 기본적으로 경영학 관점과 사회학적 관점에서 '명성'을 다루고 있으며, 여기에 PR학/커뮤니케이션/미디어학 관점이나 마케팅 관점, 조직학적 관점, 그리고 문화적 관점의 이론들이 함께 적용되고 있다. 연구의 대부분은 조직 이미지나 명성을 높이기 위해서 조직 특성이나 커뮤니케이션, 미디어, 문화 요인이 어떻게 작동하는가에 관심을 갖기 때문에 조직기능주의 관점이 두드러진다. 하지만, 몇몇 연구들은 공중관계 관점에서 관계성 이론을 중심으로 조직과 공중의 '관계'에 초점을 맞추고 관계성과 기업명성 간 관련성을 다루고 있는데, 향후 명성 연구에 대한 공중관계 관점을 강화시킬 수 있다는 점에서 고무적이다. 그밖에 사회문화적 관점에서 사회공헌 요인이나 문화 요인과 연계한 기업명성/이미지 연구도 등장하고 있으며 정부나 공공기관에 대한 연구에서는 조직학과 행정학의 다양한 이론들이 접목되면서 학제 간 연구 가능성을 높이고 있다.

둘째, 국가명성/이미지 연구에서는 대체로 마케팅이나 경영전략 관점의 이론들이 도입되고 있어서 한류나 마케팅 요인, 광고나 PR활동이 국가이미지에 어떤 영향을 미치는지, 영화나 언론 보도가 국가이미지에 어떤 영향을 미치는지 등의 연구가 진행되고 있다. 마케팅/경영전략/정치외교 관점에서 마케팅 이론이나 문화외교 관련 이론들이 적용되고 있고, 프레이밍 이론 등 미디어 요인에 대한 논의가 많이 나타나고 있다. 그밖에 많지는 않지만 비교문화적 관점의 문화적 요인이나 문화 간 커뮤니케이션 특성 연구, 조직학 관점의 국가정체성과 동일시 연구들도 나타나고 있어서 다양한 학문적 관점의 연구들도 나타난다.

전반적으로 명성/이미지 주제영역은 다른 주제영역과 겹쳐 나타나는 연구경향이 두드러진다. 특히 위기커뮤니케이션 연구나 공중관계 이론에 대한 연구, 매체에 대한 연구주제가 명성/이미지 연구주제와 많이 중첩되고 있다. 중첩된 연구주제들은 주로 사회학적 관점에서 외부 이해관계자가 인식하는 조직의 명성이나 이미지에 초점을 맞추고 있으며, 위기커뮤니케이선이나 관계성에 따라서 명성이 어떻게 달라지는지에 관심을 갖는다. 또한 위기상황에서 소셜미디어를 통한 위기커뮤니케이션이 전통미디어와 비교하여 어떻게 다른지, 그리고 매체 차이가 명성에 어떤 영향을 미치는지 등을 연구하고 있다.

이미 오래 전부터 명성/이미지 연구들은 경영전략/마케팅학 이외에 조직학, 사회학, 인지심리학 등 다양한 학문 분야에서 다양한 이론들을 적용하여 연구가 이루어지고 있다. 하지만 공중관계학에서 연구된 명성/이미지 주제들은 미디어나 커뮤니케이션 요소에 보다 집중하고 있으며, 경영전략/마케팅 관점에서 조직-공중 간 커뮤니케이션과 신뢰관계, 그리고 미디어 요인이 기업명성에 어떤 영향을 미치고 긍정적/부정적 효과를 갖는지 등 조직 중심의 기능적/전략적 접근에 초점을 맞추고 있다. 위기상황에서의 기업명성 연구는 사회학적 관점에 가깝지만 역시 조직목표 달성이나 위기극복에 어떤 영향을 미치는지에 관심이 많다는 점에서 조직기능주의적 시각을 크게 벗어나지 못하고 있는 듯하다.

하지만 명성/이미지 연구는 조직학적 관점이나 인지심리학적 관점의 연구도 매우 중요하다. 조직학적 관점에서 볼 때 조직 비전이나 철학 등 조직 정체성은 명성의 뿌리이며 본질이고 정체성을 반영하지 못한 명성은 본질이 없는 이미지일 뿐이다. 또한 인지심리학적 관점은 조직보다 수용자에 더욱 집중하고 수용자의 정보처리과정에 초점을 맞춘다는 점에서 필요한 관점이다. 공중관계학에서 위기연구나 관계성 연구와 통합한 명성/이미지 연구의 경우 공중의 커뮤니케이션 행동에 집중한 것은 긍정적 현상이지만, 인지심리학적 관점을 수용하여 공중의 정보수용과 처리과정에 더욱 집중할 필요가 있다. 또한 한국의 사회문화적 요인이나 한국 조직의 정체성, 그리고 한국인의 특성 연구를 통해 한국형 명성 연구에 더 많은 관심이 집중되어야 한다.

④ 헬스 커뮤니케이션/캠페인 주제 연구

헬스 커뮤니케이션, 캠페인, 설득커뮤니케이션 주제 영역에서 대부분의 연구들은 수용자의 태도나 행동의도에 초점을 맞추고 있으며, 수용자의 태도나 행동을 변화시키는 주요 요인으로 미디어와 커뮤니케이션 요인, 수용자의 정보처리와 개인적 성향, 그리고 사회적 낙인과 같은 사회적 요인 등에 연구가 집중되었다.

헬스 커뮤니케이션/캠페인 주제 영역[4]에서는 인지심리학과 사회심리학 관점에서 건강행동이론인 건강신념모델, 계획된/합리적 행동이론, 사회인지이론, 설득지식모델, 휴리스틱-체계이론, 귀인이론, 해석수준이론 등을 주요 이론으로 활용하고 있다. 또한 개인의 자존감이나 자아조절자원, 지각적 편향 등과 같은 개인적 특성 역시 많이 다루어졌다. 커뮤니케이션 관점의 연구도 많이 이루어졌는데, 개인의 건강행동의도에 영향을 미치는 미디어 및 커뮤니케이션 요인 또한 자주 연구된 요인들이다. 전망이론과 프레이밍 이론을 기반으로 하여 미디어 프레임이나 메시지 프레이밍에 대한 연구가 가장 많았으며, 건강채널의 영향력이나 뉴미디어(트위터, 모바일앱 등) 효과에 관심을 기울인 연구가 많았다.

또한 정보원 요인으로 정보원 공신력이나 유명세 등 연구가 진행되었으나 수용자나 메시지, 매체 요인에 비해 많은 연구가 이루어지지는 않았다. 사회적 요인으로 사회적 낙인효과 연구가 다수 등장했으며, 특히 미디어로 인한 사회적 낙인에 대한 문제가 많이 제기되었다. 그밖에 사회자본의 가치(이승철·이유나, 2019)나 비판적 담론 분석을 통한 담론경쟁 연구 등 새로운 연구주제들이 등장하고 있다.

헬스 커뮤니케이션 연구는 최근 들어 많은 연구가 집중되고 급부상하고

---

[4] 헬스 커뮤니케이션 주제 영역에 대한 연구는 이 책의 다른 장에서 별도로 다루어질 예정이므로 이 장에서는 공중관계학 연구의 한 부분으로 간략히 다루었음.

있는 주제 영역이며, 공중관계학에서도 이를 중요하게 다루고 있다. PR업계에서는 헬스 커뮤니케이션을 전담하는 회사가 생겨날 정도로 매우 중요한 분야로 부상하고 있다. 따라서 공중관계의 관계성이나 상황이론 등 공중관계 이론을 건강행동이론과 접목하여 공중관계 관점의 건강행동모델을 고민해보는 연구도 필요하다. 또한 한국인의 건강 인식 특성이나 가족, 라이프스타일 등의 사회문화적 특성을 반영한 건강모델을 개발하는 것 역시 필요한 연구과제라 할 수 있다.

⑤ 커뮤니케이션 특성/수준 연구

커뮤니케이션의 특성/수준 연구는 위기나 명성, 헬스 커뮤니케이션 등 다른 주제 영역의 연구와 대부분 중복되고 커뮤니케이션 특성 자체에만 집중한 연구는 거의 없는 것으로 나타났다. 커뮤니케이션 수준별로 보면, 매스커뮤니케이션 〉 뉴미디어/소셜미디어 〉 조직커뮤니케이션 〉 대인 커뮤니케이션 순으로 연구가 이루어짐을 볼 수 있다. 매스커뮤니케이션 연구에서는 주로 프레이밍 이론을 활용하여 위기나 건강보도, 국가이미지 등이 언론에 어떻게 나타나고 있는지를 분석하거나 언론보도의 프레이밍이 수용자에게 어떤 영향을 미치는지 등을 연구하고 있다.

최근 들어 소셜미디어나 인터넷을 중심으로 한 커뮤니케이션 연구가 많아지고 있지만 소셜미디어 자체에 주목하기보다 소셜미디어 특성을 적용한 위기관리나 헬스 커뮤니케이션, 그리고 명성 연구 등에 관심을 갖는다. 주요 이론으로는 소셜미디어 특성이나 상호작용성, 대화커뮤니케이션 이론에 기반하여 소셜미디어 효과를 연구하거나 문제해결 상황이론을 활용하여 소셜공중의 커뮤니케이션 행동에 대한 연구가 점차 확대되고 있다.

하지만 커뮤니케이션 특성 자체에 집중하거나 다양한 커뮤니케이션 수준을 아우르는 연구는 많지 않다. 커뮤니케이션 특성이 다양한 연구주제와 접목되는 것은 필요하지만 커뮤니케이션 특성 그 자체에 좀더 관심을 기울여야 한다. 최근 들어 소통이나 커뮤니케이션 역량, 커뮤니케이션 자본 등 연구가 진행되고 있는데 이러한 커뮤니케이션 특성 자체에 대한 연구에 더욱 집중하고 다양한 수준의 커뮤니케이션 요인을 통합적으로 다루어야 한다.

(2) 2010년대 한국 공중관계학 연구 지형도: 중첩과 융합

2010년대 한국 공중관계학 연구를 살펴보면 양적 팽창과 질적 다양성을 볼 수 있다. 2000년대에 비해 거의 200편 이상 논문 수가 확대되었고, 네트워크 분석이나 담론 분석, 혼합연구 등 다양한 연구방법이 등장하고 있다. 또한 다양한 연구주제와 다양한 학문적 관점의 이론이 접목되고 있는데, 이는 양적 팽창과 함께 질적 다양화가 진행되고 있음을 보여준다. 연구 패러다임을 살펴보면 95% 이상의 연구가 조직 중심의 기능주의 패러다임에 초점이 맞춰져있다. 하지만 최근 공중관계학의 관계성이론이나 상황이론을 중심으로 조직 중심이 아닌 공중과 관계 중심의 연구가 증가하고 있다. 또한 많지는 않지만 수사학과 비판적 담론 분석 등 비기능주의 패러다임의 연구들도 확대되고 있다.

2010년대 한국의 공중관계학 연구 지형의 특징은 중첩과 융합이다(〈그림 10-1〉). 연구주제들 간의 중첩이 두드러지게 나타나면서 융합화 현상이 커지고 있다. 헬스 커뮤니케이션은 위기/위험연구 주제와 중첩되고 위기/위험연구는 명성/이미지 연구나 PR이론 연구와 중첩되는 경향을 보인다. 전반적으로 모든 주제들이 미디어 연구주제와 중첩되면서 미디어 이론이나 SNS 관련 이론을 많이 사용하고 있어서 커뮤니케이션 특성을 기반으로 하는 연구가 많음을 알 수 있다. 하지만 미디어 프레이밍 이론이나 뉴미디어의 상호작용성에 초점이 맞춰지고 있어서 이론의 다양성은 높지 않다.

주제들의 중첩 현상을 보이는 가운데 각각의 주제에서 주로 사용된 이론들이 다른 주제에서 사용된 이론들과 반복되는 경향을 볼 수 있다. 하지만 이론이 중첩되지 않는 연구주제들도 눈에 띄는데, 예를 들면 헬스 커뮤니

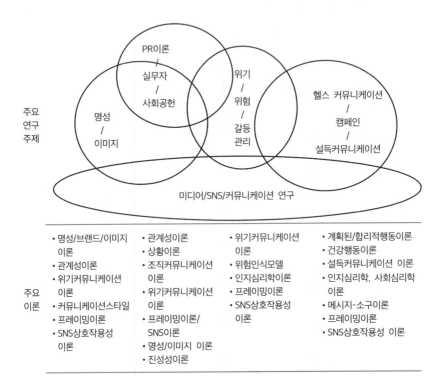

〈그림 10-1〉 2010년대 한국 공중관계학 연구 지형도: 중첩과 융합

주요 연구 주제			
PR이론 / 실무자 / 사회공헌	위기 / 위험 / 갈등 관리	헬스 커뮤니케이션 / 캠페인 / 설득커뮤니케이션	
명성 / 이미지			
미디어/SNS/커뮤니케이션 연구			

주요 이론			
• 명성/브랜드/이미지 이론 • 관계성이론 • 위기커뮤니케이션 이론 • 커뮤니케이션스타일 • 프레이밍이론 • SNS상호작용성 이론	• 관계성이론 • 상황이론 • 조직커뮤니케이션 이론 • 위기커뮤니케이션 이론 • 프레이밍이론/ SNS이론 • 명성/이미지 이론 • 진성성이론	• 위기커뮤니케이션 이론 • 위험인식모델 • 인지심리학이론 • 프레이밍이론 • SNS상호작용성 이론	• 계획된/합리적행동이론 • 건강행동이론 • 설득커뮤니케이션 이론 • 인지심리학, 사회심리학 이론 • 메시지-소구이론 • 프레이밍이론 • SNS상호작용성 이론

케이션 연구는 PR이론이나 명성/이미지 이론과 거의 중첩되지 않는다. 연구주제의 중첩이 항상 긍정적인 것은 아니라도 다양한 학문적 관점의 이론들을 통해 학제 간 연구가 활성화되고 연구의 지식기반이 확장된다는 점, 그리고 공중관계학 지향성을 갖고 융합한다는 점 등을 고려한다면 중첩과 융합은 바람직한 현상이다.

학문적 관점의 다변화와 융합연구 현상도 커지고 있다. 조직학이나 인지심리학, 행정학 이론의 변수가 많이 등장하고 있으며 사회학 이론의 변수나 문화 변수들을 공중관계 이론과 접목한 연구가 자주 나타난다. 명성/이미지 연구나 공중관계 이론 연구에서는 경영학 이론이나 조직학 이론을 차용하여 현상을 설명하고 전략을 제안하는 연구가 많이 진행된 반면, 위험/위기 연구나 헬스 커뮤니케이션/캠페인 등은 수용자의 정보처리에 주목하여 인지심리학이나 사회심리학 이론을 많이 차용하고 있다. 따라서 조직 중심이나 수용자 중심의 다른 관점과 이론들을 관계 중심인 공중관계학 관점에서 통합하여 조직과 공중의 관계성 이론을 기반으로 연구가 확장된다면 관계 중심의 공중관계학 정체성이 더욱 명확해질 것이다.

4. 2010년대 한국 공중관계학 연구 지형 변화: 논의와 제언

1) 2010년대 한국 공중관계학 연구 지형 변화

한국 공중관계학의 2010년대 지형은 양적으로 큰 팽창을 이루고 다양한 학문적 관점과 이론을 기반으로 하는 질적 성장이 눈에 띄지만 여전히 조직 중심의 기능주의 패러다임이 우세한 듯하다. 하지만 2000년대와 비교해볼 때 패러다임이나 학문적 관점에서 공중관계학의 변화가 진행되고 있음을 감지할 수 있다. 공중관계학 정체성의 변화 특징을 정리하면 다음과 같다.

(1) 조직 중심에서 조직 초월로: 조직 초월적 비기능주의 패러다임 추구

한국의 공중관계학 연구들은 여전히 조직 중심의 기능주의 패러다임이 다수를 차지하고 있기는 하지만, 점차적으로 조직 중심이 아닌 공중과 관계 중심, 사회 중심의 조직 초월적 비기능주의 패러다임에 관심이 옮겨지는 현상을 볼 수 있다.

첫째, "조직 문제해결에서 사회적 문제해결로: 사회적 이슈와 가치 추구". 현대사회의 다양한 위기와 위험, 갈등에 직면한 많은 조직들의 문제가 사회적 이슈로 표출되면서 조직의 문제해결이 아닌 사회적 문제해결에 관심을 기울이고, 조직은 사회적 가치를 추구하고 사회적 신뢰와 정당성을 얻어야 한다는 시각이 강해지고 있다.

둘째, "조직보다 조직-공중 관계로: 공중관계학 정체성 추구". 2010년대 연구들은 조직보다 공중, 그리고 조직-공중 관계에 주목하면서 공중관계학의 정체성에 대한 관심과 공중관계 이론에 더 집중하는 경향이 눈에 띄게 증가하고 있다. 신뢰와 상호호혜를 중시하는 관계성 이론이나 문제상황에서 공중 행동에 집중하는 상황이론에 기반하여 공중과 관계에 초점을 맞추는 공중관계학의 정체성을 추구한다.

셋째, "기능주의적 결과보다 비기능주의적 과정으로: 소통과 커뮤니케이션에 집중". 이전의 많은 연구들이 기업 효과(기업이미지, 브랜드 태도 등)에 초점을 맞춘 반면, 최근 연구들은 기업 효과에 대한 매개/조절변수로 관계성이나 소통, 그리고 커뮤니케이션 특성 등을 활용하는 연구가 나타난다. 이러한 연구에서는 기업효과를 강조하는 기능주의적 결과보다 비기능주의적 과정을 강조하며 소통이나 커뮤니케이션에 초점을 맞춘다.

(2) 공중관계학에서 융합공중관계학으로: 공중관계학 중심의 융합화 추구

융합 현상에서 가장 먼저 찾아볼 수 있는 것은 "커뮤니케이션 통합과 융합화" 현상이다. 공중관계학 자체가 커뮤니케이션학 영역의 학문이기도 하며 커뮤니케이션을 활용한 전략적 커뮤니케이션 영역이기 때문에 많은 연구들이 커뮤니케이션 자체의 특성과 효과에 큰 관심을 갖는다. 공중관계 연구에서는 미디어 이론과 소셜미디어 이론을 가장 많이 활용하고 있으며 조직커뮤니케이션과 대인 커뮤니케이션 이론, 소통이나 커뮤니케이션 등을 주요 이론과 변수로 사용하는 연구들이 많아지고 있다. 따라서 기존의 커뮤니케이션학에서 보여준 개인/대인/조직/매스커뮤니케이션 수준의 다양한 커뮤니케이션 이론들이 공중관계학 연구를 통해 통합될 수 있는 잠재 가능성을 보여준다.

둘째, "연구주제의 융합화" 현상이다. 한 개 논문이 2개 이상의 주제를 다루는 연구가 많아지고 이에 따라 다른 학문분야의 2~3개 이론이 접목되고 있다. 위기와 명성/관계성 연구, 위험/위기와 헬스 커뮤니케이션, 미디어/소셜미디어와 위험/위기/헬스 커뮤니케이션/관계성/명성 등 연구주제의 중첩이 눈에 띄게 두드러지면서 연구주제가 융합화되고 있다. 이와 같은 주제의 중첩 연구는 서로 다른 학문분야 이론의 통합을 촉진하고 학제 간 융합연구가 활성화될 수 있는 기폭제 역할을 하고 있다.

셋째, "학제 간 융합화" 현상이 가속화되고 있다. 많은 연구들이 다른 학문분야 이론들을 적극적으로 수용하고 있어서 융합연구가 더욱 확대되고 있다. 위험/위기/헬스 커뮤니케이션 연구들은 인지심리학/사회심리학/사회문화 이론들이나 건강행동이론/설득커뮤니케이션 이론들을 활용하고 있으며, 명성/이미지 연구에서는 경영/마케팅 이론 이외에도 조직학/행정학/사회학/문화 이론을 적용하는 등 각각 다른 학문분야와의 학제 간 융합연구 현상이 증가하고 있음을 보여준다.

마지막으로, "공중관계학 중심의 융합화" 현상이 눈에 띈다. 2010년대 연구에서 중점적으로 연구된 공중관계이론은 '관계성 이론'과 '상황이론'인데 이러한 공중관계학 이론을 중심으로 다른 학문분야의 이론을 접목하여 이론을 확장하려는 시도가 커지고 있다. 이는 공중관계학을 연구하는 학자들이 학문적 정체성을 최대로 지향하면서 인접학문과의 융합을 통해 새로운 공중관계 이론들을 개발하려는 융합공중관계학 연구로 향해가는 모습을 보여준다.

(3) 글로벌에서 글로컬로: 한국형 공중관계학 추구

2010년대 연구에서 많지는 않지만 한국적 특성이나 한국문화 요인을 결합하여 한국형 공중관계 이론을 개발하고자 하는 노력이 나타나고 있다. 특히 한국형 조직-공중 관계성 이론이나 한국형 위기커뮤니케이션 같은 한국형 이론을 개발하는 연구, 그리고 정, 체면, 우리성 등 다양한 한국인의 문화적 특성을 포함하여 한국형 이론과 모델을 개발하려는 시도가 증가하고 있다. 이러한 연구를 통해 공중관계 연구를 확장하거나 한국형 공중관계학을 개발하려는 움직임이 두드러진다.

2) 한국 공중관계학 지형도와 영향요인

2010년대를 기점으로 한국 공중관계학의 주요 특징은 학문적 정체성 추구와 패러다임의 변화, 학제 간 융합화와 한국형 공중관계학의 모색 등인데, 이러한 변화에 영향을 미친 지층 요인을 네 가지 측면에서 살펴보도록 한다(〈그림 10-2〉).

첫째. 위험과 위기, 갈등이 많은 사회와 불확실성이 커진 사회환경은 공중관계학의 연구에 큰 영향을 미쳤다. 박춘우(2015)는 지식 정보화 사회의 발달과 비자발적인 위험의 증가는 현대사회의 위험 노출 빈도를 더 높이고 있다고 지적하며, 특히 매스컴에 의한 위험의 확대 재생산은 항상 위기에 둘러싸인 것 같은 착각을 일으키고 있다고 주장한다. 소셜미디어의 확산으로 인해 위기나 위험은 더욱 빠르게 확산되고 국민의 불안감도 커지며 기업이나 정부의 위기관리와 위험관리 능력을 더 많이 요구하게 된다. 따라서 이러한 사회환경의 변화는 기업이나 정부의 위기나 위험, 갈등관리 요구를 증폭시키면서 공중관계학 연구경향에 큰 영향을 미쳤다.

둘째. 미디어 환경과 수용자 변화는 공중관계학의 지형에 큰 파급효과를 가져온 중요한 지층 요인이다. 소셜미디어의 등장과 확산은 PR영역에 큰 영향을 끼쳤으며, 소셜미디어의 부상은 위기나 위험을 확산하고 공중의 견의 표출과 커뮤니케이션 행동에 대한 PR활동을 요구하였다(이유나 외, 2011). 참여·공개·대화로 대표되는 스마트 생태계가 형성되면서 소통과 참여를 중시하는 환경이 도래하였고, 시민이 적극적으로 참여하는 정책소

〈그림 10-2〉 2010년대 한국 공중관계학 지향의 특징과 지층 변화요인

구분	침체기 (1987년)	태동기 (1990년)	초기 성장기 (2000년)	발전기/변혁기 (2010년)
연구 경향의 주요 특징		• 연구 양의 절대 부족 • 사례연구 중심 • 실행 연구 다수	• 세분화, 전문화된 PR 연구주제 • PR과 IMC 영역 모호 • 마케팅과 전략 연구 다수 • 이론의 다양성 부족	• 양적 성장, 질적 다양화 • PR이론에 대한 연구 증가 • 학제 간 융합화 강화 • 학문적 정체성 추구 • 조직 중심 기능주의 탈피 노력 • 한국형 이론 개발 노력
지층 변화 요인				
사회 환경 변화		• 서울 올림픽 등 개방시대 • 두산페놀, 성수대교 붕괴 등 위기 확대	• IMF 위기, 시장 개방 확대	• 위험, 위기 증대 • 공공문제, 갈등관리 필요성 증대
미디어 환경과 수용자 변화		• 인터넷 상용화, 홈페이지 개설	• 소셜 미디어 출현	• 소셜 미디어 확대 • 온라인 공중의 사회참여 증가
PR 산업 변화		• PR회사 수 폭증 • 다국적 PR회사 진출 • PR업무 확대 전문화	• PR업무 세분화, 전문화 • 국정 홍보처 신설 • 정책홍보 강화 • 헬스케어 PR 태동	• PR기업 컨설팅 부서/연구소 설립 • PR기업의 사업 다각화 • 소셜미디어 특화 PR회사 출현 • 헬스케어 PR 전문화 확대
PR학(계)/ 학문세대 변화		• 대학 PR과목 증가 • 학회 발족	• 학문 1, 2세대 정착 • 서바이서 논문 수 증가	• 2.5세대와 3세대 학문세대 다양화 • 질적 증가와 논문 수 증가

주: 2010년 이전 환경요인은 신인섭 외(2010)와 유선욱(2016) 연구를 참고하였고, 2010년대 이후는 본 연구결과를 토대로 재구성하였음

통이 가능해졌기 때문에 정책 PR에도 많은 변화를 가져왔다(이태준·김병준, 2015). 소셜미디어의 부상과 스마트 생태계 환경은 PR활동과 공중관계학 연구에 큰 영향을 미쳤다. 기존의 대중매체를 활용하는 PR활동에서 벗어나 새로운 매체인 소셜미디어의 특성과 소셜공중의 커뮤니케이션 행동에 주목하게 되었고 이와 관련된 연구가 다양한 분야에서 확장되었다. 소셜미디어 연구는 명성/이미지, 위기와 위험커뮤니케이션, 그리고 헬스커뮤니케이션 등 다양한 영역에 적용되어 연구되고 있다.

셋째, PR산업의 변화 역시 공중관계학 연구 지형에 상당히 작용했다고 볼 수 있다. 2000년대 초기 성장기에는 PR산업에서 정책홍보가 강화되고 헬스케어 PR이 태동되기 시작한다. 2010년대 접어들면서 PR기업의 산업 다각화, 소셜미디어 특화 PR회사의 출현, 그리고 PR기업의 컨설팅 부서와 연구소 설립 등(유선욱, 2016) 한 단계 높은 성장과 발전을 이루어낸다. 기관 명성/이미지/브랜드, 소셜미디어, 헬스케어와 관련된 정부부처 및 공공기관의 용역에 힘입어 PR산업은 보다 확대되었고, 컨설팅과 연구소의 설립을 통해 학계와 긴밀한 교류를 갖고 석박사 인력의 유입에 박차를 가하게 된다. 이러한 PR산업의 산학교류 확대와 PR전문성 강화, 그리고 PR활동의 다변화 등은 공중관계학 연구에도 큰 영향을 미치게 된다. 정부부처/공공기관이나 기업, PR대행사 등의 각종 컨설팅과 용역, 자문 활동 등에 학자가 깊이 개입하게 되었고, 특히 공공PR 영역(헬스 커뮤니케이션, 캠페인, 정부PR, 위험커뮤니케이션 등)에 대한 학자들의 연구가 활성화된 것이 공중관계학 연구에도 영향을 미쳤다.

마지막으로, 학문세대의 변화는 공중관계학 지형도에 큰 영향을 미친 주요한 지층 요인이다. 2000년대 이전과 2000년대에는 미국 중심 교육을 받은 1세대와 2세대 학자들을 중심으로 학문이 활성화되고 미국에서 발전된 주요 이론들, 특히 기능주의 관점에서 연구가 많이 이루어졌다. 한편 이러한 PR학 연구에 대한 비판과 문제의식을 갖고 공중관계 실무자 역할이나 윤리에 대한 연구 역시 활성화되었다.

2010년대에는 학술세대가 보다 다양하게 구성되고 다양한 전공을 가진 학자들이 공중관계학 연구에 많이 참여했다. 미국에서 PR학을 전공하고 한국에 자리잡은 2세대 학자군이 양성한 국내박사들과 함께 외국에서 세분화된 연구영역으로 학위를 받은 외국박사들이 유입되었다. 다양한 배경의 3세대 학문세대 덕분에 여러 가지 연구주제가 쏟아져 나왔고, 실무자 출신 학자들은 한국의 공중관계학 정체성 및 한국형 공중관계를 고민하는 연구를 진행하면서 이 분야의 연구가 확대되는 계기가 되었다. 그밖에도 외국에서 교수로 활동하다가 한국에 돌아와 공중관계학을 연구한 2.5세대 학자와 그들의 후학 양성은 또하나의 학문적 공동체를 형성하면서 새로운 주제영역(건강 커뮤니케이션, 위험커뮤니케이션 등)의 연구를 활성화시키는 계기를 이루었다. 이는 공중관계학 지식기반을 넓히는 데 기여하기도 하였지만, 한편으로는 공중관계학 이론과의 접목이 많지 않아 학문적 정체성 형성에 기여하지 못한 아쉬움도 있었다. 또한 한국PR학회 저널인 〈홍보학연구〉가 2010년 증간하면서 공중관계 이론과 방법론 연구 특집기획을 추진한 것도 2010년 공중관계학 지형에 영향을 미친 한 요인이라고 할 수 있다.

3) 미래의 한국 공중관계학 연구 제언

미래의 공중관계학의 발전을 위해서 가장 중요한 것은 공중관계학의 학문적 정체성이 사회적 가치를 추구하는 데 주력해야 한다는 것이다. 미시적 관점에서 특정 이해관계자나 이슈 공중과의 갈등이나 문제 해결에 집중하는 데서 벗어나 거시적 관점에서 공익성과 사회적 가치를 추구하며 사회 공중(social public)으로부터 사회적 정당성을 얻는 공중관계학의 정체성 구축이 필요하다.

한국의 공중관계학은 이미 오랫동안 조직 중심의 기능주의를 추구하는 응용학문으로서 역할을 수행해왔으며 이에 대한 긍정적 평가를 받아왔다. 하지만, 여전히 비판적 관점에서 권력을 가진 집단의 도구가 되거나 소수 약자를 위한 공중관계학의 낮은 기여에 대한 비판과 의문, 그리고 소통과 균형커뮤니케이션에 대한 낮은 평가를 받아온 것 역시 사실이다. 공중관계학의 본질은 조직 성과를 위한 학문이 아니라 조직과 공중 간 관계 구축을 위한 것이며, 공중 중심과 관계 중심, 그리고 사회 중심의 학문적 정체성을 갖춰야 한다. 특히 조직 중심의 경영/마케팅/조직학이나 수용자 중심의 심리학, 사회 중심의 사회학 등 서로 다른 학문적 관점과 이론을 관계 중심인 PR학 관점에서 통합하여 조직과 공중, 조직과 사회와의 관계를 연결하는 시도가 필요하다. 이러한 시도를 통해 공중관계학은 조직이나 공중보다는 관계와 사회적 가치 중심으로 패러다임이 변화될 수 있으며, 모든 학문영역으로 확장되는 공중관계학의 잠재성이 더욱 커질 것이다(〈그림 10-3〉).

둘째, 미래의 공중관계학 연구는 커뮤니케이션 특성 자체에 초점을 맞출 필요가 있다. 결국 조직과 공중 간 관계 구축은 커뮤니케이션을 통해 가능한 것이다. 반릴과 폼브런(Van Riel & Fombrun, 2007)은 커뮤니케이션이란 조직의 생명혈(lifeblood)이라고 주장하며, 생존을 위해 필요로 하는 자원에 접근하기 위한 매개체임을 강조했다. 커뮤니케이션 없이는 조직은 자신을 둘러싼 다양한 이해관계자와 관계를 구축할 수도 없고 신뢰를 쌓을 수도 없다. 미래의 공중관계학 연구는 커뮤니케이션 그 자체에 초점을 맞춰 어떤 커뮤니케이션 특성이 조직과 공중 간 관계에 기여하는가? 조직과 공중 간 신뢰를 구축하는 커뮤니케이션은 무엇인가? 등의 질문에 답할 준비가 되어있어야 한다.

퍼트남(Putnam, 1995)은 사회자본을 개인들 사이의 연계, 그리고 이로부터 발생하는 사회적 네트워크, 호혜성과 신뢰의 규범을 가리킨다고 주장했다. 특히 콜만은 사회자본에 있어서 커뮤니케이션의 중요성을 강조하였

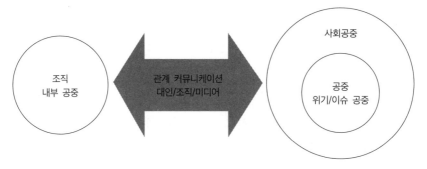

〈그림 10-3〉 관계 중심의 통합 커뮤니케이션

조직
내부 공중

관계 커뮤니케이션
대인/조직/미디어

사회공중

공중
위기/이슈 공중

고(Coleman, 1988), 이러한 관점에서 로야스(Rojas, 2011)는 사회자본에 대한 커뮤니케이션적 접근을 시도한 바 있다. 사회자본의 커뮤니케이션 접근에서는 사회적 유대를 통해 흐르는 정보교환과 의미공유에 초점을 맞추었다. 공중관계학의 관계성에도 바로 이러한 신뢰와 상호호혜성의 특성이 들어있는데, 공중과의 관계를 구축하는 커뮤니케이션을 통해 신뢰와 상호호혜성을 형성한다면 그것이 바로 커뮤니케이션 자본이라고 할 수 있다. 즉, 커뮤니케이션 자본이란 사회적 네트워크로 연결된 구성원들 간에 흐르는 커뮤니케이션이 상호 정보교환과 의미공유를 이루어내면서 신뢰와 상호유대감을 형성하는 자본이라고 할 수 있다(차희원, 2015). 따라서 커뮤니케이션 자본이나 소통의 특성, 커뮤니케이션 역량 등 커뮤니케이션 자체에 대한 심도 있는 연구가 이루어져야 하며, 미디어 중심의 커뮤니케이션 연구에서 벗어나 커뮤니케이션의 다차원적 수준인 개인/대인/조직/매스커뮤니케이션/뉴미디어 등에 대한 연구가 통합적으로 이루어질 필요가 있다(〈그림 10-3〉).

마지막으로, 이론의 한국화가 이루어져야 한다. 공중관계학에서 가장 중요한 개념은 관계이지만 서구와는 다른 관계의 한국적 의미와 특징을 반영하여야 한다. 한국사회의 인간관계에서는 상호신뢰형성에 있어서 관계가 매우 중요하게 작용한다(김의철·박영신, 2006). 특히 한국사회는 관계

제10장 2010년대 한국 공중관계 연구 지형도와 미래 **413**

문화가 존재하기 때문에 개인이 관계를 맺는 사람과의 상호작용 관계와 상황에 따라서 자기 인식과 행동이 유동적으로 변화한다. 이는 한국사회의 문화가 개인보다는 관계에 더욱 비중을 두고 있고 관계에 따라서 개인에게 요구되는 역할이 큰 차이를 보이기 때문이라는 것이다.

이러한 한국인의 자기인식의 뿌리는 동양의 정신사상에 기반한 것으로, 개인 자체의 속성보다 관계 내 역할과 관련하여 개인을 정의함으로써 궁극적으로 집단의 조화와 질서에 기여하게 된다. 이는 서구식 합리주의에서 바라보면 일관성이 없고 미성숙하다고 볼 수 있지만 관계적 측면에서는 유연성이 담겨있고 전체를 배려하는 또다른 성숙의 모습이라고 해석하고 있다(김의철·박영신, 2006). 특히 이러한 관계 문화는 한국인의 특성인 우리주의나 눈치, 체면, 정 문화와도 밀접하게 관련되어 있다고 볼 수 있는데, 인간적 심정주의에 기초한 '정'이나 집단이나 가족 내에서 상대방을 배려하고 신경 쓰는 '눈치'와 '체면', '우리주의' 등은 바로 인간관계에 기반한 관계 문화의 특성과 맞닿아있기 때문이다(차희원, 2016). 따라서 이러한 한국인의 문화적 특성과 연계된 관계성의 유연성과 역동성 요인을 반영하여 공중관계성 이론을 재구성할 필요가 있으며, 이를 서구문화의 관계성과 비교 연구하여 한국적 독특성을 발견한다면 한국만의 고유한 공중관계학 구축이 가능해질 것이다.

참고문헌

권영순·이수범(2007). 우리나라 PR 논문의 연구경향에 대한 분석. 〈한국광고홍보학보〉 9권 2호, 244~276.

권지현·김수연(2018). 기업의 위기 커뮤니케이션 전략과 그 전략의 활용 시점이 공중의 고객 기반 브랜드 자산 및 부정적 조직-공중 관계성에 미치는 영향. 〈한국언론학보〉 62권 1호, 165~198.

김수연·최명일·김대욱(2013). 한국과 미국의 PR 연구경향 분석 〈홍보학연구〉와 JPRR 게재 논문에 대한 언어 네트워크 분석을 중심으로. 〈홍보학연구〉 17권 3호, 120~153.

김병희 외(2016). 〈한국의 PR연구 20년〉. 커뮤니케이션북스.

김영욱·함승경(2015). 세월호 침몰은 참사인가? 사고인가?: 비판적 담론 분석(CDA)을 적용한 세월호 담론 경쟁. 〈홍보학연구〉 19권 4호, 83~115.

김영욱 외(2018). 〈디지털 사회와 PR 윤리〉. 커뮤니케이션북스.

김의철·박영신(2006). 한국인의 자기 인식에 나타난 토착문화심리 분석. 〈한국심리학회지: 문화 및 사회문제〉 12권 4호, 1~36.

김이슬·최윤형(2015). 한국의 위기커뮤니케이션과 심정의 영향력에 관한 연구. 〈홍보학연구〉 19권 2호, 1~21.

김정남·박노일·김수진(2014). 공중 상황이론의 수정과 진화 문제해결 상황이론을 중심으로. 〈홍보학연구〉 18권 1호, 330~366.

김지현·김윤경·심홍진(2013). 성범죄에 대한 개인의 위험지각에 영향을 미치는 요인에 관한 연구: 개인성향(self-construal)의 조절효과를 중심으로. 〈한국언론학보〉 57권 2호, 342~368.

김효숙·양성운(2014). 조직-공중 관계성 이론의 발전 과정과 미래 연구 방향에 대한 고찰. 〈홍보학연구〉 18권 1호, 476~515.

박노일·오현정·정지연(2017). PR 구성 체계 연구: OSPC 모형(organization-situation-public-communication model) 제안. 〈한국언론학보〉 61권 3호, 283~310.

박춘우(2015). 정부의 위기 대응에 관한 연구: 위기 커뮤니케이션 대응 전략을 중심으로. 〈국방연구〉 58권 4호, 63~90.

신인섭·이명천·김찬석(2010). 〈한국 PR의 역사, 1392~2010〉. 커뮤니케이션북스.

신호창 외(2017). 〈공중관계 핸드북: Public Relations 바로보기〉. 커뮤니케이션북스.

양정은(2014). 한국인들의 문화적 특성이 위험 인식과 커뮤니케이션에 미치는 영향에 대한 연구 위험 커뮤니케이션 전문가 대상 심층인터뷰 내용을 중심으로. 〈홍보학연구〉 18권 1호, 107~150.

유선욱(2016). 다양성의 암중모색: 한국 PR 산업 연구 20년. 김병희 외 편저, 〈한국의 PR 연구 20년〉. 커뮤니케이션북스.

이민우·조수영(2010). 사과광고 보상 유형이 브랜드 애착, 관여, 신뢰도 및 사과 수용에 미치는 효과. 〈한국언론학보〉 54권 1호, 153~181.

이수범(2009). 홍보학 연구 50년. 한국언론학회 50년사 편찬위원회, 〈한국언론학회 50년사: 1959~2009〉.

이승철·이유나(2019). SCCT의 한국 적용 결과 특이성 탐색 사회자본이 방어 전략의 효과에 미치는 영향력을 중심으로. 〈홍보학연구〉 23권 2호, 79~110.

이유나·문빛·박건희(2011). 소셜미디어 PR 콘텐츠의 품질평가. 〈홍보학연구〉 15권 2호. 83~115.

이태준·김병준(2015). 정책 PR 분야에서 소셜 빅데이터 어낼리틱스 활용가능성 연구. 〈홍보학연구〉 19권 1호, 355~384.

이현우(2003). 우리나라 PR 논문의 학문적 경향에 대한 비판적 고찰. 〈한국광고홍보학보〉 5권 1호, 165~191.

이현우·최윤형(2014). 위기관리에서 상황적 위기 커뮤니케이션 이론의 전개과정과 향후연구를 위한 제언. 〈홍보학연구〉 18권 1호, 444~475.

장기선·김영욱(2013). 체면과 위기 커뮤니케이션. 〈한국언론학보〉 57권 6호, 350~385.

장수진. 박현순(2014). 기업 위기 유형에 따른 인지적·정서적 신뢰 위반, 사과 전략, 신뢰 회복 간의 관계 연구. 〈한국언론학보〉 58권 2호. 478~504.

조정열(2008). 〈홍보학연구〉의 홍보학 연구: 연구사 10년, 1997~2006. 〈홍보학연구〉 12권 2호, 5~43.

차희원(2015). 〈기업명성과 커뮤니케이션〉. 이화출판.

_____(2016). 21세기 환경변화와 한국PR의 미래. 김병희 외 편저, 〈한국의 PR 연구 20년〉. 커뮤니케이션북스.

최지현·조삼섭(2017). 한국형 정부-공중 관계 구성 차원에 관한 연구. 〈홍보학연구〉 21권 1호, 54~96.

함승경(2019). 재난 위험의 불확실성과 재난 유형이 공중 반응에 미치는 영향: 피해자 비난을 중심으로. 〈한국언론학보〉 63권 3호, 277~321.

함승경·김영욱(2014). 담론경쟁을 통한 PR 커뮤니케이션 사회적 차원 확대 연구 밀양 송전탑 건설 갈등을 중심으로. 〈홍보학연구〉 18권 1호, 276~319.

Botan, C. H. & Taylor, M. (2004). Public relations: State of the field. *Journal of Communication* 54(4), 645~661.

Cohen, J. (1960). A coefficient of agreement for nominal scales. *Educational and psychological measurement* 20(1), 37~46.

Coleman, J. S. (1988). Social capital in the creation of human capital. *American Journal of Sociology* 94, S95~S120.

Ferguson, M. A. (1984). Building theory in public relations: Interorganizational relationships as a public relations paradigm. Paper presented to the Public Relations Division. *Association for Education in Journalism and Mass Communication Annual Convention*, Gainesville, FL.

Ferguson, M. A. (2018). Building theory in public relations: Interorganizational relationships as a public relations paradigm. *Journal of Public Relations Research* 30(4), 164~178.

Ha, J. H. & Riffe, D. (2015). Crisis-related research in communication and business journals: An interdisciplinary review from 1992 to 2011. *Public Relations Review* 41(4), 569~578.

Huang, Y. H. C. & Zhang, Y. (2013). Revisiting organization-public relations research over the past decade: Theoretical concepts, measures, methodologies and challenges. *Public Relations Review* 39(1), 85~87.

Khang, H., Ki, E. J., & Ye, L. (2012). Social media research in advertising, communication, marketing, and public relations, 1997~2010. *Journalism & Mass Communication Quarterly* 89(2), 279~298.

Kim, S., Avery, E. J., & Lariscy, R. W. (2009). Are crisis communicators practicing what we preach?: An evaluation of crisis response strategy analyzed in public relations research from 1991 to 2009. *Public Relations Review* 35(4), 446~448.

Landis, J. R. & Koch, G. G. (1977). The measurement of observer agreement for categorical data. *Biometrics* 33(1). 159~174.

Lee, T. H. (2017). The status of corporate social responsibility research in public relations: A content analysis of published articles in eleven scholarly journals from 1980 to 2015. *Public Relations Review* 43(1), 211~218.

Putnam, R. D. (1995). Bowling alone: America's declining social capital. *Journal of Democracy* 6(1), 65~78.

Rojas, H. (2011). Communicative social capital. *Journal of Communication* 61, 689~712.

Sallot, L. M., Lyon, L. J., Acosta-Alzuru, C., & Jones, K. O. (2003). From aardvark to zebra: A new millennium analysis of theory development in public relations academic journals. *Journal of Public Relations Research* 15(1), 27~90.

Sommerfeldt, E. J. & Yang, A. (2018). Notes on a dialogue: Twenty years of digital dialogic communication research in public relations. *Journal of Public Relations Research* 30(3), 59~64.

Van Riel, C. B. M. & Fombrun, C. J. (2007). *Essentials of Corporate Communication: Implementing Practices for Effective Reputation Management.* Routledge.

Volk, S. C. (2016). A systematic review of 40 years of public relations evaluation and measurement research: Looking into the past, the present, and future. *Public Relations Review* 42(5), 962~977.

Ye, L. & Ki, E. J. (2012). The status of online public relations research: An analysis of published articles in 1992~2009. *Journal of Public Relations Research* 24(5), 409~434.

11장

광고마케팅 연구의 S-M-C-R-E*

박종민 | 경희대 언론정보학과 교수

1. 존재론적 탐구: 언론학 내 광고마케팅 연구

2019년 한국언론학회는 창립 60주년을 맞이하여 10년 전 〈한국언론학회 50년사〉에 이어 〈한국언론학보〉 60년을 돌아보는 집필을 기획하였고, 저자에게 영광스럽게도 광고마케팅 관련 연구의 정리를 의뢰하였다. 부끄럽지만 커뮤니케이션학과 광고의 주제를 가지고 몇몇 글을 투고한 이력도 조금은 감안되었으리라 생각한다. 1)

'글빚'의 무서움을 적잖이 아는 처지에 망설임이 컸지만, 〈한국언론학회 50년사〉 내 '광고연구 50년의 흐름'을 쓰신 故 김광수 선생님의 글을 읽어보곤, 이 영광스러운 임무를 위해 2019년 반세월은 다하리라는 결심을 세

---

* 본 글을 위한 〈한국언론학보〉 내용분석에 도움을 준 이세영(경희대 일반대학원 석사과정) 학우에게 고마움을 전한다.
1) 언급된 연구들(박재진 · 이창환 · 박종민, 2008; 박종민 · 곽은경, 2007a; 박종민 · 곽은경, 2007b; 박종민 · 김의기 · 유성훈 · 최수진, 2010; 박종민 · 김의기 · 최수진 · 유성훈, 2008; 박종민 · 박경희 · 최서경, 2013; 박종민 · 박재진 · 이창환, 2007; 박종민 · 조의현 · 곽은경, 2008; 서영남 · 박종민 · 박영상, 2012)임.

윘다. 그러나 아래와 같이 요약되는 일련의 최근 연구결과(이 책의 제 1장, 2장)를 접하고는 다시 심란한 마음이 앞선다.

2000년 이후 〈한국언론학보〉 게재 전체 논문 1,594개 중 광고마케팅 논문 68편(4.3%)(이 책의 제 2장)

2000~2009년 44개(5.3%)에서 2010~2018년 24개(3.1%)로 감소(이 책의 제 2장)

〈한국언론학보〉 100회 이상 인용논문 중 광고마케팅 관련 분야 논문 없음(이 책의 제 1장)

정리해보면, '2000년 이후 〈한국언론학보〉 내 광고마케팅 관련 논문은 양적으로 많이 빈약하고, 감소추세이며, 인용지수도 미약하다는 것'이 객관적으로 발견된 결과였다. 그러나 이러한 결과는 분석대상의 외연적이고 양적인 특징이며, 분석해야 할 91편[2]의 논문 내용 안에는 보다 더 깊은 이야기가 있을 수 있지 않을까 생각한다. 따라서 본 글의 연구방향을 다음과 같이 잡아보았다.

첫째, 2000년 이후 〈한국언론학보〉 내 광고마케팅 관련 91편 논문의 주제, 이론, 방법론별 특징과 시기적 변화는 어떠한가?

둘째, 국내 커뮤니케이션학을 대표하는 한국언론학회의 대표학술지인 〈한국언론학보〉 내 광고마케팅 관련 연구의 범위와 크기가 가지는 의미는 무엇인가?

셋째, 〈한국언론학보〉 내 광고마케팅 관련 연구의 미래는 무엇인가?

---

2) 이 책의 제 2장에서는 68개의 광고관련 연구가 발견되었으나, 저자가 조사한 바로는 91개의 논문이 발견되었다. 연구자에 따라 주관적 관점이 반영되었으리라 생각된다. 이 글에서 내용분석한 91개 논문 리스트는 부록에 수록하였다.

연구를 시작하면서, 다시금 '광고연구 50년의 흐름'(김광수, 2009) 내 토론문(문영숙, 2009)에 담긴 아래 글귀가 머릿속에 맴돈다. 어쩌면 아래 글귀가 곧 '이미 도출된' 이 글의 결론이 아닐까 자문해본다.

광고연구가 무엇보다 매스커뮤니케이션의 한 영역으로서 커뮤니케이션 관련 학과들을 중심으로 시작되고 발전되었다는 점이 우리나라 광고교육과 연구에서 강조될 필요가 있다(문영숙, 2009).

2. 방법: 2000년 이후 〈한국언론학보〉 내 광고마케팅 연구

본 연구는 관련 기존 문헌들(김광수, 2009; 문영숙·이병관·임혜빈, 2017)을 바탕으로 2000년 이후 〈한국언론학보〉에 게재된 광고관련 논문들의 내용분석을 통해 이루어졌다. 〈한국언론학보〉에 게재된 광고마케팅 관련 논문들의 주제 분류는 김광수(2009)의 분류와 거의 동일하게 진행하였다(〈표 11-1〉 참조).

적용된 이론의 분류 역시 문영숙 외(2017)의 기본 틀에 약간의 추가를 통해 완성하였다(〈표 11-2〉 참조). 문영숙 외(2017)는 〈한국광고홍보학보〉, 〈광고연구〉, 〈광고학연구〉 등 광고관련 학술지 내에 적용된 이론들을 분석하기 위해 이론을 태도, 정보처리, 커뮤니케이션, 의사결정, 매체, 학습, 자아관련, 문화, 설득지식, 기억, 감정, 가치, 감각과 지각, 수사학, 사회학, 철학, 기타, 없음으로 구분하였다.[3] 더불어 문영숙 외

---

3) 본 연구에서는 이 분류를 '이론 I'으로 명명하였다.

(2017)의 저자들은 18개 분류를 한층 더 세부적으로 구분하여 〈표 11-4〉에서 제시한 바와 같이 29개의 세부이론 유목으로 분류하기도 하였다.

　문영숙 외(2017)의 이러한 구분은 광고관련 이론들을 전체적으로 조망하여 상호배타적이고 포괄적인 분석유목의 틀을 갖추었다고 판단된다.

〈표 11-1〉 〈한국언론학보〉 내 광고마케팅 연구 분석을 위한
주제 및 방법론 분석유목

대분류	소분류	구분	세분
1. 역사	1. 역사(철학/사상/연구동향)		1. 서베이
2. 법과 사회	2. 법제(심의/정책)		2. 내용분석
	3. 산업(경제효과)		3. 실험실 연구
	4. 사회/문화효과	1. 양적 방법	4. 필드실험
3. 경영	5. 대행사(커미션)		5. 사례연구
	6. 사례분석(캠페인)		6. 2차자료
	7. 판촉/이벤트		7. 복합적
	8. 마케팅/광고전략	2. 질적 방법	8. 문헌연구
4. 메시지	9. 카피(의미/내용분석)		9. 질적 분석
	10. 메시지 소구	3. 기타	10. 복합적
	11. 크리에이티브		
	12. 기타(구전)		
5. 매체	13. 신문/잡지		
	14. 라디오/TV		
	15. 뉴미디어/기타		
	16. 매체전략, 선택		
6. 소비자 행동	17. 시장반응, 매출		
	18. 인지(정보처리/관여)		
	19. 감정(동기/태도)		
	20. 인지-감정 복합		
	21. 행동(시청)		
	22. 기타(해석)		
7. 방법	23. 방법론		
8. 기타	24. 기타(교육)		

주: 김광수(2009) 수정, 보완.

〈표 11-2〉〈한국언론학보〉내 광고마케팅 연구 분석을 위한
광고연구이론 분석유목

이론 영역 I	이론 영역 II	세부이론 및 모델명
1. 태도 이론	1. 일반적 태도 이론	광고효과의 위계 모형, 기대가치 모델, 다속성 모델, 수정된 계획행동 이론, 합리적 행위 이론, 내외귀인, 근본귀인 오류, 대응편향 이론, 단순노출 효과, 인지반응 이론, **기대-불일치 이론**
	2. 광고에 대한 태도 이론	감정전이 가설, 경쟁적 구조 모델, 대안적 상황 모델, 독립영향 가설, 이중매개 가설, 이중처리 태도 모델, 인과관계 모델, 통합 모델, 정서적 반응, 듀카피(Ducoffe)의 웹 광고 태도 모델
	3. 메시지 효과	공포소구 모델, 병행과정 확장 모델, 성적 소구, 주의분산 가설, 광고길이 효과, Berlyne 이요인 이론, 반복 노출, 희소성 효과, 메시지 순서 효과, 메시지 측면성 효과, **유머소구**, **정소구**
	4. 정보원 효과	광고모델 효과, 일치 가설, 정보원 신뢰성, 전문성, 비교 광고의 상황적 효과 모델, 부정성 효과/양자 부정 효과, 수면자 효과, 원천 확대 효과, **원산지 효과**, **선전모델 이론**
	5. 맥락 효과	맥락 효과, 사회적 판단 이론, 동화효과, 대비효과, 각성전이 이론, 전이효과, 후광효과
2. 정보처리 이론	6. 정보처리 이론	광고반응 모형, 정보처리 과정, 독자반응 이론, 복잡계 이론, 부호화 다양성 원리, 선택적 가설 이론, 스키마일치 이론, 심상적 정보처리, 일치-불일치 이론, 일치 효과, 전환 이론, 접근성-진단성 모델, 범주화 이론, 휴리스틱-체계 모델, 정교화 가능성 모델, **ADIMA 이론**, **광고 혼잡도 효과**
3. 커뮤니케이션 이론	7. 커뮤니케이션 이론	이용과 충족 이론, 접종이론, 제 3자 효과, 상호지향성모델, **의제설정 효과**
	8. 혁신의 확산 이론	혁신기술수용모델
4. 의사 결정 이론	9. 전망 이론	규범이론, 예상이론, 틀 효과
	10. 의사 결정 이론	조절초점이론, 해석수준이론, 자기조절모형
5. 매체 이론	11. 매체 이론	3-HIT 이론
	12. 뉴미디어 이론	상호작용, 프레즌스, 플로우 이론
	13. 매체 계획	이월 효과, 적소 이론, 미디어대체 가설, **초월로그 수요 모델**, **유보가격 이론**, **자원의존 이론**
6. 학습 이론	14. 사회 학습 이론	사회학습 이론, 성유형화 이론
	15. 행동 학습 이론	고전적 조건 형성, 조작적 조건 형성

<표 11-2> <한국언론학보> 내 광고마케팅 연구 분석을 위한
광고연구이론 분석유목(계속)

이론 영역 I	이론 영역 II	세부이론 및 모델명
7. 자아 관련 이론	16. 자기 개념 이론	브랜드-자아 연결
	17. 자아 관련 이론	자기참조 이론, 자기해석 이론, 사회비교 이론, **자아확대 이론**
	18. 자아 정체성 이론	현대 정체성 이론
8. 문화 이론	19. 문화 이론	Hall의 정보 맥락, Hofstede 문화 차원, 사회정체성 이론, **문화경제 이론**
9. 설득 지식 이론	20. 설득 지식 이론	설득지식이론(모델)
10. 기억 이론	21. 기억 이론	망각 이론, 암묵적 기억 이론, **도형과 바탕 이론**
11. 감정	22. 감정	감각환영 이론, 감정반응, **애착 이론**
12. 가치 이론	23. 가치 이론	MECCAS 모델, 가치체계 이론
13. 감각과 지각	24. 감각과 지각	각성, 신호탐지 이론
14. 수사학	25. 수사학	사과이론, 해석체이론, 서사이론, 신화이론, 은유이론, **기타 수사학**
15. 사회학 이론	26. 사회학 이론	사회통제 이론, **구조적 다원주의**
16. 철학 이론	27. 철학 이론	윤리규범 이론
17. 기타	28. 기타	FCD-grid, **빅파이브 모델 이론**
18. 없음	29. 없음	

주: 문영숙 · 이병관 · 임혜빈(2017) 수정, 보완

본 연구는 2000~2019년까지 <한국언론학보> 20년 분석을 위해 문영숙 외(2017)의 분석유목을 보완 적용하였다. 구체적인 과정을 설명하면, 우선 <한국언론학보> 내 광고마케팅 관련 91편의 논문 중 이론이 적용된 논문 56편을 문영숙 외(2017)의 유목에 따라 분석하였다. 또한 56편 <한국언론학보> 논문에 사용된 이론 중 29개 유목에서 발견되지 않은 이론들은 문영숙 외(2017)의 분석유목에 보완하여 포함시켰다.[4]

더불어 이론 I의 18개 유목은 56편의 논문을 분석하기에는 너무 세부적

---

4) 이론이 적용된 56개의 <한국언론학보> 내 논문 중 문영숙 외(2017)의 유목 이외의 이론이 적용된 경우, 유사한 유목에 추가하거나 새롭게 유목을 설정하였으며, 이렇게 보완된 이론 유목은 <표 11-2>에 굵은 글씨로 표시하였다.

이라고 판단되어, 빈도교차분석을 위해서 이론Ⅰ을 이론Ⅰ(수정)으로 새롭게 리코딩하여 간결하게 구성하였다. 태도이론, 설득지식이론은 → 설득/태도이론, 정보처리이론, 의사결정이론, 기억, 감정 → 정보처리이론, 커뮤니케이션이론, 사회학이론 → 커뮤니케이션이론, 매체이론 → 매체관련이론, 학습이론, 자아관련 이론 → 자아/학습이론, 수사학 → 수사학, 기타, 없음 → 기타(없음)으로 리코딩되었고, 가치이론, 감각과 지각, 철학은 분석된 56편 중 발견되지 않아 포함하지 않았다. 이렇게 하여 본 분석을 위해 최종적으로 이론Ⅰ, 이론Ⅰ(수정), 이론Ⅱ가 완성되었다.

분석결과는 관련된 기존 문헌들(권영순·이수범, 2007; 김광수, 2009; 문영숙·이병관·임혜빈, 2017; 박종렬·김형일·김봉철, 2004; 윤각·정혜경·편석환, 2008; 최종석, 2011; 이현우, 2003)의 결과와 비교분석해 정리하였다. 그 외 최근 광고 분야 연구들 내 본문, 핵심어 등을 기초 데이터로 한 빅데이터 분석 및 네트워크 분석의 결과들(김대욱·김수연·최명일, 2013; 이진균·이형민, 2018; 최선영, 2019; 홍주현, 2019)의 비교분석을 통해 최근 광고마케팅 연구의 흐름을 파악하였다.

분석대상 논문들은 2000년 이후 〈한국언론학보〉에 게재된 광고마케팅 관련 논문 91편이었으며, 분석유목은 대주제, 소주제, 이론Ⅰ, 이론Ⅰ(수정), 이론Ⅱ(세부이론 및 모델명), 연구방법, 세부연구방법이었으며, 발표시기는 연구의 시대적 흐름을 파악하기 위해 1시기(2000~2009년)와 2시기(2010~2019년)로 나누어 비교분석하였다.

3. 결과: 2000년 이후 〈한국언론학보〉 내 광고마케팅 연구

본 장에서는 위에서 언급된바, 〈한국언론학보〉에 등장한 광고마케팅 관련 연구논문들을 1시기(2000~2009년)와 2시기(2010~2019년)으로 나누어 비교분석하였다. 1시기엔 총 56편의 논문이, 2시기엔 35편의 논문이 파악되었다.

1) 주제적 특성

김광수(2009)는 〈한국언론학보〉 50편, 〈광고학연구〉 728편, 〈광고연구〉 802편 등 총 1,580편을 분석하였다. 그의 연구에서는 논문주제의 대분류와 소분류를 중복코딩을 통해 분석하였다. 먼저 김광수(2009)의 분석 중, 〈한국언론학보〉를 다른 학술지들과 비교하면, 광고관련 학술지에 비해 마케팅 분야, 메시지, 매체, 법과 사회 영역 연구가 상대적으로 많았다. 김광수(2009)는 이런 결과를 경영과학에 비해 사회과학적 특성이 강한 한국언론학회의 연구경향을 이유로 제시하였다.

김광수(2009)가 분석한 전체 광고관련 학술지의 대주제를 보면, 도입기 (1988~2000년)에서 성장기(2001~2008년)에 가까울수록 경영, 메시지, 매체 주제는 증가하였고, 법과 사회, 소비자 행동은 감소하였다. 그럼 이번 연구결과는 어떠한지 살펴보자. 본 연구결과의 시기별 논문주제의 차이를 보면, 1시기(2000~2009년)에 비해 경영관련 주제가 2시기(2010~2019년)에 급격하게 감소한 반면, 메시지와 소비자행동 주제는 최근에 올수록 오히려 증가하였다. 김광수(2009)의 연구결과와는 사뭇 다른 결과였다. 이는 김광수(2009) 연구는 전체 광고관련 학술지 분석인 반면 본 연구는 〈한국언론학보〉에 국한된 것이기에 직접적으로 두 결과의 흐름을 비교

〈표 11-3〉 〈한국언론학보〉 최근 20년 광고마케팅 연구논문의 시기별 주제 특성

단위: 건(%)

시기	역사	법과 사회				경영		메시지			매체				소비자행동				전체
	역사	법제	산업	사회/문화	대행사	사례분석	마케팅	카피	소구	크리에이티브	신문/잡지	라디오/TV	뉴미디어	매체전략	인지	감정	인지/감정	행동	
2000~2009년	2(3.6)	1(1.8)	4(7.1)	1(1.8)	0(0.0)	2(3.6)	7(12.5)	3(5.4)	4(7.1)	1(1.8)	5(8.9)	2(3.6)	1(1.8)	2(3.6)	8(14.3)	5(8.9)	8(14.3)	0(0.0)	56(100.0)
(소계)	2(3.6)	6(10.7)				9(16.1)		8(14.3)			10(17.9)				21(37.5)				
2010~2019년	0(0.0)	3(8.6)	1(2.9)	0(0.0)	1(2.9)	0(0.0)	0(0.0)	4(11.4)	5(14.3)	0(0.0)	3(8.6)	1(2.9)	1(2.9)	0(0.0)	4(11.4)	2(5.7)	9(25.7)	1(2.9)	35(100.0)
(소계)	0(0.0)	4(11.4)				1(2.9)		9(25.7)			5(14.3)				16(45.7)				
전체	2(2.2)	10(11.0)				10(11.0)		17(18.7)			15(16.5)				37(40.7)				91(100.0)

하는 것은 적합하지 않은 것으로 판단된다. 광고관련 연구는 위에 분석된 학술지들 이외에 관련 분야(경영학, 심리학, 콘텐츠학 등)도 많기 때문이다. 〈한국언론학보〉 대주제 관련 연구를 보면, 전체적으로 대주제 빈도는 소비자행동 > 메시지(카피, 소구, 크리에이티브, 구전) > 매체 > 경영 = 법과사회의 순이었다. 소주제의 빈도를 살펴보면, 인지/감정 > 인지 > 메시지소구 > 신문/잡지매체 > 메시지카피 = 마케팅 = 감정 > 산업 > 법제 순이었다(〈표 11-3〉 참조). 과거 김광수(2009)의 연구에 비해 메시지 주제 연구는 감소(9%)하고, 소비자행동 주제 연구는 증가(18%)하였다. 매체 주제 관련 연구는 변화가 없었던 반면, 법과 사회, 경영관련 연구도 각 5% 정도 감소하였다. 종합적으로 분석된 특징은 소비자의 인지, 감정, 행동을 연구하는 소비자행동 연구 분야가 전체 〈한국언론학보〉 광고마케팅 연구의 40%를 구성하고 있었다는 것이다.

대주제에 따른 이론Ⅱ의 특징을 살펴보면, 법과 사회 주제 논문 10편 중 6편(60%)이 이론이 없었고, 경영관련 주제 10편 중 5편(50%), 메시지 주제 15편 중 9편(60%)이 이론이 없는 논문들이었다. 이러한 결과는 '법과 사회, 경영, 메시지 관련 주제는 특정 이론의 적용이 없는 논문이 많다'는 특징을 보여주는 것이었다.

한편 세부적인 소주제별 이론 적용의 특징을 보면, 메시지소구 연구 9건 중 7건(77.8%)이 태도이론을 적용한 논문들이었고, 카피(의미/내용분석) 주제 논문 7건 중 5건(71.4%)이 수사학 이론을 적용한 논문들이었다. 이러한 결과는 흔히 우리가 접하는 광고마케팅 관련 논문의 연구패턴인 '메시지 소구에 관한 소비자 태도', '광고 내용과 카피에 관한 수사학적 분석 연구'의 전형성이 분석을 통해 밝혀졌음을 의미한다. 또 〈한국언론학보〉 내 광고마케팅 연구도 그러한 전형성을 가지고 있다는 것을 의미한다. 또한, 신문/잡지매체 주제 연구논문 8편 중 7편(87.5%)과 뉴미디어/기타 주제 연구논문 2편(100%), 법제(심의/정책) 주제 연구논문 4편(100%) 모두가 이론이 없는 형태의 논문들이었다. 이 결과 역시 특정 매체를 강조한 연구나, 당위적 성격의 법제와 정책 논문에 인과적 사실성 중심의 광고관련 이론이 적용되기 어려운 현실을 보여주는 결과였다.

논문의 연구주제별 적용된 방법론의 특징을 살펴보면, 소비자 행동 37건(100%) 모두가 양적 방법론이 적용되어 분석되었다. 세부 주제별 적용 방법론을 살펴보면, 인지-감정복합 소비자행동 17건(100%), 인지(정보처리/관여) 소비자행동 12건(100%), 감정(동기/태도) 소비자행동 7건(100%), 메시지소구 9건(100%)이 모두 양적 방법론이 적용되어 연구가 진행되었다. 이러한 결과는 역시 전통적인 '소비자행동 연구의 양적 방법론 적용'의 특성을 보여주는 결과다. 그러나 법과 사회 10건(100%) 모두가 양적 방법론이 적용되었으나, 세부적으로 법과 사회 10개 중 3개(30%)가 서베이, 4개(40%)가 사례연구 방법론으로 상이한 방법론이었다. 매체 주제 연구논문 15개 중 6개(40%)가 내용분석 방법론이었다는 것 역시 특이하지만, 한편 이해가 되는 연구결과였다.

소주제별 세부방법론 간의 교차분석 결과를 통해 흥미로운 몇 가지 사실들이 발견되었다. 주제가 법제인 연구(4건)는 모두 사례연구 방법론이 적용되었고, 광고카피 주제는 내용분석(3건)과 질적 분석(4건), 소구 연구(5건)는 모두 실험방법을 사용하였다. 신문/잡지 주제는 내용분석(5건)과 질적 분석(2건), 인지관련 주제는 모두 서베이(7건)와 실험(5건)이 적용되었으며, 감정 주제는 모두 서베이(4건), 실험(3건) 방법, 인지/감정 주제는 모두 서베이(6건), 실험(11건) 방법이 적용되어 연구되었다.

2) 적용 이론별 특징

전체적으로 2000년 이후 〈한국언론학보〉의 광고마케팅 관련 연구논문 91편 중 이론이 적용된 논문 총 58편에 적용된 이론 분석결과는 〈표 11-4〉에

〈표 11-4〉〈한국언론학보〉 최근 20년 광고마케팅 연구논문의 적용 이론 특성

단위: 건(%)

이론 I	이론 영역 II	이론 및 모델	문영숙 외 (2017)		2000~2019년 〈한국언론학보〉	
태도 이론	일반적 태도 이론	광고효과의 위계 모형	8(2.3)		0(0.0)	
		기대가치 모델, 다속성 모델, 수정된 계획행동 이론, 합리적 행위 이론	5(1.4)		0(0.0)	
		내외귀인, 근본귀인 오류, 대응편향 이론	5(1.4)	22(6.2)	1(1.7)	2(3.4)
		단순노출 효과	2(0.6)		0(0.0)	
		인지반응 이론	2(0.6)		0(0.0)	
		기대-불일치 이론	0(0.0)		1(1.7)	
	광고에 대한 태도 이론	감정전이 가설, 경쟁적 구조 모델, 대안적 상황 모델, 독립영향 가설, 이중매개 가설, 이중처리 태도 모델, 인과관계 모델, 통합 모델, 정서적 반응	10(2.8)	14(4.0)	2(3.4)	2(3.4)
		듀카피의 웹 광고 태도 모델	4(1.1)		0(0.0)	
	메시지 효과	공포소구 모델, 병행과정 확장 모델	2(0.6)		1(1.7)	
		성적소구	1(0.3)		0(0.0)	
		주의분산 가설	3(0.8)		0(0.0)	
		광고길이 효과	2(0.6)		0(0.0)	
		Berlyne 이요인 이론, 반복노출	8(2.3)	22(6.2)	0(0.0)	6(10.3)
		희소성 효과	1(0.3)		0(0.0)	
		메시지순서 효과	3(0.8)		0(0.0)	
		메시지 측면성 효과	2(0.6)		1(1.7)	
		유머소구	0(0.0)		3(5.2)	
		정소구	0(0.0)		1(1.7)	
	정보원 효과	광고모델 효과	12(3.4)		0(0.0)	
		일치 가설	12(3.4)		0(0.0)	
		정보원 신뢰성, 전문성	5(1.4)		1(1.7)	
		비교광고의 상황적 효과 모델	3(0.8)		0(0.0)	
		부정성 효과/양자 부정 효과	1(0.3)	35(9.9)	1(1.7)	5(8.6)
		수면자 효과	1(0.3)		0(0.0)	
		원천확대 효과	1(0.3)		0(0.0)	
		원산지 효과	0(0.0)		2(3.4)	
		선전모델 이론	0(0.0)		1(1.7)	
	맥락 효과	맥락 효과	22(6.2)		0(0.0)	
		사회적 판단 이론, 동화/대비효과, 각성전이 이론, 전이효과, 후광효과	8(2.3)	30(8.5)	0(0.0)	0(0.0)

〈표 11-4〉〈한국언론학보〉 최근 20년 광고마케팅 연구논문의 적용 이론 특성(계속)

단위: 건(%)

이론 I	이론 영역 II	이론 및 모델	문영숙 외 (2017)		2000~2019년 〈한국언론학보〉	
정보 처리 이론	정보처리 이론	광고반응 모형	1(0.3)		0(0.0)	
		정보처리 과정	2(0.6)		0(0.0)	
		독자반응 이론	1(0.3)		0(0.0)	
		복잡계 이론	1(0.3)		0(0.0)	
		부호화 다양성 원리	1(0.3)		0(0.0)	
		선택적 가설 이론	1(0.3)		0(0.0)	
		스키마일치 이론	3(0.8)		0(0.0)	
		심상적 정보처리	2(0.6)		0(0.0)	
		일치-불일치 이론	1(0.3)	49(13.8)	1(1.7)	9(15.5)
		일치효과	2(0.6)		0(0.0)	
		전환 이론	1(0.3)		0(0.0)	
		접근성-진단성 모델	2(0.6)		0(0.0)	
		범주화 이론	2(0.6)		1(1.7)	
		정보처리 관련 이론	4(1.1)		0(0.0)	
		휴리스틱-체계 모델	1(0.3)		1(1.7)	
		정교화 가능성 모델	24(6.4)		3(5.2)	
		ADIMA 이론	0(0.0)		2(3.4)	
		광고 혼잡도 효과	0(0.0)		1(1.7)	
커뮤니 케이션 이론	커뮤니 케이션 이론	접종 이론	1(0.3)		0(0.0)	
		제3자 효과	2(0.6)	4(1.1)	2(3.4)	3(5.2)
		상호지향성모델	1(0.3)		0(0.0)	
		의제설정 효과	0(0.0)		1(1.7)	
	혁신의 확산 이론	혁신기술수용모델	17(4.8)	17	3(5.2)	3(5.2)
의사 결정 이론	전망 이론	규범이론, 예상이론, 틀 효과	36(10.2)	36	2(3.4)	2(3.4)
	의사 결정 이론	조절초점이론	16(4.5)		0(0.0)	
		해석수준이론	12(3.4)	29(8.2)	1(1.7)	1(1.7)
		자기조절모형	1(0.3)		0(0.0)	

〈표 11-4〉〈한국언론학보〉 최근 20년 광고마케팅 연구논문의 적용 이론 특성(계속)

단위: 건(%)

이론 I	이론 영역 II	이론 및 모델	문영숙 외 (2017)		2000~2019년 〈한국언론학보〉	
매체 이론	매체 이론	3-HIT 이론	0(0.0)	0(0.0)	0(0.0)	0(0.0)
	뉴미디어 이론	상호작용	3(0.8)	10(2.8)	0(0.0)	0(0.0)
		프레즌스	4(1.1)		0(0.0)	
		플로우 이론	3(0.8)		0(0.0)	
	매체 계획	이월 효과	6(1.7)	11(3.1)	1(1.7)	4(6.9)
		적소 이론	4(1.1)		0(0.0)	
		미디어대체 가설	1(0.3)		0(0.0)	
		초월로그 수요 모델	0(0.0)		1(1.7)	
		유보가격 이론	0(0.0)		1(1.7)	
		자원의존 이론	0(0.0)		1(1.7)	
학습 이론	사회 학습 이론	사회학습 이론	2(0.6)	3(0.8)	1(1.7)	2(3.4)
		성유형화 이론	1(0.3)		1(1.7)	
	행동 학습 이론	고전적 조건 형성	5(1.4)	6(1.7)	0(0.0)	0(0.0)
		조작적 조건 형성	1(0.3)		0(0.0)	
자아 관련 이론	자기 개념 이론	브랜드-자아 연결	1(0.3)	1(0.3)	1(1.7)	1(1.7)
	자아 관련 이론	자기참조 이론	1(0.3)	12(3.4)	0(0.0)	1(1.7)
		자기해석 이론	10(2.8)		0(0.0)	
		사회비교 이론	1(0.3)		0(0.0)	
		자아확대 이론	0(0.0)		1(1.7)	
	자아 정체성 이론	현대 정체성 이론	1(0.3)	1(0.3)	0(0.0)	0(0.0)
문화 이론	문화 이론	Hall의 정보 맥락	3(0.8)	10(2.8)	1(1.7)	2(3.4)
		Hofstede 문화 차원	6(1.7)		0(0.0)	
		사회정체성 이론	1(0.3)		0(0.0)	
		문화경제 이론	0(0.0)		1(1.7)	
설득 지식 이론	설득지식 이론	설득지식이론(모델)	10(2.8)	10(2.8)	4(6.9)	4(6.9)

〈표 11-4〉〈한국언론학보〉 최근 20년 광고마케팅 연구논문의 적용 이론 특성(계속)

단위: 건(%)

이론 I	이론 영역 II	이론 및 모델	문영숙 외 (2017)		2000~2019년 〈한국언론학보〉	
기억 이론	기억 이론	망각 이론	1(0.3)		0(0.0)	
		암묵적 기억 이론	2(0.6)	3(0.8)	0(0.0)	1(1.7)
		도형과 바탕 이론	0(0.0)		1(1.7)	
감정	감정	감각환영 이론	1(0.3)		0(0.0)	
		감정반응	5(1.4)	6(1.7)	0(0.0)	1(1.7)
		애착 이론	0(0.0)		1(1.7)	
가치 이론	가치 이론	MECCAS 모델	1(0.3)		0(0.0)	
		가치체계 이론	1(0.3)	2(0.6)	0(0.0)	0(0.0)
감각과 지각	감각과 지각	각성	2(0.6)		0(0.0)	
		신호탐지 이론	3(0.8)	5(1.4)	0(0.0)	0(0.0)
수사학	수사학	사과이론	1(0.3)		1(1.7)	
		해석체이론(삼부 모형)	1(0.3)		0(0.0)	
		서사이론	1(0.3)		2(3.4)	
		신화이론	1(0.3)	5(1.4)	1(1.7)	6(10.3)
		은유이론	1(0.3)		0(0.0)	
		기타 수사학	0(0.0)		2(3.4)	
사회학 이론	사회학 이론	사회통제 이론	1(0.3)	1(0.3)	0(0.0)	1(1.7)
			0(0.0)		1(1.7)	
철학 이론	철학 이론	구조적 다원주의	1(0.3)	1(0.3)	0(0.0)	0(0.0)
		윤리규범 이론				
기타	기타	FCD-grid	9(2.5)	9(2.5)	1(1.7)	2(3.4)
		빅파이브 모델 이론	0(0.0)		1(1.7)	
총합			354(100.0)		58(100.0)	

주: 문영숙 · 이병관 · 임혜빈, 2017 수정 보완.

제시된 바와 같다. 이론Ⅱ(세부이론 및 모델명) 유목 중심으로 살펴보면, 태도이론〔일반적 태도 2(3.4%), 광고에 대한 태도 2(3.4%), 메시지 효과 6(10.3%), 정보원 효과 5(8.6%)〕 > 정보처리이론 9(15.5%) > 커뮤니케이션이론〔이론 3(5.2%), 혁신확산이론 3(5.2%)〕 = 수사학 6(10.3%) > 매체계획 4(6.9%) = 설득지식이론 4(6.9%) 순으로 발견되었다.

문영숙 외(2017) 연구결과와 2000년 이후 〈한국언론학보〉 내 광고마케팅 연구 분석결과를 비교하면, 우선 메시지 효과 관련 연구는 〈한국언론학보〉가 전체 중 10.3%(6건) 존재하여 광고관련 전문학술지(22건, 6.2%)와 비교해 상대적으로 많은 편이었다. 또 커뮤니케이션 이론(접종이론, 제3자 효과, 상호지향성모델, 의제설정 효과) 연구도 〈한국언론학보〉가 전체 중 3(5.2%) 존재하여 광고관련 전문학술지 4(1.1%)와 비교해 상대적으로 많은 편이었다. 수사학〔사과이론, 해석체이론(삼부모형), 서사이론, 신화이론, 은유이론, 기타 수사학〕 연구 역시 〈한국언론학보〉가 전체 중 6(10.3%) 존재하여 광고관련 전문학술지 5(1.4%)와 비교해 상대적으로 많은 편이었다.

그러나 광고관련 전문학술지에서 30건(8.5%)이나 발견된 맥락 효과(사회적 판단이론, 동화/대비효과, 각성전이이론, 전이효과, 후광효과) 관련 연구는 〈한국언론학보〉에서 20년 동안 전혀 발견되지 않았다. 더불어, 전체 의사결정이론 내 전망 이론(규범이론, 예상이론, 틀 효과)과 의사결정 이론(조절초점이론, 해석수준이론, 자기조절모형) 연구는 〈한국언론학보〉가 전체 중 3(5.2%)이 존재하여 광고관련 전문학술지 65(18.4%)와 비교해 상대적으로 적은 편이었다.

시기별 적용 이론 특성: 이론Ⅰ의 시기적 차이를 보면, 최근 10년은 과거 10년에 비해, 태도, 의사결정, 설득지식, 수사학 이론연구가 증가하였고, 커뮤니케이션, 매체, 문화이론 관련 연구는 감소하였다(〈표 11-5〉 참조). 〈한국언론학보〉 내 광고마케팅 연구가 과거에 비해 미시적 관점의 설득과

〈표 11-5〉 〈한국언론학보〉 최근 20년 광고마케팅 연구논문의 시기별 이론 I 특성

시기	이론 I															전체
	태도	정보처리	커뮤니케이션	의사결정	매체	학습	자아관련	문화	설득지식	기억	감정	수사학	사회학	기타	없음	
2000~2009년	7(12.5)	6(10.7)	5(8.9)	1(1.8)	3(5.4)	2(3.6)	1(1.8)	2(3.6)	0(0.0)	1(1.8)	1(1.8)	3(5.4)	1(1.8)	1(1.8)	22(39.3)	56(100.0)
2010~2019년	8(22.9)	3(8.6)	1(2.9)	2(5.7)	1(2.9)	0(0.0)	1(2.9)	0(0.0)	4(11.4)	0(0.0)	0(0.0)	3(8.6)	0(0.0)	1(2.9)	11(31.4)	35(100.0)
전체	15(16.5)	9(9.9)	6(6.6)	3(3.3)	4(4.4)	2(2.2)	2(2.2)	2(2.2)	4(4.4)	1(1.1)	1(1.1)	6(6.6)	1(1.1)	2(2.2)	33(36.3)	91(100.0)

태도 관련 연구가 뚜렷하게 강세를 보이고 있는 것으로 이해되었다. 이론 I(수정)의 시기적 차이를 보면, 시기1에서는 23편(41.1%) 논문이 이론이 기타(없음)인 논문들이었고, 시기2에서는 12편(34.3%)이 설득/태도이론, 12편(34.3%)이 기타(없음)이었다. 이러한 결과는 최근에 들어와 설득/태도 관련 연구가 증가되었음을 보여주는 것이었다.

적용 이론 I(수정)별 대주제 특성: 이론 I(수정)과 대주제를 교차하여 분석한 결과, 역사는 이론이 없었고, 법과 사회는 커뮤니케이션 이론, 경영은 이론이 없거나 설득/태도이론, 메시지는 설득/태도이론이나 수사학이론, 소비자행동은 정보처리, 설득/태도, 커뮤니케이션, 기타(없음), 매체는 정보처리, 매체관련, 자아/학습, 기타 등 다양한 이론이 적용되어 분석되었다(〈표 11-6〉 참조). 가장 큰 특징은 메시지 관련 주제는 설득/태도이론이나 수사학 이론이 적용되는 두 가지 유형으로 양분되고 있다는 점이다. 더불어 소비자행동 주제는 역시 정보처리, 설득/태도, 커뮤니케이션 등 전통적인 심리학적이고 커뮤니케이션학적인 이론들이 적용되거나 검증하는 연구들이 주류를 이루고 있었다는 것이다.

〈표 11-6〉 〈한국언론학보〉 최근 20년 광고마케팅 연구논문의
이론 I(수정)별 대주제 특성

단위: 건(%)

구분		대주제						전체
		역사	법과 사회	경영	메시지	매체	소비자 행동	
이론 I (수정)	설득/태도	0(0.0)	0(0.0)	2(20.0)	8(47.1)	0(0.0)	9(24.3)	19(20.9)
	정보처리	0(0.0)	1(10.0)	1(10.0)	0(0.0)	2(13.3)	10(27.0)	14(15.4)
	커뮤니케이션	0(0.0)	2(20.0)	1(10.0)	1(5.9)	0(0.0)	5(13.5)	9(9.9)
	매체관련	0(0.0)	1(10.0)	1(10.0)	0(0.0)	2(13.3)	0(0.0)	4(4.4)
	자아/학습	0(0.0)	0(0.0)	0(0.0)	0(0.0)	2(13.3)	2(5.4)	4(4.4)
	수사학	0(0.0)	0(0.0)	0(0.0)	5(29.4)	0(0.0)	1(2.7)	6(6.6)
	기타(없음)	2(100.0)	6(60.0)	5(50.0)	3(17.6)	9(60.0)	10(27.0)	35(38.5)
전체		2(100.0)	10(100.0)	10(100.0)	17(100.0)	15(100.0)	37(100.0)	91(100.0)

적용 이론 I 별 방법론: 한편, 이론 I과 적용 방법론을 교차하여 분석한 결과, '태도이론 15건(100%), 정보처리이론 9건(100%), 커뮤니케이션 이론 6건(100%), 설득지식이론 4건(100%) 모두가 적용이론들을 해결하기 위해 양적 방법론'을 적용하고 있었다. 이를 세부방법론까지 더 세부적으로 분석해보면 '태도이론 15건 중 10건(66.7%), 정보원효과 5건 중 4건(80%), 정보처리이론 9건 중 7건(77.8%)의 논문이 모두 실험연구방법론'을 이론 검증을 위해 적용하고 있었다. 또 이론이 적용되지 않은 논문들 총 33건 중 25건(75.8%)이 양적 방법론이 적용되어 분석되고 있었다. 그러나 '수사학이론이 적용된 논문의 분석을 위해서는 6건 중 3건(50%)은 양적 방법론, 나머지 50%는 질적 방법론으로 두 방법론이 대등하게 사용된 것'은 특이한 결과였다. 더불어, '혁신확산이론 중 3건(100%)이 모두 서베이 방법론이 적용'된 점과 '내용분석 방법론이 적용된 논문 가운데 10건(66.7%)이 이론이 없는 연구논문'이었다는 것도 특기할 만한 결과였다.

3) 적용 방법론별 특징

최근 20년간 〈한국언론학보〉에 게재된 논문의 연구방법론을 살펴보면, 전체적으로 실험 > 서베이 > 내용분석 > 사례연구 = 2차자료의 순서였고, 약 90%가 양적 방법론을 사용하고 있었다(〈표 11-7〉). 시기별로 비교하면, 내용분석이 감소하고, 사례연구가 증가하였다. 양적 방법론과 질적 방법론의 비율은 차이 없이 거의 9:1이었다. 한편 전체 광고관련 학술지에 대한 김광수(2009)의 연구방법론 분석을 보면, 도입기(1988~2000년)에서 성장기(2001~2008년)에 가까울수록 2차자료, 사례연구, 문헌연구는 크게 감소하였고, 서베이, 내용분석, 실험연구는 증가추세였다. 위의 분석결과를 통해 종합적으로 보면 광고관련 연구는 대부분 양적 방법론을 적용한 연구들이며, 이러한 추세는 최근 더 강화되고 있다.

〈표 11-7〉 〈한국언론학보〉 최근 20년 광고마케팅 연구논문의 시기별 연구방법론 특성

단위: 건(%)

시기	양적 연구방법론							질적 연구방법론		전체
	서베이	내용분석	실험	사례연구	이차자료	양적복합	기타(복합)	문헌연구	질적분석	
2000~2009년	16(28.6)	10(17.9)	17(30.4)	2(3.6)	3(5.4)	1(1.8)	1(1.8)	2(3.6)	4(7.1)	56 (100.0)
	50(89.3)							6(10.7)		
2010~2019년	9(25.7)	5(14.3)	11(31.4)	3(8.6)	2(5.7)	0(0.0)	0(0.0)	0(0.0)	5(14.3)	35 (100.0)
	30(85.7)							5(14.3)		
전체	25(27.5)	15(16.5)	28(30.8)	5(5.5)	5(5.5)	1(1.1)	1(1.1)	2(2.2)	9(9.9)	91 (100.0)

4) 추가분석 결과 비교

이진균·이형민(2018)은 한국광고홍보학회의 창립 20주년 학술대회에서 〈한국광고홍보학보〉와 〈광고연구〉에 게재된 학술논문 키워드 연구결과를 발표하였다. 텍스트 마이닝을 통한 핵심어 추출 분석을 통해 게재 논문 초록 수집 및 색인화 작업을 실시하였으며, 단어의 단순빈도(TF: Term Frequency)와 단어 중요도(TF-IDF: Term Frequency-Inverse Document Frequency) 분석을 실시하였다. 분석대상은 1999~2018년의 〈한국광고홍보학보〉, 2010~2018년 〈광고연구〉 내 논문초록이다. 김수연·김대욱·최명일(2013)은 〈광고연구〉, 〈광고학연구〉, 〈홍보학연구〉, 〈한국광고홍보학보〉에 2012년 6월까지 게재된 논문 1,519편을 대상으로 제시된 핵심어 분석을 실시하였다.

한편, 이 책의 제2장은 2000~2018년까지 19년간 〈한국언론학보〉 내 1,594편 논문의 핵심어 내용분석과 네트워크 분석을 실시하였으며, 이 책의 제1장은 1959~2018년까지 〈한국언론학보〉에 게재된 60년 치 논문 전편의 메타 데이터를 수집하고 전처리 과정을 거쳐 토픽 모델링 분석을 하였다. 연구대상은 논문 2,048편으로 누리미디어 데이터베이스에서 제목,

〈표 11-8〉 〈한국언론학보〉 포함 광고 관련 학술지의 핵심어 분석

이 책의 1장				이진균·이형민(2018)		이 책의 2장	김수연 외(2013)	
〈한국언론학보〉 전문		〈한국광고홍보학보〉 요약본/핵심어		〈광고연구〉 요약본/핵심어		〈한국언론학보〉 광고마케팅논문	4개 광고 관련 학술지	
토픽 - 광고	토픽 - 광고 홍보	TF	TF-IDF	TF	TF-IDF	핵심어(연결성/매개 중심성)*	핵심어(빈도)	핵심어(연결중심성)
웹사이트	전략	광고	광고	광고	광고	구매의도	광고효과	광고
광고주	조직	브랜드	브랜드	브랜드	브랜드	애착	광고태도	브랜드
방식	공중	공중	기업	미디어	기업	브랜드 확장	CSR	태도
매체	브랜드	미디어	메시지	태도	메시지	간접광고	브랜드 태도	이미지
규매	상호	커뮤니케이션	태도	상품	태도	카리스마	판매도	광고효과
설득력	커뮤니케이션	태도	효과	사회	효과	자아일치	구매의도	광고태도
대행사		사회	영향	효과	영향	아이콘(애플)	내용분석	브랜드 태도
		기업	이미지	메시지	제품	브랜드	인터넷 광고	관여도
		효과	소비자	이미지	이미지	기사형 광고	TV광고	TV광고
		메시지		SNS	소비자	태도	메시지 프레이밍	PR

주: * 이 책의 제 2장은 매개 중심성(betweenness centrality), 연결 중심성(degree centrality), 인접 중심성(closeness centrality) 등 값을 산출했고, 이미 있는 수치를 중심으로 연결망 그래프를 제시했다. 연결 중심성은 한 노드(이 연구에서는 키워드 한 개)가 얼마나 많은 노드와 연결되었느냐 연결된 엣지(edge) 수를 의미한다. 연결된 엣지 수가 많을수록 그 노드가 중요한 것으로 평가받는다. 김수연 외(2013)의 연구 역시 연결정도 중심성을 분석하였다. 매개 중심성은 '노드와 직접 연결된 노드의 거리를 평균 내 값으로 한 노드가 얼마나 많은 노드와 직접 연결되었는지를 보여주며 이는 '한 노드가 특정 네트워크에서 매개 역할을 얼마나 할하는지' 알려준다. 인접 중심성은 '직접 연결된 노드뿐만 아니라 건너 건너까지의 거리를 측정해 평균값을 구한 것'이다. 한 노드가 다른 노드와의 연결거리가 얼마나 짧은지를 알려주며, 인접 중심성이 크면 다른 노드와의 관계에서 영향력이 큰 것을 의미한다(이 책의 제 2장).

저자, 발행일, 발행쪽수, 키워드, 초록, 본문이 포함된 메타데이터로 분석하였다.

위 연구들을 통해 도출된 결과를 〈표 11-8〉에 종합적으로 제시하였다. 결과를 살펴보면, 먼저 광고관련 학술지에서 대표적으로 등장하는 핵심어는 광고, 브랜드, 태도, 메시지, 미디어, 기업, 이미지, 소비자(공중), 효과 등으로 정리될 수 있었다. 이러한 핵심어는 커뮤니케이션학에서 흔히 언급되는 S(*sender*), M(*message*), C(*channel*), R(*receiver*), E(*effect*)의 변수들과도 일맥상통하는 핵심어들이었다. 정리해보면, S(기업), M(광고, 브랜드, 메시지, 상품, 이미지), C(미디어, TV, 인터넷, SNS), R(태도, 소비자, 공중, 관여도), E(효과, 영향)로 모두 재범주화할 수 있었다. 자세히 보면 핵심어들 가운데, 메시지, 채널, 수신자 변수의 여러 세부 개념들(브랜드, 이미지, 인터넷, 태도, 관여도 등) 관련 핵심어들이 많이 등장하고 있어, 이 세 가지 변수(메시지, 채널, 수신자)에 대한 광고관련 연구분야의 관심을 이해할 수 있었다.

반면, 〈한국언론학보〉내 광고관련 연구논문들의 핵심 토픽과 핵심어들을 살펴보면, S(광고주, 대행사, 카리스마), M(브랜드), C(웹사이트, 매체, 아이폰, 간접광고, 기사형광고), R(태도, 구매의도), E(설득력, 애착)으로 재정리될 수 있었지만, 어떤 일반성과 보편적 특징을 발견하기에는 발견된 핵심어들이 보편성(예: 브랜드, 미디어, 태도, 소비자 등)보다는 특수성(예: 아이폰, 간접광고, 카리스마, 애착 등)의 언어들이 많았다. 이러한 결과는 분석대상의 범위와 분량 제한으로 인한 대표성의 한계일 수 있었다. 실제 〈한국언론학보〉전체 논문들 가운데, 광고마케팅 관련 연구가 가지는 한계가 분석결과에서도 드러난 것으로 이해되었다.

4. 언론학 내 광고마케팅 연구의 의미와 미래

저자는 본 글의 서론에서 세 가지의 연구문제를 제시하였다. 첫째, 2000년 이후 〈한국언론학보〉 내 광고마케팅 관련 논문의 주제, 이론, 방법론 별 특징과 시기적 변화, 둘째, 〈한국언론학보〉 내 광고마케팅 관련 연구의 범위와 크기가 가지는 의미, 그리고 셋째, 〈한국언론학보〉 내 광고마케팅 관련 연구의 미래에 관한 질문이었다.

먼저 첫 번째 질문의 답부터 파악해보자. 첫 질문의 답을 위해 본 장은 2000년 이후 〈한국언론학보〉에 실린 광고마케팅 관련 논문 91편를 내용분석하였다. 적용된 분석유목은 시기〔1시기(2000~2009년), 2시기(2010~2019년)〕, 논문의 연구주제(대주제, 소주제), 적용된 이론〔이론Ⅰ, 이론Ⅰ(수정), 이론Ⅱ(세부이론 및 모델명)〕, 적용된 연구방법(질적 및 양적 방법론, 세부연구방법)이었다. 더불어, 광고관련 연구논문을 내용분석한 다양한 관련 문헌들이 참조되어 비교분석되었다. 다음 몇 가지 의미 있는 결과로 정리될 수 있다.

〈한국언론학보〉 내 광고마케팅 관련 연구는 타 광고관련 학술지와 유사하게 미시적 관점의 소비자행동 연구 중심으로 변화 중: 종합적으로 분석된 특징은 소비자의 인지, 감정, 행동을 연구하는 소비자행동 연구 분야가 전체 〈한국언론학보〉 광고마케팅 연구의 40%를 구성하고 있었으며, 최근 들어 더 증가되는 추세였다. 과거 광고관련 학술지들에 비해, 〈한국언론학보〉에 실리는 광고마케팅 논문들의 주제가 경영, 법과 사회, 매체 관련이 많았던 것과 다르게 점차로 광고관련 학술지들과 유사하게 소비자행동 연구 중심으로 변화됨을 보여주는 결과였다. 이는 〈한국언론학보〉 내 광고 논문들에 적용된 이론을 시기별 차이로 살펴본 결과에서도 확인되었는데, 조사결과 최근 10년은 과거 10년에 비해, 태도, 의사결정, 설득지식, 수사학 이론연구가 증가하였고, 커뮤니케이션, 매체, 문화이론 관련 연구는 감소하였다. 〈한국언론학보〉 내 광고마케팅 연구가 과거에 비해 미시적 관점의 설득과 태도 관련 연구가 뚜렷하게 강세를 보이는 것으로 이해되었다.

소비자행동 주제 논문들이 가장 이론적, 광고 메시지 분석은 주로 수사학적 접근: 주제 분석을 통해 조금 더 세부적으로 살펴보면, 광고관련 분야의 중심 연구분야인 소비자행동 주제의 연구들은 이론이 적용되어 연구되는 반면, 법과 사회, 경영, 메시지 관련 주제 연구들은 이론이 없는 논문들이 많았다. 이러한 결과는 '법과 사회, 경영, 메시지 관련 주제는 특정 이론의 적용이 없는 논문이 많다'는 특징도 보여주는 것이었다. 즉, 〈한국언론학보〉 내 광고마케팅 연구들의 주요 연구패턴을 나타내주는 것으로 '소비자행동 및 심리이론의 적용을 통한 광고마케팅 효과 연구'가 이론적 광고연구의 중심축임을 의미하는 것이었다. 더불어 특정 매체를 강조한 연구나, 당위적 성격의 법제와 정책 논문에 인과적 사실성 중심의 광고관련 이론이 적용되기 어려운 점도 보여주는 결과였다.

본 분석을 통해 드러난 또 다른 사실은 메시지소구 연구는 주로 태도이론을 적용하였고, 카피(의미/내용분석) 주제 논문은 주로 수사학 이론을 적용한 논문들이어서, 흔히 우리가 접하는 광고마케팅 관련 논문의 또 다른 패턴인 '메시지 소구에 관한 소비자 태도', '광고 내용과 카피에 관한 수사학적 분석 연구'의 전형성이 분석을 통해 밝혀졌다.

'소비자행동 주제 ― 정보처리/설득 및 태도/커뮤니케이션 이론', '매체 주제 ― 정보처리/매체관련/자아 및 학습 이론', '메시지 주제 ― 설득 및 태도/수사학 이론', '법과 사회 주제 ― 커뮤니케이션 이론', '경영, 역사 주제 ― 이론 없음'의 패턴: 전체적으로 태도이론(메시지 효과, 정보원 효과, 정보처리이론), 커뮤니케이션 이론, 매체계획, 설득지식이론 순으로 빈도가 높았다. 주제와 적용이론과의 연관성을 보면, '소비자행동 주제 ― 정보처리 이론, 설득/태도 이론, 커뮤니케이션 이론', '매체 주제 ― 정보처리 이론, 매체 관련 이론, 자아/학습 이론', '메시지 주제 ― 설득/태도이론이나 수사학이론',

'법과 사회 주제 — 커뮤니케이션 이론', '경영 및 역사 주제 — 이론 없음'의 패턴을 보이고 있었다. 가장 큰 특징은 소비자행동 주제는 역시 정보처리, 설득/태도, 커뮤니케이션 등 전통적인 심리학적이고 커뮤니케이션학적인 이론들이 적용되거나 검증하는 연구들이 주류를 이루고 있었으며, 메시지 관련 주제는 설득/태도이론이나 수사학이론이 적용되는 두 가지 유형으로 양분되고 있었다.

그러나 타 광고관련 학술지에 비해 여전히 〈한국언론학보〉는 커뮤니케이션 이론 강세, 심리학 중심 이론 약세: 문영숙 외(2017) 연구와 비교된 본 연구 결과, 메시지 효과 관련 연구, 커뮤니케이션 이론(접종이론, 제 3자 효과, 상호지향성모델, 의제설정 효과) 연구, 수사학〔사과이론, 해석체이론(삼부 모형), 서사이론, 신화이론, 은유이론, 기타 수사학〕 연구 등은 〈한국언론학보〉가 광고관련 전문학술지와 비교해 상대적으로 많은 편이었다. 그러나 광고관련 전문학술지에서 30건(8.5%)이나 발견된 맥락 효과(사회적 판단 이론, 동화/대비효과, 각성전이이론, 전이효과, 후광효과) 관련 연구는 전혀 발견되지 않았고, 의사결정이론 내 전망 이론(규범이론, 예상이론, 틀 효과) 과 의사결정이론(조절초점이론, 해석수준이론, 자기조절모형) 연구도 매우 적었다. 최근 소비자행동 및 심리 관련 연구가 증가하고 있는 추세이나, 여전히 광고관련 학술지에 비해서는 적은 편이며, 반면, 커뮤니케이션 이론, 수사학 이론 관련 연구는 더 많았으며, 이는 인지 심리학적이고, 미시적인 연구에 비해 사회학적이고 다소 거시적 관점의 연구가 〈한국언론학보〉에 더 많았음을 보여주는 결과였다.

적용방법론은 실험 > 서베이 > 내용분석 > 사례연구 = 2차자료 순: 연구방법론을 살펴보면, 전체적으로 실험 > 서베이 > 내용분석 > 사례연구 = 2차자료의 순서였고, 거의 90%가 양적 방법론을 사용하고 있었다. 최근 들어, 양적 방법론의 적용은 증가하고 있으며, 내용분석은 감소하고, 사례연구가 증가하였다. 주제별로 적용된 방법론을 보면, 소비자행동 연구는 모두 양적 방법론이 적용되어, 역시 전통적인 '소비자행동 연구의 양적 방법론 적용'의 특성을 보여주었다. 주제 — 이론 — 방법론의 중심 흐름은 주제(소비자행동) — 이론(심리관련 이론) — 방법론(양적 방법론)의 패턴이었다.

'태도/정보처리이론 — 실험연구', '혁신의 확산이론 — 서베이', '수사학이론 - 양적/질적 방법론 균형 적용', '법제 — 사례연구', '신문/잡지 — 내용분석': 이론과 방법론의 연관성 분석에서는 '태도이론, 정보처리이론, 커뮤니케이션이론, 설득지식이론 — 양적방법론'의 패턴이 밝혀졌고, 더 세부적으로 '태도이론, 정보원효과, 정보처리이론 — 실험연구방법론'의 흐름도 파악되었다. 한편, '수사학이론 — 양적 방법론/질적 방법론', '혁신의 확산이론 — 서베이', '내용분석 — 이론 없음'도 이론 — 방법론의 주요 특징이었다. 더불어 법과 사회 연구는 서베이와 사례연구 방법론이 비등하게 적용되어 연구되었고, 매체 주제 논문은 주로 내용분석 연구였으며, 논문의 주제와 방법론의 연관성 조사에서는 '법제 — 사례연구', '광고카피 — 내용분석', '소구연구 — 실험연구', '신문/잡지 — 내용분석, 질적 분석', '인지/감정 주제 — 실험, 서베이' 등의 연구 패턴을 파악할 수 있었다.

핵심어 분석결과 타 광고관련 학술지는 세 가지 변수(메시지, 채널, 수신자)로 수렴, 〈한국언론학보〉는 다소 파편적: 한편, 핵심어 분석과 네트워크 분석 등을 통해 분석된 〈한국언론학보〉와 타 광고관련 학술지의 비교 결과, 광고관련 학술지의 핵심어는 광고, 브랜드, 태도, 메시지, 미디어, 기업, 이미지, 소비자(공중), 효과 등이었고, 세 가지 변수(메시지, 채널, 수신자)로 핵심어가 수렴됨을 파악할 수 있었다. 그러나 〈한국언론학보〉 내 광고연구들의 핵심어들은 보편성(예: 브랜드, 미디어, 태도, 소비자 등)보다는 특수성(예: 아이콘, 간접광고, 카리스마, 애착 등)이 강해 결과의 해석이 용이하지 않았다. 이는 전체 〈한국언론학보〉 논문 중 광고마케팅 관련 논문 비율이 매우 제한적(4.3%)이어서 어떤 특징성이 발견되지 않는 것으로 이해될 수 있었다.

이제 자연스럽게 서두의 두 번째 질문인 〈한국언론학보〉 내 광고마케팅 관련 연구의 범위와 크기가 가지는 의미에 대해 답해보고자 한다. 첫 질문의 답을 재정리하면, 최근 20년간 〈한국언론학보〉 내 광고마케팅 연구의 특징은 타 광고관련 학술지에 비해 '커뮤니케이션 이론' 적용 연구들이 많았지만, 전체적으로 광고연구의 주요 테마인 '심리학적 관점의 소비자행동 연구' 중심으로 변화 중이라는 것이다. 핵심어 연구로 알게 된 또 하나의 주요점은 우리나라 커뮤니케이션학 내 광고학 또는 전략커뮤니케이션 분야의 대표성이 담보된 고유성을 담기에는 〈한국언론학보〉 내 광고마케팅 연구가 가지는 크기와 범위의 한계가 크다는 것이다. 이러한 외형적이고 양적인 아쉬움은 서론에 남기고 여기에선 이유를 찾아보자.

여러 가지가 가능하다. 우선, 전략커뮤니케이션 분야에서 광고학이 언론학의 6촌이라면, 언론학의 4촌 즈음되는 PR학이 과거 20년 동안 많이 확장되었고, 이런 연구들이 〈한국언론학보〉에 많이 등장한 것이 주요 원인일 수 있다. 또한, 한국광고홍보학회, 한국광고학회 이외에 한국광고 PR실학회, 한국OOH광고학회, 한국헬스커뮤니케이션학회 등이 연구재단 등재학술지를 발간하면서 학자들의 연구 출간 통로가 크게 다양화되었다는 것도 이유이다. 좀더 본질적으로 '광고연구가 매스커뮤니케이션의 한 영역으로서 커뮤니케이션 관련 학과들을 중심으로 시작되고 발전'(문영숙, 2009) 되었지만, 이제는 더 이상 그렇지 않다는 것이다. 최근 20년 동안 전국에 광고홍보학과가 커뮤니케이션학과와 별개로 크게 증가하였으며, 이젠 커뮤니케이션학과 출신이 아닌 광고홍보학과 출신 학자들이 광고홍보학과에 부임하는 비율이 증가하고 있다. 이는 더 이상 한국언론학회가 '같은 뿌리로 시작한 모든 커뮤니케이션 분야의 모학회'가 되기 어려운 상황임을 보여주기도 한다.

〈한국언론학보〉 내 광고연구의 미래를 묻는 세 번째 질문에 답하면서 마무리하고자 한다. 한국언론학회 또는 커뮤니케이션학(언론학)과 광고학의 교집합이 점차로 사라진다면, 〈한국언론학보〉내 광고연구는 점차 퇴보할 운명인가? 커뮤니케이션 관련 학부교육으로서 전략커뮤니케이션학의 역할과 기능, 그리고 커뮤니케이션학(언론학) 내에서 전략커뮤니케이션학의 학문적 존재가치를 생각한다면, 이러한 부정적 결론에 동의하기 어렵다. '광고연구가 무엇보다 매스커뮤니케이션의 한 영역으로서 커뮤니케이션 관련 학과들을 중심으로 시작되고 발전되었다'(문영숙, 2009)는 시작도 중요하지만, 여전히 커뮤니케이션 관련 학부교육 내 설득과 전략의 커뮤니케이션이 의미 있는 한 '광고연구'의 가치도 지속적인 것이다.

최근 저자는 커뮤니케이션학은 향후 '스토리텔링과 플랫폼 연구'라는 두 가지 큰 흐름으로 발전하리라 말하곤 한다. 스토리텔링 안에는 '공공 가치의 뉴스'와 '관객을 감동시키는 영상'도 존재하지만, '진심의 에토스가 담기고 로고스와 페이소스가 충만한 설득메시지' 또한 공존하기 때문이다. 10년 후 〈한국언론학보〉가 가지는 학문적 풍요로움을 기대해보며 이 글을 맺고자 한다.

참고문헌

권영순·이수범(2007). 우리나라 PR 논문의 연구경향에 대한 분석: 2001~2005년을
　　중심으로. 〈한국광고홍보학보〉 9권 2호, 244~276.

김광수(2009). 광고연구 50년의 흐름. 한국언론학회 50년사 편찬위원회, 〈한국언론학회
　　50년사: 1959~2009〉, 487~520.

김대욱·김수연·최명일(2013). 한국 광고홍보학 연구경향 언어 네트워크 분석: 〈광
　　고연구〉, 〈광고학연구〉, 〈홍보학연구〉, 〈한국광고홍보학보〉에 게재된 논문의
　　핵심어를 중심으로. 〈한국광고홍보학보〉 15권 1호, 59~85.

문영숙·이병관·임혜빈(2017). 광고 연구의 이론 적용과 동향. 〈한국광고홍보학보〉
　　19권 2호, 85~134.

박재진·이창환·박종민(2008). 광고언어에 대한 통시적 분석: 1960년대부터 2000년
　　대까지의 잡지광고를 중심으로. 〈광고학연구〉 19권 4호, 29~41.

박종렬·김형일·김봉철(2004). 한국 광고학 연구의 흐름과 동향. 〈한국광고홍보학
　　보〉 6권 3호, 48~79.

박종민·곽은경(2007a). 신문광고에 나타난 여성의 성적(性的) 이미지 종단연구. 〈광
　　고학연구〉 18권 5호, 289~305.

_____(2007b). 신문광고 내 여성의 특징과 역할: 1920년부터 2005년까지 〈조선일
　　보〉, 〈동아일보〉 광고분석. 〈광고연구〉 77호, 59~93.

박종민·박경희·최서경(2013). 여성 성역할에 관한 환상주제의 시대적 변천: 1960~
　　2000년대 〈주부생활〉, 〈신동아〉 잡지광고 분석을 중심으로. 〈광고연구〉 99호,
　　67~105.

박종민·박재진·이창환(2007). 1960년에서 2005년까지 우리나라 광고언어의 시대 차
　　이 분석. 〈한국언론학보〉 51권 5호, 394~423.

박종민·조의현·곽은경(2008). 의약품광고의 언어학적 특징: 1920년에서 2005년까
　　지 〈조선일보〉와 〈동아일보〉 의약품광고의 헤드라인과 서브헤드라인 분석.
　　〈한국언론학보〉 52권 4호, 50~80.

박종민·김의기·유성훈·최수진(2010). 우리나라 영화광고의 시대별 특성에 관한 통
　　시적 연구: 1920~2000년대 〈조선일보〉와 〈동아일보〉의 신문영화광고 내용분
　　석. 〈언론과 사회〉 18권 1호, 91~152.

박종민·김의기·최수진·유성훈(2008). 남성잡지광고 안의 여성과 남성 vs. 여성잡지
　　광고 안의 남성과 여성: 1960년대에서 2000년대까지. 〈광고연구〉 79호, 145~

179.

서영남·박종민·박영상(2012). 광고 전문 인력의 이직 경로 연구: 2000년 이후 우리
　　나라 광고 종사자의 직업 이동 분석. 〈한국광고홍보학보〉 14권 1호, 97~135.

윤　각·정혜경·편석환(2008). 2000년부터 2007년까지 〈광고연구〉와 〈광고학연구〉
　　에 게재된 논문에 대한 내용분석. 〈광고학연구〉 19권 4호, 185~198.

이진균·이형민(2018. 6). 텍스트 마이닝을 이용한 한국광고홍보학회의 학술적 업적
　　과 지적 구조 분석: 〈한국광고홍보학보〉와 〈광고연구〉에 게재된 학술논문 키워
　　드 연구. 한국광고홍보학회 창립 20주년 학술대회 발표. 서울: 경희대.

이현우(2003). 우리나라 PR 논문의 학문적 경향에 대한 비판적 고찰. 〈한국광고홍보
　　학보〉 5권 1호, 165~191.

최종석(2011). 〈한국광고홍보학보〉의 연구현황과 동향분석: 1999년 창간호부터 2010
　　년 가을호까지 게재된 논문의 내용분석을 중심으로. 〈한국광고홍보학보〉 13권
　　1호, 105~137.

김훈순·이경숙(2000). 영상산업의 마케팅에 대한 문화적 고찰. 〈한국언론학보〉 44권 3호, 115~152.

이종민(2000). 친숙한 브랜드 상황에서의 광고반응변인들 사이의 구조적 관계에 관한 연구. 〈한국언론학보〉 44권 3호, 256~300.

서범석(2000). 안티홈페이지가 기업이미지에 미치는 영향에 관한 연구. 〈한국언론학보〉 44권 4호, 102~119.

김자경·김정현(2001). 공익연계 마케팅에 대한 고찰. 〈한국언론학보〉 45(특별호), 5~40.

김병희·한상필(2001). 광고 Headline의 담론 구성에 관한 연구. 〈한국언론학보〉 45(특별호), 41~69.

남인용(2001). 광고주 유형, 메시지 유형, 자기 검색도, 관여도가 공익광고의 효과에 미치는 영향. 〈한국언론학보〉 46권 1호, 116~146.

Kim, Kwangsu(2001). Trends of advertising research in Korea. 〈한국언론학보〉 45(영문특별호), 87~105.

Kim, Mi-Kyung(2001). Web media and electronic commerece. 〈한국언론학보〉 45(영문특별호), 107~118.

Park, Sung-Ho(2001). A study on the "Propensity of internet advertising to communicate". 〈한국언론학보〉 45(영문특별호), 221~240.

Ahn, Eui-jin(2001). Effects of banner ad size on brand attitude and click-through. 〈한국언론학보〉 45(영문특별호), 631~652.

김광수·서경미(2002). 광고의 파격성에 관한 연구. 〈한국언론학보〉 46권 2호, 99~121.

김재영(2002). 메시지 처리 관여와 제품관여에 따른 광고에 대한 태도의 중개효과. 〈한국언론학보〉 46권 2호, 226~252.

장택원(2002). 서비스 기업의 광고, 기업 이미지, 서비스 품질과 고객 충성도의 구조 관계 연구. 〈한국언론학보〉 46권 3호, 353~389.

안종묵(2002). 〈해조신문〉의 광고에 관한 일 연구. 〈한국언론학보〉 46권 5호, 43~72.

차동필·한균태(2003). 공익광고와 제 3자 효과. 〈한국언론학보〉 47권 3호, 38~59.

김은희(2003). 인터넷 광고의 표현전략(creative strategy)에 관한 비교연구. 〈한국언론학보〉 47권 3호, 60~94.

김유경·허 웅(2003). 소비자와 브랜드 관계의 질적요인(BRQ)에 관한 연구. 〈한국 언론학보〉 47권 4호, 190~219.

심성욱(2003). 네거티브 정치광고의 비교 유형이 미국 대학생들에게 미치는 효과에 관한 연구. 〈한국언론학보〉 47권 4호, 220~245.

오창우(2003). 유머광고 마지막 장면 '재미 컷'의 미장센 효과에 관한 연구. 〈한국언 론학보〉 47권 5호, 142~169.

안주아(2003). 브랜드 자산 구성요인 간 영향관계에 관한 탐색적 연구. 〈한국언론학 보〉 47권 5호, 279~310.

강미선·정만수·박현수(2004). 변형광고의 유형별 주목효과. 〈한국언론학보〉 48권 4호, 58~80.

박주연(2004). 독일 방송 기업의 채널 브랜드 관리에 관한 연구. 〈한국언론학보〉 48 권 5호, 349~374.

정동훈(2004). 아바타(avatar) 아이템 구매의 심리학적 분석. 〈한국언론학보〉 48권 6 호, 110~137.

오두범(2005). 지역 브랜드 평판이 지역 산출물에 대한 소비자 태도에 미치는 영향 연 구. 〈한국언론학보〉 49권 1호, 108~132.

홍지아(2005). 한국 텔레비전 정치광고의 서사구조 분석. 〈한국언론학보〉 49권 2 호, 110~134.

주영호·오세인(2005). TV광고에 나타난 영상미학적 구성요소의 수용성 연구. 〈한국 언론학보〉 49권 5호, 66~94.

민 영(2005). 한국 언론의 정치광고 보도경향. 〈한국언론학보〉 49권 5호, 177~201.

한승수(2005). 자아표현적 소비 성향이 브랜드 애착에 미치는 영향에 관한 연구. 〈한 국언론학보〉 49권 6호, 493~516.

김무곤(2005). 부정적 정치광고의 효과 연구. 〈한국언론학보〉 49권 6호, 85~108.

김광수(2006). 브랜드 의식에 기초한 소비문화 연구. 〈한국언론학보〉 50권 1호, 31~ 59.

권호영·정선영(2006). 광고 수요의 매체 간 대체성에 관한 분석. 〈한국언론학보〉 50 권 3호, 37~64.

문성준·성지연(2006). 긍정적인 소비자 태도를 위한 효율적인 광고 매체 전략. 〈한 국언론학보〉 50권 4호, 125~152.

안대천·김상훈(2006). 공격적 광고(offensive advertising)에 대한 지각과 구매의도의 문화적 영향에 관한 연구. 〈한국언론학보〉 50권 5호, 184~210.

민　영(2006). 정치광고의 이슈현저성과 후보자 선호도에 대한 효과. 〈한국언론학
　　보〉 50권 5호, 108~131.

탁진영(2006). 텔레비전 정치광고가 후보자 이미지 구성요소에 미치는 영향. 〈한국언
　　론학보〉 50권 5호, 328~353.

김희경・황용석・최윤희(2007). 고객관계관리 관점에서 국내 신문사의 마케팅 행위에
　　대한 평가연구. 〈한국언론학보〉 51권 1호, 455~481.

이영원(2007). 소비자의 지각 위험 및 상품 관여도가 정보채널 평가에 미치는 영향.
　　〈한국언론학보〉 51권 2호, 426~452.

김광옥・하주용(2007). 지상파텔레비전 광고에 나타난 여성의 이미지. 〈한국언론학
　　보〉 51권 2호, 453~478.

이종민・류춘렬・박상희(2007). 광고 메시지 프레이밍 효과에 관한 연구. 〈한국언론
　　학보〉 51권 3호, 282~307.

강명현(2007). 온에어 프로그램 프로모션의 전략방식과 효과에 관한 연구. 〈한국언론
　　학보〉 51권 4호, 308~329.

박종민・박재진・이창환(2007). 1960년에서 2005년까지 우리나라 광고언어의 시대
　　차이 분석. 〈한국언론학보〉 51권 6호, 394~423.

정재민(2007). 대부업 광고에 대한 제 3자 효과 연구. 〈한국언론학보〉 51권 6호, 111~
　　134.

오정호(2007). 광고지출액과 광고집약도의 결정요인에 관한 연구. 〈한국언론학보〉 51
　　권 6호, 288~316.

장병희・김영기・이선희(2008). 지상파 네트워크의 수평적 브랜드 확장에 관한 연구.
　　〈한국언론학보〉 52권 1호, 271~305.

문성준・박정의(2008). 라디오 광고가 제품의 신뢰도, 평가도, 만족도에 미치는 영향
　　에 대한 연구. 〈한국언론학보〉 52권 2호, 151~172.

김병희・정기현(2008). 지역신문 광고시장의 특성 분석. 〈한국언론학보〉 52권 3
　　호, 181~203.

박종민・조의현・곽은경(2008). 의약품광고의 언어학적 특징. 〈한국언론학보〉 52권
　　4호, 50~80.

남경태(2008). BPL에 대한 대학생들의 경험과 이해: 근거이론 접근법을 이용하여.
　　〈한국언론학보〉 52권 5호, 367~398.

박노일・최지원・이나연・이소라・한정호(2008). 광고가 공중의 조직체 위기인식에
　　미치는 영향: 조직체 애착관계성의 매개효과를 중심으로. 〈한국언론학보〉 52권
　　5호, 5~24.

문성준·강윤희·이상연·김여진(2008). 기술 통계와 심층 면접을 이용한 경인 지역 신문의 10년사 광고 변화 분석. 〈한국언론학보〉 52권 6호, 217~236.

한상필·이경렬·박현수(2009). 텔레비전 광고효과의 이월(carryover)과 소멸(decay)에 관한 실증적 연구. 〈한국언론학보〉 53권 3호, 5~29.

양명자·박형배(2009). 우리나라 방송광고 가격결정 모델에 관한 연구. 〈한국언론학보〉 53권 3호, 101~127.

채명진·선혜진(2009). 영국에서의 방송광고 정책 변화에 관한 연구. 〈한국언론학보〉 53권 3호, 324~346.

한광석·이종민(2009). 기억에 근거한 판단과 구매 의도 간의 구조적 관계에 관한 연구. 〈한국언론학보〉 53권 6호, 218~240.

성동규(2009). 중간광고에 대한 인지된 유용성 및 인지된 위험이 중간광고 허용 의사에 미치는 영향에 관한 연구. 〈한국언론학보〉 53권 6호, 379~404.

문비치·이유나(2009). 조직 위기상황에서의 사과광고 메시지 전략과 용서. 〈한국언론학보〉 53권 6호, 354~378.

최안자(2010). 정 소구 광고의 특성에 관한 탐색적 연구. 〈한국언론학보〉 54권 1호, 5~32.

이민우·조수영(2010). 사과광고 보상 유형이 브랜드 애착, 관여, 신뢰도 및 사과 수용에 미치는 효과. 〈한국언론학보〉 54권 1호, 153~181.

이재신·연보영·박영춘(2010). 브랜드 확장 서비스의 수용과 모 브랜드 이용의 연관성. 〈한국언론학보〉 54권 1호, 315~336.

나미수(2010). 한국과 미국의 대선 정치광고 서사구조의 비교 연구. 〈한국언론학보〉 54권 2호, 323~345.

남경태(2010). 텔레비전 드라마 BPL에 대한 소비자들의 태도와 관련성이 있는 요인들에 관한 연구. 〈한국언론학보〉 54권 3호, 228~254.

이승조·심은정(2010). 영상을 통한 개별 정서의 활성화와 광고의 정적/동적 프레이밍의 상호작용. 〈한국언론학보〉 54권 4호, 327~349.

오미영·이정교·조창환(2010). 원산지정보의 강조와 소비자의 자민족중심주의 성향이 국제광고 효과에 미치는 영향. 〈한국언론학보〉 54권 4호, 299~326.

배정근(2010). 광고가 신문보도에 미치는 영향에 관한 연구. 〈한국언론학보〉 54권 6호, 103~128.

송 진·이영주·채정화·홍지아(2011). 방송광고 자율심의체제에서의 합리적 심의제도에 관한 탐색적 연구. 〈한국언론학보〉 55권 1호, 196~218.

최인호·주혜연·이지연·김준홍·박재영(2011). 신문의 대기업 호의보도와 광고의 상관관계. 〈한국언론학보〉 55권 3호, 248~270.

오창우·오세성(2011). 광고주가 인식하는 기대불일치 및 의사소통 수준이 광고대행사와의 거래관계에 미치는 영향. 〈한국언론학보〉 55권 5호, 393~415.

오미영(2011). TV 드라마 PPL에 대한 심리적 반발에 관한 연구. 〈한국언론학보〉 55권 6호, 384~409.

강두선(2012). 스포츠 보도 노출과 선수 인지가 관광지로서의 국가 이미지와 브랜드 태도에 미치는 영향. 〈한국언론학보〉 56권 1호, 156~184.

남경태(2012). BPL 기법에 대한 설득 지식의 정도와 영화 선호도가 BPL 브랜드의 재인과 태도에 미치는 영향. 〈한국언론학보〉 56권 1호, 84~104.

남경태(2012). 사회적인 대의명분을 다룬 자극적인 광고의 효과. 〈한국언론학보〉 56권 2호, 5~25.

안순태(2012). 어린이의 광고 리터러시(advertising literacy). 〈한국언론학보〉 56권 2호, 72~91.

태보라·이창훈·박이슬·우형진(2012). 개인성향에 따른 공익광고 설득효과에 관한 연구. 〈한국언론학보〉 56권 3호, 186~212.

박주연·김 숙(2012). 방송 프로그램에 대한 간접광고 규정체계 연구. 〈한국언론학보〉 56권 4호, 160~183.

배정근(2012). 국내 종합일간지와 대기업 광고주의 의존관계 형성과 변화과정. 〈한국언론학보〉 56권 4호, 265~292.

배정근(2012). 대기업 광고주가 자사 신문기사에 미치는 영향에 대한 기자 인식 연구. 〈한국언론학보〉 56권 5호, 373~396.

정진완·김민정·이종민(2012). 정보처리 관점에서 살펴본 유머광고 효과 연구. 〈한국언론학보〉 56권 6호, 222~245.

오정호(2013). 기업차원의 광고집약도와 상품다각화. 〈한국언론학보〉 57권 2호, 236~261.

김윤식·박종민(2013). 과연 독자는 기사와 기사형 광고의 차이를 중요하게 생각하는가?. 〈한국언론학보〉 57권 3호, 324~346.

정승혜·마동훈(2013). 이동통신 광고와 '민족' 담론 연구. 〈한국언론학보〉 57권 5호, 239~270.

김민정·진홍근(2013). 광고 혼잡도와 광고 회피 유형에 따른 인터넷 팝업 광고의 기억 효과 연구. 〈한국언론학보〉 57권 6호, 552~579.

양정애·장현미(2014). 소비자의 인터넷 접근성 및 활용능력이 상품구매 성향에 미치는 영향. 〈한국언론학보〉 58권 2호, 160~190.

안순태(2014). 인터넷 신문 기사형 광고에 대한 어린이의 이해. 〈한국언론학보〉 58권 2호, 246~268.

최순희(2014). 디지털 양방향 방송광고 이용자 보호를 위한 현행 법령의 특성. 〈한국언론학보〉 58권 6호, 419~442.

이재신·연보영·류재미(2014). 브랜드와 CEO 카리스마 인식과 소비자 감정 경험이 브랜드 확장에 미치는 영향. 〈한국언론학보〉 58권 3호, 408~432.

정민희·배진아(2015). TV 팝업광고의 효과에 영향을 미치는 요인. 〈한국언론학보〉 59권 2호, 396~423.

유봉석·정일권(2015). '온라인 기사형 광고'의 현황과 문제점에 대한 심층면담 연구. 〈한국언론학보〉 59권 4호, 227~251.

전근영·이정교(2015). 국내 유머 광고에 대한 메타 분석. 〈한국언론학보〉 59권 6호, 477~504.

남경태(2017). 인식 가능한 수혜자 효과와 기부의도. 〈한국언론학보〉 61권 5호, 405~433.

배정근·조삼섭(2017). 공공커뮤니케이션으로서 정부 광고 분석 연구. 〈한국언론학보〉 61권 5호, 434~456.

김지연(2018). 신자유주의 광고 신화의 진화. 〈한국언론학보〉 62권 5호, 217~252.

12장

건강 커뮤니케이션

백혜진 | 한양대학교 광고홍보학과 교수
심민선 | 인하대학교 언론정보학과 교수

1. 건강 커뮤니케이션의 정의

건강 커뮤니케이션은 여러 커뮤니케이션학 중에서도 젊은 분야다. 2009년
에 출판된 〈한국언론학회 50년사〉에 포함되지 않은 것만 보아도 알 수 있
다. 젊지만 어느 하부 커뮤니케이션 학문보다도 빠르게 성장한 학문이기도
하다. 2000년 이후 〈한국언론학보〉 논문을 중심으로 언론학 연구경향을
분석한 연구(이 책의 2장)에 따르면 건강 커뮤니케이션1) 은 2000~2009년

---

1) 이 책에서도 제 1장에서는 '건강 커뮤니케이션'으로, 제 2장에는 '헬스 커뮤니케이
션'이라는 용어를 사용하였다. 국내에는 의사와 인문학자를 중심으로 한 '대한 의료 커뮤니케이
션 학회'가 있는 반면, 2009년 커뮤니케이션 학자들에 의해 설립된 '한국 헬스 커뮤니케이
션 학회'가 있다. 몇몇 보건대학원에서는 '보건 커뮤니케이션'이라는 수업이 있다. 이렇듯
분야별로 용어가 난립하는 가운데 보건이나 의료 커뮤니케이션은 개인의 건강 증진보다
공중보건과 의료에 더 초점을 맞춘다는 점에서 그 용어가 협소하다고 판단하였고, 2015
년 언론학회에서 발간된 〈커뮤니케이션 과학의 지평〉(이준웅・박종민・백혜진 편,
2015)에서는 같은 이름의 학회와 학회지가 있다는 이유로 헬스 커뮤니케이션(11장)이라
는 용어를 사용한 바 있다. 본 장에서는 우리말 쓰기 노력의 일환으로 건강 커뮤니케이션
이라는 용어를 사용하기로 결정하였다.

에 전체 출판 논문 수의 0.5% 정도를 차지하던 것이 2010∼2018년에는 3.4%로 증가하였다. 10년이면 강산도 변한다는 말이 있듯이 지난 10년은 국내에서 건강 커뮤니케이션이 학문적으로 성장하는 시기였다.

건강 커뮤니케이션은 개인, 조직과 사회 전반에 건강 관련 정보를 전달하고, 건강한 행동을 유도하고 설득하고자 하는 전략적 소통이라고 정의할 수 있다(백혜진, 2015). 건강 커뮤니케이션의 범위는 의료 제공자와 환자 사이에 치료를 위한 소통은 물론 일반공중들이 건강의 위험을 예방하고 건강을 증진하기 위한 소통을 모두 포함한다(Kreps, Bonaguro & Query Jr., 1998). 여기서 건강은 단순히 질병의 부재가 아닌, 신체적, 정신적, 사회적 안녕을 포괄하는 의미이다. 따라서 건강 커뮤니케이션에서 다루는 주제는 암, 당뇨병, 심장병 등과 같은 질병의 예방과 통제부터 흡연, 폭음, 폭력 등 개인의 건강 위험 행동의 변화, 식품이나 환경의 안전 보장 및 위험 감소, 예방 접종이나 금연 등과 관련된 건강정책까지 매우 다양하고 포괄적이다(백혜진, 2015; Lee, Paek & Shim, 2018). 또한 건강 커뮤니케이션은 심리학, 사회학, 의료 및 보건학 등과 결합된 융합학문이면서도 미디어, 메시지, 정보원 등 커뮤니케이션 고유의 요소를 연구하고 그와 연관된 문제점을 해결한다는 점에서 다른 학문이 대신할 수 없는 기여를 한다. 미디어 기술이 급속히 발전함에 따라 인터넷, 소셜미디어, 모바일 등이 건강 커뮤니케이션에서 어떻게 활용되고 그 영향은 무엇인지를 검토하는 연구는 매우 주목받는 주제가 되었다.

이 장의 목적은 한국언론학회 60주년을 맞아 건강 커뮤니케이션 분야가 그동안 어떻게 발전해 왔고, 커뮤니케이션 학문이 발전하는 데 어떻게 기여하였으며, 또한 어떠한 문제점에 당면하였고 앞으로 어떻게 발전해야 하는지 체계적으로 논의하고자 함이다. 우선 건강 커뮤니케이션의 태동과 성장을 해외와 비교해 보고, 지난 10년 동안 국내 커뮤니케이션학 분야 주요 학회의 학술지에서 관련 연구가 어느 정도 진행되었으며, 어떠한 건강 주제,

이론, 방법론이 연구에 활용되었는지를 계량적으로 분석함으로써 이 분야 연구의 경향을 파악하고자 한다. 다음으로 피인용지수와 주제적, 이론적, 방법론적인 면에서 기여도가 높다고 저자들이 판단한 연구를 면밀히 검토한다. 마지막으로 이 학문 분야가 전체 커뮤니케이션학에 기여한 점뿐 아니라 직면한 어려움과 문제점, 그리고 앞으로의 방향성에 대해 논의한다.

2. 건강 커뮤니케이션의 역사와 발전

역사적으로 보면 건강 커뮤니케이션은 1975년에 국제 커뮤니케이션 학회 (International Communication Association)에서 분과가 만들어지면서 처음으로 학문적 합법성을 부여받았다. 노스캐롤라이나 주립대학교 의대 교수였던 도널드 카사타(Cassata, 1978)는 의학 및 사회과학 학자들 상당수가 건강과 의학 분야에서 커뮤니케이션의 중요성을 인지해왔으며, 커뮤니케이션 학문은 소통의 과정에 대해 이해도를 높이고 문제를 해결하는 방법론적 접근에도 상당 부분 기여하였다고 했다. 그러나 그로부터 2년 후 카사타(Cassata, 1980; Paek, Lee, Jeong, Wang & Dutta, 2010에서 재인용)는 건강 커뮤니케이션 분야가 여전히 독립적이고 합법적인 학문으로 인지되지 않고 있음을 지적했다. 하지만 이후 1985년에 전미 커뮤니케이션 학회 (National Communication Association)[2]에 건강 커뮤니케이션 분과가 만들어졌고(백혜진·이혜규, 2012; Kreps, Bonaguro & Query Jr., 1998), 이 분야의 대표 학술지인 *Health Communication*이 1989년, *Journal of Health Communication*이 1996년에 발간되면서 학문적 합법성을 인정받았을 뿐 아니라 외적인 성장을 급속도로 이루었다.

---

[2] 당시에는 Speech Communication Association이었다가 이후 명칭이 변경되었다.

2000년대 중반부터 주요 커뮤니케이션 분야는 물론이고 광고와 공중관계학(PR)으로 대표되는 전략커뮤니케이션 분야에서도 건강 커뮤니케이션이 핵심적인 위치를 차지하게 된다. 이러한 성장은 건강에 대한 사회적인 관심과 그로 인한 학문적 관심이 늘었기 때문이기도 하지만, 미국 대학의 예산 구조가 열악해지면서 국립보건연구원(NIH: National Institutes of Health) 등의 정부 기관에서 커뮤니케이션 분야 중에서는 건강 커뮤니케이션 연구가 고액의 연구비 지원을 받을 수 있다는 경제적 관심도 작용한 것으로 보인다. 맥키버(McKeever, 2014)는 건강 커뮤니케이션이 학문적으로 지속적인 성장을 이룬 이유로 연구비 지원 외에도 정부 기관이나 의료기관 내에서의 커뮤니케이션에 대한 중요성이 인식되면서 이 분야의 일자리가 늘었고, 이로 인해 학부와 대학원의 학위프로그램이나 인증프로그램이 증가한 점을 꼽았다. 대학의 교육프로그램이 늘어나면서 관련 주제를 가르칠 수 있는 강사와 교수가 필요했고, 이는 다시 대학원생들이 건강 커뮤니케이션 분야에 더 많은 관심을 가지고 학위 및 연구논문을 발표하는 결과를 낳았다. 이러한 여러 요인들이 순환구조를 이루어 건강 커뮤니케이션은 2000년대 후반부터 더욱 눈에 띄는 성장을 했다.

이러한 학문적 시류에 미국의 대학원에서 석·박사 학위과정을 이수한 한국 학생들 역시 동참하였다. 2000년대 중·후반에 건강 커뮤니케이션 주제로 학위를 받은 학자들이 귀국한 후 이들 사이에 연구회가 시작되었고, 2009년에 '한국 헬스 커뮤니케이션 학회'와 학회지 〈헬스커뮤니케이션 연구〉가 탄생했다. 한국언론학회가 50주년을 맞이했던 바로 그해에 있었던 일이다. 몇몇 논문(예: 이선정·이수범, 2016; 한미정, 2005)에서는 건강 커뮤니케이션 분야 연구의 양적 성장을 입증한다. 국내 학술지에 출간된 건강 커뮤니케이션 연구동향을 처음으로 내용분석한 한미정(2005)에 따르면, 1994년부터 2005년 상반기까지 언론학계에서 출간되는 학술지를 검색한 결과 총 35편의 논문이 언론학, 방송학, 광고·PR학 관련 학술지에 게재되었다. 가장 최근까지의 건강 커뮤니케이션 연구를 내용분석한 이선정과 이수범(2016)은 2009년부터 2015년까지 언론 분야는 물론 보건학과 의료학 분야의 학술지에서 건강 커뮤니케이션 논문을 검색한 결과 언론 분야에서는 총 196편, 보건 및 의료학 분야에서는 총 191건의 논문을 수집하였다. 이 논문에서는 한국연구재단 비등재지인 〈헬스커뮤니케이션연구〉와 '대한 의료 커뮤니케이션학회'에서 발간하는 〈의료커뮤니케이션〉 학술지까지 분석 범위에 포함하였기에 논문 수가 급격히 증가한 것으로 보인다.

건강 커뮤니케이션 연구에서 다루어진 건강 주제, 이론 및 방법론 등의 경향을 검토하는 연구도 국내외에서 진행되었다(박성철·최진명·오상화, 2008; 백혜진·신경아, 2014; 한미정, 2005; Kim, Park & Yoo, 2010; Lee et al., 2018). 한미정(2005)에 의하면 1994년 〈광고학연구〉에 게재된 마약 퇴치광고 캠페인에 대한 연구가 국내 출판된 최초의 건강 커뮤니케이션 연구이다. 같은 논문에서 분석대상 중 77%에 해당하는 27편의 논문이 2000년 이후 출간된 것으로 보아 건강 커뮤니케이션 분야의 성장은 2000년대 이후인 것으로 가늠할 수 있다. 또한 국내 건강 커뮤니케이션 논문의 목적을 크게 커뮤니케이션 메시지 효과 연구와 특정 건강 이슈에 대한 수용자 특성이나 행동을 분석한 연구로 구분하고 있다. 연구방법에서는 전체 논문의 87%가 설문, 실험, 내용분석의 순서로 양적 연구방법을 사용했다고 보고했다.

이후 박성철 등(2008)은 2001년부터 2007년까지 커뮤니케이션 관련 저널에 실린 200편의 미국 논문과 33편의 한국 논문을 비교분석하였다. 분석 결과, 국내 연구의 경우 다양성이 상대적으로 부족하였고 특히 연구주제로서 의료 커뮤니케이션이 부족한 점을 지적했다. 백혜진과 신경아(2014)는 건강 커뮤니케이션의 이론적·실무적 발전에 있어 PR학의 역할을 재정립하기 위한 목적으로 2004년부터 2012년까지 〈홍보학연구〉, 〈한국광고홍보학보〉, 〈한국언론학보〉에 실린 건강 관련 논문 188편을 내용분석하였다. 연구 수준에 있어 개인의 심리에 초점을 두는 자아 커뮤니케이션 연구, 커뮤니케이션 요소에 있어서는 수용자 연구가 주류를 이룬 반면, 건강 주제는 매우 다양하게 나타났다. 김 등(Kim et al., 2010)이 건강 커뮤니케이션 분야의 대표 국제학술지인 *Health Communication*에 게재된 논문을 내용분석한 결과와 비교하였을 때, 이론은 국내 논문에서 상대적으로 많이 활용된 것으로 나타났다. 반면 기존의 건강 커뮤니케이션 이론에 대한 새로운 해석이나 수정 혹은 확장하는 연구, 한국적 특성이나 사회규범 및 문화를 고려하는 연구는 상당히 부족했다고 진단했다.

이선정과 이수범(2016)에 따르면 커뮤니케이션 분야에서는 정신건강/중독, 흡연, 암, 건강정보/뉴스문해력(literacy) 등 다양한 건강 주제들이 다루어진 반면 의료 커뮤니케이션에 대한 연구가 부족했고, 보건 및 의약학 분야에서는 그 반대로 나타났다. 또한 이론의 활용에 있어서도 보건 및 의약학 분야에서 17.6%만이 이론을 활용한 것으로 나타난 반면, 커뮤니케이션 분야에서는 과반수(59.3%)의 연구가 계획된 행동이론, 건강신념 모형, 프레이밍, 예시화 이론, 제3자 효과 등 심리학, 커뮤니케이션학, 소비자학 분야에서 나온 이론들[3]을 다양하게 사용했다. 다만 대다수 연구가 수용자 특성에 주목한 수용자 연구인 점과 설문, 실험, 내용분석의 순으로 양적 연구방법이 대다수였던 점은 두 학문 분야에서 공통으로 나타났다. 두 학문 분야 사이에 이론적 활용도의 차이와 방법론적 유사성은 영문으로 된 학술지에 게재된 한국에 대한 건강 커뮤니케이션 논문을 내용분석한 연구(Lee et al., 2018)에서도 나타났다. 이 연구에서는 1986년부터 2017년까지 학술 데이터베이스에서 총 210편의 학술지 논문과 학위 논문

---

3) 이 장에서는 지난 10년간의 건강 커뮤니케이션 연구의 경향에 주목하기에 이론에 대한 개념화는 다루지 않는다. 건강 커뮤니케이션 이론에 대한 더 자세한 내용은 백혜진·신경아 (2014)와 이준웅·박종민·백혜진(2015)이 엮은 〈커뮤니케이션 과학의 지평〉의 제11장 헬스커뮤니케이션을 참고하기 바란다.

을 분석했다. 연구 결과, 전체 건강 커뮤니케이션 논문 중 보건학, 의학, 간호학 관련 학술지에 게재된 논문이 68.6%에 달했고, 커뮤니케이션 학술지에 게재된 논문은 17.1%를 차지했다. 커뮤니케이션 학술지에 실린 논문들은 1986~1999년 사이에는 한 편도 없다가 2000~2009년에는 7편, 2010~2017년에는 43편으로 증가해 양적인 성장이 두드러졌다. 전체적으로는 양적 연구방법이 89.7%로 지배적이었으며, 이론을 사용하지 않은 논문이 이론을 사용한 논문보다 많았다. 이 점을 면밀히 살펴본 결과 커뮤니케이션 학술지에 실린 논문의 경우 63.9%가 이론을 바탕으로 한 반면, 보건이나 의학 분야 학술지의 경우 16%만이 이론을 사용했다. 이는 연구의 관심이 커뮤니케이션학의 경우 이론적 주장과 이론을 검증하는 과정에 있다면, 보건학이나 의학에서는 연구결과에 있다는 학문적 특성 때문인 것으로 보인다.

위에서 검토한 몇 편의 내용분석 연구들은 몇 가지 공통점을 가진다. 첫째, 건강 커뮤니케이션 연구들은 다양한 건강 주제를 다루고 있다. 둘째, 커뮤니케이션 관련 학술지에 게재된 논문들은 다양한 이론을 적용하고 있다. 셋째, 연구방법은 양적 방법론이 지배적이다. 반면 건강 커뮤니케이션의 정의상 개인뿐 아니라 조직, 사회적 차원 등 다수준을 검토하는 노력이 부족했다는 점, 커뮤니케이션이나 심리학 등에서 차용한 이론을 검증하거나 논의하는 수준을 넘어 건강 커뮤니케이션 분야에 적합한 새로운 이론을 제안하는 논문이 부족했다는 점, 다양한 연구방법을 시도하는 노력이 부족했다는 점 등은 한계로 남는다.

이 장에서는 최근 10년간 언론, 방송, 광고·PR학에서 출판된 건강 커뮤니케이션 논문을 재검토함으로써 기존에 출판된 내용분석 연구를 바탕으로 도출된 이러한 함의들이 유효한지를 살펴보고자 한다. 특히 본 저서가 언론학 60년을 기념하는 사업의 일환인 점을 감안하여 단순히 연구주제, 이론, 방법론 등의 사용 빈도를 검증하는 계량적 분석에 치중하기 보다는 더불어 지난 10년간의 건강 커뮤니케이션 연구에 기여한 논문들을 추려 면밀히 검토해 보고자 한다. 피인용수와 같은 객관적인 지표로 나타난 기여도뿐 아니라 이론적 참신함, 연구주제의 참신함, 방법론적인 혁신성 등을 정성적 지표로 삼고, 이에 부합한 연구들을 검토해 보고자 한다.

3. 최근 10년 연구동향: 계량분석[4]

건강 커뮤니케이션 연구 계량분석은 국내 주요 5개 학회[5]의 학술지인 〈한국언론학보〉, 〈한국방송학보〉, 〈광고학연구〉, 〈홍보학연구〉, 〈광고홍보학보〉에 2009년 1월부터 2019년 6월까지 게재된 논문을 대상으로 하였다. 구체적으로 (1) 건강 커뮤니케이션 논문이 발표된 전체 빈도 및 연도별 게재 빈도, (2) 논문에서 다룬 건강 주제, (3) 주요 이론, (4) 방법론의 빈도를 살펴보았다. 논문 검색을 위해 학술지 검색사이트 '한국교육학술정보원 통합검색'(RISS), '한국학술지인용색인'(KCI), '누리미디어'(DBpia), '학술교육원 학술논문검색서비스'(eArticle)를 이용하였다. 검색 키워드는 앞에서 검토한 내용분석 연구(백혜진·신경아, 2014; 이선정·이수범, 2016; 한미정, 2005)에서 다룬 건강주제를 참고하여 '헬스, 건강, 질병, 질환, 보건, 의료, 병원, 음주, 약물, 마약, 흡연, 금연, 결핵, 에이즈, 비만, 다이어트, 신체이미지, 광우병, 메르스, 신종플루(신종인플루엔자), 암, 자

---

4) 이 장에서 사용한 분석방법은 엄격한 양적 내용분석 방법을 기준으로 보면 제한점이 있다. 즉, 코더 간 신뢰도를 구하기 위해 코더를 2인 이상 사용하지 않았고, 검색어에 있어서도 누락된 주제가 있을 수 있다. 이는 이 장의 목적이 내용분석 그 자체가 아니라 건강 커뮤니케이션의 연구경향을 진단하고 방향성을 제시한다는 데 더 의의를 두었기 때문이다.

5) 한국언론학회, 한국방송학회, 한국광고학회, 한국PR학회, 그리고 한국광고홍보학회를 포함하였다.

살, 정신건강, 성폭력, 음란물, 당뇨, 술, 의사, 환자, 담배, 식품, 건강 정보, 헌혈, 의약품'으로 설정하였다. 6)

1) 전체 논문 편수 및 연도별 발간 추이

2009년부터 최근 10여 년간 국내 언론, 방송, 광고 · PR학 5개 학술지에 출판된 건강 커뮤니케이션 논문 수는 총 183편이었다. 학술지별 게재 논문 수를 비교하면, 다양한 커뮤니케이션 분야의 연구를 포괄하는 〈한국언론학보〉에서 65편으로 가장 많은 수의 건강 커뮤니케이션 논문을 게재하였다. 이는 분석대상으로 수집한 총 논문의 35.2%에 해당한다. 〈홍보학연구〉에 48편(26.4%), 〈한국광고홍보학보〉에 30편(16.5%), 〈광고학연구〉에 28편(15.4%) 등 광고 · PR학 분야 학술지에서도 활발하게 건강 커뮤니케이션 논문을 게재하였다. 〈한국방송학보〉에는 12편(6.6%)이 게재되어 다른 학술지에 비해 상대적으로 적은 수의 건강 커뮤니케이션 연구논문이 실렸다.

연도별 논문 발간 추이는 각 학술지에 출판된 총 논문 수 대비 건강 커뮤니케이션 논문의 비율(%)로 살펴보았다(〈그림 12-1〉 참고). 〈한국언론학보〉의 경우 2009년부터 2019년 상반기까지 매년 건강 커뮤니케이션 연구가 6, 9, 5, 5, 10, 8, 3, 6, 4, 7, 2편씩 출판되었는데, 이를 해당 년에 게재된 총 논문 수를 기준으로 백분율로 나타내면 〈그림 12-1〉에 제시된 수치와 같다. 평균적으로 〈한국언론학보〉의 전체 출판 논문 중 약 7.2%7)

---

6) 검색 키워드 중 '식품'으로 검색하여 나온 논문들 중 2편의 〈광고학연구〉 논문은 기업의 PR전략을 주제로 하고 국민 건강과는 관련성이 적다는 점에서 건강 커뮤니케이션 연구에 포함하지 않았다.

7) 이 수치는 제 2장에서 2010~2018년 〈한국언론학보〉 논문들 중 건강 커뮤니케이션 분야로 분류한 비율(약 3.4%)보다 높다. 그 이유는 2장에서는 각 논문을 상호배타적인 분류

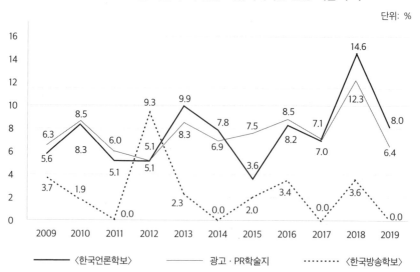

〈그림 12-1〉 연도별 학술지 내 건강 커뮤니케이션 논문 비율 추이

단위: %

의 논문이 건강 커뮤니케이션 주제를 다루고 있었다. 연도별 출판 비율에 있어 매년 증감은 있었으나 10년 동안 조금씩 증가하는 추이를 보였으며 2018년에 출판 비율이 가장 높았다. 같은 기간 동안 광고 · PR학 분야 3개 학술지의 출판 논문을 합산한 결과 전체 게재 논문의 약 7.5%의 논문이 건강 커뮤니케이션 연구에 해당하였고, 논문 비율의 연도별 추이는 〈한국 언론학보〉의 연도별 추이와 유사한 경향을 보였다. 이처럼 언론학과 광고 · PR학 두 분야에서는 지난 10년 동안 양적으로 유사한 수준에서 꾸준하게 건강 커뮤니케이션 논문을 출판하고 있음을 알 수 있었다. 한편,

---

기준에 따라서 방송, 수용자 연구, 저널리즘, 정치커뮤니케이션, 건강 커뮤니케이션 등으로 분류하였으므로, 이 장에서 사용한 검색키워드로 수집한 논문들 중 상당수가 건강 커뮤니케이션이 아닌 다른 분야로 코딩되었기 때문이다. 예컨대, 이 장에서 분석대상으로 삼은 2010년 논문 중 건강 관련 주제의 언론보도 내용분석 논문 2편과 뉴스이용 효과 논문 1편이 제 2장의 분석에서는 저널리즘 연구로 분류되었다.

〈한국방송학보〉에 게재된 건강 커뮤니케이션 논문은 전체 논문의 2.6%를 차지하였고, 한 해(2012년)를 제외하고는 건강 커뮤니케이션 논문의 게재율이 전반적으로 낮았다.

2) 건강 주제

지난 10년 동안 5개 학술지에 게재된 논문에서 연구한 건강 주제는 매우 다양하였다. 〈표 12-1〉에서 제시한 상위 빈도 10개 주제 목록에서 알 수 있듯이, 흡연이 21.3%으로 단연 제일 많이 다루어졌다. 그 뒤를 이어 신종질환(7.7%), 의료 커뮤니케이션(7.7%), 음주/폭음(7.1%), 건강정보/뉴스리터러시(6.6%) 등의 주제가 많이 다루어졌다. 학술지별 분포를 보면, 〈한국언론학보〉게재 논문들의 주제의 빈도 분포가 보다 더 고른 양상을 보였으며, 흡연뿐 아니라 신종질환에 관해서도 활발하게 연구한 반면 백신예방접종에 관한 연구는 전무하였다. 〈홍보학연구〉, 〈한국광고홍보학보〉와 〈광고학연구〉를 합산하여 집계한 광고·PR학술지군에서는 주제 측면에서 흡연에 대한 쏠림 경향이 심했으나, 〈한국언론학보〉와 달리 의료 커뮤니케이션, 음주/폭음, 백신예방접종을 주제로 하는 연구도 진행되었다. 〈한국방송학보〉에는 건강 커뮤니케이션 논문의 게재 빈도가 높지 않았기에 크게 두드러지는 주제는 없었고 상위 10개 주제 중에서는 건강정보/뉴스리터러시 연구가 2회 다루어졌다.

〈표 12-1〉에 포함되지 않은 건강 주제로〈한국언론학보〉에는 비만, 자살, 성폭력/음란물, 학교폭력, 다이어트/신체이미지, 헌혈, 여성건강/난임/낙태, 마약/약물사용, 노인건강, 결핵 등을 주제로 한 논문이 게재되었다. 광고·PR학술지군의 경우에는 의료광고/분쟁/서비스, 다이어트/신체이미지, 비만, 성폭력/음란물, 자살, 결핵, 에이즈, 당뇨병, 미세먼지, 헬스PR, 헌혈, 여성건강/난임/낙태, 마약/약물사용, 노인건강, 구강

〈표 12-1〉 상위 빈도 10개 건강 주제의 학술지별 게재 현황

단위: %(편)

주제 \ 저널	〈한국언론학보〉	광고·PR학술지	〈한국방송학보〉	총합
흡연	12.3(8)	28.3(30)	8.3(1)	21.3(39)
신종질환	13.8(9)	3.8(4)	8.3(1)	7.7(14)
의료 커뮤니케이션	6.2(4)	8.5(9)	8.3(1)	7.7(14)
음주/폭음	7.7(5)	7.5(8)	0.0(0)	7.1(13)
건강정보/뉴스리터러시	6.2(4)	5.7(6)	16.7(2)	6.6(12)
식품	7.7(5)	3.8(4)	8.3(1)	5.5(10)
건강행동/캠페인프로그램	4.6(3)	4.7(5)	8.3(1)	4.9(9)
백신예방접종	0.0(0)	7.5(8)	8.3(1)	4.9(9)
정신건강/정신질환	7.7(5)	2.8(3)	0.0(0)	4.4(8)
암	4.6(3)	3.8(4)	8.3(1)	4.4(8)

주: 다중 코딩 결과임. 퍼센트(%)는 각 학술지(군)에 게재된 총 건강 커뮤니케이션 논문 편수(〈한국언론학보〉 65편, 광고·PR학술지 106편, 〈한국방송학보〉 12편)를 기준으로 계산한 백분율임.

건강 등의 주제를 다루어서, 타 학술지와 비교해서 특정 질병 관련 주제와 의료광고/분쟁/서비스에 관해서도 관심을 가졌다는 차이가 있다. 〈한국방송학보〉의 경우 가장 많이 다루어진 주제는 〈표 12-1〉에 포함되지 않았던 성폭력/음란물이었고(3회, 20.0%) 이외에 비만과 헬스PR을 주제로 하는 연구가 게재되었다.

3) 이론 사용

지난 10년간 국내 건강 커뮤니케이션 연구는 거의 대부분 이론을 기반으로 수행되었다. 분석대상인 총 183편의 논문 중 90.7%의 논문이 한 개 이상의 이론을 사용하여서, 이론이 사용되지 않은 논문은 극소수에 불과하였다. 학술지별로는 〈한국언론학보〉에 게재된 논문의 90.8%, 광고·PR학술지군 논문의 89.6%, 〈한국방송학보〉 논문의 100%가 이론을 기반으로 하였다.

〈표 12-2〉 상위 사용빈도 10개 이론의 학술지별 사용 현황

단위: %(편)

이론	저널	〈한국언론학보〉	광고·PR학술지	〈한국방송학보〉	총합
일반 커뮤니케이션 이론·개념	메시지 프레이밍 (획득손실/긍정부정)	13.8(9)	14.2(15)	16.7(2)	14.2(26)
	의제설정/점화이론/ 뉴스프레임	15.4(10)	3.8(4)	16.7(2)	8.7(16)
	편향지각(제3자 효과/ 다원적 무지/ 낙관적 편향)	7.7(5)	9.4(10)	0.0(0)	8.2(15)
	설득전략(메시지기법)	7.7(5)	6.6(7)	8.3(1)	7.1(13)
	이용과 충족 이론	4.6(3)	5.7(6)	33.3(4)	7.1(13)
건강 커뮤니케이션 이론·개념	건강신념모형	9.2(6)	10.4(11)	0.0(0)	9.3(17)
	공포소구/ 병행과정확장모형	3.1(2)	14.2(15)	0.0(0)	9.3(17)
	계획된 행동이론	9.2(6)	5.7(6)	0.0(0)	6.6(12)
	사회인지이론/ 자기효능감	9.2(6)	5.7(6)	0.0(0)	6.6(12)
	위험지각/인식	3.1(2)	8.5(9)	0.0(0)	6.0(11)

주: 다중 코딩 결과임. 퍼센트(%)는 각 학술지(군)에 게재된 총 건강 커뮤니케이션 논문 수를 기준으로 계산한 백분율임.

건강 커뮤니케이션 논문들에서 가장 많이 사용한 10개의 이론들을 일반 커뮤니케이션 이론·개념과 건강 커뮤니케이션 이론·개념으로 구분하여 〈표 12-2〉에 제시하였다. 상위 10개 이론 중 5개는 일반 이론에 해당하였고 5개는 건강 커뮤니케이션 이론에 해당하였다. 지난 10년간 가장 많이 사용된 이론은 메시지 프레이밍(획득·손실, 긍정·부정 프레이밍 등)이었다. 다음으로 자주 사용된 이론은 건강 커뮤니케이션 이론에 해당하는 건강신념모형과 공포소구/병행과정확장모형이었다. 일반 이론·개념에 해당하는 의제설정/점화이론/뉴스프레임과 편향지각(제3자 효과/다원적 무지/낙관적 편향 등)을 기반으로 하는 연구도 활발한 편이었다.

학술지별로 구분해서 살펴보면, 〈한국언론학보〉 게재 논문들은 건강 커뮤니케이션 이론보다는 일반 커뮤니케이션 이론을 더 많이 사용하는 경향을 보였다. 상위 사용빈도 2개 이론이 모두 일반 커뮤니케이션 이론에 해당하였고, 5개의 일반 커뮤니케이션 이론 사용 비율을 합산하면 49.6% 인 반면에 5개의 건강 커뮤니케이션 이론 합산비율(33.8%)은 그보다 많이 낮았다. 반면 광고·PR학술지군의 경우, 5개 일반 이론을 사용한 합산비율이 39.7%, 5개 건강 커뮤니케이션 이론을 사용한 합산비율이 44.5%로 그 차이가 크지 않았다. 상위 사용빈도 4개 이론도 두 영역에 고르게 분포하였다. 마지막으로, 〈한국방송학보〉에 실린 논문들은 일반 커뮤니케이션 이론에 편중하였고, 다른 학술지와 달리 이용과 충족 이론을 기반으로 하는 논문이 상대적으로 많이 출판되었다.

이외에도 〈표 12-2〉에 포함되지 않은 다양한 이론들이 최근 10년 건강 커뮤니케이션 논문에서 사용되었다. 예를 들면, 규범이론, 지식격차 가설, 낙인이론, 귀인이론, 조절초점이론, 해석수준이론 등의 이론들을 기반으로 한 연구도 보고되었다.

4) 방법론 경향

최근 10년간 건강 커뮤니케이션 논문의 연구방법을 살펴본 결과, 거의 대부분의 연구(91.8%)가 양적 방법론을 사용하는 편중 현상이 나타났다. 구체적으로 〈한국언론학보〉 게재논문의 90.8%, 3개 광고·PR학술지의 94.3%, 〈한국방송학보〉의 83.3%가 한 개 혹은 복수의 양적 방법을 사용하여서, 이러한 쏠림 경향은 광고·PR학술지에서 가장 두드러졌다. 한편, 총 논문의 4.9%가 질적 연구방법을, 2.2%가 양적 방법과 질적 방법을 병용한 것으로 나타났다. 학술지별로 구분해서 살펴보면, 〈한국언론학보〉의 6.2%가 질적 연구방법을 사용하였고 1.6%의 논문은 양적 방법과 질적 방법을 병용하여서 방법론적인 다양성을 그나마 확보하였다. 광고·

단위: %(편)

연구방법 ＼ 저널	〈한국언론학보〉	광고·PR학술지	〈한국방송학보〉	총합
횡단설문조사	41.5(27)	52.8(56)	25.0(3)	47.0(86)
실험·유사실험	32.3(21)	31.2(33)	33.3(4)	31.7(58)
내용분석	18.5(12)	9.4(10)	25.0(3)	13.7(25)
심층인터뷰	4.6(3)	3.8(4)	8.3(1)	4.4(8)
2차자료 분석	4.6(3)	2.8(3)	0.0(0)	3.3(6)
네트워크 분석	1.5(1)	0.9(1)	0.0(0)	1.1(2)
포커스그룹인터뷰	0.0(0)	0.9(1)	8.3(1)	1.1(2)
종단설문조사	0.0(0)	0.9(1)	0.0(0)	0.5(1)
담론 분석	1.5(1)	0.0(0)	0.0(0)	0.5(1)
메타분석	0.0(0)	0.9(1)	0.0(0)	0.5(1)

주: 다중 코딩 결과임. 퍼센트(%)는 각 학술지(군)에 게재된 총 건강 커뮤니케이션 논문 수를 기준으로 계산한 백분율임.

PR학술지 게재 논문의 3.8%가 질적 방법, 1.9%가 양적·질적 방법을 같이 사용하였고, 〈한국방송학보〉 논문은 전체 게재 논문의 수가 적기는 하나 1편(8.3%)의 논문이 질적 방법, 1편이 양적 방법과 질적 방법을 병용하였다.

구체적인 방법론의 경우(〈표 12-3〉 참고), 가장 빈번하게 사용된 연구방법은 횡단설문조사(47.0%)였고 그 뒤를 이어 실험·유사실험(31.7%)과 내용분석(13.7%) 순으로 이용되었다. 〈한국언론학보〉와 광고·PR학술지 모두 세 가지 방법론의 사용 순위는 동일하였으나, 각각의 사용빈도는
〈한국언론학보〉에서 조금 더 고르게 나왔다. 광고·PR학술지에서는 내용분석 연구가 상대적으로 적었다. 〈한국방송학보〉의 경우에는 세 가지 방법론의 사용빈도가 거의 균등하였다. 이외에 〈한국언론학보〉에 출판된 연구 중 소수의 논문은 심층인터뷰, 2차자료 분석, 네트워크 분석, 담론

분석 등의 방법론을 사용하였다. 광고·PR학술지 연구에서만 사용된 연구방법으로는 종단설문조사와 메타분석이 있었다. 〈한국방송학보〉의 경우 심층인터뷰와 포커스그룹인터뷰를 활용한 논문이 소수 게재되었다.

이상 보고한 내용을 요약하면, 2009년부터 2019년 상반기까지 건강 커뮤니케이션 연구경향은 기존에 출판된 내용분석 연구들(박성철 등, 2008; 백혜진·신경아, 2014; 한미정, 2005; Kim et al., 2010; Lee et al., 2018)에서 발견한 연구경향과 유사하였다. 연구에서 다루는 건강 주제 및 이론은 다양한 반면, 방법론 측면에서는 양적 방법론에 대한 쏠림 현상이 심하였다. 그러나 기존에 보고된 내용과 달리, 건강 주제 측면에서 의료 커뮤니케이션 등 과거에 다소 소외되었던 주제에 대한 관심이 높아졌고, 일반 커뮤니케이션 이론과 건강 커뮤니케이션 영역에서 발전한 이론을 기반으로 하는 연구가 고르게 이루어졌다. 또한 언론학, 광고·PR학, 방송학 각 분야에서 건강 커뮤니케이션을 연구함에 있어서 조금씩 다른 관점과 강조점을 가지고 상호보완적으로 연구를 수행함으로써, 전체적으로 보면 건강 커뮤니케이션 연구가 보다 다양하고 풍성해지고 있음을 볼 수 있었다.

4. 최근 10년 연구 동향: 질적 검토

계량분석 결과를 통해서 최근 언론학 발전과정에서 건강 커뮤니케이션 분야의 전반적인 관심사와 연구경향 및 제한점을 살펴보았다. 그러나 건강 커뮤니케이션 연구의 특징적인 발전 현황을 좀더 면밀히 알아보기 위해서는 건강 커뮤니케이션 분야에 기여도가 높은 논문들을 중심으로 그 내용을 더 깊이 파악해볼 필요가 있다. 이에 지난 10년 동안 게재된 건강 커뮤니케이션 논문들 중 피인용지수가 높은 논문과 건강 주제, 이론, 방법론 측면에서 참신하거나 우수한 논문들을 검토함으로써 건강 커뮤니케이션 연구에 기여한 바와 향후 개선을 위한 제한점을 논의하고자 한다.

1) 피인용지수가 높은 연구

논문을 검색하고 수집했던 시점8)에서 총 183편 논문의 평균 피인용지수는 7.9(표준편차 8.1)였다.9) 피인용지수가 20 이상인 논문은 총 18편으로 전체 분석 논문의 약 10%에 해당하는 수였다(〈표 12-4〉 참고). 이 중 7편이 〈한국언론학보〉에 게재되었고, 6편이 〈홍보학연구〉에, 4편이 〈한국광고홍보학보〉, 1편이 〈광고학연구〉에 게재되었으며, 〈한국방송학보〉의 논문은 포함되지 않았다. 출판연도의 경우 2009년과 2010년 출판 논문이 각 4편씩 있었고, 2011년, 2013년, 2014년 논문이 각 3편, 2012년 논문이 1편 포함되었다.

분석 논문들 중 피인용지수가 가장 높은 논문은 조성은, 신호창, 유선욱, 그리고 노형신(2012)의 논문이다. 저자들은 건강캠페인 연구에서 활발히 활용되어온 건강신념모형을 우리나라 국민들의 결핵예방 행동에 적용함으로써 실무적 유용성을 확보함과 동시에, 감정적 요인인 공포감을 건강신념모형의 인지적 요인들에 새롭게 추가함으로써 건강신념모형의 이론적 확장을 시도하였다. 이 연구는 주요 건강 커뮤니케이션 이론인 건강신념모형과 공포소구와의 접목을 시도했다는 점에서 관련 분야에 기여하였다고 평가할 수 있다. 두 번째로 피인용지수가 높은 논문은 심성욱, 이진우, 그리고 손영곤(2009)의 논문으로, 계획된 행동이론을 우리나라 여대생의 음주문화에 적용하여 여대생의 음주행동은 또래집단과의 관계성 속

---

8) 2019년 7월 5일.

9) 〈한국언론학보〉에 2008~2019년 상반기까지 출판된 전체 논문(902편)의 피인용지수는 평균 10.1(표준편차 13.8)이었고, 피인용지수가 20 이상인 논문은 전체 논문의 약 14.3%에 해당하였다.

〈표 12-4〉 피인용지수 상위 논문 목록

저자(출판연도)	제목	학술지	피인용지수
조성은 · 신호창 · 유선욱 · 노형신(2012)	결핵예방 행동의도에 영향을 미치는 요인에 관한 연구: 자기효능감과 공포의 매개역할을 중심으로 한 건강신념모델의 확장	〈홍보학연구〉	38
심성욱 · 이진우 · 손영곤 (2009)	여대생 절주 캠페인 전략 수립을 위한 음주행동 영향 요인 분석: 계획된 행동이론을 적용한 여대생 음주행동 이해	〈광고홍보학보〉	36
최명일(2009)	인터넷 음란물 노출에 영향을 미치는 요인과 음란물 노출이 실제 성 태도에 미치는 영향에 관한 연구	〈한국언론학보〉	31
손영곤 · 이병관(2010)	유아의 구강건강 실천행동 의도의 사회인지적 예측변인에 대한 탐구: 건강신념모델과 계획된 행동이론의 비교를 중심으로	〈광고홍보학보〉	29
이병관 등(2014)	건강 관련 행동의 예측을 위한 사회인지이론의 유용성: 국내 건강신념모델 연구의 메타분석	〈홍보학연구〉	29
유선욱 · 박계현 · 나은영 (2010)	신종플루 메시지에 대한 심리적 반발과 공포감이 예방행동의도에 미치는 영향	〈한국언론학보〉	28
김현정 · 손영곤(2013)	소셜미디어를 통한 조직-공중 간 공중관계성 강화를 위한 모색: 삼성의료원 소셜미디어를 통한 공중관계성 영향력 분석을 중심으로	〈홍보학연구〉	27
양윤 · 김민재(2010)	자기해석, 초점정서, 광고 내 맥락이 금연 공익광고 태도에 미치는 영향	〈광고학연구〉	25
최명일 · 김경환 · 주지혁 (2009)	행위단서로서 광우병 관련 미디어 노출이 미국산 쇠고기 구매 의도에 미치는 영향: 지각된 취약성, 지각된 심각성의 매개 효과를 중심으로	〈한국언론학보〉	24
최유진(2014)	공포, 혐오감, 분노가 담뱃갑 경고그림 태도, 흡연 태도 및 금연의도에 미치는 영향	〈홍보학연구〉	24
유석조 · 박현순 · 정현주 (2010)	신종 인플루엔자 예방 접종 의도에 대한 영향요인들 및 백신 부작용 보도의 영향 분석: 건강신념모델과 계획된 행동 이론 간 비교	〈광고홍보학보〉	23
장정헌 · 심재철(2013)	지각된 위험과 자기효능감이 행동의도에 영향을 미치는 과정을 조절하는 낙관적 편견의 간접효과에 관한 탐색적 연구: 구제역, 광우병, 신종플루 사례를 중심으로	〈한국언론학보〉	22
한규훈(2011)	여성암 조기검진 촉진 메시지의 설득효과에 미치는 건강신념요인의 영향: 한국 여성과 일본 여성 간의 비교 고찰을 토대로	〈광고홍보학보〉	21

저자(출판연도)	제목	학술지	피인용지수
조수영(2011)	인터넷 건강 정보의 정보원 유형과 상업 링크 유무, 질병의 심각성에 따른 설득 효과 차이: 설득지식모델의 적용	〈한국언론학보〉	21
박동진 · 권명순 · 최정화 (2013)	개인의 건강정보지향, 인터넷 건강정보에 대한 태도, e-헬스 리터러시 수준과 건강 관련 행위의 관계	〈홍보학연구〉	21
조재희(2014)	건강관련 앱의 지속적 이용에 대한 인지적 · 사회적 요인: 사회적 영향을 포함한 확장된 기술수용 모델(TAM II)을 중심으로	〈홍보학연구〉	21
박현순 · 이종혁(2009)	식품영양정보 제공을 위한 PR전략의 소비자 설득 효과: 설득지식모델의 적용	〈한국언론학보〉	20
박상희 · 이수영(2011)	질병태도와 인터넷에서의 건강정보추구행태에 기반한 건강정보 이용자 유형에 관한 탐색적 연구	〈한국언론학보〉	20

에서 이루어진다는 점에 주목하면서, 관련 공익 캠페인의 방향은 주관적 규범에 초점을 맞추어야 한다는 이론적, 실무적 함의를 도출하였다. 이 연구 역시 조성은 등(2012)의 연구와 마찬가지로, 국내 연구에서 사용빈도가 높은 이론을 선택하였다는 점, 해당 이론을 국내 맥락에 적용하여 함의를 찾고자 노력하였다는 점에서 피인용지수가 높았을 것이라고 판단된다.

또한, 〈표 12-4〉에 포함된 논문들을 살펴보면 결핵, 절주, 신종질환, 금연 등 특정한 건강 주제를 다룬 논문들도 있지만, 일반적인 건강정보를 다루는 연구들도 다수 피인용지수 상위권으로 집계되었음을 알 수 있다. 건강정보 관련 연구들은 특히 인터넷에 주목하는 경향이 있는데, 최근 미디어 기술이 급격히 발전함에 따라서 인터넷 등의 매체가 건강 커뮤니케이션에 어떻게 활용되며 그 영향은 어떠한지를 연구하는 것은 커뮤니케이션학 관점의 연구가 건강을 연구하는 영역에 특별히 기여하는 부분이다.

2) 새로운 건강 주제 탐색

지난 10년 동안 국내 건강 커뮤니케이션 연구에서 다룬 건강 주제는 매우 다양하였다. 이 중 과거에 비해서 새롭게 주목을 받은 주제로는 의료 커뮤니케이션 및 의료광고/분쟁/서비스를 들 수 있다. 박성철 등(2008)이 2001~2007년 커뮤니케이션 관련 저널에 실린 미국과 한국 논문을 비교분석한 결과 한국에서는 의료 커뮤니케이션을 주제로 하는 연구가 부족하다고 지적했던 것과 대조적으로, 2009년부터 2019년 상반기에 출판된 연구에서는 의료 커뮤니케이션 연구가 양적으로 증가하였다. 구체적으로 의사와 환자 간의 관계 및 커뮤니케이션에 관한 학문적 관심이 커졌는데, 의사-환자 관계성을 측정하기 위한 새로운 척도를 개발하고 타당성 및 신뢰도를 검토한 연구가 출판되었다(박진영·최양호, 2014). 이 척도를 활용하여 의사-환자 관계성에 대해 의사 자신과 환자들의 인식 양상 및 상대의 인식에 대한 추정을 상호지향성 모형을 적용하여 분석한 연구도 있었다(박진영·최양호·김봉철, 2015). 또한 몇몇 연구(예: 김민정, 2009; 김봉철·박진영, 2013; 최명일·김봉철·장지영, 2011)는 의사의 커뮤니케이션 양상에 관해 탐구하며 의사를 설문대상으로 포함함으로써 건강 커뮤니케이션 연구대상의 범위를 확장하는 데 기여하였다. 그러나 의사와 환자 간의 상호작용행위를 관찰하고 분석하기보다는 의사 중심의 커뮤니케이션에 초점을 맞추고 인식 조사에 머무르는 한계점이 있었으며, 동일한 소수의 연구자가 대부분의 관련 연구를 수행한 점은 아쉬운 부분이다.

신종질환은 건강 커뮤니케이션 연구에서 활발히 연구되어 온 주제다. 국민건강을 위협하는 새로운 질환과 이로 인한 위기상황이 초래되면 건강 커뮤니케이션 관점에서 미디어 보도는 어떠한 양상을 보이며 국민들의 인식 및 행동은 어떠한지 연구할 필요성이 있을 것이다. 지난 10년 동안에는 신종질환 중에서도 특히 신종플루와 메르스를 대상으로 한 연구가 활발하였다. 신종플루와 관련해서 미디어 내용분석(주영기·유명순, 2010), 효과 연구(김옥태·김규찬, 2010; 유석조·정현주·박현순, 2010; 유선욱·박계현·나은영, 2010), 인식조사(김정현, 2010) 등 다양한 연구가 이루어졌다. 그러나 여기에 인용되지 않은 소수의 논문을 제외하고는 2010년 한 해에 출판되었고 대부분 〈한국언론학보〉에 게재되었다. 메르스와 관련한 건강 커뮤니케이션 연구는 총 4편이었고, 신종플루 연구와 비교하면 메시지 효과(유성신·박현선·진범섭, 2016), 공중보건(송동근·민귀홍·진범섭, 2016), 정치커뮤니케이션(장경은·백영민, 2016), 대인 커뮤니케이션(유우현·정용국, 2016) 등 더 다양한 관점으로 연구하는 경향이 있었으며 다양한 학술지에 게재되었다. 다만 4편의 논문 모두 2016년에 출판되었고 이후에는 메르스를 포함한 신종질환 연구가 수행되지 않았다. 시의성 높은 건강 주제를 연구할 필요성은 인정하지만 그것이 후속연구에서 새로운 이론, 방법론, 미디어에 대한 관심과 결합되어 더욱 정교한 연구로 발전하지 못했다는 점은 아쉬운 부분이다.

현 시점에서 시의성이 가장 높은 건강 주제 중 하나는 미세먼지와 정신건강일 것이다. 한 연구팀(김영욱·이현승·장유진·이혜진, 2016; 김영욱·이하나·김혜인·문현지, 2017)이 선도적으로 미세먼지 관련 연구를 시작한 것으로 보이며, 최근 미디어 이용 경향을 반영한 앱의 효과성 연구(이준영·주도희·신지원·백혜진, 2019)도 출판되었다. 정신건강 관련 논문으로는 언론 보도 내용분석 연구(김류원·윤영민, 2018; 백혜진·조혜진·김정현, 2017; 조수영·김정민, 2010) 및 앱 이용 연구(안순태·이하나, 2018) 등이 출판되었다. 미세먼지와 정신건강 이슈의 시의성과 중요성을 감안하면 향후 관련 연구 출판이 더욱 증가할 것으로 예상된다. 그러나 관련 연구가 한시적으로 유행하다가 사라지지 않고 후속 연구의 이론 및 방법론의 발전에 기여하는 방향으로 전개되어야 할 것이다.

3) 이론적 참신함

국내 건강 커뮤니케이션 연구는 일반 커뮤니케이션과 건강 커뮤니케이션 이론뿐 아니라 보건학, 심리학, 의료정책학 등 다양한 분야의 이론을 기반으로 수행되었다. 이 중 가장 많이 사용된 건강 커뮤니케이션 이론은 앞에서도 언급한 것처럼 건강신념모형이었다. 건강신념모형을 사용한 연구 중에서도 몇 편은 다른 이론과의 연계 혹은 비교를 통해서 이론의 정교화에 기여하고자 노력하였다. 예를 들어 피인용지수 1위로 앞에서 언급된 조성은 등(2012)은 공포소구와의 통합을 시도했고, 손영곤과 이병관(2010), 유석조 등(2010)은 건강신념모형과 계획된 행동이론의 모형 적합도, 설명 변량 및 모형 간결성 등을 비교함으로써 이론의 실무적 유용함을 검증하는 데 기여하였다. 또한 정재선과 이동훈(2012)은 건강신념모형을 정교화가능성이론과 통합하여 뉴스 프레임 효과를 분석하였다. 이처럼 지난 10년간 건강 커뮤니케이션 연구에서는 이론적 통합, 비교, 대조를 통해서 학문과 이론의 엄정성을 높이고자 하는 시도가 활발하였다.

일반 커뮤니케이션 이론 중에서 지난 10년간 가장 많이 사용된 메시지 프레이밍 연구 역시 다른 이론과의 융합을 통해서 이론의 확장을 시도하고 실용적 함의를 도출하는 데 기여했다. 예를 들어 메시지 프레이밍을 개혁 확산 이론(이지윤·안순태, 2013), 낙관적 편향(하지영·응웬 탄 마이·정만수·문장호, 2019) 및 해석수준이론과 같은 개인 수준의 심리학 이론(김재휘·부수현, 2011; 박현정, 2014; 부수현·김재휘, 2013)과 결합하여 특정 건강 메시지의 효과를 검토한 연구들이 있었다. 이 논문들 중 일부(김재휘·부수현, 2011; 부수현·김재휘, 2013)는 심리학자들이 주도적으로 수행한 연구다.

이밖에 심리학적 접근으로 위험지각 관련 이론을 사용한 연구도 지난 10년 동안 다소 이루어졌다. 예를 들면 슬로빅(Slovic, 2000)과 샌드만

(Sandman, 1993)이 정의한 위험(risk)과 관련된 개념인 위험지각과 위험특성 등을 토대로 한 연구를 커뮤니케이션학자가 주도한 연구팀(백혜진, 2018; 토마스 호비·백혜진, 2015)뿐 아니라 보건학자가 포함된 연구팀(유명순·주영기, 2013; 임종섭·박지희·주영기·유명순, 2014)에서 수행하였다. 이외에도 의료정책학 이론으로 분류할 수 있는 앤더슨(Anderson, 1995)의 의료서비스 이용 예측 모형을 기반으로 한 연구도 비록 소수이기는 했으나 언론학 및 광고·PR학술지에 게재되었다(김지은·전상현·조수영, 2018; 이단·조수영, 2018; 조수영·김은혜, 2013).

이처럼 지난 10년간 국내 건강 커뮤니케이션 연구는 커뮤니케이션학, 심리학, 소비자행동학(예: 설득지식모형), 의료정책학 등 여러 학문 분야에서 차용한 이론들을 건강 커뮤니케이션 맥락에 적용하여 검증하고 이를 토대로 이론의 정교화 및 확장을 모색하는 경향을 보였다. 건강 커뮤니케이션 영역이 심리학, 사회학, 의료 및 보건학 등과 결합된 융합학문이라는 점에서 다학제적 연구가 활성화되고 다른 분야 학자들이 커뮤니케이션학 학술지에 출판하는 경우가 증가하는 것은 고무적이다. 그러나 다양한 이론을 적용하고 검증하며 정교화하는 노력에도 불구하고 건강 커뮤니케이션 분야에 적합한 새로운 이론을 제안하거나 국내 현실에 맞는 이론을 개발하는 논문은 여전히 부족했다는 한계점이 보인다. 예컨대 건강정보 추구 및 건강문해력 관련 연구(박동진·권명순·최정화, 2013; 박상희·이수영, 2011; 이지윤·안순태, 2013)가 새로운 이론 개발에 기여할 여지가 많다고 판단되나, 분석 기간이었던 2009~2019년 중 하반기에 들어서 관련 연구가 오히려 주춤해지는 양상을 보였다. 또한 대부분의 이론을 개인 수준에서 검증하는 경향이 많았으며, 사회학과의 융합을 보여주는 이론, 관계·조직·사회생태계 등 거시적 수준을 포괄하는 이론, 혹은 여러 수준을 동시에 포괄하는 이론을 기반으로 하는 논의는 부족하였다.

4) 방법론적 기여

건강 커뮤니케이션 논문의 정량분석 결과 지속적으로 제기된 문제점은 양적 방법론이 지배적이고 다양한 연구방법을 시도하는 노력이 부족했다는 점이다. 그럼에도 불구하고 심층인터뷰, 포커스그룹인터뷰, 담론 분석 등의 질적 연구방법, 종단설문조사, 메타분석, 네트워크 분석 등을 사용한 논문들이 소수 보고되어 방법론적 측면에서 건강 커뮤니케이션 연구에 기여했다고 할 수 있다.

심층인터뷰를 활용한 연구는 총 8편이었다. 이 중 김병철과 김봉현(2010), 소현진(2012)의 연구는 심층인터뷰를 통해서 흡연과 관련한 소비자들의 인지구조를 파악하고 효과적인 금연광고 및 캠페인 수행 시 시사점을 도출하였다. 심층인터뷰 연구들 중에서 미디어 수용자 혹은 뉴스 소비자가 아닌 뉴스 생산자를 대상으로 조사한 연구(김지현·김용찬·심민선·박기호, 2018; 문선아·김봉근·강진숙, 2015), 인터뷰 대상이 의료 관계자(김은진, 2011) 혹은 보건복지 관계자(임종섭 등, 2014)인 연구들도 보고되었다. 이처럼 심층인터뷰를 사용한 연구들은 양적 방법론이 할 수 없는 깊이 있는 논의를 전달하고 "실제적인 목소리"를 들려준다는 점에서 방법론적인 균형을 맞추는 데 기여했다. 또한 건강 커뮤니케이션 연구에서 소외되었던 연구대상인 미디어 및 의료복지 관계자를 연구함으로써 연구범위와 관점의 지평을 넓혔다. 한편 포커스그룹인터뷰를 사용한 연구로는 2편의 논문이 보고되었고 이주민(정의철·권예지·이선영, 2012)과 기혼여성(최지현·조삼섭, 2014) 등 특유한 사회집단의 건강 커뮤니케이션 현상을 이해하는 데 기여하였다.

방법론 측면에서 주목할 만한 또 다른 연구로는 담론 분석, 종단연구, 메타분석 연구가 있다. 최근 10년간 건강 커뮤니케이션 관련 담론 분석 연구는 한 편뿐으로 저자들(김영욱·함승경, 2014)은 과거 12년 동안 국내에서 제기된 금연과 흡연 담론의 경쟁과 대립을 분석함으로써 담론적 변화와 재구성, 나아가 헤게모니의 사회적 실천 과정을 탐색함으로써 기존 연구들이 간과했던 거시적 사회구조의 문제를 논의하였다. 시간의 흐름에 따른 변화를 볼 수 있는 종단연구도 매우 부족하였는데, 예외적으로 한 연구(이선민·박준우·전승우, 2018)가 2016년 말 국내에서 발효된 '담뱃갑 경고 그림 부착 의무화 시행령' 전후로 흡연 소비자의 금연행태 변화를 종단연구로 조사하였다. 이 연구는 경영학 연구자의 주도로 이루어진 것으로, 앞으로 커뮤니케이션학자들 역시 건강 커뮤니케이션 관련 종단연구를 더욱 활발히 수행할 필요가 있을 것이다. 또한 지난 10년간 게재된 메타분석 연구는 건강신념모형과 관련한 연구 한 편(이병관 등, 2014)뿐이었다. 메타분석은 이론과 가설을 검증하는 경험연구가 축적되면 그 결과들을 통계적으로 검증하여 이론의 적합성과 효과의 크기를 파악할 수 있기에 매우 중요한 연구방법이라는 점에서 향후 메타분석 연구가 더 활발해지기를 기대한다.

이외에도 네트워크 분석 방법을 사용하며 다른 연구방법과 연계한 연구가 소수 있었다. 홍주현과 차희원(2015)은 인터넷과 SNS의 등장으로 조직의 위기 이슈가 순식간에 사회 전체로 확산되는 현상에 주목하고 위기 이슈별로 이슈 확산 네트워크를 유형화하였는데, 위기 이슈를 찾아내기 위해 내용분석을 실시하고 설문조사 자료를 참고하였으며 이슈 확산 네트워크 유형을 찾기 위해 트윗을 대상으로 네트워크 분석을 실시하는 등 여러 방법론을 복합적으로 사용하였다. 또한, 성폭력에 대한 사회적 인식과 여론을 살펴보기 위해 관련 언론 보도에 대한 의미연결망 분석을 실시함과 동시에 대학생들을 주요 공중으로 선정하여 심층면접을 진행한 연구도 있었다(임연수·장안리, 2018).

이처럼 지난 10년 동안 건강 커뮤니케이션은 방법론적으로 다양성을 모색해왔다. 방법론적으로 새로운 시도는 방법론 발전뿐만 아니라 연구주제, 대상, 이론 개발 측면에서도 건강 커뮤니케이션 학문의 발전에 기여했다.

그러나 이러한 시도가 아직 양적으로 미미하다는 점에서 연구자들의 더 많은 시도와 노력이 필요할 것이다. 또한 빅데이터, 데이터 사이언스, 계산적 사회과학(computational social science) 방법론 등 사회과학 및 커뮤니케이션학 전반에서 최근 급격히 부상하는 새로운 방법론을 활용한 건강 커뮤니케이션 논문은 국내 주요 5개 언론, 방송, 광고·PR학 학술지에 보고된 적이 거의 없다. 해외에서 출판되는 건강 커뮤니케이션 논문에서는 이에 대한 논의가 이미 진행된 바 있다(Rains, 2018; Shah, Cappella & Neuman, 2015). 국내 연구자들도 이러한 변화에 발맞추어 건강 커뮤니케이션 현상과 이론을 새로운 방법과 관점으로 연구하는 시도를 해볼 만하다.

5. 학문적 발전을 위한 반성과 제언

이 장에서는 지난 10년간 국내 건강 커뮤니케이션 연구 분야의 발전과 연구동향을 검토해 보았다. 2009년부터 2019년 상반기까지 국내 언론, 방송, 광고·PR학계의 5개 대표 학회의 학술지에 게재된 건강 커뮤니케이션 연구를 양적, 질적으로 살펴보았다. 선행 내용분석 연구들(박성철 등, 2008; 백혜진·신경아, 2014; 한미정, 2005; Kim et al., 2010; Lee et al., 2018)과 마찬가지로 본 장에서의 분석결과 역시 (1) 건강 커뮤니케이션이 양적으로 성장했다는 점, (2) 다양한 이론과 건강 주제를 다루었다는 점, (3) 연구방법은 설문, 실험, 내용분석 등 양적 방법에 치우쳤다는 점이 일관되게 나타났다.

　건강 커뮤니케이션 연구경향은 다른 커뮤니케이션 분야의 연구경향과 그 발전 추이에서 유사점이 많다. 첫째, 이론에 있어 건강 커뮤니케이션 연구는 메시지 프레이밍, 의제설정, 제3자 효과 등 언론학에서 자주 사용되는 커뮤니케이션 이론을 많이 사용하였다. 그와 동시에 건강신념모형,

병행과정확장모형, 계획된 행동이론, 설득지식모형 등 건강 관련 학문이나 다른 분야에서 개발된 이론 및 모형들이 빈번하게 활용되었다는 점에서 커뮤니케이션 연구를 이론적으로 더 풍부하게 하는 데 기여했다. 커뮤니케이션 정통 이론과 다른 학문에서 차용한 이론을 접목한 연구들, 결과를 예측하는 데 있어 이론의 설명력을 비교한 연구 등은 이론의 실무적 함의를 도출하는 데 유용하다. 반면 익숙한 이론을 더 정교화하거나 비판적으로 성찰하거나, 새로운 이론적 개념을 시도하는 노력은 부족해 보인다.

둘째, 건강 커뮤니케이션 연구에서는 양적 연구방법이 우세하였는데, 이 점은 양적 연구방법이 2000~2009년에 비해 2010년 이후 오히려 증가하였으며, 〈한국언론학보〉 논문 전체의 72.3%를 차지했다고 보고한 홍주현(2019)의 연구결과와 유사하다. 또한 국제 학술지에 실린 한국에 대한 건강 커뮤니케이션 연구를 내용분석했던 이 등(Lee et al., 2018)이나 대표적인 국제 건강 커뮤니케이션 학술지를 내용분석한 김 등(Kim et al., 2010)에서도 유사한 결과가 보고된 바 있어 양적 연구방법의 쏠림 현상이 국내 건강 커뮤니케이션 분야만의 문제는 아님을 알 수 있다.

셋째, 미디어 기술이 발전함에 따라 온라인, 모바일 등 뉴미디어에 대한 연구 관심 역시 다른 커뮤니케이션 학문 분야와 다르지 않은 것 같다. 그러나 새로운 미디어 중 인터넷에 한정해서 연구를 수행하는 반면, 소셜미디어, 모바일, VR/AR 등 여러 다양한 미디어를 기반으로 하는 미디어 특성 연구가 아직 덜 활발한 점은 제한점이라고 할 수 있다. 또한 분석방법에 있어 〈한국언론학보〉에 게재된 논문 주제의 추이와 특징을 살펴본 최선영과 고은지(2019)는 빅데이터 분석 등 데이터 과학을 이용한 계산적 사회과학 방법론이 점차 증가추세라고 보고했으나, 건강 커뮤니케이션 연구 분야에서는 그러한 추세가 아직 보이지 않았다. 이는 자칫 국내 건강 커뮤니케이션 분야가 다른 분야에 비해 새로운 방법론적 접근에 뒤처져 있다는 인상을 줄 수 있다. 그러나 건강 커뮤니케이션이 국내에서 최근 급성장한 젊은 학문 분야로서 건강 커뮤니케이션을 연구하는 신진 및 중견 학자들이 국제 학술지에 활발히 투고하는 경향이 있음을 고려할 필요가 있다. 새로운 방법론을 적용한 건강 커뮤니케이션 연구 역시 해외 저명학술지에서 종종 발견되며, 한 예로 빅데이터를 이용한 소셜네트워크 분석을 통해 국내 담배 가격 인상 시기에 트워터에서 일반담배의 대체재로 전자담배에 대한 다양한 논의가 이루어졌음을 보고한 연구(Paek, Baek, Lee & Hove, 2018)는 대표적 국제 건강 커뮤니케이션 학술지인 *Health Communication*에 출판되었다. 이는 참신한 이론과 방법론, 중요하고 시의성 있는 연구주제, 정교한 데이터와 분석 등 논문의 우수성 기준을 충족한 건강 커뮤니케이션 연구들이 우선적으로 국제 학술지를 겨냥할 수 있음을 함의한다. 국내에 출판된 건강 커뮤니케이션 논문들이 국제 학술지에 출판된 연구들보다 우수하지 않다는 뜻은 아니나, 국제 학술지 출판이 연구자들의 업적평가나 임용 등에서 더 우선시되는 현재의 학계 구조에서는 우수 연구들이 해외에 먼저 소개되는 이탈 현상을 막지는 못할 것이라는 우려가 존재한다. 이러한 우려는 건강 커뮤니케이션 분야만의 문제는 아닐 것이다.

건강 커뮤니케이션의 연구경향을 검토하면서 고유 영역의 특성뿐 아니라 여러 한계점도 노출되었다. 이러한 한계점을 염두에 두면서, 앞으로 건강 커뮤니케이션이 학문적으로 발전하기 위해 고민하고 개선해야 할 점 몇 가지를 제언하고자 한다.

1) 건강 커뮤니케이션의 정체성 확립과 연구영역의 견고화

이 장에서 건강 커뮤니케이션 연구를 가려내는 데 몇 가지 어려움이 있었다. 따라서 건강 커뮤니케이션 연구동향을 검토한 이 책의 제2장이나 다른 선행연구들과 그 표본 수에 있어 차이가 있을 수 있다. 이 차이는 건강 커뮤니케이션 연구의 정의나 연구범위가 명확하지 않다는 점을 방증한다.

여기서 제기되는 질문은 이렇다. 건강 주제를 다루었다고 해서 모두 건강 커뮤니케이션 연구라고 할 수 있을까.

앞에서 건강 커뮤니케이션의 범위는 의료 제공자와 환자 사이에 치료를 위한 소통뿐 아니라 건강의 위험을 예방하고 건강을 증진하기 위한 소통을 모두 포함한다고 설명한 바 있다. 이는 건강 커뮤니케이션 연구가 의료의 질과 건강 증진을 위협하는 커뮤니케이션 문제를 가려내어 해결함으로써 건강을 개선하고, 증거 기반의 커뮤니케이션 중재 프로그램이나 정책을 제안하는 데 기여해야 함을 뜻한다. 이 점을 감안하면 지난 10년간의 연구동향을 살펴보았을 때 상당수의 건강 커뮤니케이션 연구가 건강 주제를 다루었을 뿐, 그 연구 성격은 광고와 PR 등 전략 혹은 설득 커뮤니케이션과 명확하게 구분하기 어렵다는 점이 드러난다. 예를 들어 금연광고의 메시지 효과성을 본 연구, 의료원 내의 공중관계성을 다룬 연구, 식품영양 정보 관련한 PR전략의 효과 연구 등은 건강 커뮤니케이션 연구로 볼지, 광고와 PR연구로 볼지 분명하지 않다.

지난 10년간 다양한 건강 주제에 관한 연구가 이루어진 반면, 주목받지 못한 여러 건강 주제, 예컨대 진단과 치료, 말기환자 간호 등 다른 커뮤니케이션 연구영역에서 다루지 못하는 전문화된 건강 주제는 거의 연구되지 않았다. 건강 커뮤니케이션이 학문적 정체성을 확립하기 위해서는 연구영역을 보다 분명하게 정의하고, 전문화해야 하며 다른 커뮤니케이션 분야와 차별화해야 한다. 즉, 메시지 효과나 수용자 연구 등 다른 커뮤니케이션 분야와 중첩되는 연구도 계속해서 해야겠지만, 특정 건강 주제에 대한 커뮤니케이션 중재 프로그램 개발과 이행 및 평가, 정책 제언과 관련된 연구들을 활성화함으로써 건강 커뮤니케이션 고유의 연구영역을 견고하게 해야 할 것이다.

2) 다학제적 성격의 건강 커뮤니케이션에서 커뮤니케이션 중심 잡기

커뮤니케이션학이라는 학문 자체가 다학제적 특성을 가지고 있지만, 건강 커뮤니케이션은 어느 세부 분야보다 더 다학제적인 성격을 지니고 있다. 이러한 특성 때문에 건강, 의료, 보건 관련 학문 분야와 커뮤니케이션 학문의 균형은 건강 커뮤니케이션 연구자들의 고민거리이다(Parrot, 2004). 보건학자들은 보건 커뮤니케이션, 의약학자들은 의료 커뮤니케이션, 젊은 커뮤니케이션 학자들은 헬스 커뮤니케이션이라고 각각 다른 용어를 사용하는 것만 보아도 이 학문의 무게중심 및 관심이 학제마다 다르며, 학제 간 교류가 활발하지 않음을 알 수 있다. 보건의료 학자들과 커뮤니케이션 학자들 사이의 학문적 긴장도 계속 존재한다. 보건의료 학자들은 커뮤니케이션 학자들이 연구대상으로 선택한 건강 주제에 대해 전문적 지식이 부족하다고 지적한다. 반면, 커뮤니케이션 학자들은 보건의료 학자들이 건강 커뮤니케이션을 연구하는 데 있어 커뮤니케이션 과정이나 특성에 대한 이해가 부족하다고 지적한다. 연구초점에서도 차이가 있다. 보건의료학에서는 건강 커뮤니케이션의 실용성에 초점을 두는 반면 커뮤니케이션 학자에서는 건강 커뮤니케이션의 이론적 기여를 강조한다(Parrott & Kreuter, 2011).

결과적으로 특정 건강 주제에 대한 커뮤니케이션 문제를 해결하는 건강 커뮤니케이션 연구를 최적화하기 위해 학제 간의 "팀 과학(*team science*)"이 필요하다(Hannawa et al., 2014). 이러한 다학제적 팀에서는 건강 주제와 관련된 보건의료 전문가를 개입시켜 건강에 대한 역학적, 병리학적 지식과 국내외 건강정책 등을 심도 있게 이해하는 한편, 커뮤니케이션 이론을 바탕으로 문제의 해결책을 모색할 수 있을 것이다. 그동안 연구되어 온 다양한 건강 주제가 개인의 건강 증진이나 떠오르는 사회적 이슈 등 상대적으로 익숙한 주제에 편중되었다면, 이러한 다학제적 팀에서는 보다 전문적인 건강 주제의 커뮤니케이션 문제를 연구할 기회가 늘어날 수 있다. 또한 같은 건강 주제에 대한 연구가 커뮤니케이션 분야와 보건의료 분야에서 동시에 진행되어도 다른 용어를 사용하거나 교류가 단절되어 인지도와 가시성이 낮았던 문제(Hannawa et al., 2014) 역시 개선될 수 있을 것이다.

3) 이론 개발과 실무적 함의의 균형

건강 커뮤니케이션은 어느 커뮤니케이션 세부 학문보다 이론과 실제 사이의 균형과 실무적 함의를 강조하는 학문이다. 이러한 균형과 실무적 함의를 강조하다 보면 자칫 학문으로서의 이론 개발과 정교화를 도외시한다는 비판을 받을 수 있다. 그러나 다른 커뮤니케이션 분야에 비해 건강 커뮤니케이션은 특정 건강 주제를 연구하기 위해 개발된 이론을 커뮤니케이션 이론과 통합할 수 있다는 장점이 있다.

예를 들어 이론횡단모형(Transtheoretical Model)과 변화단계(Stage of Change)는 금연 임상 맥락에서 발전된 이론적 모형이지만, 수용자 세분화와 밀접한 관계가 있어 커뮤니케이션 이론, 공중관계 이론으로 정교화되거나 다른 이론과 통합될 가능성이 충분하다(백혜진, 2015). 건강신념모형 역시 결핵 검진 맥락에서 개발된 이론적 모형으로 건강신념모형에 포함된 취약성과 심각성 지각, 이득과 장애 지각 등의 개념은 병행과정확장모형이나 위험 커뮤니케이션에서 자주 연구되는 위험지각과도 밀접하게 연관된다. 이러한 이론들이 커뮤니케이션 문제를 해결하고 과정을 이해하기 위해서 보다 정교화된다면 건강 커뮤니케이션 학문은 이론적으로 많은 기여를 할 수 있을 것이다.

건강 커뮤니케이션 학자들은 건강 커뮤니케이션 고유의 이론과 개념을 더 명확하게 하고 다른 학문 분야의 이론들을 더 활발하게 건강 맥락에 접목시키는 한편, 기존의 커뮤니케이션 이론들은 건강 주제와 맥락에 적합하게 재단하여 사용할 필요가 있다. 실무적 함의를 강조한다고 해서 이론은 간과해도 된다는 뜻은 아니다. 오히려 이론을 정교화할수록 건강 관련 커뮤니케이션 현상을 더 정확하게 기술하고 설명하며 예측할 수 있다는 점을 연구자들은 명심할 필요가 있다.

흡연·자살·감염병 등 건강 문제가 산재하고, 건강에 대한 관심이 증가하는 한편 미디어는 급속하게 발달하는 사회적 변화 속에서 건강 커뮤니케이션은 하나의 학문 분야로서 눈부신 성장을 했다. 앞으로도 여러 건강 위험 이슈는 계속해서 등장할 것이고, 인간의 평균수명 100세 시대를 의미하는 '호모헌드레드' 시대를 맞아 건강은 계속해서 사회적으로 중요한 의제가 될 것이다. 짧은 역사 동안 숨가쁘게 외연을 확장해온 건강 커뮤니케이션 분야는 향후 10년 동안 학문적 정체성을 공고히 하고 이론적 깊이를 더하며, 전문적인 건강 주제와 그 주제에 대한 커뮤니케이션 문제를 심도 있게 탐구하는 방향으로 발전해야 할 것이다. 그 발전 가능성은 무궁무진하지만, 그 가능성을 실현하는 것은 우리 연구자의 몫이다.

참고문헌

김류원·윤영민(2018). 공황장애에 대한 언론보도 내용분석: 유명인 정보원의 역할에 대한 재조명. 〈한국언론학보〉 62권 5호, 37~71.

김민정(2009). 의사의 커뮤니케이션 스타일에 영향을 미치는 요인 연구: 개인적 특성과 환자 중심적 성향을 중심으로. 〈한국언론학보〉 53권 3호, 146~172.

김병철·김봉현(2010). 은유추출기법(ZMET)을 활용한 담배의 소비자 심리구조 공유 개념도에 관한 질적 분석연구. 〈광고학연구〉 21권 3호, 103~124.

김봉철·박진영(2013). 의사 커뮤니케이션에서 언어적 메시지와 비언어적 메시지의 상대적 중요도에 대한 탐색적 고찰 AHP를 적용한 의사와 환자의 인식 비교. 〈홍보학연구〉 17권 3호, 472~503.

김영욱·함승경(2014). 금연과 흡연의 담론 경쟁: 비판적 담론 분석(CDA)의 적용.

〈한국언론학보〉 58권 5호, 333~361.

김영욱·이하나·김혜인·문현지(2017). 미세먼지 어플리케이션 이용 효과 및 수용 요인에 대한 연구. 〈홍보학연구〉 21권 4호, 114~142.

김영욱·이현승·장유진·이혜진(2016). 미세먼지 위험을 둘러싼 공중 군집 분석: 공중 세분화에 따른 위험 인식 및 관련 행동에 대한 차이점 도출. 〈홍보학연구〉 20권 3호, 201~235.

김옥태·김규찬(2010). 언론의 신종플루 보도가 대학생의 예방위생 행동에 미치는 영향: 제3자 효과를 중심으로. 〈한국언론학보〉 54권 6호, 344~367.

김은진(2011). 병원 위기관리 상황 모형 추출을 위한 탐색적 연구: 의료분쟁 위기를 중심으로. 〈한국광고홍보학보〉 13권 4호, 155~189.

김재휘·부수현(2011). 건강예방행동 촉진을 위한 커뮤니케이션 전략: 메시지 프레이밍과 시점-간 선택에서의 근시안적 편향을 중심으로. 〈광고학연구〉 22권 7호, 111~133.

김정현(2010). 대학생 집단의 신종플루에 대한 인식과 지각적 편향: 신종플루 지식에 대한 지각, 관여도, 보도 신뢰도 및 지각된 위험을 중심으로. 〈한국언론학보〉 54권 3호, 77~98.

김지은·전상현·조수영(2018). 20~30대 성인들의 당뇨병 예방 의도에 영향을 미치는 요인. 〈한국광고홍보학보〉 20권 4호, 231~273.

김지현·김용찬·심민선·박기호(2018). 의학전문기자의 전문성과 언론사 조직 내에서의 업무 자율성: 이중적 직업 정체성의 전략적 이용. 〈한국언론학보〉 62권 1호, 7~35.

문선아·김봉근·강진숙(2015). 성폭력 범죄 보도 태도에 대한 근거 이론적 연구: 언론사 사회부 기자들과의 질적 심층인터뷰를 중심으로. 〈한국방송학보〉 29권 6호, 37~66.

박동진·권명순·최정화(2013). 개인의 건강정보지향, 인터넷 건강정보에 대한 태도, e-헬스 리터러시 수준과 건강 관련 행위의 관계. 〈홍보학연구〉 7권 3호, 379~413.

박상희·이수영(2011). 질병태도와 인터넷에서의 건강정보추구행태에 기반한 건강정보 이용자 유형에 관한 탐색적 연구. 〈한국언론학보〉 55권 4호, 105~133.

박성철·최진명·오상화(2008). 한국과 미국의 최근 헬스커뮤니케이션 연구경향에 관한 기술적 분석. 〈한국언론학보〉 52권 2호, 40~69.

박진영·최양호(2014). 의사-환자 관계성 측정척도 개발에 관한 연구. 〈홍보학연구〉 18권 3호, 304~333.

박진영·최양호·김봉철(2015). 의사-환자 관계성에 관한 상호이해도 분석: 상호지향성 모델의 적용. 〈한국광고홍보학보〉 17권 1호, 30~54.

박현정(2014). 질병 예방 행동 촉진을 위한 커뮤니케이션 메시지 전략 연구: 자궁경부암에서 심리적 거리, 해석수준, 이득-손실 프레임을 중심으로. 〈한국언론학보〉 58권 3호, 344~377.

백혜진(2015). 헬스 커뮤니케이션. 이준웅·박종민·백혜진 편, 〈커뮤니케이션 과학의 지평〉, 495~539. 파주: 나남.

_____(2018). 뉴미디어 유형이 위험 특성, 위험 인식, 예방 행동 의도의 관계에 미치는 영향: 조건적 과정 모형의 검증. 〈한국언론학보〉 62권 3호, 215~245.

백혜진·신경아(2014). 헬스-PR 헬스커뮤니케이션학의 발전에 있어 PR학의 역할 재정립을 위한 고찰. 〈홍보학연구〉 18권 1호, 516~553.

백혜진·이혜규(2012). 〈헬스 커뮤니케이션의 메시지·수용자·미디어 전략〉. 서울: 커뮤니케이션북스.

백혜진·조혜진·김정현(2017). 정신질환의 낙인과 귀인에 대한 언론 보도 분석. 〈한국언론학보〉 61권 4호, 7~43.

부수현·김재휘(2013). 의사결정 시점에 따른 메시지 적합성이 예방행동 의도에 미치는 효과. 〈광고학연구〉 24권 1호, 7~30.

소현진(2012). 20대 흡연자 집단의 흡연행위 인지구조 탐색: 효과적인 금연캠페인 전략 개발을 위하여. 〈광고학연구〉 23권 4호, 77~96.

손영곤·이병관(2010). 유아의 구강건강 실천행동 의도의 사회인지적 예측변인에 대한 탐구: 건강신념모델과 계획된 행동이론의 비교를 중심으로. 〈한국광고홍보학보〉 12권 1호, 84~120.

송동근·민귀홍·진범섭(2016). 공중보건 위기 상황 시 정보 정확성과 정보 적절성이 정부 신뢰와 만족에 미치는 영향: 메르스 사태를 중심으로. 〈홍보학연구〉 20권 2호, 61~90.

심성욱·이진우·손영곤(2009). 여대생 절주 캠페인 전략 수립을 위한 음주행동 영향 요인 분석: 계획된 행동이론을 적용한 여대생 음주행동 이해. 〈한국광고홍보학보〉 11권 1호, 204~247.

안순태·이하나(2018). 정신건강 증진을 위한 모바일 정신건강 앱 이용에 관한 연구: 정보-동기-행동 능력 모델의 적용. 〈한국언론학보〉 62권 6호, 167~194.

유명순·주영기(2013). 수입식품 위험인식 및 구매 의사 연구: 휴리스틱 성향, 자기효능감, 뉴스미디어 이용을 중심으로. 〈한국언론학보〉 57권 6호, 211~233.

유석조·정현주·박현순(2010). 신종 인플루엔자 예방 접촉 의도에 대한 영향요인들 및 백신 부작용 보도의 영향 분석 건강신념모델과 계획된 행동 이론 간 비교. 〈한국광고홍보학보〉 12권 3호, 283~319.

유선욱·박계현·나은영(2010). 신종플루 메시지에 대한 심리적 반발과 공포감이 예 방행동의도에 미치는 영향. 〈한국언론학보〉 54권 3호, 27~53.

유성신·박현선·진범섭(2016). 병행과정 확장 모델을 적용한 메르스 예방 행동 의도 에 관한 연구: 주관적 지식과 정부에 대한 신뢰 변인의 조절 효과를 중심으로. 〈한국광고홍보학보〉 18권 2호, 237~273.

유우현·정용국(2016). 매스미디어 노출과 메르스 예방행동 의도의 관계에서 대인 커 뮤니케이션의 역할: 면대면 및 온라인 커뮤니케이션의 매개 및 조절효과. 〈한 국방송학보〉 30권 4호, 121~151.

이 단·조수영(2018). 중국 여성들의 유방암 검진 행위 및 검진 의도에 영향을 미치 는 요인: 앤더슨 의료 서비스 이용 예측 모델 및 건강 신념 모델을 중심으로. 〈홍보학연구〉 22권 1호, 50~85.

이병관·손영곤·이상록·윤문영·김민희·김채린(2014). 건강 관련 행동의 예측을 위한 사회인지이론의 유용성 국내 건강신념모델 연구의 메타분석. 〈홍보학연 구〉 18권 2호, 163~206.

이선민·박준우·전승우(2018). 담뱃값 경고 그림의 금연효과에 관한 종단연구. 〈광 고학연구〉 29권 7호, 75~94.

이선정·이수범(2016). 헬스커뮤니케이션 연구동향: 커뮤니케이션 분야와 공중보건· 의약학 분야의 비교. 〈광고PR실학연구〉 9권 3호, 141~165.

이준영·주도희·신지원·백혜진(2019). 미세먼지 어플리케이션(앱)의 정보 제시 형 식이 위험 인식, 앱 사용 의도, 예방 행동 의도에 미치는 영향: 감정 휴리스틱 과 기준점 휴리스틱의 적용. 〈홍보학연구〉 23권 2호, 111~140.

이준웅·박종민·백혜진 편(2015). 〈커뮤니케이션 과학의 지평〉. 파주: 나남.

이지윤·안순태(2013). 트위터에서의 건강 정보 전파 행동 연구. 〈한국언론학보〉 57 권 3호, 109~134.

임연수·장안리(2018). 성폭력 근절 공공 캠페인 기획을 위한 방향성 모색: 성폭력에 대한 언론 보도 양상과 대학생들의 인식을 중심으로. 〈한국광고홍보학보〉 20권 4호, 137~179.

임종섭·박지희·주영기·유명순(2014). 식품 위해요소 정보생산과 감정촉발 요인의 관계성: 식약처 관계자들과 출입기자들의 심층면접을 중심으로. 〈한국언론학 보〉 58권 6호, 151~177.

장경은·백영민(2016). 한국의 메르스 사태는 어떻게 정치화되었는가?: 건강통제영역

인식성향이 메르스 피해관련 책임귀인에 미치는 효과에 대한 정치적 성향의 조절효과를 중심으로. 〈한국언론학보〉 60권 3호, 36~65.

정의철·권예지·이선영(2012). 이주민과 헬스커뮤니케이션에 대한 탐색적 연구: 건강 인식, 병의원 이용, 헬스커뮤니케이션 과정을 중심으로. 〈한국방송학보〉 26권 4호, 344~385.

정재선·이동훈(2012). 정교화 가능성 관점의 프레임 효과연구: 암 관련 보도기사를 중심으로. 〈한국언론학보〉 56권 6호, 278~309.

조성은·신호창·유선욱·노형신(2012). 결핵예방 행동의도에 영향을 미치는 요인에 관한 연구: 자기효능감과 공포의 매개역할을 중심으로 한 건강신념모델의 확장. 〈홍보학연구〉 16권 1호, 148~177.

조수영·김은혜(2013). 재한 외국인 유학생들의 의료서비스 이용 및 의용의향/추천의향에 영향을 미치는 요인: 서울지역 중국 유학생을 중심으로. 〈한국언론학보〉 57권 5호, 78~112.

조수영·김정민(2010). 정신건강 및 정신질환에 대한 지상파 TV 뉴스 분석. 〈한국언론학보〉 54권 5호, 181~204.

주영기·유명순(2010). 신문·TV뉴스의 신종 출몰형 질환 및 만성질환 보도 패턴 분석. 〈한국언론학보〉 54권 2호, 363~381.

최명일·김봉철·장지영(2011). 의사의 커뮤니케이션 기술에 대한 의사와 환자의 인식 차이 비교: 상호지향성 모델을 중심으로. 〈홍보학연구〉 15권 4호, 115~143.

최지현·조삼섭(2014). 한국의 저출산 현상에 대한 기혼 여성들의 인식 및 효과적인 커뮤니케이션 전략 연구. 〈홍보학연구〉 18권 2호, 45~84.

토마스 호비·백혜진(2015). 위험 제시 형식과 공포 메시지가 위험 인식에 미치는 효과 연구. 〈홍보학연구〉 19권 1호, 162~182.

하지영·응웬 탄 마이·정만수·문장호(2019). 금연효능감과 프레임이 금연광고 메시지의 설득효과에 미치는 연구: 흡연기간, 흡연량, 낙관적 편견 등 수용자 특성을 중심으로. 〈광고학연구〉 30권 2호, 49~78.

한국언론학회 50년사 편찬위원회(2009). 〈한국언론학회 50년사: 1959~2009〉. 서울: 한국언론학회.

한미정(2005). 건강관련 커뮤니케이션 연구논문 내용분석. 〈한국광고홍보학보〉 7권 5호, 210~232.

홍주현·차희원(2015). 위기 이슈의 발생가능성과 파급효과에 따른 이슈 확산 네트워크 유형 연구: 식품 관련 위기 이슈를 중심으로. 〈한국언론학보〉 59권 2호,

365~395.

Andersen, R. M. (1995). Revisiting the behavioral model and access to medical
   care: Does it matter?. *Journal of Health and Social Behavior* 36(1), 1~10. doi:
   10. 2307/2137284.

Cassata, D. M. (1978). Health communication theory and research: An overview
   of the communication specialist interface. *Annals of the International Com-
   munication Association* 2(1) 495~503. doi: 10. 1080/23808985. 1978. 11923745.

Cassata, D. (1980). Health communication theory and research: A definitional
   overview. In Nimmo, D. (ed.), *Communication Yearbook* 4, 583~589. New
   Brunswick, NJ: Transaction.

Hannawa, A. F., Kreps, G., Paek, H. -J., Schulz, P. J., Smith, S., & Street,
   R. L. Jr. (2014). Emerging issues and future directions of the field of
   health communication. *Health Communication* 29(10), 955~961.

Kreps, G. L., Bonaguro, E. W., & Query Jr, J. L. (1998). The history and
   development of the field of health communication. In Jackson, L. D. &
   Duffy, B. K. (eds.), *Health Communication Research: Guide to Developments
   and Directions*, 1~15. Westport, CT: Greenwood Press.

Kim, J. -N., Park, S. -C., & Yoo, S. -W. (2010). Mapping health communication
   scholarship: Breadth, depth and agenda of published research in health
   communication. *Health Communication* 25(6-7), 487~503. doi: 10. 1080/1041
   0236. 2010. 507160.

McKeever, B. W. (2014). The status of health communication: Education and
   employment outlook for a growing field. *Journal of Health Communication*
   19(12), 1408~1423. doi: 10. 1080/10810730. 2014. 904024.

Lee, H. -R., Paek, H. -J., & Shim, M. (2018). A survey of health
   communication scholarship on Korea: Breadth, depth, and trends of
   published research. In Jin, D. & Kwak, N. (eds.), *Korean Communication,
   Media, and Culture*, 175~214. Lanham, MD: Lexington Books.

Paek, H. -J., Baek, H., Lee, S., & Hove, T. (2018). Electronic cigarette
   themes on Twitter: Dissemination patterns and relations with online news
   and search engine queries in South Korea. *Health Communication*, online
   first. doi: 10. 1080/10410236. 2018. 1536952.

Paek, H. -J., Lee, A. L., Jeong, S. -H., Wang, J., & Dutta, M. J. (2010). The emerging landscape of health communication in Asia: Theoretical contributions, methodological questions, and applied collaborations. *Health Communication* 25(6-7), 552~559. doi:10. 1080/10410236. 2010. 496705.

Parrott, R. (2004). Emphasizing "communication" in health communication. *Journal of Communication* 54(4), 751~787. doi:10. 1111/j. 1460-2466. 2004. tb02653. x

Parrott, R. & Kreuter, M. W. (2011). Multidisciplinary, interdisciplinary, and transdisciplinary approaches to health communication: Where do we draw the lines?. In Thompson, T. L., Parrott, R., & Nussbaum, J. F. (eds.), *The Routledge handbook of health communication* (2nd ed), 3~17. New York: Routledge.

Rains, S. A. (2018). Big data, computational social science, and health communication: A Review and agenda for advancing theory. *Health Communication*, online first. doi:10. 1080/10410236. 2018. 1536955.

Rimal, R. N. & Lapinski, M. K. (2009). Why health communication is important in public health. *Bulletin of the World Health Organization* 87, 247~247. https://www. who. int/bulletin/volumes/87/4/08-056713/en. doi:10. 2471/B-LT. 08. 056713.

Sandman, P. M. (1993). *Responding to Community Outrage: Strategies for Effective Risk Communication.* Fairfax, VA: American Industrial Hygiene Association.

Shah, D. V., Cappella, J. N., & Neuman, R. (2015). Big data, digital media, and computational social science: Possibilities and perils. *The ANNALS of the American Academy of Political and Social Science* 659(1), 6~13. doi:10. 1177/0002716215572084.

Slovic, P. (2000). *The Perception of Risk.* London, England: Earthscan.

13장

문화 · 젠더연구의 궤적과 진단

이기형 | 경희대학교 언론정보학과 교수
이동후 | 인천대학교 신문방송학과 교수

1. 서론: 언론학 내 문화 · 젠더연구의 메타분석을 둘러싼 논의와 쟁점들

이 기획의 목적은 지난 20여 년간 '문화연구'와 '젠더연구'가 언론학 지형 내에서 구현하고 축적한 학술작업들의 특성과 계열을 반추하면서, 특히 관련 지식작업들의 함의와 변화하는 맥락을 복합적으로 조명하는 데 있다. 이 과정에서 특히 광의의 언론학 영역에서 전술한 두 특화된 접근방식이[1] 어떤 갈래의 연구와 문제의식들을 중핵으로 삼아 추구되어왔으며, 지식생산의 국면변화와 명과 암이라는 숙고할 주요 측면을 중심으로 어떠한 비판적 사유와 진단들이 제기될 수 있는지를 논할 것이다.

한편, 이 글은 동료 언론학자들이 〈한국언론학보〉에 등장한 논문들을

---

[1] 문화연구와 젠더연구라는 영역의 구성과 분류는 관행화된 정의이기도 하지만 종종 혼선을 빚기도 하며 이견을 생성하기도 한다(김수아, 2018a). 이 글에서는 언론학의 지형 속에서 수행된 비판적 사회과학을 대표하는 흐름으로 문화연구라는 명칭 속에 젠더연구를 포함하는 특정한 동시에 한시적인 접근방식을 택하고자 한다.

메타분석으로 정리·분석한 두 편의 최근 논문을 논의의 '출발점'으로 삼는다. 주지하다시피 장기간에 걸쳐 특정 학보에 등장한 방대한 분량과 다양한 계열의 학술논문을 '메타분석'의 방식을 통해 분류한 작업은, 동료 연구자들에게 구축된 주요 주제영역의 현황과 변화하는 경향 그리고 투사된 문제의식과 지적 유행에 관한 유용한 분석적인 단서와 시사점을 제공할 수 있다. 특히 그런 성격을 표방하는 작업이 상당히 간헐적으로만 시도되는 현실을 고려할 때, 메타분석이라는 접근법이 적지 않은 학술적 필요성과 함께, 주목할 만한 의의도 있다고 생각된다. 이는 언론학 영역에서 지식의 생산과 교육을 맡은 연구자들이 장기간에 걸쳐 성취한 일련의 동향과 궤적의 차별적인 변화상을 엿보게 해주는 유의미한 기회와 창구를 제공하기 때문이다.

동시에 본론으로 들어가기 전에, 앞서 언급한 메타분석을 실행하는 과정에서 성찰적인 고민과 중층적인 탐문이 요구되는 이유와 쟁점에 대하여 먼저 신중하게 살펴볼 필요가 있다. 요컨대 언론학 내 특정 하위주제 영역으로 설정된 문화연구나 젠더연구가 걸어온 발자취와 활동상을 다양한 각도에서 탐색하는 작업은 만만치 않은 노동과 함께 난점을 포함한다. 무엇보다도 이 쟁점의 요체로 〈한국언론학보〉가 언론학이 체계화되고 큰 폭으로 확장되는 과정에서, 매우 많은 관련 연구자들의 작업을 소개하는 주요 '등용문'이자 소통의 공간으로서의 긴요한 역할을 담당해왔지만, 2010년대 이후 언론학 내 주요주제 영역 중심으로 특화된 학술지들이 대거 늘어난 결과, 이 특정 학술지 중심의 분석이 드러내는 적지 않은 한계나 편향이 관찰되는 측면을 간과하기는 어렵기 때문이다.

고민할 핵심 쟁점을 논하면, 문화연구나 젠더연구와 연관되는 작업을 수행해 온 적지 않은 학자들이 〈한국언론학보〉에 자신들의 연구와 관점을 녹여낸 원고를 게재하기도 하지만, 시간이 흐르면서 그러한 노력이 다른 학술지들로 옮겨가는 추세가 명백히 존재한다. 예컨대 필진을 포함한 적지 않은 문화연구자들이 지난 십수 년간 〈언론과 사회〉나 〈한국언론정보학보〉 혹은 〈미디어, 젠더 & 문화〉와 〈커뮤니케이션 이론〉, 〈언론정보연구〉 등의 저널에[2] 자신들이 수행한 작업을 발표하는 일련의 사례들이 확연하게 관찰된다. 이 관련 논의는 두 편의 메타분석 논문에서도 일부 지적된 사항이기도 하다.

이 논의를 조금 다르게 풀어보면, 관례화된 정의의 방식으로 언론학 분야에서 문화연구나 젠더연구를 전공하는 주체들의 경우, 비슷한 문제의식을 추구하거나 방법론적인 공유가 집합적으로 더 많이 반영되는 특정 학술지들로 자신들의 작업을 선보이는 경우들이 종종 관찰된다. 이 지점에서 임영호(2019)의 분석을 활용하면, 학술지의 지면 속에서 언론학을 구성하고 있는 주요 지류나 분파들의 활동을 통해서 생성되는 '다원주의'의 현실적인 구성이나 정립에 대한 신중한 고려와 함께, 상당한 독자성이나 차별성을 발산하는 분과학문 내 '영역주의'의 관행과 경쟁의 효과들이 직간접적으로 구현되는 상황을 주목할 적실성이 제기되는 것이다. 전술한 현상을 부르디외식의 문제틀을 활용해서 풀어보면, 범언론학 연구의 장이 분화되고 하위분과나 영역들 사이에 상대적 독립성과 전문성이 심화되고 재구성되는 과정에서, 지식의 생산을 둘러싼 차별적인 가치와 이해관계의 구성 및 충돌 그리고 제도화된 실행의 이면 등의 관련 쟁점을 밀도 있게 곱씹을 필요성이 확연하게 존재한다.

---

2) 이 글이 참고하는 두 편의 메타분석 작업에서, 〈언론과 사회〉가 분석의 대상이 되지 못한 점은 상당한 아쉬움을 준다. 이 독립 학술지에 다수의 질적인 분석이나 문화연구를 수행하는 주체들이 장기간에 걸쳐 자신들의 작업을 제시해온 구체적인 흐름과 역사성이 존재하기 때문이다. 나아가서 〈언론과 사회〉가 학술전문지의 제도화와 "피어 리뷰" 등의 기제를 선도적으로 도입한 매체이자, '언론과 사회'라는 연구분과에 속한 이들이 많이 활동했던 주요 공간이었던 특성을 고려할 필요도 있다. 또한, 2000년대 중반에 발간이 중지된 비평지인 〈프로그램-텍스트〉의 경우, 상당히 많은 문화연구 계열의 분석들이 집중적으로 등장했던 포럼이기도 했다.

관련 사안을 좀더 논하면, 언론학 분야의 대표적인 저널들의 경우, 지식의 공동체로서 상대적으로 특화된 집합적인 지향성과 정체성을 구현하고 있으며, 특정 학술지 지면에 자신들의 작업을 소개하는 주체들 간에 상당한 소속감이나 공유되는 문제의식을 구현·표출하기도 한다. 또한, 치열한 마찰이나 갈등을 표출하는 수준은 아니라 해도, 특정 학술지로의 쏠림 현상이나 전술적인 차별화 등이 현실 속에서 이미 상당 부분 정립되고도 있다.

예시하자면, 특히 비판적/질적/역사적/해석적인 방법론을 주로 추구·활용하는 문화연구자들의 활동과 습속을 고려할 때, 탐구와 해석의 공동체로 소통과 결연에 좀더 유기적이고 특화된 발언대로 특정 저널들에 관한 관심이 장기간에 걸쳐 구현되어왔다. 요컨대 메타분석을 도모하면서, 거시적인 동향의 파악이나 분류를 도모하는 작업을 넘어서, 추구하는 연구문화의 특정한 지향성이나 학자들이 맺게 되는 집합적인 지향성과 '상상적 공동체성'이 어떤 방식으로 학술지의 지면에서 반영되고 있거나 혹은 그렇지 못한지의 동인과 쟁점을 주의 깊게 관찰할 이유가 마땅히 존재하는 것이다.

물론 이 과정에는 연구자들이 구성하는 개인적인 동시에 구조화된 취향과 습속이나 제도적인 이해관계와 관심 등을 포괄하는 미시적 층위에서 거시적인 층위를 포함하는 상당히 복합적인 요인들이[3] 작용한다. 한편 학술지나 특화된 학술분과를 중심으로 과거보다 큰 폭으로 정립된 분화와 결연 그리고 특화와 경쟁의 양상은 정치커뮤니케이션이나 광의의 정책연구와 사이버 관련 연구들 그리고 광고와 홍보 관련 학술연구를 수행하는 이들도

---

3) 주지하다시피 〈한국언론학보〉를 포함한 일군의 학술지들이 설정한 180매 안팎의 원고의 기준은, 적지 않은 문화연구자들에게 만만치 않은 압박과 난점을 주는 핵심 요인이며, 종종 간과하기 쉽지 않은 제도적 장벽으로 작용하기도 한다. 반면에 〈언론과 사회〉와 〈한국언론정보학보〉 등의 경우, 투고되는 원고의 분량과 관련된 제한은 없다.

일부 공유하는 부분이라 말할 수 있다.

앞서 거론한 논의와 함께, 특히 문화연구나 젠더연구라는 상당히 '학제적인' 지향성을 발산하며, 주류의 커뮤니케이션 관련 전공과 비교되는 '비판적인 지식'의 실행을 추구하는 주체들의 작업이 〈한국언론학보〉의 지면에서 일정 부분 '과소재현'되고 있는 문제를 주시할 적지 않은 사유들이 존재한다. 이와 관련하여 문화연구를 포함한 특정 하위 연구분야에서 축적되는 지식과 탐구의 실천이나 명암을 둘러싼 중층적인 맥락이나 제도적인 실행의 특징과 변화상을 심도 있게 고민하면서, 학술지 중심의 분석을 넘어, 언론학이라는 학문의 내적 영토 내에서 어떤 가시적인 방향성과 재구성 (realignment)의 흐름이 다층적으로 구현되고 있는지를 냉철하게 살펴볼 필요성이 제기된다(강명구, 2009; 임영호, 2019).

이 과정에서 문화연구와 젠더연구라는 지식추구의 방식이 탐구하는 특정한 지적 관심이나 주제영역과 소재, 그리고 선호되는 접근방식이나 인식론 등의 관점에서 다른 (하위) 분과에 비하여 상대적으로 이질적이며 상당한 차별점을 발현하는 양상에 주목할 필요가 있다. 요컨대 지식사회학적인 관점에서 전술한 사안에 대해 부연하면, 특정 계열의 연구가 어떤 집합적인 동인이나 관련 전공자들이 결집한 특유의 문제의식과 전문화된 지적 노동을 둘러싼 요인들이 상호작용하면서, 학술논문이라는 복합적인 구성물을 생산하게 되는 일련의 과정을 세분화하면서 동시에 성찰적으로 진단하는 과업이 요구된다.

통상적으로 메타분석으로 분류되는 기획에서, 신진연구자나 학문후속세대의 교육과정과 재사회화 등과 관련된 장기적인 효과와 영향을 생성하는 제도적인 이해관계와 압박 등의 핵심 요인들을 마땅히 숙고할 필요성이 요구되는 것이다. 문화연구의 경우, 현실론으로 접근할 때, 언론학 내부의 위상이나, 지향하는 지식생산의 방식과 목적성, 그리고 관련 연구자들의 수 등에서 '비주류적인' 위치를 점유하고 있다. 이는 동시에 전공 연구자들의 재생산이나, 전임 교원으로의 진입, 학술기획의 생산과 연구동향의 변화 등에도 강한 영향을 미치는 간과하기 어려운 요인이기도 하다.

조금 다르게 평가와 검증의 시스템을 통과한 학술논문의 특징이나 그런 작업 속에 탐구된 지향성에 관한 집합적인 분석이 주기적으로 요구되지만, 논문이라는 아카데미아에서 생산되는 대표적인 텍스트가 충분히 혹은 유기적으로 포함·수렴하지 못하는 연구와 지식의 추구 그리고 사회적 이슈에 관한 탐구를 둘러싼 제도적인 동학의 변화와 '이면'을 세밀하게 짚어낼 당위성과, 이 간과되는 이슈를 예리하게 파고드는 문제의식이 정련될 필요성이 적지 않은 것이다(강명구, 2014; 채석진, 2019; 채웅준·김선기, 2018; 홍성일, 2019). 4)

아래에서 상술하겠지만, 언론학이라는 사회과학 내 복합적인 지식의 실천 과정에서, 급속하게 진행되는 사회경제적인 환경변화나 기술적 변환 속에, 지식생산의 과정에 강한 압박을 가하는 성과주의의 영향, 훈육과 동기화의 요인들, 그리고 대학의 위상 변화 등의 거시적인 요인들이 전술한 특화된 지식의 추구에 불균등하게 관여하거나 강한 영향력을 발휘하기도 한다. 이 글은 그런 차원에서 학술지 지면에 등장한 문화·젠더연구의 특성과 변화를 넘어서는 확장된 방향성과 문제의식을 숙고하면서 논점을 풀어가고자 한다.

---

4) 이는 채석진(2019)이나 황경아 외(2014)의 작업이 조직적으로 분석하듯이, 현재 구축된 평가의 체제나 주안점이 연구자들이 영위하는 노동에 대한 매우 강한 성격의 훈육 효과와 회유를 가하고 있으며, 생존을 위한 성과와 업적의 축적이 논문의 생산성과 비중에 관한 과도한 강조와 '수치 만들기'를 중심으로 학계에서 구현되고도 있기 때문이다. 반면에 이 같은 체제를 유의미하게 변화시키려는 움직임은 충분히 활성화되고 있지 못하다.

2. 범언론학 영역에서 문화·젠더연구의 궤적

1) '문화적·담론적 전환'과 문화연구의 정련화

이제 동료 연구자들이 탐색한 두 편의 언론학 영역 내 하위분과들의 연구 경향과 방식을 큰 폭으로 조감하는 메타분석을 논의의 시발점으로 삼아 보자. 먼저 언론학 내부의 분과별 연구동향과 장기적인 변화를 파악하는 데 일정한 기반이 되는 홍주현(2019)의 작업은 2000년에서 현재까지 약 20여 년간 〈한국언론학보〉에 등장한 논문들이 제공한 초록과 키워드를 중심으로 구현된 분야들의 갈래와 특징, 그리고 선택된 주요 연구방식에 대한 내용분석과 네트워크 분석을 기반으로 진행한 기획이다.

이 작업은 광의의 문화·젠더연구를 실행한 학술작업들을 분석하면서, 핵심적인 세부 유목들로 "문화주의, 포스트모던, 부르디외 등 문화이론, 하위문화, 대중문화, 미디어 상징, 서사구조, 담론, 젠더, 재현, 여성수용자, 여성노동자, 미디어 이용, 정치경제학" 등의 14개의 대상을 추출해 내고 있다. 이와 함께, 이 연구가 밝힌 지난 20년간 생산된 문화·젠더연구 계열의 논문은 총 117편으로 이 기간에 〈한국언론학보〉에 게재된 전체 학술논문 중에서 약 6.6%를 차지하며, 연구자가 선정한 25개의 주요 연구분야 중 7번째로 많은 학술논문을 제공한 것으로 파악된다.

필진의 판단으로, 앞서 등장한 주요 관찰점은 일정한 시사점과 숙고할 쟁점을 제공한다. 우선 문화·젠더연구를 전공하는 주체들이 대중문화와 하위문화의 영역에서 부상해온 다양한 현상과 가시적인 징후들에 관하여 지속적인 관심과 이론화의 노력 그리고 변주되는 분석작업을 꾸준히 추구해왔음을 파악할 수 있다. 특히 문화연구의 경우, '재현의 정치학'(*politics of representation*)이라는 핵심 문제의식과 요동치는 현실에 조응하고자 하는 지적 관심을 중심으로, 대중문화물이 발휘하는 서사적 특성과 의미작용의 명암이나, 특정 문화콘텐츠가 발휘하는 상징성과 이데올로기적인 특징 그리고 정서적 효과를 조명하는 데 관련 연구자들이 주력해온 집합적인 활동상을 홍주현의 분석에서도 일정 부분 확인할 수 있다.

이 과정에서 파악할 수 있는 문화연구 관련 이론화와 모색된 사례분석의 주요 동향을 잠시 논하면, 한국사회에서 1990년대를 기점으로 확연하게 관찰된 소비자본주의의 확산이나, 문화적 다양성과 분화된 라이프스타일들의 부상, 그리고 탈경계화되는 대중문화물의 확장된 수용의 양상에 주목하는 적지 않은 문화연구의 기획들이 2000년대 이후에서 현재에 이르기까지 꾸준히 이어진 흐름을 접하게 된다. 예컨대 언론학 내 문화연구의 지형 속에서, 기존의 대중문화와 영상문화 영역을 주요 주제영역으로 상정하면서, 문화콘텐츠의 변화하는 문법과 상업적 구성의 특징이나, 사회적 활용과 전유(appropriation)의 복합적인 면모들, 그리고 주요 문화트렌드의 수용 과정에서 관찰되는 지배적 감정구조의 특성 등이 상당히 체계화된 방식으로 탐구된 추세를 확인할 수 있는 것이다(김예란, 2009; 김창남, 2018; 원용진, 2014a; 2014b; 윤태진, 2005; 이종수, 2008; 주창윤, 2013).

동시에 전술한 사안들 속에서, 대중적인 소비의 욕망이나 취향구조가 기술적 변환이나 유연한 자본의 논리에 의해 탈영역화되고 급속하게 변화하면서, 현실을 빠르게 재구성하는 과정을 일군의 문화연구 전공자들이 능동적으로 대응하려 했던 적지 않은 실행들이 포함된다. 관련 사례를 좀더 들면, 소비와 문화공간의 변화상과 대중의 인식을 구체적으로 추적하는 작업이나, 일상 속으로 본격적으로 배치되기 시작한 이동전화가 체화하는 물질문화와 젠더적인 함의와 기술적인 상상 간의 접합을 대안적으로 탐색하는 분석, 대중문화물의 재현 속에 제시된 '문화적 기억'의 위상과 특성을 진단하는 기획, 그리고 '한류' 등의 문화적 혼종성을 체화하는 탈지역화와 재매개의 징후와 양상이 일상 속에서 크게 관찰되는 사례들에 대한 진단 등에 이르기까지 인접한 사회학이나 문화지리학 혹은 역사학이나 문학 등과 공유되는 문제의식을 비교적 선명하게 대면할 수 있다(김수철·강정수, 2013; 김예란, 2012; 김은영, 2017; 류웅재, 2017; 이종수, 2016; 이희은, 2007; 태지호, 2013).

나아가서 관련 연구를 수행한 문화연구자들이 채용한 주요 이론적 자원들로 영국의 '버밍엄학파'가 고안한 문화주의와 구조주의적 접근, 서구 학계에서 유입된 포스트모더니즘이나 탈식민주의와 다문화주의, 그리고 부르디외 등으로 상징되는 비판적 문화이론과, 푸코의 '권력과 담론이론' 그리고 들뢰즈와 가타리의 '탈주와 욕망이론' 등의 주도적인 영향력이 장기간에 걸쳐 구현된 단면도 엿볼 수 있다. 또한, 상당한 주목을 받은 이론적 준거이자 대안적 방법론으로 인문학 영역에서 수용된 문화사와 구술생애사, 미시사 등이 역사적 문화연구에 주력하는 주체들을 중심으로 활용된 측면도 고려할 필요가 있다(마동훈, 2004; 백미숙 외, 2008; 손병우, 2006; 유선영, 2004; 2014a; 이상길, 2001; 2005; 2008; 임종수, 2004).5)

한편 전술한 관찰점은 언론학회 창립 50주년을 기념하는 기획의 일환으로 상당히 밀도 있게 수행된 강명구(2009)의 문화연구의 변화하는 궤적을 조밀하게 조명했던 메타분석 작업과도 적지 않게 수렴된다. 수행된 시점에서 통시적으로 문화연구의 부상과 핵심 구성적 특성을 분석했던 이 연구에서도, 방송영역의 다양한 장르와 텍스트 양식을 해독하는 일련의 기획들이 확고하게 형성된 단면과 특히 단일 텍스트에 관한 관심을 넘어서 관련 매체와 사회정치적 환경의 중층적인 맥락성과 제도·기술적인 요인들과의 접합(articulation)의 문제를 고심했던 문화연구자들의 실천이 주목받은 바 있다.

---

5) 문화연구 내 '역사적 문화연구'를 수행해온 연구자들의 경우, 탐구와 분석 등의 측면에서 기존의 언론사와 일정한 교집합을 구성한다. 동시에 탈식민주의나 식민지 근대성 그리고 문화사와 미시사, 계보학 등의 접근법을 역사재현의 주요 양상이나 쟁점을 진단하는 데 핵심적인 자원으로 활용해왔으며, 축적된 결실과 성취 또한 상당하다.

요컨대 1990년대에 '본격적'으로 이루어진 문화연구가 2000년대 이후 상당한 정련화와 제도화의 과정을 거치면서, 과거에는 주변적인 요인으로 판단되던 넓은 범주의 (대중) 문화와 문화콘텐츠들의 활용과 소비의 양상들, 그리고 영향력이 확장된 문화적인 영역에서 생성되는 다양한 실천과 갈등의 면모나 의미와 감정의 사회적 함의를 탐구하는 일련의 기획들이 조직적으로 구현된 측면을 인지할 수 있는 것이다(김선기·이상길, 2014; 원용진·임영호, 2001; 조항제, 2008). 이 과정에서, 대중적인 영역과 쟁점을 파고드는 일련의 문화연구 작업에서 지속적인 관심을 받아왔던 광의의 의미와 가치작용 외에, 기존의 이데올로기 진단이나 비평에서 주목받지 못했거나 등한시되기도 했던 다양한 사회 내 주체들이 표출하는 감정과 정서적인 요인들에 관한 탐구가 수용자 연구나, 팬덤연구, 담론분석, 그리고 청년층과 사회적 소수자 집단을 대상으로 한 사례연구 등을 통해서 크게 진전된 단면도 논할 수 있다.

또한 류웅재(2015)와 이광석(2017) 그리고 김예란(2012; 2013)과 박근서(2009) 등의 작업이 시사하듯이, 관행적인 일상 속 다양한 문화텍스트의 역할에 대한 해독이나 '다의성'(polysemy)의 추구를 넘어서, 물질문화와 테크노문화에서 '스마트체제' 등에 이르기까지 대중의 감각과 습속 그리고 욕망을 재구조화하는 사회적 메커니즘에 관한 보다 집약적인 탐색도 부상한바 있다. 이러한 결과, 통상적으로 '비판 언론학'이란 표제어 속에 주로 추구되던 이데올로기 분석이나 매체가 기획하는 지배적 프레임들에 대한 비판과 저항 그리고 정치지형 내 헤게모니 작용에 관한 논의를 크게 넘어서는 차원의 확장되고 분화된 스펙트럼을 문화연구의 정경 속에서 어렵지 않게 접할 수 있게 된 것이다.

앞서 거론한 작업을 복기하면서, 1990년대 이전까지 대중문화나 영상문화의 정치성이나 대중문화물의 소비와 수용 과정에서 형성되는 정체성과 즐거움의 문제 등을 탐구하는 학술작업들이 매우 소수였거나 주변화되었던 지점을 돌아봐야 할 필요성을 개진하기도 한다. 요컨대 2000년대 이후 문화연구와 젠더연구가 천착한 주요 주제영역은 개별 현상과 사안의 의의와 특성을 해독하는 차원을 넘어서, 이전보다 확대된 범주인 일상과 소비의 영역을 포괄하는 매우 복합하면서 다양한 차이와 연결망을 포함하는 대상으로 다변화되었다. 특히 전술했듯이 새롭게 부상한 트랜스미디어 작용이나 '컨버전스 컬처' 그리고 이 과정과 연동되는 첨예한 문화경제적인 이슈들을 관찰하면서, 일군의 문화연구자들이 디지털 테크놀로지와 문화적 자원, 창의산업 등의 행위자와 자본이 복잡하게 네트워크화하며 접합되는 양상에 주목하는 연구를 추진한 바도 있다(이광석·윤자형, 2019; 이기형·이동후 외, 2018; 이종임, 2013; 이희은, 2018b; 임종수·최세경, 2016; 정준희·김예란, 2010; 홍석경 외, 2017). 일군의 문화연구자들이 앞서 서술한 집합적인 탐구를 도모하는 과정에서, 기존의 제도 미디어와 디지털 미디어가 각축을 벌이면서 교차·접합하는 지점이나, 기성의 매체 권력과 수용자들의 대응이 다층적으로 상호작용을 생성하는 '컨버전스의 유동적인 현실'을 조망하는 분석들이 모색된 바 있다.

앞서 압축적으로 논한 문화연구가 이룩한 핵심 주제와 지적 ─ 비판적 관심은 홍주현이 제공한 메타분석에서도 짧지만 일정 부분 수렴된 바 있다. 요컨대 그가 제공한 2000년대 이후 현재에 이르기까지 문화연구라는 '대분류' 속에 위치된 〈한국언론학보〉에 게재된 117편의 논문이 다룬 주요한 주제영역을 논하면, 이론적 구성이나 핵심 개념에 집중한 모색이나 메타비평을 시도한 작업 외에, 방송콘텐츠, 영화, 대중문화와 하위문화, 그리고 사이버공간과 소셜미디어 등의 주요 영역 내 다채로운 장르와 '창의성'을 전유하는 문화콘텐츠들이나 관련 현상들의 함의에 관한 상세한 사례연구와 경험분석 그리고 이론적 모색이 유의미한 수준에서 축적된 양상을 접할 수 있다.

이와 함께, 한국사회 속에 재구성되며 존재감을 확장하는 다문화주의 관련 분석이나, 리얼리티 프로그램과 아이돌 기획이나 셀러브리티 현상 등의 ─ 과거에는 접하기 어려웠던 ─ 대중문화 속 지배적 양식들의 기능과 위상을 탐구하는 기획들이 새롭게 추구되기도 했다(김수정, 2011; 김수철, 2015; 성민규, 2012; 원용진·김진만, 2012; 윤선희, 2013; 한미소·윤태진, 2017). 나아가서 젠더와 몸, 권력, 창의 노동, 상징경제, 혼종성, 공론장, 담론, 통치성, 기억, 쾌락, 욕망, 감정, 감각, 공간 등의 사회 내 다양한 주체들의 삶을 구조화하는 핵심 동인과 거시적인 함의를 발산하는 제도적 힘과 훈육을 포함하는 상당히 특화된 주제들을 공략하는 일련의 문화연구 작업들이 포진되기도 한다. 특히 후자에 속하는 주요 기획들 속에서, 과거보다 확장된 범주와 변화된 문제의식을 풀어내는 연구들이 복수의 감정사회학과 정동연구 그리고 변주된 문화유물론의 활용이나 비판적 담론분석 등을 기반으로 가시적으로 증폭했음을 어렵지 않게 파악할 수 있다.

이런 방향성에 대한 보완적인 설명을 하면, 언론학 내 고유하거나 특화된 분석이나 특정 매체 중심의 관행적인 진단보다는, 인접한 사회학과 여성학, 역사학과 인문학, 미학과 공간연구 등에서 공유되는 일련의 개념과 이론적 구성물을 탐구하는 ─ 부분적으로라도 '학제적인' 인식을 드러내는 ─ 문화연구의 특징을 어렵지 않게 접할 수 있다. 이는 임영호(2019) 그리고 원용진(2014) 등이 지목했던 일종의 복합적인 동시에 '간학문적인 교차로'로서 문화연구의 실천성과 지향성이 일정한 성과와 반향을 생성한 측면이기도 하다.

한편 최선영과 고은지(2019)의 작업은 보다 큰 폭으로 알고리즘에 기초한 데이터분석을 메타분석의 주요 방식으로 채용하면서, 문화연구를 대상으로 구성한 22개의 핵심 토픽들에서 관찰되는 핵심적인 키워드들로 "문화, 사회, 정체성, 구성원, 이주민, 테크놀로지, 심층인터뷰"(문화연구)와 "미디어, 공간, 라디오, 관찰, 공동체, 경험, 삶"(문화연구/미디어공간)을 선정한 바 있다. 이들의 작업은 다이내믹 토픽 모델링을 활용하면서, 관행적인 접근법을 넘어서 대안적인 방식으로 분석의 집중력과 대안을 구현하려는 조직적인 시도를 보여준다. 이 기획은 기존에 주로 내용분석이나 문헌분석 혹은 네트워크 분석 등을 조합하는 통상적인 방식을 넘어서, 수집된 메타데이터에 관한 데이터 알고리즘의 연산을 적극적으로 활용하는 방식을 채용한다.

필진의 관점에서 전술한 메타분석의 결과를 논하자면, 장기간에 걸쳐 수행된 문화연구의 흐름 속에, 다양한 정체성과 공동체 문화의 사회문화적 특성이나 변화의 추세를 탐구하고자 하는 일련의 연계된 노력이나, 인간행위자들의 경험과 삶에 크게 주목하는 유형의 방법론적인 복안의 특화, 그리고 특정 매체와 매체 기술의 동적인 함의를 대안적으로 관찰하는 분석들이 상당 부분 이루어진 현황을 이 메타분석이 짚어내고 있다. 동시에 방대한 기간을 설정하면서 문화연구의 동향을 조망하는 유형의 분석이라는 점에서, 이 메타분석 또한 지난 20여 년간 구현된 문화연구의 핵심적 활동상이 발휘하는 함의와 쟁점을 조밀하게 포착해내고 있지는 못하다. 바꾸어 말하면 보다 정제된 메타비평이나, 성취와 더불어 한계를 다양한 각도에서 조명하는 작업은 특정 하위영역에서 활동하며 구체적으로 진행된 연구의 특성과 맥락 그리고 반향을 내밀하게 인지하는 내부의 주체들이 숙고하고 수행할 과업이라고 판단할 수도 있다.[6]

예컨대 앞서 도출된 시사점에 관한 문화연구의 내부자로서의 관점을 논

─────

6) 다년간에 걸쳐서 세미나와 학술모임이나 협업을 수행하기도 하는 특정 전공영역 내 주체들의 경우, 통상적인 메타분석이 파악하기 쉽지 않은 결연과 동료의식이나 연대의 관계망을 생성하며, 동료 학자들의 연구에 대한 상세한 앎을 갖고 있기도 하다. 이러한 특징은 상당한 지식사회학적인 의의와 단서를 제공한다. 한편 특정 학술지에 20여 년의 기간을 두고 발표된 특정 계열의 논문들의 성격과 주제영역 및 분석대상 그리고 방법론을 세밀하게 정리·분류하는 기획은 매우 고단하고 집약적인 노동에 기반하며, 나아가서 개별 전공자들 간에 구획된 경계나 정의 방식을 둘러싼 일정한 접촉과 의미구현을 위한 진중한 대화의 필요성을 환기해주기도 한다.

하면, 언론학 영역에서 지난 20여 년에 걸쳐 문화라는 사회 내 핵심 자원이자 복합적인 주제영역이 매우 다양한 방식으로 탐구되고 있으며, 특정 콘텐츠나 텍스트와 협소한 대중문화 현상에 주력하던 과거의 분석방식에서 탈피하여, 상당한 탈장르화와 접근방식과 이론틀의 분화 및 변주가 구체적으로 시도된 지식생산의 특성과 궤적을 함축적으로 예시해준다. 7)

전술한 일련의 사례들 속에서, 일견 레이몬드 윌리엄스가 제기한 광의의 '부상하는 문화'에 관한 다기(多岐)하며 선이 굵은 진단들이 지역적으로 변주되면서, 동시에 가시적인 존재감을 선명하게 형성하게 된 역사적인 흐름을 파악할 수 있다. 특히 세대와 젠더, 정체성, 감정, 욕망, 기억 등 과거에는 활성화되지 못했던 개념들을 다양하게 중용하면서, 관련 사안과 쟁점을 밀도 있게 탐구하는 일련의 대안적인 분석들이 문화연구라는 문제의식과 기획을 중심으로 집중적으로 수행되어온 측면을 대면할 수 있다. 예컨대 언론학 지형 내 문화연구자들의 경우, 세대연구나 청년연구, 소수자연구, 이주자들에 관한 연구, 젠더정치 등의 반드시 매체 관련 현상만을 분석의 주안점으로 삼지 않는 대안적인 동시에 '사회학적 상상력'과 현실개입의 의지가 적지 않게 반영된 차별화된 기획들을 주기적으로 수행한 바 있다(김선기, 2014; 2016; 방희경·유수미, 2015; 이상규·홍석경, 2014; 한선, 2013).

나아가서 이런 독특한 모색과 활동상은 1970년대 후반부터 한국에서 주목받기 시작한 '비판커뮤니케이션'의 영역이 해체되고 보다 큰 폭으로 확장되면서, 영상과 대중문화, 젠더, 세대, 문화자본, 주체, 권력작용 등을 포함하는 과거보다 정련되고 다원화된 이론적 자원과 이를 적용한 일련의 구

---

7) 1990년대를 기점으로 인문학과 사회과학의 영역에서 크게 주목을 받고 확장된 문화에 관한 관심은 종종 '문화적 전환'이라는 호칭으로 불리기도 한다. 이 분과학문을 넘어서 구성된 거시적인 인식의 전환은 그 이전까지 부차적인 요인으로 간주되던 문화의 역할과 역량을 큰 폭으로 제고하게 된 주요한 분기점을 포함한다.

체적인 분석들을 능동적으로 활용한 귀결로도 풀이된다.

특히 사회적인 환경변화나 '탈전통화'와 '탈권위주의' 그리고 문화적 잡종성과 다양성의 증가로 상징되는 한국사회의 거시적인 변화를 둘러싼 동태적으로 작동하는 맥락성과 관련 사안들의 늘어난 비중이 문화연구의 영역에서 관찰된 바 있다. 앞서 논한 현상의 경우, 통상적인 차원의 '매체효과론'이 주목하지 않거나 주류 언론학 내 분석의 초점을 탈피한 차별적인 주제와 일상현실의 재구성 과정에 주목하는 일련의 연구들이 문화연구와 젠더연구의 전통 속에 확고하게 이루어진 흐름을 반영하기도 한다. 그와 함께 문화연구가 요동치는 현실과 이론화의 작업을 분리하거나 특정 부문에만 집중하는 노력을 벗어나려는 의지와 자각을 활성화하면서, '이론과 현실의 분리'나 학술연구가 지향하는 가치중립성에 대해 비판적인 대응을 능동적으로 도모한 일련의 기획들을 생산하기도 했다(원용진, 2014b; 유선영, 2014b; 이영주·조세훈, 2004; 전규찬, 2015).

일군의 문화연구자들이 제시했듯이, 2000년대 이후 추구된 문화연구의 흐름 속에서, 다양한 대중문화물의 수용이나 문화콘텐츠가 사회변동을 복합적으로 재현하는 역할과 관련해서, '문화적·담론적 전환', '상징적 창조성', '참여와 문화행동', '재현의 정치', '비판', '이데올로기 작용', '수행성', '접합', '권력', '성찰성', '맥락', '근대성', '신자유주의', 그리고 '문화정치' 등이 핵심적인 키워드로 고안되고 가변적으로 활용된 점을 기억할 필요도 크다(강준만, 2011; 원용진, 2014; 이기형, 2011; 전규찬, 2014; 2006; 주형일, 2019; 채웅준·김선기, 2018). 관련 사례를 돌아보면, 2000년대 이후 문화연구는 장르와 경계를 넘어서서, 드라마와 영화에서 팬픽이나 대중음악, 게임과 리얼리티 프로그램, 그리고 하위문화와 소비공간 등을 포괄하는 매우 다양한 유형의 주제영역을 체계적으로 탐구했으며, 언론학 분야에서 독자적인 분석의 전통을 확립하는 한편 상당히 괄목할 만한 활동상을 보인 바 있다.

그럼에도 이 대목에서 앞서 언급한 메타분석 속에 등장한 키워드들이 복합적으로 엮어내는 지식생산의 변화상과 동태적인 함의를 상대적으로 밋밋하게 선정된 키워드 중심의 인식을 넘어서, 입체적인 구현을 진중하게 모색하면서 풀어낼 필요성도 곱씹게 된다. 주지하다시피 영미의 문화연구에서 매우 큰 폭으로 지적인 자원을 수용한 국내 문화·젠더연구의 사례에서, 지난 20여 년에 이르는 연구와 방법론적인 활용을 둘러싼 특화된 연구문화의 정착과 '지역적인 변주'를 시도한 상당한 집합적인 노력들을 조망하면서 성취와 한계의 전모를 세밀하게 복기하는 작업이 요구되기 때문이다. 요컨대 지향성과 문제의식이 상대적으로 선명한 학술기획들이 문화정치학이나 젠더와 욕망의 정치를 상대적으로 정교하게 이론화하면서 관련 연구자들에 의해 부단히 시도되며 결실을 이룬 바 있다. 반면에 긴 호흡으로 구성되는 비판적인 판단과 전망, 그리고 문화지형의 역동적인 변화를 유기적인 관계론 등의 방식으로 재구성하는 다양한 복안이나 협업 등의 전공자들 간의 긴밀한 연대를 통해서 수행한 작업은 충분히 모색되지 못한 측면도 존재한다.

이 쟁점과 관련하여 고심할 사례를 논하면, 1990년대에 학문 영역과 예술 및 미학 등의 영역에서 큰 영향을 발휘했던 포스트모더니즘에 대한 많은 관심은 2000년대 초반을 기점으로 확연하게 '퇴조'하였다. 그러한 이유로 특히 서구 학계에서 유입된 세련된 문화이론에 지나치게 의존하는 작업이 생성한 '과잉해석'의 문제나, 의미론과 협소한 문화론에 과하게 치중되면서 제도적인 실행이나 물적·기술적인 기반과 자본의 개입 등을 포함하는 다층적인 분석이 상대적으로 미진했던 문제에 대한 자성적 비판과 급진적인 성찰이 제기된 현실을 돌아볼 필요가 있다.

이러한 문제는 문화연구자들에게 급진적인 이론틀의 활용이 급진적인 문화정치학의 추구나 실행과 늘 조응하지는 못한다는 자성을 각인시킨 바 있으며, 자신들이 대면하는 유동적인 동시에 무섭게 변화하는 현실의 예리한 분석을 위한 점검과 복안의 긴요함을 강조하기도 한다. 상당한 성취나 문제의식의 심화 외에, 문화연구의 영역에서 변모하는 문화의 역할이나 성격에 대한 예리한 진단이나, 복합적인 자원으로서 문화가 사회적으로 배치되거나 자본이나 기술과 접합되는 주요 효과들에 대한 집중적인 논의와 관련 작업을 위한 역량의 배양은 충분히 성공적이라 볼 수 없는 한계를 드러낸 바도 있다. 이 같은 추세는 강명구(2009)가 10년 전에 제시했던 문화연구의 주요 방향성이나 궤적에 대한 진단과도 상당 부분 접맥되고 있다.

이와 함께, 2000년대 초중반에 문화연구 진영에서 많은 시도와 성과가 축적된 수용자 연구나 텍스트분석의 경우, 여전히 상당한 지적·비판적 의의를 성취하기는 했지만, 대중문화물의 기획에서 생산과 수용에 이르는 복잡한 과정에서 특정 대상이나 단위에 주로 집중하는 한계를 노출하기도 했다. 부연하면, 이론틀로서 '문화경제'나 '정보통치성'과 같은 대안적 개념이 채용되기 시작했지만, 이 지식의 구성물을 유기적으로 활용한 경험분석이나 진득한 사례연구들 그리고 숙성된 민속지학적인 기획들은 상대적으로 소수만이 제공되었다(박대민, 2019; 이동연 외, 2015). 즉, 부드럽지만 강한 문화자본의 위세와 네트워크화된 역량이 현실 속에서 강화되면서, 다수 대중이 소비하는 콘텐츠의 상업적인 기획이나 수용자들의 취향과 욕구를 예민하게 간파한 상업적 기획들이 대중문화와 소비의 공간을 압도하는 추세가 확연하게 확장되었지만, 문화연구자들이 보다 면밀하게 그러한 상황에 효과적으로 대처하지 못하고 기성의 분석과 관성에 상당히 치중했다는 점도 지적할 수 있다.

특히 문화적 자원과 자본의 결합이 유연하고 세련된 방식으로 구사되는 아이돌 중심의 대중음악이나 확산된 지배적 영향력을 발휘하게 된 리얼리티 쇼 등의 엔터테인먼트 양식의 분석에 있어서 거대기획사나 CJ E&M 등의 문화권력으로서의 역할을 예리하게 해독하고 다면적으로 맥락화하는데, 문화연구자들의 작업이 충분히 효과적이지 못한 한계도 논할 수 있다

(못했다)(강내희, 2014; 김수철, 2015; 이동연 외, 2015; 이기형·이동후 외, 2018). 다소 단순화하면, 문화산업과 이에 연동하는 다양한 플랫폼들의 경계 확장과 중첩, 그리고 대중의 욕망을 유연하게 관리하는 방식에 관한 새롭고 정치한 분석의 틀이나 과거와는 차별적인 전술적인 대응방식을 제한적으로만 모색한 부분이 관찰되는 것이다.

이러한 결과 문화연구 진영 내 일군의 주체들은 버밍엄학파나 주로 영어권 문화연구 진영에서 수용한 해석틀이 발휘하는 전술적인 유용성에 대한 재구성의 필요성을 적지 않게 체감하게 된다. 이 같은 과정에서, 문화연구자들이 자신들의 작업이 창조적인 변용이나 진전된 지역화의 기획에 기대한 만큼 미치지 못한 측면을 파고드는 일련의 자성적인 성격의 메타분석을 제시한 바도 있다.[8] 관련 쟁점을 주도한 이들 중에, 이상길(2004; 2010)과 원용진(2004; 2007) 등은 이미 2000년대 중반의 시점에서, 상당한 존재감과 정당성을 구가하게 된 문화연구의 확장과 제도적 '성공담' 이면에 부상하게 된 내부에서 제기된 위기의식과 반성의 문제에 주목했다. 이들은 한국의 외부에서 수용된 문화연구의 주요 접근방식이나 이론의 지역화나 재구성의 문제와 특히 재맥락화와 탈식민성 그리고 비판적 접합의 필요성을 둘러싼 내부 구성원들의 문제의식과 관련 작업의 명암을 심도 있게 점검한 바 있다.

원용진(2004, 48쪽)은 이 같은 인식을 녹여내면서, 축적한 상당한 성과에도 불구하고, "미국의 문화연구로부터 강한 영향을 받은 한국의 언론학 내 문화연구는 해석의 노고를 최소화시킨 이식(transplantation)의 흔적을 묻히고 있다. 풀어놓기는 하되 다시 창작하지 않는 이른바 술이부작(述而

---

8) 관련 작업을 예시하면, 〈언론과 사회〉 2011년 겨울호(19권 4호)에서, 부르디외의 이론틀에 관한 다면적인 조명, 문화연구가 모색하는 글쓰기의 전략과 함의, 언론학 내부의 여성주의와 젠더연구의 진단, 그리고 이론이라는 특정 자원의 지역적 경계를 넘어선 활용과 번역 및 재구성의 문제를 심도 있게 탐구하는 기획이 등장하기도 했다.

不作)을 행해 왔다"라는 동료 연구자들이 현재의 시점에서도 진중하게 유념할 자기반성과 비판적 쟁점화를 제기하기도 했다. 이상길(2015) 또한 문화연구가 '암묵적으로 전제해왔지만' 유의미한 수준에서 성취하지 못한 탈식민적인 급진성의 구현을 핵심 화두이자 숙고할 문제틀로 상정하면서, 문화연구의 '연구문화'와 교육 및 이론 측면의 명과 암을 치밀하게 재고하는 복수의 기획을 제공하기도 했다.

두 동료 연구자가 상당한 기간을 두고 제기한 고언을 돌아보면서, 이들이 던진 비판적 자성과 문제의식의 공유와 관련하여, 여전히 문화연구자들이 고심할 미완의 영역을 곱씹게도 된다. 이는 '비판적 사회과학'을 추구하는 문화연구가 국내에서 양적으로 성장하고 상당한 가시성과 더불어 공고한 위상을 확보하게 되었지만, 그와 동시에 일정한 매너리즘으로의 안주나 혁신과 복안의 모색이 부족한 '탈정치화된' 지적인 면모를 노출하기도 하는 현실에 대한 냉정한 비판과 분석적 엄정함에 대한 진지한 고민을 요구하기도 한다(강명구, 2009; 박성우, 2015; 이동연, 2017).[9]

2) 문화연구가 활용해온 방법론의 현황과 명암

이제 논의방향을 돌려, 광의의 방법론 차원에서 문화연구가 장기간에 걸쳐서 주력해온 실행을 세밀하게 살펴볼 필요성이 있다. 이와 관련해서, 홍주현의 작업은 지난 20년간, 질적인 연구로 분류할 수 있는 학술작업들이

---

9) 이상길(2015, 74쪽)은 자신이 피에르 부르디외의 작업을 사례로 문화연구를 가르치는 과정에서 파악한 관련 쟁점으로, 적지 않은 학생들이 "'개념적 장치와 도구들'을 원했을 뿐, 부르디외의 기획에 대한 엄밀하고 체계적인 독해를 원하지는" 않는 상황과 맞닥뜨렸던 '아픈' 경험에 관해 토로한 바 있다. 조금 다르게, 언론학 내부의 하위영역 중에서 문화연구가 서구의 학계에서 유입된 학술자원에 지나치게 의존하는 관행과 비판성의 부재에 대해 주기적으로 문제제기한 바도 있다.

〈한국언론학보〉에 등장한 연구들 속에서 약28.2%에 이르고 있는 점을 밝혀낸 바 있다. 이 연구는 그와 함께 질적 연구방식의 전개와 분화의 과정을 추적하면서 "사례분석, 텍스트분석, 심층인터뷰, 문헌연구, 역사적 분석, 참여관찰, 민속지학"을 핵심적인 세부 유목으로 제시한다. 그런데 필진의 판단으로, 이 과정에 문화·젠더연구의 전공자들이 담론분석과 젠더분석, 수용자분석, 서사와 이데올로기분석, 그리고 현장연구 등의 갈래를 채용해온 — 동시에 내부 연구자들이 상대적으로 면밀하게 인지하는 — '확립된 관행'이나 실제 추구된 주요 연구들의 갈래와 명암이 존재하기에(강명구, 2009; 원용진, 2001; 2010; 조항제 외, 2015), 이 쟁점을 조금 더 세밀하게 풀어낼 필요가 있다.

요컨대 방법론에 관한 홍주현의 연구가 채용한 분류 방식이나 이를 기반으로 내린 특정한 진단과 관련해서, 상당한 재구성의 필요성이나 대안적 관점과 이견이 제기될 수 있는 것이다. 만만치 않은 이견을 제기할 수 있는 핵심 사안으로, 2000년대 중반 이후 '(비판적) 담론분석'이 문화연구의 영역에서 매우 큰 관심이나 쓰임새를 생성하면서 주요한 위상을 차지했지만, 홍주현의 메타분석 속에서 담론분석은 특이하게도 포착되지 않는다. 보다 구체적으로 관련 쟁점을 상술하면, 홍주현이 제공한 질적 연구방법론 영역 내 주요 갈래 중에서, 담론분석은 주요 유목으로 고려되고 있지 않다.

하지만 기록을 찾아보면, 김세은과 김수아(2007)의 〈한국언론학보〉에 실린 "저널리즘과 여성의 이중 재현: 여성 유권자 담론분석"과 같은 이 특정한 접근방식을 체계적으로 적용한 작업을 대면할 수 있다. 이 연구는 통상적으로 문화·젠더 영역에서 활발히 활동해온 두 명의 문화연구자가 제공한 협업이면서, 8개의 언론사가 제공한 선거보도 속에 그려진 여성의 타자로서의 면모와 부정적인 재현의 문제점을 파고드는 비판적인 분석임을 명시적으로 강조하는 작업이다. 이 사례와 관련해서, 문화연구자의 시각에서 접근하면 적용된 주제와 문제의식의 경우 문화연구나 젠더연구라는 호칭이 여러모로 타당하며, 방법론의 유형으로는 담론분석과 같은 호명의 방식이 충분히 가능해 보인다.

특히 이 논문의 부제와 키워드 속에 담론분석과 담론이 각각 구체적으로 명기되고 있기에, 전술한 홍주현의 작업 속에 질적 연구의 방법론적인 분화를 조명하는 과정에서, 담론분석이 빠진 부분에 관해 이견과 더불어 아쉬움을 제기하게 된다. 또 다른 관련 사례들도 〈한국언론학보〉의 지면 속에서 접할 수 있다. 정승혜와 마동훈(2013)이 수행한 "이동통신 광고와 민족 담론 연구"는 제목 속에 담론이 포함되며, 키워드에서도 담론분석이라는 표현을 구체적으로 제시하고 있지만, 홍주현의 작업에서 텍스트분석으로 분류된다. 여기에 더해 홍석경(2012)의 "프랑스의 한국 아이돌 문화 여성팬덤과 성 담론에 대한 연구"도 찾아볼 수 있다. 이 논문 속에 표출된 연구자 자신의 표현을 빌려 인터넷 민속지학과 담론분석을 혼합적으로 활용한 이 작업은, 홍주현의 분석에서 '참여관찰'로 분류되고 있다.

이와 함께, 〈한국언론학보〉를 넘어서서 조망하면, 적지 않은 학술지와 문화비평 전문 저널의 지면에서 2000년대 중반 이후 언론학 영역 내 문화연구자들이 (비판적) 담론분석을 활용해온 일련의 노작과 성과를 접하게 된다. 특히 식민지 근대성의 테제를 집중적으로 탐구해온 '역사적 문화연구' 계열의 작업이나, 범주가 확장된 매체분석과 국면분석을 채용한 수행이나, 청년세대의 불안하고 유동하는 삶, 그리고 경제적인 동인의 변화상을 신자유주의 통치성 분석 등으로 풀어낸 일련의 범주가 다양한 기획들속에서 담론분석의 활용과 변주는 두드러진다(강명구·박상훈, 1997; 김선기, 2016; 김수미, 2015; 이범준, 2010; 이병욱·김성해, 2013; 이오현, 2017; 주재원, 2018; 채웅준, 2019; 홍성현·류웅재, 2013; 홍종윤, 2011). 조금 다르게 담론분석의 구성 및 연계되는 집합적인 노력과 기획들이 이채로운 이유로, 이 접근방식이 기존의 의미 중심의 문제틀과 관행을 과감하게 해체하면서, 언론과 공적인 영역에서 주목되는 특정 쟁점이나 갈등상에 대한 사회적 상상과 권력 작용 그리고 제도적 요인들의 유기적인 접합을 도모하면서 보다 집약적이고 복합적인 진단을 시도했다는 특성과 공헌을 들 수 있다.

이 지점에서 방법론 관련 논의를 좀더 확장하면, 홍주현의 메타분석에서 질적 연구방법을 주로 구사하는 문화연구의 계열 속에, 사례분석이 25.5%로 가장 많이 관찰되었으며, 텍스트분석이 23.1%, 그리고 심층인터뷰의 경우 20.4% 순으로 집계된 바 있다. 앞서 일부 거론했지만, 홍주현이 구현한 진단은 〈한국언론학보〉에 등장한 논문들의 연구분야별 특성과 갈래 그리고 변화의 추세를 집합적으로 조명하는 작업이다. 특히 연구자가 적용한 분류의 방식을 고려할 때, 홍주현의 작업은 문화연구자들이 주로 질적인 방법론 내의 사례연구나 텍스트분석 그리고 심층인터뷰에 집중하는 경향을 보이며, 범주의 설정과 운용이 상대적으로 까다로운 담론분석이나 연구의 성과를 내는 데 상대적으로 많은 노동과 세심한 배려가 필요한 민속지학과 현실참여적인 성격을 구현하는 연구가 비교적 드물게 활용되고 있다는 판단을 내리고 있다.

또 다른 메타분석 작업인 최선영과 고은지(2019)의 연구가 조명한 언론학 지형 내 문화·젠더 영역의 방법론 관련 메타분석에서도, 질적 연구라는 토픽에 "텍스트, 주체, 기호, 사회, 타자, 심층, 인터뷰"가 배치되고 있다. 이 측면에 관한 필진의 해석을 추가하자면, 문화·젠더연구가 통상적으로 많이 활용하는 방법론의 갈래 중에서 텍스트분석과 심층인터뷰가 중시되고 있으며, 사회 내 청소년이나 이주민 등의 타자들을 대상으로 한 기호와 의미작용에 관한 연구가 주종을 이룬다는 진단도 상당 부분 가능해 보인다. 이 관찰점은 홍주현이 포착한 관련 전공 분야 내 방법론의 활용에 관한 진단과 적지 않게 겹쳐지기도 한다.

이 대목에서 앞서 정리한 관찰점에 대해 좀더 면밀하게 숙고하고 함께 대안적인 논의를 펼칠 필요가 있다. 우선 관련 핵심 사례로, 〈한국언론학보〉 외에 언론학 영역 내 다른 학술지들의 공간에서 전술한 민속지학을 시도한 복수의 기획이나, 이 특정 방법론을 원용/변주한 생산(자) 연구 계열의 분석들이[10] '집중력' 있게 수행된 일련의 사례들이 집합적으로 존재하기 때문이다(김미숙·홍지아, 2016; 김영찬, 2007; 김예란, 2009; 임영호 외, 2009; 안진, 2015; 연정모·김영찬, 2008; 이오현, 2007; 2008; 2013). 먼저 전자와 관련해서, 특정 하위문화의 구성원이나 문화소비자 집단을 만나고, 이들이 표출하는 감정이나 욕망의 단면을 상세하게 '읽어내는' 수용자 연구 등과 같은 작업에서 심층인터뷰가 중용되어 온 점이 사실이다. 이는 관련 주제의 양적인 진단이나 효과의 측정과는 매우 차별적인 질적 연구의 특성을 고려한 기획의 반영이며, 대중문화물이 매개하는 의미와 감정의 수용과 굴절을 다각도로 해독하기 위한 복안이기도 하다. 동시에 이 과정에서 병행하거나 보완적으로 수행될 필요가 있는 참여관찰과 현장연구가 충분히 유기적인 방식으로 모색되지 못한 측면은 여전히 문화연구자들에게 상당한 압박을 주는 과제이자 돌파할 쟁점으로 설정될 수 있다.

후자와 관련하여 민속지학이나 참여관찰을 전술적으로 채용했거나, 분석의 보완적인 요소 등으로 상정한 연구가 드물었던 것은 결코 아니다. 특히 방송콘텐츠의 생산과정이나, 언론 제도 내부의 노동과 습속 및 성향체계들의 다층적인 조명, 그리고 제작진이 대면하는 복합적인 제도적 이해관계와 압박 등에 주목한 생산(자) 연구 계열의 분석들이, 전술한 민속지학의 주요 요건이나 현장성에 대한 진지한 관심과 고민을 체화하면서 구현된 사례들을 적지 않게 찾아볼 수 있기 때문이다. 이러한 흐름은 적지 않은 문화연구 전공자들이 지난 십수 년간 상당한 복안과 집중력으로 개척해낸 대표적인 성취이자 집합적인 시도라고 평가할 수 있다(임영호, 2015; 2019).

---

10) 관련 연구자들이 추구하는 탐구의 방식이나 분석대상에 따라 생산연구와 생산자연구가 사용된다. 이 글에서는 두 명칭을 혼용한다.

또한, 이 과정에 문화연구자들과 공유하는 지적 관심을 가진 저널리즘 전공자나 제도분석을 도모하는 주체들도 일부 참여한 바 있다. 임영호 (2015, 16쪽)는 생산연구를 "〔매체 관련〕조직 내외부의 구조적 맥락, 종사자의 직업 특성, 생산 과정의 특성이나 작업 관행, 종사자 집단의 직업문화나 가치 등 다양한 세력과 요인들이 생산 현장에 작용해 어떻게 특정한 산물이 만들어지는지에 관한 탐구"라고 정의한 바 있다. 이와 관련하여, 생산연구라는 대주제를 중심으로, 기자와 피디, 작가 그리고 엔터테인먼트 분야에서 활동하는 다양한 주체들을 대상으로 삼아, 이들이 일상적으로 체감하며 대면하는 매체 환경의 특징이나 위계화된 노동과 내부의 습속 그리고 기획과 생산을 둘러싼 제도적인 실행의 주요 단면을 구체적으로 풀어내는 수십여 편의 학술작업들이 2000년대 이후 집합적으로 부상한 측면을 문헌분석의 방식으로 파악할 수 있다(강진숙 외, 2012; 김상균·한희정, 2014; 김지현·이상길, 2012; 김호영·윤태진, 2012; 박지훈·류경화, 2010; 윤태진, 2005; 이기형·황경아, 2016; 이오현, 2005; 2007; 임영호 외, 2008; 한선·이오현, 2013). 11)

요컨대 생산연구는 언론과 문화산업이 제공하는 기사와 프로그램, 장르 등의 주요 텍스트 양식에 대한 꼼꼼한 해독과 비평을 넘어서, 동시에 거시적인 정책이나 제도 요인들에 대한 집중적인 진단과는 차별적인 방식으로, 광의의 매체를 둘러싼 제도적 환경과 특성이 만들어내는 다양한 생산물의 구성 과정과 특히 내부의 주체들이 발현하는 활동상과 전문화된 습속을 다

---

11) '생산(자)연구'를 둘러싼 논의의 경우, 대표적인 위상을 보이지만 특정 학술지를 중심으로 제시된 진단이 간과하게 되는 주제영역이 존재한다는 점을 예시하기도 한다. 요컨대 복수의 학술지를 중심으로 일군의 연구자들이 주력한 특정 문제의식이나 분석방식의 추구가 때로는 누락되거나, 축적한 중요성과 가시성이 주변화되는 한계가 발생하는 것이다. 방송영역을 주로 탐구했으나, 임영호(2015)의 작업은 그간에 축적된 생산(자)연구의 동향과 주요 특징을 꼼꼼하게 풀어내는 드문 성취이기도 하다.

양하게 조명하려는 관심을 투사한다. 이는 기존의 정치경제학이나 정책분석 등이 충분히 주목하지 못했던 매체 내외부의 관행과 동학이 발휘하는 특성이나 내부에 구축된 복합적인 조직의 문법과 이해관계의 전모를 밝혀내려는 대안적인 문제의식에 기반을 두기도 한다. 또한, 생산연구는 학계와 언론계나 문화산업의 경계를 넘어서, 후자의 영역에서 활동하는 이들에 대한 보다 밀착적인 접근과 상호작용의 필요성을 크게 체감하게 된 문화연구자들이 모색한 대안 찾기와 활로의 구체적인 추구와도 긴밀하게 연계된다. 생산연구는 기존의 탐사보도나 미디어 사회학적인 문제의식을 유의미하게 보완·변주하면서, 매체 생산의 주체들이 수행하는 기획과 개별 콘텐츠를 넘어서는 제도적 실행이나 관행과 내부자들이 공유하는 가치와 난점 등의 요인들을 긴밀하게 조합하는 연계된 탐구의 방식을 구체화하는 데 상당히 기여한 바 있다.

앞서 거론한 이유로, 기존의 텍스트나 프레임 중심의 진단이나 수용자들의 활동상과 정서 구조에 관한 집중적인 탐구를 넘어서, 광의의 생산(자)연구를 도모한 문화연구자들이 축적해낸 분석의 독특한 방향성과 대안적인 조망의 방식이 전술한 두 편의 메타분석 작업에서 충분히 주목받지 못한 측면은 여러모로 아쉽다. 부연하면, 생산연구가 특정 콘텐츠가 발휘하는 의미와 프레임 효과 등에 관한 집중적인 관심이 놓친 주요 영역이나 기존의 연구에서 충분히 간파하기 어려운 제도·정책적 이면에 관한 진전된 진단과 함께, 기존의 콘텐츠 중심의 분석 작업이 생성하는 한계를 돌파하기 위한 자성과 대안적인 복안을 적극적으로 실현했던 핵심 문제의식이 충분히 주목받지 못하는 결과가 발생하기 때문이다.

특별하게 기억할 부분으로, 생산연구가 구심력 있게 가시화되면서 이른바 레거시 미디어 부문의 저널리스트와 PD, 작가 등의 주체나, 아마추어이지만 상당한 전문성과 인지도를 보유하는 블로거나 1인 미디어 생산자 등의 문화매개자 집단의 활동상과 내부에 구성된 위계 관계의 특성과 함의를 꼼꼼하게 진단한 분석들이 문제의식의 구체성과 선명성을 확보하면서 과거와는 차별화된 방식으로의 뚜렷한 연구역량의 추동력을 드러내며 사례진단의 축적을 이루기도 했다. 요컨대 임영호(2015; 2017)가 예리하게 지적하듯이, 생산연구는 언론학 영역 내 '맹점'이자 진단과 개입의 필요성에도 불구하고 진척이 더디었던 문제영역을 집약적으로 파고드는 공유되는 문제의식과 함께, 네트워크화될 수 있는 기획의 꾸준한 흐름과 상호 결연을 시도한 바 있다.

일군의 문화연구자들이 구현한 생산연구에서 주목할 부분으로, 이 기획이 언론장 내에 역사적으로 발생했던 갈등과 대립이나 정치적 쟁점과 공세 등에 개입적인 분석을 추구했던 문제의식을 중심으로, 관련 작업들의 필요성과 의의를 유기적으로 돌아볼 필요가 있다. 예컨대 김세은(2012; 2017)의 생애사를 기반으로 한 기획은 권위적 정권하에 해직된 언론인들의 신산한 삶과 궤적을 진중하게 추적·탐구하는 지향성을 드러내면서, 기존의 언론사 내부의 제도적인 관행이나 노동의 특성이나 저널리즘이 구현하는 '전문직주의' 등에 주력하던 생산연구들과는 상당히 차별적인 — 동시에 연구의 공공성이나 윤리적 측면을 각별하게 고심하는 — 입장을 제시한다.

이와 함께, 김상균과 한희정(2014)의 연구는 '천안함' 사건이라는 한국 사회에서 심각한 갈등과 진통을 생성했던 문제적 사안에 대한 언론 내부의 복합적인 대응과 순치된 단면을 매우 구체적으로 복기해낸 특징과 성취를 보인다. 두 연구 모두 저널리즘과 문화연구가 만나는 접점을 고된 지식노동을 통해 탐구하면서 생산연구를 전술적인 고리로 유기적으로 엮어낸다. 그런 과정에서 이들의 노력은 연구의 공적인 역할과 비판적 윤리성을 체화하는 유의미한 지적·비판적 기여를 구현해낸다. 방법론의 측면에서도, 생산연구는 상당 부분 심층인터뷰를 활용하지만, 그 외에 구술사와 생애사나 민속지학, 현장연구, 담론분석 그리고 제도분석 등을 부가적 분석과 검증의 자원으로 활용하면서, 혼합적 연구의 가능성과 함의를 구체적으로 실행한 바 있다(강진숙·이광우, 2012; 이기형·황경아, 2016; 나미수, 2012).

이 지점까지 문화연구가 중용해온 방법론의 특징과 변화상에 대해 논했다. 주지하다시피 방법론은 실행과 기능적 차원을 넘어서, 자성적인 인식과 통찰, 도전과 대응, 그리고 배가된 문제의식을 매개하는 특성을 녹여내기도 한다. 예컨대, 적지 않은 문화연구의 실천 속에서 텍스트 중심의 분석은 연구대상 내부에서 작용하는 서사와 의미작용의 특징과 가치효과를 탐색하는 관심을 넘어서, 사회문화적인 맥락과 이슈를 유기적으로 연계하는 노력으로 이어진다. 한편 현장연구나 수용자 연구에서 흔히 접하는 참여관찰 혹은 심층인터뷰의 활용에서도, 일회적인 방문이나 대담을 초월해서 상당한 기간을 두고 연구자와 연구대상이나 관련 환경을 이어내는 상호작용과 성찰의 힘을 끈질기게 탐구하면서, 파악된 사안을 두껍게 기술하려는 (*thick description*) 시도와 노력을 요구하기도 한다. 또한, 이런 간단치 않은 과정에서 진전된 판단과 신중한 진단을 위한 복수의 '삼각측량'(*triangulation*)의 노력이나 세밀한 문헌분석 등의 보완이 요구되기도 한다.

3. 젠더라는 문제틀과 페미니스트 문화연구의 분화와 특성

한국 언론학계에서 페미니즘 관점의 젠더 의제가 학술지에 등장한 것은 1980년대 중반이었으나, 지속적으로 가시화되기 시작한 것은 미디어 문화연구와 페미니즘을 접합시킨 학술논문이 나오기 시작한 1990년대 중후반 이후라고 할 수 있다. 특히 2004년 한국여성커뮤니케이션학회의 학술지 〈미디어, 젠더 & 문화〉가 발간하기 시작하면서 양적인 성장이 이루어졌다(김유정, 2008; 백미숙·이종숙, 2011). 홍주현의 작업에서 지난 20년간 문화·젠더연구로 분류된 논문 가운데 젠더 관련 연구는 14편에 불과하지만, 문화연구 범주에 포함되어 누락된 연구가 있어 이보다는 더 많은 수의 논문이 젠더 관련 주제를 다루었고, 언론학 분야의 학술지 전체를 볼 때 젠더 관련 미디어연구가 늘어났다고 볼 수 있다. 이 절에서는 지난 20년간 이루어졌던 젠더 관련 미디어연구의 논의를 짚어보면서 언론학 분야의 젠더연구의 위치와 성과를 진단해보고자 한다.

생물학적 성별을 연구대상의 변인으로 삼은 연구 혹은 여성에 관한 연구만이 아니라, 사회문화적 구성물 그리고 구조적 차별의 기제로서 젠더를 문제 삼으며 페미니스트적 관점을 견지하는 미디어연구를 젠더 관련 미디어연구(이후 젠더연구)라고 할 때, 언론학 분야 주요 학술지에서 생산된 젠더연구는 〈미디어, 젠더 & 문화〉를 제외하고 양적으로 매우 빈약하다. 〈한국언론학보〉, 〈한국방송학보〉, 〈한국언론정보학보〉, 〈미디어, 젠더 & 문화〉 등 총 4개 학술지의 '페미니스트 미디어연구'에 관한 메타분석을 실시한 김수아(2018a)에 따르면, 2017년까지 각 학술지의 전체 발간 논문 대비 젠더연구의 비율은 〈한국언론학보〉 3.3%, 〈한국방송학보〉 6.5%, 〈한국언론정보학보〉 3.8%, 〈미디어, 젠더 & 문화〉 45.2% 등으로 나타났다. 〈한국언론학보〉에 실린 젠더 관련 논문의 비율이 가장 낮고, 실제 데이터베이스(누리미디어)에서 젠더 키워드의 2000년대와 2010년대를 비교해볼 때, 다른 학술지의 논문 편수는 조금씩 늘어난 데 반해, 〈한국언론학보〉만 그 수가 줄었다는 것을 확인할 수 있다. 이와 같은 수치는 〈미디어, 젠더 & 문화〉와 같이 젠더 주제를 적시한 학술지를 제외하고, 언론학 분야의 학술지, 특히 〈한국언론학보〉에서, 젠더연구에 관한 관심이 파편화되거나 주변화되고 있음을 파악할 수 있다.

돌아보면 2000년대 이후 언론학계에서 생산된 젠더 관련 학술 담론은 기술적, 이론적, 사회적 변화를 반영하며 확장되어 왔다. 매체별로는 2000년대까지 텔레비전, 신문, 인터넷, 모바일 미디어, 영화 등의 순으로 연구가 이루어졌다면, 2000년대 중반 이후 인터넷과 모바일 미디어 관련 젠더연구가 큰 폭으로 늘어났다(백미숙·이종숙, 2011; 최이숙·김수아, 2013).

이와 함께 대중매체의 젠더 재현이나 주체성을 구성하는 방식, 미디어 소비과정에서 관찰되는 수용자의 다기한 행위성, 젠더와 관련된 공적 담론을 만드는 생산체계 내부의 젠더 권력과 인식의 문제에 주력하는 비판적 기획, 그리고 성차별적 조직문화의 이면과 효과에 주목했던 젠더 관련 학술담론에 디지털 미디어 기술의 접합 등을 풀어내는 다양한 주제들이 모색되기 시작했다.

이 과정을 조명하면, 젠더연구는 드라마, 언론, 영화 등의 대중매체가 젠더 정체성이나 섹슈얼리티 혹은 여성의 몸을 담론화하고 가부장제 이데올로기를 재생산하는 방식(이희승, 2004; 김명혜, 2006; 김세은·김수아, 2007; 김훈순·김미선, 2008; 최이숙, 2015; 김경희·강혜란, 2016)에 관한 넓은 범주의 재현의 정치학을 다루는 기획들이 주를 이루고 있다. 이와 함께, 성차별적인 요소가 관찰되는 미디어의 재현이나 현실을 구성하는 맥락이 되는 남성 중심 미디어 조직 및 제작문화에 관한 연구가 이루어지고(김보형·백미숙, 2009; 최이숙, 2009), 대중문화 소비자로서의 여성 수용자나 미디어 팬덤의 젠더 권력 관계를 주목하는 연구도 다수 수행되었다(정영희, 2007; 강보라 외, 2018; 김수정, 2018). 또한, 새로운 디지털 미디어 공간에서의 여성 주체성이나 젠더 문제에 대한 관심사를 넓혀왔다. 여성의 저항적 담론과 힘돋우기(empowerment)의 공간이자 반여성적 기제의 젠더화된 공간으로서의 온라인 공간에 대한 탐색(김수아, 2007; 2017; 김수정·김예란, 2008; 한희정, 2016), 모바일 미디어 혹은 디지털 미디어와 함께 새롭게 부상하는 여/성 주체성의 담론과 실천(이종수·최지혜, 2005; 이설희 외 2006; 장민지, 2016; 김효인, 2017) 등의 연구가 이루어지면서, 변화하는 미디어 환경과 접합된 젠더의 체계, 젠더 담론과 실천양식의 변화를 면밀히 관찰하는 작업들이 구현되기도 했다.

백미숙·이종숙(2011)은 한국 언론학계의 젠더연구가 2세대 페미니즘에서부터 포스트페미니즘에 이르기까지 다양한 페미니즘의 인식론적 관점을 폭넓게 수용해왔다고 논한 바 있다. 전통적으로 언론학 분야의 젠더연구는 젠더를 생물학적 성에 기초한 여성성과 남성성으로 고정하고 가부장제와 자본주의가 여성억압의 기제로 작동한다고 바라보는 본질주의적 2세대 페미니즘 관점이 지배했고, 이러한 관점에서 여성 이미지 분석, 가부장제 이데올로기 비판, 성차별적 조직문화, 불평등하고 젠더화된 미디어 이용 등에 대한 분석이 수행되었다. 이러한 연구는 단일한 젠더 정체성을 상정하고 대중매체 텍스트에 나타난 성차별적 고정관념이나 성역할, 가부장제 이데올로기가 재생산되는 재현방식, 언론사 조직 내 성차별적 성별 분업이나 조직 관행, 남녀 이용의 격차나 성별화 등을 확인하기 위해 내용이나 프레임분석, 서사와 담론분석, 양적 설문조사나 질적 인터뷰 조사를 시행해왔다(김유정, 2009).

하지만 페미니스트 미디어연구는 문화연구의 이론적 자원과 페미니즘 지형의 변화 동향을 직간접적으로 수용하면서 젠더를 바라보는 인식론적 관점을 확대해간다. 젠더를 담론의 효과 혹은 권력과 지식의 관계로 보는 포스트구조주의의 관점, 젠더뿐만 아니라 계급, 섹슈얼리티, 인종, 민족국가, 종교, 문화 등의 다양한 담론적 정체성 양식이 중첩되는 맥락 속에서 주체가 형성된다는 포스트식민주의 관점, 그리고 젠더를 사회문화적 구성물로 인식하며 평등이 아닌 차이에 대해 논의하는 비본질주의적 포스트페미니즘 등의 인식론적 관점이 젠더연구의 외연을 확장시켜왔다고 볼 수 있다.

예를 들어, 초국가적 드라마의 수용을 근대화와 전지구화의 맥락에서 변화하는 젠더정치학의 차원에서 연구한다거나(박지영, 2007), 드라마나 영화 텍스트 내에 중첩되는 인종, 민족, 젠더, 섹슈얼리티, 계급, 나이 등의 문제를 포착하고(김예란·유단비·김지윤, 2009; 장은미·한희정, 2017), 신자유주의의 국면적 상황에서 칙릿과 같은 부상하는 문화텍스트가 재현하는 대중적 포스트페미니즘의 징후를 읽어내거나(이정연·이기형, 2009),

젠더 질서의 균열과 모순을 드러내는 젠더 재현의 변화를 읽어낸다(정영희·장은미, 2015). 또한 여성 내부의 미디어 이용의 격차를 주목한다(김수정, 2009). 이러한 연구들은 여성을 일반적 범주가 아닌 구체적 사회·역사적 맥락 속에 위치한 존재로 탐구하는 다양한 기획들을 제시하고 있다. 이와 함께 젠더 관련 미디어연구는 "섹슈얼리티와 몸에 대한 관심, 젠더와 교차하는 다양한 정체성들(계급, 섹슈얼리티, 인종, 민족, 나이 등)에 대한 교차분석, 남성과 남성성에 대한 관심 증폭, 신자유주의 시장경제 속에 성별화된 미디어 소비, 포스트페미니즘과 제3의 물결과 연관되는 논쟁, 지구화과정 속의 텍스트 생산과 소비 등"을 포함하게 된다(이나영, 2013, 57쪽).

특히 2000년대 중반 이후 한국사회 내 신자유주의 및 소비자본주의의 심화 그리고 디지털 미디어 환경의 도래와 함께 변화하는 대중문화 정경의 젠더 문제를 포스트페미니즘에서 바라보는 시도가 두드러진다. 예컨대 가부장적 대중매체 서사에서 성, 사랑, 일에 관한 개인의 욕망을 드러내는 저항적 여성담론을 발견하고(김훈순·김미선, 2008), 순정만화적 감수성을 통한 즐거움을 확인하며(홍지아, 2010), 디지털 미디어 이용을 통한 여성주의 담론의 형성이나 전통적 성 역할의 균열 지점을 찾아내는 일련의 분석들이 등장했다(이종수·최지혜, 2005; 홍남희, 2012). 시장의 합리성을 삶의 모든 영역에 침투시키며 개인을 인간 자본으로 바라보는 자유주의 체제와 맞물린 여성의 자율성, 행위성, 선택권을 강조한 대중적 페미니즘이 대중문화 텍스트와 디지털 미디어 이용을 매개로 전파되는 가운데, 페미니스트 미디어연구는 변화하는 여성 주체성의 구성 방식과 젠더 관계를 구체적인 미디어 사례를 중심으로 살펴보기 시작한 것이다.

부연하면, 디지털 미디어 공간의 젠더 담론과 여성 이용자에 관심을 가져왔던 페미니스트 미디어연구는 페미니즘의 시각으로 디지털 미디어 이용 문화의 함의를 비판적으로 살펴보거나(김애라, 2016; 2019; 윤보라·이오현, 2017), 전통적 젠더 시스템이 미디어 체계나 이용에 작동하는 방식에 관심을 기울이고(강혜원·김해원, 2018; 이희은, 2018), 디지털 미디어와 페미니즘이 접합되는 지점에서 수행되고 있는 다양한 주체들의 실천 양상을 살펴본다(이희은·채석진 외, 2018). 이 같은 추구의 과정을 통해서 디지털 공간이 젠더 담론과 페미니즘 운동의 핵심 현장이 되면서, 페미니즘 연구와 페미니스트 미디어연구가 젠더 이슈를 공유하고 교류할 수 있는 접점이 마련되었다는 점은 주목할 만하다. 페미니즘 연구에서는 이른바 넷페미, 해시태그 페미니즘, 페미니즘 리부트, '영영페미니즘'(2000년대 중반까지의 영페미니즘과 구별되는 10~20대 중심의 페미니즘)이라고 명명되는 새로운 페미니즘의 지류들이 가시적으로 부상했고(권김현영 외, 2017), 미디어 연구자들도 온라인이나 SNS상의 여성 혐오의 문제나 여성주체들이 표출하는 저항과 항거 운동과 같은 페미니스트 의제를 기존 연구의 관행을 넘어 다룬 바 있다.

예를 들어, 황슬하, 강진숙(2014)은 온라인 공간에서 여성을 부정적으로 호명하는 담론의 다양한 범주와 전략을 분석했고, 김수아(2015)는 온라인상의 여성혐오 표현이 온라인 공간의 등장과 함께 나타난 역사성을 지닌 문화현상으로서, 여성 비하의 고정관념을 확대 재생산한다고 비판한 바 있다. 엄진(2016)은 '일베'의 여성혐오 담론이 긍정적 여성상과 부정적 여성상을 제시하는 이중적 전략으로 남성 지배적인 젠더 관계를 재생산해낸다는 점을 고찰했고, 장민지(2016)는 여성 혐오표현을 미러링하는 '메갈리아'의 저항운동을 살펴보았다. 한편 김해원, 박동숙 외의 연구(2018)는 불법촬영 편파수사를 쟁점화한 혜화역의 '불편한 용기' 집회의 여성연대 네트워크 방식을 관찰하면서 기존 네트워크화된 사회운동과의 차이를 파고든다. 신자유주의 자본주의에 배태된 디지털 미디어 플랫폼은 다양한 페미니즘 담론과 저항운동이 전개되는 장소의 역할을 하지만, 역설적으로 성차별적인 여성혐오가 확대 그리고 재생산되는 공간으로 작용하기도 한다. 또한, 여성의 주체성을 강조한 대중적 페미니즘이 가시적으로 부각되면서, 문화자본으로 기능하는 공간이 될 수 있지만, 동시에 끊임없이 자기를 가꾸고 계발해야 하는 젠더화된 신자유주의 주체성의 공간으로 변모하기도 한다.

전술한 사안들이 보여주듯이, 디지털 미디어 공간에서 헤게모니적 젠더 권력 관계나 성정체성 범주의 변화상이나 여성 주체성이 어떻게 (재)구성되고 있는지는 분과학문을 가로지르며 구축된 페미니즘 연구의 관심사이자, 페미니스트 미디어연구가 주력하는 핵심 문제틀이기도 한 것이다. 페미니즘 연구와 페미니스트 미디어연구 모두 새롭게 구성된 디지털 미디어 공간에 접합된 오래된 불평등한 젠더 관계와 성차별적 여성혐오의 문제를 주목하며, 여성의 삶이 갖는 취약성을 다시 한 번 고민하고, 이러한 취약성을 공유할 수 있는 새로운 정치의 가능성을 성찰하고 있다(채석진, 2018). 온라인과 오프라인을 가로지르며 매개되는 젠더 문제와 새롭게 부상하는 여성 주체성과 페미니스트 액티비즘, 그리고 매개된 젠더 경험을 구성하며 차이를 만드는 다양한 사회, 경제적 맥락에 대한 이론적, 정치적, 실천적 기획을 공유할 수 있게 된다.

2010년대 중반 이후 메갈리아, 워마드, 강남역 살인 사건, 불편한 용기 집회, '미투 운동' 등 한국사회 전반에 산적한 젠더 불평등이나 여성혐오에 대해 문제를 제기하고 저항하는 집합 운동이 미디어를 매개로 표출되고 확대되면서, 젠더 관련 연구 내의 중요한 쟁점이자 동력이 되고 있다. 미디어 연구자들은 다양한 시각에서 관련 이슈와 쟁점을 드러내고 해석하면서, 입체적인 이해를 모색하는 일련의 작업을 축적해가고 있다.

예를 들어, 직장 내 성폭력 및 성차별 문제를 폭로하며 한국사회의 성인지 의식에 큰 변화를 이끌었던 미투(#MeToo) 운동의 경우, 관련 내용에 관한 레거시 미디어의 재현이나 온라인 공간의 담론분석에서부터 남성 중심적으로 작동하는 언론 내 조직문화의 문제에 이르기까지, 하나의 쟁점을 바라보는 다양한 관점과 경험데이터의 축적 그리고 해석이 제시되고 있다. 미투 운동의 미디어 재현과 관련하여, 최이숙, 김은진(2018)은 한국의 미투 운동을 촉발시켰던 성폭력 피해자들의 텔레비전 생방송 인터뷰가 보여준 '말하기'의 의미를 다면적으로 분석했고, 홍주현(2018)은 미투 운동을 대상으로 한 뉴스 보도에 관한 네트워크 분석 및 프레임 분석을 통해 이른바 '폭로 저널리즘' 방송의 선정성 문제와 쟁점을 짚었다. 그런 한편, 미투 운동이 온라인 공간에서 공유되고 담론화되는 과정과 관련해, 김수아(2018b)는 남성 중심 온라인 커뮤니티의 미투 운동 및 '펜스룰' 담론이 구축하는 남성 약자론과 세대론을 살펴보았고, 이종임·홍주현·설진아(2019)는 네트워크 분석과 텍스트 진단을 조합하면서, 소셜미디어 공간의 양가성이 복합적으로 발현되는 과정에서 — 즉 여성의 주체적 말하기와 연대가 형성되는 단면들 속에 — 나타난 젠더 갈등의 쟁점과 공존의 양상을 실증적인 차원에서 탐구한다. 이밖에 김세은과 홍남희(2018)의 분석은 레거시 미디어의 미투 보도 담론이 야기한 2차 가해의 문제를 언론사의 구조적 측면에서 살펴보았다. 이러한 경험적 연구뿐만 아니라 미투 운동을 바라보는 시론과 윤리적 관점을 제시하며 페미니스트 미디어연구의 이론적 관점을 확장시키는 연구가 이루어졌다(김예란, 2018; 이희은, 2018). 정리하면, 미디어로 매개된 페미니즘 현상에 관한 기술에서부터 관련 담론 구조나 사회·조직적인 맥락에 대한 이해, 더 나아가 이를 어떻게 바라보고 무엇을 질문할 것인가라는 인식론적인 탐구에 이르기까지, 미투 운동이라는 하나의 현상을 놓고 페미니즘과 미디어의 관계를 읽어내는 다양한 방법론과 문제의식의 연구들이 발현되었다. 이러한 작업들은 불평등한 사회적 현실에 개입하려는 젠더연구의 학술적 노력과 연구 역량이 일정 정도 집적되었다는 것을 보여준다.

지난 20년 동안 언론학 분야에 적지 않은 젠더연구가 이루어졌다. 이들 작업들은 젠더 이데올로기의 타협과 논쟁의 장인 미디어나 대중문화 공간을 통해 이루어지는 일련의 커뮤니케이션 실천과 젠더정치적인 특성과 함의를 탐구해왔다. 이러한 젠더연구의 양적인 성장은 동시에 한계를 노정하고 있다. 한국 언론학 분야의 젠더 관련 연구에 관한 메타분석들은 한목소리로 이러한 연구의 관성과 문제를 지적한 바 있다(백미숙 · 이종숙, 2011; 최이숙 · 김수아, 2013; 조선정, 2014; 김수아, 2019). 이들은 언론학 분야의 젠더 관련 미디어연구가 대부분 불평등한 젠더의 문제를 제기하는 데서 출발해 성차별적 젠더 질서나 이데올로기의 문제를 (재)확인하는 결론에 이르는 상당히 환원론적 특성을 발현하며, 일각에서 소재주의적 경향을 드러낸다고 지적하기도 한다. 많은 젠더연구가 일종의 표제어로서 페미니즘으로 수렴되는 문제의식을 발휘하지만, 페미니즘 이론을 주요 인식론이나 강건한 해석의 틀로 전폭적으로 활용하지 않는 이론적 정체성이나 빈곤함을 노출하기도 했다. 또한 여성 주체의 행위성이나 즐거움의 추구나 미디어 활용을 통한 힘돋우기 효과를 과잉해석하면서 복합적인 권력 관계의 문제를 간과하기도 했다. 메타분석들은 젠더연구에서 이분법적 성별 구조를 넘어선 젠더의 의미화나 상황적이고 맥락적으로 구성되는 차별적인 (여)성 주체성에 대한 입체적 이해를 수행한 작업이 상대적으로 드물고, 또한 미디어 재현에 주로 집중하다 보니 페미니즘 관련 의제를 확장하는 데 유의미한 공헌을 충분히 하지 못한다고 비판한다.

앞서 논한 연구자들의 진단과 제언은 언론학 분야 내 젠더연구의 현실을 냉철하게 짚어낸다. 이러한 현실은 젠더연구가 언론학 분야의 교육 제도나 지식생산 체계에서 주변적 위치를 차지하고 있는 측면, 가치중립적으로 설정된 객관성과 과학적 믿음에 기초한 실증주의적 인식론이 상당 부분 지배적 효과를 발휘하는 언론학의 학제와 관행 속에 성차별적 사회구조를 비판하고 차별 없는 윤리적 사회를 지향하는 운동의 성격을 견지하는 페미니즘 관점과 해석이 제대로 스며들지 못한 현실, 그리고 페미니스트 미디어연구가 젠더 문제의식을 추구하는 소수의 여성연구자 집단과 활동가들에 의해 주로 이루어지고 있는 한정된 실행과도 무관하지 않다.

외부 사회적 조건과 인식의 척박함과 내적 역량의 미비함에도 불구하고,

지난 20년간 페미니스트 미디어연구는 고군분투하면서 나름의 유의미한 성과와 재구성을 축적해왔다고 판단된다. 다양한 미디어로 매개되는 성차별적 구조와 타자의 경험을 조명하며, 주변화되었던 여성 주체의 체험과 감정구조에 주목하는 분석들이 꾸준히 계승되어 온 측면은 학문적 탐구 이상의 가치와 결실을 의미하기도 한다. 특히 젠더를 어떤 본질적이거나 고정된 범주가 아닌 복합적인 수행 과정을 거치면서 구성되는 대상이라는 페미니즘의 핵심 관점을 수용하면서, 일군의 연구자들이 젠더와 관련된 다양한 미디어 담론의 채용과 권력 관계의 문제를 규명하고자 하는 일련의 노력을 기울여왔다. 이들은 무엇보다 미디어와 문화 환경의 변화에 예민하게 대응하면서도, 새로운 매체 환경과 결부된 젠더 재현의 문제를 넘어서서, 미디어로 매개되는 새로운 여성 주체성과 행위자성(agency)과 같은 재현의 틀을 넘어서려는 지난한 관심과 활동을 도모해왔다.

특히 한국여성커뮤니케이션학회의 〈미디어, 젠더 & 문화〉는 신진 학자들을 중심으로 변화하는 미디어 환경에 접목된 페미니즘 현상에 관한 학술 담론이 수렴되는 중요한 통로이자 활성화된 탐구의 장을 제공하고 있다는 점에서 주목할 만하다. 한국여성커뮤니케이션학회는 이 학술지뿐만 아니라 저술사업과 일련의 학술 세미나를 통해 미디어로 매개된 성차별 문제나 여성의 경험을 분석하고 비판하는 학술 담론을 꾸준히 생산해내고 있다. 최근에는 페미니즘 지형의 변화에 민감하게 반응하며 연대와 공감이 깃든 관점을 공유하려는 집합적인 노력을 기울이고 있고, 이를 기반으로 언론학계를 넘어 다학제적인 페미니스트 미디어 연구자들 간의 의제를 결집하고 구성하려는 의지와 동력을 모색하고 있다.

하지만 페미니스트 미디어연구가 미디어의 지배성과 보수성이나 문화연구의 순응성과 규범성에 도전하며 '좀더 자의식적으로 성찰하고 정교한 이론을 개발할 필요가 있다'는 지적은 앞으로 페미니스트 미디어연구가 곱씹어 보아야 할 과제라고 생각한다(조선정, 2014; 김수아, 2019 재인용). 보수적이고 남성 중심적인 문화가 여전히 지배적인 상황에서 대안적 미디어 텍스트나 활동들에 관심을 갖고 페미니스트 액티비즘이나 주체성을 보다 면밀히 관찰하면서 보다 참신하고 정치성을 갖는 페미니스트 미디어 이론을 만들어갈 필요가 있다. 젠더 문제라는 사회과학 내 '오래된 주제'를 둘러싼 기술적, 사회문화적, 인식론적 조건과 맥락이 급격하게 바뀌고, (여)성의 주체성 또한 새롭게 구성되고 있는 심대한 변화의 시대에 미디어와 페미니즘의 관계에 관한 보다 면밀한 연구와 정교하면서도 현실의 변화를 동태적으로 구현할 수 있는 이론적 성찰과 실천이 요구된다.

나아가서 젠더의 의미와 (여)성 주체성을 구성하는 다양한 조건과 억압의 축의 '교차성'(intersectionality)에 대해서도 심도 있는 고려와 확장된 논의가 필요하다. 다시 말해, 젠더나 (여)성 주체성을 단일하고 동질적인 범주로 고정시켜 일반화하기보다는, 이 문제의식이 구체적인 역사적 맥락 속에 다양한 사회적 관계 및 범주 체계와 어떻게 맞물리고 상호작용하는지를 사유할 필요가 있다. 보다 복잡해진 젠더 문제에 다가가기 위해, 젠더, 계급, 섹슈얼리티, 지역, 종교, 인종, 민족, 국가 등 여성 주체 간의 차이와 권력 관계의 가변성이나 중층적 단면을 구성하는 다양한 사회경제적 요인, 신자유주의 경제 질서와 세대적 조건과 같은 사회적 조건, 미디어 환경의 구조적 맥락성 등을 함께 고려할 필요가 있다. 이러한 조건들이 젠더 경험 속에 어떻게 복합적으로 때론 모순적으로 교차하는지를 살펴봄으로써, 변화하는 젠더 동학과 차이나는 주체성을 보다 입체적으로 이해할 수 있다. 또한 미디어로 매개되는 일상의 성차별 문제와 이에 대항하는 운동과 급진적인 페다고지에 관한 논의가 활발해진 지금, 그 어느 때보다 더 페미니스트 미디어 연구자들의 연대와 능동적인 관여가 요구되고 있다. 우리의 일상 경험이 미디어를 통해 혹은 미디어 '안'에서 이루어지고 있는 가운데, 미디어 공간은 현실세계의 억압과 차별의 사회관계를 재생산하고 확대하는 기제로서 혐오와 폭력 그리고 사회적 갈등을 조장하고 동원하는 실질적인 효과를 크게 발휘하게 된다. 동시에 이를 새롭게 구성하려는 대항과 대안의 목소리가 공존하는 곳이기도 하다. 이러한 현상은 미디어 연구자가 외면할 수 없는 긴요한 사회적 현실이며, 페미니즘 학계와 구성원들이 함께 머리를 맞대고 고민해야 할 시대적 과제이자 소명이기도 하다.

페미니스트 미디어 연구자들은 현재 전개되는 페미니즘 현상에 관해 보다 생산적이고 정치성을 다각도로 숙고하는 엄밀한 연구를 확장시키고, 미디어로 매개되는 페미니스트 액티비즘과 공론장 모델을 다양한 방편과 전술로 탐구할 필요가 있다. 차별과 억압의 사회적 관계를 문제시하고 재편해가는 새로운 발화의 네트워크 공간과 주체성을 어떻게 구성해나갈 것인가의 문제는 페미니스트 미디어 연구자들이 당면한 결코 간과할 수 없는 과제인 것이다. 이 같은 결집된 노력을 적극 도모하면서, 페미니스트 미디어 연구의 토대를 마련하기 위한 교육과정의 재편에 능동적으로 개입할 필요가 있다. 기존의 젠더화된 권력관계를 재생산하는 미디어 및 교육 현장의 변혁을 이끌어내기 위해 페미니스트 미디어 연구자들의 긴밀한 네트워크 작업이 그 어느 때보다도 중요해지고 있다. 페미니스트 미디어연구는 언론학 분야 내에 페미니스트 미디어 이슈를 계속해서 환기하고 정치하게 젠더 연구를 수행할 뿐만 아니라, 학제를 넘나들며 다양한 배경의 페미니스트 연구자 및 운동가와 연대하면서 페미니즘의 이론적·정치적 기획에 동참할 시대적 요구와 대면하고 있는 것이다.

4. 문화·젠더연구의 역할과 변화하는 지식생산 환경의 도전과 함의들

지금까지 서술한 문화연구가 2000년대 이후 축적한 일련의 실험과 기획에 관한 선이 굵은 방식의 논의와 진단을 고려하면서 몇 개의 핵심 관찰점을 제시하고자 한다. 첫째, 앞서 논했듯이, 광의의 언론학 분야에서 문화연구와 젠더연구의 영역에 속하는 다양한 연구와 기획들이 2000년대 이후 하나의 큰 집합적인 흐름과 일종의 '전술적인 연대'를 구성하고 있으며, 관련 작업을 활발하게 수행하는 연구자들의 경우 상당한 수준의 전문성과 구체성을 발휘한다고 판단된다. 조금 다르게 풀어낼 때, 영미의 사례와 비교해서도, 한국에서의 문화연구는 언론학 영역에서 선명한 족적을 만들어가는 동시에 상당히 생산적인 효과를 발휘하고 있다.

이와 관련해서, 1990년대 초반부터 한국에서 본격적으로 추구된 문화연구가 인문학 분야나 인접한 인류학이나 사회학 외에, 언론학의 영역에서 상당한 공인과 함께 집합적인 존재감을 구축하고 있으며, 활용하는 이론틀과 분석의 유형에서 과거보다 다채로우면서 새로운 시도를 꾸준히 추구해온 노력을 접하게도 된다. 인정컨대 비록 연구자들의 숫자와 활동상에서 비주류적인 위상에 머물고 있지만, 주류의 접근방식이나 문제탐구와 차별화된 지향성과 현실 인식을 투사하는 문화연구의 기획들이 지식생산의 특화나 학제적 위치성과 집합적인 기여도 등의 측면에서 상당한 자율성을 확보하고 지속적인 성과를 거두고 있음을 파악할 수 있는 것이다. 또한, 이같은 공동체적인 속성은, 문화연구 분과나 문화젠더라는 명칭으로 언론 관련 주요 학회 활동과 출판, 공적 이슈에 관한 발언과 진단을 표출하는 일련의 포럼 구성과 공동의 기획을 주기적으로 도모해 온 연구자들 간의 결연이나, 2002년 이후 2019년 8월에 17번째 모임을 성사시킨 바 있는 문화연구캠프 등의 활동으로도 예시된다.

두 번째로 주목할 논점으로, 문화연구자들의 작업 속에 좁게 정의된 매체 중심의 분석이나 다양한 대중문화 현상에 대한 텍스트나 개별 이슈 중심의 사례분석을 넘어서는 학제적인 동시에 다면적인 분석의 시도를 꾸준히 추구해온 활동상을 돌아볼 필요가 있다. 예컨대 다문화주의나 젠더적 정체성이나 섹슈얼리티 등의 지난 십수 년간 사회정치적으로 적지 않은 존재감이나 마찰과 갈등을 생성한 주요 이슈들을 탐구하는 자성적인 노력은 문화연구 진영에서 상대적으로 두드러진다(김수아, 2018a).

민족 정체성이나 이주해 온 주체들의 삶을 탐구하는 사례들과 관련해서, 세계화와 탈지역화의 점증하는 효과와 파고 속에서, 공동체의 부분적인 해체와 재구성 그리고 내부로 유입되는 주체들에 관한 참여지향적인 진단을 도모하는 일련의 분석들이 문화연구자들에 의해 개진된 측면과 의의를 돌아볼 필요도 있다(김명혜, 2012; 양은경, 2010; 이기형 외, 2014; 이소현, 2014; 홍지아·김훈순, 2010). 주지하다시피 젠더적 정체성과 소수자와 같은 개념은 문화연구가 주력한 주요 주제군에 속하는 핵심적 구성물들이며, 탈지역화와 세계화의 과정을 거치면서 한국사회에서 크게 가시화된 세대와 젠더를 포함한 집합적인 문화적 정체성의 재구성이나 관련 사회적 변화상을 논하는 일련의 진단들이 문화연구의 지형 내에서 꾸준히 탐구되어 온 바 있다.

또한 전술한 흐름을 계승하면서, 한국사회 내 신자유주의의 확산에 연동하는 사회경제적인 변화상이나 체계 수준의 재구조화의 효과들을 포착하고자 한 연구들이 문화연구의 일각에서 존재한다. 요컨대 지금까지 관찰된 작업에 기초할 때, 문화연구 영역 내 신자유주의나 통치성 관련 주제를 이론적인 고찰이나 탐색적인 사례연구 등의 방식으로 조명한 분석들의 경우, 사회학이나 마르크스 경제학과 정치경제학 등의 분야에서 주목받는 일련의 사례들과 부분적으로 공유되는 지향성을 보여준다. 이 같은 측면은 다른 언론학 분야 내 하위영역과 일정한 차별성을 드러내는 덕목이기도 하다. 즉, 매체 관련 현상이나 주제에만 집중하지 않으면서, 한국사회에서 거시적으로 부상한 제도나 새로운 유형의 지배적 메커니즘과 갈등의 양상을 탐색하는 연구들이 부분적이나마 수행된 것이다. 이러한 노력과 관련하여 문화연구가 시도하는 학제적인 탐구의 방향성과 공적인 개입의 단초도 발견된다. 나아가서 이 특정 문제의식을 장기적으로 모색하는 방안과 이론 및 개념적 정련화의 추구는 여전히 현재진행형의 과제이기도 하다.

동시에 전술한 작업들이 충분히 유기적인 흐름이나, 활용하는 이론틀과 경험분석 간의 동태적인 상호작용을 긴밀하게 생성해내지 못한 단면과, 분석의 특징과 관련해서 분산된 기획들로 추구되고 있는 한계도 노출한다. 원용진(2007, 304쪽)이 "빈곤한 개념 생성, 변주된 내러티브의 부재, 바깥을 향한 생산적 대화의 소홀" 등을 이미 오래전에 문화연구가 신중하게 고심하며 돌파할 측면으로 지적한 바 있지만, 현재에도 관련 쟁점은 — 상당한 성과를 이루기는 했지만 — 여전히 문화연구자들에게 보완과 대응의 활성화를 요구하는 기획으로 남아있다.

세 번째로 문화연구자들이 특히 지난 10여 년간 권위주의적 행태가 크게 발현되었던 한국사회의 문제적인 상황에서, 요동치는 현실을 좌시하지 않고 진단과 개입을 시도했던 일련의 노력과 참여적 비판성을 모색했던 활동상의 함의를 돌아볼 필요가 적지 않다. 예컨대 MB정부가 시행한 '미디어법'의 강행 국면과 종편의 등장이나 공영방송에 대한 개입 그리고 세월호 참사를 둘러싼 심대한 갈등 등으로 상징되는 사회적 위기국면에서, 일군의 문화연구자들이 강의실을 벗어나서 공공성의 퇴행과 갈등상에 대한 일련의 탐구와 집합행동을 도모한 측면을 복기할 필요성이 있는 것이다(김수미, 2015; 김예란, 2017; 원용진, 2016; 이선민·이상길, 2015; 이영주·류웅재, 2017; 전규찬, 2014a; 정수영, 2015).

이러한 당대의 고통과 갈등에 예민하게 대응하는 저항과 연대가 생성되는 과정에서, 일군의 문화연구자들이 뜻을 함께하는 주체들과 공조한 바 있으며, 정치권력이 주도한 이데올로기 공세와 선동에 대항하면서 매체비평과 담론분석 등의 지식실행이나 긴급 토론회와 선언문의 참여, 시민들과의 연대 등의 활동에 관여했던 사례들이 존재한다. 이 사안은 언론학을 포함한 사회과학을 전공하는 지식생산의 주체들이 대면하는 현실 속의 주요 쟁점이나 상징투쟁 그리고 지식인의 책무와 관련해서 고심할 사유와 현실 관여도에 대한 진중한 고민을 제기·소환하는 측면을 담아낸다.

네 번째, 문화연구라는 지향성으로 분류될 수 있는 일련의 작업에서, 특히 젠더연구는 표면적으로 〈한국언론학보〉에 매우 소수의 작업만이 등장한다. 돌아보면, 일관되게 '여성주의적 관점'을 투사하는 연구자들이 언론학계에서 꾸준히 활동해왔으며 관련 학회를 구성하고도 있지만, 〈한국언론학보〉만을 분석 대상으로 할 때, 큰 가시적인 흐름으로 관련 추세와 지식노동의 함의를 접하기는 어렵다. 그럼에도 관련 분석을 주기적으로 탐구하는 주체들의 경우, 앞서 언급했듯이, 〈미디어, 젠더 & 문화〉나 〈언론과 사회〉 그리고 〈한국언론정보학보〉 등의 학술지를 중심으로 자신들의 작업을 꾸준히 소개하고 있다. 이러한 젠더 관련 미디어연구 작업이 축적되면서, 사회역사적 맥락이나 조건과 교차하며 동질적이거나 단일하지 않은 젠더 정체성에 대한 성찰성을 갖게 되었고, 변화하는 미디어 환경 속에 미디어로 매개되는 억압적 젠더 이데올로기나 다양하고 복합적인 젠더 경험의 결을 읽는 연구가 다수 등장했다.

더 나아가, 앞서 일부 논했듯이, 언론학 지형 내 젠더 관련 연구에서 현재 공적인 측면에서 매우 큰 쟁점과 파열음을 생성하고 있는 미투 운동이나 여성적 주체들의 다기한 욕망과 평등하지 못한 현실에 대한 요구와 대항적인 면모를 조명하는 일련의 기획들이 존재한다. 이들은 오래된 젠더 문제가 확대 재생산되는 미디어 현장을 다각도로 탐구하는 동시에, 디지털 미디어를 매개로 새롭게 부상하는 페미니스트 활동과 현실의 이슈를 기민하면서도 심도 있게 포착해 가려한다. 페미니스트 액티비즘의 정치적 저항과 모순적 상황을 주시하고, 전통적 학제의 경계를 넘어 페미니즘의 이론적, 젠더정치적 기획에 기꺼이 동참하며, 미디어로 매개된 여성의 삶의 취약성과 운동성의 이슈를 직면하고자 한다. 전술한 연구와 담론 작업이 상당한 연대와 공유하는 문제틀을 구현하면서 생성한 공적인 개입과 의의가 크다는 점을 고려할 때, 언론학 내부에서 추구되는 젠더연구가 언론학 외부의 여성운동 집단이나 페미니스트 연구자들과 전술적으로 연동하면서 일련의 지적 개입과 집합적인 노동을 조명하는 후속 기획들을 더 활성화할 필요가 제기된다.

다섯 번째, 2010년대 중반 이후 문화연구를 표방하는 탐구 자체가 적지 않게 정체되는 경향을 관찰할 수 있다. 이는 학보에 등장한 관련 논문을 진단·해석하는 차원을 넘어서, 지식 생산의 환경을 크게 변화시키고 있는 제도적인 동학의 효과를 면밀하게 고려할 필요성을 제기한다. 다른 하부영역에서도 적지 않게 대면하는 상황이지만, 신진 연구자의 임용이나 재생산 등에서 특히 문화연구와 젠더연구는 심대한 압박과 난점에 맞닥뜨리고 있다. 다소 거칠게 관련 현실을 조명하면, 영상과 대중문화 그리고 문화연구 관련 전임 교원을 선발하는 사례가 눈에 띄게 줄어들었으며, 신진 연구자들의 활로나 생존을 위한 조건이 심각한 수준의 압박에 직면하고 있다. 비판커뮤니케이션이나 특히 정치경제학 등의 문화연구와 인접한 분과의 경우에도, 연구자의 숫자가 급감하고, 관련 강의들이 크게 줄어든 우려할 만한 현실을 목격하게 된다. 이 추세에 관한 추론을 제기하자면, 매체나 문화산업에 대한 비판적인 입장이나 변혁론에 입각한 정치경제학과 같은 광의의 비판적 사회과학에 속하는 입장은 눈에 띄게 관심과 활동상에서 정체되고 있으며, 후속 연구자들을 키워내는 데 실패하면서 학술적 실행으로서의 맥을 이어가는 데 극심한 어려움을 겪고 있다.

이런 학계의 그늘진 현실을 둘러싼 제도적인 압박이나 고려할 핵심 요인으로, 논문의 생산성과 '성과주의'를 크게 강조하는 대학의 풍토와 분위기가 연구문화를 획일화하거나 특정한 방향으로 변화시키는 집합적인 효과를 주의 깊게 돌아볼 필요가 크다(고부응, 2014; 전규찬, 2014b; 주형일, 2019; 홍성일, 2019). 예컨대, 대학에서 연구의 방식이나 유형의 다원화나 질적인 차별화가 장려되기보다는, 얼마나 많은 연구논문을 특히 외국 저널에 집중적으로 생산하는지의 여부가 신임교원의 선정과 재임용 및 승진에서 지대한 효과를 발휘하면서, 학술논문에 주어지는 제도적 방점과 위계적인 인식이 학자들 다수가 간과할 수 없는 거센 훈육의 효과이자 구조화된 압박으로 작용하고 있다.

송호근(2013)은 논문을 중심으로 그리고 미국식 학제를 수용한 그간에 구현된 지식추구의 장점으로, 체계화된 교수업적 평가제와 논문생산 시스템의 구성 등의 사안을 중심으로 '명확한 근거, 세련된 방법론, 조사자료, 이론적 적확성, 그리고 논리의 명증성' 등의 대표적인 지표와 이 기준을 충족하는 적지 않은 실행이 한국 대학의 학술연구를 중심으로 안착된 현실에 주목한다. 그는 전술한 제도화의 노력을 기반으로 학술작업과 담론들이 과거와는 매우 차별적인 방식으로, 그리고 세분화되고 전문화된 노작이나 특히 실증적 연구들이 꾸준히 양산된 과정을 상당히 긍정적으로 판단한다.

동시에 이 같은 입장에 대한 차별적인 인식과 비판의 목소리도 만만치 않다. 요컨대 임영호(2019, 107쪽)는 지난 30년간 언론학이 미국식 학제와 지식을 대폭 수용하면서 경이로운 수준의 발전과 분화의 과정을 밟아왔지만, 그 이면에서 노출하고 있는 문제점과 쟁점으로 연구자 집단은 큰 폭으로 늘었으나, 학문 내부의 이론적 혁신과 심화된 소통은 정체되고 있는 측면을 지적한 바 있다. 조금 다르게 그는 세련된 외국이론을 활용하며 연구방식과 모델의 엄밀성을 종종 과도하게 추구하면서, 개별적인 그리고 파편화된 연구들이 다수 구현되고 있는 상황에도 일침을 가한다.

이런 측면에 대한 고심과 대안을 논하면서 임영호는 "오류와 불확실성에 대한 두려움에서 벗어나 상상력을 통한 탐색과 시행착오를 학문하기의 일상적 부분으로 [보다 주체적으로] 수용"할 필요성을 강조하기도 한다. 또한, 현재 구축된 논문 중심의 학술 연구의 결과가 재현·제공되는 방식과 관련하여, "방법론적 엄밀성과 자기완결적인 논리체계만을 중시하는 방어적인 글쓰기 습관에 갇혀 [적지 않은 학술논문들이] 자폐증적 징후"(108쪽)를 발현하고 있는 문제점을 날카롭게 짚어내면서, '검증된 안전한 방식'을 상당 부분 추구하(려)는 연구의 정형화된 구성과 관성을 넘어서, '과감한 인문학적 상상력과 시행착오'를 수용할 수 있는 대안적 고민과 전술의 필요성을 거론한 바 있다(강명구, 2014; 이종숙, 2016).

시선을 돌리면, 인공지능과 사물인터넷 등으로 상징되는 '4차 산업혁명'과 같은 강력한 구호와 담론효과가 사회 내로 종횡으로 확장되고 있는 현재의 기류 속에서, 데이터와 네트워크 중심의 관심과 이 측면과 연계된 정책적인 드라이브가 매우 큰 폭으로 증가하고 있다. 이 측면으로 수렴되는 연구와 교육이 매우 크게 강조되고 있으며, 관련 연구에 할애되는 재원이나 학과의 통폐합과 정량적 평가 중심으로 이루어지는 교원의 선발도 대거 이루어지고 있는 것이 현실이다. 물론 언론학자들을 포함한 연구자들이 거시적 사회·기술적 환경의 급속한 변화와 매체 기술 및 다중 플랫폼의 확장을 체계적으로 분석하면서, 변화에 동적으로 대응하는 지식 생산과 융복합 관련 실행을 포함한 교육적인 자원의 기획을 모색할 필요성과 소임이 있다.

동시에 이 대목에서 학자들이 빅데이터나 인공지능 그리고 나아가서 정보통치성이 집합적으로 구성하는 지식·권력의 체계와 강한 영향의 효과와 명암을 복합적인 분석의 렌즈로 조명할 책임과 당위도 개진된다. 사회과학과 대학의 환경이 데이터와 융복합 중심으로 급속하게 재편되는 상황에서, 일견 매우 생산적이지만 그 이면으로 폐쇄적이면서 상상과 성찰이 부족한 연구문화의 관행과 면모가 관찰되고도 있으며, 현실과 적지 않게 유리되기도 하는 지식 생산의 현황과 치우침을 직시할 필요성을 강하게 시사한다.

이와 관련하여, 김예란(2013, 168쪽)이 제기하듯이, "빅데이터라는 설정 안에서 고유한 삶의 개념화, 담론화, 역사화가 [어떻게 그리고 어떤 사회적인 반향과 이해관계를 생성하면서]" 전개되고 있는지를 면밀하게 탐구하는 기획들은 언론학 영역에서 크게 활성화되고 있다고 보기 어렵다. 유선영(2014b) 역시 전문화된 지식과 정교한 분석모델의 추구를 넘어, '공통감각'을 구현하는 데 성공적이지 못한 언론학에 대한 급진적인 문제제기와 복안의 구성을 강조한 바 있다. 요컨대 앞서 제기한 지식노동과 연구문화 그리고 지적·비판적 다양성에 대한 현실을 변화시킬 수 있는 숙고와 대응의 노력은 여전히 문화연구자들을 포함한 언론학자와 사회과학자들이 진중하게 풀어내야 할 과제이자, 땀 배인 노력을 함께 모색할 긴요한 도전인 것이다.

5. 결 론

돌아보면, 언론학계에서 지난 20여 년간 표면적으로 매우 많은 연구 성과를 발표하는 학술기획과 논문이나 연구자들의 숫자는 명백히 큰 폭으로 늘어났지만, 학문하기의 습속과 관련하여 고착된 관성에 치우치는 단면을 성찰적으로 타개하려는 선이 굵고 치열한 자성과 변화의 의지는 쉽게 찾기 어렵다. 예시하자면, 매년 일종의 의례로 일련의 학회와 발표의 공간이 열리지만, 치열한 논쟁과 회원들 간의 동적인 지적 참여가 적지 않게 정체된 현실에서, 집단적 소통의 열정을 밀도 있게 체감하기가 쉽지 않다. 또 학회라는 지식공동체의 장에서 기업의 이익과 관심사를 대변하거나 일종의 지식 용역으로 대행하는 사례들도 주기적으로 관찰된다(전규찬, 2014b).

조금 다르게, SSCI급 논문의 생산이 핵심적인 잣대로 고착되고 또한 '추앙'받기도 하는 대학의 현 체계 속에서, 전임 교원으로 선발되고 생존하기 위해 언론학자들은 연구에만 과도하게 진력하면서, 공적 쟁점에 참여하는 지식인되기의 소명과는 상당한 거리를 두기도 한다. '글로벌 스탠더드'에 조응하는 학문하기의 필요성이 분명히 존재하지만, 국내 학회와 학술활동의 경우, 공동의 의제를 도출하고자 하는 관심과 확장된 참여의 측면에서 뚜렷한 하향곡선을 그리고 있다고 판단된다. 언론학이 사회과학의 일원으로 요동치는 한국사회에 관해 어떤 자율적인 역할과 유용한 매개의 기능을 도모할 수 있는지에 관한 치열한 논의는 간헐적으로나 대면할 수 있다. 오히려 분화된 전문성으로의 과몰입이나 관성화된 감각 아래로 냉소와 회의주의나 방관과 침묵이 교차하면서, 아픈 자성과 책임 윤리의 역할은 방기되기도 한다.

특히 소장 연구자들의 경우, 취업과 전임 교원으로의 문호가 크게 협소해진 상황에서, 해결책이 요원한 채 심각한 불안정성과도 대면하고 있다. '학문후속세대'라는 표현이 종종 뭉뚱그려 사용되고는 있지만, 이들이 교육제도 안팎에서 어떻게 안정적으로 삶을 영위할 수 있으며, 연구와 지식의 축적에 불안감 없이 공헌할 수 있는지를 유의미하게 화답하는 기획이 핵심적인 쟁점으로 대응되고 있다고 말하기 어렵다. 그와 함께, 한국사회 전반을 아우르고 있지만 동시에 과장된 존재감을 보이는 '4차 산업혁명'의 강력한 담론효과 앞에서, 주로 추세를 쫓아가는 선에 머물며 단단하고 다면적인 검증보다는 이 담론이 매개하는 물적·제도적 보상에 주력하거나 기회에 편승하(려)는 연구자들도 적지 않다.

다양한 플랫폼의 구현과 초연결사회로 상징되기도 하는 매체 환경의 거시적 변화 속에서, 노동과 고용을 급진적으로 변화시킬 수 있는 정보/문화기술의 구조화된 효과에 연동하는 사회·제도적 쟁점을 정치한 분석작업으로 대응하며, 기존의 주도적인 이론틀을 넘어서려는 집약적인 혁신이 충분히 모색되고 있다고 논하기 어렵다. 필진은 이런 관점의 표출이 비주류의 과장된 현실 인식이거나 시대의 조류를 제대로 읽어내며 긴밀하게 대응하는 데 실패하고 있는 주체들의 과잉되고 추상적인 비판 정도로만 수용되지 않기를 기대한다. 논점을 달리하여, 언론학 영역에서 축적된 지식생산의 역할과 효과를 긴 호흡으로 탐구하며, 논쟁과 비판이 활성화되어야 할 이 책 내부의 다양한 메타분석에서도, 영역별 상세한 진단 작업을 접할 수는 있으되, 결론에서 제기한 문제점을 맹렬하게 파고드는 진단과 생산적인 복안의 구성은 충분히 성찰되고 있다고 말하기 쉽지 않다.

10년 뒤에 언론학 연구의 행보와 명암을 정리하는 또 다른 분석작업에서, 필진이나 생각이 같은 이들이 지금, 여기에서 제기했던 전술한 문제의식과 비판적 탐문이 유의미하게 해결되지 않은 채, 또 다른 도돌이표를 그리고 유예된 기획으로만 재연되지 않기를 염원한다. 가까운 미래에 언론학이 레이몬드 윌리엄스의 표현을 빌려, 변화된 환경과 공적인 요구와 갈등에 긴밀하게 화답하며, 생산적인 앎으로 작용할 수 있는 '희망의 자원' (*resources of hope*) 으로서의 소임을 발휘할 수 있을지 염려된다. 극도로 분화된 전공지식의 구현과 관성화된 연구문화의 틀을 깨고 '공통의 감각'을 구현하고자 하는 진지한 숙고와 시도들을 대면할 수 있기를 바라면서 이 글을 맺는다.

참고문헌

고부응(2014). 대학의 관리체제와 대학의 몰락. 〈안과 밖〉 36호, 163~186.

강내희(2014). 〈신자유주의 금융화와 문화정치경제〉. 서울: 문화과학사.

강명구(2009). 한국 문화연구의 50년 성찰. 한국언론학회 50년사 편찬위원회, 〈한국 언론학회 50년사: 1959~2009〉.

_____(2014). 어떤 학자와 교수를 키울 것인가: 대학평가와 지식생산. 〈커뮤니케이 션이론〉 10권 1호, 127~168.

강명구·박상훈(1997). 정치적 상징과 담론의 정치. 〈한국사회학〉 3권 1호, 123~ 159.

강보라·서지희·김선희(2018). 20대 여성 팬덤의 감정 구조와 문화 실천: 〈프로듀스 101 시즌2〉 팬덤을 중심으로. 〈미디어, 젠더 & 문화〉 33권 1호, 5~50.

강준만(2011). 〈특별한 나라 대한민국〉. 서울: 인물과 사상.

강진숙(2008). 한국 비판언론학의 질적 연구방법 적용사례 연구. 〈한국언론정보학 보〉 43호, 81~113.

강진숙·이광우(2012). 문화예술 프로그램 생산자에 대한 문화기술지 연구. 〈한국언 론학보〉 56권 4호, 339~364.

강혜원·김해원(2018). 소비문화의 전시와 자기서사 쓰기 사이의 줄타기: '맘스타그램' 을 통해 본 SNS 시대 모성 실천의 함의. 〈한국방송학보〉 32권 5호, 5~34.

권김현영·손희정·박은하·이민경(2017). 〈대한민국 넷페미사: 우리에게도 빛과 그 늘의 역사가 있다〉. 서울: 나무연필.

김경희·강혜란(2016). 여성의 과소재현과 상징적 소멸: 텔레비전 뉴스 프로그램에서 의 젠더 구조를 중심으로. 〈미디어, 젠더 & 문화〉 31권 3호, 53~96.

김명혜(2006). 드라마 〈내 이름은 김삼순〉에 대한 여성 수용자의 해독과 일상적 실천 에 관한 연구. 〈언론과학연구〉 6권 2호, 76~112.

_____(2012). 한국 텔레비전의 글로벌 로컬리티 재현: '러브 인 아시아'와 '지구촌 네 트워크 한국인'을 중심으로. 〈언론과학연구〉 12권 2호, 113~144.

김미숙·홍지아(2016). TV드라마 작가 연구. 〈한국방송학보〉 30권 4호, 41~82.

김보형·백미숙(2009). 초기 여성 아나운서의 직업 성격과 직업 정체성의 형성. 〈한 국언론학보〉 53권 1호, 59~83.

김상균·한희정(2014). 천안함 침몰 사건과 미디어 통제: 탐사보도 프로그램 생산자 연구. 〈한국언론정보학보〉 66호, 242~272.

김선기(2014). 세대연구를 다시 생각한다: 세대주의적 경향에 대한 비판적 검토. 〈문화와 사회〉 17권, 207~248.

_____(2016). '청년세대' 구성의 문화정치학: 2010년 이후 청년세대담론에 관한 비판적 분석. 〈언론과 사회〉 24권 1호, 5~68.

김선기 · 이상길(2014). 어떻게 '문화연구자'가 되는가?. 〈언론과 사회〉 22권 4호, 95~156.

김세은(2012). 해직 언론인에 대한 생애사적 접근연구. 〈한국언론학보〉 56권 3호, 292~319.

_____(2017). 신해직 언론인의 압축적 생애사를 통해 본 한국 정치권력의 언론 통제. 〈언론과 사회〉 25권 3호, 221~328.

김세은 · 김수아(2007). 저널리즘과 여성의 이중 재현. 〈한국언론학보〉 51권 2호, 226~255.

김세은 · 홍남희(2018). 미투 운동(#Metoo) 보도를 통해 본 한국 저널리즘 관행과 언론사 조직 문화: 여성기자 심층 인터뷰를 중심으로. 〈미디어, 젠더 & 문화〉 34권 1호, 39~88.

김수미(2015). 고통의 재현, 그 정치성에 대한 단상. 〈언론과 사회〉 23권 4호, 67~119.

김수아(2007). 사이버 공간에서의 힘돋우기 실천: 여성의 일상생활과 사이버 커뮤니티. 〈한국언론학보〉 51권 6호, 346~380.

_____(2015). 온라인상의 여성 혐오 표현. 〈페미니즘 연구〉 15권 2호, 279~317.

_____(2017). 남성 중심 온라인 커뮤니티에서의 페미니즘 주제 토론 가능성: '역차별' 담론 분석을 중심으로. 〈미디어, 젠더 & 문화〉 32권 3호, 5~45.

_____(2018a). 국내 페미니스트 미디어 연구에 대한 비판적 검토. 〈언론정보연구〉 55권 3호, 5~46.

_____(2018b). 남성 중심 온라인 공간의 미투 운동에 관한 담론 분석. 〈여성학논집〉 35권, 3~35.

_____(2019). 오래된 문제와 새로운 주체들. 〈페미니즘 연구〉 19권 1호, 249~259.

김수정(2009). 여성노동자 집단 간의 디지털 격차와 인터넷 활용의 특성. 〈한국언론학보〉 53권 2호, 206~230.

_____(2010). 글로벌 리얼리티 게임쇼에 나타난 '자기통치'의 문화정치. 〈한국방송학보〉 24권 6호, 7~44.

_____(2011). 한국 리얼리티 프로그램의 정서구조와 문화정치학. 〈방송문화연구〉 23권 2호, 37~72.

_____(2018). 팬덤과 페미니즘의 조우: 페미니즘 관점에서 본 팬덤 연구의 성과와 쟁점. 〈언론정보연구〉 55권 3호, 47~86.

김수정·김예란(2008). 사이버 공론장들의 젠더성과 담론구성의 특징. 〈미디어, 젠더 & 문화〉 10호, 5~36.

김수철(2015). 한국 문화산업에서 창조성으로의 전회(*creative turn*)에 관한 고찰. 〈아세아연구〉 58권 3호, 72~105.

김수철·강정수(2013). 케이팝에서의 트랜스미디어 전략에 대한 고찰. 〈언론정보연구〉 50권 1호, 84~120.

김애라(2016). 디지털 노동의 성별성에 관한 비판적 고찰: 여성 '페북스타'의 디지털 노동을 중심으로. 〈언론과 사회〉 24권 4호, 98~145.

_____(2019). 10, 20대 여성들의 '아름다움'의 네트워크와 그 의미에 관한 연구: 뷰티콘텐츠문화를 중심으로. 〈미디어, 젠더 & 문화〉 34권 1호, 131~173.

김영욱 외(2017). 세월호 침몰 사건의 미디어 담론분석. 〈한국언론정보학보〉 83호, 7~38.

김영찬(2007). '미드'(미국 드라마)의 대중적 확산과 방송사 편성 담당자의 '문화 생산자' 그리고 매개체'로서의 역할에 관한 연구. 〈방송문화연구〉 19권 2호, 35~61.

김예란(2009). '참여'의 디지털문화산업적 형성에 대한 연구: UCC 생산자를 중심으로. 〈한국언론학보〉 53권 5호, 406~428.

_____(2012). 스마트 체제에 대한 이론적 고찰. 〈언론과 사회〉 20권 1호, 178~226.

_____(2013). 빅데이터의 문화론적 비판. 〈커뮤니케이션이론〉 9권 3호, 166~204.

_____(2015). 디지털 창의노동. 〈한국언론정보학보〉 69호, 71~110.

_____(2017). 죽음과 기억의 미디어 쟁투. 〈언론정보연구〉 54권 1호, 124~171.

_____(2019). 섹스의 윤리화를 위한 페미니즘 제안: 여성의 몸과 디지털 페미니즘의 연합과 연동. 〈한국언론정보학보〉 94권, 34~64.

김예란·유단비·김지윤(2009). 인종, 젠더, 계급의 다문화적 역학: TV '다문화적 드라마'의 초국적 사랑 내러티브와 자본주의 담론을 중심으로. 〈언론과 사회〉 17권 1호, 2~41.

김유정(2009). 젠더와 미디어연구사. 한국언론학회 50년사 편찬위원회, 〈한국언론학회 50년사: 1959~2009〉.

김은영(2017). 현실과 환상을 가로지르는 콘텐츠의 재매개화. 〈한국언론학보〉 61권 1호, 147~174.

김종엽 외(2016). 〈세월호 이후의 사회과학〉. 서울: 그린비.

김창남 (2018). 〈대중문화의 이해〉. 서울: 한울.

김해원·박동숙·이재원·정사강·강혜원·백지연 (2018). 5월 19일, 여성들은 혜화역에 어떻게 모였나?: '불법촬영 편파수사' 규탄시위의 의제화와 조직화 과정을 중심으로. 〈언론과 사회〉 26권 4호, 85~139.

김호영·윤태진 (2012). 한국 대중문화의 아이돌(idol) 시스템 작동방식. 〈방송과 커뮤니케이션〉 13권 4호, 45~82.

김효인 (2017). SNS 해시태그를 통해 본 여성들의 저항 실천: '#00_내_성폭력'분석을 중심으로. 〈미디어, 젠더 & 문화〉 32권 4호, 5~70.

김훈순·김미선 (2008). 여성 담론 생산의 장(場)으로써 텔레비전 드라마: 30대 미혼 여성의 일과 사랑을 중심으로. 〈한국언론학보〉 52권 1호, 244~270.

나미수 (2005). 민속지학적 수용자 연구에 대한 비판적 성찰. 〈커뮤니케이션이론〉 1권 2호, 68~105.

_____ (2012). 〈미디어연구를 위한 질적 방법론〉. 서울: 커뮤니케이션북스.

류웅재 (2015). 물질문화로서 아웃도어에 관한 연구. 〈한국방송학보〉 29권 4호, 290~321.

_____ (2017). 위험한 불확실성의 시대, 쓰레기가 되는 삶들. 〈한국언론학보〉 61권 3호, 257~282.

류웅재·박진우 (2012). 서바이벌 포맷 프로그램에 침투한 신자유주의 경쟁 담론. 〈방송문화연구〉 24권 1호, 139~165.

마동훈 (2004). 초기 라디오와 근대적 일상: 한 농촌지역에서의 민속지학적 연구. 〈언론과 사회〉 12권 1호, 56~91.

박근서 (2009). 문화유물론. 〈현대사상〉 4호, 235~250.

박대민 (2019). 시장 자유주의 통치성으로서 정보통치성. 〈한국언론학보〉 63권 2호, 179~209.

박성우 (2015). 버밍엄 문화연구에 대한 재고찰과 '비재현적 문화연구'의 필요성. 〈한국언론정보학보〉 70호, 95~131.

박지영 (2007). 초국가적 미디어 생산물 소비의 즐거움과 전 지구화시대의 젠더 정치학: 〈위기의 주부들〉 수용자들을 중심으로. 〈미디어, 젠더 & 문화〉 7호, 79~127.

박지훈·류경화 (2010). 국제시사 프로그램의 생산과정에 미치는 영향력에 관한 연구: MBC 〈W〉의 서구와 제3세계 재현을 중심으로. 〈언론과사회〉 18권 2호, 2~39.

박진우 (2011). 유연성, 창의성, 불안정성. 〈언론과 사회〉 19권 4호, 41~86.

방희경·유수미(2015). 한국언론과 세대론 전쟁(실크세대에서 삼포세대까지): '위기론'과 '희망론' 사이에서 아슬아슬한 줄타기. 〈한국언론학보〉 59권 2호, 37~61.

백미숙(2009). 한국방송사 연구에서 구술사 방법론의 사용과 사료 활용에 관하여. 〈한국언론학보〉 53권 5호, 102~128.

백미숙·이종숙(2011). 한국 언론학에서 '여성주의/젠더 연구'의 지식생산. 〈언론과 사회〉 19권 4호, 162~231.

백미숙·강명구·이성민(2008). 서울텔레비전(KBS-TV)의 초기 방송 조직 문화 형성: 구술사를 통한 대안적 방송사 쓰기. 〈한국방송학보〉 22권 6호, 189~229.

성민규(2012). 신자유주의 시대 윤리적 실천의 수행성-텔레비전 법정 리얼리티 쇼, 통치성, 텔레비전 문화. 〈사회과학논집〉 43권 1호, 151~170.

손병우(2006). 대중문화와 생애사 연구의 문제설정. 〈언론과 사회〉 14권 2호, 41~71.

송동욱·이기형(2017). 불안정한 현실과 대면하는 이 시대 청년들의 삶에 관한 질적인 분석. 〈한국언론정보학보〉 84권, 28~98.

송호근(2013). 학문후진성에 대한 지성사적 고찰. 일송기념사업회 편, 〈한국의 인문사회과학, 이대로 좋은가〉, 91~134. 서울: 푸른역사.

안 진(2015). 나는 왜 백인 출연자를 선택하는가?: 어느 TV 제작자의 자기민속지학적 연구. 〈미디어, 젠더 & 문화〉 30권 3호, 83~121.

양은경(2010). 민족의 역이주와 위계적 민족성의 담론 구성: 〈조선일보〉의 조선족 담론분석. 〈한국방송학보〉 24권 5호, 194~237.

엄 진(2016). 전략적 여성혐오와 그 모순. 〈미디어, 젠더 & 문화〉 31권 2호, 193~236.

연정모·김영찬(2008). 텔레비전 연예정보 프로그램의 생산자 문화에 대한 민속학적 연구. 〈한국방송학보〉 22권 2호, 82~122.

원용진(2005). 언론학 내 문화연구의 궤적과 성과. 〈커뮤니케이션 이론〉 1권 1호, 163~190.

_____(2007). 미디어 문화연구의 진보적 재조정. 〈문화과학〉 51호, 289~305.

_____(2014a). 〈텔레비전 비평론〉. 서울: 한울.

_____(2014b). 〈새로 쓴 대중문화의 패러다임〉. 서울: 한나래.

_____(2016). "위로"의 윤리. 〈한국방송학회 학술대회 논문집〉, 17~29.

원용진·김지만(2012). 사회적 장치로서의 아이돌 현상. 〈대중서사연구〉 18권 2호, 319~361.

유선영(2004). 초기 영화의 문화적 수용과 관객성: 근대적 시각문화의 변조와 재배치. 〈언론과 사회〉 12권 1호, 9~55.

_____(2014a). 식민지 신문 사회면의 감정정치. 〈한국언론정보학보〉 67권, 177~208.

_____(2014b). 한국의 커뮤니케이션학, 공통감각을 소실한 공생적 지식생산. 〈커뮤니케이션이론〉 10권 2호, 4~40.

윤경원·나미수(2005). 문화지역화와 미디어 수용자 하위문화: 청소년들의 일본대중문화 수용에 관한 연구. 〈한국언론학보〉 49권 1호, 5~28.

윤보라·이오현(2017). 여성의 이미지 기반 SNS 이용의 사회문화적 함의: 인스타그램 이용에 대한 비판적 연구. 〈한국방송학보〉 31권 5호, 78~119.

윤선희(2014). 신한류의 동유럽 수용과 문화 정체성 확산의 작은 정치. 〈한국방송학보〉 28권 3호, 94~131.

윤태진(2005). 대중문화의 생산구조. 〈방송문화연구〉 17권 2호, 9~44.

이광석(2017). 동시대 청년 알바노동의 테크노미디어적 재구성. 〈한국언론정보학보〉 83권, 157~185.

이광석·윤자형(2019). 국내 디지털인문학의 정착과 굴곡: 대학 교육과 미디어 테크놀로지의 불안정한 접속. 〈한국언론정보학보〉 95권, 9~34.

이기형(2009). 갈등의 시대, '민속지학적 상상력'과 (미디어) 문화연구의 함의를 되묻기. 〈커뮤니케이션이론〉 5권 2호, 6~53.

_____(2011). 〈미디어 문화연구와 문화정치로의 초대〉. 서울: 논형.

이기형·황경아(2016). SBS 〈그것이 알고 싶다〉의 역할과 성취 그리고 명과 암을 맥락화하기. 〈한국언론정보학보〉 75권, 83~144.

이기형 외(2014). 대중문화 텍스트로 진단하는 다문화주의의 현황. 〈커뮤니케이션이론〉 10권 3호, 97~160.

이기형 외(2015). 청년주체들의 '자기소개서' 작성을 중심으로 한 구직 경험의 문화적 분석. 〈한국언론정보학보〉 72권 4호, 7~51.

이기형·이동후 외(2018). 〈문화연구의 렌즈로 대중문화를 읽다〉. 서울: 컬처룩.

이나영(2013). 페미니즘과 미디어 이론. 〈다시보는 미디어와 젠더〉. 서울: 이화여대출판부.

이동연(2017). 〈문화연구의 종말과 생성〉. 서울: 문화과학사.

이동연 외(2011). 〈아이돌: HOT에서 소녀시대까지 아이돌 문화 보고서〉. 서울: 이매진.

이동연 외(2015). 〈누가 문화자본을 지배하는가?: 한국 문화산업의 독점구조〉. 서울:

문화과학사.

이동후(2009). 사이버 대중으로서의 청년세대에 대한 고찰. 〈한국방송학보〉 23권 3
호, 409~448.

_____(2012). 포스트 TV 시대의 텔레비전 시청 경험에 관한 질적 연구: 20대들과의
심층 인터뷰를 중심으로. 〈한국언론정보학보〉 60호, 172~192.

이범준(2010). 한국의 자기계발담론과 젊은 직장인들의 수용과 실천에 대한 연구. 서울
대학교 언론정보학과 대학원 박사논문.

이병욱·김성해(2013). 담론복합체, 정치적 자본, 그리고 위기의 민주주의. 〈미디어,
젠더 & 문화〉 28호, 71~111.

이상규·홍석경(2014). '강북' 청소년들의 일상생활 문화와 계급 정체성 형성에 대한
영상방법론적 연구. 〈한국언론정보학보〉 68권, 87~129.

이상길(2001). 유성기의 활용과 사적 영역의 형성. 〈언론과 사회〉 9권 4호, 49~95.

_____(2004). 문화연구의 아포리아. 〈한국언론학보〉 48권 5호, 79~109.

_____(2005). '새로운 커뮤니케이션사'를 위하여: 연구방법론에 대한 성찰을 중심으
로. 〈커뮤니케이션 이론〉 1권 2호, 106~161.

_____(2008). 미디어 사회문화사: 하나의 연구 프로그램. 〈미디어, 젠더 & 문화〉 9
호, 5~49.

_____(2010). 문화연구의 연구문화: 언론학계에서의 제도화 효과에 관한 성찰. 〈민
족문화연구〉 53권, 1~63.

_____(2015). 탈식민 상황에서 '비판적 문화연구'를 가르치기. 〈한국방송학보〉 29권
5호, 67~99.

이상길·안지현(2007). 다문화주의와 미디어/문화연구: 국내 연구동향의 검토와 새로
운 전망의 모색. 〈한국언론학보〉 51권 5호, 58~83.

이선민·이상길(2015). 세월호, 국가, 미디어. 〈언론과 사회〉 23권 4호, 5~66.

이설희·홍정은·김숙현·안지현(2006). 핸드폰을 이용한 소녀들의 놀이문화 연구:
여고생들의 이용패턴을 중심으로. 〈미디어, 젠더 & 문화〉 5호, 162~200.

이소은 외(2013). 몸과 관계 맺기, 자기를 상상하기: 자기관리 전술로서의 헬스. 〈언
론과 사회〉 21권 2호, 73~118.

이소현(2014). TV 속의 다문화가정 2세. 〈미디어, 젠더 & 문화〉 29호, 5~36.

이영주·류웅재(2017). 공공 커뮤니케이션과 언론의 실패, 위험한 정부에 대한 시론.
〈문화와 정치〉 4권 1호, 31~61.

이영주·조세훈(2004). 한국 언론학에서의 문화연구에 대한 메타분석과 일비판. 〈미
디어, 젠더 & 문화〉 2호, 119~162.

이오현(2002). 텔레비전 드라마 수용자 연구: 다의성(*polysemy*)의 문제를 중심으로. 〈한국언론학보〉 46권 6호, 96~128.

_____ (2005). 텔레비전 다큐멘터리 프로그램의 생산과정에 대한 민속지학적 연구. 〈언론과 사회〉 13권 2호, 117~156.

_____ (2007). 텔레비전 코미디 프로그램의 생산과정에 대한 민속지학적 연구. 〈언론과 사회〉 15권 2호, 131~174.

이정연·이기형(2009). '칙릿'소설, 포스트페미니즘, 그리고 소비자본주의 사회의 초상: 대중소설 〈달콤한 나의 도시〉와 〈스타일〉을 중심으로. 〈언론과 사회〉 17권 2호, 87~138.

이종수(2008). 미국 드라마 수용의 즐거움과 온라인 팬덤. 〈한국방송학보〉 22권 3호, 213~254.

_____ (2016). 역사 토크쇼의 장르 혼종화. 〈한국언론학보〉 60권 3호, 271~299.

이종수·최지혜(2005). 사이버 공간에서의 여성 커뮤니티 문화: 〈우 나쁜 여자가 되어 원하는 것을 다 가져라〉 클럽의 사례분석. 〈미디어, 젠더 & 문화〉 3호, 98~143.

이종숙(2016). 한국 미디어 인식 지형의 변화와 인문학적 지평. 〈언론정보연구〉 53권 2호, 138~203.

이종임(2013). 〈신한류와 문화이동의 지형학〉. 서울: 논형.

_____ (2018). 〈아이돌 연습생의 땀과 눈물〉. 서울: 서울연구원.

이종임·홍주현·설진아(2019). 트위터에 나타난 미투(#MeToo) 운동과 젠더 갈등이슈 분석: 네트워크 분석과 의미분석을 중심으로. 〈미디어, 젠더 & 문화〉 34권 2호, 99~146.

이희승(2004). 여성 조폭영화의 신화: 〈조폭마누라〉의 내러티브 분석. 〈한국언론학보〉 48권 3호, 5~31.

이희은(2014a). 디지털 노동의 불안과 희망: 대학생의 '대외활동'에 대한 심층 인터뷰. 〈한국언론정보학보〉 66권 2호, 211~241.

_____ (2014b). 관찰 혹은 자발적 감시: 리얼리티 프로그램과 신자유주의 감시 사회의 정경. 〈한국방송학보〉 28권 2호, 211~248.

_____ (2018a). 페미니즘 운동과 미디어 윤리. 〈언론정보연구〉 55권 3호, 120~157.

_____ (2018b). 사이버네틱스와 사회과학 방법론. 〈커뮤니케이션이론〉 14권 3호, 103~144.

_____ (2018c). AI는 왜 여성의 목소리인가?: 음성인식장치 테크놀로지와 젠더화된 목소리. 〈한국언론정보학보〉 90권, 126~153.

_____(2019). 유튜브의 기술문화적 의미에 대한 탐색: 흐름과 알고리즘 개념의 재구성을 중심으로. 〈언론과 사회〉 27권 2호, 5~46.

이희은·채석진 외(2018). 〈디지털 미디어와 페미니즘〉. 서울: 이화여자대학교출판문화원.

임영호(2013). 한국 언론학의 제도적 성공담과 내재적 위기론. 〈커뮤니케이션이론〉 9권 1호, 6~38.

_____(2014). 스튜어트 홀과 문화연구의 정치. 〈문화과학〉 78호, 254~272.

_____(2015). 한국 텔레비전 생산 연구의 실태 진단. 〈언론정보연구〉 52권 1호, 5~32.

_____(2019). 〈지식의 장, 학문의 제도화: 한국 언론학의 정체성 탐색〉. 서울: 컬처룩.

임영호 외(2008). 도덕경제와 에로장르 종사자의 직업 정체성 구성. 〈언론과 사회〉 16권 2호, 107~147.

임영호 외(2009). 문화산업 주변부 종사자의 삶과 커리어: 한국 에로물 감독의 구술생애사. 〈언론과 사회〉 17권 3호, 2~50.

임종수(2004). 텔레비전 안방문화와 근대적 가정에서 생활하기: 공유와 차이. 〈언론과 사회〉 12권 1호, 92~135.

임종수·최세경(2016). 디지털TV에서의 수용경험과 순환에 관한 연구: 가족TV, 개인TV, 우리TV, 나의TV. 〈방송과 커뮤니케이션〉 17권 4호, 5~52.

장민지(2016). 디지털 네이티브 여/성주체(digital native fe/male subject)의 운동 전략: 메갈리아를 중심으로. 〈미디어, 젠더 & 문화〉 31권 3호, 219~255.

장은미·한희정(2017). 존재하지만 존재 않는 타자들의 공간: 영화 〈죽여주는 여자〉의 담론 공간을 중심으로. 〈한국언론정보학보〉 84권, 99~123.

전규찬(2005). 국민의 동원, '국민'의 형성. 〈한국언론정보학보〉 31호, 261~293.

_____(2006). 커뮤니케이션과 공공영역의 '래디컬'한 재구성. 〈문화과학〉 48호, 52~68.

_____(2014a). 영원한 재난상태: 세월호 이후의 시간은 없다. 김애란 외, 〈눈먼 자들의 국가〉, 149~174. 서울: 문학동네.

_____(2014b). 현실 학회, 학회 현실에 대한 성찰적 소환장. 〈커뮤니케이션이론〉 10권 2호, 77~116.

_____(2015). 재난의 시기, 방송 매체 장치론의 비판적 재구성. 〈한국방송학보〉 29권 4호, 82~116.

정민우(2013). 지식 장의 구조변동과 대학원생의 계보학, 1980~2012. 〈문화와 사회〉 15권, 7~78.

정민우 · 김효실 (2009). 페미니즘 없는 문화연구?. 〈언론과 사회〉 17권 4호, 154~196.

정수영 (2015). '세월호 언론보도 대참사'는 복구할 수 있는가?. 〈커뮤니케이션 이론〉 11권 2호, 56~103.

정승혜 · 마동훈 (2013). 이동통신 광고와 민족 담론 연구. 〈한국언론학보〉 57권 5호, 239~270.

정영희 (2007). 〈내 이름은 김삼순〉에 대한 수용자의 현실적 공감과 즐거움에 대한 연구. 〈한국언론학보〉 51권 4호, 32~57.

정영희 · 장은미 (2015). 흔들리는 젠더, 변화 중인 세상: 드라마 〈미생〉을 중심으로. 〈미디어, 젠더 & 문화〉 30권 3호, 153~184.

정준희 · 김예란 (2010). 컨버전스의 현실화. 〈언론정보연구〉 47권 1호, 5~42.

조선정 (2014). 페미니즘과 문화연구의 만남 〈다시 보는 미디어와 젠더〉. 〈아시아 여성연구〉 53권 1호, 201~210.

조영한 (2012). 한국사회에서 신자유주의 읽기. 〈커뮤니케이션이론〉 8권 2호, 22~64.

조한혜정 외 (2016). 〈노오력의 배신: 청년을 거부하는 국가 사회를 거부하는 청년〉. 파주: 창작과 비평.

조항제 (2008). 한국의 비판언론학에 대한 비판적 성찰. 〈한국언론정보학보〉 43권, 7~46.

조항제 · 김영찬 · 이기형 외 (2015). 〈미디어 문화연구의 질적 방법론〉. 서울: 컬처룩.

주재원 (2018). 사회기술적 상상체로서의 원자력과 미디어 담론. 〈한국언론정보학보〉 89권, 81~118.

주창윤 (2006). 1970년대 청년문화 세대담론의 정치학. 〈언론과 사회〉 14권 3호, 22~64.

_____ (2013). 〈허기사회〉. 파주: 글항아리.

_____ (2019). 미스터 션샤인, 역사의 소환과 재현방식. 〈한국언론학보〉 63권 1호, 228~252.

주형일 (2007). 왜 나는 스파이더맨을 좋아하는가. 〈언론과 사회〉 15권 3호, 2~36.

_____ (2010). 지방대에 대한 타자화담론의 주관적 수용의 문제. 〈미디어, 젠더 & 문화〉 13호, 75~113.

_____ (2014). 〈문화연구와 나〉. 대구: 영남대출판부.

_____ (2019). 신자유주의 통치성과 대학 교원의 주체화. 〈한국언론정보학보〉 95권, 35~59.

채석진 (2016). 친밀한 민속지학의 윤리. 〈언론과 사회〉 24권 3호, 47~88.

_____(2018). '잔혹한 희망': 디지털 페미니즘의 정동. 〈언론정보연구〉 55권 3호, 87~119.

_____(2019). 수치 만들기: 아카데믹 캐피털리즘과 학문 노동의 재구성. 〈한국언론정보학보〉 95권, 60~82.

채웅준(2019). 1990년대 이후 지식생산의 탈식민 담론에 관한 비판적 분석. 〈언론과 사회〉 27권 1호, 5~58.

채웅준·김선기(2018). 학제적 분과학문으로 문화연구 다시 쓰기: 급진성의 제도화를 위하여. 〈언론정보연구〉 55권 3호, 158~210.

최선영·고은지(2019). 메타데이터를 활용한 1960~2018 〈한국언론학보〉 논문 분석 : 다이내믹 토픽 모델링(Dynamic Topic Modeling) 방법을 중심으로. 〈한국언론학보〉, 63권 4호, 7~42.

최이숙(2009). 산업화 시기(1961~1987) 성별화된 언론노동시장과 여성언론인의 경력이동. 〈한국언론학보〉 53권 1호, 133~160.

_____(2015). 1960~1970년대 한국 신문의 상업화와 여성가정란의 젠더 정치. 〈한국언론학보〉 59권 2호, 287~323.

최이숙·김수아(2013). 국내 인터넷 연구는 젠더를 어떻게 다루어왔는가. 〈한국언론학보〉 57권 3호, 249~271.

최이숙·김은진(2019). 증언과 저널리즘: 〈JTBC 뉴스룸〉의 성폭력 피해자 생방송 인터뷰 분석. 〈언론과 사회〉 27권 2호, 47~97.

최진석(2015). 급진적 문화연구의 기획은 실패했는가?. 〈문화과학〉 81호, 93~129.

태지호(2013). 문화적 기억으로서 '향수 영화'가 제시하는 재현 방식에 관한 연구. 〈한국언론학보〉 57권 6호, 417~440.

한미소·윤태진(2017). 대중문화는 전문가-셀러브리티를 어떻게 구성하고 활용하는가. 〈한국방송학보〉 31권 5호, 189~228.

한 선(2013). 네트워크 시대 '경제적인 것' 되기(becoming)의 통치술. 〈한국언론학보〉 57권 3호, 431~454.

한 선·이오현(2012). 지역방송의 지역성 개념과 지역성 구현의 문제: 광주지역 방송 생산을 중심으로 한 질적 연구. 〈한국방송학보〉 26권 5호, 271~306.

_____(2013). 지역방송 프로그램 생산의 제한 요인에 대한 질적 연구. 〈한국언론학보〉 57권 4호, 243~268.

한희정(2016). 이주여성에 관한 혐오 감정 연구: 다음사이트 '아고라' 담론을 중심으로. 〈한국언론정보학보〉 75권, 43~79.

허진아·이오현(2009). 지역신문 기사생산에 영향을 미치는 요인에 대한 질적 연구:

〈광주드림〉 기사생산을 중심으로. 〈한국언론정보학보〉 46권 2호, 449~484.

홍남희(2012). 초기 모성수행기 여성들의 스마트폰 이용. 〈미디어, 젠더 & 문화〉 21호, 135~164.

홍석경(2012). 프랑스의 한국 아이돌 문화 여성팬덤과 성 담론에 대한 연구. 〈한국언론학보〉 56권 1호, 185~208.

_____(2013). 세계화 과정 속 디지털 문화 현상으로서의 한류. 〈언론정보연구〉 50권 1호, 157~192.

홍석경·박대민·박소정(2017). 한류연구의 지식연결망 분석. 〈한국언론학보〉 61권 6호, 318~353.

홍성일(2019). 대학 위기에 대한 미디어 문화연구의 응답: 미디어로서의 대학을 제안하며. 〈한국언론정보학보〉 95권, 83~112.

홍성현·류웅재(2013). 무한 경쟁 시대의 글로벌 인재 되기: 글로벌 인재 담론에 대한 비판적 담론분석. 〈커뮤니케이션이론〉 9권 4호, 4~57.

홍종윤(2011). 방송 정책결정 과정에 대한 비판적 담론분석 연구. 〈한국방송학보〉 25권 3호, 349~394.

홍주현(2018). 뉴스생산 환경에 따른 방송 보도의 선정성 네트워크 분석·프레임 분석: 유명인에 대한 미투운동 사례를 중심으로. 〈한국콘텐츠학회논문지〉 18권 7호, 103~119.

_____(2019). 2000년 이후 〈한국언론학보〉 논문을 통해 본 언론학 연구경향. 봄철 언론학회 정기학술대회 발표문.

홍지아(2010). 순정만화적 감수성을 통한 즐거움의 체험: 드라마 〈미남이시네요〉의 시청 경험을 중심으로. 〈한국방송학보〉 24권 3호, 255~296.

홍지아·김훈순(2010). 다인종 가정 재현을 통해 본 한국사회의 다문화 담론: TV다큐멘터리 '인간극장'을 중심으로. 〈한국방송학보〉 24권 5호, 544~583.

황경아·이기형·윤상현·조광덕(2014). '학문후속세대'의 경험과 관점으로 '학술 글쓰기'의 역할과 문제점을 조명하기. 〈커뮤니케이션이론〉 10권 1호, 59~126.

황슬하·강진숙(2014). 온라인 여성호명 담론에 대한 질적 연구. 〈한국방송학보〉 28권 4호, 356~388.

14장

온라인 교류매체

이재신 | 중앙대 미디어커뮤니케이션학부 교수

1. 들어가며

과거의 대중매체는 일방향적이라는 특성을 지녔으며 이에 따라 일반 수용자들이 대중매체를 통해 남들과 정보 혹은 그 이외의 것들을 주고받는 것은 매우 제한적이거나 불가능에 가까웠다. 하지만 인터넷의 등장은 매체를 이용해 남들과 폭넓은 교류를 할 수 있도록 해주었다. 디지털 기술을 기반으로 하는 양방향적 매체인 인터넷의 등장으로 일방향 소통의 시대에서 양방향 소통의 시대로의 전환이 이루어졌다. 이러한 전환이 가져온 가장 큰 변화 중 하나는 온라인에서 대인 간 교류가 급격하게 증가했다는 것이다. 인터넷이 대인 간 교류를 지원하는 매체로서 역할을 한 때문이다.

이 장에서는 '교류매체'에 대한 연구들을 살펴보고자 한다. 이를 위해서는 먼저 교류매체라는 조금은 생소한 단어의 의미부터 정의해야 할 것 같다. 사전을 찾아보면 '교류'는 '익스체인지'(exchange) 등의 단어로 표기된다. 즉, 무언가를 서로 주고받는 것을 교류라고 하는 것이다. 따라서 교류매체란 사람들이 서로 무언가를 주고받는 행위를 지원해주는 매체라고 간략하게 정의할 수 있을 것이다.

다만 이러한 교류매체에 대한 정의는 학문적 정의라기보다는 〈한국언론학보(이하 언론학보)〉에 실린 인터넷 및 그와 관련된 연구들을 분류하여 살피기 위한 실용적 목적을 지닌 정의에 해당한다. 참고로, 2장에서는 교류매체 연구를 '소셜미디어·인터넷·컴퓨터 매개 커뮤니케이션'에 대한 연구로 분류했다. 따라서 1990년대 후반에 우리 사회에 등장한 인터넷을 기반으로 하는 매개된 커뮤니케이션 서비스와 소셜미디어에 대한 연구들이 이 장의 주된 관심이 된다.

〈언론학보〉에 실린 연구들을 중심으로 논의를 이어갈 것이지만 필요에 따라 〈한국방송학보(이하 방송학보)〉, 〈한국언론정보학보(이하 언론정보학보)〉 등에 실린 연구들과 국외의 관련 연구들도 언급할 것이다. 〈언론학보〉의 경우 온라인 환경에 대한 최초의 연구는 PC통신의 매체적 특성에 대해 살펴본 김현주(1995)의 연구를 들 수 있다. 이후 1996년부터 1999년까지 〈언론학보〉에 PC통신 및 인터넷 관련 연구들이 발표되기 시작했다. 그러나 이들은 교류매체의 관점에서 진행된 연구는 아니었으며 주로 매체의 기술적, 법률적 특성에 대한 연구들이었다(황상재, 1996).

당시 국외의 경우 이미 PC통신과 인터넷을 통한 커뮤니케이션을 컴퓨터 매개커뮤니케이션(이하 CMC)으로 정의하고 이에 대한 활발한 연구가 진행되고 있었다. CMC에 대한 초기의 국외 연구들은 주로 매개된 환경이 지니는 한계들에 주목했다. 가령 문자 위주의 온라인 환경에서 발견되는 사회적 맥락 단서의 감소와 이로 인한 부정적인 커뮤니케이션 효과에 주목했다(Daft & Lengel, 1986). 이러한 관점의 연구에서는 온라인 환경의 특징에 의해 사회적인 대인관계가 형성되기 힘들다고 보았으며 이에 따라 대인관계보다는 온라인 정보교류의 특징에 대해 주된 관심을 두었다. 가령 인터넷이 면대면의 한계를 뛰어넘어 더욱 자유로운 정보교류가 가능하게 할 것으로 예상하고 이에 대한 탐구를 진행했다.

하지만 이후의 연구들에서 이러한 예상이 틀리다는 것이 지속적으로 보고되었다. 사용자들 간의 온라인 정보교류는 다양한 사회적 요인들에 의해 제한되고 애초에 예상한 것 같은 경계를 뛰어넘는 자유로운 정보교류가 잘 일어나지 않는다는 것이다(Rice & Aydin, 1991). 그러던 중 1996년에 발표된 일련의 연구들(Parks & Floyd, 1996; Walther, 1996)을 통해 온라인에서도 대인관계가 형성될 수 있으며 때로는 오히려 면대면에 비해 더욱 친밀한 관계가 형성될 수 있는 것이 알려졌다. 이에 따라 학자들은 온라인 대인관계에 주목하기 시작했으며 어떠한 조건에서 사회적인 관계를 유지해 가는가에 대한 이론들을 발표하는 등 적극적인 탐구를 지속해갔다. 이처럼 1990년대 후반의 국외 연구들은 CMC 환경이 애초의 생각보다 '사회적'인 특성을 지닌다는 것을 발견했으며 이에 따라 교류매체 관점의 이론들이 발표되는 등 실증적 관점의 연구들이 심도 있게 진행되고 있었다.

이에 반해 국내의 경우 1999년까지 교류매체 관점의 연구들은 거의 전무했다. 국내에도 이미 1995년부터 인터넷이 국내에 보급되기 시작했으며 인터넷에 대한 연구들도 소수이지만 진행되고 있었다. 하지만 1990년대 말까지 발표된 인터넷 관련 연구들은 대부분 인터넷이라는 새로운 매체와 관련된 기술적, 법률적 특징에 국한되었다. 당시 인터넷 관련 국내 연구자들의 관심은 적어도 교류매체의 관점은 아니었던 것이다. 〈언론학보〉의 경우 교류매체에 대한 연구들은 2000년 이후에야 발견된다. 아마도 교류매체 관점의 첫 연구로는 박선희(2000)의 연구를 들 수 있을 것이다. 이 연구는 정치커뮤니케이션 관점에서 CMC의 특징이 공론장 토론과 정치참여에 미치는 영향을 논의한 것이다.

이후부터 교류매체 관점의 연구들이 본격적으로 등장하기 시작했다. 2000년부터 2009년까지 10년 동안 26편, 2010년부터 2018년까지 58편, 2019년 상반기에 3편의 연구가 발표되었다. 즉, 2000년대에 들어 시작된 교류매체 연구는 2019년 상반기까지 20년간 〈언론학보〉에 총 87편이 발표되어 연평균 4편 이상의 연구가 게재되었다. 이 책이 지난 10년간의 연구들을 중점적으로 살펴보는 것을 목표로 하는 만큼, 본 장에서도 2010년부터 2019년 상반기까지 〈언론학보〉에 발표된 61편의 교류매체 연구들을 중점적으로 고찰할 것이다.

본 장의 구조는 다음과 같다. 먼저, 교류매체에 대한 초기의 연구들 즉 2009년까지의 연구들을 그 연구경향을 중심으로 간략히 살펴볼 것이다. 이후 2010년부터 지난 10년간 발표된 연구들을 중심으로 그 특징들을 고찰할 것이다. 다만 지면의 한계상 특정 연구들을 하나하나 살펴보는 것은 지양하고 이들 연구에서 공통적으로 발견되는 특성을 연구주제, 이론, 방법론으로 구분하여 논의를 제시할 것이다. 이후 이렇게 발견되는 특성들이 지니는 학술적 의미와 한계점에 대한 논의를 제시하고 미래 연구를 위한 제언을 제시할 것이다.

2. 교류매체에 대한 초기 연구들

인터넷이 국내에 보급되기 시작한 1990년대 중반 이전에는 컴퓨터와 전화선 모뎀(modem)을 이용한 통신, 즉 PC통신이 하나의 교류매체로서 활발히 이용되었다. 1992년에 12만 명 정도였던 PC통신 사용자 수는 1996년 말에 약 2백만 명까지 증가했다. PC통신에서 가장 활발히 이용된 서비스는 '동호회'였는데 회원들은 현재의 이메일에 해당하는 동호회 메일이나 채팅 서비스를 이용해 서로 대화할 수 있었다. 또한 BBS(Bulletin Board System)라고 불린 일종의 게시판을 통해 사람들이 의견을 교류할 수 있었다. 앞서 언급한 김현주(1995)의 연구는 PC통신이 대인 커뮤니케이션 매체로서 어떠한 가능성을 지니고 있는가에 대해 살핀 것이다. 비록 인터넷이 아닌 PC통신에 대한 연구이지만 PC통신이 향후 대인매체로서 활용될 가능성에 대해 살펴보았다는 점에서 의미가 있다.

1995년에 들어 국내 사용자들은 상용 인터넷망을 통해 직접 인터넷에 접속할 수 있게 되었다. 그러면서 인터넷에 대한 언론학자들의 관심도 조금씩 증가했다. 황상재(1996)의 연구를 필두로 인터넷에 대한 매체적, 법률적 관점의 연구들이 등장한 것이다. 하지만 이들 대부분은 인터넷에 대한 기술적, 법률적 특성을 고찰했다는 특징을 보인다. 이들 중 수용자를 대상으로 진행한 실제 이용 상황을 살펴본 실증적 연구는 〈언론학보〉의 경우 권희정(1998)의 연구가 유일하다. 이 연구에서는 실험을 통해 상호작용적 온라인 광고의 효과를 살펴보았다.

다른 학보들의 경우도 이와 크게 다르지 않다. 1998년부터 10년간 〈언론학보〉, 〈방송학보〉, 〈언론정보학보〉에 실린 인터넷 관련 연구를 연도별로 살펴본 김은미와 나은경(2008)에 따르면 1998∼1999년에 3개 학보에 실린 인터넷 관련 논문은 9편에 불과했다. 하지만 2000년과 2001년에는 각각 10편과 17편이 발표되며 관련 연구들이 증가하기 시작했다. 이후 2002년부터 매년 30편 전후의 인터넷 관련 논문들이 3개 학보에 발표되면서 인터넷 연구의 시대로 접어들었다. 다만 김은미와 나은경(2008)의 연구는 인터넷에 대한 모든 연구들을 포함했다는 점에서 주의가 필요하다. 교류매체에 관한 연구는 이들 중 소수에 불과하기 때문이다. 또한 이 시기에 전체적으로 논문 편수 자체가 크게 증가하기 시작했다는 점도 함께 고려해야 한다. 〈언론학보〉는 2003년부터 연 6회 발간되기 시작했고 이에 따라 2006∼2014년까지 전체 발간 논문 편수가 꾸준히 증가했기 때문이다.

따라서 교류매체에 대한 연구가 실제로 얼마나 활발히 진행되었는가를 살피기 위해서는 단순히 편수보다는 그 비중도 함께 살펴볼 필요가 있다. 이 시기에는 인터넷에 대한 학문적 관심이 증가한 것에 비해 교류매체의 관점에서 진행된 연구들은 상대적으로 그 비중이 높지 않았다. 즉 2000년부터 2009년까지 〈언론학보〉에 게재된 교류매체 연구논문은 26편이었는데 이는 전체 논문의 3.2%에 불과했다. 이러한 비중은 총 13개 연구분야 중 11위에 해당하는 것으로서 헬스 커뮤니케이션(.5%)과 방송(1.6%)에 이은 하위 3번째 분야에 해당한다. 헬스 커뮤니케이션은 당시에 막 연구가 시작된 분야이며 방송은 방송에 특화된 별도의 학술지가 존재했다는 점을 고려할 때에 이는 사실상 최하위라고 보아도 무방한 순위에 해당한다.

앞서 국외에서는 1990년대 말에 이미 교류매체와 관련된 새로운 이론들이 발표되는 등 활발한 연구가 진행되고 있었음을 언급했다. 국내의 교류매체 연구들도 어느 정도 이러한 일련의 흐름에 맞추어 연구를 진행한 것이 사실이다. 다만 국외에 비해 그 시기는 조금씩 늦게 발견된다. 예를 들어 국내에서 온라인 정보교류와 대인관계에 대한 〈언론학보〉의 연구는 2000년 이후에야 발견된다. 박(Park, 2001)은 실험을 통해 온라인 게시판에서 발견되는 이모티콘 이용의 효과를 살펴보았다. 이 연구는 매체환경적 특성을 주로 살펴온 기존 연구들과 달리 '대인관계'의 관점에서 진행되었다는 점에서 의미가 있다.

이후 온라인 커뮤니케이션 환경에서의 인상형성(김관규·임현규, 2002)과 대인관계(김문수, 2005; 박성복, 2007) 등에 대한 연구들이 발표되었다. 이들 연구는 비록 시기적으로 국외에 비해 늦은 것이지만 인터넷을 대인 커뮤니케이션의 도구로 이해하고 이 과정에서 나타나는 현상들을 실증적으로 살펴보았다는 데에서 의미가 있다. 이 외에 온라인 커뮤니티(윤해진, 2006), 정치토론(김동윤, 2007) 등도 교류매체에 대한 주요 연구주제로 등장했다. 이들 역시 수용자들의 온라인 이용을 탐구했다는 점에서 이 시기에 교류매체에 대한 연구들이 활성화되기 시작했음을 알 수 있다.

한 가지 흥미로운 점은 사회적으로 큰 관심을 받기 시작한 온라인 댓글에 대한 언론학자들의 다양한 탐구가 시작했으며 이에 따라 2006년 한 해에만 댓글의 효과를 살펴본 연구들이 4편(김은미·선유화, 2006; 김은미·이준웅, 2006; 송현주·신승민·박승관, 2006; 정일권·김영석, 2006)이나 발표

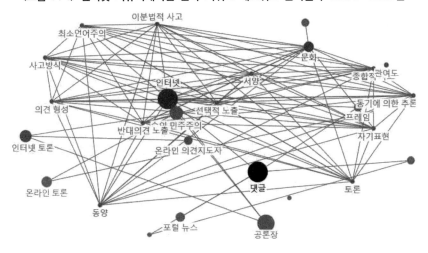

〈그림 14-1〉 인터넷 커뮤니케이션 분야 키워드 네트워크 분석결과: 2000~2009년

되었다는 것이다. 당시 댓글에 대한 주된 논의는 '누가 왜 댓글을 작성하는 가?'였다. 그러나 이들 연구에서 일견 수동적으로 보이는 댓글 읽기가 수용자의 인식에 중요한 영향을 주는 것으로 나타났다. 이들 연구로 인해 그동안 상대적으로 덜 관심을 받아온 '댓글 읽기'의 중요성이 인식되기 시작했으며 향후 댓글 읽기의 효과를 살피는 연구들이 이어지는 계기가 마련되었다.

〈그림 14-1〉은 2장에 제시된 2000년부터 2009년까지 진행된 인터넷 커뮤니케이션 분야의 주제어 연결망 분석결과이다. 그림에서 알 수 있듯이 이 기간 중 발견되는 가장 두드러지는 연구대상어는 '인터넷'과 '댓글'이다. 인터넷 분야 연구자들의 주된 관심이 댓글이었음을 짐작할 수 있게 해주는 결과이다. 이 외에도 '인터넷 토론', '온라인 토론', '숙의 민주주의', '공론장' 같은 주제어가 중요한 위치를 차지하고 있다.

이처럼 정치 관련 단어들의 연결성이 높다는 사실은 이 기간 중 진행된 연구들이 인터넷 사용자들의 온라인 행위를 주로 정치커뮤니케이션 관점에서 접근했음을 짐작할 수 있게 해준다. 실제로 김현석과 이준웅(2007)은 노무현 대통령 탄핵과 관련된 포털 게시판의 메시지를 분석하여 온라인 정치토론의 담론적 특성을 탐색한 바 있다. 또한 앞서 언급한 댓글에 대한 연구들 역시 댓글 읽기가 여론 인식, 정치뉴스 수용, 정치토론에 미치는 영향을 살핀 것이었다. 이처럼 당시의 교류매체 연구들은 정치커뮤니케이션 관점의 연구가 주를 이루었다.

이제까지의 내용을 정리하면, 국외의 경우와 달리 1999년까지는 교류매체와 직접적으로 관련된 연구는 거의 진행되지 못했다. 당시에는 우리사회에 널리 퍼져 있던 PC통신과 인터넷 환경의 매체적 특성이나 그와 관련된 법제적 사안에 대한 연구들이 주로 진행되었다. 이후 2000년대에 들어서야 수용자 관점의 교류매체에 대한 연구들이 진행되었다. 이들 연구에서는 온라인 인상형성과 대인관계에 대한 연구가 일부 진행된 데 반해 정치커뮤니케이션 관점의 댓글 읽기, 온라인 정치토론 등에 대한 실증적 탐구가 다수 진행되었다.

3. 2010년 이후의 교류매체 연구들

1) 전반적인 특징

2010년대에 들어 SNS가 널리 확산되며 교류매체에 대한 연구들이 더욱 활발하게 진행되기 시작했다. 2010년부터 2019년 상반기까지 61편의 교류매체 관련 논문이 〈언론학보〉에 발표되었다. 전체 논문 중 교류매체 연구의 비중은 2000~2009년의 3.2%에 비해 두 배 이상 증가한 7.8%에 달했다. 이는 저널리즘, PR, 정치커뮤니케이션, 그리고 수용자 연구에 이은 상위 5번째에 해당한다. 이러한 사실은 2010년 이후 교류매체는 연구자들에게 주요 연구대상으로 인식되고 또 실제로 이에 대한 연구가 활발히 진

〈표 14-1〉 2010년 이후 교류매체 관련 언론학보 논문 61편의 연도별 분포

연도	2010	2011	2012	2013	2014
편수	6	4	7	7	12
연도	2015	2016	2017	2018	2019년 상반기
편수	6	10	1	3	3

행되었다는 것을 보여준다.

2장에 제시된 것처럼 2010년 이후 〈언론학보〉에 게재된 모든 연구들의 주제어를 살펴본 결과, '트위터', '소셜미디어', '페이스북' 등 교류매체 관련 단어들의 연결성과 매개 중심성 순위가 각각 1, 2, 4위로 나타났다. 분석대상이 교류매체 연구들로 한정된 것이 아니라 〈언론학보〉의 모든 연구들임에도 불구하고 교류매체 관련 단어들이 최상위에 위치한 것이다. 또한 주제어 연결망 분석결과를 보면 '트위터', '소셜미디어', '댓글', 'SNS', '페이스북' 등 교류매체와 직접적으로 관련된 단어들이 서로 밀접하게 연결되어 있다. 이러한 결과는 이 기간 중 교류매체에 대한 연구들이 상당히 활성화 되었다는 것을 단적으로 보여준다.

〈표 14-1〉에 제시되어 있듯이 〈언론학보〉의 연도별 교류매체 논문 편수는 2010년부터 증가하기 시작하여 2014년에 12편으로 정점을 찍었다. 이후 2016년까지는 6~10편 정도를 유지했지만 2017년부터 급격하게 감소한 것을 알 수 있다. 참고로, 2015년부터 〈언론학보〉 전체 논문의 편수가 급격히 감소하기 시작했다. 교류매체 연구는 이러한 상황에서도 2016년까지 꾸준한 편수를 자랑했지만 2017년 1편, 2018년 3편, 2년간 총 4편으로 감소한 것이다. 다만 2019년 상반기까지 3편의 교류매체 관련 논문들이 출간되어 교류매체 논문의 감소가 일시적인 것인지 아닌지는 시간을 두고 좀 더 관찰할 필요가 있다. 이 기간 중 〈방송학보〉와 〈언론정보학보〉에 발표된 교류매체 관련 연구들이 모두 15편 이상이라는 사실을 감안하면 이러한 감소는 〈언론학보〉에 국한된 것일 수도 있기 때문이다.

<표 14-2> 2010년 이후 교류매체 연구들의 상위 10개 주제어

키워드	온라인	트위터	인터넷	댓글	뉴스
빈도	18	11	9	9	8
키워드	커뮤니케이션	SNS	네트워크 분석	공론장	페이스북
빈도	6	6	6	5	5

2010년 이후의 교류매체 논문에서는 총 310개의 주제어가 제시되었다. 이들 주제어를 빈도순으로 정리하면 〈표 14-2〉와 같다. 표에서 알 수 있는 것처럼, 빈도가 높은 주제어는 온라인(18), 트위터(11), 인터넷(9), 댓글 (9), 뉴스(8) 등의 순이었다. 온라인 인터넷 환경을 살피는 교류매체 연구들이 트위터와 댓글, 그리고 온라인 뉴스에 대한 탐구를 활발히 진행했음을 알 수 있다.[1]

이 시기에는 교류매체에 대한 실제 이용 상황을 보다 심층적으로 탐구하는 연구가 증가했으며 이러한 탐구의 중심에는 단연 댓글과 SNS가 있다. 즉, 온라인 환경에서 타인과 정보를 주고받는 도구로서는 댓글이, 그리고 대인 교류를 활발히 지원하는 서비스로서는 SNS가 연구자들의 관심을 한 몸에 받은 것이다. 이는 연구자들의 관심이 이를 이용하는 수용자들, 그리고 이로 인해 나타나는 현상들로 이동했음을 보여준다.

실제로 2010년 이후에는 이용자들의 이용동기(김균수, 2013), 자기효능감(기소진·이수영, 2013) 등이 교류매체 이용에 미치는 영향 등을 살피는 연구들이 다수 진행되었다. 또한 이전과 마찬가지로 온라인 뉴스 이용과정에서 나타나는 댓글 읽기의 효과를 탐구하는 연구들도 지속되었다(강재원·김선자, 2012). 온라인 뉴스 프레임 역시 연구자들이 집중적으로 탐구한 대상 중의 하나이다. 뉴스의 프레임이 뉴스 기사의 이해와 평가, 그리고 댓글 쓰기에 미치는 영향들이 탐구된 것이다(김혜미·이준웅, 2011; 이재신

---

1) 이들 주제어는 일부 동일한 연구에서 함께 제시된 경우도 있다.

·김지은·류재미·강재혁, 2010).

　2009년 이전의 경우처럼 정치커뮤니케이션 관점에서 공론장과 온라인 토론(최윤정·이종혁, 2012), 사회자본(금희조, 2010), 정치참여(천혜선· 박남수·이현주, 2014) 등에 대해 탐구한 연구들이 이 기간 중에도 활발히 진행되었다. 이는 연구자들이 교류매체가 단순히 대인관계를 지원하는 것을 넘어 많은 이용자들 간의 대화와 토론을 가능하게 하며 이로부터 새로운 형태의 사회자본의 형성을 가능하게 하는 것으로 본 것임을 의미한다. 그 결과 교류매체 이용이 시민의 정치참여에 긍정적인 영향을 하게 될 것인가를 본격적으로 탐구한 것으로 보인다.

2) 연구주제

2010년 이후 〈언론학보〉에 게재된 교류매체 관련 연구들의 주제를 살펴보면 몇 가지 특징들이 발견된다. 〈표 14-3〉은 이들의 연구주제를 분류한 것이다. 무엇보다, 온라인에서 이루어지는 이용자들의 관계(12), 그리고 정보확산과 유통(11)에 대한 연구들이 주를 이루고 있음을 알 수 있다. 이들을 제외하면, SNS(7), 댓글(7), 온라인 토론(7), 그리고 집단/커뮤니티(7)에 대한 연구가 상대적으로 활발히 진행되었음을 알 수 있다. 이들 연구에서 발견되는 몇 가지 특징을 정리하면 다음과 같다.

(1) 온라인 대인관계와 정보교류에 대한 탐구

먼저, 온라인 이용자들의 관계와 정보유통에 대한 연구가 이전에 비해 더욱 활발히 진행되었다는 것은 온라인 교류매체의 특성을 고려할 때에 어쩌면 당연한 결과라고 할 것이다. 또한 이는 국외 연구들과 흐름을 같이 하는 것이다. 다만 시기적으로 볼 때 국내의 연구들이 유사한 주제의 국외 연구에 비해 조금씩 늦게 발견된다. 가령 국외의 경우, 앞서 언급한 것처럼

<표 14-3> 2010년 이후 〈언론학보〉 교류매체 논문의 연구주제 분류

주제	이용자 관계	정보확산/유통	SNS 이용	댓글 효과	온라인 토론
빈도	12	11	7	7	7
주제	집단/커뮤니티	인터넷 뉴스	여론 지각	기타	계
빈도	7	3	2	5	61

1990년대부터 온라인 대인관계에 대한 본격적인 탐구가 진행되었다(Parks & Floyd, 1996; Walther, 1996). 하지만 국내의 경우 2000년대에 들어서야 소수의 연구(김관규·임현규, 2002; 김문수, 2005)가 진행되었다. 이후 한동안 관련 연구들이 발견되지 않다가 2010년에 들어서 다시 발견되기 시작한다(황유선, 2010).

온라인 정보교류에 대한 연구도 이와 유사하다. 일찍부터 인터넷이 사용된 국외의 경우 이전부터 온라인 정보교류의 특성에 대한 탐구가 많이 진행되었다(Hiltz & Wellman, 1997; Trevino, Lengel & Daft, 1987). 이에 반해 국내의 관련 연구는 2010년대에 들어서 SNS가 활발히 이용되기 시작한 이후에야 등장한다(김용찬·심홍진·김유정·신인영·손해영, 2012).

그럼에도 불구하고 2010년 이후 온라인 대인관계와 정보 유통에 대한 연구들이 전체의 38%를 차지할 정도로 가장 큰 비중을 보였다. 이는 국외의 경우와 마찬가지로 국내의 연구자들 역시 교류매체의 가장 중요한 역할에 해당하는 이들 주제를 중점적으로 탐구했음을 보여준다. 다만 이러한 연구들 대부분은 앞서 언급한 것처럼 SNS가 우리사회에 퍼진 이후에 본격적으로 시작되었다. 이러한 점에서 볼 때 국내의 온라인 대인관계와 정보교류에 대한 연구는 전반적인 온라인 환경에 대한 연구라기보다는 SNS에 국한된 연구라고 보아도 크게 무리가 없을 것이다.

(2) SNS에 대한 관심의 증가

앞서 언급한 것처럼 온라인 대인관계와 정보교류에 대한 연구들은 SNS가 우리사회에 널리 퍼지기 시작한 2010년 이후부터 발견된다. 이 시기의 교류매체에 대한 연구들 중 SNS를 중심으로 하는 소셜미디어에 대한 연구의 비중이 대폭 증가했다. 초기에는 심홍진과 황유선(2010), 류정호와 이동훈(2011)의 연구에서처럼 새로이 등장한 '페이스북', '트위터', '미투데이', '요즘' 등의 SNS를 마이크로 블로그라고 불렀다. 이후 김용찬 등(2012)의 연구를 기점으로 이들을 SNS라고 칭하며 당시 우위를 점하고 있던 페이스북과 트위터를 대상으로 진행된 연구들이 속속 발표되기 시작했다. 특히 2012년에는 페이스북과 트위터 관련 연구가 다수 등장했다. 2012년 한 해에만 3개 학보에서 각 4편씩 총 12편의 트위터와 페이스북 관련 연구가 발표된 것이다.

이들 연구는 페이스북과 트위터를 중심으로 이용자들 간 관계의 특징(김민정·최윤정, 2012; 서봉원·이준환·오종환, 2012; 전범수·박주연, 2012)과 정보공유와 확산(김용찬 외, 2012; 이재현·김찬균, 2012; 황유선, 2012) 등에 대해 주로 살펴보았다. 그 범위를 일반 SNS로 확대하면, 이에 대한 연구들은 온라인 사회자본(황유선, 2013), 정치참여(강진숙·김지연, 2013), 뉴스(김경희, 2013; 홍주현, 2014), 위험인식(이민영·나은영, 2015), 영향력(임종수·유승현, 2015; 황현정·이준웅, 2014), 여론지각(김미희·정다은, 2015) 등으로 그 주제를 다양화해갔다. 즉, SNS 이용자들의 관계와 정보교류에 대한 탐구에 머물지 않고 SNS 이용과정에서 나타나는 현상들을 다양한 관점에서 살핀 것이다.

〈언론학보〉의 경우 SNS 관련 연구의 강세는 이후 약 4년간, 즉 2016년까지 지속되었다. 하지만 정성은과 박남기(2016)의 연구를 끝으로 2019년까지 교류매체의 관점에서 SNS에 대한 탐구를 진행한 연구는 〈언론학보〉에서 더 이상 발견되지 않는다. 이후 〈언론학보〉 교류매체 연구들의 주된 관심은 포털, 언론 프레임 등의 주제로 옮아갔다. 하지만 〈방송학보〉와 〈언론정보학보〉의 경우 최근까지 SNS 관련 연구들이 꾸준히 발표되었으며, 특히 〈방송학보〉에는 2019년 상반기에만 5편의 SNS 혹은 소셜미디어와 관련된 연구들이 발표되었다. 따라서 SNS에 대한 연구가 감소한 현상은 〈언론학보〉에만 국한된 것으로 보는 것이 타당할 수 있다. 이는 아마도 연구자들의 SNS에 대한 관심이 감소했다기보다는 최근 〈언론학보〉 논문 편수의 전반적인 감소와 일정 정도 관련이 있는 것으로 보인다.

(3) 댓글에 대한 다각적 탐구의 지속

국외의 경우와 비교할 때 2010년대에 진행된 국내 교류매체 연구들에서 발견되는 큰 특징의 하나는 연구자들이 '댓글'에 대해 매우 큰 관심을 가졌다는 것이다. 〈그림 14-2〉는 제 2장에 제시되었던 2010년부터 2018년까지 진행된 인터넷 커뮤니케이션 분야의 키워드 네트워크 분석결과이다. 그림에서 '댓글'은 가장 중요한 위치를 점하고 있으며 댓글의 연결성과 매개 중심성은 최상위에 존재한다. 2010년 이후 〈언론학보〉에 게재된 교류매체 논문 중 댓글 관련 논문은 8편에 이른다.

2006년부터 시작된 댓글에 대한 탐구는 이 시기에도 계속되었다. 댓글 읽기가 온라인 토론의 의견 극단성(장윤재·이은주, 2010), 개인 자신의 신체 이미지에 대한 인식(김경보, 2016)에 미치는 영향을 탐구하는 등 댓글 읽기 효과에 대한 탐구는 더욱 다양한 상황에서 진행되었다. 하지만 이에 대한 연구들은 다양한 댓글 이용 상황에서 유사한 관점의 탐구를 진행해온 것도 사실이다. 비록 댓글 이용의 상황은 다르게 설정되었지만 대부분의 연구들에서 활용된 이론과 변인은 큰 차이를 보이지 않는 것이다. 다만 이은주(2011)의 연구는 댓글 읽기가 여론 인식에 미치는 영향의 과정을 '적대적(hostile) 미디어 효과'의 관점에서 이론적으로 설명하려는 시도를 했다는 점에서 주목할 만하다.

댓글 읽기 효과에 더해 온라인 기사와 댓글의 역동적인 상호작용에 대한 탐구도 진행되었다. 가령 김혜미와 이준웅(2011)은 뉴스 기사와 댓글이 융

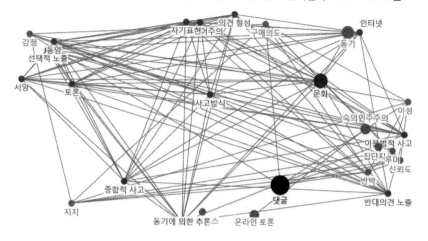

〈그림 14-2〉 인터넷 커뮤니케이션 분야 키워드 네트워크 분석결과: 2010~2018년

합하여 하나의 프레임으로서 작용하는 효과를 탐구했다. 기사와 댓글의 이 야기 구조 프레임이 일치하는가의 여부에 따라 메시지 설득 효과가 어떻게 달라지는가를 살핀 것이다. 이재신 외(2010), 김은미·조윤용·임영호· 송보영(2015)의 연구에서는 기사의 특성에 따라 기사에 달린 댓글이 어떠 한 차이를 보이는가를 살펴보았다. 기사의 내용 구성이나 장르에 따라 이 에 달린 댓글의 내용도 다르게 구성되는가를 살핀 것이다.

이 기간의 댓글 연구들에서 내용분석 방법이 활발히 이용되었다는 점도 하나의 특징이다. 가령 기업의 위기 기사(조수영·장혜지·권구민, 2012), 정치와 연예 기사(이재신 외, 2010), 범죄 기사(양혜승, 2018), '김영란법' 관련 기사(이찬주·임종섭, 2018) 등에 달린 댓글에 대한 내용분석이 이루 어졌다. 이러한 시도는 기존의 연구들에서 주로 설문과 실험을 통해 댓글 읽기 효과를 살핀 것과 달리 댓글의 내용 자체를 분석했다는 점에서 차이 를 보인다. 이러한 댓글 연구에 대한 주제와 접근 방법의 다변화는 댓글 탐 구의 외연을 확장했다는 점에서 의미를 지닌다고 할 것이다.

이처럼 2000년대 중반부터 시작된 댓글에 대한 실증적 탐구는 2010년 이후에도 다양한 접근법을 통해 지속되었다. 특히 이 시기에는 댓글의 읽기 효과에 대한 검증을 넘어 기사와 댓글의 상호작용을 함께 탐구하는 등 그 주제가 다양해졌다. 방법론적으로, 설문과 실험에 더해 댓글 내용분석을 실시한 연구들도 활발히 진행되었다. 댓글 연구는 주제나 방법론적인 면에서 시간이 흐를수록 다양화되는 모습을 보인 것이다. 아울러 이들 연구가 모두 양적 연구라는 점도 하나의 특징이라고 할 수 있다.

(4) 사회참여 도구로서의 교류매체에 대한 탐구

인터넷을 기반으로 하는 교류매체의 가장 큰 특징은 양방향적 정보 교환이 가능하다는 점이다. 이는 과거의 일방향적 대중매체가 지니지 못했던 특징에 해당한다. 이로 인해 연구자들은 교류매체가 대인 간 교류를 지원하는 데에만 머물지 않고 시민의 정치참여나 사회참여 그리고 이를 위한 공론장으로서의 역할을 수행하는가에 많은 관심을 둔 것으로 보인다. 이러한 관점의 초기 연구는 컴퓨터 매개 정치의 특성에 대한 박선희(2000)의 연구에서부터 발견된다. 이후 교류매체가 정치적 토론과 정보교류(김동윤, 2007)를 제공하는 공론장으로서 어떠한 역할을 할 수 있는가에 대한 연구도 진행된 바 있다.

2010년대에 들어서도 이러한 탐구는 지속되었다. 즉, 교류매체가 온라인 토론을 통한 의견 교류에 어떠한 영향을 미치는지(최윤정·이종혁, 2012), 공론장으로서 어떠한 역할을 할 수 있는지(강주현·임영호, 2019; 박근영·최윤정, 2014), 정치적 입장에 따라 의견 표현이 어떻게 달라지는지(정효정·배정환·홍수린·박찬웅·송민, 2016) 등에 대한 탐구가 진행됐다. 교류매체가 정치사회적 소통의 도구로서 어떠한 역할을 하는가를 중점적으로 탐색한 것이다.

교류매체 이용과 온라인 사회자본의 관계를 탐구한 연구들도 다수 진행되었다. 이에 대한 연구들은 교류매체가 시민의 공동체적 삶에 어떠한 영향을 주는가를 주로 탐구했다는 특징을 보인다(양소은·김은미, 2014; 황유선, 2013). 온라인 사회자본에 대한 연구들은 다른 학보들에서도 자주 발견된다. 〈방송학보〉의 경우 2010년대에 들어 금희조(2010)의 연구를 필두로 총 5편이, 〈언론정보학보〉의 경우에도 2편이 발표되었다. 이들 연구에서는 특히 소셜미디어의 유형(개방형, 폐쇄형)에 따라 유형별(결속적, 교량적) 온라인 사회자본의 형성이 어떻게 달라지는가를 탐구했다.

이처럼 교류매체를 사회참여의 도구로서 살핀 연구들은 온라인 토론, 공론장, 커뮤니티, 사회자본 등의 관점에서 접근했으며 이를 통해 이용자들의 사회참여 혹은 정치참여가 어떠한 영향을 받는가를 탐구했다. 이는 연구자들이 정치커뮤니케이션 관점에서 교류매체에 대한 연구를 진행한 것을 의미한다. 앞서 언급한 것처럼 2009년 이전에도 온라인 토론, 숙의민주주의, 공론장 등의 관점에서 교류매체에 대한 탐구가 진행되었다. 이들 연구는 교류매체를 대인 간 교류를 넘어, 시민의 정보교환과 의견 교류 그리고 사회참여라는 관점에서 진행했다는 점에서 의미를 지닌다.

3) 이론과 개념

(1) 국내 교류매체 연구에서 즐겨 사용된 이론과 개념

교류매체에 대한 대부분의 연구들은 양적 연구의 형태를 띠었다. 질적 연구는 소수에 불과하며 2010년 이후 〈언론학보〉에 출간된 교류매체 논문들 중 질적 연구는 4편에 불과하다(강주현·임영호, 2019; 김명준·이기중, 2010; 이유민·김정선·김성연·윤영민, 2012; 황주성·오주현, 2011). 나머지 대부분의 연구들은 연역적 접근법을 사용하는 양적 연구인 것이다.

주지하는 바와 같이, 과학적 접근법은 연역과 귀납의 두 가지 방법을 사용하는데 양적 연구는 주로 연역적 접근법을, 질적 연구들은 귀납적 접근법을 사용한다. 이에 따라 양적 연구들은 기존에 얻어진 이론이나 학문적 결과들을 연역적으로 결합하여 새로운 가설을 제시하고 이를 현상의 관찰을 통해 검증하는 방식을 취한다. 이와 달리 질적 연구들은 현상을 반복적으로 심도 있게 관찰함으로써 귀납적으로 얻어지는 새로운 규칙과 원리를 제시하곤 한다(이기홍, 2013). 교류매체에 대한 대부분의 연구가 양적 연구라는 것은 이들이 주로 연역적 접근법을 사용했음을 의미한다. 따라서 이들 연구는 이미 알려진 이론들을 새로운 현상들에 적용하는 가설을 검증하는 것을 목적으로 수행되었을 것으로 예상할 수 있다.

그렇다면 교류매체에 대한 양적 연구들이 어떠한 이론들을 온라인 환경에 적용하여 검증해왔는가를 살피는 것은 하나의 의미 있는 작업이 될 것이다. 교류매체 연구들의 이론 활용 경향에 대해 보다 심도 있게 알아보기 위해 2010년 이후의 논문으로 한정하지 않고 2000년부터 2019년 상반기까지 발표된 〈언론학보〉의 교류매체 논문 87편을 모두 살펴보았다. 총 87편 중 최소 두 편 이상의 연구에서 이용한 이론들과 주요 개념들을 활용 빈도 순으로 제시하면 〈표 14-4〉와 같다. 참고로, 한 연구에서 특정 이론을 언급만 한 경우가 아닌, 가설과 연구문제의 근거로 삼은 경우에만 해당 이론이 활용된 것으로 간주했다.

표에 제시된 것처럼 두 편 이상의 논문에서 활용된 이론과 개념은 총 20개였다. 총 87편의 논문에서 공통적으로 활용된 이론과 개념이 20개에 불과하다는 것은 연구자들마다 다양한 이론과 개념들을 사용해왔음을 시사한다. 이 중 가장 높은 빈도를 보인 것은 연결망 이론(9)과 효능감(9)이었으며 프레임(5), 공론장(5), 이용동기(4), 의견 지도자(4)가 뒤를 잇고 있다. 이들 중 연결망 이론을 제외하면 모두 언론학 분야의 전통적 이론 혹은 개념이 상위를 차지하고 있음을 알 수 있다.

한편 1995년부터 2005년 5월까지의 국내 인터넷 관련 연구 245편을 분석한 우형진(2005)의 연구에서는 이용과 충족(8), 의제설정(5), 몰입(3), 제 3자 효과(2)의 순으로 등장 빈도가 높았다. 2003년까지의 국내 CMC

〈표 14-4〉 2019년까지의 〈언론학보〉 교류매체 87편에서 2회 이상 사용된 이론과 개념

이론, 개념	빈도	이론, 개념	빈도	이론, 개념	빈도
연결망 이론	9	효능감	9	프레임	5
공론장	5	이용동기	4	의견 지도자	4
사회적 지지	3	**사회정보처리**	**3**	**초관계 효과**	**3**
관여도	3	**사회적 실재감**	**3**	**SIDE***	**2**
사회자본	2	문화적 성향	2	계획된 행위 이론	2
가정된 미디어 영향력	2	자기노출	2	집단지성	2
의제설정	2	사회적 비교	2		

주: 굵은 글씨는 온라인 환경과 직접적인 관련이 있는 이론을 나타냄.
 * SIDE: Social Identity model of Deindividuation Effects

논문 134편에서 활용된 이론을 분석한 황상재와 박석철(2004)의 연구에서
는 상호작용성(8), 이용과 충족(8), 공론장(3), 의제설정(3)이 높은 빈도
를 보였다. 본 연구의 경우 연결망 이론이 상위에 위치해 있다는 점을 제외
하면, 이러한 결과는 시기적 차이에도 불구하고 연구자들이 즐겨 사용한
이론이나 개념에 전반적으로 큰 변화가 없다는 것을 보여준다.

사실 표에서 상위를 차지한 6개의 이론과 개념들 중 오로지 연결망 이론
만이 교류매체와 직접적으로 관련된 것으로 판단할 수 있다. 하지만 연결
망 이론은 연결망 분석과 밀접한 관계가 있다. 이와 관련된 연구들은 연결
망 이론을 검증했다기보다는 얻어진 자료를 연결망 분석을 이용해 분석한
것이 대부분이었다. 즉 이들 연구에서는 연결망 이론을 새로운 현상에 적
용해 검증한 것이 아니라 주로 교류매체에 대한 자료를 연결망 분석법으로
분석하여 온라인에서 발견되는 현상을 살피는 데에 그친 것이다. 이러한
점들을 고려한다면 교류매체와 직접적으로 관련된 이론 검증을 시도한 연
구는 상당히 부족하다는 것을 알 수 있다.

실제로 표에서 알 수 있는 것처럼 온라인 환경과 직접적인 관련이 있는
이론들은 그 순위가 상대적으로 낮다(표에서 진하게 표시된 이론들). 그보다
는 효능감, 프레임, 공론장, 이용동기, 의견 지도자 등 전통적인 이론이나

개념의 활용 빈도가 높다. 사실상, 교류매체 연구들에서 즐겨 사용된 이론이나 개념들이 다른 분야의 연구들과 큰 차이를 보이지 않는 것이다. 1995년부터 2004년까지 10년간 〈언론학보〉에 실린 467편의 연구를 분석한 안민호(2005)에 의하면 이용과 충족(11), 의제설정(10), 개혁확산(8), 정교화 가능성 모형(8) 등이 상위를 차지했다. 참고로, 안민호의 연구는 인터넷 관련 연구만이 아닌 모든 일반 논문들을 분석한 것이다.

이러한 결과는 이용과 충족이나 의제설정 같은 전통적인 이론은 거의 모든 언론학 분야에서 즐겨 사용되는 것임을 의미한다. 교류매체에 대한 연구들 역시 이러한 경향에서 예외가 아님을 알 수 있다. 교류매체는 상대적으로 늦게 출현한 뉴미디어이며, 프레임이나 이용동기는 교류매체에 특화된 이론이나 개념이 아니다. 이러한 점에서 볼 때 교류매체와 직접적으로 관련된 이론을 검증하는 시도가 부족했으며 그보다는 전통적인 이론이나 개념들이 더욱 활용됐다는 점은 아쉬움으로 남는다.

(2) 국외 연구에서 사용된 이론들과의 비교

국내의 교류매체 연구와 국외의 관련 연구들에서 사용되는 이론이 어떠한 차이를 보이는가를 살피는 것도 의미가 있을 것이다. 이를 위해 비록 최근의 자료는 아니지만 지난 2011년에 발표된 왈서(Walther, 2011)의 리뷰를 중심으로 국내외 연구에서 사용된 이론의 차이를 살펴보았다. 이에 따르면 국외의 연구들은 CMC 환경과 밀접한 관련이 있는 이론들을 활발히 탐구해왔다. 〈표 14-5〉는 국외 CMC 연구들에서 활발히 이용되어 온 이론 10개를 정리한 것이다. 표에 제시된 것처럼, CMC 이론들은 크게 온라인 환경의 특성을 고려하는 단서 여과 접근법, 온라인 사용자들의 경험과 인식, 그리고 온라인 대인관계에 대한 이론들로 구분된다.

표에 제시된 10개의 CMC 관련 이론들 중 국내 연구에서 두 번 이상 발견되는 이론은 '사회정보처리', '초관계 효과', '사회적 실재감', 'SIDE' 등 4

〈표 14-5〉 국외 CMC 관련 연구들의 주요 이론과 모형

구분	관련 이론과 모형
단서 여과 접근법 (cues-filtered-out approach)	• 사회적 실재감 (social presence) • 사회적 맥락 단서 부족 (lack of social context cues) • 미디어 풍부성 (media richness) • 탈개인화 효과에 관한 사회적 자아정체성 모델 (SIDE) • 신호 보내기 (signaling)
경험과 인식 (experiential and perceptual)	• 전자적 근접성 (electronic propinquity) • 사회적 영향 (social influence) • 채널 확장 (channel expansion)
대인 관계 (interpersonal relation)	• 사회정보처리 (social information processing) • 초관계 효과 (hyperpersonal effect)

개에 불과했다. 참고로, 미디어 풍부성 이론은 하나의 〈언론학보〉 연구에서만 활용되었다. 따라서 단 한 번만 등장한 이론을 포함한다 해도 나머지 5개의 이론들은 국내의 연구에 등장하지 않는다. 사회적 맥락 단서 부족 이론의 경우 국내의 일부 연구들에서 간략히 언급된 경우가 존재한다. 이러한 점을 고려하더라도 '신호 보내기', '전자적 근접성', '사회적 영향', '채널 확장' 이론은 국내의 교류매체 연구들에서 찾아보기 어렵다.

앞서 언급한 것처럼 국내 논문들에서는 효능감, 프레임, 이용동기, 관여도 등과 같이 전통적인 이론이나 개념이 활발히 이용되었다. 물론 국내외 인터넷 환경과 이용 상황의 차이에 의해 연구자들이 사용하는 이론에 차이가 있을 수밖에 없을 것이다. 하지만 이러한 점을 감안하더라도 국내 교류매체 연구들에서는 온라인에 특화된, 상대적으로 새로운 이론을 검증하기보다는 전통적인 이론과 개념들을 재활용하는 경향이 높았음을 알 수 있다.

(3) 이론의 적용

국내 교류매체 연구들이 보이는 또 다른 특징은 기존의 이론들을 새로운 미디어 환경에 적용하여 관찰하는 탐색적(exploratory) 성격의 연구들이 다수 존재한다는 것이다(예: 류정호·이동훈, 2011). 탐색적 연구는 본격적인

연구가 이루어지기 전에 혹은 이후에 진행될 연구의 디자인을 완성하기 위해 수행하는 초기 연구를 의미하며 여기에는 양적, 질적 연구방법이 모두 이용될 수 있다(Stebbins, 2001).

교류매체에 대한 탐색적 연구들은 기존의 이론과 개념을 CMC라는 새로운 환경에 적용하거나 온라인 특유의 새로운 현상들을 말 그대로 '탐색'하는 연구들이 주를 이룬다. 이들 연구에서 발견되는 특징은 보다 세밀한 도출 과정이 요구되는 연구 가설보다는 연구문제[2]를 주로 제시한다는 것이다. 새로운 현상을 탐색하는 연구들에서 보다 명료한 근거를 요하는 연구 가설보다는 연구문제를 주로 활용하는 것은 어쩌면 당연한 것일 수 있다. 가설을 도출할 만큼 명료한 현상에 대해 탐색적 연구를 진행할 필요는 없기 때문이다.

하지만 한 가지 흥미로운 점은 탐색적 성격을 지니지 않는 많은 연구들에서도 연구문제에 의지하는 경향이 높다는 것이다. 또한 이들 연구에서 'A는 B에 영향을 주는가?' 형태의 연구문제에 더해 'A는 B와 어떠한 관계를 가지는가?' 형태의 연구문제가 자주 사용된다는 것도 흥미롭다. 'A는 B에 영향을 주는가?' 형태의 연구문제는 기존의 이론이나 연구 결과에서 서로 상반된 결과를 예상하게 하거나 연구 결과가 부족할 때에 사용하는 것이다. 하지만 'A는 B와 어떠한 관계를 가지는가?' 형태의 연구문제는 사전에 아는 것이 부족하여 '한번 살펴본다'는 성격이 상대적으로 강하다. 이러한 점에서 볼 때 연구문제에 사용되는 '어떠한'이라는 용어는 상당히 모호

---

2) 연구문제(*research problem*)로부터 확인되는 문제들은 이후 연구질문(*research question*)이나 연구가설(*research hypothesis*)로 세분화될 수 있다. 기존의 연구 결과나 이론이 충분한 예측을 가능하도록 하는 경우에는 연구가설이, 그렇지 않은 경우에는 연구질문이 이용된다. 그동안 국내의 많은 연구들에서는 연구문제를 '연구질문'의 의미로 사용해왔다. 하지만 최근의 연구들에서는 이를 '연구질문'으로 명시하기 시작했다(이준웅·이종혁·이상원·황현정, 2019). 기존 연구들에 대해 살피는 이 글에서는 편의상 연구문제를 연구질문의 의미로도 사용했다.

한 의미를 지닌다. 연구 결과에 대한 별다른 예측을 담고 있지 않은 하나의 '질문'에 불과할 수 있기 때문이다.

앞서 교류매체 연구들이 새로운 이론을 검증하기보다는 전통적인 이론과 개념들에 의지하는 경향이 높았음을 언급했다. 그에 대한 하나의 이유로서 전통적인 이론이나 개념을 사용할 경우 보다 용이한 가설 도출과 검증이 가능하다는 것이 제시될 수 있다(김은미 · 나은경, 2008). 그러나 이들 연구를 보다 상세히 살펴보면, 전통적인 이론과 개념들을 활용했음에도 불구하고 탐험적 성격을 띠지 않은 연구들에서도 연구문제가 활발히 이용되었다. 또한 연구문제는 'A는 B와 어떠한 관계를 가지는가?'의 형식이 빈번히 사용되었다. 이러한 사실은 과거의 전통적 이론과 개념을 활용했음에도 불구하고 연구자들이 치밀한 가설을 도출하기보다는 상대적으로 제시하기 쉬운 형태의 연구문제를 활용해 왔음을 시사한다.

4) 연구방법론

2010년 이후 〈언론학보〉 교류매체에 대한 연구들은 몇 편의 질적 연구를 제외하면 거의 모든 연구들은 양적 연구에 해당한다. 이들 연구에서는 설문(24) > 내용분석(10) > 실험(8)의 순으로 연구방법이 활발히 이용되었다. 통계 분석방법은 회귀분석(15) > 변량분석(13) > 구조 방정식 분석(8)의 순으로 활용되었다. 이외에 티검증, 로짓 회귀분석, 교차분석, 경로분석, 군집분석 등이 소수의 연구들에서 이용되었다. 결과적으로 〈언론학보〉의 교류매체에 대한 양적 연구들은 여타의 일반 연구들과 유사하게 설문과 회귀분석이라는 전통적인 방법을 활발히 활용했다.

다만 연구주제에 따라 특화된 분석방법을 사용하는 경향도 눈에 띈다. 가령 온라인 댓글, 게시판, 트위터 메시지 등을 분석하는 연구들에서는 내용분석 방법이 상대적으로 많이 활용되었다. 또한 SNS를 주 탐구 대상으로 하는 연구들은 연결망 분석을 이용했다. 연결망 분석은 그 특성상 SNS와 밀접히 관련될 수밖에 없으며 특히 분석결과를 시각화하여 보여줄 수 있다는 점에서 SNS 연구자들이 즐겨 사용해왔다.

이들 연결망 분석 연구들에서 발견되는 특징은 주로 API(Application Programming Interface)를 이용한 크롤링(crawling) 기법으로 자료를 확보했다는 것이다. 크롤링은 봇(bot) 혹은 NodeXL 같은 소프트웨어를 이용해 온라인 자료를 그대로 '긁어' 오는 방법을 의미한다. 크롤링은 다량의 자료를 인간의 손을 빌리지 않고 빠른 시간 안에 확보할 수 있으며 이후 전용 소프트웨어를 이용해 분석 가능하다는 점에서 SNS 연구에 매우 적합한 방법으로 꼽힌다. SNS는 기본적으로 연결망이며 이에 따라 그 자료는 연결망 안의 개체(node)들이 서로 어떻게 연결되어 있는가를 표현하는 행렬(matrix)의 형태를 띤다. 이러한 행렬 자료를 분석하기에 적합한 분석법이 바로 연결망 분석인 것이다.

〈언론학보〉의 경우 SNS 연구가 본격적으로 시작된 2012년 한 해에만 이재현·김찬균(2012), 서봉원·이준환·오종환(2012), 황유선(2012)의 세 연구에서 크롤링 기법이 활용되었다. 크롤링을 이용한 모든 연구들이 연결망 분석을 활용한 것은 아니지만 크롤링을 이용한 많은 연구들에서 연결망 분석을 통해 자료를 분석한 것도 사실이다. 〈언론학보〉의 경우 홍주현(2014)의 연구에서부터 연결망 분석이 본격적으로 활용되기 시작했으며 총 7편의 교류매체 관련 연구들에서 연결망 분석이 활용되었다. 이들 중 크롤링을 이용하지 않은 연구는 이재신(2015)의 연구 한 편에 불과할 정도로 크롤링 방법과 연결망 분석은 밀접한 관련을 보였다. 최근의 연구들에서 API 크롤링을 이용한 연결망 분석이 활발히 이용되기 시작했다는 것은 아마도 교류매체에 대한 연구들에서만 나타나는 특성인 것으로 볼 수 있을 것이다.

이처럼 교류매체 연구들은 주로 설문, 실험, 내용분석, 크롤링 등으로 자료를 확보하고 회귀분석, 변량분석, 구조 방정식 분석, 연결망 분석 등의 방법으로 자료를 분석했다. 연결망 분석법을 제외하면 전통적인 통계 분석방법 이외의 방법은 거의 사용되지 않은 것을 알 수 있다. 로그(log) 데이터 분석 같은 온라인 교류매체의 특성과 관련된 연구방법이 발견되지 않는 것은 아쉬움으로 남는다. 향후 논문 편수의 충분한 축적이 이루어진다면 메타분석을 실시하는 연구 등 보다 다양한 접근법의 연구도 기대할 수 있을 것으로 본다.

4. 교류매체 연구들의 성과와 한계점

1) 성과

이제까지 〈언론학보〉에 발표된 논문들을 중심으로 국내의 교류매체에 대한 연구들의 특징을 살펴보았다. 전반적으로, 2000년 이전에는 교류매체에 대한 연구가 거의 진행되지 못했다. 이는 아마도 1990년대 중반까지 국내의 통신환경이 주로 PC통신 위주였으며 1990년대 후반에 들어서야 인터넷이 보급되기 시작했다는 사실과도 관련이 있을 것이다. 당시의 인터넷보급 정도가 아직 학자들의 주목을 끌기에는 충분하지 못했다고 볼 수 있는 것이다.

당시 국내의 언론학은 대중매체를 중심으로 하는 '신문방송학' 중심의 학문이었다는 점도 교류매체에 대한 연구가 거의 진행되지 못한 사실과 관련이 있는 것으로 보인다. 인터넷 같은 뉴미디어는 양방향 매체이며 따라서 그 학문적 근간은 대인 커뮤니케이션에 가깝다. 하지만 대중매체는 기본적으로 일방향적 매체이다. 따라서 일방향적 매스 커뮤니케이션에 경도되어 있던 한국의 신문방송학 환경에서는 당시에 막 등장한 양방향 뉴미디어를 활발히 탐구할 학문적 분위기가 무르익지 못했을 수 있는 것이다.

하지만 2000년대에 들어서며 이러한 흐름은 달라지기 시작했다. 이 시기는 국내 언론학이 양적으로 크게 성장하며 특히 경험적 연구가 매우 강세를 보였던 시기이다(양승목, 2009). 또한 각 대학이 연구업적 기준을 강화하면서 언론학자들이 치열한 경쟁에 내몰리던 시기이기도 하다. 이러한 상황 속에서 인터넷의 잠재력에 주목한 소장 학자들과 해외에서 귀국한 신진 학자들을 중심으로 인터넷에 대한 경험적 연구들이 속속 발표되기 시작했다. 김관규·임현규(2002)의 온라인 인상형성에 대한 연구를 기점으로 교류매체에 대한 경험적 연구들이 등장한 시기도 이때였다. 이후 온라인 대인관계, 커뮤니티, 댓글, 토론 등으로 그 탐구대상도 확대되어 갔다.

2010년 이후 교류매체에 대한 연구들은 더욱 활성화되었다. 매년 교류매체 연구들이 꾸준히 발표되었으며, 특히 2012년에는 〈언론학보〉에만 12편의 교류매체 논문이 실렸다. 이 시기에는 그 탐구 주제도 더욱 확대되었는데 그 중심에는 SNS가 존재한다. 연구자들은 이전처럼 댓글과 온라인 공론장 등에 대한 연구도 꾸준히 진행했지만 이에 더해 트위터와 페이스북 같은 SNS에 대해 더욱 활발한 탐구를 진행한 것이다. 특히 SNS를 통해 이루어지는 대인관계의 특성, 정보공유와 확산 등에 대한 연구들이 중점적으로 진행되었다.

국내 교류매체 연구들에서 발견되는 특징 중 하나는 교류매체를 정치커뮤니케이션의 도구로서 접근하는 경향이 높다는 것이다. 이에 따라 교류매체에 대해 공론장과 토론, 그리고 사회자본의 시각에서 접근하는 연구들이 다수 발표되었다. 이러한 경향은 SNS에 대한 연구에서도 그대로 발견된다. SNS를 통해 이루어지는 정치적 소통과 의사표현 같은 시민의 사회참여에 대한 연구들이 많이 등장한 것이다. 이러한 사실은 국내 연구자들이 교류매체가 개인 간 소통의 도구로 머물지 않고 사회 전반에 걸쳐 의미 있는 소통의 도구로 역할할 수 있는가에 관심을 두었다는 것을 알 수 있다.

댓글에 대한 지속적인 탐구 역시 교류매체 연구들에서 발견되는 큰 성과 중의 하나이다. 특히 댓글 읽기 효과에 대한 탐구를 중심으로 정치 뉴스, 범죄 뉴스, 기업 루머, 위험 정보 같은 다양한 메시지 환경에서 발견되는 댓글의 영향력에 대한 연구가 진행되었다. 또한 단순히 댓글 읽기의 효과에 대한 탐구에 머물지 않고 온라인 기사 등의 메시지와 댓글이 상호작용하여 하나의 프레임으로서 역할을 할 수 있는가를 살펴보는 등 새로운 관점의 연구들도 진행되었다.

또한 설문과 실험 일변도의 연구방법에 더해 최근에는 내용분석법이 적극적으로 활용되기 시작했으며 이에 따라 댓글에 대한 연구는 그 주제나 방법론적 측면에서 더욱 다양화되었다는 점도 언급될 수 있다. 특히 최근에는 크롤링 기법을 이용해 방대한 규모의 자료를 확보하여 자동화된 내용분석 혹은 연결망 분석을 실시하는 연구가 활발히 이루어졌다는 점도 고무적이다. 이를 통해 설문이나 실험 같은 전통적인 방법을 통해 살피기 어려운 현상들을 탐구할 수 있기 때문이다.

이처럼 교류매체에 대한 지난 20년의 연구들을 돌아보면, 양적으로나 질적으로 큰 성장을 해왔다. 비록 그 편수나 비중 면에서 전체적으로 결코 주류의 위치를 차지했다고 볼 수는 없지만 초기의 매체 특성에 대한 탐구 단계를 지나, 이제는 수용자 관점에서 실제 이용행위에 의해 나타나는 다양한 현상을 다각적으로 살피는 단계에 이른 것이다. 특히 2010년 이후에 교류매체 관련 연구가 더욱 활발해졌다. 이는 아마도 이 기간 중 SNS 같은 새로운 서비스에 대한 사회적, 그리고 학문적 관심이 크게 증가한 사실과 밀접한 관계가 있을 것이다. 현대사회에서 이들을 이용하지 않으며 생활하는 것이 현실적으로 매우 어렵다는 점을 고려할 때에 앞으로 교류매체에 대한 연구는 더욱 활발해질 것으로 예상할 수 있다.

2) 한 계

앞서 살펴본 것처럼 약 20년이라는 길지 않은 기간 동안 국내의 교류매체에 대한 연구들은 양적으로나 질적으로 큰 성과를 이루었다. 특히 교류매체 이용에 의해 나타나는 다양한 현상들을 적극적으로 탐구해왔으며 학문적 외연을 지속적으로 확장해왔다. 하지만 이들을 한층 세부적으로 살펴보면 몇 가지 아쉬운 점들도 발견된다.

먼저, 교류매체에 대한 연구들이 지나치게 양적 연구의 관점에서 탐구되었다는 점이 지적될 수 있다. 비록 양적 연구가 국내 언론학 연구의 주류를 차지하고 있는 것이 사실이지만 교류매체 연구의 경우 그 정도가 더욱 심하다. 1장에서 언급된 것처럼 2000년 이후의 〈언론학보〉 전체 논문 중 질적 연구는 28.2%를 차지하고 있다. 하지만 교류매체 연구의 경우, 몇 편을 제외하면 모두 양적 연구에 해당한다. 향후 보다 다양한 접근법을 통해 탐구할 필요가 있을 것이다.

한편 본문에서 언급한 바와 같이 양적 연구는 연역적 접근방법을 사용한다. 연역적 방법을 사용하는 양적 연구에서는 기존의 한 이론을 다른 이론 혹은 연구 결과와 논리적으로 결합, 유추하여 새로운 가설을 도출한다. 이후 실제 현상을 관찰함으로써 이러한 가설이 타당한가를 검증하는 과정을 거치게 된다. 이는 연역적 양적 연구의 시작점은 '이론'이라는 것을 의미한다. 따라서 교류매체 연구의 대다수를 차지하고 있는 양적 연구들이 어떠한 이론을 주로 사용해왔는가를 살피는 것 또한 학문적으로 중요한 의미를 지닌다. 특히 상대적으로 최근에 등장한 교류매체와 관련된 이론들은 아직까지 다양한 환경에서 그 타당성을 계속 검증받을 필요성도 존재한다는 점에서 더욱 그렇다.

하지만 교류매체에 관한 국내 연구들에서 즐겨 이용되어 온 것은 연결망 이론, 효능감, 프레임 이론, 그리고 이용과 충족 접근 같은 전통적인 이론과 개념들이다. 연결망 이론은 주로 연결망 분석을 시도한 연구들에서 하나의 방법론으로서 사용되어 온 것이다. 또한 최근에 사용되는 연결망 분석법은 1900년대 초에 등장한 사회연결망 분석에 그 기반을 두고 있다(Moreno, 1934). 컴퓨터를 이용해 보다 큰 자료를 분석한다는 점에서만 차이를 보일 뿐 새로운 접근법은 아닌 것이다. 이러한 점을 감안한다면 사실상 전통적인 이론과 개념이 교류매체 연구들에서 그대로 사용되어 온 것임을 알 수 있다.

물론 이러한 사실이 교류매체 연구들에서 이론을 등한시해왔다는 것을 의미하지는 않는다. 또한 이러한 현상을 부정적으로만 보기는 어려울 수 있으며 전통적 이론들을 새로운 미디어 환경에 보다 활발히 이용하는 것이 필요하다는 관점도 존재한다(황상재·박석철, 2004). 달라진 미디어 환경에 전통적 이론과 개념을 적용하여 그 타당성과 설명력을 지속적으로 탐구하는 것은 학문적으로 의미 있는 일이기 때문이다. 다만 대부분의 연구들이 이론에 대한 새로운 검증을 시도한다기보다는 기존 이론들에서 발견되는 대표적인 개념들을 이용하여 하나의 변인으로서 사용하는 데에 그치고 있다는 점은 지적될 필요가 있다.

이러한 점을 반영하듯, 교류매체와 직접적인 관련이 있는 '사회정보처리', '초관계 효과', '사회적 실재감', 'SIDE' 같은 이론의 활용 빈도가 낮게 나타났다. 또한 국외의 연구들에서 활발히 이용되어 온 '신호 보내기', '전자적 근접성', '사회적 영향', '채널 확장' 이론은 거의 발견되지 않는다. 물론 국가 혹은 문화마다 미디어 이용 상황이 다르고 이를 설명하는 방법 역시 다르게 나타날 수 있다. 따라서 이러한 이론 이용의 차이는 문화적, 학문 풍토적 차이에 기인하는 것일 수도 있다.

하지만 국내 연구들이 교류매체 관련 이론들 대신 지나치게 전통적 이론과 개념들만을 사용해왔다는 사실은 아쉬움이 남는다. 만약 이론 사용의 차이가 국내의 특성을 반영하는 것이라면 이와 관련된 새로운 이론이나 개념을 적극적으로 활용했어야 하기 때문이다. 이러한 사실은 결국 김은미와 나은경 (2008) 이 과거에 지적한 것처럼 국내 연구자들이 전통적인 이론을 이용하여 상대적으로 용이한 가설 도출과 검증을 시도한 것으로 판단하는 것도 큰 무리가 아닐 것으로 본다.

최근 교류매체 연구를 중심으로 인기를 얻고 있는 연결망 분석 연구들 역시 이러한 비판에서 자유롭지 못하다. 비록 이들은 크롤링 기법을 이용해 거대한 양의 자료를 분석하고 또 그 결과를 시각화해 보여준다는 장점을 보이고 있지만 대부분의 경우 특정 현상을 보여주는 데에 멈추고 있기 때문이다. 과거의 연결망 이론이 설명해온 것을 현재의 시점에서 재확인하는 것에 그치는 경우가 대부분인 것이다. 개체들의 연결 상황을 시각화해주는 연결망 그림은 일견 유용해 보일 수도 있지만 독자들은 이들의 연결 상태에 대한 올바른 의미조차 파악하기 힘든 경우가 많다.

이는 많은 연구들이 연결망 구조와 그 안에서 일어나는 개체들의 역할에 대한 설명을 제공하기보다는 현상을 여러 개의 그림으로 시각화해 보여주는 데에서 멈추기 때문이다. 또한 함께 제시되는 수치 역시 중심성, 매개중심성 등 기본적인 정보들에만 그치는 경우가 많으며 보다 심도 있는 분석결과는 잘 제시되지 않는다. 또한 연결망들의 구조나 밀도 등을 비교하며 그 이론적 의미를 함께 제공하는 경우도 찾아보기 어렵다. 이는 아마도 다수의 연결망 연구들이 현상에 대한 탐색적 접근에서 그치고 있는 탓이라고 본다. 비록 연결망 연구에 국한된 것은 아니지만 'A는 B에 어떠한 영향을 주는가?'와 같은 탐색적 성격의 연구문제들이 자주 이용되는 것도 이러한 경향과 일정 정도 관련이 있을 것이다.

사실 이러한 경향은 기존의 인터넷 관련 메타 연구들에서 지속적으로 지적되어 온 것이다(안민호, 2005; 우형진, 2005). 김은미와 나은경 (2008) 은 국내의 인터넷 관련 연구들이 과거의 이론들을 말 그대로 이론적 '배경'으로만 삼아 그 속에서 지나치게 미시적인 현상들만을 탐구하는 경향이 있다고 지적했다. 보다 거시적인 사회적 맥락 속에서 역동적으로 변화하는 현상을 살피지 못한 채 과거의 이론들에 기댄 작은 가설들만을 검증하는 데에 노력이 집중되었다는 것이다. 이러한 지적이 그로부터 10년이 더 지난 현재의 시점에서도 유효하다는 사실은 아쉬움이 크다고 할 것이다.

3) 결론 및 제언

이제까지 살펴본 것처럼 국내의 교류매체 연구들은 2000년대의 태동기를 지나 2010년 이후 큰 폭으로 성장을 거듭해왔으며 특히 SNS의 등장 이후 그 상승세는 더욱 커졌다. 어떤 미디어연구이든 초기에는 미디어 그 자체의 특성과 관련 서비스의 특성에 대한 연구가 진행되지만 이후 실제 미디어 이용에 대한 수용자 관점의 다양한 현상들이 탐구된다. 교류매체 연구들 역시 이러한 단계에 접어들었다. 그렇다면 향후 교류매체에 대한 연구들은 어떠한 방향으로 진행될 필요가 있을까? 이에 대한 답이 쉽게 제시될 수 있는 것은 아니지만 결론을 대신하여 몇 가지 제안을 하고자 한다.

교류매체에 대한 연구들 특히 1990년대 후반부터 활발해진 온라인 대인관계에 대한 실증적 연구들은 CMC와 면대면 환경을 비교하는 것이었다. 교류매체의 경우처럼 매개된 커뮤니케이션에 대한 논의에서 흔히 등장하는 논점은 매개된 환경이 실제, 즉 면대면 상황과 어떠한 차이점과 유사성을 지니는가에 관한 것이다. 가령 온라인이 등장한 초기에는 단서 여과 접근법처럼 온라인이 면대면에 비해 각종 사회적 정보가 부족하여 실재감이 덜하고 문자에 과도하게 경도되어 극단화된 의견이 쉽게 등장하게 된다는 식의 논의가 진행되었다(Trevino et al., 1987).

하지만 지속적인 기술 발전에 따라 온라인 환경 역시 크게 변화하고 있다. 최근의 온라인 환경은 이미지, 동영상, 3차원 가상현실 등의 풍부한 영상 정보를 제공한다. 과연 이러한 상황 속에서 과거의 주장이 아직 유효한가에 대한 탐구는 중요한 의미를 지닐 것이다. 가령 SIDE 이론은 문자 중심의 온라인 환경에서는 익명성으로 인해 (일반적인 예상과 달리) 오히려 집단 정체성이 강화된다는 것을 설명한다(Spears, Lea & Lee, 1990). SIDE 이론의 중요한 전제는 익명성이 유지되는 상황이다. 하지만 최근의 기술 발전은 SIDE 이론이 전제하는 온라인 환경이 더 이상 유효하지 않을 수 있음을 시사한다. 이러한 논의는 기존 이론의 전제가 현재에도 유의미한가를 고민하고 그에 대한 탐구를 진행할 필요가 있음을 보여준다.

따라서 기존의 이론들이 어떠한 조건하에서 현상에 대한 설명력을 잃게 되는가에 대한 탐구는 학술적으로나 실제적으로 의미 있는 작업이 될 것이다. 이는 기존 이론이 유효한 영역의 경계 조건(boundary condition)을 탐구하는 것이다. 또한 끊임없이 변화하는 매개 환경이 면대면 상황과 어떠한 차이를 보이는가에 대한 탐구 역시 지속적으로 진행될 필요가 있다. 변화한 온라인 환경에서 과거에 발견된 면대면과의 유사성이나 차이점이 과연 현재에도 유효한가를 탐구할 필요가 있는 것이다.

만약 기존 이론의 전제나 예상이 더 이상 유효하지 않은 경우, 어떠한 점이 보강될 필요가 있는가를 고민해야 할 것이다. 이를 통해 새로운 현상을 잘 설명하기 위해 기존 이론에 어떠한 수정을 가해야 하는지 아니면 이를 설명하는 새로운 이론이 필요한지를 판단할 수 있기 때문이다. 아쉽게도 아직까지 국내의 교류매체 연구들에서 이러한 시도는 많이 발견되지 않는다. 비록 척박한 연구 현실의 장벽이 높다 하더라도 이에 대한 연구자들의 고민과 노력은 지속적으로 필요할 것으로 판단된다.

이와 관련하여, 교류매체의 실제 이용 환경과 방식의 변화에도 주목할 필요가 있다. 최근의 교류매체 이용 환경은 과거와 그 양상이 사뭇 달라졌다. 과거의 교류매체는 주로 문자 위주의 환경을 제공했으며 이에 따라 그 안에서 일어나는 커뮤니케이션 양식도 다양하지 않았다. 그러나 최근에는 이미지나 동영상에 특화된 SNS의 이용이 보편화되고 이를 사용하는 방식도 다양하게 나타나고 있다. 특히 흔히 '영상 세대'라고 불리는 젊은 세대의 교류매체 이용 방식은 기존 세대와는 사뭇 달라진 모습을 보인다(지승학, 2018). 가령 이들은 '좋아요'를 받기 위해 사회적으로 지탄받는 행위도 서슴없이 한다(김수아・김세은, 2016).

이들 세대는 특히 어려서부터 교류매체를 통해 타인과 접하고 대화하며 관계를 형성해왔다. 이들에게 과연 현실과 교류매체를 구분하여 그 커뮤니케이션 양식을 비교하는 것이 가능할까? 이들에게 '현실'만의 삶과 '교류매체'만의 삶을 구분하는 것이 가능할까? 아마도 이들에게는 교류매체가 현실과 이음매 없이(seamless) 연결되어 하나의 통합되고 복합적인 커뮤니케이션을 형성하는 역할을 할 것이다. 이러한 점을 감안할 때에 이들의 교류매체 이용의 특성, 이들과 다른 세대와의 비교 등에 대한 적극적인 탐구가 필요한 시점이라고 본다. 또한 이러한 시도를 통해 기존의 이론을 보강하고 새로운 설명을 제공해주는 이론을 개발하는 작업이 지속적으로 시도되어야 할 것이다.

지난 20년간 국내의 교류매체에 대한 연구들은 큰 폭의 성장을 보였다. 기존의 이론들과 개념을 다양한 상황에 적용하며 새로운 현상들을 지속적으로 탐구하는 성과도 이뤘다. 하지만 그러한 성과만큼 아쉬운 점이 존재하는 것도 사실이다. 특히 최근 발견되는 교류매체의 발전을 감안하면 이제는 보다 폭넓고 새로운 관점에서 연구를 진행할 필요가 있다. 다른 학문 분야와의 융합적 관점에서 연구를 진행하는 것도 필요할 것이다. 이제는 현재까지 이뤄낸 성과들을 바탕으로 새로운 사회현상에 대해 깊게 탐구하고 해석하는 '두껍게 살펴보기'가 필요한 시점이라고 본다.

참고문헌

강재원·김선자(2012). 인터넷 뉴스기사에 달린 댓글의 효과 연구. 〈한국언론학보〉 56권 2호, 143~166.

강주현·임영호(2019). 사회문제 해결을 논할 수 있는 온라인 공론장의 구조적 조건. 〈한국언론학보〉 63권 1호, 113~164.

강진숙·김지연(2013). SNS 이용자의 정치참여에 대한 현상학적 연구. 〈한국언론정보학보〉 통권 62호, 179~199.

권희정(1998). 웹 광고 효과에 미치는 상호작용성의 영향. 〈한국언론학보〉 42권 3호, 38~65.

금희조(2010). 온라인 소셜미디어와 참여적 사회자본. 〈한국방송학보〉 24권 5호, 9~46.

기소진·이수영(2013). 프라이버시 염려와 자기효능감에 따른 SNS 이용자 유형에 관한 탐색적 연구. 〈한국언론학보〉 57권 1호, 81~110.

김경보(2016). 신체 이미지 관련 뉴스 및 댓글의 논조가 여대생의 신체 이미지에 미치는 영향. 〈한국언론학보〉 60권 6호, 36~67.

김경희(2013). 트위터의 뉴스미디어로서의 가능성에 대한 탐색적 연구. 〈한국방송학보〉 27권 4호, 7~44.

김관규·임현규(2002). CMC(*computer-mediated communication*)를 통해 형성되는 대인인상 특징과 인상형성에 영향을 미치는 요인. 〈한국언론학보〉 46권 4호, 76~106.

김균수(2013). 트위터 이용자의 뉴스관. 〈한국언론학보〉 57권 2호, 154~184.

김동윤(2007). 가상공간 내 정치토론, 의견의 질, 그리고 시민참여. 〈한국언론학보〉 51권 6호, 138~167.

김명준·이기중(2010). 커뮤니케이션학 차원에서 본 21세기 네트워크 사회에서의 집단지성(*collective Intelligence*). 〈한국언론학보〉 54권 6호, 129~149.

김문수(2005). CMC를 통한 대인 관계 형성에 대한 연구. 〈한국언론학보〉 49권 4호, 191~217.

김미희·정다은(2015). 트윗 글에 대한 편향성 인식이 트위터 사용자의 여론 5지각에 미치는 영향. 〈한국언론학보〉 59권 3호, 235~262.

김민정·최윤정(2012). 스마트폰을 통한 트위터 이용이 온라인과 오프라인 관계 형성에 미치는 영향. 〈한국방송학보〉 26권 1호, 43~82.

김수아·김세은(2016). 좋아요가 만드는 싫어요의 세계. 〈미디어, 젠더 & 문화〉 31

권 2호, 5~44.

김용찬·심홍진·김유정·신인영·손해영(2012). 소셜네트워크서비스에서의 공유행위와 영향요인에 대한 연구. 〈한국언론학보〉 56권 3호, 28~50.

김은미·나은경(2008). 커뮤니케이션학 분야의 인터넷 관련 연구 10년. 〈사이버커뮤니케이션학보〉 25권 1호, 243~288.

김은미·선유화(2006). 댓글에 대한 노출이 뉴스 수용에 미치는 효과. 〈한국언론학보〉 50권 4호, 33~64.

김은미·이준웅(2006). 읽기의 재발견. 〈한국언론학보〉 50권 4호, 65~94.

김은미·조윤용·임영호·송보영(2015). 다문화 범죄 보도에서 기사 구성 방식과 출신국에 대한 태도가 댓글에 미치는 영향. 〈한국언론학보〉 59권 6호, 107~136.

김현주(1995). 컴퓨터통신의 매체적 특성에 관한 연구. 〈한국언론학보〉 34호, 5~40.

김혜미·이준웅(2011). 인터넷 뉴스와 댓글의 뉴스 프레임 융합 효과 연구. 〈한국언론학보〉 55권 2호, 32~55.

류정호·이동훈(2011). 소셜미디어로서 마이크로 블로그 공론장의 정치적 의사소통에 대한 탐색적 연구. 〈한국언론학보〉 55권 4호, 309~330.

박근영·최윤정(2014). 온라인 공론장에서 토론이 합의와 대립에 이르게 하는 요인 분석. 〈한국언론학보〉 58권 1호, 39~69.

박선희(2000). 컴퓨터 매개 정치의 패러독스. 〈한국언론학보〉 44권 4호, 61~101.

박성복(2007). 온라인 대인관계의 정서적 애착(emotional attachment) 형성에 관한연구. 〈한국언론학보〉 51권 3호, 407~429.

Park, Hyun-Koo(2001). A study on emoticon as a display of dominance in computer mediated communication environments. 〈한국언론학보〉 45(영문특별), 697~711.

서봉원·이준환·오종환(2012). 트위터 사용자 간 관계형성 패턴에 대한 연구. 〈한국언론학보〉 56권 5호, 88~113.

송현주·신승민·박승관(2006). 인터넷 게시판에서의 이견 읽기와 논변구성과 정치적 관용에 미치는 영향. 〈한국언론학보〉 50권 5호, 160~183.

심홍진·황유선(2010). 마이크로블로깅(micro-blogging) 이용동기에 관한 연구. 〈한국방송학보〉 24권 2호, 192~234.

안민호(2005). 한국 언론학 연구의 이론 매트릭스. 〈커뮤니케이션 이론〉 1권 1호, 35~62.

양소은·김은미(2014). 누구와 소통하는가: 연결된 청소년의 공동체적 삶 역량 계발. 〈한국언론학보〉 58권 1호, 5~38.

양승목(2009). 한국 언론학 연구 50년 개관. 〈한국언론학회 심포지움 및 세미나〉, 5~18.

양혜승(2018). 포털과 지역혐오. 〈한국언론학보〉 62권 6호, 7~36.

우형진(2005). 국내 인터넷 연구의 발전적 모색. 〈커뮤니케이션 이론〉 1권 1호, 332~366.

유재웅·조윤경(2016). 계획된 행동 이론에 근거한 사이버 괴롭힘 행위 의도 예측 요인. 〈한국언론학보〉 60권 1호, 265~289.

윤해진(2006). 온라인 서포트 커뮤니티에서의 인지된 익명성. 〈한국언론학보〉 50권 6호, 305~332.

이기홍(2013). 양-질 구분을 다시 생각한다. 〈한국사회학〉 47권 2호, 1~30.

이민영·나은영(2015). 트위터의 일본 방사능 위험 정보가 낙관적 편향에 미치는 영향: 집단주의 성향의 조절적 역할을 중심으로. 〈한국언론학보〉 59권 6호, 339~362.

이유민·김정선·김성연·윤영민(2012). 하이퍼퍼스널 커뮤니케이션 관점에서 본 미네르바 현상 분석. 〈한국언론학보〉 56권 6호, 5~29.

이은주(2011). 지각된 편향인가 편향된 지각인가? 댓글의 내용, 여론에 대한 인식과 이슈 관여도에 따른 기사의 논조 지각. 〈한국언론학보〉 55권 3호, 179~198.

이은주·장윤재(2009). 인터넷 뉴스 댓글이 여론 및 기사의 사회적 영향력에 대한 지각과 수용자의 의견에 미치는 효과. 〈한국언론학보〉 53권 4호, 50~71.

이재신(2015). 인터넷은 자유로운 정보교류의 장소인가?. 〈한국언론학보〉 59권 3호, 183~205.

이재신·김지은·류재미·강재혁(2010). 기사 프레임과 장르가 댓글 유형에 미치는 영향. 〈한국언론학보〉 54권 2호, 116~137.

이재현·김찬균(2012). 트위터 네트워크의 정보 전파과정 분석. 〈한국언론학보〉 56권 3호, 238~265.

이준웅·이종혁·이상원·황현정(2019). 인터넷 대화의 시민성 활성화 효과. 〈한국언론학보〉 63권 2호, 77~109.

이찬주·임종섭(2018). 언론 프레임의 온라인 문화적 공명이 여론 틀 짓기에 미치는 영향 관계. 〈한국언론학보〉 62권 4호, 82~121.

임종수·유승현(2015). 드라마와 SNS 유력자들. 〈한국언론학보〉 59권 6호, 417~445.

장윤재·이은주(2010). 온라인 토론 게시판에서 메시지의 질과 의견 극단성에 따른 이견 읽기의 효과. 〈한국언론학보〉 54권 6호, 422~443.

전범수・박주연(2012). 트위터 이용자 연결망 구조에 대한 탐색적 연구. 〈한국방송학보〉 26권 1호, 167~197.

정성은・박남기(2016). SNS에서의 잠복관찰 행위와 이용 강도에 미치는 영향요인 분석. 〈한국언론학보〉 60권 6호, 251~280.

정일권・김영석(2006). 온라인 미디어에서의 댓글이 여론에 미치는 영향에 관한 연구. 〈한국언론학보〉 50권 4호, 302~327.

정효정・배정환・홍수린・박찬웅・송 민(2016). 정치적 이념에 따른 트위터 공간에서의 집단 간 의견차이 분석. 〈한국언론학보〉 60권 2호, 269~302.

조수영・장혜지・권구민(2012). 기업 위기에 대한 온라인 공중 반응. 〈한국언론학보〉 56권 4호, 311~338.

지승학(2018). Z세대를 위한 주체성 담론 고찰. 〈영상문화〉 33호, 127~148.

천혜선・박남수・이현주(2014). 다매체 뉴스이용과 사회적 네트워크 정치토론이 사회정치참여에 미치는 영향: 동질적・이질적 네트워크와의 정치대화의 조절효과. 〈한국방송학보〉 28권 5호, 197~236.

최윤정・이종혁(2012). 토론속도주의가 숙의적(deliberative) 인터넷 토론에 미치는 영향. 〈한국언론학보〉 56권 1호, 388~417.

홍주현(2014). 취재원으로서 SNSs 정보와 언론의 매체 가시성(media visibility)과 정확성・자극성 연구. 〈한국언론학보〉 58권 1호, 252~282.

황상재(1996). 민주적 커뮤니케이션 공간으로 사이버스페이스의 가능성과 한계: 언론자유와 규제문제를 중심으로. 〈한국언론학보〉 38호, 43~86.

황상재・박석철(2004). 국내 인터넷 연구의 메타분석: 연구주제와 방법을 중심으로. 〈한국방송학보〉 18권 2호, 68~92.

황유선(2010). 매개된 대인 커뮤니케이션 능력에 영향을 미치는 요인에 관한 연구. 〈한국언론학보〉 54권 3호, 99~123.

_____(2012). 보수 언론과 진보 언론의 트위터 정보 전파력 비교 분석. 〈한국언론학보〉 56권 5호, 350~372.

_____(2013). 트위터 활용과 사회자본과의 관계. 〈한국언론학보〉 57권 6호, 94~120

황주성・오주현(2011). 인터넷 커뮤니티의 자기조직화에 대한 사례 연구. 〈한국언론학보〉 55권 5호, 261~285.

황현정・이준웅(2014). 누가 어떻게 트위터에서 영향력을 행사하는가?. 〈한국언론학보〉 58권 5호, 5~35.

Daft, R. L. & Lengel, R. H. (1986). Organizational information requirements, media richness and structural design. *Management Science* 32, 554~571.

Hiltz, S. R. & Wellman, B. (1997). Asynchronous learning networks as a virtual classroom. *Communications of the ACM* 40(9), 44~49.

Moreno, J. L. (1934). *Who Shall Survive?*. Washington: Nervous and Mental Disease Publishing Co.

Parks, M. R. & Floyd, K. (1996). Making friends in cyberspace. *Journal of Communication* 40, 80~97.

Rice, R. E. & Aydin, C. (1991). Attitudes toward new organizational technology: Network proximity as a mechanism for social information processing. *Administrative Science Quarterly* 36(2), 219~244.

Spears, R., Lea, M., & Lee, S. (1990). De-individuation and group polarization in computer-mediated communication. *British Journal of Social Psychology* 29, 121~134.

Stebbins, B. A. (2001). *Exploratory Research in the Social Sciences*. Sage.

Trevino, L. K., Lengel, R., & Daft, R. L. (1987). Media symbolism, media richness, and media choice in organization: A symbolic interactionist perspective. *Communication Research* 14, 553~574.

Walther, J. B. (1996). Computer-mediated communication: Impersonal, inter-personal, and hyperpersonal interaction. *Communication Research* 23, 3~43.

_____(2011). Theories of computer-mediated communication and interpersonal relations. In Knapp, M. L. & Daly, J. A. (eds.), *The Handbook of Interpersonal Communication* (4th ed.), 443~479. Thousand Oaks, CA: Sage.

15장

'이론의 빈곤'을 넘어서

한국 소통학 연구에 대한 반성

이준웅 | 서울대 언론정보학과 교수

1. 반성을 반성한다

한국언론학회가 창립 50주년을 기념하여 발행한 1,075쪽 규모의 〈한국언론학회 50년사〉를 매듭짓는 논문에서 양승목은 한국 소통학이 양적으로 성장한 것에 대해 일단 긍정적으로 평가했다. 논문 수, 연구자 수, 교육연구기관의 수 등 양적 지표를 보면, 우리 소통학은 '경이적'이라 할 만큼 발전했다는 것이다. 질적으로 보더라도 성장이 뚜렷하다고 평가했다. 연구분야의 다양성이 높아지고 한국 학자들이 국제학술지에 출간하는 논문의 수준이 질적 성장을 증거한다고 보았다.

양승목은 그러나 한국 소통학이 양과 질 차원에서 성장했다고 해서 만족스럽지는 않다고 평가했는데, 그 이유는 이론적 성과가 부실하기 때문이다. 이 평가는 그가 인용해서 제시한 최선열(2001), 원용진(2001), 이상길(2004) 등의 논의와 궤를 같이 한다. 한국 소통학은 서구 이론을 추종하고 유행을 따르는 경향이 있는데, 이 때문에 고유한 이론적 성과를 산출하는 데 취약하다는 것이다. 양승목은 "이론의 빈곤 정도가 아니라 이론의 불임의 상태"에 처해 있는 한국 소통학에 대해 개탄하면서, 외국이론의 수입에만 열을 올리면서 정책연구 중심의 학술 풍토를 개선하지 않는 현황을 계속한다면 사태는 더욱 심각해 질 것이라 전망했다.

사실 '이론의 빈곤'은 한국 소통학자들의 자기반성에 빠지지 않고 등장하는 단골 주제다. 반성의 요점은 '우리가 서구의 이론을 입수해서, 번역하고, 그 이론을 적용한 연구를 수행하는 데는 열심이지만, 독자적인 이론을 산출하는 데는 소홀해서 유감이다'는 내용이다. 흔히 하나의 학문분과에서 독자적 이론 체계를 구축하는 일은 일종의 학술적 성숙의 지표로 인정되므로, 과연 이론을 풍부하게 산출하지 못하는 학문 분과는 미성숙하다고 볼 수 있겠다. 그러나 나는 이론의 빈곤 논지를 한국 소통학에 대한 평가에 적용하는 일에 대해서도 성찰이 필요하다고 생각한다. 왜냐하면 이론의 빈곤에 대한 평가가 이루어진 지 벌써 20여 년이 지났는데 아직 이와 관련한 뚜렷한 성과를 목격할 수 없는 형편에서, 혹시 문제 자체가 제대로 설정된 것은 맞는지, 또는 다른 연관한 문제나 혼잡한 사정은 없는지 검토할 필요가 있다고 보기 때문이다.

우선 한국 소통학 연구자들이 연구는 많이 하지만 이론 산출은 빈약하다는 평가가 문제 삼는 현실이 무엇인지 확인해 볼 필요가 있다. 소통학자로서 소통학 이론이 현실을 설명하거나 예측하는 데 부실하다면 과연 염려해야겠지만, 한국 소통학자로서 한국의 소통학이 산출하는 이론적 성과가 부실하다는 염려는 과연 어떤 인식에 기초한 것이고, 또한 무엇을 위한 것인지 명확하지 않기 때문이다. 실은 이 문제 자체를 명료하게 이해하기도 쉽지 않지만, 다음과 같은 부수적 질문에 대한 답변에 따라 문제 해결을 위한 접근방법마저 달라질 것만 같아 곤혹스럽다.

첫째, 이론의 빈곤을 염려하고 반성하는 주체인 '우리'가 도대체 누구이고, 이런 식으로 주체를 설정을 하는 이유는 무엇이냐는 것이다. 둘째, 이론의 수용 및 적용과 이론의 생산을 구분하는 이유 역시 검토할 필요가 있다. 왜냐하면 이렇게 구분하는 태도 자체가 이론에서 도출한 가설을 경험적으로 검토하는 방법이 아닌, 어떤 다른 방식으로 이론을 생산할 수 있다는 것을 전제하는 듯 보이는데, 과연 이 전제가 타당한지 알 수 없기 때문이다. 셋째, 목적 개념이라고 할 수 있는 '이론이 빈곤에 반하는 상태', 즉 학술적 풍요로움이 뜻하는 바가 무엇인지도 물어야 한다. 이 목적을 달성하기 위해, 한국 소통학이 산출하는 이론의 양을 늘리고 질을 높이면 되는지, 아니면 다른 어떤 활동이 필요한지 함께 검토할 필요가 있다. 이 글은 여기에서 제시한 세 질문에 대한 답변을 경유해서, 한국 소통학의 '이론적 빈곤 담론'이 의미하는 바를 재해석한 후, 한국 소통학 연구의 전망과 목표에 대한 제안을 제시할 것을 목적으로 삼는다.

2. 무엇이 '우리'를 만드나

이상길(2004)은 문화연구 분야에서 한때 유행했던 자기비판, 즉 '외국이론에 대한 자기성찰 없는 학습에 대한 비판'이 의도한 실천적 효과를 내기보다 오히려 역효과를 내고 있다고 지적한 적이 있다. 한국 연구자들의 자기반성은 흔히 이론적 성찰보다 독자적 연구를 강조하는 양상을 보이는데, 이런 양상이 일종의 식민지적 패배주의 심성에 기초한 것은 아니냐는 것이다. 여기서 그가 말하는 패배주의란 다름 아닌 "'그들'은 보편적인 이론과 철학을 만들지만, '우리'는 특수한 맥락과 시례를 통해서만 독창적일 수 있다"는 식의 마음가짐을 의미한다.

그런데 여기서 '우리'란 도대체 누구를 지칭할까? 좁게 설정하자면 한국에 살고, 한국의 현상을 대상으로, 한글로 연구 성과를 내는 연구자 집단 정도가 되겠는데, 얼핏 생각해도 이는 부당하게 범위를 좁힌 결과처럼 들린다. 한국 거주 연구자 중에 주로 해외 학회에서 활동하며, 해외 학술지에 연구 결과를 발표하는 이들도 있고, 해외 연구자 중에 한국적 현실에 대해 외국어 또는 우리말로 연구 성과를 발표하는 이들도 있기 때문이다. 거주와 언어를 기준으로 '우리'를 규정하는 일이 문제인 이유는 그 범위가 좁거나 아니면 넓어서가 아닌 것 같다. 즉, 영어로 연구 결과를 발표하거나 한국에 대한 연구를 수행하는 외국의 연구자를 모두 포함하거나 말거나 하더라도 남는 문제가 있는 것 같다. 그것은 연구자가 갖는 집단적 정체성이란 흔히 연구 관심사, 연구대상, 그리고 방법론을 기준으로 형성되며, 따라서 그것이 학술 집단의 분과를 구성하는 것이 일반적인데 반해, 앞서 말한 '우리'란 주로 거주와 언어를 근거로 규정된다는 사실이다.

나는 한국의 소통학이 민족주의적이라거나 국수적이라는 의심을 제기하려는 게 아니다. 또한 영어권 연구자들은 우리와 달리 세계시민적이고 보편적 관심을 추구한다고 말하려는 것도 아니다. 얼핏 둘러봐도 이런 주장에 반하는 사례들이 너무 많다. 다만 나는 연구자의 집단적 정체성이 지역과 언어를 중심으로 형성되는 경우, 그래서 '대인적 소통'이니 '정치 소통'과 같은 연구분야별 분과를 만드는 것이 아니라 '한국언론학회' 또는 '일본매스컴학회'와 같은 명칭을 갖는 연구자 집단을 형성하는 경우, 특별히 여겨야 할 별도 이유가 있는지 묻고 싶을 뿐이다. 연구 관심사, 대상, 방법론을 중심으로 학문 분과를 만드는 이유는 자명하다. 이론과 방법론적 관심이 유사한 연구자 간에 학술적 소통을 긴밀하고 원활하게 수행함으로써 분야별 고유한 관심을 반영하는 연구 성과, 즉 이론을 효과적이고 효율적으로 산출하기 위한 것이다. 그렇다면 한국의 소통 연구자들이 '우리'라 지칭하고 부르는 집단을 형성해서, 소통하며, 연구를 수행하는 일이 연구 관심, 대상, 방법론을 공유하는 연구자들이 학문 분과를 형성해서 학술활동을 벌이는 일과 특별히 다를 이유가 있을까?

그렇지 않으리라 본다. 나는 모든 체계의 발전은 내적 분화와 더불어 분화된 부분 간 연결 및 통합을 동반한다고 보는데, 학술세계에서 학회의 성립과 성장도 그렇다고 믿는다. 성장이니 성숙이니 하는 발전론적 은유를 강조하지 않더라도 마찬가지다. 체계가 형성하여 복잡해지는 과정에서 부분들이 분화하여 특화하지만 그 각 부분이 특화한 이유가 다를 것 같지는 않다. '우리'가 지역과 언어를 기초로 삼아 독자적으로 학회를 구성하고 집단 정체성을 유지하는 이유가 특정 학술분야 연구자들이 학술적 소통을 긴밀하고 원활하게 수행함으로써 해당 분야의 고유의 관심을 반영하는 연구 성과를 산출하는 것과 본질적으로 다르지 않다는 것이다. 결국 한국 소통학이라 불리는 집합적 주체가 그 구성원들 간 학술적 소통을 위해 형성하는 주체일 뿐이라면, 왜 지역과 언어가 '고유한 학술적 관심'을 산출하는 내용적 기초가 되는 것처럼 생각하는지 반성해 볼 필요가 있다.

이창근(2009) 은 앞서 언급한 양승목 논문에 대한 토론에서 한국 소통학이 당대까지 이룩한 성과를 바탕으로 "좁은 울타리를 벗어나 세계의 언론학 연구에 기여할 방법을 모색해야 한다"고 주장했다. 한국의 인터넷 문화, 한류를 비롯한 아시아 지역 문화교류 현상, 그리고 정보통신의 발전 등과 같은 현실이 "우리의 언론학 연구를 국제학계에 널리 알릴 기회를 마련해주고 있다"고 보았다. 나 역시 보편적 학술세계에 대한 기여를 '우리'의 할 일이라고 제언한 적이 있으며(이준웅, 2014), 그것도 '이론과 자료의 동반 수출'이라는 방책을 제시하며 주장했기에 이창근의 주장에 일단 동감한다. 그런데 보편적 학술세계에 대한 기여란 전망 자체가 전망하는 자들의 지위를 특수성의 범주에 묶어 두는 것을 의미하지는 않을 것이다. 즉, 앞서 이상길이 경계했던 자세, '우리'는 특수한 맥락과 사례를 통해 기여할 뿐이며, 보편적인 이론을 만드는 일은 '우리'의 일이 아니라는 자세라면 곤란하다는 것이다. 이 요점을 염두에 두고 앞서 제기한 질문으로 돌아가 보자. 지역과 언어를 공유하는 연구자들이 그렇지 않은 연구자들과 달리 바로 그 이유, 즉 지역과 언어 때문에 고유하게 갖는 이론적 관심이 있겠느냐는 질문 말이다.

별로 그럴 것이 없으리라 본다. 앞서 논의했듯이 지역과 언어의 공유가 연구대상과 방법론의 공유와 근본적으로 다른 점이 없다고 가정하면, 이렇게 답할 수밖에 없다고 나는 생각한다. 예컨대, 한국의 정치소통 연구자들은 흔히 지난 20년간 한국사회에서 인터넷 소통의 양적인 확대가 민주적 시민성의 증진에 도움을 주었는지 묻고 답하는데, 이런 문답에는 당연히 한국의 인터넷 기반의 확립과정의 역사적 특수성, 한국 매체체계와 정치체계 간의 특별한 관련성, 한국인의 대인적 소통에 담긴 예절과 진정성 등이 갖는 특성 등 한국 사회의 고유한 맥락에 대한 관찰과 토론이 중요하다. 그러나 이런 지역적 관찰과 맥락적 고려가 '내용적으로 새로운' 이론을 형성하는 데 기여할망정 '이론의 한국적인 고유함'을 따로 만들어 내는 것은 아니라 믿는다. 왜냐하면 지역과 언어는 연구자의 학술적 관심과 소통을 제한하는 요인으로 작용할 뿐, 이론의 이론됨에, 즉 현상에 대한 설명과 예측과 본성 그 자체를 변경하는 것은 아니기 때문이다.

만약 한국사회 인터넷 소통의 양이 증가하면서 한국인 시민성도 증가했다는 가설을 반복적으로 검증하는 데 성공해서, 그 연구 결과가 축적되고, 연구 결과를 종합적으로 해명하는 새로운 이론적 가설이 국제 학계에서 자리 잡는다면 (이론에 이름을 붙이는 일이 필요할 것이다. 예컨대, '대화적 시민성 계발가설'과 같은 이름을 붙일 수 있겠다), 그 이론적 가설을 두고 21세기 초 한국 연구자들이 한국어로 만든 이론이기에 한국적 이론이라고 간주할 것 같지 않다. 같은 이유로 우리는 '침묵의 나선 이론'을 전후 독일에서 수행한 여론조사 결과가 빚은 혼란 끝에 나온 독일적 이론이라고 부르지 않는다. 애초에 독일적이라는 게 무엇을 의미하는지도 모호하지만, 여론의 분포에 대한 인식이 여론조사에 대한 응답에 영향을 미친다는 그 이론의 요체가 독일적인 것 같지 않다. 역시 같은 이유로 우리는 유럽 출신 학자가 미국 동부에 거주하며 만든 '문화계발 효과이론'을 미국 동부에서만 통할 이론이라고 생각하지 않는다. 문화계발 효과이론은 텔레비전 시청과 더불어 자라는 아이들이 있는 사회라면 어디에나 적용 가능한 이론이다.

결국 양승목 등이 염려했던 '이론의 빈곤'을 반성하는 '우리'란 함께 관찰과 탐구, 자료수집과 분석 등 학술적 소통을 수행하는 이들을 지칭한다. 가깝게 거주하며 말이 통하기에 함께 활발한 학술적 소통을 할 수 있으며 그래서 실제로 성립하고 성장하는 집단일 뿐이라는 것이다. 우리의 관찰과 탐구, 자료수집과 분석 등 학술적 실천을 제한하는 지역적이고 언어적 요인은 분명 작동하지만, 이런 제한성이 해당 집단 구성원이 생산하는 이론의 국지성, 특수성, 또는 어떤 종류의 집단적 특성을 필연적으로 낳는 것도 아니다. 생각해보면, 국지적이고, 특수하고, 어떤 특정 집단의 관심을 반영하는 이론을 과연 좋은 이론이라 할 수 있는지도 알 수 없다. 그런 이론은 어떤 연구자 집단에서라도 그리고 어떤 연구자라도 우연히, 실수로, 또는 심지어 무능해서 만들어낼 수 있다는 의미에서 어떤 고유한 장점을 갖는 것 같지도 않다. 따라서 한국말로 하는 이론이니, 한국사회의 특수성을 반영한 이론이니, 한국 학자들의 고유한 이론이니 하는 결과를 산출하는 것이 바람직하다고 주장하기 위해서라면, 그런 국지성, 특수성, 집단성을 이론적 수준에서 구현하는 것이 왜 일반적으로 좋은지 먼저 논변을 제시해서 정당화해야 하고, 동시에 그것이 어째서 지역과 언어를 기초로 성립할 때 특별히 좋은지도 보여 주어야 한다.

나는 오히려 반대로 주장하고 싶다. 이론을 생산해서 국제적으로 기여할 것을 모색하는 '우리'는 바로 그런 국지성, 특수성, 집단성이 이론 생산에 부정적으로 작용할 것을 염려해서 지금 여기에서 우리말로 학술적 소통을 하고 있다고 믿는다. 무엇보다도 연구 결과의 국지성, 특수성, 집단성은 보편적 이론의 지평에서 다시 해명이나 설명이 필요한 연구대상이 될 수 있으며, 그렇게 해명되고 설명된 국지성, 특수성, 집단성이란 더 이상 국지적이거나, 특별하거나, 집단의 관심에 부수한 것이 아니다. 현실적으로 어떤 학술적 성과가, 예컨대 이론적 설명이나 예측의 결과가 국지적 효과를 기록하거나, 특수한 사정만을 밝히거나, 특정 집단에 대해서만 함의를 갖는 경우도 없지 않을 것이다. 그러나 이런 국지성, 특수성, 집단성 등 특성을 갖는 결과는 보편적 해명과 설명의 틀 내에서 그런 특성을 갖게 된 것일 뿐이다. 애초에 연구자들이 그런 국지성, 특수성, 집단성을 추구해서 그런 결과를 얻기를 원한다고 생각하기 어렵다. 그렇다면 우리가 이렇게 서로 가깝게 거주하며 한국말로 학술적 소통을 한다는 사실은 그저 우연적일 뿐인가? 나는 꼭 그렇지만도 않다고 생각한다. 여기에는 어떤 방법론적으로 특별한 실천적 과정이 필연적으로 엮여있기에 의미심장하다고 본다. '방법론적으로 필연적인 과정'이란 하나의 언어로 개념을 사용하고 이론을 형성하는 과정에 불가피하게 개입하는 모종의 번역을 말한다.

3. 우리말로 연구를 한다는 것

여기서 번역이란 한 언어로 이루어진 텍스트를 다른 언어로 옮기는 행위에 한정되지 않는다. 학술세계에서 벌어지는 모든 언어 간 담론적 실천을 뜻한다. 예컨대, 미국에서 출간한 소통학 개론 교과서를 우리말로 옮기는 일부터, 유럽 사상가의 이론과 실천을 본받고자 하는 일, 한국 사회를 관찰한 연구 성과를 국제 학술대회에 발표하는 일, 그리고 외국의 학위를 받아와서 한국에서 가르치는 일 등이 모두 광의의 번역에 속한다. 심지어 한 언어 공동체 내에서도 번역이 발생한다는 주장도 있지만, 일단 외래 개념을 이해하고, 우리말로 옮겨서, 현실에 적용하고, 다시 외래어로 연구 결과를 산출하는 전형적 학술적 활동에만 집중하기로 하자. 여기서 번역의 문제를 제기하는 이유는 다음 몇 가지 관찰이 제시하듯이, 우리는 이미 학술적 번역 행위를 열심히 하고 있음에도 불구하고 정작 그 결과와 함의에 대해서는 무심한 듯 보이기 때문이다. 다음 두 가지 관찰을 살펴보자.

첫째, 우리의 학술활동 대부분이 서구의 이론을 번역해서 활용하는 일과 밀접하게 관련이 있다. 그럼에도 불구하고, 번역 활동에 대한 정당한 평가와 반성, 그리고 대안적 노력이 체계적으로 이루어지지 않는다. 예컨대, 한국 소통학계에서 활발하게 연구를 수행하는 연구자들 가운데 외국 박사들의 수가 압도적으로 많은데, 이들 대부분이 우리말로 강의하고 연구 성과를 산출하고 있다. 즉, 모종의 번역과정이 학술활동의 핵심에 있다는 것이다. 그럼에도 불구하고 번역의 부실함, 오역, 대안적 해석 등 번역에 대한 성찰적 논의가 기이할 정도로 부재하다. 나만 하더라도 다른 학자의 번역본 책에 오역이 적지 않다고 공개적으로 불평하면서, 정작 스스로 그 책을 새롭게 번역한 결과를 제출해서 학계에 기여하지 못하고 있다. 어쩐지 우리는 번역 자체를 학술적 담론의 대상으로 다루는 데 주저한다. 이를 일단 '반성 없는 번역의 문제'라 부르자.

둘째, 우리는 연구 결과를 영어로 번역해서 출판하는 일에 집착한다. 학술적 번역은 양방향으로 이루어진다. 외국말을 우리말로, 우리말을 외국말로. 후자는 우리의 연구 성과를 국제 학회나 학술지에 소개함으로써 국제 학계에 기여하겠다는 것인데, 이 일은 본연의 임무 이외에 특별한 역할을 담당한다. 바로 개별 연구자는 물론 연구기관의 학술적 성과를 측정하는 평가 수단이 된다. 이 평가는 한 연구자가 우리 사회에서 어엿한 연구자로 자리를 잡고 활발한 학술적 활동을 벌이는 성과와 별도로 작동한다. 예컨대, 저자 스스로 생각하기에도 해외 학술지에 출판한 논문이 최고의 학술적 성과가 아닌 경우가 있겠다. 그럼에도 불구하고 일단 해외 학술지에 출판하면, 그 결과는 저자의 학술적 성취를 증거 하는 '공식 지표'로 작동한다. 심지어 그 지표를 관리하기 위해, 개별 연구자가 자신이 추구해야할 최선의 연구를 수행하는 것이 아니라, 지표 관리에 도움이 되는 연구만을 수행하기도 한다. 이렇게 한 결과, 열심히 연구 결과를 외국어로 번역해서 해외 학술지에 출판하는 데 성공하더라도, 정작 그 지표에 비례해서 국제적 성과가 실제로 높아지는 것도 아닌 결과가 나올 수 있다. 이를 '번역 남용의 사태'라 하자.

반성 없는 번역과 남용하는 번역은 각각 심각한 문제로 지적되고 있으며, 그에 대한 성찰이 이미 깊다. 그러나 두 사태 모두 개선될 기미가 없다는 의미에서 암담하며, 동시에 두 문제가 결합해서 심각한 새로운 문제를 낳는다는 의미에서 악성적이다. 특히 내가 보기에 치명적인 문제가 있는데, 모두가 열심히 서구 이론을 번역해서 소개하고, 모두가 열심히 해외 학술지에 번역해서 출판하려 노력하고 있음에도 불구하고 정작 우리 연구자 간 학술적 소통은 부실하다. 심지어 각자 열심히 번역하면서 공통의 과제는 해결되지 않고 오히려 악화한다. 각자 서구 이론을 번역해서 소개하는 데 열심이고, 각자 각고의 노력으로 영어 논문을 출판하려 애쓰는 가운데, 연구자 간에 주요 개념의 타당성을 검토하거나, 현실에 대한 개념 사용의 적실성을 논의하거나, 자기 이론을 개진하고 타 연구자의 이론을 반박하는 모습이 드물다. 해외 학설을 번역해서 소개하고, 우리 연구 결과를 해외에 번역해서 알리는 사이에, 정작 우리끼리 학술적 소통은 별로 없다. 나는 이 문제가 앞서 양승목 등이 함께 지적한 우리 학계의 '이론의 빈곤'의 실체적 내용이라고 생각한다.

원용진(2001)은 우리 학계가 서구의 이론을 번역해서 들여오는 가운데 해석적 관여를 최소화한 일종의 '이식'의 양상을 보인다고 지적했다. 해외 이론을 풀어놓기는 하되 새롭게 창작하지는 않는 '술이부작' 행태가 이어진다고 하면서, 정작 번역의 정치성을 활용해서 현실을 분석하고, 설명하고, 예측하는 실천성은 오히려 줄고 있다고 비판했다. 그의 비판은 문화연구를 대상으로 삼은 것이지만, 나는 그 요점이 우리 소통학 전체를 관통한다고 본다. 일종의 학술적 수입과 수출을 위한 번역에만 몰두할 뿐, 그 둘을 이어주는 연구자의 해석적 관여와 연구자 간 소통은 빈약하다. 다음 두 가지 관찰이 내 주장을 뒷받침한다.

첫째, 주요 개념의 번역 타당성에 대한 논의가 빈약하다. 예를 들어, 이 책의 제 7장에서 김은미가 검토했듯이, '수용자'는 소통학에서 가장 많이 이용되고 있는 개념 중 하나인데, 이는 원래 청중을 뜻하는 '오디언스'를 번역한 말이었다. 이후 텔레비전 시청자를 비롯한 시청각 대중매체 이용자를 광범위하게 지칭하는 용어로 사용되고 있다. '수용자' 개념은 대중매체 효과론, 정치소통 연구, 문화연구, 그리고 매체이용자 연구 등에서 각각 소비자, 시청자, 이용자, 소통자, 공중 등과 유사하게 그러나 또한 다르게 활용된다. 그런데 이런 개념들 간 차이성과 유사성에 대한 진지한 검토와 토론이 우리에게 별로 없다. 각자 필요한 맥락에서 대응적으로 용어들을 골라서 사용할 뿐이다. 따라서 이제 인터넷상에서 교류매체를 이용하거나 포털을 활용하는 사람들이 대다수여서, 이들을 그저 수용자로 부르면 될지 아니면 인터넷 이용자나 소통자라고 불러야 할지 논의가 필요할 것 같은데, 별로 토론이 없다. 소통학에 이런 식의 애매한 번역 개념들이 너무 많다.

둘째, 주요 개념어를 사용함에 있어서 외래 개념어를 번역할 필요성을 인정하지 않는다. 한국 소통학의 최초의 연구자들은 소통과 매체에 대한 최초의 번역어를 제시해서 도입한 공로가 있지만, 동시에 커뮤니케이션, 메시지, 채널, 콘텐트, 노이즈, 게이트키퍼, 텍스트, 헤게모니 등 주요 개념어들을 놓고 적극적으로 번역 대안을 제시하지 않은 채, 원래 용어를 음차해서 사용하는 관행을 남기기도 했다. 최근 연구자들은 어쩐지 후자의 관행을 따르고 있는데, 내가 보기에 이런 음차에 의존하는 관행은 정도를 넘어섰다. 새로운 기술, 역무, 이론 등과 관련한 개념어들에 대한 번역 대안을 고민해 볼 필요도 없다는 듯이 음차해서 외래어로 만들어 사용하고 있다. 그 결과 모두가 음차한 외래어가 무엇을 의미하는지 알고 있다는 듯 사용하고 있지만, 정작 확인해 보면 그런지 알 수 없는 경우가 많다. 예컨대, '소셜미디어'에서 '소셜'이 뜻하는 바가 무엇인지, 그리고 왜 이런 매체를 일종의 서비스, 즉 상업적 역무로 제공할 경우에 '사회연결망역무'라 일

킫는지 알 수 없는 상태가 되고 말았다.

더 큰 문제가 있다. 위에서 언급한 두 관찰에 대해서 아무 문제가 없다는 듯 대하는 무심한 자세가 그것이다. 커뮤니케이션, 미디어, 콘텐트 등 용어를 그저 있는 그대로 발음해서 사용하면 되지, 여기에 무슨 번역이 개입할 필요가 있느냐는 것이다. [1] 그러나 '콘텐트', '리터러시', '프레임' 등의 용례가 보여주듯이, 외국의 개념어를 음차해서 한글로 옮겨 사용한다고 해서, 번역의 의무에서 해방될 수 있는 것이 아니다. 음차란 좋게 말하자면 뜻을 비워 둔 채 음으로 번역해도 충분하다는 실용주의적 번역의 결과이며, 나쁘게 말하자면 음역이라는 최소한의 번역으로 일단 용어를 사용하고 보자는 게으른 자세의 결과다. 게으른 번역에 의존하는 관행의 대가는 음차한 외래어를 갖고 학술적 소통을 해야 하는 연구자들이 치르게 된다. 예컨대, '콘텐트' 또는 '콘텐츠'는 이제 매체 내용물과 관련한 무엇이라도 지

---

[1] 멸칭을 사용해서 민망하지만, 항간에 '보그병신체'라는 용어가 있다. 예를 들어, '이 아웃룩은 에스에스 밀라노 스트릿 스타일 같은 릴랙스한 위크앤드의 센티먼트를 보인다. 블루톤이 메인이고 쉬크한 휴를 더해서 클리셰로 보이지 않는 것이 포인트. 애브노말한 젠틀맨에게는 레그레터블한 테이스트로 보이는 보그만의 오소독스를 프레젠트한다'고 말하는 식이다. 소통학에도 이와 유사한 학술적 불구체가 분명 있다. 예를 들어, '멀티 스크리닝과 멀티 플래포밍 시대에 콘텐츠 인더스트리와 네트워크 사업자 간에 버티컬 계열화로 유아이가 표준화하고 서비스가 일체화하면서 서비스 어카운터빌리티 이슈가 심각해졌다'. 이런 문장을 어려움 없이 이해할 수 있다는 게 함정이다. 어떤 연구자는 이런 예시는 과장된 것이며, 기술적 용어를 음차한 외래어를 사용하는 관행을 문제 삼기 어렵다고 주장하기도 한다. 나도 업계에서 사용하는 외래 기술용어나 일반 시민이 의도적으로 사용하는 외래어를 문제 삼을 수 없다고 생각한다. 그러나 한 분야에서 학술적 성과를 염두에 두고 개념어를 사용하는 학자들의 소통에 음역한 외래어가 만연한 일은 문제라고 본다. 개념을 가다듬는 일 자체가 학자의 본분에 속하기 때문이다. 나는 이 문제를 2014년 한국방송학회 여름철 학술대회에서 〈방송학 분야 매체이론 발전을 위한 모색〉이란 제목으로 기조발제를 하면서 논의한 바 있다. 발제의 요점은 '주요 이론적 개념어를 번역해서 사용하고, 우리가 만든 새로운 개념어는 영어 및 외국어로 번역가능성을 염두에 두고 다듬자'는 내용이었다.

칭하는 용어가 되고 말았는데, 이제 그것은 아무것도 특정해서 지칭하지 않는 모호한 일상어처럼 들린다. 적어도 학술적 담론에서는 그것이 무엇을 지칭하는지 한 번 더 한정해서 사용하지 않으면 안 되는 지경이 되었다. 이렇게 비전문적인 음차 번역의 결과가 소통학 연구자들의 학술적 소통을 원활하게 하는 데 도움이 된다고 누구도 주장할 수 없을 것이다.

결국 소통학의 핵심 개념어에 대한 번역 대안을 적극적으로 제시하고, 그에 대해 활발하게 토론하는 작업으로부터 학술적 소통을 시작해야 한다. 나는 이 글에서 '커뮤니케이션'을 소통으로 옮기고, 이에 대해 연구하는 학술적 실천이 이미 학적 전통을 형성하고 있다고 보아서, 소통학이란 용어도 사용하고 있다. 소통학은 '커뮤니케이션 사이언스'를 옮긴 말처럼 들리지만 꼭 그런 것만도 아닌데, 굳이 이 용어를 사용하는 이유는 이에 대한 동료 연구자들의 질문과 제언, 반박과 대안을 바라기 때문이다. 지금까지 그랬듯이 '커뮤니케이션'이라고 음차한 번역어를 그대로 사용하자는 제언도 이유가 있을 수 있다. 그러나 역시 토론이 필요하다. 함께 한국의 소통 현실에 대해 관찰하고, 탐구하고, 이론화하는 동료 연구자들 간 토론을 거쳐야 번역 타당성에 대한 평가가 가능하리라 믿는다. 그런데 이 문제는 좋은 번역어를 찾자는 데 멈추지 않는다. 바로 '이론의 빈곤'이란 성찰의 문제로 이어진다. 적절한 개념어 없이 좋은 이론을 만들 수 없기 때문이다.

4. 이론은 어떻게 만드나

한국에서 이론을 만드는 일이 영국이나 미국, 일본이나 중국에서 이론을 만드는 일과 다를 리가 없다. 현상을 관찰하고, 관찰 결과를 설명하는 가설을 제시하고, 가설을 경험적으로 검토하기 위한 연구 설계를 한 후, 연구 설계에 따라 수집한 자료를 분석하면 된다. 지역이나 언어권마다 관찰할 만한 현상이 다르고, 가설의 수립에 동원할 수 있는 개념어가 다르고, 수집한 자료의 품질이 다를 수는 있다. 이런 다름에는 또한 해당 사회의 전통에 기초한 편견, 사회구성의 특성에 따른 관행, 정치체계와 과정의 특수성에 기초한 실천적 동기가 개입할 것이다. 그러나 이런 맥락에 따른 차이와 그에 수반한 사회정치적 영향력 요인들은 관찰, 가설 설정, 자료수집과 분석 등에 간섭할지언정, 이론의 형성 자체를 가로막지는 않는다. 또한 이런 종류의 간섭이란 그 자체가 다시 새로운 관찰, 가설, 자료 수집의 대상이 될 수 있으므로, 그 역시 이론의 산출을 위한 자원이 된다. 학술세계에서 역사문화적 차이성이란 이론적 탐구의 걸림돌이 아니라 자극이요 자원이라는 것이다.

앞 문단의 요점을 전제로 삼아, 한국 소통학이 외래 이론을 수용하는 데 능할 뿐 이론을 생산하는 데 부족하다는 '이론의 빈곤' 명제를 음미해보자. 이 명제는 결국 한국 소통학자는 연구 역량이 떨어진다는 말이 되고 만다. 우리 연구자는 한국의 소통현상에 대한 관찰, 가설 설정, 자료수집과 분석 능력이 없으며, 이를 다른 지역 및 언어권의 소통현상과 비교해서 관찰, 가설 설정, 자료수집 및 분석하는 데도 취약하기에 이론을 만들지 못한다는 뜻이 되고 만다. 나는 이 진단이 부당하다고 느낀다. 또한 논리적으로 모순이라 생각한다. 왜냐하면 이 진단은 '연구는 열심히 잘하지만, 이론은 만들지 못한다'라는 명제의 후단을 이유로 전단을 부정하는 격이기 때문이다.

결국 연구는 열심히 함에도 불구하고 왜 이론의 생산은 부실한지 따로 질문할 필요가 있다. 논문도 많이 쓰고, 연구자의 수도 늘고, 해외 학회와 학술지 발표는 증가했음에도 불구하고 이론의 생산이 많아지는 것이 아니라면, 왜 그러한지 별도로 이유를 물어야 한다는 것이다. 그런데 바로 이런 의문을 제기하고 답변을 구하는 과정이 곧 해당 학문의 학술적 소통이 아니던가. 관찰이 쌓이고 있음에도 가설이 안 나오는 이유를 반성하고, 가설이 있어도 검증이 안 되는 이유를 검토하면서, 함께 반성하고 검토하는 연구자들의 이론적 숙고가 깊어진다.

예컨대, 한국의 기자와 편집국의 관행에 대한 관찰을 축적해서, 한국 언론의 취재 관행이 영미권 언론의 그것과 다른 점을 반복해서 기록하고, 그 다름을 설명할 수 있는 이유를 한국 언론인의 시민에 대한 자세에서 찾고 있으면서, 이론적 활동이 없다고 불평할 수 없다. 이 모든 과정이 곧 새로운 이론을 만드는 일 그 자체이기 때문이다. 따라서 이렇게 해도 이론이 부족하다면, 아직 반성의 노력이 결실을 맺지 않아 그럴 뿐이지, 다른 무엇인가를 도모할 필요가 없다. 하던 일을 열심히 계속하면 된다. 누군가 이론적 가설에 그럴싸한 이름을 붙이고, 예컨대 '기사의 품질을 결정하는 이용자모형 가설'이라는 식으로 이름을 붙이고 동료 연구자들과 경쟁과 협력을 통해서 가설 모형을 정교화해 나가면서 본격적인 이론 형성이 이루어질 것을 기대할 수 있다.

'이론의 빈곤'과 관련해서 함께 고려해야 할 문제가 우리 학문의 실용성에 대한 인식이다. 광고와 공중관계, 매체 경영과 정책, 그리고 언론 실천 등 우리 학문의 주된 영역이 실용적 분야에 속하기 때문에, 우리 연구자들은 선진 이론을 빠르게 학습해서 적용하고, 필요한 변용을 가해서, 효율적이고 효과적으로 활용하면 충분하다는 인식이다. 요컨대, 소통학 자체가 실용적인 분야에 속하기 때문에, 이론이 필요하면 사회철학, 심리학, 사회학, 정치학 등 인접분야에서 해외 대가들이 발전시킨 것들을 가져다가 번역해서 쓰면 된다는 것이다. 이런 인식에 따르면, 한국 소통학 연구자들은 이론 생산에 너무 많은 자원을 투입할 필요가 없다. 외국의 것이든, 인접학문의 것이든, 아니면 한국의 다른 연구자의 성과이든, 필요할 때 가져다 쓰면 된다. 단지 번역만 적절하게 하면 될 뿐이다.

나는 즉각 '이론적인 것이 실천적이다'는 명제를 인용해서 실천적 영역일수록 이론적 고구(考究)가 필요하다고 주장하고 싶지만, 때로 나 자신도 과연 이 명제를 진심으로 믿고 실천하는지 의심하기 때문에 주저한다. 실무자는 물론 연구자도 자주 이론에 의거하여 현실을 설명하고 예측하는 것이 아니라, 미리 정한 결론적 현실을 정당화하기 위해 이론을 활용한다. 경쟁하는 가설들을 놓고 고민하며 경험적 현실이 이론적 가설에 합치하는지 궁리하기보다 현실의 곤란함을 해결하기 위해 경쟁하는 가설들 중 한 편을 선택한다. 이렇게 이론을 활용하는 자세를 실용적이라고 부른다면, 실용성이란 '참된 이론'의 형성에 도움을 준다기보다는 오히려 그것을 저해하는 가치를 추구하는 자세이거나, 아니면 '참된 이론'과 상관없는 어떤 다른 자세, 예컨대 '유용한 실천적 지침'을 요구하는 자세가 되고 만다. 나는 여기에서 실용주의 진리관과 그에 대한 찬반론을 일일이 검토할 여유가 없다. 따라서 실용적 학문이라고 해도 피할 수 없이 학술적 행위에 수반하는 이론적 활동이 있음을 밝혀서 모순과 복잡함을 피하려 한다.

아무리 실용적 학문이라 해도 인식의 구성체를 활용하여 세상을 보는 일 자체를 피할 수 없다. 여기서 '인식의 구성체를 활용하는 일'이란 이론을 만들기 위한 학술적 활동에 개입하는 거의 모든 인식의 작용을 의미한다. 즉, 반복한 관찰을 통해 확인한 자료에 대한 패턴 인식, 체계적 관찰을 통해 얻은 자료 간 차이성의 인식, 두 개 이상의 개념을 연결하는 인지적 모형의 형성, 자료와 인지적 모형 간의 차이성에 대한 인식, 인지적 모형들 간의 관계에 대한 인식 등을 포함한다. 나는 이런 인식의 작용이 '이론적 이성의 작용' 이외에 다른 것이 아니라고 믿는다. 내 믿음을 따르자면, 어쩐지 이론적이라고 부를 수 있는 인식의 범위가 너무 넓어지는 문제가 발생하는 것 같은데, 실로 이런 과도한 확장이야말로 이성의 스캔들이라 부를 만한 것이며 따라서 별도로 성찰의 대상이 될 수 있겠다.

그러나 내가 이론적 이성의 작용의 범위를 확장해서 얻으려 하는 요점은 이 모든 인식의 구성체를 활용하는 일이 개별 연구자가 혼자 해서는 제대로 해낼 도리가 없다는 것을 주장하고 강조하기 위해서다. 자료에 대한 패턴 인식에서부터 복잡한 이론에 대한 평가에 이르기까지 연구자 홀로 확인할 수 있는 일이 없다. 개별 연구자 홀로 이론적 명제를 주장할 수 있겠다. 그러나 그 주장이 인정되고, 수용되고, 반박되고, 개선되는 과정을 주장하는 활동을 홀로 구성할 수 없다. 이를 '이론적 인식의 공동체에 대한 의존성'이라고 하자. 얼핏 자명한 듯 보이는 이 의존성 개념을 이용해서 모든 집합적 실천의 과정에 이론적 이성의 작용이 불가피함을 주장해 볼 수 있다. 간단히 말해서, 아무리 실용적인 학문이라고 해도 홀로 상황을 인식하고 분석해서, 자료에 대한 해석적, 설명적, 예측적 요점을 확인할 수 있는 도리가 없다. 동료 연구자들과 함께 작업을 하는 사이에 인식의 교정, 해석의 충돌의 해결, 이론적 가설의 검토가 불가피하다. 이 모든 집합적인 학술적 토론의 과정에 이론적 이성이 개입한다는 것이다. 따라서 동료 연구자들과 함께 자료를 확인하고, 분석하고, 이론적 함의를 논의하는 한, 아무리 실용적인 적용성이 높은 학문 분야라 해도 이론적 이성의 작용을 피할 수 없다. 나는 이 요점을 '집합적 실천은 이론적이다'라는 명제로 요약하고 싶다.

5. 풍요로운 학술적 소통을 위하여

지금까지 논의한 바를 종합해서 '이론의 빈곤'을 극복할 수 있는 방법을 생각해보자. 우리 한국의 소통학 연구자들이 앞으로 이론의 풍요로움을 누리기 위해서 무엇을 해야 할지 생각해보자. 일단 이론의 풍요로움을 확인하기 위해 해외 학회나 학술지에 얼마나 많은 연구 성과를 제출하는지, 그리고 또한 출판하는지 측정해서 목표로 삼는 일을 생각해볼 수 있다. 그러나 이는 국제화 성과의 한 지표가 될 수 있을 뿐, 그 자체가 소통학의 이론적 성과를 뜻하는 목표가 되기 어렵다. 이론적 성과를 해외에 수출하는 일은 학문적 성숙과 성장의 한 부분이기 때문이다. 예컨대, 한국 소통학의 내적인 성숙과 질적 성장이 없더라도 한국에 거주하는 소통학 연구자들이 영어 논문을 더 많이 출판하는 일이 얼마든지 가능하다.

학문 내적인 활동으로부터 이론적 풍요로움을 확인하기 위한 지표를 도출하는 것이 바람직하다. 일단 학술적 소통의 양이 지표 중 하나가 될 수 있을 것이다. 즉, 논문을 발표하고, 토론하고, 출판하는 양을 늘리면 좋겠다. 그러나 이것만으로도 전부라 할 수 없다. 학술적 소통의 양이 질을 보장하지는 않기 때문이다. 도대체 학술적 소통의 품질은 어떻게 측정할 수 있을까? 개념어 번역의 엄밀성에 대한 논쟁 수준, 주요 개념 사용의 적실성에 대한 토론의 타당성, 자료수집 방법의 타당성에 대한 시비의 이유, 연구 결과가 보장하는 결론의 범위에 대한 주장과 반박의 품질 등을 어떻게 측정할 수 있을까?

측정가능한 지표로 할 수 있는 일이 제한적이라고 보지만, 그래도 나는 학술적 토론을 하는 동료 연구자의 범위와 수를 지표로 삼아 관리할 것을 제안하고 싶다. 수준 높은 이론적 소통을 하는 것이 목표가 되기 위해서는 더 다양하고 많은 수의 동료 연구자와 이론적 논의를 할 수 있어야 한다고 믿기 때문이다. 내가 보기에 우리 연구자들은 각자 연구하는 데 열심이지만, 함께 도모하는 일은 소홀하며, 홀로 주장하는 일에 능숙하지만, 함께 토론하는 일에 미숙하다. 그 결과 한국언론학회를 비롯한 소통학 관련 학술단체가 산출하는 연구 결과의 양적 수준은 낮지 않지만, 그런 연구를 애초에 준비하거나, 토론하거나, 모범으로 삼거나, 극복하여 새로운 연구를 기획하는 학술적 모임의 장이 많지 않다. 더 자주 만나서 더 치열하게 소통하는 것이 필요하다.

학술적 소통을 더 많이 한다고 해서 성과가 보장되는 것은 아니다. 연구자들이 모여서 주요 개념을 검토하고, 자료수집에 대해 논의하고, 경험적으로 연구 결과를 가설에 비추어 보는 일을 열심히 한다고 해서 절로 학술적 성과의 품질이 높아지는 것은 아니다. 그러나 우리는 다른 일이 아닌 학술적 활동을 하고 있으며, 이 일은 방법론이 전부인 일이다. 방법이 어긋났는데, 좋은 성과가 지속하는 일은 없다. 방법이 어긋났더라도 우연히 참된 결론을 얻을 수 있지만, 그 우연한 결론이 참이라는 사실을 확인하기 위해서라도 다시 제대로 방법론적 원리를 가동해야 한다. 따라서 설명과 예측에 도움이 되는 좋은 이론을 만들기 위해서 우리가 이미 알고 있는 방법론을 적용하고 가다듬어 재적용하면서 계속 연구를 수행하는 일 이외의 다른 일을 할 수 없다.

참고문헌

양승목(2009). 언론학 연구 50년: 성찰과 전망. 〈한국언론학회 50년사〉. 1020~
    1062. 파주: 나남.
원용진(2001). 술이부작과 빗나간 번역: 우리 문화연구의 반성과 전망. 〈한국언론학
    보〉 45권 특별호. 157~189.
이상길(2004). 문화연구의 아포리아: 위기담론에 대한 반성을 중심으로. 〈한국언론학
    보〉 48편 5호. 79~209.
이준웅(2014). 방송학 분야 매체 이론의 발전을 위한 모색. 〈한국방송학회 학술대회
    논문집〉. 15~23. 한국방송학회.
이창근(2009). 토론문. 〈한국언론학회 50년사〉. 1063~1065. 파주: 나남
최선열(2009). 정치커뮤니케이션 연구 50년. 〈한국언론학회 50년사〉. 717~782 . 파
    주: 나남.

저자 소개

고은지

독립연구자. 이화여대 디지털미디어학부에서 미디어공학으로 박사학위를 받았다. 데이터를 수집해 미디어현상과 그 패턴을 분석하는 연구를 수행하고 있다.

김영희

서울대 언론정보학과 객원교수이다. 서울대 박사과정을 수료하고, 한양대 대학원에서 언론학 박사학위를 받았다. 〈한국전쟁기 미디어와 사회〉 등 한국 미디어 역사를 주제로 다수의 저서와 논문을 출판했다. 2010년 한국언론학회 학술상(저술상), 2019년 한국언론학회 창립 60주년 학술영예상(논문부문)을 받았다.

김은미

서울대 언론정보학과 교수. 미국 노스웨스턴대학에서 커뮤니케이션학으로 박사학위를 받았다. 대인 의사소통과 문화산업 등을 가르치며, 이와 함께 미디어 기술과 사회문화 변동, 커뮤니케이터와 미디어 리터러시에 대한 연구를 수행하고 있다.

박재영

조선일보 기자로 일하다가 미국 미주리대학 언론대학에서 박사학위를 받았다. 고려대 미디어학부 교수로서 기자, 취재 보도, 미디어 사회학 분야를 연구하고 있다. 〈신문지면의 구성요소〉와 〈저널리즘의 지형〉 등 저서가 있다.

박종민

경희대 언론정보학과 교수이자 사회과학연구원장. 미국 미주리대학 언론대학에서 박사학위를 받았다. 마케팅, 광고, 공중관계 분야에서 다수의 논문을 출판했으며, 전 한국광고홍보학회 회장을 역임했다.

배진아

공주대 영상학과 교수. 이화여대에서 언론학 박사학위를 취득한 후 문화방송 편성국에서 전문연구위원으로 일하면서 방송 수용자와 편성에 대해 연구했다. 미디어 수용자, 콘텐츠, 미디어 정책에 대해 연구하고 가르친다.

백혜진

한양대 광고홍보학과 교수. 현재 식품의약품안전처 소비자위해예방국장이다. 위스콘신주립대 매디슨에서 커뮤니케이션학 박사학위를 받았다. 조지아대학에서 조교수, 미시간주립대에서 부교수, 한국 헬스커뮤니케이션 학회장을 역임했다. 건강과 위험 소통 분야에서 다수의 책과 논문을 출판했다.

심민선

인하대 언론정보학과 교수. 미국 펜실베니아대학에서 커뮤니케이션학으로 박사학위를 받았다. 미국 조지아대학 커뮤니케이션학과 조교수를 역임했고, 건강 커뮤니케이션을 가르치고 연구하며, 다수의 논문을 발표했다.

양승찬

숙명여대 미디어학부 교수. 서울대 신문학과를 졸업하고 미국 펜실베이니아대학에서 커뮤니케이션학 석사학위, 미국 위스콘신대학에서 박사학위를 받았다. 〈디지털 사회와 커뮤니케이션〉 등 다수의 책을 출판했다.

이기형

경희대 언론정보학과 교수. 연세대 영문과 졸업 후, 미국 일리노이대학에서 커뮤니케이션학 박사학위를 받았다. 영상미디어와 대중문화, 문화연구 관련 주제를 가르치고 있으며, 담론분석, 질적 방법론, 민속지학 등과 관련된 연구를 도모하고 있다.

이동후

인천대 신문방송학과 교수. 미국 뉴욕대학에서 미디어 생태학 전공으로 박사학위를 받았다. 학교에서 영상미디어 및 미디어 문화 관련 과목을 가르치고 있고, 주로 디지털 미디어 문화와 미디어 생태학 관련 주제를 탐구하고 있다.

이두원

청주대 미디어콘텐츠학부 교수. 남일리노이대학에서 스피치커뮤니케이션학 박사학위를 받았다. 한국언론학회 휴먼커뮤니케이션 연구분과 위원장과 사단법인 한국 커뮤니케이션학회 회장을 역임했다.

이재신

중앙대 미디어커뮤니케이션학부와 문화예술경영학과 교수. 서울대 공업화학과에서 학사와 석사학위를 받았고, 코넬대학에서 커뮤니케이션학 박사학위를 받았다. 싱가포르 난양대 커뮤니케이션 스쿨 교수를 지냈으며 저서로는 〈뇌과학과 커뮤니케이션〉 등이 있다.

이준웅

서울대 언론정보학과 교수. 미국 펜실바니아대학에서 뉴스와 여론 간 관계를 연구해서 박사학위를 받았다. 저서로 〈말과 권력〉이 있다.

조연하

이화여대 정책과학대학원 초빙교수. 이화여대에서 언론학 박사학위를 받았으며, 커뮤니케이션미디어연구소 연구교수를 역임했다. 언론법제, 미디어 정책 및 규제, 미디어 교육 분야에서 연구하고 있으며, 저서 〈미디어 저작권〉으로 한국 언론법학회 철우언론법상을 수상했다.

차희원

이화여대 커뮤니케이션·미디어학부 교수. 이화여대 PR전공 박사학위를 받았고 시라큐스대학 방문학자를 지냈다. 한국 PR학회 회장을 역임했으며, 기업명성과 커뮤니케이션, 공공외교, 건강 커뮤니케이션 등 분야에서 다수의 논문과 저서를 출간했다.

최선영

이화여대 에코크리에이티브협동과정 특임교수. 이화여대 디지털미디어학부에서 영상미디어로 박사학위를 받고 웹 미디어 현상과 플랫폼 연구를 하고 있다. 2015년 한국언론학회 우당신진학자상을 수상했다.

홍주현

국민대 언론정보학부 교수. 이화여대에서 언론학 박사학위를 받았고, 베이징대 신문방송학과 연구학자를 지냈다. 교류매체 커뮤니케이션, 인터넷 여론, 네트워크 분석 등 분야에서 연구하고 있다.